ESTADO DE EMERGENCIA

ESTADO DE EMERGENCIA

De la guerra de Calderón a la guerra de Peña Nieto

CARLOS FAZIO

Grijalbo

Se ha hecho todo lo posible por contactar con los detentadores de los derechos de algunas imágenes; en caso de omisión, la editorial está dispuesta a consignar el crédito correspondiente en las ediciones posteriores.

Estado de emergencia
De la guerra de Calderón a la guerra de Peña Nieto

Primera edición: febrero, 2016

D. R. © 2016, Carlos Fazio

D. R. © 2016, derechos de edición mundiales en lengua castellana:
Penguin Random House Grupo Editorial, S. A. de C. V.
Blvd. Miguel de Cervantes Saavedra núm. 301, 1er piso,
colonia Granada, delegación Miguel Hidalgo, C. P. 11520,
México, D. F.

www.megustaleer.com.mx

ISBN: 978-607-313-994-6

Impreso en México – *Printed in Mexico*

El papel utilizado para la impresión de este libro ha sido fabricado a partir de madera procedente de bosques y plantaciones gestionadas con los más altos estándares ambientales, garantizando una explotación de los recursos sostenible con el medio ambiente y beneficiosa para las personas.

Penguin
Random House
Grupo Editorial

A la memoria de mis padres,
María Ema Varela y José Fazio.

A los familiares y compañeros de las víctimas de Iguala,
que envueltos por el dolor de la tragedia supieron avivar
los caminos de las resistencias.

A los reporteros, periodistas de investigación y defensores humanitarios
que enfrentan al poder criminal y sin cuyo trabajo y testimonios habría
sido imposible reconstruir estas historias.

A Stephen Hasam,
por sus lecturas y comentarios siempre oportunos.

Índice

Introducción

La realidad no se oculta, está ahí. Somos nosotros los que la negamos. El auténtico peligro es aquello que no se ha visto o no se ha querido ver, que se ha subestimado o no se ha creído. En plena sociedad del espectáculo, lejos del sensacionalismo de los medios de difusión masiva bajo control monopólico privado, los grandes grupos de la economía criminal son el lado oscuro, subterráneo, de la *globalización*. Desde sus orígenes, el sistema capitalista ha sido amoral y alegal. No obstante, como en otros momentos de la historia, vivimos en una era de capitalismo criminal; en democracias criminales o mafiosas. El mundo del "crimen organizado" y de las mafias es el mundo del dinero y los intereses económicos, del poder y el secreto. Las mafias y los grupos de la economía criminal se han instalado en el corazón de nuestros sistemas políticos y económicos; no son un fenómeno aislado de la sociedad —una conspiración de maleantes en un Estado limpio— sino más bien una especie de empresa, de carácter ilegal y a la vez informal y legal, con un pie bien implantado en los sectores cruciales de la sociedad y el Estado: el mundo financiero y el de los negocios, el aparato de seguridad y judicial, y hasta el mundo político.

Pero eso no lo explica todo. Frente a los argumentos de tintes tecnocráticos que aluden a una "captura criminal del Estado" y a una confrontación violenta entre bandidos y el Estado bueno, y en medio una ciudadanía aterrorizada e inerme,[1] es pertinente analizar las configuraciones criminales del capitalismo contemporáneo. Desde finales de los años setenta del siglo pasado asistimos a una nueva fase de acumulación capitalista. Una fase que remite a la acumulación *primitiva* u *originaria* descrita por Karl Marx en el capítulo 24 de *El capital* (basada en la depredación, el robo, el fraude y la violencia), y que a comienzos de esta nueva centuria el geógrafo teórico marxista David Harvey ha denominado "acumulación por desposesión" o despojo,[2] lo que junto con la financiarización y reprimarización de la economía, implica una mercantilización y privatización de territorios, incluidos la tierra y otros recursos geoestratégicos de ámbitos hasta entonces cerrados al mercado, así como la expulsión del campesinado de sus tierras comunales o bajo propiedad ejidal en beneficio de grandes corporaciones trasnacionales, y su utilización como una mercancía más susceptible de ser desechada (*matable*, diría Agamben) o como fuerza de trabajo excedente, en algunos casos bajo regímenes de semiesclavitud.

Del nuevo "arreglo espacial" —según el concepto marco que ha desarrollado Harvey— se deriva que la acumulación de capital construye una geografía a la medida de sus necesidades, y que en momentos de crisis sistémica como al que asistimos en el segundo decenio de este siglo el capital desplaza sus contradicciones mediante un proceso de construcción violenta del espacio. Una violencia que desde antes de los atentados terroristas de 2001 en Nueva York (11/S) estaba justificada en una práctica política basada en la dicotomía amigo/enemigo como coartada para crear un estado de excepción en muchos lugares del planeta.

El 11/S agudizó esa política ya en curso (piénsese en la antigua Yugoslavia, rebalcanizada por las potencias occidentales en los años noventa tras la muerte del mariscal Tito) y generó un nuevo "discurso civilizatorio" sobre la guerra, el enemigo y el terror diseñado por la administración de George W. Bush para justificar ocupaciones e intervenciones neocoloniales como en Afganistán e Irak. Lo que puso en juego nuevas valoraciones y debates académicos sobre los modos de entrelazamiento de nociones tales como violencia y derecho, por un lado, y soberanía y excepción, por otro, que a su vez remiten a ideas sobre la normalización del horror y al hecho avizorado de manera temprana por Walter Benjamin[3] de que el estado de emergencia no era la excepción sino la regla para los oprimidos.[4]

Con base en la normalización de la excepción, Achille Mbembe propuso una nueva categoría, la *necropolítica*, que exhibe la lógica de la política capitalista de nuestros días como "administración y trabajo de muerte".[5] Recuperando la noción de la biopolítica de Michel Foucault, la aportación del filósofo camerunés nos introduce en fenómenos contemporáneos como la instrumentalización generalizada de la existencia humana y la destrucción material de cuerpos y poblaciones humanas juzgados como desechables y superfluos, pero también en una noción ficcionalizada o fantasmática del enemigo.[6]

Así, según Mbembe, poblaciones enteras, cuerpos y enemigos son ubicados espacialmente en neocolonias cuya administración se da bajo una lógica de guerra que legitima la expropiación del territorio y la distribución y explotación de sus habitantes, en un mundo que se acaba con el límite de la muerte. La violencia de la ocupación colonial implanta una política de muerte que se concreta en la figura de la plantación, donde la dominación del amo sobre el esclavo es absoluta e implica la muerte social del eslabón más débil de la cadena. Para Mbembe, la colonia representa el lugar donde la soberanía consiste fundamentalmente en el ejercicio de un poder al margen de la ley y donde la paz suele tener el rostro de una guerra sin fin.[7]

La ocupación colonial implica una delimitación y un control físico y geográfico: "Aquí, el ejercicio de la soberanía clasifica, bajo ninguna otra legitimidad que la de la guerra y la conquista, la distribución de sujetos y la delimitación donde hay vidas que son desechables".[8] Y si bien el modelo de colonia contemporánea que plantea este autor es el del nuevo *apartheid* instrumentado por Israel sobre la población palestina en los territorios árabes ocupados, vemos que se replica en amplios espacios territoriales de Colombia y México, merced a políticas institucionales de depredación, terror y muerte aplicadas por los gobiernos neoliberales de Álvaro Uribe y Felipe Calderón, continuadas por sus sucesores.

En realidad, dichas estrategias formaban parte de un renovado plan estadounidense de apropiación de territorios y refuncionalización del espacio en el Hemisferio Occidental, al servicio del gran capital trasnacional, que incluía una serie de megaproyectos de infraestructura (redes multimodales de carreteras, puertos, aeropuertos, vías de ferrocarril, canales, cables de fibra óptica, etc.) e iba acompañado de un proceso de reingeniería militar post Panamá.[9] A través del Plan Colombia y el Plan Puebla Panamá, impulsados por la administración de Bill Clinton desde finales del siglo XXI, Estados Unidos desplegó una nueva forma de guerra encubierta y de ocupación neocolonial, que como resumió en 2007 el Observatorio Latinoamericano de Geopolítica, buscaba "transformar el territorio; adecuarlo a las nuevas mercancías, a las nuevas tecnologías y los nuevos negocios. Cuadricularlo, ordenarlo, hacerlo funcional y... productivo".[10]

La dominación de espectro completo

La nueva fase de intervención estadounidense en México y toda la región respondía a la agenda militar global de la Casa Blanca definida en un documento del Pentágono de marzo de 2005. Como parte de una guerra imperial de conquista, el plan, que apoyaba los intereses de las corporaciones de Estados Unidos en todo el orbe, incluía operaciones militares ofensivas (directas, psicológicas o encubiertas) dirigidas incluso contra países no hostiles a Washington, pero que eran considerados estratégicos desde el punto de vista de los intereses del complejo militar, industrial, energético, mediático.[11]

Una orientación confidencial en el nuevo enfoque "proactivo" del Pentágono era el establecimiento de asociaciones con estados debilitados y gobiernos tambaleantes. Bajo el disfraz de la guerra al terrorismo y la contención de *estados delincuentes* se promovía el envío de fuerzas especiales (boinas verdes) en operaciones militares de mantenimiento del orden (funciones de policía). El documento impulsaba la adopción de "soluciones menos doctrinarias" que incluyeran el envío de pequeños equipos de soldados "culturalmente espabilados" para entrenar y dirigir a las fuerzas autóctonas en tácticas de contrainsurgencia. En las labores de capacitación destacaba la participación del Cuerpo de Marines, aunque una parte de esas actividades sería realizada por compañías privadas de seguridad subcontratadas por el Pentágono y el Departamento de Estado.[12]

La tercerización de los conflictos vía empresas de mercenarios como Dyncorp o Blackwater —que se encargan de tareas propias de la *guerra sucia* que se apartan de la "doctrina"— es una forma habitual de eludir los códigos de guerra o del derecho internacional humanitario por parte del personal militar reconocido oficialmente, lo que termina diluyendo las responsabilidades. Además de que constituyen una vía paralela para adoctrinar y penetrar a las fuerzas armadas y las policías de los estados nativos.

Como parte de una guerra de ocupación integral, la intervención estadounidense de comienzos del siglo XXI responde a nuevas concepciones del Pentágono sobre la definición de enemigos (guerras contra no estados o contra enemigos asimétricos, no convencionales o irregulares, *v. gr.*, el terrorista, el populista radical, el traficante de drogas), que podrían actuar en *estados fallidos* o ser patrocinados por *estados delincuentes*. Lo que ha derivado en los conflictos asimétricos y las llamadas guerras de cuarta generación de nuestros días, que no se circunscriben a las reglas establecidas en los códigos internacionales y evaden las restricciones fronterizas de los estados como parte de un sistema tanático. Un sistema de muerte donde el enemigo es la sociedad toda y uno de los objetivos centrales es la destrucción de la cultura.[13]

La ocupación integral encubierta de países como Colombia y México forma parte de la "dominación de espectro completo", noción diseñada por el Pentágono antes del 11 de septiembre de 2001,[14] que abarca una política combinada donde lo militar, lo económico, lo mediático y lo cultural tienen objetivos comunes. Dado que el espectro es geográfico, espacial, social y cultural, para imponer la dominación se necesita manufacturar el consentimiento. Esto es, colocar en la sociedad sentidos "comunes" que de tanto repetirse se incorporan al imaginario colectivo e introducen, como única, la visión del mundo del poder hegemónico. Eso implica la formación y manipulación de una "opinión pública" legitimadora del modelo de dominación. Ergo, masas conformistas que acepten de manera acrítica y pasiva a la autoridad y la jerarquía social, para el mantenimiento y la reproducción del orden establecido.

Como plantea Noam Chomsky, para la fabricación del consenso resultan clave las imágenes y la narrativa de los medios de difusión masiva, con sus mitos, mentiras y falsedades.[15] Apelando a la psicología y otras herramientas, a través de los medios se construye la imagen del poder (con su lógica de aplastamiento de las cosmovisiones, la memoria histórica y las utopías) y se imponen a la sociedad la cultura del miedo y la cultura de la delación.

La fabricación de imaginarios colectivos busca, además, facilitar la intervención-ocupación de Washington con base en el socorrido discurso propagandístico de la "seguridad nacional" estadounidense y la "seguridad hemisférica". Con tal fin se introducen e imponen conceptos como el llamado "perímetro de seguridad" en el espacio geográfico que contiene a Canadá, Estados Unidos y México, que como parte de un plan de reordenamiento territorial de facto fue introduciendo de manera furtiva a México en la Alianza para la Seguridad y Prosperidad de América del Norte (ASPAN, 2005).

La ASPAN incluye una integración energética transfronteriza subordinada a Washington y megaproyectos del capital trasnacional que subsumen los criterios económicos a los de seguridad —justificando así acciones que de otro modo no podrían ser admitidas por ser violatorias de la soberanía nacional— y una normativa supranacional que hace a un lado el control legislativo, mientras se imponen leyes contrainsurgentes que criminalizan la protesta y la pobreza y globalizan el disciplinamiento social.[16]

El manejo de una red de medios sistémicos bajo control monopólico privado permite, también, la construcción social del miedo,[17] la fabricación del "enemigo interno" y el aterrizaje de doctrinas y matrices de opinión como las referentes a los estados fallidos y los estados delincuentes, que por constituir un "riesgo" a la seguridad nacional de Estados Unidos deben quedar bajo su control y tutela. Ayer Colombia, Afganistán, Irak, Libia, Paquistán. En nuestros días Siria, México, Ucrania.

La fabricación mediática de México como Estado fallido durante la transición Bush/Obama en la Casa Blanca (enero de 2009) incluía la previsión de un "colapso rápido y sorpresivo", lo que según el Comando Conjunto de las Fuerzas Armadas de Estados Unidos (USJFCOM, por sus siglas en inglés) no dejaría más opción que la intervención militar directa de Washington.[18] Entonces, la posibilidad de un colapso fue atribuida al accionar de grupos de la economía criminal y llevó a una acelerada militarización del país, con la injerencia directa de elementos del Pentágono, la Agencia Central de Inteligencia, la Oficina Federal de Investigación, la agencia antidrogas DEA y otras dependencias estadounidenses en el territorio nacional, bajo la mampara de la Iniciativa Mérida (2007), símil del Plan Colombia.[19]

En forma paralela, y a partir de la implantación larvada de un estado de excepción no declarado que se fue convirtiendo en regla, Estados Unidos instituyó en México —como antes en Colombia— un modelo donde la administración de la política se convirtió en un "trabajo de muerte" que permite el control de amplios territorios para la explotación de los recursos geoestratégicos, laborales, de manufacturación o de paso para la circulación de mercancías.

En ambos países la institucionalización del nuevo modelo de exterminio combinó el accionar de la estructura del Estado con el de corporaciones trasnacionales y grupos de la economía criminal. El Estado cedió parte del monopolio de la violencia a organizaciones de civiles armados, lo que derivó en un entrelazamiento de "máquinas" para generar muerte masiva y ejecuciones selectivas por lista (*kill-list*) y un terror paralizante necesario para la explotación de los recursos geoestratégicos y el control de población viva. Es decir, para la administración de la guerra para un trabajo de muerte.

Como explica Mbembe: "estas máquinas se componen de facciones de hombres armados que se escinden o se fusionan según su tarea y circunstancia. Organizaciones difusas y polimorfas, las máquinas de guerra se caracterizan por su capacidad para la metamorfosis. Su relación con el espacio es móvil".[20]

Dichas estructuras mantienen relaciones complejas con las formas estatales, pero el mismo Estado puede transformarse en una "máquina de guerra", apropiarse para sí de una máquina de guerra ya existente o ayudar a crear una. "Las máquinas de guerra funcionan tomando prestado de los ejércitos habituales, aunque incorporan nuevos elementos bien adaptados al principio de segmentación y desterritorialización. Los ejércitos habituales, por su parte, pueden apropiarse fácilmente de ciertas características de las máquinas de guerra".[21]

En ese sentido, no se puede menospreciar el lugar que el paramilitarismo y las organizaciones dedicadas al tráfico de drogas ilícitas han tenido para la política en países como Colombia y México, y tampoco el discurso que los gobiernos de Uribe y Calderón activaron sobre el "enemigo" en sus respectivas "guerras" para justificar y legitimar formas de control y violencia de Estado. En ambos casos, la "guerra" formó parte de un complejo juego retórico que pretendió identificar a la máquina de guerra con el enemigo. Pero como describe Mbembe, eso es casi imposible dada la condición de esas "máquinas" de ser organizaciones difusas y polimorfas. Así, la guerra y el terror —como parte de un entramado donde es difícil distinguir los cuerpos militares de los policiales, los paramilitares, las autodefensas y del sicariato de los grupos de la economía criminal— son el campo más fructífero para legitimar el estado de excepción.

En ese contexto, cabe resaltar que la guerra y el terror son instrumentos clave al servicio de una forma de acumulación violenta, que ocurre al interior de *paraestados* donde operan formas de poder paralelas, pero articuladas al marco institucional (*parainstitucionalidad*), en cuyo seno fracciones "pragmáticas" del bloque de poder hegemónico han delegado parte de la regulación y el control territorial de zonas de importancia económica y geopolítica (espacialidad), a aparatos represivos extralegales (paramilitarismo), que pueden llegar a constituir auténticos brazos armados complementarios que actúan en cohabitación o franca complicidad con las distintas corporaciones de las fuerzas militares del Estado (fuerzas armadas y distintas formas de policías militarizadas), al servicio de la nueva fase de acumulación capitalista.[22]

La irrupción de las nuevas formas de acumulación legales que muchas veces derivan de actividades ilegales (el lavado de dinero es la legalización de recursos *negros* a cambio de una cuota o porcentaje) ha propiciado una nueva geografía del capital generada a partir de una violencia criminal que es utilizada para la ocupación de nuevos territorios, así como para la desocupación o reocupación de otros. Ello explica, también —al igual que en Colombia—, la imbricación de las fuerzas militares y policiales mexicanas con agrupaciones de civiles armados (paramilitares, grupos de la economía criminal), y de éstos con empresas e instituciones bancarias y financieras trasnacionales, para darle un cauce "legal" e "institucional" al actual proceso de acumulación por despojo.

En el caso mexicano, la guerra asimétrica de Felipe Calderón tuvo por objetivo destruir mediante la violencia y el terror el tejido social comunitario y generar desplazamientos forzosos de población en amplias zonas del país consideradas económicamente estratégicas por el gran capital, como paso previo a una reconstrucción y un reordenamiento territorial y poblacional que, con base en la aprobación de la cuarta generación de medidas neoliberales durante el mandato de Enrique Peña Nieto —en particular la contrarreforma energética—, diera paso a una posterior enloquecida carrera trasnacional para el despojo.

La dinámica desordenar/destruir/reconstruir/reordenar iniciada por Calderón tuvo su continuidad en el Plan de Desarrollo 2013-2018 de Peña Nieto, y fue reconfirmada en sus 10 medidas de acción en materia de legalidad y justicia anunciadas por el propio jefe del Ejecutivo en noviembre de 2014, donde se establecía que el Gabinete de Seguridad implementaría un "operativo especial" en la zona de Tierra Caliente de Michoacán y Guerrero, y una estrategia de "desarrollo integral" en Chiapas, Guerrero, Oaxaca y Michoacán, consistente en crear tres zonas económicas especiales: *1)* el Corredor Industrial Interoceánico en el Istmo de Tehuantepec (que conectará al Pacífico con el Golfo de México); *2)* Puerto Chiapas, y *3)* Puerto Lázaro Cárdenas, en los municipios colindantes de Michoacán y Guerrero.[23] Con financiamiento de la banca de desarrollo y el sector privado, dichas inversiones incluían importantes autopistas (como la que conecta Michoacán con Puerto Chiapas) y la modernización de Tuxtla Gutiérrez, y obras de infraestructura y gasoductos (como la que va de Salina Cruz a Tapachula, que permitirá introducir por primera vez gas natural en México).[24]

Salvo Puebla, la iniciativa de ley presidencial lanzada finalmente por Peña Nieto desde Puerto Chiapas el 29 de septiembre de 2015 incluía a los otros ocho estados del Plan Puebla Panamá original. Publicitado como un "plan innovador de desarrollo", la iniciativa evidenciaba que la nueva fase de desposesión o despojo tenía como blanco prioritario territorios ricos en recursos naturales y materias primas y donde están asentados pueblos originarios y existen proyectos de resistencia contra hegemónicos y autonómicos.

Sobre mitos, crimen y política

No obstante lo anterior, existe gran dificultad en los medios masivos y la academia para discernir lo visible y saber ver lo que es obvio. Esto es, el nexo entre el crimen, la política, la empresa y la economía regular, informal y criminal. De acuerdo con la *Enciclopedia Británica*, "crimen es la designación genérica para todo atentado contra el derecho penal; significa el desacato o incumplimiento de las reglas de conducta a las que la generalidad se considera por lo demás obligada". Hace 300 años Thomas Hobbes dijo que "un crimen es un pecado que comete aquel que, de hecho o de palabra, hace lo que prohíbe la ley, o deja de hacer lo que ella manda". Sigmund Freud dio la descripción clásica del "primer crimen", que deriva de la "primitiva horda darwiniana". Si damos crédito a Freud, se podría decir que el acto político original coincide con el crimen original. Y según Hans M. Enzensberger, entre asesinato y política existe una dependencia antigua, estrecha y oscura que se halla en los cimientos de todo poder: "Ejerce el poder quien puede dar muerte a sus súbditos".[25] O como dice Elias Canetti, el gobernante es el "superviviente"; el gobernante sigue siendo el supremo señor feudal, y el juez, como persona "imparcial", sigue estando al servicio del Estado.[26]

Si el Estado como soberano puede decidir sobre la legislación, puede también dar muerte, en su nombre y en el de la ley, a muchos de sus ciudadanos, y hacer que consideren un deber el cumplimiento de ese acto de soberanía. La historia del siglo XX, con sus dos grandes guerras mundiales, exhibe que el Estado beligerante se permite las más extremas e inimaginables formas de atropellos e injusticias, todas las prácticas de bestialidad y genocidios contra los seres humanos, *v. gr.*, Auschwitz e Hiroshima. O el terrorismo de Estado de los años setenta y ochenta en Argentina, Uruguay, Chile, México, Guatemala, El Salvador, Honduras y Colombia.

Según el investigador alemán Horst Kurnitzky:

> cuando desaparecen los poderes y las alianzas que constituyen, cohesionan y mantienen unida a la sociedad, no queda nada que pueda impedir el proceso de disolución social: la sociedad se desintegra en una selva social-darwinista; en una lucha de todos contra todos que se desploma encima de la sociedad y arrastra los últimos restos de las instituciones en el remolino de la autodestrucción social.[27]

Con ello se diluye la organización de los individuos autónomos en un Estado de derecho y se anulan todos los sistemas civiles de protección. En su lugar se instala la lucha de grupos sociales e intereses económicos por territorios y por participar en el escenario bélico de la desenfrenada economía del mercado total, en donde las fronteras entre mercados formales e informales, legales e ilegales, se vuelven tan flexibles, mutuamente retroalimentadoras y complementarias como los límites entre una lucha económica aparentemente sin violencia y los conflictos que son resueltos con la fuerza de las armas. Entonces, dice Kurnitzky, "la sociedad se convierte en un compuesto amorfo de tribus, mafias y organizaciones criminales de todo tipo".

La mundialización de la economía neoliberal ha ido acompañada de la globalización de la violencia legal y criminal. En *Política y delito*, Enzensberger sostiene que "tan pronto como la criminalidad se organiza, se convierte, tendenciosamente, en un Estado dentro del Estado. La estructura de tales comunidades de delincuentes reproduce fielmente aquellas formas de gobierno de las cuales son rivales y competidores".[28] A modo de ejemplo, la mafia siciliana copió la estructura de un régimen patriarcal hasta en sus menores detalles y lo sustituyó en grandes extensiones del territorio italiano: dispuso de una administración ampliamente extendida, cobró aduanas e impuestos y disponía de jurisdicción propia.

A lo anterior cabe sumar el acervo mitológico que rodea a algunas figuras criminales. Al final de su carrera, Al Capone dijo: "Soy un fantasma forjado por millones de mentes".[29] Sin duda, Capone fue una figura que perteneció a la historia de Chicago, pero también un engendro de la fantasía colectiva, y en ese sentido un fantasma. La mitología en torno a la figura de Capone como prototipo del *gangster* fue potenciada por la "industria de conciencias"; por grandes medios de difusión masiva (la prensa escrita, la radio, el cine de Hollywood), que en su época movilizaron sus energías y con sus notas y filmes sensacionalistas contribuyeron a crear el mito. Aunque no sea fácil separar el valor real del personaje (con sus ambiciones, su inteligencia, antipatía y su dimensión humana monstruosa y banal al mismo tiempo) de la mentira que le es inherente.

A la vez que fabrican mitos y víctimas propiciatorias (el criminal es la pieza a cazar), los medios moldean un nuevo tipo de persona, emotiva y dotada de una actitud mental particular, según la cual todo lo que no puede mostrarse no existe. Los medios, en particular la televisión, difunden lo visible más inmediato, lo urgente y superficial ("noticias" descontextualizadas) y disimulan el mundo real. Las apariencias mediáticas ocultan partes enteras de la realidad, especialmente en la actualidad, cuando existen organizaciones criminales de muy alta intensidad y muy baja visibilidad.

SOBRE EL ESTADO DE EXCEPCIÓN Y EL DERECHO PENAL DEL ENEMIGO

El 14 de octubre de 2011 en el alcázar de Chapultepec, ante el presidente Felipe Calderón y medio gabinete federal, el poeta Javier Sicilia aludió al carácter autoritario del régimen y alertó sobre su rostro más brutal: el militarismo y el fascismo. Sin ambages, tras condenar la estrategia de guerra gubernamental con su lógica de violencia, terror y exterminio, Sicilia afirmó que las decisiones de Calderón habían provocado el resurgimiento de grupos paramilitares, y denunció que "detrás de las fosas comunes de las estadísticas" se encontraban los victimarios, "homicidas crueles que saben que mientras las víctimas y ellos carezcan de identidad su impunidad está garantizada".[30]

El desborde autoritario venía de atrás. Aceptando que la naturaleza del Estado consiente el uso de la coacción, ésta había comenzado a ser considerada ilegítima por su carácter excesivo con las represiones violentas en Atenco y Oaxaca en 2006, en la antesala del calderonismo. Las flagrantes violaciones a los derechos humanos, con las vejaciones y torturas a los detenidos —incluida la violencia sexual contra una veintena de prisioneras en Atenco—, fueron preludio de la peligrosa involución autoritaria de los aparatos de seguridad del Estado. En su estrategia clasista, sectores de la derecha política y parlamentaria, así como los medios de difusión masiva a su servicio, toleraron el accionar autoritario y violento de los distintos órdenes estatales, demostrando una complicidad institucional.

Tras la imposición de Calderón mediante un "fraude patriótico" en el marco de una sociedad altamente polarizada, al privilegiarse el recurso de la fuerza para solucionar los conflictos, el antagonismo se transformó en ruptura. Desde su llegada a la residencia oficial de Los Pinos el 1º de diciembre de 2006, el presidente dejó clara su voluntad de gobernar con base en un estado de excepción permanente, bajo la cobertura de una "guerra frontal" contra un enemigo identificado: la delincuencia organizada. Muy temprano exhibió su empaque autocrático y llamó al sacrificio colectivo de los mexicanos en aras de exterminar al mal, y para ello sacó a las fuerzas armadas a las calles, militarizó las distintas policías y alentó el paramilitarismo.

Comenzó entonces un larvado proceso de militarización del país de signo fascistoide, que no podía explicarse solamente por el interés de clase de la plutocracia amenazada. Fueron decisivos también otros factores, como la existencia de un tipo de mentalidad y tradiciones ancladas en la contrainsurgencia y la *guerra sucia* de los años setenta que, en determinados sectores de la policía y las fuerzas armadas mexicanas, con el sostén de una remozada doctrina de seguridad nacional y una adecuada cobertura ideológica, podían readmitir con facilidad adoptando actitudes de desprecio por la vida.

Bajo el disfraz de una "guerra" al narcotráfico planificada por Estados Unidos, el recurso a la violencia obligó a Felipe Calderón a asumir el papel de enemigo. Como dice Paul Gilbert, al tratar a sus opositores como el "enemigo interno", el gobierno terminó por reducirse a sí mismo a la condición de enemigo. En 2007, de la mano de operativos policiaco-militares en varias partes del país, se produjo en México un proceso similar al que afectó a los países europeos en la primera posguerra, definido por George L. Mosse como "brutalización de la política", fundamento de la expansión del nazismo. En particular, la república de Weimar fue el escenario donde, en medio de la complicidad o impotencia de las fuerzas políticas y el Parlamento, las derechas extremas deshumanizaron al "enemigo interno", representado por la oposición socialdemócrata, comunista, anarquista, liberal, sindicalista, los judíos, los gitanos y los testigos de Jehová.

Si el acorralamiento contrainsurgente de grupos armados como el EZLN y el EPR, junto a las represiones en Atenco y Oaxaca y la estigmatización de Andrés Manuel López Obrador y su movimiento de resistencia civil pacífica como "un peligro para México" habían marcado la transición del foxismo al calderonismo, la brutalización de la política arreció tras la proclamación autojustificatoria del titular del Ejecutivo de que era un "cruzado" contra las fuerzas maléficas que asolaban al Estado bueno.

Ante la exacerbación de la violencia, la propaganda del régimen quiso construir en torno a la figura del jefe del Ejecutivo a un líder providencial y mesiánico. El propio Calderón se presentó mediáticamente como un "presidente valiente", un "salvador" de la patria en busca de la servidumbre voluntaria de las masas. En octubre de 2007 dijo que protegía al país con "el monopolio del poder".[31] Al asumirse como detentador del monopolio de la fuerza y la violencia estatales en desmedro (y sin el control) de los poderes Legislativo y Judicial, Calderón exhibió entonces su mentalidad autocrática; un autismo autoritario como forma de degradación de la ley hacia su uso arbitrario, o en el sentido de que quien la ejerce ya no representa a la ley sino que la encarna.

Mediante una campaña de saturación propagandística e ideológica primitiva, basada en la retórica del "enemigo interno" —un discurso excluyente y estereotipado que convertía a la oposición político-social y a la delincuencia en potenciales subversivos o cuerpos extraños a exterminar—, se fue creando un clima punitivo disciplinador que presentaba como aparentemente ineludible la adopción de medidas cada vez más coercitivas, de legislación especial propia de un régimen de excepción.

Desde entonces la autoatribución del "monopolio del poder" estuvo basada en el uso indebido —según la normatividad universal vigente del mundo civilizado— de la fuerza y la violencia estatales. En particular de unas fuerzas armadas virtualmente *privatizadas*, que obedecieron sin chistar a su comandante supremo y aceptaron su nuevo papel en la vida política nacional.[32] Mala cosa. La política no es asunto de militares, grupo corporativo que, como tal, no tiene —y no se le puede exigir que tenga— una idea de sociedad y actúa con *esprit de corps* (espíritu de cuerpo), es decir, con conciencia de pertenecer a un organismo especial, a una casta con beneficios corporativos; como una maquinaria de guerra jerárquicamente estructurada (autoritario-servil). O de otra manera: cuando los militares incursionan en el ámbito político, propio de la sociedad, de la *res publica*, se abona el camino hacia un estado de emergencia, con suspensión gradual o abrupta, formal y real, de garantías.

El larvado proceso de militarización del país estuvo asociado a la guerra intramafias desatada por Calderón por el control del territorio, las rutas y los mercados en las esferas informal y criminal de la economía. La generalización del concepto de guerra y el aumento de la violencia oficial bajo su mandato ocurrió en desacato de las normas, acuerdos y tratados internacionales que se ha dado el mundo civilizado para reglamentar los conflictos armados y se dieron en detrimento de valores éticos y morales, de las garantías civiles y los derechos humanos universales. En realidad, la violencia reguladora de Calderón fue una operación del crimen organizado en las alturas del poder y buscó imponer un proyecto clasista autoritario de nuevo tipo.

La guerra y la obediencia debida

Decía Hannah Arendt que "el engaño, la falsificación deliberada y la mentira pura y simple son empleados como medios legítimos para lograr la realización de objetivos políticos". En ese contexto cabe añadir según la famosa frase de Karl von Clausewitz, que "la guerra no es simplemente un acto político, sino un verdadero instrumento político, [...] el propósito político es el objetivo, mientras que la guerra es el medio".[33] Una idea que, por cierto, estuvo en la base del nacionalsocialismo.

El mariscal prusiano Von Clausewitz sostenía que "la guerra es una extraña trinidad constituida por el odio, la enemistad y la violencia primitiva". La guerra es un acto de fuerza física para imponer la voluntad al enemigo. El enemigo es el objetivo, y no hay límite para la aplicación de dicha fuerza. El problema es determinar quién es el enemigo, ya que desde hace un siglo en la práctica no existe una diferenciación entre combatientes y no combatientes. En las guerras coloniales de ayer, como en las de hoy, el enemigo es toda la población".

Bajo un régimen de excepción, la laxitud del concepto de enemigo suele ser muy amplia. Pero conviene tomar en cuenta que, en general, para cualquier tipo de gobierno y más en un régimen militar o cívico-militar de signo conservador, la razón de ser del instituto armado es destruir al enemigo. Aniquilarlo.

Los grupos de comportamiento sectario —o de masas artificiales, como llamaba Freud al ejército y a la Iglesia—, tienen determinadas características. La formación militar modela para jerarquizar, homogeneizar y uniformizar; para separar a sus miembros de la sociedad civil y convertirlos en engranajes de una maquinaria corporativa. En su proceso de asimilación y entrenamiento, a través de una cadena de mando que va desde los oficiales superiores hasta el soldado raso, cada integrante de la corporación aprendió que la prepotencia y la arbitrariedad del poder son la norma dentro de ese cuerpo colectivo. El objetivo primero es la obediencia sin cuestionamiento al superior; la sumisión a la autoridad legítima de su corporación.

En el ejército las órdenes no se discuten, se cumplen. El deber del soldado es obedecer de manera automática e incondicional hasta el autosacrificio. El superior siempre tiene la razón, nunca se equivoca. Y si se equivoca vuelve a mandar. Es una obediencia a la autoridad, no a la ley de la *res publica*. El subordinado actúa como si no tuviera posibilidad de elección. Es la "obediencia debida". Obedece porque se lo ordenan, no por estar de acuerdo. A la vez, la obediencia debida libera al subordinado de sentir y tener que asumir responsabilidad propia alguna por sus actos; su único deber es obedecer. Al interior de la institución castrense se inculca la pertenencia ciega al grupo, y a todo juicio moral se antepone el deber de obedecer. Rige una nueva moralidad, la de la corporación. Se funciona llamando al autosacrificio en nombre de consignas altisonantes tales como la patria, la bandera, la democracia, aunque ellas no tengan ningún contenido o su significado esté tergiversado. Entre el deber moral y la obediencia, el miedo a la autoridad induce a obedecer sin cuestionar la conducta. El miedo se une a la obligación de obedecer, reforzándola. Como en la Alemania nazi, ¡la corporación *über alles*! (por encima de todo).

Conviene recordar, además, que el ejército tiene armas. Y que las armas son para matar. Específicamente, para matar seres humanos. Y dado que el objetivo es la destrucción del enemigo, las armas son el medio. Pero además, el objetivo primario de las fuerzas armadas, al que se deben subordinar todos los demás, es ganar la guerra por cualquier procedimiento. Si para ello hay que violar la Constitución y la ley, la guerra lo legitima. La legitimidad está en vencer, no en convencer ("¡Venceréis, mas no convenceréis!", exclamó Unamuno ante el general fascista José Millán-Astray). Para la consecución de ese fin, un sentimiento común del soldado es la indiferencia frente al civil. Basada en la disciplina propia de una máquina de guerra, la corporación castrense desprecia a la sociedad por indisciplinada y blandengue. Se considera al *otro* (al que está fuera de la corporación) como no humano. Una cosa. Un número. Un elemento. Una "baja". El enemigo es desprovisto de toda personalidad y humanidad. La preocupación es de índole administrativa y no ética. Los valores "morales" se desprenden de las necesidades técnicas. Del éxito de la guerra.

Como organismo grupal de procedimiento sectario, el ejército está provisto de una "moral" que prohíbe todo tipo de cuestionamiento a la cadena de mando. Por esa vía, las más de las veces se legitiman el crimen, la tortura, la desaparición forzada de personas, la violación, el robo de niños, el genocidio…

CALDERÓN: EXTERMINAR A LA "PLAGA"

A la par que crecía la militarización del país, se preparó a la población para que aceptara el empleo de técnicas más o menos clandestinas de *guerra sucia*, lo que mediante la irrupción de grupos paramilitares y de limpieza social derivaría en el curso del sexenio hacia formas similares a las del terrorismo de Estado. Las palabras *guerra sucia* remiten a los actos de barbarie cometidos en países supuestamente civilizados, por unos ejércitos que se autoproclamaban defensores de la civilización occidental y cristiana. Se asumió y generalizó ese nombre, tanto en español como en inglés (*dirty war*), para designar al conjunto de actuaciones y métodos represivos utilizados por los regímenes dictatoriales de América Latina en los años sesenta y setenta, tras el triunfo de la Revolución cubana.

Bajo la consigna "No más Cubas" en el hemisferio occidental, el Pentágono elaboró un poderoso aparato doctrinal teórico y práctico, y formó tanto técnica como ideológicamente a cientos de jefes y oficiales de los ejércitos de América Latina y el Caribe con base en lo que entonces se llamó Doctrina de Seguridad Nacional (DSN).[34] Esa doctrina definía un nuevo enemigo: el "enemigo interior". El enemigo subversivo, como también se le llamó, era todo individuo, grupo u organización que por medio de "acciones ilegales" atentara contra el "orden establecido", siguiera las consignas del comunismo internacional y desarrollara la "guerra revolucionaria". Pero también incluía a quienes, "sin ser comunistas", trataran de romper el nuevo "orden" de cosas establecido por las dictaduras entonces vigentes. A la luz de la DSN, los "enemigos internos" quedaban reducidos a la categoría de individuos merecedores de ser secuestrados, torturados y finalmente eliminados físicamente, con o sin desaparición de su cadáver.

La práctica de la tortura, las ejecuciones sumarias y la desaparición forzada de personas darían vida al terrorismo de Estado. Cabe dejar apuntado que la palabra *terrorismo* no tiene una definición aceptada por todos los países; más bien remite a los temas de violencia por razones políticas o sociales, intentos de intimidación y actos perpetrados contra los civiles y otros no combatientes. Los actos de terrorismo fueron prohibidos por los tratados del derecho internacional humanitario (DIH) y los tratados sobre los crímenes internacionales, en especial el IV Convenio de Ginebra de 1949 y sus dos protocolos adicionales de 1977. Ambos prohíben el terrorismo durante un conflicto armado internacional o interno, en cuyo caso el terrorismo se entiende como ataques contra civiles.

Como señala Rich Mkhondo, aunque el término *terrorismo* se refiere con frecuencia a las acciones de grupos independientes de un Estado, una categoría importante de actos terroristas "incluye los actos realizados o patrocinados, directa o indirectamente, por un Estado, o implícitamente autorizado por un Estado, aun cuando las fuerzas policiales y militares no estén involucradas, como ciertos escuadrones de la muerte".[35] Noam Chomsky y Edward S. Herman definen al terrorismo de Estado como violencia "al por mayor", que es mucho más extensa tanto en escala como en poder destructivo a la violencia "al por menor" de quienes se oponen al orden establecido.[36]

El terrorismo de Estado es violación de la ley y como se dijo arriba se caracteriza por el uso del asesinato político, de la tortura y de otras formas de crueldad ejercidas contra quien se le opone. El carácter criminal del terrorismo de Estado se encuentra determinado no sólo porque actúa fuera de la ley —apelando incluso a grupos paramilitares y de limpieza social—, sino porque viola los derechos humanos, incluidos los de presuntos delincuentes o criminales. Ésa es una diferencia fundamental entre el mundo civilizado y el de los bárbaros, y por eso toda la legislación nacional e internacional derivada de los juicios de Nuremberg, que permitió que verdaderos sanguinarios, desde Adolf Eichmann o Klaus Barbie —*el carnicero de Lyon*— hasta el terrorista noruego Anders Breivik,[37] fueran juzgados.

A su vez, la obediencia a las órdenes superiores en los estamentos castrenses, si éstas violan las normas de la guerra, es considerada también un acto criminal. No está de más repetir que por su naturaleza, el Estado posee el monopolio legítimo del uso de la fuerza, pero dentro de los límites consentidos por la legislación interna e internacional, porque otro de los cometidos del Estado democrático es la defensa de la ley.[38] En la lucha por preservar su poder y los derechos a la vida, a la libertad y a la seguridad de los ciudadanos atacados por grupos de la economía criminal, un Estado que pretende ser civilizado no puede utilizar cualquier forma de violencia.

En ese contexto, huelga decir que desde el momento en que las fuerzas armadas mexicanas ingresaron en la escena represiva lo hicieron violando las leyes, también las de la guerra, al practicar la tortura, la desaparición forzada de personas y la ejecución sumaria extrajudicial, incluso de niños, mujeres y estudiantes indefensos que en la retórica oficial fueron asimilados a "bajas colaterales".

En el periodo comprendido entre el 1º de diciembre de 2006 y el 30 de noviembre de 2012 la violación masiva de derechos humanos por integrantes de las corporaciones armadas del Estado mexicano tuvo una lógica y un responsable. El 21 de septiembre de 2011, durante un encuentro con la comunidad mexicana en Los Ángeles, California, Felipe Calderón dijo textualmente:

> Y eso, amigas y amigos, empezó a crecer como un cáncer, como una plaga, como una plaga que se mete a una casa, que si uno no la corta a tiempo se mete en todas las coladeras, en todas las recámaras, en todos los baños. Y esa plaga, amigas y amigos, esa plaga que es el crimen y la delincuencia, es una plaga que estamos decididos a exterminar en nuestro país, tómese el tiempo que se tenga que tomar y los recursos que se necesiten.[39]

De propia voz e igual que en la Alemania nazi, la lógica de Calderón, presidente de un país que se pretende civilizado, era la del exterminio de presuntos delincuentes —expulsados de facto del género humano y reducidos a roedores—, en el marco de una guerra de aniquilamiento sin fin y utilizando los recursos que fueran necesarios. Pero Calderón, a la sazón abogado, debió al menos respetar la Constitución. Y el Congreso debía obligarlo a que cumpliera con las normas de la Carta Magna; a que no se inclinara ante la fuerza y defendiera, pura y simplemente, el poder civil del cual, presuntamente, era el representante, así fuera de manera espuria.

A la vez, como se apuntaba arriba, la obediencia a órdenes superiores, si esas órdenes violan las normas de la guerra, es considerada también un acto criminal. Los soldados, marinos y policías mexicanos deberían saber que la responsabilidad de las atrocidades es individual, recae sobre quien las cometió. Para la justicia, en especial desde los juicios del Tribunal Internacional Militar de Nuremberg contra los mandos del ejército nazi, el soldado o policía que recibe órdenes de violar los derechos humanos o las normas de guerra no es un simple súbdito vinculado de manera servil a la obediencia de un mando superior, sino un ciudadano, un ser racional capaz de decidir, responsable de sus actos.

Su responsabilidad —que no tiene parangón, dada su función pública, con la de un civil que comete los mismos delitos— se ve acrecentada porque la sociedad le delegó el cometido de garantizar el respeto de la ley. De allí que los militares y policías violadores de derechos humanos deberían mirarse en el espejo argentino, donde las condenas a cadena perpetua impuestas a 12 represores el 27 de octubre de 2011 hacían justicia a las víctimas de la *guerra sucia* de la dictadura militar.[40]

Conviene recordar que más allá de la "función" de obtener información, la práctica de la tortura cumple un papel demostrativo, simbólico, igual que las acciones de los comandos paramilitares y grupos de limpieza social. Mediante el uso de la tortura se busca "quebrar" al prisionero, provocando su muerte moral o física, para demostrar la fuerza del Estado, lo que también opera como mensaje de advertencia y amenaza a toda la población.

La experiencia histórica demuestra que la tortura sistemática es el primer paso para la institucionalización del terrorismo de Estado.

Y bajo el régimen de Calderón, cuando la tortura en México entraba en una nueva fase de intensidad, sistematicidad y tecnicidad de la mano de los "operativos conjuntos" ordenados por el jefe del Ejecutivo, ésta era consentida por los otros poderes del Estado y aplicada sin mayores preocupaciones para su ocultamiento.

A manera de ejemplo, en el marco de las acciones del ejército en Chihuahua y Michoacán, o de la marina en el caso Beltrán Leyva en Morelos, quedó exhibida la voluntad de difundir entre la población la arbitrariedad que había adquirido el poder de coacción de las fuerzas armadas, un poder casi sin límites ni condicionamientos morales. Una violencia gratuita, además, que no guardaba relación entre los objetivos a lograr en el marco de un pregonado Estado de derecho civilizado —donde la misión debería ser disuadir o capturar criminales— y el grado de brutalidad empleado.

Durante el régimen de Calderón las torturas, mutilaciones, asesinatos y desapariciones forzadas no mantuvieron una relación proporcional al fin que el Estado declaraba perseguir de manera pública —"estamos luchando por ganar la guerra contra el crimen para rescatar a nuestros niños y jóvenes de las garras de la drogadicción y la delincuencia"—,[41] volviéndose pura exhibición del poder absoluto, autocrático, del titular del Ejecutivo, con el aval del Congreso y el Poder Judicial, que consintieron y asistieron como espectadores mudos y cómplices por omisión al exterminio de presuntos criminales y civiles.

Si bien la responsabilidad de los integrantes de las fuerzas armadas en las violaciones de la ley y los derechos humanos no es homogénea, todos sus miembros conocen la existencia de tales prácticas ilegales degradantes, y al permanecer en la institución las aceptan y toleran.

A la vez, la casi total impunidad de militares y policías fue posible por la complicidad o tolerancia de amplios sectores de la partidocracia mexicana, en llamativo contraste entre el discurso en defensa de la legalidad y la integridad del Estado que realizaban los gobernantes y representantes de los poderes fácticos —en particular los de corporaciones como el Consejo Coordinador Empresarial y la jerarquía de la Iglesia católica— y el virtual silencio que mantuvieron respecto de la ilegalidad estatal.

Si la retórica de la plaga interna a exterminar (Calderón *dixit*), que proporcionó una falsa legitimidad basada en un seudopatriotismo —que exaltaba como héroes y representantes de la nación a militares y policías violadores de derechos humanos—, no estaba exenta de responsabilidades políticas, dicha responsabilidad se hacía extensiva a los grupos económicos propietarios de los medios de difusión masiva, que durante el calderonismo aceptaron ser vehículos de la propaganda de guerra oficial, y que al preparar a la opinión pública para justificar esa participación aun en condiciones ilegales y anticonstitucionales (incluidos el accionar de escuadrones de la muerte y la práctica de la tortura como "mal necesario") legitimaban la violencia estatal indiscriminada y alentaban que la legalidad pudiera ser violada sin consecuencias.

Con un riesgo adicional: el recurso a la violencia ilegal por parte del Estado podía abrir camino al golpismo.

CLAUSEWITZ, BOBBIO Y LA ANIQUILACIÓN DEL ENEMIGO

Más allá de la responsabilidad de los militares que durante el régimen de Calderón violaron de manera flagrante e impune los derechos humanos de miles de mexicanos, la responsabilidad mayor recaía en el comandante en jefe de las fuerzas armadas. Fue Calderón quien decidió profundizar la "coadyuvancia" del ejército y la marina en la lucha contra la criminalidad y aceptó la estrategia de guerra irregular para combatir delitos del fuero común.

En enero de 2007 el jefe del Ejecutivo lanzó una Cruzada Nacional contra la Delincuencia y prometió ganar la "guerra" al crimen organizado.[42] Desde el comienzo de su mandato Calderón repetiría en actos públicos la palabra "guerra" sin ambages y hasta la saciedad. El 2 de julio de 2007 dijo:

Es por ello que desde los primeros días de mi gobierno dimos inicio a una guerra frontal contra la delincuencia y contra el crimen organizado, una guerra que sigue una estrategia integral y de largo plazo [...] que no será fácil ni rápido ganarla, que tomará tiempo, que tomará recursos económicos, vidas humanas [...] Hoy, ganar la guerra a los enemigos de México, al crimen organizado exige...[43]

En diciembre siguiente diría que "la inquebrantable lealtad y vocación patriótica de las fuerzas armadas, su firmeza y decisión, han sido y seguirán siendo fundamentales en esta guerra".[44]

Con el paso de los días y los meses, el enfoque netamente militarista de la guerra calderonista colocó al país en los parámetros de un conflicto civil interno. Entonces, ese hecho no tuvo una clara determinación jurídica. Pero conviene recordar que las fuerzas armadas no están formadas ni estructuradas para combatir el delito. Están instruidas, organizadas y estructuradas para defender la soberanía y la independencia nacionales, y el orden interno cuando es afectado por circunstancias tales que crean un estado de guerra.

Los militares no empuñan las armas para reprimir un delito; para eso está la policía. Cuando el poder político recurre a los militares para "exterminar" a un enemigo interno expulsado del género humano y calificado de plaga, está reconociendo tácitamente el estado de guerra. Pero la lucha entre familias mafiosas o grupos de la economía criminal, o el ataque de organizaciones delictivas a políticos y funcionarios del Estado como forma de presión o represalia, no son considerados actos de guerra.

Desde un inicio, pues, el discurso estatal en la lógica de exterminio de los *malos* —y las formas equívocas en que fue difundido desde el gobierno y por unos medios masivos disciplinados a los usos y costumbres del poder— generó ambigüedad. Pero Felipe Calderón logró el objetivo de colocar "su" guerra, con la larga estela de ejecuciones sumarias, decapitados, torturados, desaparecidos y fosas comunes como tema prioritario de la agenda pública.

La confusión deliberada entre esos dos planos de interpretación —guerra y delito— se mantuvo constante durante sus seis años de gestión, pero desde la llegada del dúo Obama/Clinton a la Casa Blanca, en enero de 2009, arreciaron las presiones para asimilar mediáticamente las tácticas violentas de la delincuencia a las del terrorismo y la subversión política, como una forma encubierta para criminalizar al enemigo como "narcoterrorismo" o "narcoinsurgencia" —ambas categorías fueron utilizadas por la secretaria de Estado, Hillary Clinton, para referirse a la violencia criminal en México— y preparar las condiciones para justificar la *guerra sucia* y el terrorismo de Estado.

A la vez, bajo el accionar punitivo de las fuerzas armadas, el Estado se vio obligado a considerar la declaración del combate a la criminalidad como una forma de guerra irregular, dada la necesidad de introducir modificaciones jurídicas en la lógica de la doctrina de seguridad nacional, preservando de paso el decimonónico y antidemocrático fuero militar, garante de la cuasi impunidad e inmunidad del estamento castrense.

No obstante, la posterior reticencia y las oscilaciones del Estado a reconocer el carácter bélico del enfrentamiento contra algunas bandas criminales estuvieron determinadas por su naturaleza de exclusivo detentador de la autoridad pública, y por lo tanto único competente para declarar una guerra, por constituir la autoridad legítima y preexistente sobre el territorio donde se desarrollaba el conflicto.

A mediados de 2010 el cambio de "guerra" a "lucha por la seguridad pública" en la retórica oficial, pudo haber estado determinado por la proximidad del fin del sexenio (el gobierno de Calderón expiraba el 30 de noviembre de 2012) y el riesgo de que al haber desarrollado una "guerra injusta" Calderón pudiera ser culpado de delitos contra la paz, al haber iniciado un conflicto sin motivos legítimos o por haber violado las reglas de la guerra. Lo anterior lo haría sujeto de ser juzgado como un presunto criminal de guerra en un futuro tal vez no muy lejano, por delitos imprescriptibles de jurisdicción universal porque ofenden a todo el género humano.

La calificación de guerra "justa" o "injusta" remite a una antigua doctrina de origen filosófico y religioso, que comprende el *jus ad bellum* (el derecho de iniciar una guerra en presencia de una causa justa) y el *jus in bello* (el código de comportamiento bélico). La "guerra injusta" no posee una justa causa, pero no deja de estar sujeta a normas (consuetudinarias o positivas) que por lo general son las aceptadas por la convención de guerra vigente en su periodo histórico. No obstante, con frecuencia una guerra justa, regular o irregular, no respeta las normas. En ese sentido, predominaría la visión de Von Clausewitz de 1832 —muy anterior a las Convenciones de Ginebra, a la jurisprudencia emanada de los juicios de Nuremberg y la Declaración de los Derechos Humanos de 1948— de que la guerra es esencialmente una actividad no sujeta a reglas, excepto aquellas que permiten alcanzar la victoria.

Los estados debaten esos problemas apoyándose en las teorías de los fines de la guerra, de los medios o instrumentos de guerra y de la proporcionalidad, teorías que forman parte del *jus ad bellum* y constituyen efectivas vallas de contención contra la "guerra total". Clausewitz habla de "aniquilación del enemigo".[45]

En la lógica del "exterminio de la plaga" de Calderón subyacía no sólo la omisión gubernamental en el momento de definir *a priori* "la moderación en los fines y en los métodos de la guerra" (*v. gr.*, la tortura, la desaparición, la ejecución sumaria, extrajudicial o arbitraria, el desplazamiento forzoso de población, el paramilitarismo), sino también la violación de los derechos humanos por parte de los integrantes de las fuerzas armadas.

Norberto Bobbio agrega a lo anterior que la guerra sea moralmente lícita, lo que no significa que deba ser obligatoria. Y frente a la distinción entre "guerra justa" y "guerra necesaria" sugiere que hay que apelar a la ética de la responsabilidad, fundada en la previsibilidad de los resultados. Según Bobbio:

> los gobernantes no pueden atenerse a la ética de las buenas intenciones y decir: la razón está de nuestro lado, por lo tanto tenemos libertad de acción. Debe obedecer a la ética de la responsabilidad, valorar las consecuencias de sus propias acciones. Y estar preparados para renunciar a ellas, si estas acciones arriesgan producir un mal peor del que se quiere combatir. La reparación de la ofensa no puede volverse una masacre.[46]

Benjamin, Agamben y la excepción como regla

Como una derivación del régimen de Calderón, México viviría una grave crisis humanitaria, producto de una deliberada política estatal que buscaba imponer lo que concebía como un nuevo modelo autoritario y clasista de "seguridad". En el marco de la "guerra" de Felipe Calderón contra algunos grupos de la economía criminal, el tránsito hacia un nuevo estado de corte policiaco-militar estuvo sustentado de facto en medidas propias de un Estado de excepción y prácticas de la guerra de contrainsurgencia, mismas que fueron apoyadas y legitimadas desde unos órganos de difusión masiva bajo control monopólico privado —en particular los electrónicos—, que a la manera de una "división" o "brazo" mediático de la guerra psicológica y de la propaganda belicista del régimen contribuyeron a la construcción social del miedo y la fabricación de enemigos míticos y elusivos que operaron como distractores, tales como el populismo radical y el narcoterrorismo.

Tan es así que los medios y periodistas no alineados fueron y siguen siendo objeto de diversas formas de silenciamiento, que van desde sacar de los espacios radioeléctricos a periodistas molestos como Carmen Aristegui, a una verdadera guerra de terror y exterminio con base en *kill-lists*, cuyos casos más sonados en el lapso analizado en esta obra tienen epicentro en el estado de Veracruz. De manera análoga, la prensa escrita, radial y televisiva afín al régimen violó mediáticamente los derechos humanos y el principio de presunción de inocencia, básico en cualquier sociedad y prensa civilizada, sea liberal o conservadora. Sin esa complicidad, la guerra psicológico-mediática difícilmente hubiera prosperado y alcanzado la magnitud que cobró, cuyo saldo fue una catástrofe humanitaria. Además, el papel de los medios en la guerra psicológica por las mentes y los corazones de las multitudes, y para generar una aceptación proactiva de la barbarie del calderonismo, no puede ser subestimado, y es equivalente al despliegue de cientos de miles de hombres armados.

Como se dijo antes, la violencia estructural es consustancial al sistema capitalista. Desde sus orígenes el capitalismo ha sido depredador y salvaje. Pero según Walter Benjamin y Giorgio Agamben, desde la Primera Guerra Mundial el "estado de excepción" devino en *la regla*. Para ambos, el "estado de excepción" no es el que impone el poder soberano para suspender el Estado de derecho y doblegar la rebelión que subvierte el orden establecido; se refieren al estado de excepción "permanente" que sufren los oprimidos y las víctimas de la historia, incluso dentro del Estado de derecho, que no de justicia.[47]

Según Agamben, vivimos en el contexto de lo que se ha denominado una "guerra civil legal", forma de totalitarismo moderno que recurre al estado de excepción y que operó tanto para el régimen nazi de Adolf Hitler como para los poderes de emergencia concedidos por el Congreso de Estados Unidos al presidente George W. Bush después de los atentados terroristas del 11 de septiembre de 2001. Una de las tesis centrales de Agamben es que el estado de excepción, ese lapso —que se supone provisorio— en el cual se suspende el orden jurídico, durante el siglo XX se convirtió en forma permanente y paradigmática de gobierno.

Para el filósofo italiano el estado de excepción contemporáneo no tiene como modelo la dictadura de la antigua Roma, sino que imita a otra institución romana, el *iustitium*, una suspensión de todo orden legal que creaba un verdadero vacío jurídico. El actual estado de excepción no tiene nada de constitucional, y al suspender toda legalidad deja al ciudadano a merced de lo que Agamben llama "poder desnudo". Estaríamos frente a un cambio de paradigma, donde la excepción hace desaparecer la distinción entre la esfera pública y la privada. En ese esquema, el Estado de derecho es desplazado de manera cotidiana por la excepción, y la violencia estatal queda libre de atadura legal. El nuevo paradigma de "gobierno" que hace de la excepción la norma elimina toda distinción entre violencia legítima e ilegítima, con lo que queda pulverizada la noción weberiana del Estado.

Tras los atentados terroristas contra las torres gemelas en Nueva York, el repliegue democrático en Estados Unidos fue asombroso. Philip S. Golub señaló que bajo la apariencia de un estado de excepción no declarado pero efectivo, al ordenar la guerra al terrorismo la administración Bush procedió a la demolición sistemática del orden constitucional, mediante un doble movimiento de autonomización y concentración de poder en el Ejecutivo y una marginalización de los contrapoderes. La forma de gobierno por decretos secretos y decisiones presidenciales arbitrarias devino en una práctica normal del Estado. Bush lanzó operaciones ilegales de espionaje interno y arrogándose poderes extrajurídicos pisoteó los tratados internacionales, legalizó la tortura, secuestró-desapareció a presuntos terroristas y arrestó de manera indefinida y sin juicio a quienes fueron identificados como "combatientes ilegales", que, como los prisioneros del campo de concentración de Guantánamo y los recluidos de manera clandestina en un verdadero archipiélago de "sitios negros" (*black-sites*, como se les conoce en Estados Unidos) alrededor del mundo, han sido mantenidos en un "limbo" legal hasta el presente, apoyado por un "sistema" judicial paralelo y secreto controlado por el Pentágono y la Casa Blanca.

Igual que en Auschwitz y otros campos nazis, donde lo que ocurría era algo más allá de las palabras y de lo que pudiera aprehenderse, considerado luego como una bestialidad, bajo el estado de excepción permanente instaurado por Bush —y reproducido por Barack Obama y otros gobiernos occidentales en nombre de los imperativos de seguridad—, se puede matar sin que signifique delito; por decreto y a partir de las *kill-lists* que siguen creciendo de manera exponencial conforme pasan los años.

Agamben dice que en el capitalismo actual estamos sometidos a una *nuda vida* (vida natural) y expuestos a ser exterminados como "piojos" (tal como decía Hitler respecto a los judíos) por la biopolítica, debido a "la creciente implicación de la vida natural del hombre en los mecanismos y cálculos del poder".

Si el enemigo es tratado como una no persona, como una bestia —o una plaga de roedores— por quienes se arrogan el poder de determinar quienes pertenecen a la especie humana y quienes no, se le puede exterminar a la manera de la "solución final" nazi. Para Agamben, el estado de excepción no es un accidente dentro del sistema jurídico, sino su fundamento oculto. Hannah Arendt habló de la "banalización del mal", en el sentido de una naturalización o normalización de acciones indudablemente criminales desde la óptica del mundo civilizado.

Podríamos concluir que bajo el estado de excepción permanente no declarado de Felipe Calderón —con sus decapitados, sus muertos torturados semidesnudos y su archipiélago de fosas comunes—, la excepción se convirtió en regla. Y como regla duradera, la excepción hace que todo sea posible.

Jakobs y la animalización del otro, ese enemigo

Una noción no visibilizada, cuyo ocultamiento ha servido para generar mayor confusión durante el estado de excepción permanente no declarado del régimen de Calderón, es la que alude al "derecho penal del enemigo". Tal noción, que tiene que ver con los discursos que dan forma a la relación entre la guerra y el control social penal —y sus consecuencias en el marco de los modos del mantenimiento del orden interior del Estado mexicano actual—, deriva de la transformación de los vínculos entre las categorías "enemigo" y "criminal", entidades fundamentales de la guerra y del derecho penal, respectivamente.

La terminología "derecho penal del enemigo" (*Feindstrafrecht*) fue acuñada por el penalista germano Günther Jakobs como un concepto opuesto al "derecho penal del ciudadano", y tiende a legalizar la posibilidad de privar a seres humanos de su condición de personas. Bajo esa denominación, Jakobs —quien cuenta con una considerable audiencia y seguidores en círculos académicos de Colombia y México— se refiere a aquellas normas jurídicas excepcionales, de combate, caracterizadas por un incremento de las penas y la supresión de garantías jurídicas, únicamente aplicables a los enemigos o no personas (*unpersonen*).

Para el controvertido catedrático de derecho penal de la Universidad de Bonn, los "enemigos" son terroristas o integrantes de la "criminalidad" organizada (incluidos traficantes de drogas y de personas), individuos que han "abandonado" el derecho por tiempo indefinido y suponen una amenaza a los fundamentos de la sociedad que constituye el Estado.

Mediante el derecho penal del enemigo, el Estado ya no dialoga con ciudadanos, sino que combate a sus enemigos. Combate "peligros".

La distinción entre las categorías "enemigo" y "criminal" establece que el segundo es un ciudadano que si delinque transgrede la ley y su estatuto de ciudadano es respetado cuando le es garantizado un procedimiento judicial acorde a las normativas legales. Pero en tanto enemigo, al individuo se le niega su condición de ciudadano, de persona, y se le puede someter a una coacción no regulada por el derecho.

Para los críticos de Jakobs, sometido al derecho penal del enemigo, el estatuto del detenido queda sujeto a una ambigüedad entre *delincuente* y *prisionero de guerra*. Pero dado que un determinado individuo (el enemigo) es peligroso, si no se le neutraliza habrá que lamentar en el futuro un hecho delictivo. En ese sentido, se podría afirmar que el derecho penal del enemigo es, en puridad, un derecho penal de medidas de seguridad, semejante a un cuasi estado de guerra.

El Estado decide quién es el "enemigo interno", y al ser declarado como tal un individuo es colocado "fuera de la ley". Al negársele al enemigo la calidad de hombre, de persona, se transforma en algo más bien parecido a un monstruo o una bestia. Los enemigos del sistema estarían en un estado de naturaleza. El enemigo es un ser limítrofe. Una "vida desnuda" que se encuentra fuera de la ley y de la humanidad y con la cual no hay acuerdo posible, al que se debe derrotar incluso mediante la coacción física y la tortura (Guantánamo) y eliminar. Una vida de la que se puede disponer libremente al punto de que se le puede dar muerte sin que sea necesario cumplir con los procedimientos legales instituidos y sin que ello constituya un homicidio.

Desde la óptica estadounidense impuesta al mundo por la administración Bush tras el 11/S, un terrorista (pensemos en Osama Bin Laden) o un presunto *capo* del crimen organizado en el México de Felipe Calderón (*v. gr.*, Arturo Beltrán Leyva), convertidos en monstruos inhumanos o animales peligrosos, no sólo deben ser combatidos sino definitivamente aniquilados. Exterminados. Igual ha venido ocurriendo durante el régimen de Enrique Peña Nieto: los casos Tlatlaya y Tanhuato son sólo dos trágicas muestras.

"El enemigo —dice el penalista argentino E. Raúl Zaffaroni— es una construcción tendencialmente estructural del discurso legitimante del poder punitivo." Y como se dijo, citando a Agamben y Benjamin, "el estado de excepción [como la matriz oculta del espacio político en el que vivimos] es hoy la regla". Pero además, el derecho penal del enemigo se aplica en una "sociedad del espectáculo" donde los discursos *massmediáticos* han pasado a formar parte fundamental en la construcción del espacio público.

Según Jakobs, el elemento central para determinar la "peligrosidad" del criminal reside en lo que él llama "seguridad cognitiva". Es decir, la expectativa que se tiene respecto de la conducta del otro. Sólo que Jakobs ignora de manera peligrosa, que la denominada sensación de inseguridad (o miedo al delito) es una construcción social, que por lo general responde a matrices de opinión sobre el crimen y la justicia, *sembradas* por fuentes gubernamentales en los medios de difusión masiva, y reproducidas de manera acrítica y generalmente de modo maniqueo, selectivo y sensacionalista.

Durante el estado de "guerra" permanente de Calderón —la excepción convertida en regla—, México avanzó de manera progresiva hacia la configuración de una matriz de sentidos caracterizada por el desprecio de las formas y los procedimientos y principios básicos del derecho penal moderno, sobre todo del principio de culpabilidad (que supone sancionar al infractor por el hecho cometido y no por la peligrosidad que el sujeto pueda mostrar hacia el futuro), una inobservancia premeditada y consciente, en tanto tiene como destinatario a enemigos (no personas) y su finalidad es eliminar peligros. Exterminarlos.

Una filosofía que en el plano bélico de la cruzada calderonista contra el "mal" llevó a la comisión de crímenes de guerra y de lesa humanidad contra personas que no participaban directamente en las hostilidades, por medio de ejecuciones sumarias extrajudiciales, diversas formas de homicidios, tratos crueles y torturas, la mutilación de presuntos enemigos como forma de intimidación, la desaparición forzada de personas, ataques paramilitares a centros de rehabilitación de enfermos bajo la modalidad de "limpieza social", violaciones de mujeres y niñas… Una ordalía de violencia y sangre que continuaría durante el sexenio de Enrique Peña Nieto.

Crímenes que, debido a que no están claramente tipificados en la legislación penal mexicana y no pueden encontrar justicia en las instancias nacionales, han sido sometidos a la consideración de la Corte Penal Internacional de acuerdo con el Estatuto de Roma, la Comisión Interamericana de Derechos Humanos y distintas comisiones *ad hoc* sobre desaparición forzada y tortura de la Organización de las Naciones Unidas.

Parte I

LA GUERRA DE CALDERÓN

La "biblia" militar del comandante Felipe Calderón

Desde su primer día de gobierno Felipe Calderón quería una guerra y le ordenó al titular de la Secretaría de la Defensa Nacional (Sedena), general Guillermo Galván Galván, diseñar un plan general de "combate" contra el "enemigo", identificado como los grupos criminales dedicados a la producción, trasiego y venta de drogas ilícitas.

El plan quedó plasmado en la Directiva para el Combate Integral al Narcotráfico 2007-2012, que sirvió de guía para la actuación del ejército. Clasificado como "secreto", el documento de 37 páginas fue elaborado por el entonces jefe de la Sección Siete (Operaciones contra el Narcotráfico) del Estado Mayor de la Sedena, general de brigada Rogelio Armando Patiño Canchola, y contó con el visto bueno del general de división Carlos Demetrio Gaytán Ochoa, jefe del Estado Mayor. La aprobación final correspondió al comandante en jefe del ejército, general Galván, quien transmitió las instrucciones y los contenidos, fijados acordes con la "visión presidencial", a los comandantes de las 12 regiones militares del país para que los bajaran por la cadena de mando.[1]

De acuerdo con la *Directiva* —una suerte de "biblia" militar durante el sexenio calderonista—, había que desarrollar "esquemas de combate" contra los "blancos" fijados por el comandante supremo de las fuerzas armadas y actuar con "amplia libertad de acción e iniciativa" y "don de mando" para realizar "acciones contundentes" contra el enemigo.[2]

Carente de un ordenamiento legal específico (aunque se hacía referencia a la Constitución, la Ley de Seguridad Nacional y una tesis jurisprudencial de la Suprema Corte de Justicia de la Nación), para justificar la salida de las tropas de los cuarteles se equipararon las acciones de los traficantes de drogas con "actos tendentes a consumar espionaje, sabotaje, terrorismo, rebelión, traición a la patria, genocidio, en contra de los Estados Unidos Mexicanos en el territorio nacional".[3]

En otro documento, denominado *La Secretaría de la Defensa Nacional en el combate al narcotráfico*, se llamaba a transformar la lucha contra las organizaciones criminales en una "cruzada", lo que implicaba "rechazar categóricamente toda insinuación o petición de negociación"; por el contrario, la Sedena consideraba prioritario atacar al enemigo de manera coordinada en todos los frentes, para "aniquilarlo". Según la institución castrense, el narcotráfico ponía "en riesgo la viabilidad del país", pues "se trata de una amenaza interna, actual y violenta que afecta los campos político, económico, social y militar".[4]

El informe agregaba que el crimen organizado se había convertido en un fenómeno delictivo y socioeconómico de enorme complejidad, por lo que su combate representaba "la más alta prioridad para las fuerzas armadas". En el corto plazo, la Sedena consideraba "previsible una simbiosis [de los traficantes] con grupos armados desafectos al gobierno", el "incremento sustancial de los niveles de violencia", "el aumento de las presiones internas y externas", que la población y autoridades "constituirán objetivos selectivos de la delincuencia organizada" y la "apertura de nuevos frentes de combate" para el ejército.[5]

Para la institución armada era indispensable desmantelar las estructuras criminales a través de un "combate frontal" basado en cuatro aspectos fundamentales: causarle el mayor número de bajas al enemigo (el famoso *body count* o conteo de cadáveres de la fallida estrategia de contrainsurgencia de Estados Unidos en Vietnam);[6] crear divisionismo en sus filas; provocar confrontaciones internas, e inducir su autodestrucción. La estrategia estaba dirigida a romper las alianzas entre los "cárteles" y asestar golpes que generaran diferencias internas para provocar su "confrontación". Se trataba, pues, de localizar, fijar, intimidar y causarle el mayor número de bajas al adversario, en tanto se aplicaba la ofensiva principal sobre "su flanco más sensible, que es el financiero patrimonial".[7]

Según algunas versiones periodísticas, Calderón asumió el término *guerra* para su lucha contra el narcotráfico a partir de una reunión secreta sostenida en Cuernavaca, Morelos, en septiembre de 2006, donde estuvieron presentes Eduardo Medina-Mora, Genaro García Luna y el ex jefe de la agencia antidrogas estadounidense (DEA) en México. El jefe de la DEA (presumiblemente David Gaddis, entonces director regional de la DEA con sede en el Distrito Federal) expuso a Calderón la necesidad de desatar una "guerra" contra los grupos criminales, a lo cual el presidente electo accedió. Medina-Mora fue luego designado procurador general de la República, y García Luna secretario de Seguridad Pública.[8]

En un sentido general, la "guerra" de Calderón resultó todo un éxito: hubo muertos a granel y desde entonces el *body count* siguió multiplicándose, y a partir de la libertad de acción e iniciativa de los mandos castrenses se generalizó la tortura como práctica sistemática de interrogatorio, al tiempo que se incrementaron de manera exponencial la desaparición forzada de personas y las ejecuciones sumarias extrajudiciales. A la saña militar no escaparon niños ni mujeres inocentes, ejemplos sobran.

Milenio, 28 de noviembre de 2008. Primera plana. El análisis *La Sedena en el combate al narcotráfico* anunciaba la "apertura de nuevos frentes de combate".

Morir en un retén

Había caído la noche. Faltaban un par de kilómetros para llegar a Los Alamillos, una pequeña comunidad enclavada en el municipio Sinaloa de Leyva. La *pick up* roja 1991 serpenteaba por el camino conducida por Adán Esparza. De pronto unas siluetas medio se dibujaron en la carretera y Adán escuchó que le marcaban el alto al tiempo que una ráfaga de M-16 se incrustaba en el parabrisas. Un disparo le voló la mano derecha. Perdió el control y la troca se desbarrancó.

Maltrecho, se bajó como pudo, y con la mano buena hizo señas mientras les gritaba a los soldados que no dispararan, que en el vehículo venían mujeres y niños. Pero los *guachos* siguieron disparando a la camioneta y un tiro le dio en la mano buena.[1]

Después se supo que su esposa Griselda Galaviz, quien viajaba a su lado en la cabina, murió de inmediato, y también la hija de ambos, Grisel Adalia, de sólo cuatro años. Otros dos hijitos, Janiel y Juana, de siete y dos años, fallecieron antes de llegar al Hospital General de Culiacán, después de ocho horas de camino salpicado de retenes castrenses. Su hermana Alicia, de 17, también murió en la carretera, "se le salió toda la sangre". Además de Adán, también resultaron heridos Teresa Flores, de 16, y José Carrillo, de siete años.

Los hechos ocurrieron el 1° de junio de 2007 alrededor de las nueve de la noche, cuando los ocho tripulantes de la camioneta Ford regresaban de Ocurahui, una población donde Sinaloa se junta con Chihuahua. Griselda y su cuñada Alicia eran instructoras comunitarias y habían ido a un curso de actualización educativa para maestros rurales.

Pero la mala suerte vestida de verde olivo las alcanzó en un presunto retén a la altura de La Joya de los Martínez.

Los uniformados, tres oficiales y 16 elementos de tropa, pertenecían al 24o Batallón de Caballería Motorizada, adscrito a la 9a Zona Militar. Una fuente allegada al ejército señaló que los soldados accionaron sus armas después de que escucharon un "fogonazo", y que en el lugar se encontraron casquillos de fusil AK-47 y "algo" de droga.[2] Pero la versión no fue difundida por la Secretaría de la Defensa Nacional, y de acuerdo con el parte de la policía ministerial, familiares de las víctimas declararon que "los elementos del ejército sembraron un costal de marihuana a tres metros de la camioneta".

En un comunicado, la Sedena informó que el "incidente" se había dado en el marco de la "campaña permanente contra el narcotráfico y la aplicación de la Ley de Armas de Fuego y Explosivos". El 7 de enero anterior había comenzado el Operativo Triángulo Dorado de las fuerzas federales en la confluencia de los estados de Chihuahua, Durango y Sinaloa, y la región se había militarizado.

Para Óscar Loza Ochoa, entonces presidente de la Comisión Estatal de Derechos Humanos (CEDH), no había duda: se trató de un multihomicidio. Los balazos fueron hechos de frente. El parabrisas delantero de la camioneta, del lado derecho del copiloto, tenía siete balazos, con lo que se descartaba que el conductor no hubiera acatado la orden de alto. El resto de los impactos dieron en los costados del vehículo. Además, les dispararon antes de llegar al retén; Loza inclusive no cree que éste existiera, no hubo evidencia.

El ombudsman sinaloense dijo contar con datos, según los cuales los militares que participaron en los hechos "se encontraban ingiriendo bebidas embriagantes" y también podrían estar consumiendo "algún tipo de droga".[3]

La Procuraduría General de Justicia Militar consignó a 19 soldados por su presunta responsabilidad penal en los hechos. El caso quedó radicado en el juzgado militar adscrito a la 3a Región Militar, en Mazatlán, Sinaloa. Una semana después se informó, extraoficialmente, que el general Arturo Olguín Hernández había sido removido del cargo de comandante de la 9a Zona Militar. Él era el mando jerárquico de los soldados.

Era la primera vez que públicamente se conocía que tres niños (de siete, cuatro y dos años) morían a manos de militares. Iban apenas siete meses de la "guerra" contra las drogas del presidente Felipe Calderón. Además, la joven Teresa, maestra de preescolar, tenía varias esquirlas de bala desperdigadas en el cuerpo, y a José, el otro niño herido, los médicos no le habían podido quitar un proyectil que le perforó un pulmón. Adán perdió las dos manos.

El grave hecho se sumó a la creciente ola de indignación provocada por las continuas violaciones a las reglas de la guerra y a los derechos humanos de integrantes del ejército en varias partes del país.

Según relató Eligio Esparza, hermano de Adán, los militares dijeron que sus familiares traían armas, droga y dinero y que por eso los mataron.

Puro paro, compa —le dijo al cronista Alejandro Almazán—. Mis parientes no se dedicaban a ese negocio [...] ¿Te imaginas a tres plebes de 7, 4 y 2 años empuñando un cuerno [de chivo] o levantando las Cessnas con las pacas? Pues no. ¿Se te hace creíble que unas instructoras comunitarias, maestras pues, sean de las pesadas del narco? No, compa, esas son chingaderas. Los mataron a lo puro loco.[4]

No serían los únicos casos; pronto otros niños morirían en los retenes militares...

El caso de los niños Almanza

"Nos cazaron como animales; los soldados andaban drogados"

Corría 2010. Era el sábado 3 de abril. Al atardecer, Martín Almanza y su esposa Cinthia Salazar, con sus cinco hijos: Lucero de 10 años, Martín de nueve, Jennifer de ocho, Brayan de cinco y Yesenia de tres, junto con el matrimonio formado por Carlos Rangel y Vanessa Velázquez, con sus dos vástagos, uno de ellos de tres meses, y una vecina, salieron de Nuevo Laredo, Tamaulipas, hacia Matamoros para pasar un fin de semana en la playa.

Iba pura familia, con siete niños pequeños a bordo de una camioneta Tahoe. Tomaron una vía ribereña, y cuando transitaban por la carretera de Nuevo León a Reynosa, a la altura del kilómetro 117, en el tramo Ciudad Mier–Nueva Ciudad Guerrero, divisaron un retén con al menos 50 soldados, en su mayoría encapuchados y cuatro vehículos militares. Pensaron que les iban a hacer el alto, el conductor redujo la velocidad de la troca y bajaron los vidrios… Pero no los pararon. Uno de los soldados hizo la seña que continuaran. Pasaron despacio y entonces empezaron los primeros disparos por detrás, en forma indiscriminada, a quemarropa… Incluso les tiraron una granada de fragmentación.[1]

Fueron momentos de horror y terror. Entre sonidos de balazos, lloros y gritos de miedo y desesperación, Cinthia vio a su esposo todo cubierto de sangre, herido, y le gritó: "Martín, Martín, no te mueras, hay que sacar a los niños". Se bajó, y con una toalla blanca en la mano desde el costado de la carretera les gritaba a los militares que no dispararan. Vio que Martín, el de nueve, como que quiso salir de la troca, pero lo mataron de un balazo en la espalda. Después corrieron hacia el monte. Ella cargaba en sus brazos a Brayan y estiraba a las dos niñas; en el momento que lo cambió de brazo sintió un calor en el estómago, pero siguió corriendo. Fue entonces cuando hirieron a Brayan. Observó cómo su cabecita se iba para atrás y se le soltaba el cuerpecito. Corrían entre la maleza y le gritó a su esposo que les habían matado a Brayan y entonces él lo cargó hasta una casa donde les dieron refugio.[2] Después lograron llegar a un hospital, donde atendieron a Cinthia, Martín, Carlos Rangel y a dos menores con heridas de bala. Ahí, un sargento Hernández les pidió su domicilio.

Cuando el martes 6 de abril Cinthia acudió a su casa de la colonia Los Colorines, en Nuevo Laredo, a recoger fotografías de sus dos niños, Martín y Bryan, para ponerlas sobre sus ataúdes, observó que la vivienda estaba rodeada de soldados; más de 30, dijo. Junto con ella, los militares irrumpieron en su domicilio, revisaron las habitaciones, tomaron fotografías, la interrogaron e intimidaron. No traían orden de cateo; tampoco respetaron el funeral de los pequeños.

"Nos cazaron como si fuéramos animales y me quitaron a mis dos niños", declaró después Cinthia Salazar.[3] "Andaban drogados, no sé…"

El viernes 9 de abril, bajo un titular que decía "Demandan en Nuevo Laredo castigo a militares", la portada del diario *La Jornada* exhibía una fotografía donde familiares y amigos de Martín y Brayan portaban una manta donde se leía: "Presidente Felipe Calderón: Que no le tiemble la mano para castigar a los militares". Encabezados por Cinthia Salazar, hicieron un plantón para exigir justicia frente al cuartel militar Macario Zamora, en la localidad tamaulipeca. Compañeros de escuela de Martín exhibían carteles con leyendas infantiles que decían: "Por favor, no me disparen; soy un niño", "Fuera soldados asesinos" y "Yo soy amigo de Martín y Brayan".[4]

Para entonces, la Secretaría de Gobernación ya había comenzado a fabricar una coartada: la del "fuego cruzado". La de un "enfrentamiento" entre soldados de la 8a Zona Militar y sujetos armados. Según la versión, el 3 de abril personal castrense había "repelido" un ataque de presuntos delincuentes, y en ese "contexto de agresión, violencia y fuerza", derivado de un "enfrentamiento", habían perdido la vida los dos niños.

El titular de Gobernación, Fernando Gómez Mont, declaró: "Reitero el respeto profundo al dolor de esa madre que vio morir en sus brazos a su hijo". Según comentó Ricardo Rocha, el funcionario no se condolió ni conmovió, nomás expresó respeto y ni siquiera mencionó el nombre de "esa" madre. Además, mañosamente, refirió que "vio morir en sus brazos a su hijo". Apuntó Rocha: "No, don Fernando, Brayan de cinco años no se murió de una disentería o una pulmonía, lo mataron a tiros los soldados que su secretaría defiende como si fuera su agencia de relaciones públicas".[5]

Ya el secretario de la Defensa Nacional, general Galván Galván, había introducido una frase económica para referirse a la muerte de inocentes a manos de sus soldados, copiada de la jerga de guerra estadounidense: "Daños colaterales". Y en la Cámara de Diputados, en medio del repudio por los asesinatos de los dos niños, cuando se debatía el caso y se exigía a la Sedena un reporte detallado de por qué los soldados habían disparado contra una familia indefensa, el entonces legislador priísta Ardelio Vargas Fosado —el represor de Atenco y Oaxaca— desde su curul pidió la palabra y en total sintonía con la línea oficial, con su lenguaje miserable, dijo: "Únicamente para precisar: son lamentables los hechos que han sucedido, que son los efectos colaterales de una lucha en contra del crimen organizado".[6]

LA COARTADA: ENFRENTAMIENTO Y FUEGO CRUZADO

Autoridades de distintas dependencias oficiales habían ido fraguando en las sombras la salida exculpatoria, aquella que buscaba eludir cualquier responsabilidad del ejército en el asesinato de los niños.

El 17 de abril, en Ciudad Victoria, al coadyuvar con la PGR en la investigación, la procuraduría tamaulipeca abonó a la teoría del "enfrentamiento" entre civiles armados y soldados. Según una "inspección ministerial", los niños Almanza Salazar habían muerto por "presunto fuego cruzado", decía en un comunicado la dependencia. Publicado como una inserción pagada en algunos medios de circulación nacional, el texto refería que un convoy integrado por varios vehículos había intentado ser detenido por militares, y a raíz de un tiroteo habían muerto dos personas. Un cuerpo había quedado en el interior de un Hummer rojo, otro en una *pick up* Dodge Ram azul.

Y agregaba:

> En el lugar de los hechos se encontraba también una camioneta Chevrolet Tahoe modelo 2001, color negra y vidrios oscuros, en cuyo interior fue hallado el cuerpo sin vida del menor Martín Almanza Salazar. En la misma camioneta Tahoe viajaban su hermano Brayan, que muere cuando recibía atención médica; su padre Martín Almanza...

El último párrafo del documento refrendaba el papel del ejército en el combate a la delincuencia, y cómo "en ocasiones y de manera accidental, gente de bien resulta afectada, como es el caso antes mencionado".[7]

El 30 de abril, día del niño en México, la Secretaría de la Defensa Nacional dio a conocer la conclusión a la que habían llegado la Procuraduría de Justicia Militar y autoridades civiles tras la investigación y el peritaje de los hechos: el deceso de los infantes Martín y Brayan se había debido al "fuego lanzado por sicarios que atacaron a soldados" en Ciudad Mier. Durante el enfrentamiento, esquirlas de una granada habían alcanzado a los niños y eso les había causado la muerte.

En conferencia de prensa, el general José Luis Chávez García afirmó que "existió una agresión contra personal militar por parte de integrantes de la delincuencia organizada. Este hecho ocurrió de manera circunstancial y no como consecuencia de la presencia de personal militar establecido en un puesto de control o 'retén' militar".[8]

Como en un videojuego y con gran despliegue técnico para la presentación, el procurador militar, quien se hallaba acompañado de otros jerarcas castrenses, dio una detallada explicación con reportes periciales, fotografías, testimonios y documentos, y reveló que el ataque a la camioneta en la que viajaban los dos menores se había realizado con granadas calibre 40 milímetros y que habían sido las esquirlas las que hirieron de muerte a los infantes. Aclaró que ese tipo de armamento no correspondía a las granadas usadas por el ejército, además de que el personal militar que participaba ese día en los hechos no contaba con ese tipo de armamento.

¿El saldo? Cuatro civiles muertos: dos maleantes y dos niños. No se reportó ningún militar lesionado ni fallecido. La versión de la Sedena exoneraba a los soldados de toda responsabilidad en la muerte de Martín y Brayan.

Sin embargo, ese mismo día, entrevistada por Milenio Televisión, Cinthia Salazar aseveró: "El procurador militar miente"; dijo que sus hijos no habían muerto por la detonación de una granada, sino a tiros, y que sus victimarios habían sido los militares. En otra entrevista con José Cárdenas para *Radio Fórmula*, refirió que los menores habían fallecido cuando "los soldados los balearon por atrás" de la camioneta. Y a Denise Maerker le reiteró: "A mi Brayan de 5 años, cuando yo lo bajé de la troca, me le dieron un impacto de bala; cuando me acerqué a la troca a querer bajar a mi niño Martín, al momento que abrí la cajuela me aventaron una granada. A mí se me puso el cuerpo caliente".[9] Asimismo, declaró al diario *Reforma* que no hubo tal enfrentamiento entre militares y narcotraficantes.

En su relato afirmó que en la carretera se habían encontrado con cuatro vehículos militares color verde olivo estacionados en el acotamiento del carril contrario. Acostumbrada a ver retenes, recordó, disminuyeron la velocidad y abrieron las ventanillas. Algunos soldados estaban encapuchados, con las armas empuñadas arriba de las camionetas. Y después de que pasaron los balearon por la espalda, les poncharon las llantas de la troca y entre el quebradero de vidrios y el griterío de los niños vio a su esposo caído al volante. Luego del ataque, la camioneta quedó estacionada a unos 20 pasos de los vehículos militares. Se bajó, y entre el tronar de los disparos tomó a su hijo Brayan —quien moriría en sus brazos—, y huyó al monte.[10]

Su esposo, Martín Almanza, declaró a León Krauze en *W Radio* que sus hijos murieron por disparos de armas de fuego:

Mi hijo [Brayan] tiene un impacto en el lado izquierdo… y mi niño Martín tiene un impacto en la espalda […] Eran militares, los vi bien, de hecho los veo todos los días. Eran cuatro camionetas, traen su número de unidad […] Las verdes, las cheyennes de cuatro puertas. Ciento por ciento estoy seguro, eran militares. Eran elementos del ejército mexicano.[11]

El escándalo no cedía. Dos meses después de los hechos, el 11 de junio, el presidente Felipe Calderón recibió al matrimonio Almanza Salazar en Los Pinos. Y cuando Cinthia le preguntó si estaba consciente de que el ejército había matado a sus hijos, lacónico, el mandatario le respondió: "No".[12]

MINTIÓ LA SEDENA: CNDH

Cinco días después, al presentar los resultados de una investigación de oficio sobre el caso, el presidente de la CNDH, Raúl Plascencia, desechó la versión de la Sedena, Gobernación, la PGR y la procuraduría de Tamaulipas sobre el "fuego cruzado", y aseguró que las muertes de Brayan y Martín habían sido "resultado del fuego directo y discrecional por parte de elementos del ejército"; no había habido tal "enfrentamiento" entre soldados y miembros de la delincuencia organizada.[13]

El ombudsman nacional afirmó que de acuerdo con los elementos recabados por los peritos de la comisión, los militares involucrados en los hechos, pertenecientes al 3er Regimiento Blindado de Reconocimiento (B.O. MVL "URBANA B" de la 8a Zona Militar), habían "alterado y manipulado" el lugar de los hechos "para justificar una legítima defensa", lo que para la CNDH resultaba "inadmisible". Y a ello sumó otros agravantes: "omisión, dilación, uso arbitrario de la fuerza, obstrucción a la justicia por parte de la Sedena y la PGR, indebida integración de averiguaciones previas y otras".

Raúl Plascencia le daba la razón al matrimonio Almanza: la Sedena mentía. La versión oficial no tenía "sustento ni apego a las evidencias".

Las autoridades habían hecho un indebido levantamiento de indicios y de preservación de pruebas.

Según la comisión, a partir de las fotografías proporcionadas por la propia Sedena, los 11 disparos "de frente y los orificios ubicados en el asiento derecho" (donde venía sentada Cinthia Salazar) producían la convicción de que no se encontraba ocupado por persona alguna, "con base en la ausencia de manchas de fluidos biológicos", lo que indicaba que habían sido realizados una vez que el vehículo había sido evacuado por sus ocupantes; de haberse efectuado cuando estaban allí Martín Almanza y su esposa, los hubieran privado de la vida.

A su vez, las víctimas relataron que "los disparos de arma de fuego sólo fueron en el costado izquierdo del vehículo y de atrás hacia adelante, nunca del lado derecho, ya que por ese costado descendimos; de haber existido disparos [ello] nos hubiese imposibilitado la huida hacia el monte donde nos refugiamos".

Por otra parte, dos testigos acudieron al lugar de los hechos después de que Martín Almanza (padre) les comunicó por radio que la camioneta en que viajaban había sido baleada por militares. Testimoniaron que arribaron al lugar aproximadamente a las 21:30, observando que allí sólo estaba la camioneta Tahoe, color negra, con las luces intermitentes prendidas, y que al cuestionar a los soldados sobre los pasajeros, éstos les indicaron que los lesionados habían sido trasladados para su atención médica a Miguel Alemán, por lo que se dirigieron a los nosocomios de esa localidad, y que al regresar a Nuevo Laredo y cruzar por el puente el mismo lugar, aproximadamente a las 23:30 horas advirtieron que el vehículo de Almanza "estaba en medio de una camioneta *pick up* azul y un vehículo rojo". De lo que tácitamente se desprendía que los militares habían *sembrado* dos vehículos, la Dodge azul y la Hummer roja, donde habían colocado los cadáveres de dos presuntos "sicarios" ataviados con ropa "tipo militar".

Esas testimoniales resultaron clave para que la CNDH sostuviera que las dos camionetas de los presuntos delincuentes habían sido colocadas después de los hechos para "alterar la escena del crimen y representar que había existido un enfrentamiento"; pero las muertes de Brayan y

Martín y las heridas de otras cinco personas más "fueron resultado de fuego directo y discrecional por parte de elementos del ejército y no de un tiroteo cruzado con miembros de la delincuencia organizada".

La recomendación de la CNDH incluía el testimonio de Carlos Rangel, quien fue herido en ambas piernas, por lo que no pudo abandonar la camioneta y huir al monte. Rangel declaró que cuando dejaron de disparar, los militares se aproximaron al vehículo y le apuntaron con sus armas. Un soldado le dijo a otro: "Mátalo… al cabo que ya se va a morir", y entonces cortó cartucho a su rifle y le apuntó a la cabeza, pero "otro que parecía al mando o jefe les ordenó que no me hicieran nada y se fueron sin prestarme auxilio".

En relación con la muerte de Martín y Brayan, la Sedena había manifestado que ambos decesos se habían producido por la detonación de una granada de fragmentación que había impactado la parte de atrás de la camioneta y que había sido realizada por el "grupo delictivo". No obstante, ello no coincidía con los testimonios de los testigos sobrevivientes ni con la opinión técnica de los peritos de la CNDH, que sostuvieron que Brayan "tuvo una muerte violenta, resultado de heridas producidas con arma de fuego penetrantes de cráneo, tórax y abdomen". Además, Cinthia Salazar narró que el proyectil de arma de fuego que la lesionó (a la altura media intercostal) fue el mismo que causó lo muerte de Brayan, pues "sintió inmediatamente como su cuerpo se aflojó".

Por lo que se refería al niño Martín Almanza Salazar, los peritos forenses también determinaron que su muerte había sido "violenta", como resultado de "dos heridas producidas por esquirlas de armas de fuego con ruptura de sacro y últimas vértebras lumbares penetrantes de abdomen".

Entre otras faltas graves cometidas por el ejército, Plascencia detalló violaciones al derecho a la vida, a la integridad y la seguridad personal, al trato digno, a la legalidad y la seguridad jurídica, así como al derecho de los menores a que se protegiera su identidad por actos consistentes en privación de la vida, tratos crueles, inhumanos o degradantes, y omisión de su auxilio.

La recomendación 36/2010 de la CNDH estaba integrada por 34 cuartillas a renglón simple, y se sustentaba en la Constitución, la legislación mexicana vigente y las normas internacionales de protección a los derechos humanos. Con base en ello, reivindicaba su facultad de interponer ante la Unidad de Inspección y Contraloría General de la Sedena, y el Órgano Interno de Control de la Procuraduría General de la República, no sólo una queja formal en contra de los servidores públicos adscritos a ambas instituciones y los de la Procuraduría General de Justicia Militar (PGJM) que habían intervenido en los hechos, sino también una denuncia formal de hechos ante la PGR y la PGJM, para que en caso de que dicha conducta fuera constitutiva de delitos, se determinara la responsabilidad penal y se sancionara a los funcionarios responsables.

Entre las recomendaciones dirigidas a la Defensa Nacional se pedía que los servidores públicos de la institución (mandos, oficiales y tropa) se abstuvieran de alterar la escena de los hechos y de tergiversar la verdad histórica y jurídica de los mismos; se implementara un mecanismo para que elementos del ejército fueran sometidos a exámenes toxicológicos y psicológicos, y se tomaran las medidas necesarias para reparar los daños físicos y psicológicos de los sobrevivientes y se indemnizara a los familiares de los niños asesinados.

La contundencia de los señalamientos de la Comisión Nacional de los Derechos Humanos planteaba una perspectiva catastrófica para la credibilidad de las instituciones federales y estatales que habían avalado la versión oficial. Como señaló un editorial del diario *La Jornada*, a la "brutalidad intrínseca de la agresión" en la que habían perdido la vida los dos niños se sobreponía una tendencia inaceptable de las autoridades a "tergiversar los hechos, desvirtuar versiones distintas a la oficial y dificultar, con ello, el pleno esclarecimiento de los episodios de violencia" en los que se habían visto involucrados efectivos de las fuerzas armadas.[14]

Por lo que se acentuaba, además, la impunidad, se profundizaba el desprestigio de las instituciones de seguridad del Estado (empezando por la castrense), se negaba la justicia a los inocentes caídos en el contexto de una "guerra" cada vez más confusa y cruenta, y se ponía seriamente en entredicho el compromiso de las autoridades en el restablecimiento de la legalidad y el Estado de derecho.

No hubo dolo ni mala intención: Gobernación

En lo inmediato, la Secretaría de la Defensa Nacional guardó un ominoso silencio. Quien sí habló fue el secretario de Gobernación, Fernando Gómez Mont. El funcionario descalificó el informe de la CNDH por "descontextualizado" e "incompleto", al no haber registrado todas las evidencias debido a la "confidencialidad" y "secrecía" de las averiguaciones previas, aunque admitió que hacían falta protocolos para preservar la escena del crimen. Acerca de la hipótesis de que los militares habían manipulado y alterado el lugar de los hechos, argumentó que esos casos suelen presentarse por la "impericia" y falta de "entrenamiento" (de los soldados), "no por dolo o por mala intención".[15]

Según el columnista y director de *Milenio*, Carlos Marín, los señalamientos de la CNDH en contra del ejército eran de "excepcional gravedad", no sólo por negar el "enfrentamiento" con los presuntos criminales, sino porque sin hacerla explícita, entrañaba la "escalofriante" sugerencia de que los soldados además de asesinar a dos niños y *sembrar* dos camionetas, habían colocado los cuerpos de un par de sicarios ataviados con "uniforme patito" de corte militar.[16]

Para salir de dudas, el periódico entrevistó al segundo visitador de la comisión, Marat Paredes, quien en relación con la *siembra* de las camionetas, cuando el reportero le dijo que la madre de los niños, Cinthia Salazar, había declarado ante la representación social tamaulipeca haber visto a las dos camionetas, respondió que "las dos declaraciones ministeriales tomadas a la señora el mismo día [el 4 de abril], una ante el agente de Ciudad Mier y otra ante el de Ciudad Alemán", tenían las mismas irregularidades: "una supuesta firma de la declarante, a pesar de que no sabe escribir, y el mismo contenido, con las mismas palabras, pese a tratarse de distintas agencias"; además de que los dos agentes del Ministerio Público no le habían leído su declaración.[17]

Otras contradicciones tenían que ver con los horarios y las distancias asentados en las averiguaciones previas, además el visitador observó que los informes de la Sedena no hacían mención en ningún momento de las víctimas, aun cuando reconocía su presencia en el lugar de los hechos. "Aun en el fragor de un enfrentamiento, resulta difícil entender que los gritos de 13 personas y la huida de 11 haya pasado totalmente inadvertida para los militares", indicó Paredes. Y con respecto a la exigencia de examen toxicológico al personal castrense, en particular a los que participaron en los hechos, dijo que experiencias anteriores indicaban que "los soldados agresores se hallan bajo el influjo de drogas".

Sin que Marat Paredes lo afirmara, su dicho dejaba abierta la hipótesis de un eventual ritual de iniciación en la hermandad criminal de Estado para los nuevos reclutas, como en las mafias, después del cual no hay posibilidad de salirse...

El 25 de junio, durante un encuentro celebrado en el Archivo General de la Nación, el secretario de Gobernación, Gómez Mont, llamó a los titulares de las comisiones de derechos humanos de todo el país a "no ser tontos útiles" de la delincuencia. Les dijo que su tarea era difícil, y que no se trataba de "ser cómplices ni encubridores de las anomalías que puedan existir dentro de las instituciones de seguridad ni ser tontos útiles de una delincuencia a la que le sirve deslegitimar, perseguir, contener, condicionar, debilitar, la acción de esa autoridad".[18]

En lugar de acatar las recomendaciones de la CNDH, de admitir el gravísimo atropello de que había sido víctima la familia Almanza y corregir su estrategia de combate a la delincuencia —contexto inocultable del crimen de Ciudad Mier—, el gobierno federal había buscado descalificar y minimizar el informe del ombudsman Plascencia, al tiempo que alentaba filtraciones en los medios orientadas en la misma dirección. Tal pretensión abonaba la sospecha de que se pretendía fabricar un escenario compatible con la versión de la procuraduría militar del 30 de abril, o reciclarla, en una búsqueda facciosa de sustraer a los responsables de la muerte de Brayan y Martín de la acción de la justicia.

Finalmente, el 3 de julio de 2010 un titular en la página 12 de *La Jornada* anunciaba: "Defensa acepta recomendación de CNDH sobre los niños asesinados por militares". Es decir, la Secretaría de la Defensa Nacional aceptaba la culpabilidad de sus soldados en el hecho, y sólo pedía al ombudsman nacional esperar el resultado de la investigación, "con el objetivo de evitar prejuzgar sobre la responsabilidad del personal militar, demostrando respeto a las garantías del debido proceso a que tienen derecho todas las personas civiles y militares". Esas mismas garantías que la procuraduría militar y la PGR le habían negado a Martín Almanza y Cinthia Salazar...

El caso de los dos estudiantes del Tec de Monterrey

¿FALSOS POSITIVOS A LA MEXICANA?

Era el sábado 20 de marzo de 2010. En un principio fue una información anodina, otra más, como tantas que se repetían por aquellos violentos días. Era la principal de la página de notas rojas del diario *El Universal*. El titular decía: "Tiroteos y barricadas desquician Monterrey". "Seis sicarios fallecieron durante las balaceras", agregaba el balazo. La noticia no incluía nombres propios de víctimas ni delincuentes.

Fechada en la capital del estado de Nuevo León, en su *lead*, la información comenzaba: "Las calles, avenidas y carreteras de la zona metropolitana de Monterrey volvieron a ser escenario de combates entre militares y delincuentes. Seis sicarios fallecieron". La nota describía algunos hechos y circunstancias que aludían a barricadas y bloqueos carreteros realizados en 30 puntos de la urbe norteña el 19 de marzo, y en un sexto párrafo, debajo de la cabeza intermedia "Persecución y enfrentamiento", se podía leer:

> Por la mañana, militares y sicarios se toparon y se tirotearon en el cruce de Avenida Eugenio Garza Sada y Luis Elizondo, luego de que un convoy detectó a tres camionetas sospechosas. Los hechos ocurrieron a las 0:45 horas, en Garza Sada y Pedro Martínez, cuando los soldados trataron de detener a tres camionetas, una Yukon, una Armada y otra *pick up*, lo que originó la persecución mientras los delincuentes disparaban para escapar.

El complemento de la noticia indicaba:

Los sicarios se dirigieron al Tecnológico de Monterrey, donde un vehículo militar acorraló y colisionó con la Yukon blindada, desde la cual disparaban los delincuentes. Otras dos unidades subieron a un paso a desnivel [sic] y desde ahí, los hampones lanzaron granadas a los soldados. Dos individuos salieron de la Yukon y entraron al Tecnológico, donde fueron abatidos.

El resto del cuerpo de la información señalaba que en otras dos "balaceras", cuatro delincuentes más habían resultado "abatidos" por soldados.

Treinta y seis horas después la noticia daría un giro inesperado: los dos presuntos sicarios ultimados en el campus matriz del Instituto Tecnológico y de Estudios Superiores de Monterrey (ITESM) eran, en realidad, estudiantes. En un comunicado, el rector de la institución, Rafael Rangel Sostmann, reveló que Jorge Antonio Mercado Alonso, de 23 años, y Javier Arredondo Verdugo, de 24, ambos alumnos de posgrado, habían sido reconocidos por sus familiares en las instalaciones del Servicio Médico Forense (Semefo) de la capital neoleonense. Los dos eran egresados de Ingeniería Mecatrónica del Instituto Tecnológico de Saltillo, contaban con una beca de excelencia y tenían un desempeño académico sobresaliente.[1]

No obstante, había muchos puntos oscuros sobre cómo habían ocurrido los hechos, y en la búsqueda por eludir responsabilidades distintas autoridades comenzarían un siniestro juego de enredos y confusiones.

Cuando hacia el mediodía del sábado 20 se supo que los dos muertos eran estudiantes del Tec, la Secretaría de Gobernación —que cada vez más hacía el papel de oficialía de partes de los operativos fallidos del ejército— señaló en su primer comunicado que como resultado de una "denuncia ciudadana" anónima, recibida en el cuartel general de la 7a Zona Militar en Nuevo León, personal castrense se había trasladado al bar Velentona, en cuyo interior se encontraban varios hombres armados. Cuando se dirigían hacia allí, "una camioneta se emparejó, y al realizar una maniobra peligrosa fue seguida por la unidad militar".

Momentos después, ya sobre la avenida Garza Sada, "la camioneta comenzó a abrir fuego" [*sic*] y los soldados "repelieron la agresión en las inmediaciones del Tec de Monterrey". Según la narración oficial, arribaron al lugar más camionetas con "agresores" y comenzaron a "atacar desde diversos puntos con granadas y armas de fuego al personal militar".

Luego de un contraataque y con ayuda de refuerzos, los militares lograron controlar la situación, y después del "enfrentamiento" llegaron agentes del Ministerio Público federal, personal de peritos en balística y del Servicio Médico Forense para "recabar evidencias, levantar los cuerpos y dar fe de los hechos".[2] Nunca se mencionaron los nombres de los estudiantes ni de víctima alguna.

LA MALDITA CONFUSIÓN: CIVILES O SICARIOS, DA IGUAL...

El rector Rangel, quien por la mañana del día de los hechos había afirmado que ninguno de los muertos pertenecía a esa casa de estudios, pidió ese sábado una disculpa pública por el equívoco, pero aclaró que la información se había basado en datos proporcionados por el procurador de Nuevo León, Alejandro Garza, al rector del campus Monterrey, Alberto Bustani Adem, y en despachos periodísticos que citaban como fuente al ejército.[3]

Después de reunirse con autoridades estatales, el rector expresó a la prensa que había "exigido" una explicación sobre la "confusión" en torno al caso. Confesó que eran varias las dudas que le asaltaban. Por ejemplo, ¿dónde habían quedado las identificaciones de los estudiantes, cuando nadie en el ITESM puede franquear ninguna puerta sin llevar la credencial por delante?, ¿por qué después del burdo operativo los militares habían dicho que eran sicarios?, ¿por qué los videos de las cámaras de seguridad del Tec, que podían comprobar que ambos alumnos estaban en el campus en el momento de la balacera, habían sido confiscados por el ejército?

Esas y otra serie de preguntas incómodas ya habían aparecido en un sitio de Facebook donde la comunidad estudiantil exigía saber la verdad sobre la muerte de los estudiantes. Entre ellas, algunas cuestionaban por qué los soldados primero disparaban y después averiguaban; qué quería ocultar el ejército, y quién y por qué les habían *sembrado* armas a los estudiantes fallecidos. ¿Había sido para encubrir sus asesinatos? ¿Para que la prensa manejara la versión sobre los presuntos sicarios? Otra, más inquietante, inquiría por qué Javier y Jorge presentaban golpes en el rostro si habían sido abatidos por "error" por los militares, lo que llevaba implícita la sugerencia de que previa a su ejecución los habían golpeado.

Alberto Bustani, rector metropolitano del Tec, ofreció una rueda de prensa donde a su vez explicó: "A mí lo que me informan es de un guardia; nos avisan o escuchamos en el radio [*sic*] que existen posibilidades de que haya alumnos heridos. Posteriormente, cuando interrogan al guardia y empieza a haber noticias en la televisión se señala que el ejército confirma [que las víctimas] son sicarios". Según Bustani, el enredo informativo había sido generado por el procurador de Justicia del estado de Nuevo León, quien le comunicó que habían muerto "dos pistoleros", sin corroborar los datos.[4]

En una entrevista televisiva con *Primero Noticias*, el gobernador de la entidad, Rodrigo Medina, del PRI, acusó a la PGR de haber sido la responsable de confundir a los estudiantes con sicarios. Dijo: "Cuando hay un operativo, a las autoridades locales no nos dejan entrar al área". Pero el mismo día, entrevistado en diversos programas radiofónicos, su procurador, Alejandro Garza, deslindó a la PGR y aseguró que la información errónea había sido difundida por la Secretaría de la Defensa Nacional.

Idéntica posición adoptó el titular de Seguridad Pública estatal, Luis Carlos Treviño. Reveló que en el expediente de la PGR existía un oficio donde estaba asentado que, según el ejército, los dos muertos eran sicarios. Y dio un nuevo dato: los hechos habían ocurrido aproximadamente a las 0:45 horas, la autoridad local no había ingresado en el lugar del crimen hasta las 04:00 horas y se supo que eran estudiantes hasta que los padres los reconocieron. De la precisión se derivaba que los militares permanecieron solos bajo el control de la escena del crimen, durante tres horas y cuarto.

Ante la polémica desatada, y debido al reclamo de Rosa Elvia Alonso de que su hijo Jorge Mercado no era sicario, fuentes del ejército señalaron que en ningún momento la Sedena había calificado el estatus o condición de los fallecidos.[5] A su vez, ante los crecientes reproches ciudadanos por la muerte de civiles en "enfrentamientos" entre presuntos maleantes y soldados, el comandante de la 4a Región Militar, general Guillermo Moreno Serrano, declaró al periódico *El Norte* que el ejército no había cometido homicidios: "Seríamos una horda de salvajes. Por eso tenemos disciplina, entrenamiento, adiestramiento, leyes y un código militar. No somos asesinos".[6]

Sin embargo, en desmedro de la teoría de la confusión y abono de un eventual montaje en el lugar de los hechos, un nuevo elemento tornaría más sombrío el caso. Durante los funerales de su hijo en Saltillo, Rosa Elvia Alonso declaró que le había costado reconocer a Jorge Antonio debido a las lesiones que presentaba y especuló que podría haber sido torturado antes de morir.

> Vimos nomás la cara. No nos enseñaron todo el cuerpo, sólo [una fotografía de] la cara en una [pantalla de] computadora. Estaba moreteado, hinchado y desfigurado, incluso lo tuvieron que maquillar mucho en la funeraria [...] Mi hijo tenía una cara muy exquisita y eso nos hace pensar que hubo tortura,[7] parecía como si lo hubieran arrastrado.

Su dicho coincidió con que en el lugar donde se habían registrado los hechos quedó un rastro de sangre que se extendió a lo largo de varios metros.

Según la mujer, quien calificó el crimen como una "brutalidad", a Jorge Antonio le habían quitado todas sus identificaciones y a ella las autoridades no le habían entregado ninguna de sus pertenencias. También expresó que su hijo no había sido el primero, pero esperaba que fuera el último joven en morir de esa manera.

Por su parte, Javier Arredondo Rodríguez, padre del otro estudiante asesinado Javier Francisco, dijo a los medios que había estado buscando a su hijo y pensó que "lo tenían detenido en la Sedena [...] y luego, a pesar de que ya sabían que se encontraba en el anfiteatro [del Semefo], no nos dijeron cuántas balas le dieron [*sic*], si lo acribillaron o le lanzaron granadas".[8]

Para entonces, el secretario de Gobernación, Fernando Gómez Mont ya había declarado que los dos estudiantes del Tec "habían caído en la línea de fuego del lado donde los soldados eran agredidos" por criminales. En definitiva, habían sido víctimas del "fuego cruzado" entre sicarios y militares.[9] Se sumaban, pues, a la lista de "daños colaterales" de la guerra de Felipe Calderón.

Cuatro días después del asesinato de los alumnos del ITESM, el presidente de la República le envió una carta al rector Rafael Rangel, donde manifestaba su "indignación" ante esa tragedia producto de un "enfrentamiento" entre fuerzas del orden y criminales sin escrúpulos. "La patria vive momentos difíciles, porque los criminales —que son los verdaderos enemigos de México— pretenden ver sometida a la sociedad y al gobierno por medio de la violencia. No debemos permitirlo", decía Calderón en su misiva. Y como un detalle, envió a Monterrey a la primera dama Margarita Zavala a que saliera en la foto, en el marco del homenaje póstumo organizado por el ITESM a los dos estudiantes fallecidos, realizado en la explanada de Las Carreras, donde se ubica la estatua de Eugenio Garza Sada, fundador de la institución y patriarca empresarial muerto a tiros durante un intento de secuestro en 1973.[10]

El "gesto" de Calderón tenía que ver con el hecho de que el Instituto Tecnológico de Monterrey es un centro de estudios privado dedicado a la formación de cuadros para la administración pública y las élites empresariales del norte del país. Fundado en 1943 por Eugenio Garza Sada, el consejo de directores de la asociación civil dueña del ITESM estaba integrado por algunos empresarios del Grupo Monterrey, entre ellos Lorenzo Zambrano (presidente del consejo y principal accionista de Cemex), José Antonio Fernández (vicepresidente del consejo y presidente de Femsa), David Garza Lagüera (Femsa), Eugenio Clariond Reyes-Retana (IMSA), Othón Ruiz Montemayor (ex consejero de varias de las empresas y bancos más importantes de Monterrey, y entonces secretario de Desarrollo Económico del gobierno de Nuevo León) y Federico Garza González (ex director general de Vitro).

Los militares habían entrado al campus sin permiso y asesinado a dos estudiantes en el marco de una guerra irregular urbana que había sido ensayada antes en Tijuana y Ciudad Juárez. Habían tocado a un segmento de población que hasta ese momento no había sido afectado de manera directa por la guerra de Calderón. Por eso, detrás de la inmediata movilización y las protestas de los estudiantes del Tec, se podía vislumbrar un cierto malestar de la clase empresarial regiomontana frente al trágico suceso.

De manera inédita, el Departamento de Relaciones Internacionales y Ciencia Política del ITESM publicó un manifiesto exigiendo respeto a las garantías constitucionales de los ciudadanos y justicia por los dos estudiantes asesinados. Incluso, ante el cúmulo de irregularidades que rodeaban la muerte de Mercado y Arredondo, algunas voces críticas consideraron entonces tibia y condescendiente la actitud inicial de Rangel Sostmann.

Fue en ese contexto que mientras unas autoridades se autoexculpaban o lavaban las manos, y otras simplemente callaban, obligado por las circunstancias y la presión de la comunidad universitaria, el rector del ITESM tuvo que asumir un cierto liderazgo institucional. Salió a los medios a hacer frente a la crisis y virtualmente a lo largo de la semana se convirtió en la principal fuente de información.

Dijo que el ejército estaba en las calles sin control y sin ley, con soldados mal educados, sin criterio para tomar decisiones y que difícilmente podían enfrentar a los criminales sin afectar a la población civil. Se pronunció, también, por que el Congreso regulara y acotara la actuación del ejército en el combate a la criminalidad, con la finalidad de evitar confusiones y la muerte de inocentes como las de Jorge Antonio Mercado y Javier Francisco Arredondo.

> El ejército necesita una regulación. Su participación es importante, pero debe haber un marco legal que lo regule, y que en un momento dado permita una salida correcta hacia sus cuarteles y que vuelva otra vez la policía a estar en su lugar [...] Todo el país está discutiendo si tuvo la culpa, pero el ejército [...] no puede andar de ministerial resolviendo casos [...] no fue entrenado para ser policía urbana [...] por eso cometen errores.[11]

Uno de los "errores" de las autoridades, abundó, es que cuando cae un civil inocente en el "fuego cruzado" entre criminales y soldados, las fuerzas del orden lo hacen aparecer como un "sicario". Incluso, en una entrevista radiofónica en el programa de Carmen Aristegui, dijo: "El ejército sigue las órdenes del presidente".

Respecto a la política de Felipe Calderón en materia de seguridad, dijo a *Proceso* que ésta seguía los lineamientos de Estados Unidos:

> Ellos mandan las armas y el dinero, y nosotros ponemos los muertos y la droga [...] Eso es toral. El Ejecutivo tiene que exigir un freno, porque aquí, en las calles, hay granadas, armas enormes [de alto poder]. Pareciera que estamos en una guerra, y todo eso viene de allá. La solución debe ser bilateral.[12]

Reiteró que las autoridades estaban haciendo cosas "ilegales" y exhibían opacidad. Cuestionó: "¿Cómo explicar el caso de los [dos] estudiantes a los que le quitaron su identidad, los quisieron esconder, los llamaron sicarios, les endilgaron portación de armas y ahora nadie es responsable?" Según Rangel Sostmann, el procurador de Nuevo León, Alejandro Garza había sido quien le dijo: "Despreocúpate, esos venían armados", y que les habían hecho la prueba de la parafina, lo que lo indujo a pensar que las dos personas ultimadas eran sicarios y no alumnos del Tec.[13]

No obstante, cabe consignar que mientras ocurrían los hechos sangrientos —es decir, en tiempo real—, parte de la comunidad conocía qué estaba pasando por el testimonio que transmitía el estudiante de Comunicación del ITESM, Mauricio Santos, a través de Twitter. Entrevistado después por el diario *El Norte*, declaró: "Yo estaba junto a un policía del Tec. Él traía su radio, su frecuencia, entonces, se escuchó cuando el policía de la puerta de Luis Elizondo [la 19] estaba gritando: 'No se dejan de tirar; los soldados [*sic*] no dejan de tirar'. Y luego gritó: 'Le acaban de dar a otro alumno'". A las 2:10 horas escribía desde su refugio: "¡Soldados adentro del Tec!" Una hora después, a las 3:31, el twittero del Tec completó su reporte: "Militares retiran radios a policías del Tec en momento del caos, justo cuando se informaba que habían herido a alumno (yo lo escuché)".[14]

Resultaba difícil creer que en un centro educativo que basa su eficiencia en la jerarquía institucional y la falta de crítica abierta —pues tanto en el Tec como en las empresas del Grupo Monterrey la autoridad es vertical e incuestionable—, Rangel Sostmann y el rector del campus, Alberto Bustani, no conocieran las versiones transmitidas en sus frecuencias de radiocomunicación por los policías del instituto durante la refriega.

Fue en ese contexto que Rangel Sostmann se vio obligado a confirmar, también, algunos hechos graves que hasta entonces habían circulado como rumores en las redes sociales. En particular, el dato de que los estudiantes pudieron haber sido impactados por el estallido de una granada del ejército y que tal vez, después, "asustados" por las implicaciones que ello pudiera ocasionar a la institución castrense, los militares decidieron desaparecer las identificaciones de las víctimas.

La información fue ratificada en otra entrevista con Ciro Gómez Leyva. Cuando el periodista le preguntó al rector si había visto "los cadáveres de sus dos estudiantes", Rangel Sostmann respondió: "No, señor. Los cadáveres nunca tuvimos oportunidad de verlos. Las personas que acompañaron a los familiares sí los vieron y se encontraron con que estaban muy maltratados. Uno de ellos tenía amputadas sus piernas por una granada".[15]

El 26 de marzo, una nota de *La Jornada*, con base en "fuentes militares" no identificadas, consignaba que Jorge Antonio Mercado y Javier Francisco Arredondo habían sido "abatidos" por militares que "los confundieron con sicarios", debido a que momentos antes de que los dos estudiantes abandonaran la biblioteca del campus presuntos delincuentes que habían sostenido un enfrentamiento con los uniformados trataron de darse a la fuga y se habían internado en el campus.

Según la versión, Mercado y Arredondo estudiaban para los exámenes semestrales en su especialidad y hasta las 00:38 habían estado en la biblioteca, que en época de pruebas está de servicio día y noche. A las 00:45, cuando se dirigían a descansar a una de las casas de alojamiento para estudiantes, una camioneta militar chocó a una Yukon en las inmediaciones del campus y dos de sus ocupantes se bajaron y se introdujeron al ITESM arrojando granadas. Supuestamente los militares abatieron a dos hombres que creyeron que les habían disparado. La nota decía que en el lugar del tiroteo habían sido decomisadas tres armas largas, 15 cargadores, teléfonos celulares, una "tabla de tortura" [*sic*], fornituras, libretas, esposas y otras pertenencias.[16]

DERECHO DE MATAR: EL HOMBRE DE LA CHAMARRA CAFÉ

Los hechos en el campus del Tec en Monterrey generaron gran volumen informativo, movilizaciones y expresiones de repudio, y en ese contexto fue dable observar la doble moral de los medios de difusión masiva. Aunque sin duda compartible, la cobertura de la muerte de los dos estudiantes tecnológicos había exhibido un rasero diferente al tratamiento periodístico de otros homicidios de personas ocurridos ese mismo día, que pasaron prácticamente inadvertidos: por ejemplo, el caso de una mujer que murió en el "fuego cruzado" de otra balacera en Monterrey y el de seis campesinos sinaloenses ultimados en el municipio de Elota.

A su vez, en el caso concreto de Mercado y Arredondo, durante las 36 horas que duraron sin ser identificados por sus padres en el Semefo, las autoridades los calificaron mediáticamente como sicarios o delincuentes, según el patrón informativo habitual de las "fuentes oficiales" de la guerra de Calderón. Un patrón simplista y conveniente para resaltar los "éxitos" de la cruzada gubernamental contra la criminalidad, que venía a significar que todos los muertos eran "sicarios" hasta que sus familiares demostraran lo contrario.

Se trataba de una estrategia que hasta entonces había permitido generar la percepción de que si bien había "bajas" de personas inocentes —definidas por el titular de la Sedena y su comandante en jefe como "daños colaterales"—, se estaba ganando por "goleada" la guerra a la criminalidad, como había presumido Calderón en febrero de 2008.

Por otra parte, la identificación de los muertos como presuntos sicarios facilitaba que el ejército evadiera su responsabilidad en el asesinato de civiles ajenos a la delincuencia, y dejaba en manos de los familiares de los "abatidos" la tarea de buscarlos para demostrar posteriormente su inocencia.

Pero esa práctica no era exclusiva del ejército. Dos días después de los sucesos en el ITESM, el domingo 21 de marzo, la marina se había visto envuelta en un caso de características parecidas: la detención y ejecución sumaria extrajudicial de un presunto narcomenudista.

Los hechos habían ocurrido en el municipio de Santa Catalina, Nuevo León, donde tras un atentado a tiros contra el titular de Seguridad Pública local, el militar retirado René Castillo Sánchez, fue detenido un hombre que vestía una chamarra color café con una letra B naranja sobre el pectoral izquierdo y pantalón de mezclilla.

El prisionero fue captado por las cámaras de Milenio Televisión cuando era subido a la camioneta de la marina número 496, y según informó después la dependencia castrense, fue transportado a bordo de un helicóptero de la misma corporación, presuntamente al Hospital Universitario.

Casualmente, a la mañana siguiente, el mismo reportero fue comisionado por sus jefes para que recogiera la imagen de un "encobijado" que había aparecido tirado en un lote baldío en los límites de los municipios de San Nicolás de los Garza y Apodaca. En el lugar, el reportero identificó, sorprendido, al mismo hombre; la cara estaba muy golpeada pero la chamarra era inconfundible.[17]

El martes 23 de marzo la primera plana de *El Universal* exhibía dos fotos a color con el hombre de la chamarra café, vivo el domingo, cuando era subido a la camioneta de la marina, y muerto el lunes, tirado en un baldío. El titular rezaba: "Polémica por ejecución ¿sumaria?"

De acuerdo con la versión del director de la policía municipal de Santa Catarina, Luis Eduardo Murrieta, quien había resultado herido en el atentado contra su jefe (el mayor René Castillo), él había "perdido contacto" con el presunto narcomenudista (identificado como José Humberto Márquez) en el nosocomio.

Según la Semar, el detenido había quedado bajo la custodia de Murrieta. No obstante, el agente municipal declaró que él había sido trasladado junto con otro presunto narcomenudista (José Adrián Lucio Barajas) al cuartel de la marina en San Nicolás (lo cual contradecía la versión de la Semar de que se había limitado a dejarlos en el nosocomio) y que en la aeronave no estaba Márquez. Tanto la marina como la policía municipal se deslindaron de la muerte de José Humberto Márquez.

Así, por casualidad y por primera vez —comentaría Denise Maerker—, "los periodistas tenemos evidencia de que una persona detenida por la autoridad es después encontrada muerta y abandonada en el más puro estilo del crimen organizado".[18]

Ya antes se habían recibido muchas denuncias de hechos como ése, pero habían sido imposibles de verificar. Ahora, si bien no quedaba probada la veracidad de esas denuncias, ni por sí mismo se demostraba que era una práctica tolerada o promovida por ciertas corporaciones de seguridad del Estado, el caso del hombre de la chamarra café despertaba dudas legítimas. En situaciones anteriores, las respuestas de las autoridades involucradas habían sido siempre negar los hechos.

De cara a la polémica, el procurador de Nuevo León dijo que estaban "investigando" el hecho. Pero la cuestión era sencilla: ¿A quién había entregado la marina, si es que lo había hecho, la custodia del detenido? Como dijo Maerker, incluida la falta de información precisa, todo apuntaba a que a una de las dos corporaciones "se les pasó la mano" en el interrogatorio y no estaban dispuestas a reconocerlo.

Era el segundo caso en sólo tres díasen el que allí, en Monterrey, se buscaba ocultar un "error" de las fuerzas armadas. Según escribió Maerker, "algunos en privado" le habían explicado que se quería evitar a toda costa "deslegitimar" el rol de la marina y el ejército en la lucha contra el crimen. Pero ¿sería mintiendo y encubriendo al personal castrense la mejor manera de preservar esa presunta legitimidad?

Pedir información objetiva y transparencia sobre esas muertes no significaba estar del lado de los traficantes de drogas o la delincuencia, como afirmaron entonces algunas voces que querían acallar las quejas y las denuncias contra los militares. Matar, por quien sea que lo haga, es un delito mientras no se demuestre que fue en combate o en defensa propia.

POLÉMICA POR EJECUCIÓN ¿SUMARIA?

Armada fija distancia: "Sólo trasladamos al detenido"

Tras el atentado a un ex militar la tarde del domingo, la Secretaría de Marina y autoridades del municipio de Santa Catarina, Nuevo León, participantes en la captura de una persona, se deslindaron

El Universal, 23 de marzo de 2010. Primera plana. El hombre de la chamarra café, ejecutado.

ENTRE LO MALO Y LO PEOR

Por su resonancia, el caso de los estudiantes del Tec exhibía que en el marco de la guerra de Calderón el ejército tenía el derecho de matar. Eso no sólo denigraba a las fuerzas armadas sino que exhibía el alcance de la política guerrerista gubernamental. Develaba lo que estaba pasando en la tal guerra y lo que iba a seguir ocurriendo. Presentaban a una autoridad y un comandante supremo dispuestos a todo...

Como dijo entonces Pablo Gómez, el gobierno federal estaba entre lo malo y lo peor. Para Calderón era malo proceder contra los militares y policías que resultaran responsables de homicidios como esos, pero peor era no hacerlo: "Es malo porque las fuerzas armadas han exigido protección de sus excesos y violaciones como alto precio por apoyar la guerra peor planteada de la historia de México. Es peor porque el encubrimiento sería responsabilidad personal del inquilino de Los Pinos, quien se presenta como justiciero implacable y salvador de la tranquilidad social".[19]

A un mes de los hechos en el campus Monterrey del ITESM, el inusitado radicalismo del rector Rangel Sostmann no había cesado. Seguía insistiendo en que las condiciones en que habían muerto los dos estudiantes no estaban claras; que los militares no habían querido entregar el video donde estaban registradas las imágenes de lo ocurrido la madrugada del 19 de marzo, y que ni siquiera habían explicado por qué les habían desaparecido sus identificaciones y los hicieron pasar por sicarios, lo que calificó como un posible encubrimiento.

El 11 de abril la Federación de Estudiantes del Tecnológico de Monterrey realizó una Marcha por el Cambio, que concluyó en un acto para integrar propuestas de seguridad y justicia. Ante unas tres mil personas reunidas en el Estadio Tecnológico, el rector formuló críticas a la comunidad empresarial, los políticos, académicos y a la sociedad en general, incluida la familia, y también a los medios, a los que calificó de "amarillistas". "La inseguridad que padecemos es resultado de que hemos degradado nuestros valores y principios y aceptado la degradación como algo natural", dijo.

En un emotivo *mea culpa*, sin precedente en el Tec, Rangel Sostmann añadió: "Nos hemos vuelto ciegos, sordos e indiferentes ante la desigualdad, la pobreza, la injusticia, la falta de oportunidades y el desempleo. Vemos todas esas anomalías como algo natural". Condenó también la corrupción que "aceptan" los empresarios para mejorar sus ingresos; a los alumnos que "copian" en los exámenes, y a los ciudadanos que "sobornan" a los policías. Asimismo, criticó la educación superior en la que se forman los estudiantes "para la empleabilidad con fines monetarios y éxito profesional", sin compromiso social.[20]

El 22 de abril siguiente el rector del ITESM propuso en la ciudad de México a las cámaras de Diputados y Senadores modificar el fuero de guerra para que los militares que cometieran delitos contra miembros de la sociedad fueran sometidos a juicios civiles. En sendas reuniones demandó también que las fuerzas armadas regresaran a sus funciones constitucionales una vez que la policía estuviera preparada para combatir la delincuencia.

Rangel Sostmann entregó al Congreso el documento *Propuestas del Tecnológico para mejorar la seguridad en México*, que incluía la creación de una policía única y exigía a los legisladores un "marco normativo adecuado" para la participación de las fuerzas armadas en tareas de seguridad pública y el combate a la delincuencia organizada, con estricto apego a la ley y garantías de respeto a los derechos humanos e individuales.

La teoría del fuego cruzado

El sábado 1° de mayo de 2010 por la noche —un día y una hora inusuales para ese tipo de eventos noticiosos— la Procuraduría General de la República dio a conocer un "avance" de las investigaciones sobre los hechos del 19 de marzo anterior en el Tec de Monterrey.

En una confusa conferencia de prensa, acompañándose de fotografías y un audiovisual tomado de la cámara fija de una de la casetas del campus universitario, el vocero de la PGR, Ricardo Nájera, dijo que de acuerdo con los peritajes realizados, Jorge Antonio Mercado y Javier Arredondo habían fallecido a consecuencia de "fuego cruzado" durante un enfrentamiento entre militares y sicarios, y que en el caso de una de las víctimas (Mercado), uno de los impactos de bala que recibió correspondía "al tipo de armas utilizadas por la delincuencia" (un fusil de asalto calibre 223 milímetros). Del otro fallecido, señaló que los fragmentos de las ojivas "no habían resultado útiles" para la comprobación balística y, por lo tanto, no se había determinado el calibre.[21] Otro elemento mencionado fue que los cadáveres de ambos estudiantes presentaban "residuos de plomo, vario y antimonio", resultado de una posible maniobra de defensa o bien a la contaminación por presentar disparos en los brazos, cercanos a las manos.

Nájera dijo que la investigación no se había agotado y que "por existir indicios de alteración en el lugar de los hechos y omisiones en la preservación debida de la escena del crimen", se daría vista a la Procuraduría General de Justicia Militar para deslindar responsabilidades del personal castrense "conforme a derecho". Aunque no quedó claro, presuntamente los militares habían entrado al campus después de que los estudiantes habían sido baleados, y tomaron el control de la zona.

Como destacó en su información *El Universal*, la "nota" era la admisión gubernamental de que la escena del crimen había sido alterada. Pero Nájera no explicó por qué la Procuraduría de Justicia de Nuevo León había tardado casi cuatro horas en intervenir y, tampoco, por qué la PGR había demorado cuatro días.

Todo indicaba que se quería proteger al ejército. La indagatoria resultaba parcial y poco creíble, y dio pie para que distintas voces argumentaran que la procuraduría federal estaba administrando a discreción la información ministerial y pericial del caso, o la ocultaba, en abierta complicidad con la Sedena. Existían testimonios y evidencias de que los soldados habían neutralizado a los guardias particulares de la institución universitaria y requisado las cámaras de video, por lo que la grabación que exhibió el vocero Nájera podía haber sido editada convenientemente. Tampoco resultaba convincente la versión sobre los peritajes balísticos.

El 12 de mayo siguiente el portal de internet de *Reporte Índigo* hizo público un reportaje en el cual, citando información de la averiguación previa de la PGR, daba cuenta de un montaje en la escena del crimen. La publicación afirmaba haber tenido acceso a fotografías incluidas en el expediente, que mostraban que una vez fallecidos ambos estudiantes los militares habían colocado fusiles de asalto sobre uno de los hombros de cada joven para aparentar que estaban armados.

Un día después *La Jornada* anunció que al menos cuatro soldados eran investigados por la Procuraduría de Justicia Militar como "sospechosos" de haber modificado la posición de los cadáveres de los dos estudiantes.

Según la hipótesis que sostenían fiscales castrenses no identificados por el periódico, los soldados implicados podían haber modificado la escena del crimen en acatamiento "a la orden" de algún mando militar que ese día estuvo a cargo del operativo, con el objeto de que, en caso de que fuera necesario, pudiera aplicarse alguna de las "excluyentes de responsabilidad" a que se refería el artículo 119 del Código de Justicia Militar.[22] En su fracción III, dicha norma señala que se exculpa de cualquier cargo penal al imputado "que hubiese obrado en defensa de su persona o su honor, repeliendo una agresión", fundamentalmente "cuando el agredido provocó la agresión, dando causa inmediata y suficiente para ella".

No obstante el curso que iban tomando los acontecimientos, el 14 de mayo el secretario de Gobernación, Fernando Gómez Mont, siguió insistiendo que con base en los hechos y evidencias duras, la "hipótesis dominante" era que los estudiantes del Tec habían sido asesinados por "sicarios". Según el funcionario, Mercado y Arredondo estaban en la "línea de fuego" donde se encontraban los soldados, y adujo que tras ver el video, "los miembros del ejército tienen en control sus reacciones y emociones [...] Esto me dice que nuestra fuerzas armadas actuaron con toda institucionalidad, con profesionalismo".[23]

El 21 de junio, tras 25 años como rector del Instituto Tecnológico y de Estudios Superiores de Monterrey, Rafael Rangel Sostmann renunció a su cargo en medio de rumores de que la dimisión se debía a presiones derivadas de sus exigencias para dar con los responsables de la muerte de los dos estudiantes y las críticas que había formulado en contra de las autoridades federales.

Manipuló ejército caso Tec: CNDH

El caso parecía haber quedado definitivamente zanjado el 12 de agosto de 2010, cuando la Comisión Nacional de los Derechos Humanos emitió su recomendación núm. 45/2010 dirigida a la Sedena, la PGR y el gobierno de Nuevo León, donde quedaba asentado que Javier Arredondo y Jorge Antonio Mercado habían sido golpeados mientras agonizaban, sus cadáveres manipulados por el ejército y además se les habían *sembrado* armas de uso exclusivo del ejército.[24]

La CNDH aseveró que la Procuraduría de Justicia Militar, la PGR y la Procuraduría de Nuevo León habían obstaculizado ilegalmente el acceso a las pruebas y los peritajes en criminalística y de otras disciplinas de las averiguaciones, por lo que carecía de evidencias para determinar con precisión quién era el autor de la privación de la vida de los dos estudiantes, además de que la escena del crimen había sido alterada; pero señaló que según el video de una cámara de seguridad al que había tenido acceso (que les había sido proporcionado por un periodista), después de que los estudiantes aparecen por última vez en el fotograma y luego de las deflagraciones, se percibe el casco de un "elemento militar" en el lugar del hecho, y que un minuto después se observa "claramente" a otro militar ingresando al campus.

No obstante, y a partir de las evidencias recabadas, el documento consignaba que el "uso arbitrario de la fuerza pública" por parte de un comandante y 19 integrantes de la unidad móvil "Néctar Urbano 4", adscrita a la 7a Zona Militar ubicada en la base General Escobedo, en Nuevo León, "omitió proteger la integridad física de las personas que se encontraban en el lugar donde ocurrió el enfrentamiento", lo cual tuvo como consecuencia "de manera directa o indirecta" la privación de sus vidas.

De acuerdo con el dictamen médico forense, Arredondo y Mercado recibieron siete y seis impactos de bala, respectivamente, y los disparos fueron realizados en forma directa y a menos de un metro. Las lesiones no les produjeron la muerte en forma instantánea, lo que significa que tuvieron un periodo agónico (de segundos a minutos), lo que permitía señalar con un alto grado de probabilidad que después de recibir los disparos los jóvenes fueron golpeados en la región facial con "un objeto romo, de consistencia dura y bordes lisos". En la recomendación se consideraba importante

reiterar que no se cuenta con evidencia para determinar que los efectivos del ejército mexicano privaron de la vida a Javier Arredondo y Jorge Mercado, en virtud de la reiterada negativa de las autoridades responsables para acceder a las averiguaciones previas; sin embargo, en éstas debe constar el análisis de las ojivas que quedaron alojadas en los cuerpos de los dos estudiantes, y al extraerse debieron ser analizadas para establecer el calibre y las marcas que presentan, identificar si los impactos son procedentes de las armas de cargo de los elementos militares involucrados en los hechos o de las armas aseguradas, así como confirmar la trayectoria y posición víctima-victimario.

Además, la comisión señaló que hubo "una alteración de la escena de los hechos, pues se modificó la posición de los cuerpos, se les depositaron dos armas y se destrozó la cámara de seguridad perimetral" de la puerta del campus donde quedaron registrados los hechos.

Según la constancia ministerial del 19 de marzo de 2010, rendida ante el agente del Ministerio Público federal, los testigos AR2, AR3 y AR4 —identificados en el documento de la CNDH como un teniente, un sargento segundo y un soldado de infantería, respectivamente, adscritos a la 7a Zona Militar con sede en el municipio metropolitano de General Escobedo, en Nuevo León, al mando del general Cuauhtémoc Antúnez Pérez— afirmaron "de manera plenamente coincidente" que Arredondo y Mercado habían descendido de una camioneta Yukon y corrieron hacia la entrada del Tecnológico de Monterrey, donde "cayeron abatidos [como] resultado del enfrentamiento" y que portaban un fusil automático calibre .308, marca Century Arms, modelo Cetme Sporter, matrícula borrada, así como una carabina calibre .223-5-56 mm, marca Bushmaster, modelo XM15-E2S, matrícula L262834.

Sin embargo, la comisión llamaba la atención sobre el hecho de que en el correo electrónico de imágenes anexo al informe de la autoridad responsable, identificada como AR13 (el comandante de la 7a Zona Militar, general Antúnez), ésta había referido que una vez terminado el enfrentamiento contra miembros de la delincuencia organizada, al inspeccionar la camioneta Yukon se habían encontrado en su interior dos armas con idénticas características a las descritas, por lo que:

se desprende que las dos armas encontradas […] son las mismas que aparecieron en los brazos de ambos estudiantes al momento de la fe ministerial de inspección cadavérica, aun cuando con el mencionado video ha quedado demostrado que no viajaban en la camioneta, iban saliendo del campus y no portaban armas, lo que permite advertir que éstas fueron colocadas con el propósito de alterar la escena de los hechos.

La CNDH destacó, también, que aun cuando los elementos militares de la unidad móvil "Néctar Urbano 4" ya tenían asegurado el campus, "apagaron las luces a las 01:30:13 horas y en el video se observa que a las 02:06:21 también destruyeron la cámara de seguridad perimetral que se encontraba en la caseta de vigilancia".

En su documento de 31 páginas, suscrito por su presidente Raúl Plascencia Villanueva, la comisión concluía que:

> la alteración de los hechos e indebida preservación de las evidencias, constituyen una seria limitación al derecho de acceso a la justicia que merece ser reparado, por lo que resulta necesario aclarar con toda energía que Javier Francisco Arredondo Verdugo y Jorge Antonio Mercado Alonso eran estudiantes de excelencia del Instituto Tecnológico y de Estudios Superiores de Monterrey, no viajaban en la camioneta que agredió a elementos militares, no portaban armas ni eran miembros de la delincuencia organizada.

Asimismo, tras el análisis de las pruebas, la CNDH sostenía que existían elementos que permitían acreditar violaciones de los derechos humanos, al trato digno, a la información, al acceso a la justicia y al honor "por actos consistentes en el uso arbitrario de la fuerza pública, tratos crueles e inhumanos, alteración de la escena de los hechos e imputaciones, así como ejercicio indebido de la función pública".

La recomendación demandaba a la Secretaría de la Defensa Nacional que indemnizara a los familiares de las víctimas por la responsabilidad institucional en que habían incurrido los militares, en tanto servidores públicos, y exhibía de manera pública a las autoridades castrenses y civiles, federales y estatales, que habían tratado de encubrir y proteger a los 20 integrantes de la unidad móvil "Néctar Urbano 4" que intervinieron en la acción el día de los hechos.

DE FALSOS POSITIVOS A DAÑOS COLATERALES

De manera extraoficial, en agosto de 2010 la cifra de muertos por la "guerra" de Felipe Calderón ascendía aproximadamente a 25 mil. En realidad, nadie sabía a ciencia cierta cuántos decesos violentos iban, porque muy pocos de esos crímenes habían sido indagados por las procuradurías y la mayoría de los cadáveres iban a parar a las fosas comunes. Las autoridades federales habían dejado de investigar 95% de las muertes relacionadas con el combate a la delincuencia organizada, y los números se obtenían de los conteos de prensa y los cálculos, también aproximados, de la PGR. No había forma, pues, de saber cuántos asesinatos habían sido cometidos por las bandas criminales y cuántos por agentes del Estado, y del total de abatidos cuántos eran realmente delincuentes y cuántos no.

Sin embargo, el caso de los estudiantes del Tec de Monterrey revelaba una cierta actitud rutinaria de la Sedena y el gobierno federal, como había ocurrido ese mismo año en Nuevo Laredo, Tamaulipas, con los niños Almanza Salazar. Dicho patrón de conducta denotaba una práctica sistemática: matar presuntos criminales y luego manipular datos e inventar una mentira.

De alguna manera la fórmula remitía a la figura eufemística de los "falsos positivos", una modalidad del terrorismo militar utilizado en Colombia por el gobierno de Álvaro Uribe que, como parte de una *guerra sucia* contrainsurgente, combinaba la mentira como arma de guerra con la eliminación de presuntos "enemigos", considerados desechables. En la práctica, esa política, reportada como "resultados positivos" de la acción gubernamental contra grupos ilegales, había implicado un incremento de las ejecuciones extrajudiciales de civiles no combatientes por parte del ejército colombiano, cuyos cuerpos inertes eran vestidos con las ropas características de la guerrilla, para luego presentarlos mediáticamente como enemigos muertos en combate y exhibidos como trofeos de guerra. En la mayoría de los casos los ejecutados ni siquiera eran presentados con su verdadera identidad, sino como "NN [del latín *nomen nescio*, que significa desconozco su nombre], muertos en combate", por lo que, para sus familiares, seguirían desaparecidos.

En Colombia, el asesinato de civiles inocentes (1 800, según Naciones Unidas, principalmente jóvenes y campesinos pobres), como práctica para "inflar" los números de bajas causadas al enemigo (*body count*), había sido utilizada por el ex comandante del ejército, general Mario Montoya (el "héroe" de la liberación de Ingrid Betancourt), para medir el progreso de la lucha contra las guerrillas. Esa modalidad, practicada antes por Estados Unidos en Vietnam, incentivaba las violaciones a los derechos humanos y era utilizada por oficiales del ejército que trataban de cumplir su "cuota" para impresionar a sus superiores y obtener ascensos. Además, estaba ligada al sistema de recompensas, permisos y ayudas económicas que establecía el Programa de Seguridad Democrática de Uribe.[25]

En México, tras la llegada del embajador estadounidense Carlos Pascual, experto en *Estados fallidos* y revoluciones de "colores" conservadoras en estados antiguamente soviéticos (Georgia, Ucrania, Kirguistán) y en el marco de la segunda fase de la Iniciativa Mérida y de la guerra de Calderón contra un enemigo funcional y difuso, se había incrementado el accionar de grupos paramilitares y de limpieza social, que, en clave de contrainsurgencia, habían dejado un alto saldo de víctimas civiles, minimizadas y presentadas por el secretario de la Defensa, general Guillermo Galván, y su jefe Calderón como "daños colaterales" de una guerra urbana irregular contra la delincuencia.

Ello, siempre y cuando, por la condición de clase de las víctimas, su pertenencia a instituciones de alcurnia o por su alta visibilidad mediática, no se llegara a decodificar y exhibir la falsa premisa principal del régimen: todos los muertos eran sicarios o pandilleros hasta que no se demostrara lo contrario.

Como se desarrolló arriba, el caso de los dos estudiantes del Instituto Tecnológico y de Estudios Superiores de Monterrey era paradigmático. Los datos duros indicaban que elementos de la 7a Zona Militar controlaron la escena del crimen por más de tres horas. En ese lapso alteraron el lugar de los hechos y desaparecieron evidencias. Entre ellas las ropas y pertenencias de las víctimas, incluidas sus identificaciones. Además les sembraron armas. También confiscaron los videos de vigilancia y los radiotransmisores de la guardia del campus. Luego presentaron ante la opinión pública a Jorge A. Mercado y Javier F. Arredondo como sicarios.

Hasta allí, la misma técnica de los falsos positivos de Colombia, a ser capitalizada como eficacia militar. Si a dos estudiantes de excelencia del ITESM se les había dado el tratamiento de sicarios, ¿cuántos asesinatos de civiles habían sido presentados de la misma manera —como caídos en "enfrentamientos"— por la Sedena, la marina, la policía federal y otros organismos de seguridad del Estado? ¿Cuántas personas encobijadas, degolladas, descuartizadas, colgadas o asesinadas con un tiro de gracia en la nuca no habían sido falsamente presentadas como producto de un "ajuste de cuentas" entre bandas delincuenciales rivales?

Cuando la presión e indignación de la élite *regia* creció, el secretario de Gobernación Gómez Mont, había recurrido al plan B: el de las bajas colaterales resultado de fuego cruzado. Dijo: los estudiantes estaban en la línea de fuego y sicarios los mataron. El ejército quedaba exonerado.

No obstante, dos días después de que la Sedena recibiera la recomendación de la CNDH el comandante de la 4a Región Militar, general Guillermo Moreno Serrano, aseguró que en el ejército no había "verdugos" y que los soldados siempre "respondían" a las "agresiones" de la delincuencia organizada. No obstante, implícitamente dio a entender que en hechos como el ocurrido en el campus del Tec de Monterrey podían presentarse situaciones "difíciles", donde no era fácil "establecer" si el civil era delincuente o no, y debido a la "adrenalina" del momento (los soldados) podrían matar personas inocentes...[26]

En los hechos, como había consignado la CNDH en su recomendación 45/2010, en junio de 2010 la Procuraduría de Justicia Militar había ejercido acción penal en contra del teniente a cargo de la unidad "Néctar Urbano 4" por su probable responsabilidad en la comisión del delito contra la administración de justicia, en su modalidad de alterar el lugar de los hechos, y cumplimentado una orden de aprehensión en su contra; pero como destacó la comisión, en la acción habían estado involucrados 19 elementos militares más. Por otra parte, al teniente, presunto responsable de no haber podido controlar su adrenalina o la de algún subordinado, no se le imputaban las muertes de Mercado y Arredondo, cuyos asesinatos quedaban en el limbo.

En agosto de 2015, a casi cinco años y medio del hecho, el Ministerio Público de la federación no había determinado aún acusar o no a los 20 militares implicados en la muerte de los estudiantes del Tec. Las investigaciones acumuladas en 36 tomos que contenían diversos peritajes, incluidos los de balística, testimonios, videos y análisis, se encontraban todavía en su fase de integración, y al concluir, la PGR tendría los elementos para consignar a los posibles responsables.

Según adelantó entonces Carlos Treviño, abogado de los familiares de Mercado y Arredondo, en esos cinco años se habían superado algunos "obstáculos", en particular la renuencia de los militares a que los soldados implicados fueran juzgados por la justicia civil, y las pruebas apuntaban a la responsabilidad de los elementos castrenses, pero no incluiría a los mandos superiores.

Mientras tanto, en el expediente seguía apareciendo el oficio del forense que recibió los cuerpos de ambos jóvenes, donde Jorge Antonio y Javier Francisco figuraban como "NN sicarios". El ejército nunca se retractó de esa imputación. Y el general Cuauhtémoc Antúnez Pérez, comandante de la 7a Zona Militar en el momento de los hechos, era designado el 4 de octubre de 2015 secretario de Seguridad Pública estatal en la administración de Jaime Rodríguez, *el Bronco*.

El "pelotón de la muerte"

Eran los días del Operativo Conjunto Chihuahua. El joven estaba amarrado al poste de una palapa ubicada detrás del comedor de la 3a Compañía de Infantería No Encuadrada (CINE), en Ojinaga, una ciudad chihuahuense ubicada en la frontera con Estados Unidos. Tenía las manos esposadas y estaba envuelto en una cobija corrugada blanca, toda mojada. Las descargas eléctricas aplicadas por el soldado Elías García sacudían el cuerpo del prisionero. "Dale en los puros huevos hasta que cante el pendejo", le ordenaba el mayor Alejandro Rodas, segundo al mando de la base castrense. A los pocos minutos el detenido se empezó a convulsionar y dejó de moverse. Era una noche veraniega de 2008 cuando su corazón dejó de latir.

Con escasos 20 años, José Rojas, originario de Uruapan, Michoacán, había sido privado de la vida en una unidad militar. Su cadáver fue calcinado pocas horas después con 60 litros de disel por los oficiales y soldados que le infligieron tormento, en un rancho llamado El Virulento, ubicado a unos 100 kilómetros por la carretera Ojinaga-Camargo. Después, los uniformados esparcieron sus cenizas en un arroyo.

Poco más de tres años después, la mañana del 30 de enero de 2012, se conoció públicamente el dictamen de medicina forense practicado sobre sus restos óseos por la justicia militar. Decía: "Nombre: José Heriberto Rojas Lemus, *el Michoacano*. Fecha de detención: 25 de julio de 2008. Muerte: Fibrilación ventricular y paro respiratorio por tortura con toques eléctricos. Incinerado en el rancho El Virulento".

La noticia figuraba en uno de los recuadros de un amplio reportaje del diario *Reforma*, que para los tiempos que corrían tenía un título anticlimático: "Siembran militares terror".[1] Con gran despliegue en dos páginas interiores, el cintillo y el sumario de la nota destacaban que desde abril de 2008, con la llegada del general de brigada Diplomado de Estado Mayor (DEM) Manuel de Jesús Moreno Aviña a la comandancia de la guarnición militar de Ojinaga, se había iniciado un "régimen de terror" en el que los uniformados actuaban como integrantes "de bandas del crimen organizado": la unidad perpetraba ejecuciones extrajudiciales, "levantones" (desaparición forzada de personas), detenciones y cateos ilegales, extorsiones, venta de drogas...

Es decir, la tortura, el asesinato y la inhumación clandestina de José Rojas era sólo un episodio más de un rosario de abusos, crímenes y graves violaciones a los derechos humanos cometidos por elementos de la 3a CINE bajo el mando del general Moreno Aviña y del teniente coronel DEM José Julián Juárez Ramírez, entre abril de 2008 y agosto de 2009. El propio Moreno Aviña había estado presente en la base de la compañía mientras Rojas era torturado hasta la muerte, y según los testimonios ministeriales iniciales de oficiales y soldados de la unidad que confesaron haber participado en los hechos, había avalado la tortura de un número indeterminado de civiles detenidos de manera arbitraria.

A partir de una "denuncia anónima", 14 agentes del Ministerio Público castrense apoyados por un contingente del ejército intervinieron la compañía el 18 de agosto de 2009, y el teniente coronel Juárez y 29 oficiales y tropa quedaron acuartelados. Después de un severo interrogatorio fueron enviados a una prisión de la 3a Región Militar, en Mazatlán, Sinaloa, mientras eran procesados, entre otros, por los delitos de robo equiparado, contra la salud en su modalidad de suministro de marihuana, pillaje, allanamiento de morada, violación a las leyes de inhumación en modalidad de destrucción de cadáver, violencia contra las personas causando homicidio calificado y tortura.[2]

En su declaración ministerial ante la justicia militar (causa penal 1982/2009), el mayor Alejandro Rodas Cobón, entonces segundo comandante de la 3a CINE, había asegurado que el general Moreno Aviña había dado la orden al teniente Jesús Omar Castillo de "desaparecer" a Rojas. El deceso por suplicio del joven había sido comprobado por el capitán cirujano dentista Luis Victoria Ordaz, quien le informó a su superior que la víctima ya no tenía signos vitales. "Tú no eres doctor para decir que ya está muerto este pendejo", le increpó el mayor, y mandó llamar al capitán médico cirujano Héctor Hernández Gutiérrez. Éste le tomó el pulso a Rojas e intentó reanimarlo con un masaje cardiaco, pero no respondió a los estímulos. Cuando el capitán médico le informó al mayor que había que trasladarlo a un hospital, Rodas se negó y contestó: "Está bien, doctor. Ahí le hace un certificado y le pone que murió por sobredosis".[3]

Poco después subieron el cuerpo sin vida a una camioneta y llegaron al rancho El Virulento como a las 19:30 horas. Allí, bajaron el cadáver del vehículo y lo subieron a un árbol. Abajo pusieron leña. El cabo Carmen Omar Ramírez roció la madera con disel y le prendió fuego. La ceremonia del horror duró cuatro horas y media porque el disel tarda mucho en consumirse.

Las declaraciones de los militares implicados en el caso Ojinaga habían quedado registradas en una sentencia de juicio de amparo promovida por 10 soldados acusados de la muerte de tres civiles. Según el testimonio del teniente coronel Juárez ante la justicia castrense, el general Moreno Aviña, jefe de la guarnición ubicada a un par de kilómetros de la 3a CINE, le había instruido que adiestrara a un grupo de soldados para realizar ejecuciones de civiles relacionados con actividades ilícitas de narcotráfico. En esa ocasión, Juárez le respondió que la compañía contaba con dos informantes, *el Sebos* y *el Dany*, que habían trabajado como sicarios de La Línea, brazo armado del Cártel de Ciudad Juárez, de Vicente Carrillo Fuentes.

El general le ordenó que por conducto de esos informantes se ejecutara a Patricia Gardea González, secretaria del Ministerio Público federal de Ojinaga; al policía ministerial José Escárcega, quien presuntamente vendía droga para el traficante Marco Rentería, sindicado como líder de La Línea en la ciudad, y al policía municipal Jorge Olivas Carrasco. Las órdenes fueron cumplidas inexorablemente.

Interrogado acerca de los asesinatos, un soldado declaró:

Sí, sé que es un delito, pero por otra parte estaban las órdenes de un superior, que si no se contradicen a lo que dice la Constitución no son de todo su acatamiento, entonces en esa situación como militar subalterno a quien ordena otra cosa me vi obligado a obedecer la orden del superior.[4]

Inicialmente, los testimonios ministeriales de los oficiales y soldados detenidos coincidían en que los mandos de la unidad, el general Moreno y el teniente coronel Juárez traficaban cocaína y marihuana asegurada a delincuentes.

En su declaración ministerial del 20 de agosto de 2009 el sargento segundo hojalatero automotriz Andrés Becerra afirmó que por órdenes del teniente coronel Juárez, al menos en cuatro ocasiones había cobrado cuotas de 30 mil pesos al presunto narcotraficante René Humberto Anaya, apodado *el Chiquilín*, para permitirle vender cocaína en la ciudad fronteriza, y que en una ocasión tuvo que trasladar costales de marihuana a un rancho propiedad de Anaya a cambio de 19 mil dólares. Según Becerra, cuatro días antes de que la Policía Militar interviniera en la 3a cine, Juárez le había vendido al *Chiquilín* 16 onzas de cocaína asegurada por el ejército a un traficante identificado como Sergio *la Chiva* Aranda. Agregó que los "negocios" del teniente coronel con René Anaya eran avalados por el jefe de la guarnición, general Moreno Aviña.[5]

A su vez, el sargento Abraham Arrucha declaró que en varias ocasiones en que el mayor Rodas y el pelotón denominado *los Ardillos* habían salido a operar, regresaron a la compañía con camas, colchones, televisores, salas, cuadros y computadoras "aseguradas" a presuntos delincuentes.

De acuerdo con los testimonios asentados en los expedientes del caso, la afición del general Moreno por lo ajeno —a la manera de botín de guerra— no tenía límites. Según declaró uno de sus principales cómplices, el mayor Rodas, su superior le había ordenado que todos los vehículos que se localizaran en los domicilios cateados fueran concentrados en la guarnición castrense, y una vez allí, eran pintados de verde olivo y les colocaban siglas ficticias para que parecieran unidades oficiales del ejército. Algunas unidades eran vendidas. Entre los vehículos decomisados y "regularizados" figuraban cinco camionetas del año (2008).

Como parte de su declaración legal, el sargento Andrés Becerra afirmó que en una ocasión, después de que habían "saqueado" una casa, escuchó cuando el general Moreno le decía al teniente Gonzalo Huesca: "Esa camioneta Tahoe me gusta para cuando salga a junta de comandantes en Torreón, que tenga yo que ir a Ciudad Juárez o Chihuahua". Luego, dirigiéndose al sargento, le ordenó: "Mira, gordo, quiero que me pintes esa camioneta de manera que quede bien bonita, como la Suburban que trae el comandante de la región, medio brillosita, que no quede opaca".

Cuando el teniente Juárez le preguntó a su superior cómo iban a hacer para justificar los vehículos y los muebles "decomisados" en el allanamiento, ya que no se habían encontrado armas ni droga en la vivienda, Moreno Aviña le respondió: "Mira, con la información que trae Huesca, que ese cabrón de *Campitos* es el jefe de los sicarios de La Línea […] es suficiente para que a ese pendejo cuando lo agarren lo mate, antes de que nos vaya a chingar a uno de nosotros, y por lo de los carros no te preocupes".[6]

A *Campitos* lo detuvieron el 5 de agosto en los alrededores del poblado El Almagre y lo torturaron cerca del rancho El Trece. Luego regresaron a la 3a CINE. Después de dormir tres horas, Rodas le ordenó al cabo conductor Adalberto Petlacalco Vázquez llenar el tanque de una camioneta que el propio mayor había bautizado como *Lobo del mal* —un vehículo *hechizo* del ejército—, y lo hizo conducir rumbo a Ciudad Camargo. A la altura del kilómetro 221 se desviaron por un camino de terracería y en 15 minutos llegaron a un paraje donde había una construcción vacía sin techo.

El soldado García y el cabo Carmen Omar Ramírez le pusieron al detenido una cuerda en el cuello y la pasaron por el marco de la puerta de la casa abandonada. Lo empezaron a jalar hasta unos 30 centímetros del piso hasta ahorcarlo. Después pusieron el cuerpo sobre una cama de leña, le echaron gasolina y le prendieron fuego. Cuando el cuerpo quedó calcinado, el cabo Gabriel Roque Bernardino, el sargento Víctor Fidel Cruz y el cabo Ramírez echaron tierra para apagar el fuego. Luego García tomó una pala y echó las cenizas en un hoyo cercano. Entonces el mayor ordenó que regresaran a la CINE. Según el cabo Petlacalco, el mayor Rodas solía decirles a los oficiales y tropa bajo su mando: "Son ellos o nosotros".[7]

De acuerdo con el dictamen de medicina forense practicado por la justicia castrense en octubre de 2009, *Campitos* era el alias de Erick Campos Valenzuela. Respecto a su muerte, el informe pericial decía que Campos había sido llevado primero a la 3a CINE y al día siguiente trasladado al kilómetro 221 de la carretera Ojinaga-Camargo, donde fue ahorcado e incinerado.

LICENCIA PARA MATAR

La calcinación clandestina de víctimas —un crimen que en el expediente castrense estaba tipificado como "violación a las leyes de inhumación en modalidad de destrucción de cadáver"— parecía formar parte de una práctica sistemática del llamado "pelotón de la muerte" de la 3a CINE. El caso de Esaú Samaniego Rey lo confirmaba.

Según la reconstrucción del periodista Jorge Carrasco Araizaga con base en expedientes judiciales y testimonios de sus protagonistas, la tarde del 22 de junio de 2008, a casi tres meses de haberse iniciado el Operativo Conjunto Chihuahua, el mayor Rodas salió a patrullar el área de Mulatos, un rancho al oriente de Ojinaga. Iba a bordo de una camioneta Lobo de cabina y media asegurada a narcotraficantes y sobrepintada de verde olivo con el número 8013148, como si fuera un vehículo oficial. Conducía el sargento Andrés Becerra.[8]

En una de las brechas hacia Mulatos observaron a un civil con la cabeza rapada en una cuatrimoto. El mayor hizo llamar al teniente Huesca, comandante de la patrulla urbana del ejército en el municipio de Ojinaga.[9] De regreso a la CINE se volvieron a encontrar con el hombre de la cuatrimoto. Lo detuvieron y Rodas le ordenó a Becerra que alumbrara al prisionero con las luces de la camioneta. Era Esaú Samaniego Rey, alias *el Cholo* o *el Azteca*. "A este pendejo ya lo traigo en la lista", comentó Rodas, quien como segundo comandante de la guarnición tenía entre sus tareas elaborar una base de datos de presuntos narcotraficantes. Después llamó a *Verde* (clave del teniente Huesca) y le ordenó revisar al detenido. Finalmente, lo identificó como un "pinche azteca" (en alusión a Los Aztecas, una de las pandillas del Cártel de Juárez).[10]

Acto seguido, Rodas tomó su celular y llamó al cabo Guillermo Arce. Al final le dijo: "Espero que tu mujer esté contigo". Luego le ordenó a Becerra conducir hasta la casa de Arce, en la colonia Porfirio Ornelas. Allí bajaron al prisionero, que iba con los ojos vendados. La mujer del cabo Arce identificó a Samaniego como el hombre que había intentado secuestrar al hijo de ambos. Entonces el mayor ordenó a Huesca y a sus hombres que llevaran al detenido a la CINE y lo "trabajaran" para que revelara quién era su jefe y quién lo había mandado a secuestrar al hijo del cabo Arce. Según el testimonio de Becerra a la justicia militar, escuchó que Rodas le dijo a Huesca: "De ser posible, mátalo".[11]

Huesca llevó a Esaú Samaniego hasta la palapa ubicada detrás del comedor de la compañía. "Yo escuchaba los gritos del civil desde la camioneta, donde me quedé a dormir", declaró Becerra. Dijo que alrededor de las cuatro de la mañana lo despertó el sargento Alberto Alvarado y le transmitió una orden de Rodas: tenía que abastecer de combustible la camioneta y poner de reserva dos contenedores con 60 litros: uno de gasolina y otro de disel. A Becerra le llamó la atención. Preguntó para qué el disel si la camioneta usaba gasolina. El sargento Alvarado le contestó: "Ya valió madres; se nos pasó la mano con el pinche azteca".[12]

Según el sargento conductor, Rodas le ordenó salir a hacer un "trabajo" con el teniente Huesca. Estacionó la camioneta al lado de la palapa y subieron "un bulto encobijado". Después, Huesca y Alvarado se introdujeron en la cabina, mientras en la parte de atrás iban dos cabos y dos soldados. Huesca le ordenó tomar la carretera hacia Camargo y después de una hora de recorrido llegaron a la mina La Perla, siguieron por una brecha del rancho El Trece, tomaron el camino del rancho Los Berrendos y como a media hora más de camino arribaron a unas galeras de madera y lámina. Allí, Huesca le ordenó a un soldado identificado como *el Tacuarín* o *Pareja* que se subiera a un cerro con un radiotransmisor para que avisara si alguien se acercaba.

Los otros soldados que iban en la caja de la camioneta tiraron una palapa para hacer leña y levantaron una pila como de un metro de altura. Uno de los uniformados, Santiago Luna, fue al vehículo por el disel, mientras los dos cabos bajaban el cuerpo. Luego rociaron el cadáver y la madera con el combustible. El cabo Carmen Omar Ramírez fue por pasto seco, lo prendió con un encendedor y lo aventó al montón. Allí estuvieron entre cinco y seis horas hasta que se consumieron los huesos de quien en vida fue Esaú Samaniego Rey. Después subieron las cenizas de la fogata a la camioneta y las fueron dispersando por el camino con palas. Con un manojo de hierbas limpiaron la caja y el grupo regresó a la CINE entre las cuatro y las cinco de la tarde.[13]

En el dictamen forense practicado sobre los restos óseos que fueron hallados en el lugar de los hechos en octubre de 2009 quedó asentado que Samaniego Rey murió por "paro respiratorio secundaria por tortura con bolsa de plástico en la cabeza" [*sic*][14] y fue incinerado en la zona montañosa conocida como Sierra Seca. Según el cabo Becerra, el mayor Rodas denominaba a su grupo de suplicios "el "pelotón de la muerte"". Estaba integrado por el sargento Víctor Cruz *la Ardilla*, los cabos Roque Bernardino, Carmen Omar Ramírez y Adalberto Patlacalco y el soldado Elías García, entre otros que no identificó. Todos del arma de infantería.

No encubrimos ni solapamos: Sedena

Acusado de abusos, tortura y la ejecución extrajudicial de al menos siete civiles entre otros delitos presuntamente cometidos entre 2008 y 2009, el caso del general Moreno Aviña había salido a la luz pública el 30 de enero de 2012 a raíz del reportaje de *Reforma*. Hasta entonces, la Secretaría de la Defensa Nacional había guardado absoluto silencio. La dependencia jamás informó sobre la causa penal 1982/2009 ni sobre la detención del mando militar de la guarnición de Ojinaga. La Sedena reaccionó hasta que el diario capitalino ventiló el tema a raíz de una sentencia de amparo (la número 151/2010), promovida por familiares de algunas de las víctimas que buscaban que el general y sus subordinados fueran juzgados en el fuero civil.

Para entonces, más de 50 declaraciones rendidas en el juzgado de la 3a Región Militar, en Mazatlán, Sinaloa, detallaban el *modus operandi* del general Moreno y sus asistentes más cercanos, el teniente coronel José Juárez y el mayor Alejandro Rodas. Además, la Suprema Corte de Justicia había recibido al menos nueve solicitudes de tribunales para definir en qué fuero debían ser juzgados militares por delitos contra civiles. Uno de esos casos era el del general Moreno Aviña, y a raíz del criterio adoptado en el caso de Rasendo Rodilla, víctima de desaparición forzada en 1974, era previsible que ordenara enviar el juicio al fuero civil.

En tales circunstancias y ante una solicitud de *Reforma* para que comentara el caso de la 3a CINE denunciado en sus páginas, la Sedena respondió a través del general Ricardo Trevilla Trejo, vocero de la dependencia castrense. Según Trevilla, derivado de una "denuncia anónima" donde se señalaba que personal militar destacamentado en Ojinaga colaboraba con un grupo delictivo que operaba en esa ciudad, en agosto de 2009 se había detenido a Moreno Aviña y 30 subordinados.

A raíz de investigaciones ministeriales, pruebas, testimonios y peritajes realizados por la Procuraduría General de Justicia Militar (PGJM), se había podido establecer que el grupo de oficiales y soldados implicados en el caso (un general, dos jefes, seis oficiales y 22 elementos de tropa) había detenido a tres civiles presuntamente dedicados al narcotráfico y los había privado de la vida. Los 31 implicados se encontraban sujetos a proceso en las prisiones castrenses adscritas a la 3a Región Militar (Sinaloa) y a la 5a Región Militar (Jalisco).

"La Secretaría de la Defensa Nacional no tolera, de ninguna manera, no sólo actos contrarios a las leyes y los reglamentos militares, sino especialmente las violaciones a los derechos humanos", decía la carta del general Trevilla enviada al periódico. En ella aseveraba, también, que en aquellos casos en que personal militar no se hubiera conducido conforme a derecho, tras una investigación se sancionaba de acuerdo a la ley "sin importar jerarquía, cargo o comisión y sin permitir cualquier acto que busque impunidad u opacidad". En el ejército, remató, "no existe impunidad".[15]

Después, durante una entrevista con un reportero del diario, el mando de la Sedena recalcó que las leyes y los reglamentos militares eran muy estrictos y que al interior del arma "la disciplina es firme, pero razonada". Según Trevilla, de acuerdo con las disposiciones del Código de Justicia Militar:

> no es válido que el inferior que cometa una conducta contraria a derecho alegue en su defensa que recibió órdenes de un superior. A los superiores no nos es dable dar órdenes contrarias a derecho, el inferior que reciba una orden contraria a derecho está en posibilidad absoluta de desatender esa orden […] está obligado a no atenderla, porque en el momento que la atiende se hace partícipe de un delito que se cometa […] y no lo va a eximir [que diga] que recibió una orden".[16]

Interrogado acerca de qué penas alcanzaría el general Moreno Aviña en caso de resultar culpable, Ricardo Trevilla respondió que por la sumatoria de delitos y conductas que se le atribuían, la sentencia podría fluctuar entre 30 y 60 años, más la baja de la institución armada. Añadió que para eso estaba la Procuraduría Militar: para "depurar" a los elementos que "fallan"; la institución "tiene sus mecanismos que le permiten depurarse". Según él, la sociedad podía estar tranquila porque los infractores serían castigados: "Sí, no hay impunidad […] tampoco cubrimos o solapamos".[17]

No obstante, la transparencia informativa y la apertura a los medios y la sociedad de la Sedena no figuraban entre sus mejores virtudes.

A partir de los testimonios publicados por *Reforma* sobre los abusos, torturas, desapariciones forzosas y ejecuciones sumarias extrajudiciales cometidas por oficiales y soldados de la 3a CINE de Ojinaga, la Comisión Nacional de los Derechos Humanos había decidido reabrir la investigación del caso. En una entrevista con Daniela Rea, el segundo visitador de la CNDH, Marat Paredes, declaró que entre 2008 y 2009 el organismo había recibido 54 quejas de presuntas violaciones a los derechos humanos —entre ellas, detención arbitraria, cateos ilegales, uso excesivo de la fuerza, tratos crueles y tortura— en contra de elementos bajo el mando del general Moreno Aviña.[18]

Afirmó que en ese periodo (en pleno auge del Operativo Conjunto Chihuahua) Ojinaga, después de Ciudad Juárez, se había convertido en la ciudad con el mayor número de quejas de violaciones perpetradas por elementos de las fuerzas armadas. Explicó, también, que para la investigación de las 54 denuncias la justicia castrense les había negado el acceso a los expedientes y denunció que personal de la comisión había sido incluso intimidado por militares. De allí que hasta el momento de las revelaciones del diario no se habían encontrado "evidencias concluyentes". Ahora, con la nueva información, aseguró Paredes, se realizaría una "revaloración de toda la circunstancia global" y solicitarían copias de los documentos a la Suprema Corte.[19]

LA MANO DURA MILITAR

Invisibilizado por el cúmulo de denuncias derivadas de la tragedia humanitaria generada por la guerra de Felipe Calderón, el caso del llamado "pelotón de la muerte" de Ojinaga volvería a la agenda pública a comienzos de 2013, ya con la presencia de Enrique Peña Nieto en la residencia oficial de Los Pinos. Y lo haría con un nuevo elemento que apuntaba a la raíz del problema pero que, dado lo urticante del tema, había sido soslayado, en general, en la academia y los medios de difusión masiva con sutiles mecanismos de encubrimiento o una tácita negación por autocensura: la circulación de las ordenanzas al interior del ejército a través de una cadena de mando autoritaria, jerarquizada de arriba abajo.

Según un reportaje de la revista *Proceso*, cuando en marzo de 2008 se había echado a andar el Operativo Conjunto Chihuahua la instrucción del entonces secretario de la Defensa Nacional, general Guillermo Galván Galván, a sus inmediatos subordinados había sido contundente: deberían utilizar "medidas muy duras" e innovar en los "métodos de trabajo y operación" con la finalidad de cumplir con la orden de quien era entonces el comandante supremo de las fuerzas armadas, el presidente Felipe Calderón, de combatir a los narcotraficantes.[20]

El cumplimiento de la nueva "línea dura" del alto mando de la Sedena quedó entonces a la "interpretación" de los comandantes de las regiones, zonas, guarniciones y unidades militares de todo el país. Pero según el autor de la nota, Jorge Carrasco Araizaga, las instrucciones de Galván Galván no habían sido dadas por escrito. El jefe del ejército las daba personalmente donde se realizaban los operativos conjuntos; ahí se reunía con las comandancias involucradas y transmitía la orden de Felipe Calderón.

De acuerdo con la información, en septiembre u octubre de 2008, en pleno proceso de militarización de varios estados del norte del país, el divisionario Galván se había reunido en la base aérea militar de Chihuahua con los comandantes en la 11a Región Militar, con sede en Torreón (que abarca a los estados de Coahuila y Chihuahua), general de división Marco Antonio González Barreda; de la 5a Zona Militar con sede en la ciudad de Chihuahua y responsable directo del operativo conjunto, general brigadier Diplomado de Estado Mayor Felipe de Jesús Espitia Hernández; los mandos de la 6a Zona Militar ubicada en Saltillo, Coahuila, y de la 42a Zona Militar, localizada en Parral, Chihuahua, así como con los jefes de las guarniciones de la región, entre ellos el general Manuel de Jesús Moreno Aviña.[21]

De acuerdo con la versión del abogado Víctor Alonso Tadeo Solano —la fuente del semanario *Proceso*—, las instrucciones del secretario de la Defensa habían sido entonces muy severas, pero no precisas: "Cada quien interpretó a su manera la línea dura de Galván", y ello explicaría el surgimiento del "pelotón de la muerte" en la guarnición de Ojinaga.

El litigante era el defensor del teniente coronel José Julián Juárez Ramírez, ex comandante de la 3a CINE, quien estaba siendo procesado por delitos contra la salud, y de otros cinco ex integrantes de la unidad, cuatro de ellos acusados en distintos grados por la detención-desaparición de tres civiles presuntos delincuentes.

Tadeo Solano aseguró que en el marco del encuentro celebrado en la base aérea militar de Chihuahua, Moreno Aviña le había informado al titular de la Sedena que como parte de las "innovaciones ordenadas" por él, estaba utilizando camionetas aseguradas a la delincuencia, que eran pintadas y rotuladas como si fueran del ejército.

La información, dijo la fuente, formaba parte de la declaración legal del general Moreno Aviña ante el Ministerio Público castrense el 19 de agosto de 2009. Allí aceptó haber ordenado que se pintaran cinco vehículos asegurados para "trabajar" y "obtener resultados" en el combate contra los traficantes de droga, ya que las unidades "orgánicas" de la CINE no se prestaban para tal propósito por falta de mantenimiento y otras, por sus características (poca velocidad), no eran apropiadas para ese tipo de operaciones.

> Para ello —testimonió Moreno Aviña—, se informó previamente a la zona militar [al general Espitia] de manera verbal y en una reunión de trabajo que se realizó con mi general secretario en la ciudad de Torreón. Incluso autorizó que utilizáramos combustible en los vehículos asegurados. El general Espitia dijo que sí se podía hacer, pero que oficialmente no estaba autorizado.[22]

El abogado del teniente coronel Juárez argumentó que su defendido, un jefe militar con 29 años de servicio y cursos en Estados Unidos y Chile, había sido detenido a partir de un "anónimo" enviado directamente al procurador de Justicia Militar. El anónimo decía:

> Le mando esta súplica porque los habitantes de Ojinaga, Chihuahua vivimos con mucho miedo. No es posible que si el H. Ejército Mexicano está combatiendo a los maleantes, algunos elementos del cuartel de Ojinaga

estén al servicio de los maleantes —y agregaba—: hay una persona militar que pintó [camioneta] igualita como las del ejército. En esta camioneta van y hacen tropelías en contra de la población [...] Ellos manchan al ejército, sirven como sicarios a los maleantes, tienen armas escondidas con las que matan a los maleantes del bando contrario.[23]

Según Tadeo, con base en ese escrito, el 19 de agosto de 2009 el procurador castrense había enviado a la CINE al coronel Enrique Velarde Sigüenza, entonces director de la Policía Judicial Militar, a que interviniera la unidad. El coronel ordenó el arresto del general Moreno Aviña y 30 subordinados y los envió a un penal en Mazatlán, al tiempo que en el juzgado de la 3a Región Militar quedaba radicada la causa penal 1982/2009.

Sin embargo, de acuerdo con el litigante, esa instancia judicial había actuado "de forma arbitraria y por consigna". Adujo que a su defendido no se le había podido comprobar ninguna responsabilidad ni vínculo alguno con el "pelotón de la muerte". Víctor Alonso Tadeo Solano no soltaría el caso.

INSÓLITO: EL GENERAL GALVÁN ANTE LA JUSTICIA CIVIL

El 6 de julio de 2013 la portada de la revista *Proceso* daba cuenta de un hecho inédito en las relaciones cívico-militares del México postrevolucionario: sobre una imagen del ex secretario de la Defensa Nacional durante el sexenio de Felipe Calderón, ataviado con su uniforme de gala y condecoraciones, el titular rezaba: "El general Galván ante la justicia civil. Causa: el 'pelotón de la muerte'".

El hecho era en realidad insólito: a raíz de una decisión de la Suprema Corte de Justicia, que había fijado criterios respecto al fuero militar y establecido que el caso Ojinaga debía pasar a la jurisdicción civil, un militar del más alto rango, el ex titular de la Sedena, general Guillermo Galván Galván, había sido llamado a comparecer ante la justicia federal como testigo, dentro de la causa penal 53/2012 abierta por los delitos contra la salud, acopio de armas y robo, que formaba parte de una investigación más amplia relacionada con la tortura, muerte y desaparición de civiles durante el Operativo Conjunto Chihuahua (OCCH), en el que el ejército había participado como parte de la "guerra al narcotráfico" emprendida por el ex mandatario de Acción Nacional.[24]

La inusual y sorprendente diligencia obedecía a una petición de la defensa del teniente coronel Juárez Ramírez, quien deseaba deslindar responsabilidades sobre los crímenes cometidos por el "pelotón de la muerte" de Ojinaga. Como consecuencia de ello, Galván había sido citado por el Juzgado 2o de Distrito en el estado de Chihuahua, y debía declarar el 6 de agosto siguiente desde la ciudad de México por videoconferencia y enlazado con el Juzgado 8o de Distrito con sede en Mazatlán.

A través de su abogado, Juárez Ramírez había solicitado la declaración de Galván y de otros jefes y ex jefes del ejército para intentar desacreditar las acusaciones en su contra por robo, posesión de arma, desaparición forzada y posesión de droga, y demostrar la actuación por consigna de la Procuraduría General de Justicia Militar. Ya entonces, no descartaba citar como testigo al ex presidente Felipe Calderón.

En la prueba testimonial requerida, el ex secretario de la Defensa debía responder sobre el Operativo Chihuahua y su encuentro con los comandantes de las regiones, zonas y guarniciones militares de Chihuahua y Coahuila a finales de 2008. La argumentación del teniente coronel Juárez y su defensor iba en el sentido de que la instrucción de Galván a sus subordinados en el generalato, de aplicar la "mano dura" en el combate al narcotráfico "innovando" los métodos de trabajo y de operación, había derivado en un uso desmedido de la fuerza, y en el caso del Operativo Conjunto Chihuahua había prohijado al llamado "pelotón de la muerte".

Tadeo Solano dijo a *Proceso* que ese tipo de medidas "son correctas" para los mandos superiores cuando se tienen "resultados adecuados", pero "cuando hay un error, los encargados de cumplir las órdenes quedan en una situación muy endeble, los dejan solos". Según el litigante, eso era lo que había pasado con quienes habían ejecutado las órdenes del presidente Calderón, comunicadas por el general Galván, que incluía desde clases, oficiales y comandantes de unidades operativas.

"Cuando algún jefe preguntaba qué iba a pasar si ocurriera algún error y quién respaldaría a los implicados, la respuesta era simple: 'Platique con su comandante'."[25]

Los otros mandos castrenses que Juárez y Tadeo buscaban hacer comparecer ante la justicia civil eran los generales de división Marco Antonio González Barreda, ex comandante de la 11a Región Militar cuando se realizó el OCCH, y a quien el nuevo secretario de la Defensa, Salvador Cienfuegos, había designado director general del Instituto de Seguridad Social para las Fuerzas Armadas, Demetrio Gaytán Ochoa, entonces jefe del Estado Mayor de la Defensa Nacional, quien después de los sucesos en Chihuahua había sido nombrado subsecretario de la Sedena y oficiaba ahora como director del Banco del Ejército (Banjercito), también por decisión del general Cienfuegos, y el general de brigada DEM Felipe de Jesús Espitia Hernández, ex responsable directo del operativo conjunto.

El reportaje de *Proceso* daba cuenta, además, de la causa penal 49/2012 instruida en el Juzgado 10o de Distrito en Chihuahua contra el general Moreno Aviña, comandante de la guarnición donde había ocurrido por lo menos la muerte de un civil y adonde habían sido llevados tres presuntos delincuentes antes de ser torturados, asesinados y calcinados de manera clandestina en poblados aledaños a la ciudad de Ojinaga.

En una audiencia celebrada el 27 de junio de 2013 Moreno Aviña había alegado que su primera declaración ministerial ante la PGJM había "desaparecido" de su expediente.[26] Pero esa irregularidad no fue tomada en cuenta por el juez militar Gonzalo Corona González, quien inicialmente había conocido la causa antes de que declinara a favor de la justicia civil. El detenido también cuestionó los peritajes de la procuraduría castrense sobre los supuestos restos óseos de los tres desaparecidos que habían sido calcinados.

En el caso del teniente coronel Juárez Ramírez, en el parte oficial de su detención (el 19 de agosto de 2009) sus captores asentaron que en un cajón del buró de su dormitorio en la Compañía de Infantería No

Encuadrada le habían encontrado "dosis de cocaína y marihuana" que, según alegó el acusado, "eran utilizadas para el adiestramiento del personal bajo las órdenes del general Moreno Aviña". Ante tal increíble versión, los policías militares lo acusaron de "flagrancia en el delito de posesión de enervantes con fines de comercio".[27]

De acuerdo con el expediente, Juárez Ramírez había sido entregado al mayor de infantería Carlos Alberto Rivera Medeles, quien puso en el acta ministerial que había interrogado al teniente coronel acerca de una caja de madera escondida afuera de la CINE, cerca de la mina La Perla, rumbo a la ciudad de Camargo. Según el mayor, "la caja contenía armas de fuego, dinero nacional y extranjero, cartuchos de diferentes calibres y joyas de oro". Dijo haber dado con ella por las declaraciones del sargento Andrés Becerra, uno de los señalados por haber integrado el "pelotón de la muerte".[28]

Juárez declaró que las armas eran de las que se aseguraban a los civiles y no se ponían a disposición de las autoridades porque "las utilizaban para 'sembrarlas' a otros civiles" que detenían y a los que "no se les encontraba nada". La versión asentada por el Ministerio Público castrense sostenía, además, que el teniente coronel Juárez había admitido que el general Moreno Aviña le daba dinero asegurado a los civiles para "gastos de operaciones militares".

Como había exhibido el reportaje del diario *Reforma* de enero de 2012, que sacó a la luz pública el caso, en sus primeras declaraciones ministeriales el sargento Becerra y el mayor Rodas habían acusado al comandante de la CINE de quedarse con dinero y droga. Ambos lo señalaron, también, de estar relacionado con el asesinato de varias personas, entre ellas una funcionaria de la PGR, Patricia Gardea, y un policía municipal, Jorge Luis Olivas Carrasco.

Pero no habían sido los únicos que declararon en contra de los comandantes de la guarnición de Ojinaga y la CINE; también lo habían hecho los demás integrantes del "pelotón de la muerte" y otros efectivos del cuartel. Sin embargo, en sus declaraciones posteriores ante el juez, todos, a excepción de Becerra, habían alegado haber sido presionados y torturados por la Policía Militar para que declararan en contra de los dos mandos superiores.

Uno de los principales acusados, Alejandro Rodas —segundo mando de la CINE y señalado como uno de los jefes del "pelotón de la muerte"—, aseguró que fue torturado para autoinculparse de los homicidios de Rojas Lemus y Samaniego Rey, y responsabilizar al general Moreno Aviña y al teniente coronel Juárez. Según Rodas, el Ministerio Público militar Rivera Medeles lo había interrogado en una de las cabañas de las instalaciones militares de Ojinaga y sometido a apremios físicos. Dijo: "Ordenó que me sentara […] el capitán Héctor Raúl Salgado me propinó bofetadas, y al querer levantarme fui sujetado por ambos brazos por el mayor Rivera Medeles y el capitán Román Rodríguez". Rivera Medeles le habría dicho: "Dime ya de muertos y ejecutados ordenados por el general Moreno Aviña, no te hagas pendejo…"[29]

De acuerdo con la versión recogida en *Proceso*, durante el interrogatorio los agentes de la Policía Militar le habían dicho a Rodas que recibían órdenes directas del general secretario de la Defensa Nacional, Guillermo Galván Galván, y que eran sus "protegidos"; que mientras él estuviera en el poder, a ellos no les iba a pasar nada.

Sin embargo, el juez militar de las causas penales abiertas contra los oficiales y soldados de la CINE, general Gonzalo Corona, desechó las acusaciones de tortura y dio como válidas las primeras declaraciones de los inculpados ante el Ministerio Público castrense.

Como señaló Jorge Carrasco Araizaga al final de su reportaje en *Proceso*, ahora nadie se quería responsabilizar de la existencia del "pelotón de la muerte"…

La obediencia debida como vía a la impunidad

Parecía evidente que en el seno de una institución autoritaria y altamente jerarquizada como la Secretaría de la Defensa Nacional, y máxime después de la declaración inicial del director de Comunicación Social de la dependencia, general Ricardo Trevilla Trejo, en el sentido de que no habría impunidad en el caso, el teniente coronel Juárez y sus coacusados llevaban las de perder. No obstante, todavía radicaban sus expectativas en la justicia civil, adonde habían sido giradas las causas por la Suprema Corte.

En noviembre siguiente un nuevo reportaje de *Proceso* revelaría los obstáculos interpuestos por las autoridades militares y federales para que se llevaran a cabo las comparecencias agendadas en la justicia civil. El encabezado de la nota era por demás descriptivo: "Caso 'pelotón de la muerte': la Sedena encubre a Calderón y a Galván".[30] En su primer párrafo, el reportaje del semanario afirmaba que la Secretaría de la Defensa Nacional pretendía "cebarse" en algunos de sus efectivos, para "pagar culpas" por las graves violaciones a los derechos humanos cometidas por el ejército durante la guerra de Felipe Calderón.

Con ese objetivo, la justicia federal se oponía a que el ex mandatario fuera citado a declarar como testigo; la Sedena a que compareciera su ex titular, el general Galván, y otros mandos del ejército responsables del Operativo Conjunto Chihuahua, y la PGR, de la mano de la procuraduría militar, había obstruido la defensa de los inculpados.

Según el texto, la defensa del principal impulsor de las comparecencias, el teniente coronel Juárez Ramírez, se había complicado cuando decidió citar a Calderón y a los generales Galván, González Barreda, Gaytán Ochoa y Espitia.

La novedad informativa era que, al parecer, el ex comandante de la CINE había acompañado a su superior, el general Moreno Aviña, a la reunión de comandantes del OCCH en la base aérea militar de Chihuahua, con el entonces secretario de la Defensa, Galván Galván. Él había sido "testigo" del momento en que el ex titular de la Sedena había instruido a los jefes militares de Chihuahua y Coahuila que actuaran con "mano dura" contra los narcotraficantes por órdenes de Calderón, cuando éste era comandante en jefe de las fuerzas armadas.

Sin más precisiones, el cumplimiento de la ordenanza fue a discreción con los resultados conocidos: graves violaciones a los derechos humanos.

Entrevistado por Jorge Carrasco Araizaga, el abogado Víctor Tadeo Solano aseguró que, según su defendido, la orden que transmitió el general Galván se la había atribuido directamente al presidente Calderón. Era la misma razón que había dado otro de los principales acusados, el mayor Alejandro Rodas. Además de reclamar inocencia, en sus declaraciones ministeriales el ex segundo mando de la CINE había insistido en que las actuaciones del ejército durante el Operativo Conjunto Chihuahua habían sido conforme a las órdenes emanadas de Los Pinos y la Sedena.[31]

Durante una audiencia celebrada el 8 de agosto de 2013, su alegato se había escudado en la obediencia debida. Dijo:

> Todas las órdenes que se recibían debían ser cumplidas [pues] venían directamente del Comandante Supremo de las fuerzas armadas [Calderón] —y añadió—: cuando se me da una orden y estoy consciente y tengo conocimiento de que es ilegal, no estoy obligado a cumplirla; sin embargo, cuando las órdenes vienen desde el Mando Supremo en ninguno de los casos es cuestionada.[32]

La lógica argumentativa de los dos jefes militares de la 3a CINE era la misma que habían interiorizado desde su ingreso al ejército miles de oficiales y tropa: las órdenes no se discuten. El que manda, manda, y si se equivoca, vuelve a mandar.

Era para esclarecer esa ordenanza atribuida por el general Galván al presidente de la República, que el litigante Tadeo Solano había solicitado al juez segundo de distrito en Chihuahua, Juan Carlos Zamora, la comparecencia en calidad de testigo de Felipe Calderón como comandante de las fuerzas armadas en el periodo 2006-2012. Sin embargo, el juzgador se negó a citar al ex presidente de México.

Por otra parte, la Sedena, la PGR y la justicia federal habían puesto todo tipo de trabas para que se pudieran confrontar las investigaciones con que se sostenían las acusaciones. En el juicio contra el teniente coronel Juárez el general Galván había sido citado en cinco ocasiones y en ninguna había asistido a la audiencia, sin que hubiera sido llevado por la fuerza pública como testigo a la tercera vez, como indica la ley.

Igual había ocurrido con los generales de división González Barreda y Espitia, a quienes, según *Proceso*, la Sedena "solapaba" bajo el argumento de que ambos desempeñaban "cargos públicos de alto mando", una categoría que de acuerdo con la Ley Orgánica del Ejército y Fuerza Aérea sólo corresponde al titular de la institución castrense.

La "protección" de la dependencia no era únicamente hacia los generales. Con el visto bueno del juez segundo de distrito de Chihuahua, la procuraduría militar había obstaculizado la presentación de los encargados de la detención y los interrogatorios de los miembros del "pelotón de la muerte" y sus superiores, el general Moreno Aviña y el teniente coronel Juárez, responsables además de la tortura alegada por los inculpados. En particular, según *Proceso*, se protegía al entonces coronel y ahora general brigadier David Velarde Sigüenza, director de la Policía Judicial Militar.

No obstante, y pese a las dilaciones de la justicia castrense, el mayor Carlos Rivera Medeles —encargado de las investigaciones iniciales en la CINE— había comparecido finalmente el 5 de noviembre de 2013. En su deposición, dijo que el "acuartelamiento" de la compañía a cargo de Juárez Ramírez había sido ordenado por el ex titular de la Sedena, general Galván, y aunque admitió que los inculpados habían declarado sin un abogado defensor, negó que hubieran sido torturados.[33]

ESGRIMA VERBAL ENTRE EL GENERAL ESPITIA Y EL MAYOR RODAS

Once meses después, la mañana del 23 de octubre de 2014 el general de brigada Felipe de Jesús Espitia comparecería ante el Juzgado 12o de Procesos Penales Federales en la ciudad de México, como testigo en el proceso por tortura y homicidio que se seguía en un juzgado civil de Chihuahua contra el grupo de militares de la 3a CINE.

De acuerdo con sus ex subordinados, como coordinador del Operativo Conjunto Chihuahua el general era uno de los jerarcas castrenses implicados en la "fabricación de pruebas" y responsable, también, de las torturas de que habían sido objeto para hacerles firmar confesiones falsas. Uno de los implicados, el mayor Alejandro Rodas, afirmó que la acusación contra él y otros 18 compañeros de la compañía militar de Ojinaga era una "venganza política" al interior del ejército, y seguía pugnando para que se investigara la cadena de mando que había "traicionado a sus propias tropas", incluidos, en orden ascendente, el ex secretario de la Defensa, Guillermo Galván, y el ex presidente Felipe Calderón.[34]

A solicitud del mayor Rodas, Espitia compareció por videoconferencia en el caso de la presunta tortura y asesinato de los civiles Esaú Samaniego Rey, José Heriberto Rojas y Erick Campos Valenzuela. Durante el careo electrónico con el mayor, el general dijo haber sido comandante de la 5a Zona Militar con sede en la ciudad de Chihuahua entre 2007 y mediados de 2010, y que en marzo de 2008 había sido nombrado coordinador del Operativo Conjunto Chihuahua. Explicó que en esa posición recibía órdenes directas del Estado Mayor de la Defensa.[35]

Ante la sucesión de preguntas que le iba formulando Rodas, el militar admitió haber realizado un par de visitas a las instalaciones de la 3a CINE en Ojinaga, pero aclaró que nunca había supervisado las operaciones de la unidad porque no era su obligación. Dijo que quien estaba obligado a informar sobre el aseguramiento de personas, armas y drogas era el comandante de la unidad (el teniente coronel Juárez Ramírez), lo cual no significaba que él tuviera conocimiento. Negó, también, que como una de sus obligaciones estuviera enterarse personalmente de los partes rendidos por todas y cada una de las unidades castrenses que dependían de la zona militar bajo su mando, y argumentó que en los cuarteles de las zonas del ejército existe personal encargado de recibir los informes y enviarlos al Estado Mayor de la Defensa. Pero no recordó quiénes eran los encargados de hacerlo, porque había tenido cinco jefes de Estado Mayor en la 5a Zona Militar.[36]

En la parte nodal de la comparecencia, el general Espitia eludió responder en qué ordenamiento legal había estado basada la actuación de las tropas en el Operativo Conjunto Chihuahua. "Desconozco el ordenamiento", declaró el militar. Cuando su contraparte le volvió a preguntar si no era su obligación, como coordinador del operativo conjunto, conocer el ordenamiento legal, respondió que no, que no era su obligación.

Ante otro cuestionamiento del mayor Rodas acerca de si había participado en juntas de trabajo con los comandantes de las unidades bajo su mando, para darles a conocer órdenes y directivas que el secretario de la Defensa, Guillermo Galván, emitía por su conducto a los demás jefes castrenses, respondió que sí, que en varias reuniones había comunicado las directivas del Estado Mayor de la Sedena a fin de actuar contra el narcotráfico "con estricto respeto a los derechos humanos". Y cuando Rodas le volvió a preguntar si había supervisado que esas directivas humanitarias fueran cumplidas a cabalidad, Espitia aseveró que esas directivas eran responsabilidad de los comandantes de "todos los escalones", hasta el nivel más bajo, que es un sargento.

"Mi obligación es supervisar, mas debido a la extensión del estado de Chihuahua y a la cantidad de unidades y efectivos —aproximadamente 10 mil elementos—, no me era posible estar en cada uno de los diferentes lugares."[37]

Resultaba evidente que con la comparecencia del general Espitia, el mayor Rodas buscaba fundamentar la responsabilidad de la cadena de mando en las graves violaciones a los derechos humanos en que habían incurrido los oficiales y soldados de la 3a CINE en el municipio de Ojinaga.

Según un reportaje-entrevista de Juan Veledíaz en *Proceso*, titulado "La traición de los generales", el 30 de junio de 2015 Alejandro Rodas y otros dos militares procesados, el teniente Gonzalo Huesca y el cabo Gabriel Roque Bernardino, habían presentado una denuncia ante la Comisión Interamericana de Derechos Humanos (CIDH). Allí argumentaban que los mandos que ejecutan las ordenanzas y directivas de los comandantes no pueden tomar decisiones con base en su propia evaluación de situaciones, teniendo que "ejecutar única y exclusivamente la orden que recibe del superior de manera literal, aun cuando sea visiblemente ilegal e imposible de realizar y se cause graves daños a la seguridad de las tropas y a la población civil".[38]

De allí que para los tres inculpados los comandantes superiores y territoriales del ejército durante el Operativo Conjunto Chihuahua tenían "responsabilidad" desde el momento de emitir las órdenes que bajaban por la cadena de mando. Al no dirigir de manera correcta las operaciones militares y permitir el atropello de la población civil, los jefes superiores eran "responsables directos" de los resultados de la actuación del personal castrense y, por lo tanto, también debían ser investigados.

Para ellos no había duda: la cadena de mando en el Operativo Conjunto Chihuahua había estado conformada por el ex presidente de la República, que había declarado la "guerra" al narcotráfico; el secretario de la Defensa, Guillermo Galván; el general de división Marco Antonio González Barreda, comandante de la XI Zona Militar con sede en Torreón; el general brigadier Felipe de Jesús Espitia, comandante de la 5a Zona Militar, de quien provenían las órdenes que, a su vez, instruía el general Manuel de Jesús Moreno Aviña, comandante de la guarnición de Ojinaga, a los elementos de la 3a CINE, cuyo mando era el teniente coronel José Julián Juárez Ramírez.

LA LEY Y EL ORDEN: SOLDADOS *VERSUS* POLICÍAS

Según el mayor Alejandro Rodas, el caso Ojinaga fue "fabricado" por la Sedena durante la gestión del general Galván para demostrarle a la clase política, a la población civil y a los medios de difusión masiva que el ejército actuaba con apego a la legalidad.

Al respecto, Juan Veledíaz recuperó esta historia en el semanario *Proceso*: un domingo de 2009, César Carrasco Baeza, alcalde panista de Ojinaga y primo del entonces gobernador de Chihuahua, José Reyes Baeza, observaba un partido de beisbol desde las tribunas del estadio municipal, mientras en la cancha adyacente el equipo de la base militar jugaba futbol. De pronto se oyeron sirenas de patrullas y desde las gradas del campo se vio la llegada de un vehículo compacto, con vidrios polarizados, que zigzagueaba a toda velocidad perseguido por la policía municipal.[39]

El automóvil se detuvo cerca del campo de futbol vigilado por soldados. El alcalde Carrasco fue a ver qué sucedía y observó cuando los militares encaraban y desarmaban a los agentes municipales. Los agentes argumentaron que el chofer del auto conducía a exceso de velocidad y no se había detenido cuando le marcaron el alto. Por los vidrios polarizados creyeron que era gente armada. El conductor era el teniente coronel Juárez Ramírez, quien, según versiones periodísticas, iba ebrio.

A su vez, los soldados desconfiaban de los policías municipales porque tenían información de que trabajaban para La Línea y pensaron que querían "levantar" a su comandante. Carrasco Baeza apoyó a los policías y se hizo de palabras con Juárez Ramírez. Un soldado cortó cartucho y le dijo al alcalde que se retirara. Carrasco le respondió que él era la máxima autoridad del municipio. El soldado le reviró que eso no le importaba y le repitió que se fuera. El alcalde panista se retiró con sus policías, pero antes le advirtió al teniente coronel Juárez que el atropello no quedaría impune. Le dijo que se quejaría con su primo el gobernador y lo reportarían con el general Galván para que él y sus soldados terminaran en la cárcel.⁴⁰

Tres días después el teniente coronel recibió una llamada del general Marco Antonio González Barreda, quien le ordenó disculparse con el alcalde Carrasco. Juárez le respondió que no lo haría porque el político local de Acción Nacional tenía vínculos con el narcotráfico. A mediados de julio de 2009 el gobernador Reyes Baeza y su primo, el alcalde de Ojinaga, visitaron al general Galván en la ciudad de México. Acusaron de abuso al teniente coronel Juárez y a los soldados de la 3a CINE de violar los derechos humanos con el consentimiento del comandante de la guarnición, el general Moreno Aviña.⁴¹

El 18 de agosto siguiente 14 agentes del Ministerio Público MP militar asumieron el control de la base de Ojinaga con apoyo de efectivos militares e interrogaron a los integrantes del "pelotón de la muerte".

Entrevistado en el penal militar de Mazatlán por Juan Veledíaz, Alejandro Rodas dijo que la denominación "pelotón de la muerte" había sido acuñada por el mayor Carlos Rivera Medeles, el elemento de la Policía Judicial Militar que había interrogado a los inculpados. El propio

Rivera había sido inculpado por Rodas, Roque y Huesca en la denuncia ante la CIDH, de "armar" las historias de Esaú Samaniego Rey, José H. Rojas Lemus y Erick Campos Valenzuela, quienes, según él, estaban reportados como desaparecidos en los diarios locales.

A manera de epílogo del caso Ojinaga, el 2 de julio de 2015 el sargento Rubelio Feliciano Flores fue absuelto de los cargos de tortura y homicidio que se le imputaban por haber formado parte de la 3a (CINE). Después de cinco años de prisión, un tribunal civil federal de Chihuahua decidió no aplicar el artículo 57 del Código de Justicia Militar en el que se había basado el juez castrense que había atraído el caso en un inicio y consignado penalmente al sargento y a otros miembros de su pelotón por considerar que habían incurrido en una violación a la disciplina militar.[42]

Rubelio Flores era uno de los 22 oficiales y soldados que habían sido amparados por la Suprema Corte por la participación en la tortura, muerte e incineración clandestina de tres civiles en 2008. Un día después de que el juez René Ramos le dictó su sentencia absolutoria, el sargento salió de la prisión militar número cinco en Mazatlán y podía recuperar la totalidad de sus derechos castrenses. Su caso había sentado jurisprudencia y ahora otros 21 prisioneros esperaban ser liberados. Además de ellos, otros nueve militares seguían también recluidos en el recinto carcelario, entre ellos el general Manuel de Jesús Moreno Aviña, quien el 2 de julio de 2008 había emitido la Orden General de Operaciones II "Opn. Conj. Chihuahua", con base en la Directiva para el Combate Integral al Narcotráfico 2007-2012, distribuida a los mandos de las 12 regiones militares del país en marzo de 2007 bajo la firma del general de brigada A. O. Flores Morales.[43]

Como síntesis, las leyes y los reglamentos militares estaban en la picota pública. La impunidad y la opacidad del ejército seguían en predicamento. En cualquiera de sus variables, en el caso quedaba demostrado que la práctica de la tortura era utilizada de manera sistemática dentro del instituto armado, ya fuera que los militares atormentaran civiles o que los militares se torturaran entre ellos. Otra modalidad recurrente que parecía surgir a partir de la experiencia confesa de integrantes del "pelotón de la muerte" era la incineración clandestina de cadáveres de civiles muertos en la tortura o asesinados de manera sumaria extralegal. En la administración y el trabajo de muerte no había distinción, pues, entre funcionarios públicos especializados en el arte de la guerra y el uso de las armas, y los integrantes de las bandas criminales.

A lo que se sumaban la práctica de la simulación, del camuflaje, del "juego" de máscaras detrás de más máscaras: el Estado rotula/clona vehículos robados como si fueran auténticamente del Estado, o los rotula para que parezcan oficiales, pero que en un momento dado, después de cometer acciones criminales, puedan ser desconocidos como pertenecientes al Estado; modalidad que sirve como ejemplo paradigmático de un *modus operandi* que en vez de vehículos podría incluir… personas.

La paz de los rudos

El caso del general Carlos Bibiano Villa

Habla el general de brigada retirado Carlos Bibiano Villa Castillo, director de Seguridad Pública de Torreón, Coahuila: "Cuando agarro un *zeta* o *chapo* lo mato. ¿Para qué interrogarlo? Que le vaya a decir a san Pedro lo que hizo. El ejército tiene seguridad e inteligencia, no necesita información". Para no dejar dudas, Sanjuana Martínez le cuestiona: "Hay leyes, general. Usted decide quién debe morir o vivir... ¿no cree que eso lo decide Dios?"

—Pues sí, pero hay que darle una ayudadita.

—Si se le acerca uno de ésos para hablar...

—Allí mismo lo mato. Yo me lo chingo.

—Mata, ¿luego averigua?

—Así debe ser. Es un código de honor.[1]

Nieto de Jesús Arango —el primo hermano de Doroteo Arango, mejor conocido como Pancho Villa—, a sus 62 años el general Villa Castillo no se andaba por las ramas. Corría marzo de 2011 y la capital de Coahuila se había convertido en una zona de horror y muerte. Como jefe de Seguridad él tenía clara su misión: "Para rescatar Torreón hay que meterle huevo. El personal militar está adiestrado para el combate. No se raja. Hemos tenido civiles que a la hora de los chingadazos se les frunce. Antes aquí correteaban a los policías; ahora ni madres, los correteamos a ellos y donde los alcanzamos los matamos. Aquí hay que romperle la madre al cabrón que ande mal".

Penúltimo de los 36 hijos que tuvo su padre con seis mujeres, Villa Castillo ingresó al ejército a los 16 años por "orden" de su madre. Se autodefinió como masón e incorruptible y leal hasta la muerte. Sobre sus lazos filiales, dijo: "A mí no me da vergüenza decirlo: mi padre es el ejército y mi madre la patria. A ellos les debo todo. Me educaron, me adoctrinaron y me prepararon para esto"; una frase que, implícitamente, remite a las fuerzas armadas como Estado providencial total a cambio de lealtad, entrega y disposición al autosacrificio. "La guerra es la guerra", y por eso justifica los códigos militares, apuntaría en la entrevista Sanjuana Martínez.

A partir de 2009, como una medida para mejorar la coordinación de las corporaciones locales con las federales y garantizar la integridad de los mandos policiales se designó a militares retirados al frente de las dependencias de seguridad estatales y de los municipios con mayor población. En el correr de ese año la presencia militar en jefaturas policiales ascendería a 16 generales y 166 oficiales retirados del ejército; uno de esos generales era Carlos Bibiano Villa Castillo.

De talante bronco y con un vocabulario florido, *Mi general Villa* —como le llamaban sus subordinados— no era un militar del montón. Contaba con tres títulos de ingeniería y dos maestrías vinculadas con la inteligencia y las telecomunicaciones. Había competido con Rodolfo Neri Vela para ser el primer astronauta mexicano, además de desempeñar cargos en la Secretaría de Seguridad Pública del Distrito Federal y en la PGR. Incluso había sido jefe de seguridad de Francisco Labastida Ochoa y de Ernesto Zedillo.[2]

Cultor de la mano dura y la *guerra sucia* con entrenamiento en Israel, en sus patrullajes por los márgenes del río Nazas que divide Durango de Coahuila, el general Villa usaba una Magnum 44 y un fusil alemán de francotirador Heckler & Koch, *Gewehr 3* (G-3) recortado, con culata retráctil calibre 7.62 capaz de penetrar blindaje. Rodeado de una guardia personal compuesta por 114 militares encapuchados, salía a "cazar malandros" en las nueve zonas calientes de la ciudad de Torreón. "Ahora traemos armamento de largo alcance con mira telescópica. Ya podemos darle a un cabrón que esté a un kilómetro de distancia. Nomás los vemos caer…", le dice a la periodista. Después, agrega: "Yo desconfío de la policía federal porque ellos no matan, nomás agarran. Y el ejército y la marina matan".[3]

En la impactante entrevista con Sanjuana Martínez, donde el verbo *matar* fue el que más se conjugó en todos los tiempos, Villa Castillo concibió a la delincuencia como una "guerrilla urbana"; una variable para entender su oficio de agente exterminador en clave de contrainsurgencia. Sólo que el general no se mandaba solo. Como revelaría tiempo después Isabel Arvide, decana de la fuente militar y asesora del gobernador de Coahuila Humberto Moreira, hubo un momento en la "guerra" de Felipe Calderón "que los comandantes y jefes de regiones militares tenían instrucciones de no entregar a la autoridad a los detenidos", dado que la corrupción del Ministerio Público, los jueces y la policía los dejaban en libertad.[4]

Especialista en telecomunicaciones, y cercano al ex titular de la Secretaría de la Defensa Nacional, general Guillermo Galván, el militar había estado a cargo de las comunicaciones de la Sedena y participó en el lanzamiento del Satélite Morelos. Él grababa a todos los jefes militares durante el sexenio de Vicente Fox, y también a políticos y periodistas. En Torreón contaba con un equipo escáner valorado en cuatro millones de pesos para interceptar llamadas telefónicas del "enemigo".

Poseedor de la clásica visión castrense de que la Comisión Nacional de los Derechos Humanos "defiende al delincuente", el general Villa Castillo se autodefinió como una persona muy trabajadora: "Trabajo todo el año, domingo, días festivos. ¿El esparcimiento? Son las mujeres. Hoy en la noche tengo una pelea cuerpo a cuerpo en un *ring*, que es una cama. ¿Quién gana? Ellas, yo les doy *chance* a las mujeres".

El 15 de marzo de 2011 el asunto fue retomado por Carmen Aristegui en la primera emisión de *Noticias MVS*. Acompañada en vivo por Sanjuana Martínez, quien proporcionó los audios de su entrevista con el general, la periodista tuvo como invitado especial desde Washington a José Miguel Vivanco, director de la División de las Américas de Human Rights Watch. Tras escuchar algunos fragmentos, Vivanco describió al secretario de Seguridad Pública de Torreón como un exponente de la "barbarie pura".

Fue entonces cuando el general habló a la emisora para ejercer su derecho de réplica y la comunicadora lo confrontó con la grabación. Con su tono de voz llano, sin vacilaciones, se escucha decir al general: "*Halconas* [las vigías de los grupos criminales] hay como cuatro en cada red. Son mujeres pobres, gordas, todas jodidas, pero también se mueren. Con ellas no batallo, simplemente les pongo un hilo en la cabeza y se ahogan. No deben vivir. Al menos mueren completas. Un detalle por ser mujeres".

Aristegui lo cuestiona sobre ese fragmento que acaba de pasar al aire, y Villa Castillo tose, aclara su garganta, trastabilla y luego niega a la "señorita" —como llama a la locutora de MVS— lo que la audiencia acaba de escuchar.

—Negativo, señorita. Sí se puede haber escuchado, pero recuerde usted que, esteeee, yo le podría decir a esta señorita que me entrevistó... eh, me hizo decir cosas... que quede claro [se refiere a Sanjuana Martínez], pero yo soy muuuy respetuoso de los derechos humanos y sobre todo amo a las mujeres...

—Pero, ¿qué hacemos con lo que oímos con esta grabación, donde se escucha otra cosa? —insiste Carmen Aristegui.

Y él contesta:

—Bueno, que quede claro... eso [tose] que le dije ahí es una forma de decir, bueno, porque no le hacen eso, porque no se le dice eso y punto [*sic*].

—Vamos a la grabación —dice la periodista.

—Ya la escuché, señorita.

—Usted no está negando lo que dice, sino explicándolo.

Cuando Aristegui vuelve sobre su dicho de que "ahoga" a las *halconas* del narco con un hilo y le insiste: "Pero sí es su voz", Villa Castillo responde: "Sí, pero lo que yo quise decir es que ese hilo del que hablo, en realidad es como una diadema o una pulserita como las que se usan ahora. Yo soy incapaz de hacerle daño a las mujeres porque las adoro".

El 25 de marzo, Villa Castillo, originario de Francisco I. Madero, Durango, y quien el siguiente 5 de abril asumiría el cargo de secretario de Seguridad Pública en Quintana Roo, envió una carta a MVS y los medios donde expresaba sus "más sinceras disculpas" por las declaraciones vertidas en la entrevista con Sanjuana Martínez, en la cual, dijo, había utilizado expresiones propias de una "formación castrense" que había recibido desde que tenía 16 años.

En su retractación de la violencia verbal exhibida en sendas entrevistas periodísticas, dio un giro de 180 grados, a creer o no:

> Jamás he matado a alguien y mucho menos he maltratado a ningún detenido [...] no soy un asesino. Sé reconocer cuando me equivoco y en esta ocasión cometí un grave error en no utilizar las palabras adecuadas con un medio de comunicación que utilizó mis declaraciones [para] ponerme como ejemplo de alguien y de algo que no soy.

Más allá del personaje, sus modos coloquiales y su vocabulario —que parecía estar inspirado en cualquiera de los protagonistas castrenses de la película *El Infierno*, de Luis Estrada—, las francas revelaciones del general Villa Castillo acerca de su determinación de actuar fuera del marco de la ley y ejecutar de manera sumaria extrajudicial a presuntos delincuentes, exhibieron en esa coyuntura un moderno método del "¡mátalos en caliente!" de Porfirio Díaz, también general.

Pero además, sus expresiones eran, en realidad, una demoledora síntesis de la "guerra" contra la criminalidad del presidente Calderón. Más allá de sus desmentidos postreros, por su propia voz el general venía a confirmar y dar certeza a la percepción generalizada en varias partes del país, de que agentes del Estado —en particular miembros de las fuerzas armadas— cometían crímenes y atrocidades para combatir el delito, y en el marco de una guerra irregular y sin reglas, hacían un uso discrecional y arbitrario de la fuerza, que terminaba por convertirse en la ausencia misma de la ley de un Estado civilizado y la sustitución de las instituciones de justicia por un proceso de administración de venganza.

Por otra parte, la metodología expuesta por el general venía a ratificar las múltiples denuncias sobre la forma de operar del ejército. Sus dichos parecían confirmar que no se trataba de violaciones aisladas (Torreón, Coahuila) ni cometidas por un solo mando militar en funciones policiales (Villa Castillo), sino de un mismo diseño castrense, en el marco de una corporación creada para responder sin cuestionar a la cadena de mando y que se mueve con una lógica bélica en cualquier circunstancia.

Quedaban expuestos, pues, los costos del uso de militares en labores de seguridad pública; de la militarización de las estructuras civiles del Estado en sus tres niveles. Si bien sería difícil comprobar si el militar había consumado asesinatos y torturas, de sus propias palabras surgía con claridad que había hecho la "apología del delito", crimen tipificado en el Código Penal.

Lo más grave fue el silencio de las autoridades federales. No hubo ningún pronunciamiento ni un rechazo categórico del presidente Calderón ni del procurador general de la República, Arturo Chávez Chávez, quien pudo iniciar una averiguación de oficio. Tampoco del secretario de Seguridad Pública, Genaro García Luna, menos del de la Defensa.

Un dato sí marcó el pulso del momento: cuando en el intercambio de palabras por MVS Radio Carmen Aristegui y Sanjuana Martínez parecían tener acorralado a Carlos Villa Castillo, empezaron a llegar llamadas del público a la redacción de la emisora. Y como en un libro de Tom Wolfe, la duración de la entrevista jugó a favor del militar: en un alto porcentaje los mensajes revelaron coraje y hartazgo. Un enojo y un hartazgo que expresaban aprobación a los métodos ilegales y la "justicia efectiva" utilizada en Torreón para combatir la criminalidad.

Si por un lado el silencio oficial demostraba la existencia de una política de Estado que respaldaba ese tipo de procedimientos —en abierta contradicción con el discurso habitual de apego al Estado de derecho del régimen de Calderón y el "humanismo" declarado por el presidente—, por otro podía percibirse que la campaña de propaganda gubernamental, construida a partir de eufemismos repetidos con gran profusión —que explotaban los prejuicios de una "sociedad" mayoritariamente católica, proclive a buscar chivos expiatorios y practicar linchamientos públicos, y que había aceptado de muy atrás la tortura y la confesión como "la reina de todas las pruebas"— era recibida de manera "natural" por una población mayoritariamente acrítica. Espejo de la "sociedad" mexicana, y no a la inversa, el régimen de Calderón logró "vender" una lógica que resignaba los fundamentos del Estado de derecho sobre un supuesto mal menor: sacrificar las garantías procesales y la justicia para avanzar en la lucha contra el crimen.

A la vez, como señaló entonces el obispo de Saltillo, Raúl Vera, las declaraciones del general Villa Castillo exhibían la descomposición del Estado mexicano y la instalación de facto de la pena de muerte. "Ya pueden matar sin que haya investigación alguna. No hay proceso y no se juzga. Y los civiles muertos se justifican como 'daños colaterales' [...] Como dice el general Villa Castillo, ellos están preparados para matar. Y no arrestan, no presentan [a nadie] ante la justicia. De manera que se encubre a esos criminales".[5]

Según el prelado católico, México estaba transitando hacia un Estado militarizado, donde el aparato castrense estaba autorizado para matar sin que existiera de por medio la declaración de un estatus de guerra civil o una invasión que justificara la aplicación de una terminología de guerra y un código militar contra la población civil. Además, a su juicio era muy grave que el ejército y la policía mataran a presuntos criminales sin interrogarlos para obtener información, ya que de allí podrían surgir datos relevantes acerca de las estructuras de los grupos criminales; sus nexos dentro del poder político y la administración pública, y sobre el grado de penetración en las instituciones y en la iniciativa privada legalmente constituida para el lavado de dinero.

Con otra implicación grave, que más allá del tufo de misoginia y machismo exacerbado contenido en el vocabulario del general, se derivaba de sus declaraciones grabadas: si a las *halconas* "gordas" y "todas jodidas" las mataba con un hilo en la cabeza y como "un detalle por ser mujeres" morían "completas", ¿quería decir que a los presuntos criminales hombres los descuartizaba, los mutilaba, seccionaba sus cuerpos, los desollaba, los colgaba de los puentes peatonales?

Esas y otras interrogantes quedarían en el aire tras el traslado del general Villa Castillo a Quintana Roo, por órdenes militares. La "permuta", según reconoció de manera pública el gobernador electo de esa entidad, Roberto Borge, se derivó de un "acuerdo" con el titular de la Secretaría de la Defensa Nacional, general Guillermo Galván Galván.[6] Ya en funciones, el nuevo secretario de Seguridad Pública, Villa Castillo, inició el proceso de evaluación de 1175 policías estatales, y en el arranque de sus actividades al frente de la dependencia incluyó a 44 militares, 11 para su guardia personal.[7] Al igual que en Torreón, el general contaría con un programa de radio en Chetumal para estar en contacto con la ciudadanía y estaría activo a través de las redes sociales.

A su llegada al aeropuerto de Chetumal, el militar había sido recibido por la periodista Isabel Arvide, quien al igual que en Coahuila, donde había fungido como asesora del gobernador Humberto Moreira, desempeñaría ahora las mismas funciones al lado de Roberto Borge.

Dos años después, Arvide renunció al cargo y en una entrevista declaró que Carlos Bibiano Villa Castillo era "un asesino, un matón y un corrupto", y que su impunidad se debía a su cercanía con el secretario de la Defensa, Galván Galván. Dijo que el militar tenía abierta la averiguación PGR/MEX/TLA/IV/1379A2011, donde figuraba una lista de las armas ilegales que Villa Castillo utilizaba para "matar delincuentes". Entre ellas figuraban cuatro rifles calibres 380, 270, 30-30 y .22; dos fusiles calibre 5.56 milímetros y 7.62, tres pistolas semiautomáticas calibre 45 y un revólver 357 Magnum marca Colt.[8]

Autora del libro *Mis generales: una crónica de amor y desamor sobre el poder militar en México*, la periodista acusó a Villa Castillo de la detención-desaparición de un número indeterminado de personas en Coahuila y Quintana Roo, y dijo que él le confió que a un "jefecito *zeta* lo había hecho gusanitos". Aseguró que en esa ocasión sintió un estremecimiento y le respondió: "Luego me cuentas, mi general".

El 5 de junio de 2014, luego de tres años polémicos al frente de la Secretaría de Seguridad Pública de Quintana Roo, Carlos Bibiano Villa Castillo presentó su renuncia por "motivos personales".

El teniente coronel Leyzaola, un Harry *el Sucio* mexicano

Desde niño le gustaba mandar. Podría decirse que el don de mando lo traía en la sangre: nieto de un general de división, hijo de un militar con rango, Julián Leyzaola nació en el cuartel del regimiento de Culiacán, Sinaloa. Vivió y creció bajo el rigor de los recintos militares, y a los 16 años se alistó como soldado de infantería en el 60o Batallón de Mexicali, Baja California. Después, cuatro años de adoctrinamiento en el Heroico Colegio Militar del Distrito Federal reforzaron su apego a la normatividad y la disciplina propias de las fuerzas armadas. Así, poco a poco, el misticismo, la ideología y la doctrina militar fueron martillando en su cabeza una idea de patria; un nacionalismo acendrado, de pertenencia e identidad con su país. Y cuando salió de allí, como subteniente, creía de veras —como señala alguno de sus entrevistadores— que estaba predestinado a cambiar a México. Un curso en la Escuela de las Américas, en Columbus, Estados Unidos, y su paso por la Escuela Superior de Guerra —de donde egresó como licenciado en administración militar Diplomado de Estado Mayor— terminarían por forjar su carácter recio y paulatinamente comenzaría a crecer su fama de hombre rudo. Lo llegaron a llamar el *Harry el Sucio* mexicano.

Teniente coronel desde noviembre de 1999, Leyzaola fue jefe de la Sección Tercera (Operaciones) de la 6a Región Militar en Puebla y luego subjefe de Estado Mayor de la 44a Zona Militar, en Mihuatlán, Oaxaca. Después su vocación de mando se desarrollaría ya no en el ejército, sino en distintos cuerpos policiales de Oaxaca, Baja California y Chihuahua, sin que quedara claro a qué obedeció ese cambio de corporación, pero fue coincidente, en el tiempo, con una acelerada militarización de los organismos de seguridad pública a nivel estatal y municipal.

En diciembre de 2008, cuando Julián Leyzaola asumió como secretario de Seguridad Pública de Tijuana, la ciudad fronteriza era una de las "plazas" más calientes del país y estaba sumida en la violencia criminal. El cártel de los hermanos Arellano Félix y el de Sinaloa se disputaban ese punto clave para el trasiego de drogas hacia Estados Unidos, y desde 2006 habían venido creciendo el secuestro y la extorsión. La actividad económica estaba casi paralizada y se produjo un éxodo sin precedente de lugareños. En octubre de 2007 se había registrado el mayor número de asesinatos en la historia de la ciudad: 62 en una semana. La brutalidad cobraba visos de normalidad. Los cuerpos colgados de puentes vehiculares, mutilados en basureros o a medio disolverse en tambos con ácido formaban parte de la geografía macabra de la entidad.

En Tijuana se acumulaba el 52% de los delitos del estado, y para nadie era un secreto que en la policía municipal campeaba la corrupción y estaba infiltrada por la delincuencia. Leyzaola lo sabía y llegó a "depurar" la corporación; a realizar tareas de limpieza de uniformados corruptos. Merced a sus habilidades en inteligencia militar, desde sus encargos anteriores en la prisión de El Hongo, la Policía Estatal Preventiva y la Dirección de Policía y Tránsito de Tijuana había detectado que muchos agentes del orden fanfarroneaban de manera abierta su colaboración con la "maña". Según él, pertenecer a la delincuencia organizada era entonces un símbolo de prestigio, de estatus.[9]

Fue entonces cuando Leyzaola comenzó a poner en práctica el famoso "punto palma". Afuera de la Dirección General había una palmita y el secretario de Seguridad Pública comenzó a parar allí a los policías bajo sospecha de estar vinculados con la "maña". Los tenía horas allí asoleándose como iguanas. Un día los metió a su oficina y les dijo: "¿Saben por qué los tengo ahí?" Seguidamente, ante el asombro de sus subalternos, les refirió que los conocía a todos y no los podía consignar porque no tenía información precisa. Y los tenía allí afuera porque había recibido amenazas de que iban a balacear la dirección, y entonces, cuando llegaran, primero los matarían a ellos. Por eso.

Para combatir la corrupción en la corporación, Leyzaola sometió a los policías a pruebas de polígrafo y estudios socioeconómicos, y rehízo sus perfiles psicológicos. Después despidió a 600 y de ellos consignó a 160 para que no engrosaran las filas de las empresas de la economía criminal. Luego de la primera *limpia* en la institución se dedicó a crear un "espíritu de cuerpo". Les dijo a los que quedaron que la policía municipal no podía estar en contubernio con los "malandrines", apelativo que utilizaba para denominar a los delincuentes comunes. Para Leyzaola, el policía y el delincuente eran como el agua y el aceite, no se podían juntar. Se repelían como el bien y el mal. Pero cuando se juntan, ese híbrido policía-delincuente no debe existir. No obstante, la realidad era otra y comenzó a trabajar en eso. Sabía que no iba a ser fácil y se preparó para lo peor. Recibió amenazas, y como buen "profesional" aplicó el manual de la corporación para proteger su vida.

"El manual dice que tengo que aplicar medidas activas y pasivas de seguridad", le dijo a la reportera Ana Cecilia Ramírez. Entre las primera enlistó tener "una vida privada, muy privada", no participar en actividades licenciosas, no andar solo por la calle, traer siempre escoltas y cambiar sus horarios y sus rutas. Entre sus medidas activas, traer armamento y, llegado el caso, usarlo sin contemplaciones. Quienes fueran por él tenían que venir dispuestos a quedarse muertos allí. "Mis escoltas saben tirar. Son buenos para tirar y traigo la cantidad suficiente para tener un enfrentamiento con posibilidades de éxito. Yo sé tirar. No soy el clásico funcionario al que hay que sacar de la zona de fuego y protegerlo a como dé lugar [...] Tiro muy bien. Yo siempre tiro a la cabeza y si no los mato, pues, los dejo locos."[10]

En otra ocasión, sin ambages, dijo: "El que se quiera enfrentar [a las fuerzas del orden], pues se enfrenta y ahí se queda. Ésa es la estrategia operativa".

LA CONEXIÓN MILITAR, EL ARRAIGO Y LA TORTURA

En pocos meses Leyzaola dio resultados. Al menos el tipo de resultados que esperaban los empresarios de la Confederación Patronal de la República Mexicana y la Cámara Nacional de Comercio de Tijuana. Ese año, según la Coparmex, los delitos en general decrecieron 7%. Para lograrlo, el teniente coronel Leyzaola utilizó una estrategia de doble vía. La primera estuvo dirigida hacia los grupos de narcotraficantes, la segunda al ataque de los delitos comunes en la ciudad, como el robo de autos, viviendas y asaltos.

En el diseño contribuyó su maestro en el Colegio Militar, el general de división Sergio Aponte Polito, entonces comandante de la 2a Zona Militar, con sede en Baja California, verdadero artífice del "tratamiento de choque" practicado en la entidad en el marco de la "guerra" de Felipe Calderón al llamado "crimen organizado". En abril de 2008, el general Aponte había cobrado notoriedad al revelar en una carta pública de 13 cuartillas una lista de 49 funcionarios y ex funcionarios de diversas corporaciones policiacas presuntamente ligadas al crimen organizado en la entidad.

Se especuló que la promoción de Leyzaola a la titularidad de la Secretaría de Seguridad Pública de Tijuana tuvo que ver con su antigua relación con el general Aponte. También se destacó la capacidad de Leyzaola para coordinarse con el nuevo comandante de la 2a Zona Militar, general Alfonso Duarte Mújica. Según el entonces secretario de gobierno estatal, Francisco Blake Mora, el vínculo de Leyzaola con la zona militar garantizaba la coordinación con el gobierno federal, en pleno auge de la cruzada calderonista contra la criminalidad.

En los hechos, el nombramiento de Leyzaola inauguró las operaciones de una policía con mando único, cuya cabeza principal era el general Duarte. De acuerdo con Raúl Rodríguez Bermea, ex procurador de Derechos Humanos de Baja California, fue esa coordinación la que fomentó la figura del arraigo con propósitos de tortura. Y para lograrlo, Leyzaola sustituyó todas las jefaturas de la policía municipal con militares e inició un plan para sectorizar cuadro por cuadro la ciudad de Tijuana.[11]

El 16 de junio de 2009 el noticiero de un canal de la televisión local de Tijuana exhibió imágenes de dos jóvenes con los rostros hinchados y cubiertos de moretones. Detenidos y sin haber sido sometidos aún a la justicia, el locutor los presentó como culpables de secuestro. Reina Martínez quedó noqueada por la noticia: eran sus hijos de 26 y 24 años. Desde ese día comenzó su peregrinar hasta encontrarlos. Primero acudió al Ministerio Público y le dijeron que allí no estaban. Pero insistió e insistió hasta que le dijeron que estaban arraigados en un cuartel militar de Tijuana. Por fin, cuando logró verlos, estaban golpeados y uno no podía ni hablar; tenía muy lastimado el maxilar. Un abogado de oficio le recomendó que no denunciara el hecho ante la comisión de derechos humanos, porque sus hijos iban a seguir arraigados por los militares y les iba a ir peor.[12]

En lo que iba de ese año, 44 personas habían sido arraigadas en Tijuana. Todas habían sido sometidas a malos tratos y torturas por militares y autoridades municipales de la ciudad. Los hijos de Reina formaban parte de esa cifra. En varias partes del país el arraigo y la tortura se habían convertido en las principales herramientas de lo que el gobierno de Felipe Calderón había bautizado como la "guerra" contra la delincuencia organizada. Y en Tijuana, según activistas humanitarios, se registraban "arraigos masivos". Con un agravante: existía una especie de *modus operandi* para realizar la tortura al amparo de la figura del arraigo.

Con base en testimonios de familiares de las personas arraigadas y cartas escritas por los detenidos, colectivos humanitarios de Baja California y la organización Amnistía Internacional habían logrado documentar que el ejército había detenido personas sin órdenes de aprehensión. Detenían y luego tramitaban la orden de arraigo. En todos los casos se trasladaba a los prisioneros a los cuarteles militares "Morelos" y "El aguaje de la tuna", en Tijuana, ambos pertenecientes al 28o Batallón de Infantería. Los dos centros militares exhibían un mismo patrón de abusos: los detenidos eran incomunicados durante varios días y golpeados; también se les llevaba al límite de la asfixia cubriendo sus cabezas con bolsas de plástico y se les aplicaban descargas eléctricas.[13]

Según los testimonios, las torturas y los tratos crueles e inhumanos eran practicados por militares, muchas veces en presencia del secretario de Seguridad Pública de Tijuana, teniente coronel Julián Leyzaola; del director de Policía y Tránsito de la ciudad, capitán de infantería Gustavo Huerta, y de agentes del Ministerio Público federal. Como en otros estados del país, Leyzaola y Huerta participaban en "operativos mixtos" con el ejército. Y al igual que Leyzaola, el capitán Huerta contaba con una larga foja de servicio en filas del ejército, destacando su paso por el Estado Mayor Presidencial y el 2o Grupo Aeromóvil de Fuerzas Especiales de la 2a Región Militar, con sede en Hermosillo, Sonora.

De acuerdo con organizaciones humanitarias, las torturas tenían dos finalidades: que los detenidos se autoincriminaran o que señalaran a otros cuyas fotografías les mostraban sus torturadores al momento de los tormentos. Para Humberto Guerrero Rosales, de la Comisión Mexicana de Defensa y Promoción de los Derechos Humanos, "la lógica del sistema de justicia es que se investigue para detener a una persona, pero vemos que se detiene para después investigar". A su juicio, eso iba en contra del principio de presunción de inocencia. Además, se violaba el derecho al debido proceso y el acceso a la justicia. Según Guerrero, el arraigo y la tortura formaban parte de una "práctica generalizada" en Tijuana. Los 44 arraigados no eran casos excepcionales, producto de la indisciplina de unos cuantos miembros del ejército. Formaban parte de una regla general.[14]

En 2008, cuando se aprobó la reforma al sistema de justicia penal, diversas organizaciones humanitarias advirtieron sobre los riesgos que tenía incorporar la figura del arraigo a la Constitución. A partir de entonces y de acuerdo con el artículo 16 de la Carta Magna, a petición del Ministerio Público, la autoridad judicial podía decretar el arraigo de una persona sin cargos, disponiendo de un máximo de 40 días (prorrogable a 80) para garantizar el éxito de una operación.

El argumento del Estado para reformar el sistema de justicia penal había sido que el arraigo era "un mecanismo excepcional de investigación". Sin embargo, el caso de los 44 arraigados de Tijuana exhibía que la medida se había convertido en regla. Ello, pese a los señalamientos en contra de la Organización de las Naciones Unidas, que veía el arraigo como una forma de "detención arbitraria" durante la cual las personas son vulnerables a la tortura.

EL HOMBRE DE LOS GUANTES NEGROS

Corría 2009. El 27 de marzo de ese año 23 policías municipales de Tijuana fueron cesados y de manera ilegal se les decretó el arraigo dentro de uno de los campos militares pertenecientes al 28o Batallón de

Infantería. Según consta en demandas judiciales, allí fueron torturados durante días por militares y agentes subordinados al teniente coronel Leyzaola.

La víctima más notable era Miguel Ángel Mesina, ex jefe de la delegación de policía en San Antonio de los Buenos. Su hija Blanca, de 26 años, intentó denunciar los actos de tortura ante la Procuraduría estatal y la Procuraduría General de la República, pero ninguna instancia recibió su queja. La respondieron que "no hiciera tangos", que "así es la justicia militar". El titular de la Procuraduría de Derechos Humanos de Baja California, Heriberto García, le ofreció disculpas porque su denuncia se había "traspapelado".

El 18 de mayo, una camioneta *pick up* negra, con vidrios polarizados y sin placas, golpeó la parte de atrás de su automóvil, ante lo cual y con el fin de protegerse Blanca Mesina ingresó al estacionamiento de una tienda, seguida de la camioneta, de la que descendió un hombre vestido de negro y encapuchado que la interceptó y le dijo: "es la última vez que te aviso que dejen de denunciar aquí en Tijuana, hay muchos contactos y creo que no quieres perder a algún familiar. Si no te mato en este momento es para no provocar un escándalo por las elecciones y porque tu caso ya está a nivel internacional", antes de besarla en la mejilla y emprender la retirada. Poco después Blanca y la abogada y activista Silvia Vázquez tuvieron que asilarse en Washington.[15]

En lo que iba del año las acciones emprendidas por Julián Leyzaola contra las bandas criminales habían dejado un saldo de 47 policías muertos. En respuesta, el teniente coronel ordenó una cacería de maleantes. Sus hombres operaron al margen de la ley, algunos vestidos de civil, en autos sin matrícula, irrumpiendo sin orden judicial a domicilios de sospechosos y entregándolos a militares para que fueran torturados hasta declararse culpables de los delitos que se les ordenara.[16]

Un detenido acusado de matar policías declaró que el propio Leyzaola lo torturó.

El teniente coronel se colocó guantes negros y luego lo cacheteó y ordenó que lo ataran de pies y manos y luego intentó asfixiarlo con una bolsa de plástico al tiempo que le soltaban descargas eléctricas en las piernas. Así transcurrieron cinco horas, más o menos, dijo el sospechoso en su denuncia.[17]

EL PATTON MEXICANO

El 18 de enero de 2010 el columnista Ciro Gómez Leyva se ocupó del caso del teniente coronel Julián Leyzaola. Como parte de la guerra brutal de tres años contra el narco, ubicó al secretario de Seguridad Pública de Tijuana en el bando contrario al de personajes como *el Chapo*, *la Tuta* y *el Teo*, y lo describió como "uno de esos míticos militares agallas puras". Dijo que su discurso era "justiciero" como el del general George Patton —racista y carismático militar estadounidense que odiaba a los cobardes, considerado un genio en tácticas bélicas y cuya volatilidad y falta de tacto en las relaciones interpersonales generaba temor en sus subordinados, de quienes buscaba ser idolatrado—, quien motivaba a sus tropas con frases como ésta: "El objetivo de la guerra no es morir por tu país, sino que otro hijo de puta muera por el suyo". "Que Dios se apiade de mis enemigos, porque yo no lo haré".[18]

Tras la captura en La Paz, Baja California Sur, de Teodoro García Simental, alias *el Teo* o *el Tres Letras* —ex jefe de sicarios del Cártel de Tijuana, la organización criminal liderada por los hermanos Arellano Félix—, Leyzaola declaró que se trataba de una "escoria social" y lo llamó "rata de cárcel". Dijo:

> Tal vez su aspecto, sus cirugías, esa gordura tan asquerosa que presenta, pudiera confundir a alguien; como todo mugroso, como todo cobarde, es valiente cuando tiene sometido a alguien, cuando lo tiene amarrado. Pero cuando a ellos les toca el momento se vuelven cobardes, se vuelven mujeres; lo único que me pesa […] es que lo voy a tener que mantener en la cárcel.[19]

Patton repetía que el miedo mata a más personas que la guerra. ¿Hacían falta los *Leyzaolas*?, se preguntó Gómez Leyva.

Pronto, la leyenda negra del teniente coronel Julián Leyzaola crecería como leche hirviendo. Entrevistado por Diego Osorno, expresó su respaldo a la estrategia del presidente Calderón y como parte de sus esfuerzos por destruir la cultura del narco pidió a la sociedad quitar "el halo de misterio" que existía sobre los traficantes de drogas. "Los capos tienen miedo a morirse y les entran las balas igual que a cualquiera", declaró al reportero de *Milenio*. Para él, la seguridad pública no era un juego para principiantes sino para profesionales. Y ante una sociedad repleta de ejemplos negativos como *el Chapo* Guzmán, los Beltrán Leyva, García Ábrego o Caro Quintero, era necesario generar "héroes urbanos positivos".[20]

Interrogado acerca de por qué llamaba "mugrosos" a los narcos, respondió que en Tijuana hablar de un delincuente era cosa prohibida; los rodeaba un halo de misterio e impunidad. Los capos eran seres indestructibles, como dioses, y la responsabilidad de los representantes de la ley era bajarlos de esa nube. Había que hacerle entender a la sociedad y a "nuestra tropa" (sus policías) que esa gente tenía debilidades y bajezas como cualquiera, eran humanos y también les entraban las balas. La sociedad debía aprender a reírse de ellos, no glorificarlos en corridos pegajosos como habían hecho Los Tucanes de Tijuana, "sátrapas y viles esbirros de mugrosos". "No me gusta ser fanfarrón, pero cuando digo que *el Teo* es un gordo asqueroso, que lo es, la intención es que la gente se dé cuenta de la clase de rufianes que son. Son criminales, son delincuentes."[21]

Partidario de legalizar la pena de muerte, las hazañas de Leyzaola pronto llegaron convertidas en denuncias por graves violaciones a la Comisión Interamericana de Derechos Humanos. Una dejó huella. El 20 de octubre de 2009 algunos reporteros de Tijuana aseguraron haber presenciado el momento en que el jefe policial pateó el cuerpo inerme de un pistolero abatido. Alejandro Almazán lo narró así:

Aquel día, el teniente coronel Julián Leyzaola Pérez apretaba tanto la mandíbula que los huesos parecían reventarle el rostro. Con la Colt .45 pegada a la mano derecha avanzó hasta donde estaba tirado el cadáver del sicario.

El militar llevaba la expresión de un rotweiller enfurecido. Se acercó, le miró el disparo que lo había desgraciado y, en un súbito arranque de resentimiento, le soltó al difunto un bofetón en plena cara. Dicen que a Leyzaola le salía fuego por los ojos.[22]

El rumor corrió con una velocidad endemoniada y por la noche los tijuanenses hablaban del hombre que era capaz de desafiar a los malandros. Cuando varios meses después Almazán entrevistó a Leyzaola en su oficina, el militar le dijo que el mito era cierto. Le comentó que unos "matoncillos" se enfrentaron con sus policías, hubo una balacera y uno de los "mugrosos sicarios" le dio un tiro en el pecho al oficial Torrijos. Vio cuando se lo llevaron de urgencia a la Cruz Roja. Él estaba buscando a los otros pistoleros en los túneles de los canales donde detuvieron a seis de los asesinos. Cuando regresó a las calles 5 y 10 preguntó dónde estaba el que había disparado a Torrijos. "Quedó muerto", le respondieron. Caminaba hacia él cuando sonó su teléfono. "Se murió Torrijos", le avisaron. "Yo sentí como si me fuera a dar un infarto. Torrijos era un excelente oficial, un ex militar que siempre estaba dispuesto", le dijo al reportero. Luego se paró frente al sicario muerto, un pobre diablo de 22 años, y pensó que el delincuente no debía haberse muerto, porque esas cosas se deben de pagar en vida. "Yo estaba muy molesto […] Entonces le di un golpe en la cara. Fue por Torrijos. Fue por mí."[23] Una cuestión de temperamento.

A CRIMINALES, LA CÁRCEL O EL PANTEÓN

A pesar de que además de brutales los métodos policiaco-militares del teniente coronel Julián Leyzaola y su equipo eran francamente ilegales ya que no cumplían con los requisitos constitucionales —incluidos los allanamientos sin órdenes judiciales, las detenciones arbitrarias y el uso del arraigo para practicar la tortura—, el presidente Felipe Calderón puso el "modelo Tijuana" de seguridad pública como un ejemplo a seguir en todo el país.

Asimismo, y merced a una hábil campaña de propaganda mediática difundida de manera masiva, al respaldo institucional federal se sumaba el apoyo de círculos empresariales y ciudadanos locales. Como señaló Raúl Ramírez Bermea, el militar-policía contó con "una publicidad muy bien manejada, al punto de influir en la sociedad. Leyzaola no ha reducido la capacidad de los narcos. En ello hay muchas mentiras oficiales. En cambio ha violentado los derechos humanos y eso a nadie parece importarle".

Según el activista humanitario, la clave del supuesto "éxito" de Leyzaola y de la aparente "pacificación" de la ciudad fronteriza radicó en lo que fue presentado en los medios como la "purga" de elementos corruptos en el cuerpo policiaco, pero no se trató de una depuración real de la corporación. "Fue una maniobra aplicada por Leyzaola y otros, no de manera aislada, sino como parte de una estrategia de mayor alcance para presentar estadísticas y afianzar el modelo de militarización en el estado [de Baja California]".[24]

Estigmatizado por sus críticos como una variable mexicana del personaje Harry *el Sucio* Callahan —el necio, cínico y heterodoxo inspector del Departamento de Policía de San Francisco inmortalizado por Clint Eastwood y convertido en un icono cultural de cierto tipo de masculinidad de corte fascista en los años setenta—, el teniente coronel Leyzaola fue elogiado, también, por la Procuraduría General de Justicia de California y la Oficina Federal de Investigación (FBI) de Estados Unidos.

Incluso, el nuevo encargo de Leyzaola como secretario de Seguridad Pública de Ciudad Juárez, Chihuahua, fue "aprobado" por el entonces embajador estadounidense en México, Carlos Pascual. Al respecto, al anunciar el nuevo destino del funcionario el 20 de febrero de 2011, el diario *Milenio* cabeceó así la noticia: "Militar *rudo* de BC, a policía juarense".

De acuerdo con el rotativo *El Mexicano* de Baja California, el nuevo destino de Leyzaola había sido gestionado directamente por integrantes del Consejo Coordinador Empresarial de Ciudad Juárez. En la ceremonia de nombramiento, encabezada por el alcalde juarense Héctor

Murguía el 10 de marzo de 2011, estuvieron presentes miembros de la Canaco, la Coparmex y la Asociación de Transportistas local.

En mayo siguiente Leyzaola anunció una "depuración" del cuerpo policial de Ciudad Juárez, vecina de El Paso, Texas, y reconocida entonces como la urbe más violenta de México y América Latina. El funcionario declaró que al menos 25% de los agentes del municipio contaba con algún tipo de vínculo con grupos delictivos. Dijo que encontró policías frustrados, sobajados, con muy poco o nada de amor a su trabajo. Y con un uniforme color gris para una policía gris, "gris rata".[25] En la fase inicial de su proceso de "purificación" del cuerpo policial destituyó a 400 uniformados.

Su medicina sería la aplicación del "modelo Tijuana" ahora en el valle de Juárez. Según el propio gobernador de Chihuahua, César Duarte, en Ciudad Juárez se jugaba el futuro de la República. Y allí estaba el teniente coronel Julián Leyzaola, el hombre que de niño, como su padre y abuelo militares, quería mandar.

Cuando a finales de ese mes el subjefe de policía del distrito Benito Juárez fue amenazado por un presunto delincuente a través de la radiofrecuencia de la corporación, el polémico mando retó: "Que me amenacen a mi, esos perros, hijos de la chingada". Pocos días después el alcalde Murguía aseveró que Leyzaola limpiaría el centro histórico de "delincuentes y malandros". El 3 de junio, durante una entrevista, Leyzaola no dudó en aplicar la pena de muerte a quienes infringieran la ley, ya que "a garrote, las cosas se componen".[26] Según él, los homicidios en la ciudad eran cometidos entonces por "chamacos" de 16, 17 o 18 años "convertidos en aprendices de asesinos, cuyo único destino es la cárcel o el panteón".

CNDH vs. Leyzaola y Huerta

El 19 de diciembre de 2011 la recomendación 87/2011 de la Comisión Nacional de los Derechos Humanos (CNDH) acusó a miembros del ejército mexicano, al teniente coronel Julián Leyzaola y al capitán Gustavo

Huerta de haber cometido actos violatorios de los derechos humanos en agravio de 23 policías municipales de Tijuana (entre ellos una mujer) y de dos mujeres activistas humanitarias, en el periodo 2009-2010.

Según consta en la recomendación, dos ciudadanos y 23 agentes municipales fueron privados de su libertad por órdenes de Julián Leyzaola y Gustavo Huerta, entonces secretario de Seguridad Pública y director de la Policía Municipal de Tijuana, respectivamente, y trasladados a las instalaciones militares del 28o Batallón de Infantería en "El aguaje de la tuna", ubicado en esa ciudad fronteriza, donde fueron incomunicados (en algunos casos durante 38 horas) y sometidos a maltrato físico y psicológico por elementos del ejército mexicano que los detuvieron y resguardaron de manera ilegal, ya que no se les presentó orden de aprehensión alguna emitida por autoridad competente.

En algunos casos los hicieron permanecer hincados y soportar ruido por un periodo prolongado. En forma paralela fueron maltratados en términos psicológicos a través de amenazas, incluso de muerte, e insultos. Los primeros días no les dieron alimentos y se les negó la posibilidad de comunicarse con sus abogados o familiares.

La CNDH dijo contar con evidencias que demuestran que los 25 agraviados fueron objeto de sufrimiento físico y mental por parte de elementos militares, quienes les infligieron malos tratos y causaron lesiones constitutivos de tortura. En algunos casos se advirtieron huellas de violencia psicológica, indicativas de experiencias traumáticas según el *Manual para la investigación y documentación eficaces de tortura*, conocido como *Protocolo de Estambul*.[27]

De acuerdo con el documento, 24 de los 25 agraviados señalaron que mientras duró su detención en las instalaciones militares estuvieron hincados durante varias horas con los ojos cubiertos con cinta adhesiva y les con las manos esposadas, para después ser conducidos a otra habitación en la que los arrojaban sobre un colchón, los mojaban y les aplicaban descargas eléctricas en diversas partes del cuerpo, o bien les colocaban una bolsa que les cubría la cara y los golpeaban con la finalidad de que se asfixiaran, al tiempo que uno de los agresores se sentaba en sus piernas, otro le sostenía la cabeza y otro se sentaba sobre su abdomen, lo que generó en ellos un estado de temor e incertidumbre significativos.

De igual manera, refirieron que constantemente escuchaban golpes contra objetos sólidos y los maltratos a sus compañeros, seguidos de gritos por el dolor que les producían; además "fueron amenazados con matarlos y arrojar sus cuerpos en una vialidad principal de la ciudad de Tijuana, Baja California, con un letrero como los que utiliza la delincuencia organizada".

En su recomendación dirigida al secretario de la Defensa Nacional, general Guillermo Galván Galván; a la procuradora general de la República, Marisela Morales; al gobernador del estado de Baja California, José Guadalupe Osuna, y a los integrantes del ayuntamiento de Tijuana, el presidente de la CNDH, Raúl Plascencia Villanueva, refiere que personal de la Coordinación de Servicios Periciales de la institución determinó que los hallazgos físicos en algunas de las víctimas eran consistentes con los hechos narrados, y que fueron consecuencia de "tratos producidos con una mecánica intencional y con abuso de fuerza por terceras personas, mientras los agraviados tenían una actitud pasiva". A todos los agraviados se les encontraron secuelas psicológicas derivadas de las vivencias dentro de las instalaciones militares, e incluso en seis casos se diagnosticó trastorno por estrés postraumático, de acueredo con la clasificación del *Manual diagnóstico y estadístico de los trastornos mentales*.

Según el documento, elementos del ejército mexicano violaron lo dispuesto en el artículo 1º de la Convención contra la Tortura y Otros Tratos o Penas Crueles Inhumanos o Degradantes así como la Jurisprudencia de la Corte Interamericana de Derechos Humanos, y llevaron a cabo labores de interrogación contrarias al artículo 21 de la Constitución al ejecutar una facultad que no les correspondía y con técnicas de maltrato físico constitutivas de tortura.

Asimismo, de manera expresa, la recomendación señala que tres de las víctimas testimoniaron que el teniente coronel Leyzaola estuvo presente cuando los torturaban y al menos en un caso el entonces secretario de Seguridad Pública de Tijuana participó de manera directa en los maltratos infligidos.

En el caso de la mujer policía detenida, la CNDH observa que le vendaron los ojos y la sometieron a ruidos constantes y "a un tipo de intromisión física y psicológica distinta" a la de sus compañeros, "que consistió en tocamientos en los senos e insultos de índole sexual, conductas que afectaron su integridad física, psicológica y libertad sexual". Dado que sus agresores fueron hombres y ejercieron violencia sexual en su contra por el hecho de ser mujer, en un contexto de detención arbitraria, retención ilegal e incomunicación, hubo claramente una jerarquía de poder que generó un temor fundado en que dicha violencia sexual escalara aún más.

Además del abuso de poder que implica la supremacía masculina sobre la mujer, al denigrarla y concebirla como objeto, la Comisión encontró en la actuación de los elementos del 28o Batallón de Infantería una actitud discriminatoria y misógina, pues la amenazaron sexualmente con el fin de intimidarla, degradarla, humillarla, castigarla y controlarla, para así obtener su propia incriminación y la de otros compañeros.

Para entonces, las quejas por tortura en contra del teniente coronel Julián Leyzaola y el capitán Gustavo Huerta ya habían sido presentadas ante la Corte Interamericana de los Derechos Humanos (CIDH). Y con posterioridad, en agosto de 2013, la sindicatura del 20o ayuntamiento de Tijuana inhabilitó por ocho años al ex secretario de Seguridad Pública Municipal, Julián Leyzaola, al acreditar tortura, violaciones a los derechos humanos, abuso de autoridad y uso excesivo de la fuerza pública, tras la verificación realizada por la Procuraduría de los Derechos Humanos (PDH) de Baja California. La PDH aplicó a una víctima el *Protocolo de Estambul* y comprobó que sí sufrió tortura física.

LO AGARRARON CON LA GUARDIA BAJA

El 8 de mayo de 2015, a las 12:13 horas, el "comandante rudo" Julián Leyzaola, de 55 años y ya retirado de sus funciones como secretario de Seguridad Pública de Ciudad Juárez, fue víctima de un atentado a tiros mientras permanecía en el interior de su camioneta Jeep Grand

Cherokee-Commander, estacionada en la avenida Internacional y Manuel Quiñones de esa urbe fronteriza, cerca del puente internacional que cruza a El Paso, Texas.

Leyzaola esperaba a su esposa y una hija, quienes realizaban una transacción monetaria en una casa de cambio, cuando el presunto agresor, identificado por las autoridades como Jesús Antonio Castañeda Álvarez, se le acercó y colocó su arma calibre .380 en la sien del militar, pero la pistola escuadra se trabó al momento de accionar el gatillo y el teniente coronel logró inclinarse al asiento del copiloto para protegerse. Los siguientes dos disparos entraron por su pecho y uno de sus costados para internarse en la espalda.

Una semana después, ya fuera de peligro en el Hospital Militar de la ciudad de México, Leyzaola declaró al semanario *Zeta* que lo había mandado asesinar el director de la Policía Municipal de Ciudad Juárez, José Antonio Reyes Ramírez. También dijo que los mandos de la Procuraduría General del Estado de Chihuahua no eran de fiar.

En la entrevista realizada vía telefónica por Adela Navarro y Rosario Mosso, Leyzaola afirmó que antes de dispararle su agresor le dijo: "Mensaje del director Reyes".

—Yo alcancé a escuchar que me dijo así bien claro —aseguró Leyzaola.

—¿Y el director Reyes de dónde es?

—Es el director de policía de ahí, de Juárez.

—¿De la municipal?

—Hey […] Me dijo "Mensaje del 'dire' Reyes", y le volvió a jalar. Ahí fue cuando ya me pegó.

Leyzaola dijo que sospechaba de la colusión de las policías municipal y estatal, debido a que él había despedido al agente Jesús Antonio Reyes porque estaba coludido con la banda Los Aztecas. Añadió que habló con las autoridades del estado para que no lo fueran a contratar; pero lo hicieron y luego lo nombraron director de la Policía Municipal.

—¿Lo agarraron con la guardia baja, teniente? —le preguntaron las reporteras.

—Lo que pasa es que yo iba para Estados Unidos con mi familia y no podía entrar con arma.

Julián Leyzaola, *el pacificador* de Tijuana, era un blanco fijo. Personaje controvertido, objeto de críticas y halagos, ahora convalecía de tres impactos de bala. Una le pulverizó un pulmón; otra lo atravesó de lado a lado y traía la ojiva alojada en el cuerpo, y una más le pulverizó la espina dorsal y lo mantenía inmovilizado.

La muerte de un capo y la semiótica bárbara

Frente a la masificación de la barbarie y el uso mediático del horror como espectáculo, conviene rescatar el carácter central del montaje de Estado en torno a la ejecución sumaria de Arturo Beltrán Leyva el 16 de diciembre de 2009 y la manipulación y profanación del cuerpo de la víctima, exhibido como trofeo de guerra por la marina en la posterior difusión visual propagandística del régimen.[1] No hubo en ello ningún paso en falso.

Ese día fue un miércoles, y según cuentan las crónicas periodísticas del hecho, la "batalla" entre marinos y criminales se prolongó por horas durante la tarde y la noche, en el interior del fraccionamiento Altitude, ubicado en una zona residencial de Cuernavaca, Morelos.

Los gobiernos de Estados Unidos y México le habían puesto un alto precio a la cabeza del capo. Relegados tanto el ejército como los agentes de la policía federal, fueron fuerzas especiales de la marina las encargadas de terminar a sangre y fuego una tarea de persecución que en todo momento —incluso durante el operativo— contó con la colaboración de funcionarios de la Embajada de Estados Unidos en México y la agencia antidrogas estadounidense (DEA), que proporcionaron la información de inteligencia que permitió ubicar al delincuente.

El embate final empezó con el sobrevuelo de helicópteros y concluyó con el escarnio del cadáver de quien era llamado *Jefe de Jefes*. Según la versión de la armada, desde el mediodía y hasta poco antes de la cinco de la tarde un centenar de elementos de la corporación se habían abocado a revisar y desalojar sigilosamente a los habitantes del edificio Elbus y neutralizar cuatro anillos de los cinturones de seguridad que protegían a Beltrán Leyva. Cuando éstos habían sido aparentemente anulados y los marinos sintieron que la situación estaba bajo control, integrantes de las fuerzas especiales fueron recibidos a balazos y el tiroteo se generalizó.

Siempre de acuerdo con los datos difundidos por la Secretaría de Marina (Semar), Beltrán Leyva resistió varias horas con cinco escoltas desde el interior del departamento 201, ubicado en el segundo nivel del edificio de 15 pisos. Pero se les agotó el parque y ya sin capacidad ofensiva, tres de los cinco pistoleros murieron a tiros en medio de la sala del departamento, y otro se mató de un disparo. Uno más, desesperado, decidió suicidarse tirándose por la ventana.

Alrededor de las nueve de la noche, ya sin gatilleros, Arturo Beltrán abrió la puerta del departamento y al cruzar el umbral cayó abatido por los disparos de los marinos. Su cuerpo se desplomó frente a la puerta, varias balas expansivas le habían perforado el tórax, el abdomen y la cabeza.[2] Fue ahí donde el cadáver de Arturo Beltrán Leyva fue captado después por diversas cámaras de fotografía y video, con los pantalones abajo, su cuerpo ensangrentado, cubierto de dinero sucio y las joyas y los símbolos religiosos que traía consigo.

Fue ahí mismo también donde, como en la fase inaugural de una mitología de la sucia muerte, como un auténtico *performance* funerario, su cuerpo fue manipulado, sobajado y vejado, grotesca y provocadoramente como parte de un macabro show mediático post mortem; como el "mensaje" de una guerra sin cuartel, sin códigos ni reglas —fuera del Estado de derecho y sin respeto a los derechos humanos—, como si se tratara de una venganza más entre criminales, con y sin uniforme.

La alteración ilegal y el morboso montaje de la escena del crimen —porque aunque haya sido en nombre de la ley y un narco la víctima, técnicamente fue un crimen— permitió adelantar la hipótesis de que fueron a ejecutarlo. A matarlo.

A partir de una decisión de los círculos más altos del poder, el acontecimiento representó un castigo ejemplar, machista —entre mafiosos, policías y militares la virilidad es un aspecto fundamental de respeto y hasta de autoridad—, un escarmiento mediático a los adversarios de sus ejecutores, que actuaron como emisarios del terrorismo de Estado.

Y éste fue, quizá, el mensaje que alcanzó —en los términos de Umberto Eco— la decodificación más aberrante, por su capacidad de producir efectos contraproducentes en los supuestamente buscados por el emisor. Porque si el sentido del mensaje era escarmentar a los criminales, éstos, en cambio, vieron emulados y validados sus bárbaros métodos de comunicación por parte de la autoridad.[3] Lo que al final exhibió que el conflicto armado entre autoridades de una república constitucional y delincuentes, entre *buenos* y *malos*, era sólo un asunto de poder, no de legitimidad.

Porque, ¿a qué orden de aprehensión había correspondido el operativo de la marina? ¿A qué orden de cateo? ¿Dónde estaba el Ministerio Público? ¿A quiénes les avisaron la Semar y la DEA? ¿A Los Pinos? ¿A Gobernación? ¿A la PGR? ¿A nadie?

En definitiva, ¿las fuerzas del Estado habían adoptado el lenguaje primario del narco o el propio dialecto de la guerra, ese que indica que hay que exterminar al enemigo?

El obispo de Saltillo, monseñor Raúl Vera, definió el operativo del comando de la marina como una "ejecución extrajudicial". Un "asesinato". Como en la época de la Revolución, cuando el gobierno asesinaba sin acatar ordenamientos judiciales, al capo se le había aplicado la "ley del monte", dijo Vera.[4]

Sin embargo, desde Copenhague, Dinamarca —donde se encontraba en gira oficial—, el presidente Felipe Calderón, en la *legalización* triunfalista del hecho, presumió: "En el marco de la estrategia integral de seguridad que hemos emprendido desde el inicio de mi administración, esta acción representa un logro muy importante para el pueblo y el gobierno mexicano".[5]

Al respecto, el psicoanalista Alberto Sladogna se refirió al "tratamiento de la muerte" de Beltrán Leyva como una acción de la "barbarie civilizada" regida por el criterio de "eficacia", como en la Alemania nazi. La muerte de un delincuente se presentaba como un *logro*.

Sobre la guerra, la razón y la locura

Como antecedente cabe señalar que en julio-agosto de 2007, 45 comandos de la marina mexicana habían participado en ejercicios bélicos de "alta intensidad" en la Escuela de Fuerzas Especiales de Fort Bragg, Carolina del Norte, donde tiene su sede el Centro de Operaciones Psicológicas del Pentágono. El curso fue identificado con el código NMX2007NT001W.[6]

Es necesario recordar, también, que a comienzos de los años sesenta, en Fort Bragg, de la mano de los ideólogos de la Escuela Francesa, Roger Trinquier y Paul-Alain Léger, Estados Unidos adoptó las técnicas de la "guerra moderna" (la *guerra sucia* antisubversiva aplicada por el ejército galo en Argelia), que luego pusieron en práctica tropas aerotransportadas del Pentágono (*boinas verdes*) en la Operación Fénix, en Vietnam.[7]

Después, desde la Escuela de las Américas y otros centros de adoctrinamiento castrense, Washington fomentaría los escuadrones de la muerte y grupos paramilitares e introduciría la doctrina contrarrevolucionaria en unas fuerzas armadas latinoamericanas ávidas de aprenderlas. El modelo hemisférico más acabado sería la Escuela de Mecánica de la Armada (ESMA), de Argentina, cuyo GT 3.3.2 —código dado al Grupo de Tarea de los marinos argentinos— se especializaría en el secuestro, la tortura y la eliminación física de los "enemigos de la patria".

Incluir el terror político en una dialéctica entre la razón y la locura atañe a la humanidad entera. Dice Marcelo N. Viñar que las fronteras entre sinrazón y simbolización no son individuales ni victimológicas, sino societarias.

Bajo esa lógica, así como la tortura moderna no es una enfermedad del torturado, sino un mal endémico de la civilización, que crece y se expande con el progreso, como cualquier tecnología perfectible y robotizable, como cualquier industria, la "batalla de Cuernavaca" y la teatralización del triunfo sobre el enemigo de la patria, Beltrán Leyva —la víctima como espectáculo a través de la divulgación de fotos con el cadáver semidesnudo, los pantalones abajo y decorado con billetes ensangrentados, amuletos y joyas—,[8] no fue un barbarismo retardatario y salvaje (la "semiótica bárbara" o la devoción al "culto paramesiánico", diría Monsiváis),[9] sino una necesidad del poder en la sociedad mexicana actual, su reverso abyecto pero necesario.

Desde la experiencia de la Gestapo y los campos de concentración nazis, la *guerra sucia* contra la independencia de Argelia y las escuelas de contrainsurgencia del Comando Sur del Pentágono, Washington ha producido —en colaboración con sus ávidas contrapartes cómplices, los militares latinoamericanos— empresas de exterminio y expertos castrenses de una tecnicidad temible.

Así, más allá del *crimen anónimo* de quien era llamado *Jefe de Jefes*, y de la escenografía y los falsos deslindes oficiales —las instituciones operaron de manera despersonalizada, fantasmática, intangible: nunca se supo quién ordenó el montaje mortuorio ni quién permitió, tomó u ordenó tomar las fotos de Beltrán Leyva y distribuirlas—,[10] los infantes de marina que intervinieron en Cuernavaca dieron un trato "eficiente" al delincuente y a su cadáver.[11]

Debido a su actividad criminal, Arturo Beltrán Leyva era perseguido por la justicia. Según las crónicas periodísticas y los señalamientos oficiales, había participado como pocos en la modernización de la muerte en México. Y ahora, sobre él, con su muerte, la barbarie civilizada introducía un nuevo elemento: el crimen anónimo.

Entonces se pensaba que existía una natural diferencia entre barbarie y civilización. En los discursos del presidente Calderón, la barbarie se atribuía al *otro*. A los criminales. Pero ahora esa diferencia se había roto. La barbarie ahora era parte de la autodenominada civilización. ¿Cómo? *1)* A través de los medios se presentó la muerte de una persona como la heroicaejecución de un delincuente. *2)* El hecho fue presentado como un logro del gobierno y el pueblo de México. *3)* Las autoridades permitieron que se tomaran fotografías del cadáver y se transmitieran a la población.

En el caso de marras, *haiga sido como haiga sido* —dijo Alberto Sladogna parafraseando a Felipe Calderón—, la "barbarie civilizada" pasó del cuerpo de la víctima al cadáver. El cuerpo provoca la erótica del duelo, mientras el cadáver es un "monto biológico", una "carroña". Una carroña corrompida que sirvió de alimento a los carroñeros: "En su guerra sucia, los medios de comunicación se alimentan y nos alimentan con carroña". Ergo: los delincuentes no son humanos, son carroña y deben ser eliminados.

Pero además, en la construcción del "enemigo" subyace el criterio de eficacia: lo que antes era calificado de bárbaro ahora es civilizado: un "logro" del pueblo y del gobierno de México (Calderón *dixit*), donde quedaba difuminada la frontera entre la actividad de Santiago Meza López, *el Pozolero* (disolver cadáveres con ácido) y la maquinaria de guerra puesta en marcha por el Estado (en este caso la marina, el arma favorita de Estados Unidos en México) para convertir el cadáver que fuera de Beltrán Leyva en "un *narcomensaje* civilizado".[12]

En un mundo de impostura y simulación, donde el terror es un espectáculo cotidiano y trivializado —lo que remite a la banalidad del mal de la que nos hablaba Hannah Arendt—, hay que remarcar que el terror de Estado y la *violencia reguladora* (cuando la sociedad ya no regula ni logra someter al Estado de derecho a los intereses económicos particulares, éstos, liberados de toda atadura, tienen el primado sobre la vida social e imponen la ley del más fuerte a punta de "cuernos de chivo")[13] son concebidos y ejecutados por hombres para destruir a otros hombres, y se instalan en condiciones sociopolíticas o históricas determinadas.

En el México de comienzos del siglo XXI la barbarie civilizada había comenzado a operar a través de personas y aparatos concretos, en pleno descampado y a la luz del día; a la vista de toda la sociedad. La puesta en escena de la muerte de Beltrán Leyva fue amplificada por una enorme cantidad de medios, que recurrieron a prácticas *amarillistas* (sensacionalistas) que operaron, en esa coyuntura, como vehículos de propaganda de la "estrategia integral de seguridad" del régimen calderonista en su cruzada contra los *malos*. A la sazón, una "guerra" parcial y limitada, no sólo por la selección de los grupos de la economía criminal a exterminar, sino por la exclusión en materia investigadora y persecutoria, de *narcobanqueros, narcoempresarios, narcopolíticos, narcojueces* que se encuentran en la esfera de la legalidad y con frecuencia figuran en las páginas de sociales de los diarios.

EL ABC DE LA CONTRAINSURGENCIA

Durante el régimen de Felipe Calderón, la llamada "pacificación del país" —eufemismo orwelliano para la realización de lo contrario, pero más letal que los conflictos bélicos en Irak o Afganistán— fue algo distinto de una guerra convencional. Se trató de la aplicación de una violencia reguladora de la economía criminal (término técnico tomado del léxico de contabilidad "ajuste de cuentas"), que en la ofensiva policiaco-militar del Estado mexicano incorporaba algunos elementos de la lucha antisubversiva clásica.

En las postrimerías del foxismo los *operativos* en Atenco y Oaxaca habían sido sendos laboratorios de una guerra psicológica contra protestas sociales organizadas masivas, que vinieron a sumarse al cerco de aniquilamiento vigente entonces en Chiapas en el área de influencia del EZLN. A partir de diciembre de 2006, ya con Calderón en Los Pinos, la presencia masiva de militares y fuerzas paramilitares del Estado en vastas extensiones del país respondió al ABC de la contrainsurgencia clásica, experimentada parcialmente en el sur-sureste mexicano tras la insurrección zapatista de 1994, que con apoyo y entrenamiento internacional, y en el marco de la *Operación Arcoíris*, llevaría a la creación de los Gafes (Grupo Aeromóvil de Fuerzas Especiales, una unidad de fuerzas especiales de la Secretaría de la Defensa Nacional), que a su vez derivaría en la irrupción de los Zetas.

Junto con prácticas propias de un estado de excepción y bajo el argumento de la "recuperación del territorio" (ergo, retomar la "plaza" en poder de otro grupo criminal), se llevó a cabo una amplia diseminación geográfica de integrantes de las fuerzas armadas y una cuadriculación contrainsurgente del territorio nacional,[14] aplicándose detenciones, arraigos y allanamientos sin orden judicial y estableciendo retenes con varios casos de víctimas mortales, incluidos niños, con el objetivo encubierto de establecer un control de la población de facto, así como la destrucción preventiva de organizaciones definidas desde la óptica castrense como herramientas del "enemigo interno".

Cabe recordar que un informe de la Sedena (*La Secretaría de la Defensa Nacional en el combate al narcotráfico*, 2008), ya citado, proyectaba una "simbiosis" entre cárteles criminales y "grupos armados desafectos al gobierno", a los que había que "aniquilar".

Sujetos a una legalidad aparente, merced a unos poderes Legislativo y Judicial cómplices y obsecuentes, en el marco de esa "guerra" difusa e indefinida, el ejército y la marina renovaron funciones bélicas similares a las de los *años del plomo* del diazordacismo y el echeverrismo. Entre ellas, la inteligencia política y la acción policial, que en tiempos normales incumben a las autoridades civiles. Y es bien sabido que quien dice "información", dice "interrogatorio" y entonces "tortura", lo que lleva a hacer saltar por los aires la picota de la legalidad.

Un resultado concreto de ese trabajo de "limpiador de cloacas" —como lo llamaba el general francés Jacques Massu durante la guerra en Argelia— fue la multiplicación de denuncias por violaciones a los derechos humanos cometidas por integrantes de las fuerzas armadas. No obstante, de manera subrepticia, los militares fueron arrogándose competencias policiales y terminaron reclamando, en particular, una legislación de excepción hecha a su medida.

En nombre de hacer más "eficaz" la lucha contra el crimen y la "subversión", el Ejecutivo federal elevó al Congreso iniciativas de ley que buscaban eliminar las restricciones políticas de tiempos de paz y limitar las garantías de los derechos humanos universales, que (en principio) hacen ilegítimas la práctica rutinaria de la tortura, las ejecuciones sumarias extrajudiciales y la desaparición forzosa de personas, así como la existencia de escuadrones de la muerte y grupos de limpieza social, elementos, todos, propios de la *guerra sucia*. Un modelo político-militar que no es ni más ni menos que la matriz del terrorismo de Estado.

Cabe advertir que la *guerra sucia*, tal como la practicaron los franceses en Argelia, Estados Unidos en el sureste asiático y los regímenes de "seguridad nacional" en Centro y Sudamérica, entraña la emergencia de una ideología reaccionaria y antirrepublicana, incluso una deriva fascista, en el seno de la institución militar, que la impulsa a reivindicar el ejercicio directo del poder según un programa en el que la dictadura es erigida a rango de "arma de guerra". Según la experiencia, en esos regímenes el "enemigo subversivo" y la población que le da apoyo constituyen los objetivos que se deben intoxicar propagandísticamente mediante campañas de saturación, persuadir o aniquilar por todos los medios. Durante la dictadura argentina, la consecuencia final de esa lógica guerrerista fue resumida sin ambages por el general Ibérico Saint-Jean, a la sazón también abogado: "Primero mataremos a todos los subversivos, luego mataremos a sus colaboradores, después a sus simpatizantes, enseguida a aquellos que permanecen indiferentes y, finalmente, mataremos a los tímidos".

En ese contexto, el asesinato de la luchadora social Josefina Reyes en Ciudad Juárez; los homicidios de testigos protegidos como el ex agente federal Édgar Bayardo (¿fuego amigo?); el suicidio inducido (o la eliminación) de Jesús Zambada, quien apareció ahorcado en un recinto de la PGR, así como el medio centenar de balas que terminaron con Arturo Beltrán Leyva, permiten constatar la presencia de algunos rasgos típicos del terrorismo de Estado. No se trata de una falla del sistema sino de una ejemplaridad al margen de la ley, que desnuda a los ejecutores y al Estado mafioso.

Así como la tortura, la ejecución extrajudicial y la desaparición forzada de personas son factores esenciales de la estrategia contrainsurgente enseñada en las academias militares, la exposición pública de cadáveres de "enemigos" —o narcos o malandros, da igual— es una técnica de la guerra psicológica. A lo que se suman el helicóptero como instrumento de combate, el espionaje masivo, los autoatentados y sabotajes, los vehículos sin placas, las cárceles clandestinas. Muchos de esos elementos reaparecieron en el México de Calderón, incluida la importación de Colombia de los "falsos positivos".

LIMPIEZA RUDA

La ejecución de Arturo Beltrán Leyva en Cuernavaca marcó un punto de inflexión en la guerra reguladora sin fin que envolvía al Estado mexicano y a los cárteles de la economía criminal. Beltrán Leyva no podía quedar vivo. Sabía mucho. Como pocas veces antes habían quedado exhibidas nuevas modalidades de la compleja maquinaria integral que abarcaba los distintos giros de la economía criminal —indisolublemente atada a la economía legal— y sus vastas redes de protección. Por eso había que silenciarlo.

Investigaciones judiciales filtradas a los medios revelaron que el Cártel del Pacífico había penetrado los círculos de inteligencia de los aparatos de seguridad del Estado —incluidas la Procuraduría General de la República, la Policía Federal y la Secretaría de la Defensa Nacional— y establecido pactos de tipo delincuencial y mafioso con funcionarios de los tres órdenes de gobierno (federal, estatal y municipal) en varias entidades.

Según datos filtrados por la PGR y la armada, el capo contaba en Morelos con la colaboración delictuosa de un coronel y dos mayores del ejército (presuntamente miembros de la sección segunda) adscritos a la 24a Zona Militar, con sede en Cuernavaca. Incluso se manejó que el día de su ejecución había acordado comer con el general Leopoldo Díaz Pérez, jefe de esa plaza castrense,[15] y quien a finales de los años noventa había destacado como mando del Agrupamiento Chiapas, un grupo de élite del ejército encargado de la guerra contrainsurgente contra el EZLN.

Las investigaciones señalaban que el cártel de Beltrán Leyva también tenía infiltradas a la Secretaría de Seguridad Pública y la Procuraduría General de Justicia del estado, entre cuyos mandos se encontraban un coronel y seis generales (varios de ellos retirados).[16]

Asimismo, se informó que la PGR había recabado indicios de que el gobernador de Morelos, Marco Antonio Adame, del Partido Acción Nacional (PAN), podía estar implicado en la red de protección de los hermanos Beltrán Leyva. Dos integrantes del círculo íntimo del gobernador, el secretario de Seguridad Pública y el procurador, fueron acusados y cesados por proteger al grupo criminal, y en una fecha posterior la Subprocuraduría de Investigación Especializada en Delincuencia Organizada (SIEDO) reveló la existencia de una investigación contra dos de los escoltas de la guardia personal de Adame.[17]

Un aspecto poco visibilizado, que podría formar parte de un nuevo patrón operativo en la guerra reguladora de la economía criminal con participación estatal y ramificaciones a nivel nacional, era la existencia, en Morelos, de un grupo de "limpieza social", cuya actuación, según algunas versiones, habría sido pactada entre Beltrán Leyva y autoridades locales. De acuerdo con el expediente PGR/SIEDO/UEI-DICS/-16672009, la misión del "comando de limpieza" era exterminar secuestradores, violadores, ladrones comunes, robacoches, asaltacasas y comercios, para no "calentar" la plaza y presentar a Morelos como un "estado seguro", lo que a su vez permitía el tráfico y la distribución ilegal de drogas.

La ruptura de la *narcoseguridad* concesionada al capo en Morelos quedó evidenciada, además, en una manta colocada en la colonia La Lagunilla, en Cuernavaca, un par de días después de su ejecución, donde se advertía: "Eso no es ni el comienzo de la guerra en Morelos aparte de ke [*sic*] les estábamos ayudando a combatir la delincuencia en Morelos, cometieron un gravísimo error al meterse con LA EMPRESA".[18]

¿Cuáles habían sido las correas de transmisión "institucionales" de las órdenes de pactar con delincuentes? ¿Incluía al gobernador y a los mandos militares del ejército y la policía en la entidad? ¿A alguien más arriba a nivel federal? ¿Qué había llevado a la ruptura de la *pax narca*? ¿Por qué el "Ni tregua ni cuartel" de la consigna guerrerista presidencial no había afectado ni física ni patrimonialmente a ningún alcalde panista de Morelos, a diferencia del Operativo Michoacán, donde la represión "antidrogas" había estado dirigida contra funcionarios municipales y estatales pertenecientes al Partido de la Revolución Democrática? ¿No había sido por la enorme cadena de corrupción en Morelos que la DEA y Washington presionaron a Felipe Calderón para que fuera un grupo de élite de la marina, entrenado por el Pentágono, el que llevara a cabo el operativo en Cuernavaca?

Llamó la atención que la primera noticia sobre la existencia de "grupos de exterminio" o "limpieza social" bajo el calderonismo surgiera en otro municipio gobernado por Acción Nacional: el de San Pedro Garza García, Nuevo León, donde el alcalde Mauricio Fernández Garza, uno de los hijos fundacionales del partido *blanquiazul*, había "consensuado", precisamente con los Beltrán Leyva su plan de seguridad pública.[19] Los "equipos de limpieza" y "trabajo rudo" de Mauricio Fernández, nueva versión vernácula del *narcoparamilitarismo* a la colombiana, habían despertado polémica y alarma en las buenas conciencias en noviembre de 2009, cuando entraron en acción el mismo día de su toma de posesión.[20]

Se obvió entonces, y se obviaba ahora, que históricamente los grupos paramilitares al estilo de *los halcones* y la Brigada Blanca en el México de la *guerra sucia* de los años setenta nacen patrocinados por sectores del gran capital y estrechamente vinculados a la estructura policiaco-militar del Estado, y suelen ser refuncionalizados en la lucha contrainsurgente contra organizaciones populares. Lo paradójico, ahora, era que la muerte de Beltrán Leyva y el golpe a su grupo delincuencial no terminaba con el problema, ya que el modelo formaba parte de una guerra irregular y asimétrica.

Sobre policías y ladrones

Agentes de la AFI torturan y asesinan zetas

Producto de la tortura, los cuatro hombres sentados en el piso tenían el rostro y el cuerpo cubiertos de sangre y hematomas. Detrás, bolsas de basura negras hacían las veces de cortina. Los dos sujetos de los extremos tenían las manos esposadas adelante; los dos del medio, atrás. Incitados por un interrogador no visible, los prisioneros describían con frialdad las reglas no escritas del Cártel del Golfo: los enemigos son secuestrados, torturados y al final reciben un disparo en la cabeza o son incinerados. Hechos *guiso*. Después de 5:46 minutos de confesar sus crímenes, entra en escena una mano envuelta en un guante negro. La mano sostiene una pistola calibre .45 escuadra. El arma se apoya en la sien izquierda del hombre de torso desnudo que ocupa el lado derecho de la escena. La voz del interrogador dice: "¿Y tú, güey?" Después se oye un disparo hueco, *plop*. Y la sangre escurre de la oreja, nariz y boca de quien después sería identificado como Juan Miguel Vizcarra Cruz, mientras su cuerpo se va deslizando lentamente frente a la cámara. Un acercamiento exhibe la cabeza de la víctima y la imagen se cierra más en el rostro del ejecutado como si se tratase de un mensaje. El video termina.[1]

Era el 1° de diciembre de 2005, día del quinto informe de gobierno del presidente Vicente Fox. Mientras el mandatario hacía el autoelogio de su "gobernabilidad democrática", en Texas el diario estadounidense *The Dallas Morning News* eligió esa jornada para difundir un video casero que había recibido en forma anónima, donde elementos de la Agencia Federal de Investigación (AFI, la policía federal "modelo" del Estado mexicano) ligados al Cártel de Sinaloa interrogaron a cuatro presuntos integrantes del grupo criminal denominado los Zetas, que culminó con la ejecución sumaria de uno de ellos.

En la ciudad de México, al comentar la filmación durante una rueda de prensa, José Luis Santiago Vasconcelos, subprocurador de Investigación Especializada en Delincuencia Organizada (SIEDO), reveló ese día que en la acción habría participado Édgar Valdés Villarreal, *la Barbie*, jefe de sicarios de Joaquín *el Chapo* Guzmán, quien actuó en venganza por el asesinato de uno de sus hermanos en Nuevo Laredo, Tamaulipas. Según el titular de la SIEDO, Vizcarra Cruz y Fernando Cruz Martínez, los dos hombres esposados con los brazos por delante —una deferencia según los códigos no escritos entre militares—, eran desertores de un cuerpo de élite del ejército mexicano: Grupo Aeromóvil de Fuerzas Especiales (GAFE). Los otros dos eran *halcones* o informantes de los Zetas. Los cuatro habían sido secuestrados en el estado de Guerrero por agentes federales y civiles "comprados" por los hermanos Beltrán Leyva, operadores del Cártel de Sinaloa.[2]

Santiago Vasconcelos aceptó que la grabación contenía hechos reales como la *ejecución* del ex gafe Vizcarra por agentes federales, y confirmó que los cuatro torturados habían confesado haber recibido órdenes de matar al ex procurador general de la República, general Rafael Macedo de la Concha —señalado en el video como *protector* del Cártel del Golfo—, argumentando traición. Adujo que la grabación formaba parte de una estrategia de "contrainteligencia" para desautorizar a autoridades y personas que ponían en riesgo las actividades del grupo del *Chapo* Guzmán, y encaminar las acciones únicamente contra el Cártel del Golfo, liderado entonces por Heriberto Lazcano Lazcano, sucesor de Osiel Cárdenas.

A pesar de que el contenido de la grabación había sido difundido el 8 de junio anterior por el multimedia *Milenio*,[3] Vasconcelos dijo que la SIEDO había obtenido una copia hasta septiembre, cuando una llamada anónima les avisó que en una jardinera frente a sus oficinas en la Plaza de la Revolución se encontraba un sobre en cuyo interior había un DVD con información.

De acuerdo con su versión, a raíz de una denuncia presentada por la concubina de uno de los zetas secuestrados y torturados, desde mayo anterior la SIEDO había iniciado una averiguación previa. La mujer declaró que ella, su hija y los cuatro hombres habían sido *levantados* en el puerto de Acapulco. A partir de su testimonio, los investigadores a su cargo pudieron determinar que en el secuestro habían participado agentes de la AFI adscritos a la delegación de la Procuraduría General de la República en el estado de Guerrero. La mujer identificó plenamente a tres miembros de la Agencia Federal de Investigaciones. Por ese motivo, en agosto habían solicitado 20 órdenes de aprehensión, 11 de ellas contra los agentes federales "comprados" por los Beltrán Leyva. De las 10 órdenes cumplimentadas, dijo Vasconcelos, ocho de ellas eran contra AFIS, y todos estaban sujetos a proceso en el Reclusorio Oriente del Distrito Federal.

EL VIDEO DEL ESCÁNDALO

La cinta difundida por *The Dallas Morning News* comenzaba con la presentación de cuatro hombres visiblemente maltratados que dijeron llamarse Fernando Cruz Martínez, Sergio Ramón Escamilla, José Antonio Ramírez y Juan Miguel Vizcarra. Este último declaró ser un ex miembro del ejército, haber pertenecido ocho meses a los gafes y dedicarse a reclutar desertores de ese grupo de élite y otros elementos para los Zetas en Nuevo Laredo, Monterrey y Ciudad Miguel Alemán.

A su vez, Fernando Cruz dijo haber estado ocho años en el ejército mexicano y actuar bajo las órdenes de Heriberto Lazcano. Según él, Lazcano y otra persona, que identificó como *Goyo*, estaban enojados con el procurador (Macedo de la Concha), porque "cuando fue el operativo contra *el Gordo* [el presunto narcotraficante José Guadalupe Rivera] lo matan y no se les avisó y piensan *quebrarlo*, ya que se le está dando una cuota, la cual no cumplió".

En el video, fechado el 16 de mayo, Cruz habla también de un asesinato que aún no había sucedido, el del presidente de la Cámara de

Comercio de Nuevo Laredo, Alejandro Domínguez Coello, quien pedía fuerte presencia federal en la ciudad y fue ejecutado el 8 de junio de 2005 a pocas horas de asumir como jefe de la policía local. "Peña [Zeferino Peña Cuéllar, alto miembro del Cártel del Golfo según autoridades policiales] nos va a poner sobre el tipo de Canaco para *quebrarlo*, porque está causando controversia y demandando presencia militar, del AFI y otras instituciones", dijo Cruz.

Ramón Escamilla dijo que fue *halcón* y luego lo subieron a las "caravanas" a andar *levantando* gente. Ante la pregunta del interrogador "¿por qué levantaron a mi hermano?", respondió que fue Miguel Treviño el que ordenó a "los del grupo GOP" que lo buscaran. Los GOP se lo entregaron y Treviño les comunicó que les iba a decir "si los iban a llevar al *guiso* o no". "¿Qué es el guiso?", inquirió el interrogador. "Es cuando agarran a alguien, le sacan información […] droga o dinero […] y después de darle tortura lo ejecutan, lo llevan a rancho o a esos lugares así y les dan el tiro de gracia, los echan a un tambo y los queman con combustible, disel o gasolina."

En su nota escrita, *The Dallas Morning News* consignó que autoridades de Estados Unidos y México habían considerado genuino el video. El periódico citó a José Luis Santiago Vasconcelos, quien desestimó las acusaciones contra autoridades mexicanas de alto rango porque, dijo, las declaraciones de los *zetas* fueron "forzadas", obtenidas bajo "tortura".

Según el diario texano la copia del DVD fue recibida a través del correo postal regular del modesto periódico *The Kitsap Sun*, en Bremerton, Washington. La copia no tenía remitente. *The Sun*, que edita apenas 30 mil ejemplares para distribuirlos en la zona suburbana de Seattle, reenvió una copia a *The Dallas Morning News* porque uno de los *zetas* interrogados (Sergio Ramón Escamilla) se refirió al asesinato de una periodista mexicana sobre la cual *The News* había escrito:

Guadalupe García Escamilla.
En el video, el cautivo dijo que la reportera tamaulipeca Lupita [García] Escamilla figuraba en la plantilla del Cártel del Golfo, presumiblemente

para impedir que salieran noticias desfavorables a ese grupo criminal: "Ella ya no trabaja con ellos […] le estaban dando mucha presión para los reportajes y eso, y ella ya no recibía su paga y ya no quiso trabajar y para que no hablara la mandamos matar."

El 3 de diciembre, mientras el secretario de Seguridad Pública, Eduardo Medina-Mora, afirmaba que la AFI era la corporación "más seria y de mayor confianza en México" y que quedaban "muy pocos" zetas,[4] la prensa mexicana resaltó algunas contradicciones en que había incurrido el subprocurador Santiago Vasconcelos al referirse a las fechas de la acción penal y el cumplimiento de la orden de aprehensión contra los agentes de la AFI. Ese día el diario *Reforma* informó que cinco de los ocho miembros de la Agencia Federal de Investigación presuntamente involucrados en el secuestro, tortura y posible ejecución de los cuatro zetas habían sido liberados el 5 de septiembre por insuficiencia de pruebas.[5]

Ante la divulgación del caso, la Comisión Nacional de los Derechos Humanos (CNDH) exigió una profunda investigación sobre las acciones de tortura videograbadas. Dijo que el video había puesto en evidencia la participación activa y simultánea de varios agentes policiacos en "operaciones del crimen organizado". Según la CNDH, lo difundido en la cinta era indicativo del "descontrol interno" en la PGR y de la falta de "una debida supervisión sobre personas armadas que realizan funciones de autoridad y están investidas como servidores públicos".

Un par de días después, en una tardía operación de control de daños, el procurador general de la República, Daniel Cabeza de Vaca, aseveró que no existían pruebas ni evidencias de que agentes de la AFI hubieran participado en las torturas y ejecución de los presuntos delincuentes. Acompañado del titular de la AFI, Genaro García Luna, en una conferencia de prensa donde no se admitieron preguntas, el funcionario desmintió a Santiago Vasconcelos, con lo que generó mayor confusión en torno al caso.

El factor Vasconcelos

El 7 de diciembre de 2005, en su nota principal de primera plana, el diario *El Universal* destacó:

NARCOVIDEO IMPLICA A MANDOS DE AFI Y SSP. Tras hacer una revisión íntegra de la grabación no editada, el periódico reveló que cuando dijo haber recibido la orden de *quebrar* al presidente de la Cámara de Comercio de Nuevo Laredo, Alejandro Domínguez, el ex miembro del ejército Fernando Cruz Martínez agregó que su jefe, Toño Peña, había comentado "que todo se haga a nivel estatal [Tamaulipas] para no molestar al licenciado Vasconcelos, de la SIEDO".[6]

A su vez, el señalamiento del presunto sicario Sergio Ramón Escamilla, de que en los secuestros de narcotraficantes rivales y la manipulación de investigaciones en contra de personas no gratas para el Cártel del Golfo ellos operaban de manera conjunta con miembros del "GOP", venía a involucrar al Grupo de Operaciones Especiales de la Policía Federal Preventiva (PFP), dependiente de la Secretaría de Seguridad Pública.[7]

La trama se complicaba. En su editorial principal titulado "Un video peligroso", tras recordar que los Zetas eran un grupo de sicarios al servicio de grupos delincuenciales que habían surgido hacía nueve años del desaparecido Instituto Nacional de Combate a las Drogas —y que, como su jefe, el general de división Jesús Gutiérrez Rebollo, eran militares—, *El Universal* consignó que no había forma de saber hasta qué punto "un secuestrado, atado, torturado, intimidado declara la verdad de lo que se le pregunta o simplemente obedece con la tenue esperanza de escapar con vida". Lo que sí quedaba claro era que a pesar del mundo criminal en el que se movían los cuatro sujetos del video, tampoco se podía "maltratarlos y matarlos a sangre fría, en una aparente venganza y con armas reglamentarias del ejército mexicano".

La tentación de seguir las pistas fáciles, obvias, es muy grande —continuaba el editorial—. Por eso hay que estar bien advertido de que las cosas no tienen que ser necesariamente como desean que las veamos, aunque también hay que tomar con mucha seriedad lo que está a la vista y, por supuesto, exigir que las autoridades nos expliquen lo que ello significa con todo rigor, seriedad, sin ocultamientos y sin defensas subrepticias, para deslindar responsabilidades de quienes pudieran haber sido aludidos ahí.

De un modo u otro, lo sucedido entre policías y criminales en el video enviaba a la sociedad el mensaje sobre la existencia de una "zona gris" donde los encargados de velar por la seguridad, la ley y el orden se confundían con los verdaderos criminales o viceversa, con lo cual la pregonada lucha frontal contra el narcotráfico quedaba cuestionada.

Para entonces, las especulaciones en torno a quién había *sembrado* el video en las oficinas de un modesto periódico en las afueras de Seattle seguía siendo un misterio y alimentaba varias hipótesis. Según Raymundo Riva Palacio, la verdadera historia detrás de la filtración del video conducía a la Oficina Federal de Investigación (FBI). De acuerdo con el columnista de *El Universal*, la videograbación había sido *plantada* por el FBI como "protesta" porque el gobierno de Vicente Fox había hecho caso omiso de un "ultimátum" del gobierno de Estados Unidos para que detuviera a 40 desertores del ejército mexicano.[8]

El "mazazo" desde Washington había hecho estallar una "guerra interna" en los cuerpos de seguridad del Estado mexicano, y a ello obedecían las contradicciones que habían salido a la luz pública. En ese contexto, al cuestionar las afirmaciones del procurador Cabeza de Vaca, el periodista preguntó: "Si no eran agentes de la AFI, ¿quiénes torturaron a los *zetas*?" Y con base en "información confidencial del gobierno", agregó un dato que, de ser verídico, podía resultar capital: "Tanto los torturados como los torturadores […] eran militares, desertores de los Grupos Aeromóvil de Fuerzas Especiales, la tropa de élite del ejército mexicano entrenada en Estados Unidos".[9] Unos trabajaban para el Cártel del Golfo, mientras los torturadores eran ex miembros del desmembrado Cártel de Juárez que habían sido absorbidos por el de Sinaloa.

Por otra parte, Riva Palacio aludió a la existencia de dos videos que involucraban a altos funcionarios del gobierno federal; en particular, al general Macedo de la Concha y el subprocurador Vasconcelos; de allí las confusiones y contradicciones. En sus conclusiones, escribió: "Hasta ahora, el actor central de todo este escándalo, el ejército, no ha dado la cara [...] El ejército debe aclarar qué está sucediendo con sus tropas especiales, y tanto Macedo como Vasconcelos esclarecer por qué los Zetas los relacionan tan libremente con el Cártel del Golfo".

La intriga se vino a complicar aún más tras la divulgación periodística de un fax enviado presuntamente por los Zetas al procurador general de la República, donde se acusaba al director de la Agencia Federal de Investigaciones, Genaro García Luna, de estar coludido con la organización de Arturo Beltrán Leyva, uno de los jefes del Cártel de Sinaloa, de quien supuestamente había recibido "grandes cantidades de dinero" por medio del ex director de Operaciones Especiales de la AFI, Domingo González (prófugo). La información formaba parte del expediente 88/2005, y estaba referida en el oficio SIEDO/CSA/DGA-CA/1752/2005.[10]

En el fax, los Zetas ponían sobre aviso a los titulares de la PGR y la SIEDO sobre el secuestro de sus cómplices en el estado de Guerrero, pero hablaban de cinco plagiados, no de cuatro, como figuraron en el video. Dos habían sido secuestrados por integrantes de la AFI en Zihuatanejo y tres en Acapulco, junto con tres señoras y tres niños. Nunca habían sido puestos a disposición del Ministerio Público federal y fueron entregados a la banda de Arturo Beltrán Leyva. Al referirse a la participación de los AFIS en el hecho, argüían que eso demostraba que eran agentes que actuaban como:

bandidos con charola [...] y esas sí son marranadas [...] Nosotros sabemos perder legalmente con esta institución, [pero] en este caso actuaron de una forma por demás vil y cobarde al no respetar a nuestras familias. Hemos respetado esa institución que usted comanda, pero de no haber reacción por parte de ustedes, nos obligan a efectuar acciones violentas.[11]

Para abonar a la teoría de la confusión, la Secretaría de Seguridad Pública dirigida por Eduardo Medina-Mora deslindó a la Policía Federal Preventiva de homicidios y secuestros en Tamaulipas. En un comunicado, la ssp dijo que Sergio Ramón Escamilla (presumible ejecutado sin posibilidad de ratificar o rectificar su dicho) se había querido referir al Grupo de Operaciones Tácticas (GOT) de la policía municipal de Nuevo Laredo, y no al GOP, el grupo de élite de la federal preventiva.

En ese juego de espejos que desfiguraban la realidad para encubrir la verdad, Jorge Fernández Meléndez salió en defensa de la Agencia Federal de Investigación. Dijo que las cosas debían presentarse tal como eran: "Existe una vieja y una nueva AFI". Según el columnista de *Milenio*, todos los agentes de la desaparecida Policía Judicial Federal se habían integrado a la AFI, pero la mayoría estaba en "cuarentena" y no habían podido ser procesados porque no existían pruebas suficientes; tampoco podían ser dados de baja porque las leyes los protegían. "Los detenidos por el presunto secuestro de los Zetas en Acapulco" eran de la "vieja" AFI, concluyó Fernández.[12]

Un día después Raymundo Riva Palacio volvería sobre la variable estadounidense, aquella que atribuía la filtración del video a una "represalia" del FBI en contra de la PGR, porque su titular, Daniel Cabeza de Vaca, se había negado a detener a 40 militares desertores que habían sido reclutados por el Cártel del Golfo. Según el columnista, en mayo anterior, en Washington, pocos días después de remplazar al general Macedo en la PGR, Cabeza de Vaca había recibido del procurador de Estados Unidos, Al González, una lista con la identidad de los Zetas.[13]

En junio, durante una reunión de trabajo en Houston, el jefe de contrainteligencia del FBI, Gary Bald, "preguntó qué uso habían dado al video de los Zetas que proporcionaron a la PGR, pero no obtuvo respuesta", escribió Riva Palacio. Entonces, molesto, el Departamento de Estado emitió una alerta a sus ciudadanos para que no visitaran Nuevo Laredo y el embajador estadounidense en México, Tony Garza, hizo fuertes declaraciones sobre la situación de violencia en la frontera norte. De acuerdo con el periodista, Cabeza de Vaca hizo una declaración desafortunada: dijo que no había *zetas* en México, y eso motivó el "ultimátum" del FBI a la PGR. En un oficio se añadieron las direcciones donde se podía localizar a los ex militares en distintas localidades del norte de México. Y dado que la solicitud cayó en el vacío, como represalia, el FBI habría filtrado el video a *The Dallas Morning News*, vía el *Kitsap Sun* de Seattle.

EL FBI, LOS ZETAS Y EL GENERAL MACEDO

Los días 10 y 11 de diciembre de 2005 el diario *Reforma* se haría eco de un informe del FBI denominado "los Zetas: una amenaza emergente para Estados Unidos". Fechado el 15 de julio de 2005, en su parte más sustanciosa el reporte consignaba: "De acuerdo con el Centro de Inteligencia de McAllen, los Zetas operan en el área [de Piedras Negras, Coahuila] con la bendición de Rafael Macedo de la Concha, un ex procurador general de México". Macedo había renunciado como titular de la PGR el 27 de abril.[14]

Conocida como MIC, la oficina del FBI en McAllen, Texas, concentra todos los esfuerzos de inteligencia de las agencias estadounidenses que combaten a los grupos criminales en la zona fronteriza. Según el reporte, los Zetas tenían bajo control las plazas de Nuevo Laredo, Reynosa y Matamoros, en Tamaulipas, y Piedras Negras, en Coahuila, así como la llamada "frontera chica" que corre entre Ciudad Miguel Alemán y Ciudad Camargo.

Otra parte del informe destacaba que los servicios de inteligencia de la administración Bush habían dado un seguimiento especial a las actividades de los "militares mexicanos desertores", a partir del secuestro de 35 ciudadanos de Estados Unidos. Los plagios habían ocurrido entre mayo de 2004 y mayo de 2005 en la frontera texana, y 28 de las desapariciones estaban directamente ligadas con los Zetas. El FBI estimaba que el grupo criminal estaba integrado por un máximo de 350 miembros, y según la nota de *Reforma* se había confeccionado una lista con los nombres, apellidos y apodos de 40 operadores *zetas* en Piedras Negras, Nuevo Laredo, Ciudad Miguel Alemán, Ciudad Camargo, Reynosa y Matamoros.

La publicación del reporte de la Oficina Federal de Investigación provocó una respuesta de la PGR en defensa del general Macedo. En un comunicado, la dependencia adujo que el documento del FBI contenía información "que se recaba de fuentes muy diversas, es una recolección de datos, alegaciones y de información que proviene de informantes de la calle". Afirmó, también, que en la información de inteligencia con que contaban las autoridades de Estados Unidos y México "no existe absolutamente ningún elemento que implique al ex procurador en algún ilícito". Además, calificó como una "filtración dolosa" el informe elaborado por el FBI:

> Es evidente que el reporte fue indebida y dolosamente filtrado no con el ánimo de informar, sino con el de perjudicar a ex funcionarios de la PGR […] La ciudadanía [sic] sabe que el general Rafael Macedo de la Concha, al estar al frente de esta institución, puso toda su energía y su esfuerzo en la lucha frontal contra la delincuencia organizada y en el cambio estructural de la institución.[15]

Como parte de un diálogo cifrado que buscaba blindar de los ataques y eventuales responsabilidades a sus respectivas fuentes, la versión de Riva Palacio y el informe del FBI en *Reforma* serían contrapunteados por Jorge Fernández Meléndez, quien retomó la hipótesis sobre los porqués de la molestia de Estados Unidos y dijo que la misma se reforzaba con la difusión del documento de la oficina del FBI en McAllen, donde se volvía a involucrar, igual que en el video, al general Rafael Macedo de la Concha como protector de los Zetas, pero "sin explicarnos nunca cómo y por qué se da esa presunta relación". Además, según Fernández, la versión acerca de que el motivo de la filtración fue la no detención de ex militares, no tenía sustento. A su juicio, la mayoría de los militares desertores con entrenamiento especial (los ex gafes) que se habían integrado al cártel de Osiel Cárdenas "ya están muertos o detenidos, quedan en libertad menos de una decena". Y los "nuevos" desertores del ejército "tienen menos nivel de preparación".[16]

Fernández Meléndez no citó ninguna fuente, pero su visión coincidía con la del secretario de Seguridad Pública, Eduardo Medina-Mora. Y para enredar más el caso agregó otro elemento: la molestia de Estados Unidos no era por los ex militares de los Zetas sino que derivaba de la detención del ex director de giras de la Presidencia de la República, Nahúm Acosta, ligado a los Beltrán Leyva, "cuyas pruebas, muy sólidas", habían sido aportadas por Washington, pero debido a una "decisión política" un juez lo había dejado en libertad.

En resumen, para Fernández Meléndez las preguntas clave eran quién y por qué había filtrado la grabación, qué se buscaba, cuáles eran los objetivos de los divulgadores, y "por qué en un video con declaraciones tan evidentemente manipuladas de los sicarios detenidos se incluyen tantos nombres y acusaciones sin que vengan al caso". Incluso cuestionó si los sicarios detenidos realmente lo eran y si el presunto asesinado había corrido en verdad esa suerte, porque, argumentó, no había aparecido el cuerpo de ninguno de los cuatro personajes de la cinta. "Son demasiadas preguntas sin respuesta. Demasiada manipulación informativa para consumirla acríticamente", concluyó su colaboración.

El año cerraba con un conflicto soterrado en el Gabinete de Seguridad Nacional del presidente Vicente Fox. La difusión del video había provocado un agudo enfrentamiento entre los dos brazos operativos de la PGR, la SIEDO de José Luis Santiago Vasconcelos y la AFI a cargo de Genaro García Luna. El secretario de la Defensa Nacional, general Clemente Vega, no había dicho una palabra sobre los gafes desertores que había motivado la presión encubierta de Estados Unidos.

Dos años y medio después, el 25 de junio de 2007, el creador de la AFI, Genaro García Luna, flamante secretario de Seguridad Pública Federal del gobierno de Felipe Calderón, anunció la destitución de la totalidad de los mandos de la Policía Federal Preventiva y la Agencia Federal de Investigación. La medida —"decapitación" la llamó el diario *Reforma* en su primera plana— implicaba el cese de 284 jefes policiales, entre ellos los 34 coordinadores regionales.[17] Se informó entonces que 400 mil policías de todo el país estaban bajo investigación del Ministerio Público federal.[18] La purga en las alturas de la PFP y la AFI envió un mensaje escalofriante a la sociedad: las corporaciones civiles facultadas por la Constitución para desempeñar la lucha contra el crimen habían estado controladas por mandos no confiables.

La ley del talión

VIGILANTISMO, LIMPIEZA SOCIAL Y GRUPOS PARAPOLICIALES

A comienzos de 2009 el fenómeno del vigilantismo y los grupos de venganza privada había cobrado auge en varias partes de México y amenazaba con multiplicarse por todo el territorio nacional. Ante la abdicación del Estado en garantizar la seguridad de la ciudadanía, y acosadas por los robos, las extorsiones, los secuestros y los asesinatos, asociaciones de ganaderos, empresarios, comerciantes y comunidades de extranjeros habían tomado la defensa por propia mano como una práctica común.

Ciudad Juárez no era una excepción. Desde marzo del año anterior, tras la puesta en práctica del Operativo Conjunto Chihuahua por el comandante supremo de las fuerzas armadas, Felipe Calderón, las acciones del general Felipe de Jesús Espitia, jefe de la 5a Zona Militar con sede en la capital de ese estado —y a cargo del operativo en coordinación con su superior en la cadena de mando, el general Jorge Juárez Loera, al frente de la 11a Región Militar—, habían significado para los pobladores del valle de Juárez el abatimiento de los secuestros y los asesinatos.

Pero la luna de miel entre los juarenses y los militares duró muy poco y pronto la tendencia se revertiría de manera dramática. Pese al gran despliegue castrense en el marco de lo que la Secretaría de la Defensa Nacional definió como el "sitio" de Ciudad Juárez —que incluyó una gran concentración de fuerzas y la saturación del teatro de operaciones—, la violencia recrudeció y generó la protesta de empresarios, comerciantes y sectores de la sociedad civil que manifestaron estar igual o peor que antes de la llegada de los militares.

En efecto, al pago del "derecho de piso", los secuestros y los asesinatos cometidos por los grupos criminales, se sumaban ahora numerosos casos de allanamientos de morada, aprehensiones ilegales, tortura, desapariciones forzadas y ejecuciones sumarias extrajudiciales cometidas por miembros de las Brigadas de Operaciones Mixtas (BOM) —integradas por soldados del ejército y agentes de la Policía Federal Preventiva, la Agencia Federal de Investigación y la Procuraduría General de la República—, coordinadas por el general Espitia.

Por esos días, el general Jorge Juárez Loera, proclive a declarar sin ambages ante cámaras y micrófonos, había cobrado notoriedad a raíz de una frase que lo pintó de cuerpo entero: "Mi orden de cateo es el marro". Su pragmatismo y desapego de las normas administrativas de las fuerzas armadas y el derecho humanitario había quedado refrendado el 1º de abril de 2008, ocasión en que reprendió a los periodistas que lo abordaron para que hablara del Operativo Conjunto Chihuahua y de la ola de ejecuciones en el área de su jurisdicción. Les espetó: "Me gustaría que los periodistas cambiaran la nota. Y cuando dicen un muerto más, mejor dijeran un delincuente menos".[1]

En ese contexto, no es un dato baladí consignar que el 8 de marzo de 2008 la Secretaría de la Defensa Nacional había emitido un comunicado en el que anunciaba la entrada en operación de un "falso ejército" financiado por traficantes de drogas, que consumaría crímenes cruentos sin importar la presencia de testigos. Según el documento, el propósito del grupo era desprestigiar a las fuerzas armadas que iniciaban entonces el Operativo Conjunto Chihuahua.

"Empleando uniformes semejantes a los de uso militar, [el grupo] pretende efectuar actos delictivos ostensibles a plena luz del día, a bordo de vehículos civiles pintados como los del ejército mexicano, y realizar violaciones tumultuarias durante supuestos cateos a casas habitación, negocios y centros nocturnos", advertía la Sedena.[2] De acuerdo con el comunicado, tal estrategia era respaldada por el denominado Cártel de Juárez, de los hermanos Carrillo Fuentes.

Sin embargo, a comienzos de 2009 ninguna autoridad había referido oficialmente la operación de un "doble ejército" privado con las características descritas por la Sedena. En cambio existían numerosos registros y testimonios de casos en los que esa metodología había sido utilizada por efectivos reales de las fuerzas armadas y agentes de la Policía Federal, a lo que se sumaba la irrupción de grupos de vengadores anónimos.[3]

PATRIA Y JUSTICIA: COMANDO CIUDADANO PRO JUÁREZ

El 15 de enero de 2009 un autodenominado "Comando Ciudadano pro Juárez" distribuyó un correo electrónico en el que daba de plazo a las autoridades hasta el 5 de julio siguiente para terminar con la violencia en la ciudad; de lo contrario, comenzaría a asesinar a un delincuente cada 24 horas. El grupo clandestino admitió estar financiado por empresarios de Chihuahua; dijo que no pretendía interferir o suplantar a los órganos de gobierno federales, estatales y municipales, y confirmó su confianza en las instituciones del Estado, pero no en sus funcionarios. Parte del mensaje decía: "Si tienen identificados a criminales, pronto podrán mandar a una dirección electrónica datos de la gente mala que merece estar muerta. Llegó la hora de terminar con este desorden en Juárez. Patria y justicia, por una nación para todos. Únete pueblo".[4]

A su vez, y debido a la ausencia de seguridad en los caminos rurales y la impunidad con que actuaban las bandas criminales en varias partes de Chihuahua, la Asociación de Ganaderos de Parral también analizó la creación de grupos de "autoprotección" y demandó al gobernador José Reyes Baeza que la policía no vistiera más uniforme negro y actuara sin capucha para poder distinguirlos de los delincuentes.[5]

Merced a una muy extendida cultura de falta de respeto a la ley y al margen del artículo 17 de la Constitución,[6] en el Distrito Federal y ciudades como Tijuana y Monterrey también habían surgido "células de autoprotección" dedicadas a investigar, localizar y asesinar a presuntos criminales. Para un empresario, proveer de armamento a esas células de "autodefensa" resultaba relativamente fácil: acreditaban a personas de su confianza como policías a cambio de pagarles el salario por usar los servicios de un oficial del gobierno para tareas de seguridad privada, y para sortear cualquier inconveniente con las autoridades las armas eran registradas bajo el rubro "uso deportivo" o "caza".

La aparición de grupos de limpieza social en el marco del Operativo Conjunto Chihuahua generó entonces algunas interrogantes. Por ejemplo, ¿cómo podía actuar un grupo de civiles armados como el Comando Ciudadano pro Juárez, en una ciudad bajo un estado de sitio no declarado, donde existía una gran concentración de fuerzas castrenses y policiales que saturaban el teatro de operaciones?

De acuerdo con la Directiva para el Combate Integral al Narcotráfico 2007-2012 —una suerte de "biblia" militar—,[7] el alto mando del ejército había dado a sus subalternos inmediatos —el generalato con mando de tropa— una "amplia libertad de acción e iniciativa" para realizar acciones contundentes contra sus "enemigos". Con base en esa directiva emitida por el secretario de la Defensa Nacional, Guillermo Galván, en su combate contra el enemigo los hombres al mando de los generales Espitia y Juárez Loera podían apoyarse en "tropas amigas", con la finalidad de disponer del "mayor fuego" posible para arremeter contra los "blancos" fijados. ¿Eran los grupos paramilitares parte de las fuerzas "amigas" del ejército? ¿Se asistía a una actualización del Plan Chiapas 94 de la Sedena contra el EZLN? ¿Era el paramilitarismo el brazo oculto de las fuerzas armadas para la *guerra sucia*, como había ocurrido en los años sesenta y setenta en Guatemala, Brasil, Uruguay y Argentina?

EL GRUPO Y LA JUSTICIA DIVINA

Antecedentes, en México, había. Algunos no muy lejanos, como fue la creación de una docena de grupos paramilitares en Chiapas bajo la supervisión del general Mario Renán Castillo, comandante de la Fuerza de Tarea Arcoíris y de la 7a Región Militar con sede en Tuxtla Gutiérrez. En 1997 el general Castillo fue "testigo de honor" de un convenio de desarrollo productivo [*sic*] entre el gobierno de Julio César Ruiz Ferro y el grupo paramilitar Desarrollo, Paz y Justicia, y bajo su mando militar en la zona de conflicto con el EZLN surgieron, como parte activa de la política de contrainsurgencia de la Secretaría de la Defensa Nacional, entre otros, Los Chinchulines, Los Pelones, Máscara Roja, Los Coras y el grupo San Bartolomé de los Llanos. La matanza de Acteal, en diciembre de ese año, marcó el cenit de la actuación semiclandestina del paramilitarismo en Chiapas.

Fue en ese contexto que el 18 de mayo de 2009 se produjo una revelación periodística acerca de la existencia de un comando de vengadores anónimos denominado "El Grupo", que, financiado por empresarios, comerciantes, profesionistas y algunos académicos de clase media alta, alta y muy alta, operaba en al menos cinco entidades de la República Mexicana desde hacía 12 años (1997), con el conocimiento de autoridades gubernamentales y policiales federales y estatales.[8]

En sus orígenes, declaró el jefe operativo del comando paramilitar al diario *Milenio* El Grupo surgió del "hartazgo ciudadano" ante la incapacidad del Estado para contener la violencia criminal y la impunidad de que gozaban los delincuentes. Por aquellos días, bandas delincuenciales operaban en sus modalidades de plagio y secuestro exprés, y para no perder sus patrimonios con el pago de rescates millonarios, personas acaudaladas de diversas ideologías, religiones y orígenes culturales —"todos somos demócratas convencidos, con valores, moral y ética"— decidieron financiar a un grupo de mercenarios anónimos.[9]

¿Su misión? Negociar con secuestradores la liberación de sus víctimas, pero también localizar, perseguir, capturar, interrogar y torturar delincuentes. Y en ocasiones decidir quién muere; porque como dijo el entrevistado, algunos "monstruos" no llegarán a prisión:

"Los alcanza... Dios. La justicia de El Grupo, una justicia que no proporciona el Estado." Ergo, una justicia anónima, vengativa, extralegal. El método podía ser un balazo en la cabeza y tirar a la víctima en una calle o una plaza, haciéndola aparecer como que murió en un enfrentamiento; otras veces perecerá adentro de una cárcel, "suicidado" por otros internos.

Según aclaró el jefe del grupo clandestino de justicia privada, no pretendían suplantar a las autoridades sino suplir sus carencias: "Hacemos justicia donde el Estado no la aplica". El Grupo trabajaba de manera encubierta, pero buena parte de sus acciones de inteligencia, rastreo de redes telefónicas, seguimiento fotográfico y operativos de captura eran realizados de "manera conjunta" con autoridades policiales federales, estatales y municipales; "altos mandos" que sabían de sus estrategias y los métodos que aplicaban, entre ellos, la tortura y el asesinato.

Según el texto, El Grupo había venido operando entre 1997 y 2009 literalmente como un comando parapolicial compuesto por uniformados en actividad, ex policías y civiles reclutados de manera selectiva, todos diestros en el uso de armas cortas y largas y con capacidad para realizar sofisticados trabajos de inteligencia y seguimiento de campo. De acuerdo con *el Jefe* —como le llama en la entrevista el reportero—, no se trataba de una nueva *brigada blanca*, "porque no salimos a ejecutar para conservar el poder de unos caciques políticos o económicos". Expresó que tampoco actuaban por venganza: "Lo hago por justicia". No obstante, dijo que para hacer eso "tienes que ser un hijo de puta. Mentalmente tienes que ser un hijo de puta, no te queda de otra".

El desparpajo del jefe operativo de un grupo de mercenarios a sueldo de empresarios, comerciantes y profesionales adinerados venía a demostrar que cuando el Estado no cumple, el mercado lo suple. Sólo que la última fase de la privatización de la violencia había iniciado, como lo demostraban los ejemplos de Chiapas y el accionar de El Grupo en al menos un estado del norte del país, tres del centro y uno del sureste durante el sexenio de Ernesto Zedillo.

En ese contexto, cabe mencionar que la administración de Felipe Calderón se había negado a suscribir la Convención Internacional contra el Reclutamiento, Utilización, Financiación y Entrenamiento de Mercenarios. Según el entonces diputado Alfonso Suárez del Real, eso tenía una explicación: el presidente de la República era el "principal promotor" de la contratación de servicios de seguridad privada formados por ex militares extranjeros, y con el "pretexto" del combate al crimen organizado Calderón había permitido la conformación de grupos paramilitares con la anuencia y protección de la administración pública federal.[10] Con ello, según Suárez del Real, el jefe del Ejecutivo federal estaría renunciando a una de las prerrogativas esenciales del Estado: el monopolio legítimo de la violencia.

El Operativo Chihuahua y la depuración criminal

Sin embargo, por la vía de la militarización y la paramilitarización del país bajo protección oficial, se podría estar ante un nuevo fenómeno: la *colombianización* de México. El paramilitarismo no es, como se pretende, un actor independiente, a la manera de una "tercera fuerza" que actúa con autonomía propia. Es, como en la matanza de Acteal, Chiapas (1997), una estrategia del Estado ligada al ejército y basada en la doctrina de contrainsurgencia clásica (la llamada "guerra moderna") de la Escuela Francesa aplicada en Argelia, asimilada y perfeccionada luego por el Pentágono y la Agencia Central de Inteligencia (CIA) durante la Operación Fénix en Vietnam.

En el caso mexicano existía una relación estructural, histórica, entre quienes practicaron la *guerra sucia* en las montañas de Guerrero contra las guerrillas de Genaro Vázquez y Lucio Cabañas y los capos del tráfico de drogas de comienzos de los años ochenta. Los viejos *guerreros sucios* del ejército y las distintas policías que asesinaron y desaparecieron civiles y guerrilleros en los decenios de los sesenta y setenta, entre ellos muchos que ahora ocupaban posiciones de mando al interior de sus corporaciones, habían nutrido a las nuevas generaciones de traficantes, secuestradores y asaltantes, y ahora podrían estar siendo refuncionalizados por el gobierno de Calderón con fines de control social y espacial (territorial).

Mientras el gobierno mexicano se oponía a investigar y mantenía intocadas las estructuras patrimoniales y financieras de los grupos de la economía criminal, el poder militar crecía y se expandía por todo el territorio. En un aparente contrasentido, a la vez que se profundizaba la anticonstitucional intervención del ejército en tareas de "seguridad pública" o "interior", se multiplicaban los grupos paramilitares y las guardias privadas. Con un dato irrefutable: a mayor militarización, mayor violencia.

Los expertos en la academia y en los medios ponían al Operativo Conjunto Chihuahua, bajo el mando de los generales Felipe de Jesús Espitia y Jorge *el Marro* Juárez Loera (según le llamó *El Heraldo de Chihuahua*), como emblema del fracaso de Felipe Calderón en su "guerra" contra el crimen. Pero se podría estar asistiendo a la imposición de un modelo de dominación diferente. La extrema derecha utiliza el miedo cuando está desarmada y el terror cuando está armada. Y como en toda propuesta autoritaria de rasgos neofascistas, lo más paradójico suele ser que la inconformidad contra el orden existente se manipula de manera demagógica para consolidarlo y perpetuar así la miseria, la exclusión política y la violencia. La lógica es la misma de siempre: se trata de inflar al enemigo: los judíos, los negros, los comunistas, los subversivos, los indios, para canalizar en su contra los propósitos más reaccionarios generados por las contradicciones de clase y la crisis social y política.

El ambiente de terror, la fascinación por la mano dura, la "depuración" criminal, la mal llamada limpieza social, el sicariato y los escuadrones de la muerte hacen parte de las operaciones violentas a gran escala propias de sociedades que se internan en procesos totalitarios. Por lo general, los móviles son atribuidos al ánimo descontrolado de retaliación de elementos de los cuerpos armados del Estado o a motivaciones ideológicas que corresponden a imaginarios de higiene y asepsia social, étnica e incluso a una moral maniquea.

Sin embargo, pese al discurso negacionista oficial, cabe reiterar que en sus diferentes modalidades el paramilitarismo es un hecho político ligado históricamente con las estructuras militares y policiales del Estado. En países como Colombia llegó a suplantar a los mismos partidos, sus creadores. El paramilitarismo forma parte del proceso de institucionalización del orden autoritario. Su función es exterminar opositores y a la "escoria social", así como paralizar al movimiento de masas por el terror, conservando al mismo tiempo las formas legales y representativas caducas, al hacer clandestina la represión estatal.

La "estética" de la discriminación es parte de la estrategia paramilitar, que no se trata simplemente de un proyecto armado de *guerra sucia*, sino de la consolidación de un modelo de sociedad. Ante la mirada cómplice de muchos y la pasividad de las mayorías, los cuerpos seccionados, mutilados, lacerados con sevicia, buscan garantizar la eficacia simbólica del mensaje enviado al colectivo social: la alteración del cuerpo del *enemigo*, en función del sometimiento de la población civil al control y la subordinación, a través del miedo, como principio operativo.

En ese contexto, cabe recordar el análisis titulado *La Secretaría de la Defensa Nacional en el combate al narcotráfico* (2008), donde la Sedena alertaba sobre el riesgo de la inviabilidad del país ante la "previsible simbiosis" entre cárteles criminales y "grupos armados desafectos al gobierno", objetivos a "aniquilar" mediante una *cruzada* nacional de tipo contrainsurgente.[11]

EL CASO LE BARÓN

Aparte de la irresponsable pretensión de inducir a la población mexicana a un alineamiento orgánico y legitimador con el Estado, la guerra reguladora sin fin y sin fines realistas, mensurables, que en clave de cruzada decía librar Felipe Calderón contra los grupos de la economía criminal, se sumaba la intención encubierta de fomentar y permitir el accionar de organizaciones civiles de autodefensa armada, una salida que en países como Colombia había derivado en la paramilitarización de la sociedad.

El primer caso explícito se registraría en una comunidad mormona enclavada en el municipio de Galeana, en el noroeste de Chihuahua. La madrugada del 7 de julio de 2009 un comando armado de entre 12 y 15 sujetos llegó a la casa del activista Benjamín Le Barón, impulsor de una red regional de "inteligencia social", y lo torturó frente a su esposa, a la que intentaron violar frente a sus hijos. La llegada de Luis Widmar, hermano de la mujer, impidió que consumaran el hecho, pero los miembros del comando se llevaron secuestrados a Le Barón y su cuñado, quienes aparecieron después asesinados en un camino de terracería ubicado a 50 kilómetros del lugar.[12]

Según las autoridades, los delincuentes dejaron una cartulina junto a sus cuerpos con el mensaje: "Para que tengan claro los de Le Barón, por los jóvenes levantados en Nicolás Bravo. Firma *El General*". Tres semanas antes el ejército mexicano había detenido a 25 presuntos sicarios en el poblado de Nicolás Bravo, municipio de Madera, que de acuerdo con autoridades castrenses eran una célula del cártel de Joaquín *el Chapo* Guzmán que cometía secuestros, extorsiones y homicidios en varios municipios de Chihuahua. Su jefe, José García o Luis Rivera, se hacía llamar *El General*. La versión oficial indicaba que Benjamín Le Barón había creado una red de inteligencia en las comunidades mormonas de Galeana, Nuevo Casas Grandes y Janos, y reportaba al ejército y a la policía estatal a personas o grupos sospechosos. Eso habría permitido capturar a los 25 sicarios de Nicolás Bravo.

Ante el secuestro y asesinato de Le Barón y Widmar, el gobernador José Reyes Baeza anunció la creación de una "policía comunitaria" que dependería de la Secretaría de Seguridad Pública estatal, y que contaría —dijo— con los permisos y reconocimientos oficiales, y a la cual se proveería de uniformes, armas largas y cortas de alto poder y equipos de radiocomunicación.[13] Inclusive, durante una asamblea con la comunidad, el comandante de la 5a Zona Militar, general Espitia, recomendó a los mormones que quienes quisieran tener armas de calibre grande se inscribieran en grupos de cacería [*sic*].[14]

Luego se dio marcha atrás a la iniciativa,[15] pero la absurda e irresponsable decisión de armar a la población civil para que hiciera justicia por su propia mano llamó la atención, porque Chihuahua era entonces la entidad más militarizada del país —tras la llegada de 7 500 soldados y 2 500 policías federales— y según el entonces presidente de la Comisión Nacional de los Derechos Humanos (CNDH), José Luis Soberanes, estaba en un virtual "estado de sitio".[16]

Dada la alta visibilidad mediática que adquirió el caso, quedó la impresión de que fue un primer intento orgánico oficial por involucrar a sectores de la sociedad civil, sus estamentos y organizaciones en la presunta "guerra" de Calderón contra los grupos criminales. Es decir, de buscar paramilitarizar a la pacífica comunidad de Le Barón, bajo la coartada tan socorrida de la "autodefensa".

Los Linces y el accionar paramilitar

Pronto, una variable de las "autodefensas" vinculadas orgánicamente al ejército, ahora bajo la modalidad de una violencia vengativa exterminadora anónima, vendría a complicar el escenario. En varios estados del norte y centro del país donde existía un amplio despliegue militar oficial se produciría una serie de asesinatos en masa de jóvenes considerados "desechables".

Los hechos habrían de coincidir, a nivel espacial y temporal, con la noticia acerca de la aparición de un nuevo grupo de "misteriosos *narcosicarios*" denominado "Los Linces", que según expedientes de la Subprocuraduría de Investigación Especializada en Delincuencia Organizada (SIEDO) estaba integrado por ex militares desertores de las fuerzas especiales, gafes del ejército mexicano.[17]

De acuerdo con una versión periodística, el grupo paramilitar integrado por no más de 80 hombres actuaba al servicio del Cártel de Juárez o La Línea, encabezado en Chihuahua por Vicente Carrillo Fuentes, *el Viceroy*. Preparado bajo la disciplina de las fuerzas armadas, Los Linces tenían una estructura celular y operaban con tácticas militares, sofisticado armamento y equipo de combate de primer nivel.

Con base en testimonios ministeriales, el grupo contaba con la protección y la complicidad de policías federales, estatales y municipales, y había focalizado sus acciones de "limpieza" entre las ciudades de Chihuahua y Ciudad Juárez. Gustavo Salcido, un ex agente municipal detenido, reveló que ellos (los policías) debían "cubrir el área donde iban a trabajar Los Linces. Rodeamos la zona para informarles si hay gobierno o alguna otra autoridad. Con ellos sólo nos comunicamos por radio".[18] En la lista de asesinatos atribuidos al grupo criminal figuraban funcionarios estatales, alcaldes, ex presidentes municipales, policías ministeriales y municipales, narcomenudistas de organizaciones rivales y miembros del Cártel de Sinaloa.

Con ese y otros antecedentes cercanos, la sucesión de hechos sangrientos con características paramilitares afines que habrían de producirse en varias ciudades del país vendría a ratificar que se podría estar ante la imposición de un modelo que recuperaba las modalidades y tácticas propias de la contrainsurgencia clásica, con su fase de *guerra sucia* incluida.

Para entonces, Ciudad Juárez se había convertido en la urbe más violenta de México. En particular, agosto de 2009 había sido el mes con mayor violencia para el estado de Chihuahua y Ciudad Juárez en lo que iba del sexenio de Calderón. Ese mes se habían registrado 748 personas ejecutadas en todo el país, de las cuales la mitad, 375 muertes, ocurrieron en Chihuahua (326 en Ciudad Juárez), según un conteo del diario *Milenio*.[19]

El 2 de septiembre de 2009, un comando de cuatro hombres armados y encapuchados irrumpió en el centro de rehabilitación de jóvenes adictos a las drogas Casa Aliviane, A. C., ubicado a dos cuadras de las oficinas de la Dirección de Tránsito de Ciudad Juárez. Formó a 22 internos contra una pared interior y los rafagueó con disparos de AK-47; 18 murieron en el lugar y otros cuatro jóvenes resultaron gravemente heridos. Cinco más permanecen en calidad de desaparecidos desde ese día.

La tarde anterior el secretario de Seguridad Pública de Chihuahua, Víctor Valencia, había declarado que los centros de rehabilitación se habían convertido en un "semillero" de criminales, porque los cárteles reclutaban allí adolescentes considerados "desechables".[20] Según la procuradora de Justicia del estado, Patricia González, el fusilamiento fue parte de una "guerra de exterminio" entre grupos criminales rivales.[21] Ninguno de los dos funcionarios pudo responder una simple pregunta: ¿cómo era posible que un comando armado pudiera ejecutar jóvenes de manera masiva, precisamente en el momento en que se suponía que el gobierno federal estaba aplicando todo el poder del Estado en Ciudad Juárez?

Tres días antes, el sábado 29 de agosto, otro comando con características similares y con idénticas armas había asesinado a 10 jóvenes, entre ellos dos mujeres y tres menores en el malecón de Navolato, Sinaloa. Los sicarios llegaron al tradicional punto de reunión para adolescentes los fines de semana, y ante un centenar de personas estacionadas en la vía pública que escuchaban música de banda, sin decir palabra dispararon sus AK-47 contra el grupo. En el lugar quedaron 95 casquillos percutidos. Dos de las víctimas, los hermanos Cirilo y Óscar López Obeso, que tenían antecedentes por robo de autos, recibieron más de 50 impactos.[22] La matanza fue relacionada con el asesinato de otro joven, el 19 de agosto anterior, sobre cuyo cuerpo sus victimarios habían dejado una cartulina con un mensaje que decía: "Por andar asaltando en la costera, no se enreden ratas, faltan ocho".[23]

En Sinaloa, el primer crimen de ese tipo había ocurrido en marzo anterior, cuando en el fraccionamiento Villa Bonita de Culiacán apareció el cuerpo de José Alberto Aguedo Rodríguez. La víctima, de 21 años, no tenía antecedentes penales. Un mensaje junto a su cuerpo rezaba: "Compañeros robacarros desdichadamente me toco [sic] ser el primero, no hay tolerancia sea kien sea se va a morir".[24] Otro homicidio que había causado gran impacto en la población local fue el de Jesús Eugenio Machado Morales, hallado decapitado y sin manos en la colonia Nuevo Culiacán. Encima de su cadáver dejaron una cartulina fosforescente con la leyenda: "Esto le ba [sic] a pasar a todo el que ande asaltando x ratas soy el del Altima negro". Las extremidades estaban en una hielera sellada que tenía escrito: *X rata*.

Por esos días, la presidenta del Frente Cívico Sinaloense, Mercedes Murillo, había denunciado que en lo que iba de 2009 habían sido localizados 35 jóvenes asesinados por "escuadrones de la muerte". Confirmó que para justificar sus crímenes los asesinos dejaron "mensajes" adheridos a las ropas de sus víctimas, calificadas como "ratas", e incluso autos de juguete sobre los cuerpos.[25]

La noche del tradicional grito de Independencia, 15 de septiembre, se produciría otro ataque armado contra un centro de rehabilitación para jóvenes adictos en Ciudad Juárez. Saldo: 10 personas ejecutadas. Según Enrique Torres, vocero del Operativo Conjunto Chihuahua, alrededor de las 22:50 horas un comando ingresó al centro Anexo de Vida, A. C., ubicado en la colonia Barrio Azul, y ejecutó a siete internos, al encargado del lugar, un médico y una mujer. Dos personas más resultaron heridas. En la agresión participaron al menos ocho personas armadas.

Ante el nuevo hecho criminal, y para "evitar más muertes", el gobernador José Reyes Baeza ordenó la clausura de 10 centros de rehabilitación y una investigación del financiamiento de otros 63 lugares. Y en una declaración adhirió la que pronto se convertiría en la coartada favorita del presidente Felipe Calderón: se trataba de una guerra de sicarios contra sicarios. Dijo Reyes Baeza: "No es casualidad, hay una motivación: todo se da en la guerra entre diferentes criminales. Hay personas adictas en los centros de rehabilitación que pertenecen a uno u otro grupo".[26] Como se interpretó en la columna Bajo Reserva de *El Universal*, en otras palabras, para el gobernador de Chihuahua las matanzas "entre ellos" eran "normales"; "quién les manda ser una bola de drogadictos".[27]

En el mismo sentido reaccionó Gustavo de la Rosa Hickerson, visitador en Ciudad Juárez de la Comisión Estatal de Derechos Humanos. "No se trata de decir que los muertos tienen la culpa por estarse vinculando al crimen organizado [...] El papel de la autoridad no es estar discriminando entre buenos muertos y malos muertos", señaló De la Rosa, para quien las declaraciones de José Reyes Baeza expresaban un "profundo desprecio" por los seres humanos que habían caído en la adicción a las drogas. Para el gobernador —apuntó el visitador de la CEDH—, "los culpables de perder la vida son las víctimas", con lo que el Estado abdica de su responsabilidad constitucional en la protección de las personas.[28]

Según él, se asistía a un doble fracaso: desde la llegada de los militares al valle de Juárez habían aumentado los índices delictivos, y en el campo de las ideas "los discursos [oficiales] no hablan de combate, sino de conflicto entre grupos criminales". De las observaciones del visitador podía derivarse que las autoridades de los tres niveles de gobierno estaban construyendo una coartada para intentar deslindar de las ejecuciones sumarias extrajudiciales a agentes del Estado.

En abono de esa interpretación vinieron a sumarse, ese mismo día, las declaraciones del general Espitia, al frente del Operativo Conjunto Chihuahua, quien informó sobre la aparición de siete narcomantas en diferentes partes de la entidad, que contenían advertencias "no contra funcionarios públicos" sino entre los cárteles de La Línea (Juárez) y Sinaloa. Como interpretaron varios analistas, la población no debía alarmarse ni preocuparse de que eso sucediera ante sus ojos, en definitiva, todos eran narcos o drogadictos. Y para eso estaban: para matarse entre ellos.

Pero, ¿y el Estado? Como señaló el senador Felipe González, de Acción Nacional, no era válido "justificar" los crímenes y cerrar los centros de rehabilitación, porque, entre otras variables, eso "podría ser un pretexto para que no se investigara más". Dio a entender que había un "hoyo negro", algo "irregular" en torno a los centros para adictos.

El 18 de septiembre el diario *El Universal* publicó un texto de opinión de Gustavo de la Rosa Hickerson titulado: "Ellos también son humanos", donde daba cuenta de la "cacería" y los "fusilamientos" premeditados de jóvenes de entre 18 y 30 años conocidos como *malandros*, entre ellos adictos y vendedores "de a cinco" (es decir, a los que sólo se les podía confiar cinco dosis a cambio de una para su uso personal). En ese texto, el primer visitador de la CEDH en Ciudad Juárez estimó en más de 300 el número de víctimas de lo que llamó una campaña de "limpieza social", que asimiló a crímenes de odio y actos supremos de discriminación por motivos de condición social.

De la Rosa no descartó que tales asesinatos pudieran ser ordenados por individuos con éxito social y económico, e incluso con posibles vínculos con narcotraficantes como parte de una campaña de terrorismo social. A su juicio, los malandros ocupaban los últimos lugares del sistema de castas socioeconómicas de Ciudad Juárez —una urbe sin aristocracia de origen y donde los más pudientes eran nuevos ricos—, pero más allá de discriminaciones, dijo que ellos también eran seres humanos.

Dos días después de la publicación de su escrito, De la Rosa reveló al periódico capitalino que había sido amenazado de muerte y que esperaba un atentado en su contra en cualquier momento, y en caso de que ello ocurriera responsabilizaba al ejército mexicano y a grupos de poder en el estado de Chihuahua. Como causa adujo que su trabajo había incomodado y hecho enojar a los mandos castrenses del Operativo Conjunto Chihuahua y a los políticos locales.

También expuso su situación a la Comisión Interamericana de Derechos Humanos (CIDH). En una misiva al organismo señaló:

> He podido recopilar y documentar información importante sobre la forma en la que operan los elementos militares en Ciudad Juárez, particularmente en la comisión de violaciones a derechos humanos. La mayoría de ellas se refiere a allanamientos de vivienda sin orden judicial, detenciones arbitrarias de personas, actos de tortura y malos tratos e, incluso, homicidios durante la retención de la víctima.[29]

El escrito fue leído en el Congreso de Chihuahua por el legislador local Víctor Quintana, y la diputación permanente solicitó a la procuradora general de Justicia, Patricia González, que tomara medidas para garantizar la seguridad del visitador. El lunes 21 de septiembre la CEDH decidió relevar a Gustavo de la Rosa de todos los casos en contra de las fuerzas armadas. Mediante el oficio CLJEM-109/09, la comisión le informó a su primer visitador que ya no atendería ninguna queja en la que se acusara a militares, agentes federales o cualquier elemento del Operativo Conjunto Chihuahua. Y para su "protección" se le asignaron todos los casos que llevaba a otro visitador.

La *pax narca*

Los chicos rudos de Mauricio Fernández

Enclavado en la cordillera de la Sierra Madre Oriental sobre un espacio de 60 kilómetros cuadrados debajo del cerro de Chipinque, el municipio de San Pedro Garza García, en el estado de Nuevo León, era, avanzado el primer decenio del siglo XXI, el segundo con mayor producto per cápita del país, sólo debajo de la delegación Benito Juárez ubicada en la capital de la República Mexicana.

Con poco más de 129 mil habitantes, San Pedro Garza es el corazón empresarial y financiero de la zona metropolitana de Monterrey y enclave del conservador Partido Acción Nacional (PAN). Sede de grandes corporaciones como Cemex, Vitro, FEMSA y Pepsico —emblemas del desarrollo industrial regiomontano que floreció al amparo de la llamada Fracción del Norte, cuya cabeza fue el Grupo Monterrey—, 80% de la población del municipio vive en exclusivos fraccionamientos y fastuosas villas privadas amuralladas y vigiladas por guardias y cámaras de video. Y abajo, al otro lado del río Santa Catarina, a las faldas del cerro de Las Mitras se encuentra lo que, por contraposición, sus lugareños denominan "San Pedro de los pobres".

De la mano de la "guerra" de Calderón, poco a poco la violencia y el caos alcanzaron a las élites neoleonesas. Comenzaron a pulular los secuestros y las extorsiones y el miedo caló hondo entre los vecinos millonarios del municipio.

En junio de 2009, durante una conversación de campaña con un grupo de electores, el candidato del PAN a la alcaldía de San Pedro Garza

García, Mauricio Fernández Garza, un acaudalado empresario de la dinastía Garza Sada, reveló que la tranquilidad de ese municipio insignia del panismo no era producto del buen gobierno del partido blanquiazul ni de la policía, sino del cártel de los hermanos Beltrán Leyva, ya que sus familias vivían allí. Y les dio a entender a sus simpatizantes que él ya había "consensuado" un plan de seguridad con la banda criminal, que incluía un control sobre la venta de drogas a cambio de que los delincuentes pudieran vivir en paz en el municipio.[1]

En el audio de la conversación, en la que el candidato hizo lo que él mismo calificó como "espantosas" confesiones, se escucha a Mauricio Fernández decir que el municipio era en ese entonces el hogar de alguno de los Beltrán Leyva: "Arturo Beltrán Leyva [el jefe del grupo criminal] vivió siete años en San Pedro... y viven varios ahorita aquí, sus familias, digo. Si quieres con toda la discreción y ocultando su identidad, pero aquí viven".

Según la revista electrónica *Reporte Índigo*, que difundió la grabación, en la conversación quedó claro que Fernández ya "se había sentado a la mesa" con los Beltrán Leyva y "pactado" con ellos su plan de seguridad. "Cuando yo comenté esto [a los Beltrán], pues si quieren temerariamente... le dan más importancia a que vivan seguros, que a la cantidad de drogas que puedan vender aquí", se escucha decir a Fernández, quien asegura que en el cártel están "las partes criminales menos malas", porque "no les da por el secuestro". El pacto consignaba que quien deseara consumir droga en el municipio lo podría hacer, "siempre y cuando no sea con una venta obvia".

En apariencia, las revelaciones del magnate-político, quien ya había sido alcalde de San Pedro en el trienio 1988-1991 y también diputado federal y candidato del PAN a la gubernatura de Nuevo León, venían a pegar en la línea de flotación de la "guerra" a las drogas del presidente de la República, Felipe Calderón, correligionario de Mauricio Fernández. Como Calderón, Mauricio Fernández es hijo de uno de los fundadores del PAN, Alberto Fernández Ruiloba, y de Margarita Garza Sada, hija del empresario Roberto Garza Sada, uno de los creadores del llamado Grupo Monterrey; incluso una hermana suya, Alejandra

Fernández, había sido mecenas de Calderón cuando Vicente Fox lo botó de manera descortés de la Secretaría de Energía.

El poco impacto mediático y el casi mutismo oficial en torno a la revelación periodística sobre los presuntos nexos del candidato panista con los Beltrán Leyva llevaron al autor de la misma, Ramón Alberto Garza, director de *Reporte Índigo*, a insistir sobre algunos datos del pasado reciente de Mauricio Fernández Garza.

"No hay más que entrar a Google y teclear 'Mauricio Fernández' junto con 'droga' y 'narco' para descubrir que esa historia tiene años", escribió en su columna del diario *El Universal* Ramón Alberto Garza.[2] Y a continuación hizo referencia a una nota publicada en *El Norte* de Monterrey el 19 de septiembre de 2002, donde Mauricio Fernández le dice a la reportera Miriam García que de llegar a la gubernatura de Nuevo León "buscaría establecer vínculos de comunicación hasta con los narcos, para encontrarle una solución al problema de la inseguridad". Allí afirmó que en la búsqueda de soluciones él "dialogaría hasta con Satanás", y que por ello no veía por qué no podía hacerlo con gente dedicada al tráfico de drogas o sus contactos. En otra entrevista con Daniel Blancas, del periódico *La Crónica*, publicada el 14 de abril de 2009, cuando el reportero le preguntó si era cierto que lo había contactado gente de los Beltrán Leyva, Mauricio Fernández respondió: "Sí, ¿para qué negarlo?" Seguidamente reconoció que habían llegado a su oficina y le ofrecieron ayuda y colaboración para resolver el tema de la seguridad en caso de que él fuera electo edil de San Pedro Garza.

EL APOYO DE LOS PODERES FÁCTICOS

No obstante esos públicos antecedentes, con una promesa: "Blindar a San Pedro contra la delincuencia", Mauricio Fernández resultó electo por amplio margen para gobernar el municipio de 2009 a 2012. Y pronto volvería a ser noticia.

El 28 de septiembre de 2009 Fernández dijo en una entrevista que como parte de su estrategia contra la delincuencia y el crimen organizado crearía un "comando rudo". Y calculó que en seis meses los *levantones* (secuestros) y el cobro de piso (extorsiones) a compañías y establecimientos serían historia en el municipio de San Pedro.[3] Al hablar sobre su proyecto de "blindaje" del municipio reveló que crearía un sofisticado sistema de inteligencia propio, con equipo de espionaje israelí y ruso valuado en 1.5 millones de dólares,[4] y pondría en funcionamiento un "comando rudo" que se encargaría de las "tareas complicadas". Cuando el reportero le preguntó si sería un grupo de tareas tipo SWAT, respondió: "No. Mejor déjalo así. Harán las tareas que tengan que hacer, pero este municipio se va a limpiar".

Para la "limpieza ruda" de San Pedro dijo que contaba con el apoyo de Jorge Tello Peón, el entonces todopoderoso asesor de Seguridad Nacional de Felipe Calderón en Los Pinos, quien había sido el primer director del Centro de Investigación y Seguridad Nacional (Cisen), y que tras desempeñarse como subsecretario de Gobernación se había ido al sector privado en 2001 (luego de la polémica fuga de Joaquín *el Chapo* Guzmán del penal de Puente Grande en Jalisco), encargándose del área de Inteligencia Competitiva de Cemex, la empresa trasnacional de Lorenzo Zambrano.

Otros dos singulares apoyos con los que dijo contar fueron los mandos castrenses de la 7a Zona Militar, general Cuauhtémoc Antúnez, y de la 4a Región Militar, general Guillermo Moreno,[5] y los industriales de "El grupo de los 10", que entonces agrupaba a los hombres más ricos de Monterrey: Bernardo Garza Sada (Alfa), Adrián Sada Treviño (Vitro), Eugenio Garza Lagüera (Visa), Andrés Marcelo Sada (Cydsa), Lorenzo Zambrano (Cemex), Alberto Santos (Gamesa), familias Clariond-Canales (Imsa), Roberto González Barrera (Banorte-Gruma), Alfonso Romo (Pulsar) y (familia Garza Herrera) (Conductores Monterrey).[6]

Anunció, también, que antes de asumir la alcaldía se reuniría con el secretario de Seguridad Pública federal, Genaro García Luna, para hablar sobre el proyecto de convertir a San Pedro en un lugar "modelo" del combate al narco. Tal vez por tener tan poderosos padrinos no dudó en afirmar que se tomaría algunas "atribuciones" para las cuales no estaba facultado; atribuciones que "no están en la Constitución".[7]

El 6 de octubre lanzó un ultimátum a los grupos del crimen organizado: o se retiraban de San Pedro antes de que tomara posesión o iniciaría una limpia para acabar con ellos. Y volvió a repetir que pondría en operación un "equipo de limpieza y trabajo rudo" para eliminar delincuentes, giros negros y 300 puntos de venta de droga en el municipio.

Tres días después trascendió que Fernández había recibido una amenaza de muerte de un delincuente apodado el *Negro* Saldaña, presunto jefe de bandas de secuestradores y narcomenudistas, quien se paseaba a sus anchas por la colonia del Valle, la zona más emblemática de San Pedro Garza García, a bordo de un Lamborghini Murciélago amarillo, compraba ropa de diseñador "a punta pala" y según el diario *El Norte* de Monterrey acababa con la cosecha de champán (sin pagarlo) en los lujosos antros de esa localidad unida a Monterrey, sin que nadie lo molestara. Es decir, sin que ningún grupo de la Policía Federal Ministerial, la estatal o la Metropol, y tampoco el ejército, hicieran algo por echarle el guante.

EL *NEGRO* SALDAÑA, JOB Y *EL JEFE DE JEFES*

El 31 de octubre de 2009, durante su toma de protesta como edil panista de San Pedro, vestido de camisa blanca, traje café oscuro y corbata de motivos coloridos, Mauricio Fernández declaró su guerra total al crimen organizado y reiteró que aun fuera de los límites de sus atribuciones, terminaría con los secuestros, las extorsiones y el tráfico de drogas en la demarcación.[8] A la manera de un señor feudal, dijo: "Sé que las atribuciones están muy claras en la Constitución; a mí me competen unas, al Estado otras, a la Federación otras. Simplemente les anuncio que me voy a tomar atribuciones que no tengo porque vamos a agarrar al toro por los cuernos". Sus dichos arrancaron el aplauso de los congregados en el Auditorio San Pedro, entre ellos el del gobernador de Nuevo León, Rodrigo Medina, del Partido Revolucionario Institucional (PRI).

Al filo de las 11:45, una vez que había presentado su plan de trabajo, sorprendió a la audiencia al revelar que el presunto traficante Héctor

Saldaña había sido ejecutado en el Distrito Federal. "[Quiero] anunciarles que vamos contra todo, por cierto, ahorita me acaban de informar que *el Negro* Saldaña, quien aparentemente es el que estaba pidiendo mi cabeza, hoy amaneció muerto en el Distrito Federal y era el primer cabeza de secuestros en San Pedro Garza García", aseguró sin dar más detalles. Los asistentes volvieron a celebrar ruidosamente.

El hecho en sí sería irrelevante, de no ser porque el alcalde supo de esa ejecución varias horas antes que las propias autoridades del Distrito Federal. A las 13:00 horas de ese sábado vecinos de la colonia Daniel Garza, en la delegación Miguel Hidalgo de la ciudad de México, reportaron a las autoridades que una camioneta con placas del estado de Nuevo León estaba mal estacionada en el cruce de General Sóstenes Rocha y Periférico. Los peritos de la procuraduría capitalina arribaron al lugar hacia las 16:00 horas, y se oficializó el hallazgo de cuatro cadáveres en el interior del vehículo. A las 20:00 horas las víctimas no habían sido identificadas.

Un día después de la tan peculiar revelación de Mauricio Fernández, la procuraduría del Distrito Federal confirmaría la identidad de los cuatro hombres encontrados muertos con las manos atadas y el tiro de gracia. Se trataba, en efecto, del *Negro* Saldaña, su hermano Alan, un presunto medio hermano, Carlos Saldaña, y César Rodríguez. Dos cartulinas fúnebres explicaban las ejecuciones. Una rezaba: "Job 38:15" ("Entonces a los malvados se los priva de su luz y se quiebra el brazo que se alzaba"); la otra decía: "Por secuestradores, atte. *El Jefe de Jefes*", lo que implícitamente remitía a la presunta autoría intelectual de Arturo Beltrán Leyva.[9]

El lunes 2 de noviembre el responsable de la columna Bajo Reserva de *El Universal*, tras afirmar que Mauricio Fernández había dejado a todos con la "boca abierta" al exhibir su profundo conocimiento de los "intestinos" del narcotráfico, señaló que el edil de San Pedro "dejó entrever que ha hecho realidad el sueño de muchos de volverse *vengadores anónimos* frente a la incapacidad federal para controlar a los criminales". Y dado que el alcalde había anunciado con anticipación la creación de un "equipo de limpieza y trabajo rudo", inquirió: "¿Equipo de limpieza? Es decir, ¿vengadores, ejecutores, paramilitares?" Al referirse al hallazgo de los cuatro cadáveres en el Distrito Federal, preguntó: "¿Son, estos muertos, resultado del trabajo de los 'equipos de limpieza, de trabajo rudo' que anunció Fernández? Es posible. Pero aunque muchos aplaudan tal hombría, hay que recordar que tomar la ley en manos propias es ilegal".

Ese día, en San Pedro, tras presentar su programa *Taxi seguro* —que consistiría en elaborar un censo de los conductores de autos de alquiler en el municipio e instalarles equipos de rastreo satelital y un botón de pánico que los pasajeros podrían utilizar en caso de peligro—, Mauricio Fernández declaró que la misteriosa "información" sobre la ejecución de Saldaña la había consultado con Rodrigo Medina, y que el gobernador le dijo que él también la había recibido. Insistió que también había compartido el dato con el procurador estatal Alejandro Garza y Garza, y como coartada esgrimió que el hecho de que el delincuente que asolaba San Pedro fuera ejecutado el mismo día de su toma de posesión como alcalde fue una simple "coincidencia".

Asimismo, durante la instalación del Consejo Metropolitano de Colaboración, afirmó que las leyes vigentes eran "obsoletas" y eso ocasionaba que "todos se hagan güeyes" y nadie haga nada contra los criminales, pues las autoridades municipales y estatales pretextaban que no tenían atribuciones, ya que los delitos de la delincuencia organizada caían dentro del ámbito de responsabilidades federales. Ergo, él no se iba a hacer güey. Como declaró Fernández a un medio capitalino, a él no lo habían elegido para hacerse "pato", lo habían elegido para resolver "broncas" y eso era lo que iba a hacer con su grupo de "limpieza especial".[10]

LA SOMBRA DE UNA INSTRUCCIÓN NO ESCRITA

Para resolver las broncas puso al mando del grupo de élite de su policía municipal al general retirado Gonzalo Adalid Mier y sacó a su familia del país para luchar contra el crimen organizado sin el temor de represalias. En apariencia, sus desplantes de macho indiferente al peligro —que contaban con el apoyo de la Coparmex y del líder priísta local Miguel Ángel Lozano— eran muestras de la descomposición de la organización del Estado, y venían a evidenciar que ante un gobierno federal débil surgido de un fraude electoral y sin respaldo popular, cualquiera, un grupo de la élite capitalista impaciente, empresas trasnacionales, podía asumir facultades más allá de la Constitución, o como había pretendido justificar otrora Jorge Carpizo el exceso en el ejercicio del poder presidencial, "facultades metaconstitucionales".

Pero las declaraciones del alcalde no lograron disipar las dudas e interrogantes que había originado al divulgar tan sensible información: ¿Las ejecuciones de Héctor *el Negro* Saldaña y sus tres acompañantes habían sido producto de una casualidad —una coincidencia, como él la llamó— o, por el contrario, fue el debut de los anunciados "grupos de limpieza" al mando de una autoridad municipal? ¿Las víctimas formaban parte de la escoria desechable del municipio y habían sido ejecutados por el grupo de trabajo clandestino del alcalde del PAN? ¿Eran el primer eslabón de un trágico rosario de muerte a secuestradores y extorsionadores en San Pedro? ¿Ante el fracaso del "modelo" de seguridad federal y con el hartazgo social como salvoconducto, había comenzado a funcionar un nuevo grupo de limpieza social financiado por empresarios y protegido por el ejército? ¿Se asistía de facto al estado de excepción proclamado por Mauricio Fernández antes de asumir el cargo? ¿Con la celebración de la muerte por los sectores ricos de Monterrey, se convertiría el asesinato en el instrumento de Estado? ¿Adónde llevaría después la ley de la selva implantada por la ultraderecha mexicana con la complicidad o complacencia oficial? ¿Si se aceptaba que cualquier grupo de hombres armados, narcos o no, protegiera a la sociedad, después quién la iba a proteger de ellos?

Para entonces, con su silencio —sumado al frívolo aplauso de la clase alta regiomontana y la bendición ideológica de grupos de la extrema derecha del país—, desde las alturas del poder político en la ciudad de México parecía legitimarse la vía ilegal anunciada por el alcalde de Acción Nacional. El silencio mantenido por las autoridades federales (Sedena, PGR, SSPF) en torno a la aparición de los "grupos de limpieza y trabajo rudo", podía interpretarse como una aceptación ante el surgimiento de escuadrones de la muerte y dejaba la impresión de que ésa era la instrucción no escrita para combatir a la delincuencia, organizada o no.

Al respecto, Marcela Gómez Zalce volvería a recordar la plática que había sostenido tiempo atrás el presidente Felipe Calderón con un grupo de poderosos empresarios de Ciudad Juárez, a quienes —ante la lluvia de quejas, molestias y cólera por los índices de inseguridad en la localidad— les había insinuado que hicieran lo que la crema y nata de Monterrey: "Contratar a ex militares, de preferencia extranjeros, y mejor si son estadounidenses e israelíes con sobresaliente disciplina y adiestramiento". Ante la propuesta presidencial, cuando uno de los empresarios le preguntó sobre la legalidad de esa forma de actuación, recibió la "respuesta cálida" del presidente de la República de que "no se agobiaran... su [des]gobierno se encargaría de que tuvieran todo en orden para armas y *gadgets* necesarios y de una vez hasta podrían ayudar a 'limpiar' Ciudad Juárez".[11]

En abono a lo anterior, Carlos Loret de Mola comentó que era bien sabido en el "ámbito policiaco" que desde que comenzó la "era del secuestro" en México los grupos económicos del norte del país habían acordado "financiar a un grupo paramilitar entrenado por los cuerpos de élite del Mossad israelí, que no tuviera que responder a la Constitución, congresos, políticos, derechos humanos, no mirara en atribuciones ni divisiones o equilibrios de poderes", sino que se conformara como "grupo rudo" que combatiera la delincuencia.[12] De ser ciertos esos antecedentes, Mauricio Fernández sólo estaba retomando una práctica ensayada con anterioridad en Monterrey.

Por esos días Lydia Cacho denunció que Fernández y la élite regiomontana habían contratado dos expertos en "seguimiento de inteligencia, contraespionaje y tortura". Uno de ellos era un chiíta especialista en entrenar francotiradores, otro un ex agente del Mossad.[13]

La polémica en torno a los dichos del acaudalado y excéntrico personaje —a quien sus pares llamaban *el Loco*— había despertado el interés de los medios. Entrevistado por Joaquín López-Dóriga, Fernández insistió en que sacaría a los delincuentes de San Pedro, "por las buenas o por las malas". Y cuando el periodista le preguntó si su "comité de limpieza" actuaría al margen de la ley, sin darle importancia dijo: "sí, de alguna forma eso es correcto". "Por lo que me explicó —comentaría después López-Dóriga—, no son otra cosa que escuadrones de la muerte patrocinados por su gobierno o por él."[14]

La hipótesis fue retomada por Denise Maerker, con una advertencia: si la élite de Monterrey y Mauricio Fernández estaban financiando "un pequeño ejército privado", esas armas y esos hombres podrían volverse después contra ellos. Si quien los está respaldando es un grupo de narcos que pretenden mantener en paz ese municipio porque ahí viven sus familias —escribió Maerker—, la seguridad que promete es un "espejismo". A su juicio, ese tipo de "santuarios" duran poco y acaban sumidos en la violencia. "Además —dijo—, ¿de qué sirve una *pax narca*?" Y concluyó: "Mauricio Fernández dice que fue una coincidencia que justamente el día que tomaba posesión apareciera ejecutado el narcotraficante que tenía asolado a San Pedro. Más que una coincidencia parece un regalo. Y en la *pax narca* esos regalos se pagan".[15]

El 5 de noviembre, de manera tardía y como para guardar las formas, el responsable de la seguridad interior del país, Fernando Gómez Mont, declaró después de un acto público que "el Estado mexicano, en sus distintos niveles de competencia, no puede actuar por encima o en contra de la ley. Quien así lo hace es un delincuente y no se puede aceptar que con delincuencia se abata la delincuencia". Interrogado acerca de si el asesinato de Héctor Saldaña era un indicio de que el "grupo rudo" de Mauricio Fernández ya estaba operando, el secretario de Gobernación dijo que no iba a hacer especulaciones: "He sido claro y el que quiera escuchar que escuche, y el que no, que se atenga a las consecuencias".[16]

Con el paso de los días, despachos periodísticos darían cuenta de que la hipótesis oficial sobre la ejecución de Saldaña era parte de una "operación limpieza" de Arturo Beltrán Leyva al interior de su propia organización: la cartulina dejada junto a los cuatro hombres que aparecieron ejecutados en el Distrito Federal, firmada por *el Jefe de Jefes*, era similar a otras con idéntica rúbrica dejadas sobre sendos cadáveres aparecidos en Morelos, Guerrero y Michoacán el 11 de septiembre y el 3, 9, 11, 16, 18 y 27 de octubre.[17] De acuerdo con los datos del expediente de la Secretaría de Seguridad Pública federal, quien se hacía llamar *Jefe de Jefes* era Arturo Beltrán Leyva, quien desde la campaña del alcalde panista se había comunicado con él para diseñar un plan de seguridad en el municipio de San Pedro Garza García.

Cae el *Chico Malo* de Mauricio

Como se señaló más arriba, el 16 de diciembre de 2009 comandos estadounidenses encubiertos y un grupo de élite de la Secretaría de Marina ubicaron y mataron a Arturo Beltrán Leyva en un departamento ubicado en un fraccionamiento residencial de Cuernavaca, Morelos. Su hermano Héctor asumiría la vacante criminal. El caso de Mauricio Fernández y su grupo rudo de limpieza pasaría a un segundo plano.

Pero el 19 de marzo de 2010 San Pedro Garza García y su alcalde volverían a los titulares de prensa. Ese día infantes de marina detuvieron en la colonia Fuentes del Valle de ese municipio del área conurbada de Monterrey a Alberto Mendoza Contreras, alias *el Chico Malo*.[18] Según el contralmirante José Luis Vergara Ibarra, de la Semar, Mendoza era el presunto jefe de plaza del cártel de los Beltrán Leyva e integrante del grupo rudo de Mauricio Fernández. El marino dijo que junto con armas de uso exclusivo del ejército, vehículos, dinero en efectivo, 14 teléfonos celulares y dos computadoras, al detenido se le habían decomisado equipos de espionaje de alta tecnología.

La captura del *Chico Malo* metió de nuevo en la polémica al edil Fernández, quien tres días después reconoció que a cambio de "información valiosa" para combatir al crimen había pagado dinero de aportaciones privadas a Alberto Mendoza. Dijo que incluso esa información la había compartido con el ejército y "fue verídica".[19] Según él, desconocía que Mendoza fuera parte del crimen organizado.

Explicó que se lo habían presentado como alguien que manejaba "un sistema de inteligencia de seguridad nacional e internacional", y que pensó que era un "agente doble o triple [...] Sentí que tenía acceso a cualquier grupo; tenía redes y contactos que le pasaban información.

Si trabajaba o no con los Beltrán, pues yo qué voy a saber. Tengo una red de dos mil informantes y no tengo el currículum de ninguno".

Recalcó que Mendoza no formaba parte del "grupo rudo" sino de su "sistema de información", y justificó: "Si el demonio me da información, la compro". Según Fernández, la ciudadanía no debería sorprenderse ya que ésas eran "prácticas comunes" en Colombia y Estados Unidos. Alegó que la Agencia Central de Inteligencia (CIA) y la Oficina Federal de Investigación (FBI) reciben información de delincuentes con muy buenos resultados.

Un día después, tras declarar en sus oficinas ante agentes de la Subprocuraduría de Investigación Especializada en Delincuencia Organizada (SIEDO) acerca de sus vínculos con Alberto Mendoza, el alcalde reveló a los medios que tiempo atrás el detenido le había proporcionado una lista con los nombres de 50 policías infiltrados que trabajaban para los Beltrán Leyva; los datos le habían permitido "depurar" la policía municipal. Sostuvo incluso que el secretario de Gobernación, Fernando Gómez Mont, apoyaba el uso de su red de informantes para combatir al crimen. Cuando un periodista le preguntó si el gobierno federal sabía que *el Chico Malo* le estaba dando información, respondió: "No como persona. Había comunicado a todos los órganos de coordinación que obviamente pago a informantes, y no tienen nada en contra de ellos me dijo tal cual el secretario de Gobernación".[20]

En un comunicado emitido por Gobernación esa misma noche Gómez Mont rechazó "rotundamente" que el gobierno federal conociera que Alberto Mendoza colaboraba con la administración del alcalde panista. "En México el sistema de inteligencia funciona de diferentes formas, llevándose a cabo con la más absoluta discreción, siempre dentro de la legalidad y el Estado de derecho. Es inadmisible que, bajo cualquier esquema, la información e inteligencia se obtenga a cambio de tolerar situaciones de impunidad", advirtió el funcionario.

A esas alturas resultaba evidente que la discreción y la legalidad no eran atributos que cultivara Mauricio Fernández, tildado en algunas columnas periodísticas de "bocón" y "lenguaraz". Pero era indudable, también, que si algo caracterizaba a la administración de Felipe

Calderón, a la que servía Gómez Mont, era su desapego al Estado de derecho; ejemplos sobraban.

Según comentó entonces Carlos Loret de Mola, Mauricio Fernández Garza debía estar preso: había encargado a un desconocido (Alberto Mendoza) la depuración de su policía, lo hizo su informante de confianza y le pagaba como tal hasta que fue arrestado y resultó ser que *el Chico Malo* era brazo derecho de Arturo Beltrán Leyva, *el Jefe de Jefes*, con quien, durante su campaña, el alcalde había "consensuado" un plan de seguridad para mantener en paz el municipio.[21]

Tácitamente, eso era lo que había aceptado Fernández tras la captura del delincuente. Durante nueve meses la audiencia pública había podido registrar varias evidencias, acompañadas de sendas declaraciones de viva voz del presidente municipal de San Pedro Garza, que confirmaban que se había asociado con un cártel de la droga para que lo protegiera de otros grupos criminales (rivales), a cuyos operadores les entregó la función policial a cambio de que los familiares de los hermanos Beltrán Leyva pudieran vivir tranquilos en el lugar simbólico de los capitalistas trasnacionales de México.

En ese lapso, a Mauricio Fernández Garza lo más que le había pasado fue que tuvo que declarar tres veces ante agentes de la SIEDO. Y fuera de eso siguió tranquilo, declarando y despachando en su oficina con absoluta y plena libertad. El 30 de abril de 2010, en un desplegado a toda página en algunos medios de circulación nacional se podía leer:

El Municipio de San Pedro Garza García ha logrado en estos primeros meses de gobierno:

Seis meses sin delitos del crimen organizado.

Cero balaceras. Cero asesinatos. Cero secuestros. Cero levantones.

Cero extorsiones. Cero derecho de piso.

Eliminación de venta de droga en escuelas.

Eliminación de venta de drogas en discotecas y centros nocturnos.

Seguimos trabajando para blindar San Pedro.

Ing. Mauricio Fernández Garza

Alcalde 2009-2012.

Su personalidad, su gran fortuna y su práctica política fueron el eje de la película *El alcalde*, patrocinada por el Instituto Mexicano de Cinematografía. Al término de su gestión (el 31 de octubre de 2012), Mauricio Fernández reivindicó su accionar y dijo que actuó siempre con apego a la ley. Para "fastidiarlo", gente de mala fe había dicho "un montón de estupideces". Y quitado de la pena, declaró que la "guerra" de Felipe Calderón había provocado "250 mil muertes [...] una cantidad de muertos del tamaño del mundo".[22]

Fue obvio que el gobierno no lo había querido tocar. Por mucho menos que los nexos con criminales exhibidos por Mauricio Fernández en San Pedro, el presidente Calderón había realizado una feroz cacería de alcaldes y funcionarios de primer nivel en Michoacán.

A manera de hipótesis, la explicación a esa inacción oficial podría estar en que los "chicos rudos" de Mauricio Fernández fueron apenas un eslabón de una cadena de "grupos de autodefensa", "autoprotección", "limpieza", "extinción" o "exterminio" de presuntos criminales coludidos o protegidos por agentes de los servicios de seguridad del Estado —en curso entonces en varias partes del país—, que en el marco de un estado de excepción de facto estaban encaminados a generar una gran "limpieza social" y el desplazamiento forzado de población, en beneficio del capitalismo criminal y también para paralizar la protesta social.

Al respecto, cabe citar al Comando Ciudadano pro Juárez[23] y los matazetas,[24] que actuaban como organizaciones que aplicaban la justicia por propia mano a la manera del grupo colombiano Perseguidos por Pablo Escobar (Pepes), que al final se supo que no eran ni tan ciudadanos, ni tan justicieros, y que habían sido integrados con mercenarios de la DEA, la CIA y la milicia colombiana.

Tres años después, en marzo de 2015, Mauricio Fernández, el ex alcalde rudo de San Pedro Garza García estaba de vuelta en problemas. El panista, quien aspiraba por tercera ocasión a la presidencia del municipio, afirmó en una entrevista el 18 de ese mes que cuando estuvo al frente de la demarcación, el "grupo rudo" que creó contra la delincuencia había realizado "operativos conjuntos con el ejército", pero "los militares mataban a los criminales". Dijo:

> Al final de cuentas [el "grupo rudo"] es un concepto de intolerancia, que en muchos casos operó a través de militares. Y hubo balaceras y muertos y los que mataron son militares. Nunca hice nada indebido. Si tienen alguna confusión, aquí estoy platicando y no en la cárcel. Si hubiera cometido algún ilícito no estaría aquí.[25]

Sus urticantes declaraciones molestaron al secretario de Seguridad Pública de Nuevo León, el general (retirado) Alfredo Flores Gómez, quien había sido comandante de la 7a Región Militar, con sede en esa entidad, durante el último año de gestión de Mauricio Fernández. El general Flores demandó que el ex alcalde pidiera una disculpa pública a la institución armada porque, sin fundamentos, había dicho que "los miembros del ejército somos asesinos [...] y el comandante de los soldados en esa época era yo".[26]

Fernández contestó que no se disculparía. Argumentó que nunca llamó "asesinos" a los militares y atribuyó la reacción del general Flores a un "golpeteo político" del gobierno estatal. Incluso publicó un desplegado en *Milenio Monterrey* donde aseguró que durante su última administración sí se había coordinado con el ejército y el gobierno estatal. En el marco de la polémica, Milenio Televisión difundió el audio original de la entrevista donde Fernández Garza acusaba a los militares de matar delincuentes. El presidente de la Federación de Colonias Metropolitanas (Fedeco), Gilberto Marcos Handal, entró a la polémica y dijo que si Mauricio Fernández "tuvo coordinación con los elementos de la Secretaría de la Defensa Nacional, no era necesario apoyarse en un 'grupo rudo' como lo hizo".[27]

A no ser, claro, que el "grupo rudo" actuara de manera encubierta con el ejército, como parte de una triangulación *non sancta* entre militares, un grupo criminal y un político confeso de haber brindado santuario a los hermanos Beltrán Leyva en el marco de un estado de excepción.

Calderón y los pleitos de pandilla en Ciudad Juárez

A comienzos de 2010 Ciudad Juárez, en Chihuahua, era el laboratorio de una violencia reguladora estatal-criminal sin límites. El 31 de enero de ese año el asesinato a mansalva de 16 jóvenes preparatorianos durante una fiesta vino a potenciar a esa ciudad fronteriza con Estados Unidos como una de las más violentas del mundo.

Ese día, a la una de la madrugada, un grupo de aproximadamente 20 pistoleros irrumpió en un festejo estudiantil en una vivienda de la colonia popular Villas de Salvárcar, separó a las mujeres y asesinó a los hombres, mientras otros atacantes montaban guardia afuera del domicilio y bloqueaban la calle con varios vehículos. Diez de las víctimas murieron dentro de la casa; otros jóvenes que quisieron huir cayeron sin vida en viviendas vecinas. Las autoridades encontraron en el lugar del hecho más de 150 casquillos percutidos.

Un joven, que logró salvar su vida, festejaba su cumpleaños con amigos del Colegio de Bachilleres número 9 y el Centro de Bachillerato Tecnológico Industrial y de Servicios 128. Por la tarde, la procuradora de Justicia estatal, Patricia González Rodríguez, dijo que además 14 personas habían resultado heridas, ocho de gravedad, y confirmó que los estudiantes asesinados tenían entre 15 y 17 años.[1]

Ese mismo 31 de enero, en sincronía con el arribo a Tokio de Felipe Calderón, *The Japan Times* había publicado un artículo firmado por el titular del Ejecutivo mexicano, en el que sostenía que su estrategia contra el crimen organizado marchaba en la "dirección correcta" y con ella "el Estado de derecho" había resultado favorecido. En el texto presumía, además, los "severos golpes" propinados al narcotráfico por las corporaciones policiales y militares.[2]

Desde Tokio, también, ante la llegada de la noticia sobre la matanza de los preparatorianos, durante una conferencia de prensa Calderón se permitió deslizar la ligereza de que el hecho había sido el resultado de un pleito entre pandillas criminales rivales, un clásico "ajuste de cuentas".[3]

La masacre era entonces el último eslabón de una larga cadena de ejecuciones criminales y extralegales, que había exterminado ya a medio millar de jóvenes considerados "desechables". Con un agregado: militares, tropas especiales de asalto, cuerpos policiales paramilitarizados, agentes provocadores, grupos de autodefensa, escuadrones de la muerte, mafias, bandas y sicarios al servicio de los cárteles de la economía criminal habían contribuido de manera acelerada a la autodestrucción social en esa ciudad de Chihuahua.

El 4 de febrero, mientras Juárez lloraba a las víctimas de la última matanza y exigía justicia, Calderón anunciaba desde Aguascalientes una nueva estrategia de seguridad para la ciudad. Dijo que no se "impondría" desde el centro del país, ya que se pretendía "dialogar" y "pactar" de la mano con la sociedad juarense.

Al tiempo que empresarios y voces de la sociedad civil informaban en esa ciudad que solicitarían a la Organización de las Naciones Unidas el envío de *cascos azules*, Calderón ensayaba contrarreloj un cambio de discurso demagógico, y era previsible una campaña de intoxicación propagandística para "vincular a los juarenses en el combate al crimen", como una forma de encubrir su persistente intento por llevar al país hacia un régimen de excepción más caótico, violento y militarizado.

JUÁREZ Y LOS HIJOS DE PUTA

El 11 de febrero siguiente, durante la puesta en escena del foro "Todos somos Juárez" organizado por la Presidencia de la República y Gobernación en la ciudad fronteriza, en todo su esplendor el acto oficial y después de que el jefe del Ejecutivo leyera un texto de buena voluntad o de "entretenimiento presupuestal" (Monsiváis *dixit*), de entre los presentes emergió la señora Luz María Dávila, madre de Marcos y José Luis, dos de los jóvenes ejecutados en Villas de Salvárcar, e increpó de manera personal a Felipe Calderón:

> Discúlpeme, presidente. Yo no le puedo decir bienvenido porque para mí no lo es, nadie lo es. Porque aquí hay asesinatos hace dos años y nada ni nadie han querido hacer justicia. Juárez está de luto… Les dijeron pandilleros a mis hijos. Es mentira. Uno estaba en la prepa y el otro en la universidad y no tenían tiempo para andar en la calle. Ellos estudiaban y trabajaban. Y lo que quiero es justicia. Le apuesto a que si ha sido uno de sus hijos, usted se habría metido hasta debajo de las piedras y hubiera buscado al asesino, pero no tengo los recursos, no lo puedo hacer… Quiero justicia, póngase en mi lugar, a ver qué siente… Nosotros queríamos que se presentara, que diera la cara y que ahí mismo, públicamente se retractara de todo lo que dijo.

En su alegato, sin retórica memorizada pero bajo una profunda convicción, Luz María Dávila había llamado mentiroso a Calderón, quien la escuchaba con un rostro de preocupación contrariada. Después, otra mujer agraviada, Patricia Galarza, le pidió que sacara al ejército de la ciudad. Dijo: "Padecemos una guerra que nunca pedimos". Por respuesta, Calderón señaló que los soldados permanecerían allí.

El montaje mediático resultó un tiro por la culata. La ira de una sociedad agraviada le había estallado en la cara a Calderón. El *mea culpa* presidencial no había sido suficiente. La retractación de Calderón sobre su afirmación inicial, cuando había tipificado la matanza como un "pleito entre pandillas", fue tibia, con rodeos. Como para que quedara constancia de que pidió disculpas "si acaso había ofendido" a las víctimas y sus deudos, pero sin asumir ninguna responsabilidad.

El hombre mejor informado de México, a la sazón abogado constitucionalista, nunca rectificó que había hecho una aseveración condenatoria absoluta y totalmente falsa, sentenciando *ipso facto* a los jóvenes asesinados como pandilleros, sin asumir siquiera la presunción de inocencia… ¡de las víctimas!, mientras quedaran pendientes las investigaciones criminológicas.

El manido recurso del poder, tan propio de la dictadura del general Jorge Rafael Videla en Argentina ante el exterminio de civiles: "Por algo será. En algo estarían". Igual que fincar la responsabilidad del delito en las víctimas de los feminicidios. De los *juvenicidios* ahora. "La culpa es de los juarenses." El débil y el pobre siempre tienen la culpa.

Las palabras de Luz María Dávila, la *madre coraje* que le negó la bienvenida al presidente en Ciudad Juárez, desplazaron de los medios la demagogia oficial y en los días subsiguientes el gobierno se vio obligado a montar un *operativo* de control de daños por *interpósita persona*.

El alegato más sonado fue el del intelectual orgánico del régimen Héctor Aguilar Camín, entrevistado y amplificado un par de veces, de manera aprobatoria —"Qué jodido cuando las masas enardecidas inventan la verdad"—, por Ciro Gómez Leyva en su programa de radio en Grupo Fórmula. Aguilar Camín admitió que "el presidente se equivocó al precipitarse" y acusar a los jóvenes de pandilleros. Pero externó su desacuerdo con que le reclamaran a Calderón por los muertos: "Como si él, o Gómez Mont, o el ejército […] hubieran matado a esos muchachos […] Los asesinos son los asesinos […] ¡El gobierno no mató a los muchachos de Juárez, los mataron esos hijos de puta! ¡Ésos son los hijos de puta! ¡Volteémonos contra ellos! […] Los hijos de puta son los hijos de puta".[4]

Más allá de las tautologías empleadas que poco esclarecían, a Aguilar Camín podría aplicársele el término denegación (*verneinung*) propuesto por Sigmund Freud en 1925, para caracterizar un mecanismo de defensa mediante el cual el sujeto expresa de manera negativa un deseo o un pensamiento cuya presencia o existencia niega. En términos metapsicológicos, Freud lo explicó a partir de la frase de una paciente: "Me pregunta usted quién puede ser esa persona de mi sueño. Mi madre, desde luego, no". "Se trata seguramente de la madre", apuntó Freud, quien prescindió de la negación y acogió tan sólo el contenido estricto de las asociaciones.

En la frase "no es mi madre" (ergo, no fue Calderón ni el ejército), lo reprimido era reconocido de manera negativa, sin ser aceptado. Según el *Diccionario de psicoanálisis* de Roudinesco y Plon, "la denegación es un medio para tomar conciencia de lo que se reprime en el inconsciente".

A la frase "¡El gobierno no mató a esos muchachos, los mataron esos hijos de puta!", podría aplicarse el criterio freudiano de "no vayan a pensar que fue el gobierno". Si no había sido Calderón ni su gobierno, ¿por qué lo desmentía?: "Aclaración no pedida, confesión de parte". Pero además, en términos maniqueos, Aguilar Camín llamó a los juarenses a *voltearse* contra los "asesinos"; propuso canalizar la ira contra esos "hijos de puta", que no estaban, dijo, en las filas gubernamentales. Lo que podía remitir al clásico de Arturo Montiel (el en extremo turbio ex gobernador del Estado de México, y padrino político de Enrique Peña Nieto): "Las ratas no tienen derechos humanos. A las ratas hay que exterminarlas".

Y aquí, más allá de las percepciones, la cosa se complicaba. En su texto "Las culpas de Juárez", Aguilar Camín adujo en defensa propia que "quienes amenazan nuestra seguridad son los asesinos, no las autoridades. Estas últimas faltan a su deber de garantizar la seguridad, y su falta es razón suficiente para increparlas, exigirles y echarlas del gobierno". Agregó que en defensa de la seguridad ciudadana había que criminalizar a los criminales. "Los criminales son nuestros enemigos. La autoridad es simplemente nuestra falla en la lucha contra nuestros enemigos."[5]

Era obvio que las "masas enardecidas", como las había llamado Gómez Leyva no exentaban a los criminales. Tampoco había desorientación ni aprovechamiento político de la desgracia; eran víctimas de la violencia criminal. Ocurría que una buena parte de la cuota de sangre de la "guerra" de Calderón la ponía la población.

A su vez, hablar de simples fallas gubernamentales ante la tragedia de años en Juárez, era una impudicia. Significaba avalar o solapar la historia oficial, esa que remitía a policías y ladrones a una lucha entre buenos y malos. Una historia que distaba mucho de ser la real. La delincuencia organizada no es sólo un fenómeno criminológico, en sentido puro es un fenómeno social, patrimonial y político. Abreva de la corrupción al más alto nivel y de una realidad de pobreza; pero también de una realidad patrimonial donde una élite político-empresarial se beneficia enormemente de un lavado de activos criminales, a través de sus balances y estados de cuenta, mientras sectores del aparato estatal lucran con la "protección" de la criminalidad.

Fue en ese contexto que el visitador de la Comisión Estatal de Derechos Humanos de Chihuahua, Gustavo de la Rosa, afirmó que "los violentos actúan bajo la protección del Estado". Además, él y Edgardo Buscaglia hablaron en esa coyuntura de escuadrones de la muerte y grupos de "limpieza social". Y según Clara Jusidman, las víctimas civiles de Ciudad Juárez lo eran "de una guerra entre dos mafias por el control del territorio, cada una apoyada por miembros de la clase política y de las fuerzas de seguridad y de justicia". Incluso un juarense declaró que sufrían "la violencia de tres cárteles: el de los policías, el de los soldados y el de los narcos".

Al respecto, ese día, allí, en Ciudad Juárez, Patricia Galarza le había dicho también a Calderón que la tortura se aplicaba en Chihuahua como un medio sistemático de investigación policial. Que se podían documentar mil casos de desaparecidos, torturados y ejecutados extrajudicialmente por miembros del ejército o fuerzas federales. Calderón sólo admitió "abusos".

LOS MATAZETAS Y LA ZAGA PARAMILITAR

Los hechos de Villas de Salvárcar pronto serían opacados por otros actos de barbarie humana con la marca de los escuadrones de la muerte. A guisa de ejemplo, el martes 20 de septiembre de 2011, a plena luz del día, los cuerpos de 35 personas ejecutadas y con señales de tortura fueron arrojados sobre un paso a desnivel del bulevar Adolfo Ruiz Cortines, al pie del monumento a los Voladores de Papantla, frente al centro comercial Plaza Américas, una de las principales áreas comerciales y turísticas de Boca del Río, la zona conurbada del puerto de Veracruz.[6]

A pesar de que se trataba de una hora hábil —cerca de las 5 de la tarde de un día soleado—, ninguna autoridad se habría percatado cuándo llegaron al lugar dos camionetas de redilas Nissan y fueron arrojados sobre el pavimento los cadáveres de un numeroso grupo de mujeres y hombres semidesnudos, amarrados de pies y manos con cinchos, quienes lucían en sus espaldas, pintada, la leyenda "Por Z".

Dos días después, a un par de cuadras de allí iba a tener lugar el Decimoprimer Encuentro Nacional de Presidentes de Tribunales Superiores y Procuradores Generales de Justicia, por lo que se había desplegado en el área un millar de efectivos del ejército, la marina y de la policía estatal. La macabra acción fue calificada como una demostración de fuerza por parte de un grupo entrenado y que sin duda gozaba de impunidad oficial, puesto que se había desplazado en un perímetro ya controlado por la logística y los organismos de seguridad federal, estatal y municipal dispuestos para la cumbre de funcionarios.

Esa misma tarde, apenas tres horas después de que la noticia comenzara a divulgarse en las redes sociales ante el cerco informativo impuesto por el gobierno de Javier Duarte de Ochoa, el procurador de Veracruz, Reynaldo Escobar Pérez, declaró que tras consultar en la Plataforma México —la base de datos del gobierno federal sobre la actividad delictiva en el país—, se podía determinar que entre las víctimas asesinadas había miembros de la delincuencia organizada dedicados al secuestro, la extorsión, el homicidio, el narcomenudeo y otros ilícitos, varios de los cuales el día anterior se habrían "evadido" de los penales de Duport Ostión en Coatzacoalcos, La Toma en Amatlán de Los Reyes y el de Cosamaloapan.

Un día después, Escobar recorrió los medios electrónicos nacionales para dar distintas versiones del suceso, entre ellas la de que los muertos eran resultado de un conflicto entre pandillas del crimen organizado. Ya el propio gobernador Duarte, en Twitter, se había precipitado en tachar a los 35 muertos como delincuentes. Y en lo que pareció, si no una justificación, al menos un atenuante de la masacre, sin que mediara ningún tipo de estudios criminológicos ni periciales de medicina forense que permitiera establecer la identidad de los occisos y sus presuntos vínculos con actividades delincuenciales, dijo: "Es aberrante e indignante, repudio lo que ocurrió ayer, sin embargo, el mensaje es muy claro, en Veracruz no hay cabida para la delincuencia".

Como reflexionó Denise Maerker en tono de crítica después de haber escuchado de "un hombre culto" la expresión "¡35 menos!" —en clara alusión que no eran muertes que había que lamentar ni ameritaban que se escarbara mucho investigando sus historias—, "en la lucha contra los criminales, todo se vale".[7]

Aunque ninguna organización reivindicó de inmediato la autoría de la matanza, en una manta colgada de barandal a barandal de las cajas de ambos vehículos de redilas podía leerse: "No más extorsiones, no más muertes de gente inocente. Fuera ZETAZ [sic] del estado de Veracruz, aún faltan más ministerios públicos. Comandante Marcelo Castillo Torres. Zetas así acabaron o como los que hemos matado a balazos. Al pueblo de Veracruz, no se dejen extorsionar, no paguen más cuotas, si lo hacen es porque quieren".[8]

La violencia se había desbordado desde el inicio de la gestión del nuevo gobernador en 2011, por lo que Duarte prácticamente había dejado la seguridad del estado de Veracruz en manos de las fuerzas armadas, en especial de la marina, aunque el ejército seguía participando en los operativos en las zonas urbanas y rurales.

El 19 de enero apenas se había dado la llegada al gobierno del priísta Javier Duarte en sustitución de su correligionario Fidel Herrera Beltrán —quien durante su mandato había limitado la presencia del gobierno federal panista en la entidad y confrontado a Felipe Calderón y su estrategia de guerra a la criminalidad—, el comandante de la armada, almirante Francisco Saynez Mendoza, originario de la entidad, había acudido a la Heroica Escuela Naval Militar, en Antón Lizardo, para advertir: "Veracruz es mi tierra. Se va a limpiar".[9]

Desde entonces, la marina había hecho del puerto de Veracruz y su zona conurbada su principal área de operaciones contra el narcotráfico, con más de dos mil efectivos de Infantería y Fuerzas Especiales, y controlaba además el Centro de Comunicaciones, Cómputo, Control y Comando (C-4).

Más allá del enredo provocado por las declaraciones del procurador estatal desde el día en que fueron tirados los cadáveres en la arteria primaria de Boca del Río, cabe consignar que, según reportó Raymundo Riva Palacio, la noche misma del evento "los servicios de inteligencia militar" habían informado que al menos 28 de los 35 cuerpos estaban vinculados a los zetas.[10] Sin embargo, tampoco presentaron evidencia alguna.

Una hipótesis que se manejó inicialmente en el sentido de que era un "aviso" al nuevo gobierno de Duarte no tenía mucha lógica: no se mata a criminales para inhibir a autoridades. ¿Quién había tirado los cuerpos? ¿Quién tenía capacidad para cometer un crimen de tal magnitud y visibilidad? ¿Cuál había sido la verdadera intención de la matanza?

En lo que iba de 2011 la confrontación de los zetas había sido con la marina, cuyo mando supremo, el almirante Francisco Saynez Mendoza, como acabamos de decir, había asegurado que se iba a "limpiar" el estado de delincuentes. Dado que durante la gestión de Fidel Herrera la entidad había estado controlada por los zetas, ¿cómo podía explicarse que otra organización criminal hubiera tenido un implante territorial surgido como de la nada en tan corto tiempo, que le permitiera tener la capacidad operativa y logística y la protección institucional con la que contó el evento, si carecía de arraigo en Veracruz?

¿Por qué la marina, que controlaba el puerto de Veracruz de importancia geopolítica en el Golfo de México y las cámaras de monitoreo del C-4 y tenía tropas especiales entrenadas por Estados Unidos con capacidad para reaccionar en minutos ante hechos de violencia, no había hecho nada ese día?

Como informaron fuentes periodísticas, en la arteria donde se habían tirado los cadáveres había emplazadas varias cámaras del C-4 aunque, aparentemente, el lugar donde los arrojaron, debajo de un puente en un paso a desnivel, estaba en un punto ciego. ¿Cómo sabía el comando en dónde podía realizar la aparatosa maniobra de dejar 35 cuerpos sin que quedara testimonio grabado? ¿Alguien les había dado la ubicación exacta del punto ciego? ¿Había sido simple coincidencia?

También se dijo entonces que los cinchos especiales con que estaban amarradas de pies y manos las víctimas eran importados de Estados Unidos y usados por la marina y el ejército de México. ¿Significaba algo eso desde el punto de vista de una investigación pericial de la PGR? ¿Acaso encerraban algún mensaje demostrativo?

El jueves 22, por la noche, se divulgó la noticia de que el mismo día en que fueron arrojados en la vía pública los 35 cadáveres, otros 14 cuerpos habían sido encontrados en distintos puntos de la zona conurbada del puerto, en condiciones similares. La cifra se elevaba a 49 ejecuciones y ni rastro de los victimarios. La batalla por la credibilidad oficial se estaba perdiendo.

GUERREROS ORGULLOSAMENTE MEXICANOS *VS.* LOS MUGROSOS

Cuatro días después, a través de un video que circuló en YouTube y se difundió en el fantasmal *Blog del Narco*, cinco individuos vestidos de negro y encapuchados se presentaron como los matazetas, y uno de ellos —cuya complexión física parecía formada por el ejercicio diario— leyó un comunicado dirigido a las autoridades federales, estatales y municipales, así como a la sociedad en general, para anunciar que respetaban a las fuerzas armadas y el "único interés" de la organización era exterminar a los zetas.

> Somos guerreros anónimos, sin rostro, pero orgullosamente mexicanos […] Esta fuerza constituye el brazo armado del pueblo y para el pueblo […] Si con nuestros actos realizados ofendimos a la sociedad, al pueblo de México y a las corporaciones federales les pedimos disculpas en nombre de todo el grupo que conformamos. La intención era darle a saber al pueblo veracruzano que este flagelo de la sociedad [los zetas] no es invencible y que ya no se dejen extorsionar.

Dirigiéndose a la sociedad, el vocero del grupo criminal le pidió que "confié en nosotros, los matazetas", ya que "como principio ético […] tenemos prohibido la extorsión, el secuestro, el robo, las vejaciones, y todo aquello que de una u otra forma afecte el patrimonio nacional, familiar, anímico y/o moral".

En el comunicado, fechado el 24 de septiembre, el grupo armado garantizaba a las fuerzas armadas que su objetivo no era luchar contra el Estado sino únicamente combatir a los zetas, y afirmaba que respetaba a los poderes ejecutivos federal, estatales y municipales en su lucha contra la delincuencia organizada y que entendían "su posición de no pactar, lo que nos obliga a actuar en la clandestinidad". Y con una entonación de voz que denotaba don de mando, el hombre corpulento y embozado cerró su alocución con una extraña frase: "Cada quien sus luchas y sus miedos, nosotros un solo corazón".[11]

En realidad ése era el segundo comunicado de los matazetas en un lapso de dos meses, ya que el 27 de julio anterior, utilizando la misma vía y metodología a través de las redes sociales, un grupo de hombres vestidos de negro y con pasamontañas se habían asumido como parte del Cártel Jalisco Nueva Generación (CJNG).

Ese día, en una grabación de cuatro minutos y medio, apareció a cuadro un individuo enmascarado sentado al medio, frente a una mesa, rodeado de una treintena de hombres con el rostro cubierto y apertrechados con fusiles de alto poder, chalecos antibalas, algunos también provistos con cascos tipo militar, que hizo saber "al pueblo de Veracruz, que ya estamos aquí". "Desde 2006 hemos estado luchando por la tranquilidad y la seguridad de todos y cada uno de nuestros paisanos jarochos", dijo el líder en un discurso leído fuera de cámara. Luego pidió denunciar a "cualquier *zeta* del que tengan conocimiento, pero no ante la policía, sino sólo ante el ejército y la marina, únicas corporaciones que hasta ahora no han corrompido con sus ofertas de dinero en este estado [...] Por lo que a nosotros corresponde, lo haremos a nuestra manera: la muestra la hemos dado dándole muerte a cada uno de los zetas que agarramos."[12]

El sujeto enmascarado pidió a los veracruzanos no temer, "[pues] el que les permitió [a los zetas] asentarse en este estado ya cumplió su tiempo como gobernador, el señor Fidel Herrera Beltrán, alias Z-1 [...] quien los apoyó para cometer todos los secuestros y demás ilícitos".

Sin embargo, a quien fuera cercano colaborador de Fidel Herrera, y ostentaba ahora el Poder Ejecutivo local, Javier Duarte —admirador confeso del ex dictador español Francisco Franco—, el grupo armado le hacía llegar su "respeto y admiración, por darle lucha a estos mugrosos zetas, y le expresamos que esto no es cuestión de política ni para afectar su gubernatura".[13]

En rigor, la presentación en sociedad de los matazetas se había producido en julio de 2009 mediante un video en el que, antes de ser ejecutados en Cancún, Quintana Roo, tres presuntos delincuentes señalaron a agentes federales, estatales y del Instituto Nacional de Migración de estar coludidos con el presunto brazo armado del Cártel del Golfo, en una red criminal dedicada al narcotráfico y el tráfico de indocumentados cubanos que abarcaba varios estados, Veracruz incluido.[14]

En esa oportunidad, la PGR había advertido que nadie podía hacerse justicia por propia mano —como pretendían hacerlo los matazetas según un video distribuido en YouTube—, pero el vocero de la corporación, Ricardo Nájera, dijo que la procuraduría no estaba haciendo un seguimiento formal de ese grupo criminal.

En la coyuntura, la retórica de los matazetas decía respetar al Poder Ejecutivo, al ejército y la marina y velar por el patrimonio de todos los mexicanos, pero la aparatosa operación en Boca del Río no era creíble sin protección oficial. Muchas veces en el pasado representantes de los poderes públicos habían actuado en connivencia o tolerado a grupos civiles que habían participado en tareas represivas y matanzas, como la Brigada Blanca, los Halcones del Jueves de Corpus y los paramilitares de la masacre de Acteal, en Chiapas. Otra variable, ahora, podría incluir operativos conjuntos entre fuerzas de seguridad del Estado mexicano y grupos rivales de los zetas, poniendo al servicio de esa acción medios públicos.

Por otra parte, nada garantizaba que los videos puestos en las redes sociales para anunciar al grupo criminal fueran auténticos o que formaran parte de una operación de contrainteligencia militar, aunque la inercia de los hechos había llevado a la mayoría de los medios a dar por ciertas las emisiones informativas de los presuntos "vengadores sin rostro".

Tras la aparición de los "patrióticos matazetas", las interrogantes se multiplicaban. El grupo se había presentado como la encarnación del Estado y la autoridad por otros medios —y por lo tanto menos susceptible de ser acusado de crímenes de guerra o de lesa humanidad, perseguidos por jurisdicción universal— con la ventaja de que su metodología era la más "eficaz" para tratar con criminales que no entendían otro lenguaje que el de la tortura, el terror y la muerte.

Aparte de la complexión física, diferente de la mayoría de los narcotraficantes muertos o detenidos que aparecían en las imágenes gráficas de la cobertura periodística de saturación masiva, llamó la atención que ahora los presuntos matazetas utilizaran el término *mugrosos* —como sinónimo de escoria social y antónimo de "limpio", es decir, limpieza social— para referirse a los miembros del blanco a eliminar, impropio en el argot de las bandas criminales para mencionar a integrantes de grupos rivales y más afín a los comandos encubiertos de los servicios de inteligencia oficiales, en el marco de operaciones dirigidas a paralizar al movimiento de masas por el terror, conservando al mismo tiempo las formas legales y representativas caducas, al hacer clandestina la represión estatal. Como se ha visto en capítulos precedentes, la "estética" de la discriminación es parte de la estrategia paramilitar, que no se trata simplemente de un proyecto armado de *guerra sucia*, sino de la consolidación de un proyecto de Estado terrorista.

Los matazetas. Emergencia de paramilitares y grupos de vengadores anónimos. © Blog del Narco

El Operativo Veracruz Seguro y la mano negra

¿Quiénes eran en realidad los miembros de ese grupo armado que se hacía llamar los matazetas, se asumían como "brazo armado del pueblo y para el pueblo" y decían formar parte del Cártel Jalisco Nueva Generación? Versiones extraoficiales identificaban al CJNG como una presunta fractura del Cártel del Milenio, liderado por el extinto Ignacio *Nacho* Coronel, abatido a tiros por efectivos del ejército dentro de su casa en el fraccionamiento Colinas de San Javier, en Jalisco, el 31 de julio de 2010. Según se dijo entonces, entre los líderes de la nueva empresa criminal se encontraba Nemesio Oseguera Cervantes, *el Mencho*, y Erick Valencia, *el 85.*

No obstante, los medios y distintos analistas no dudaron en identificar al CJNG como un grupo paramilitar, que confesaba de manera pública actuar como un escuadrón de la muerte dedicado a exterminar a los zetas. Además, la narrativa de los comunicados tenía muchos puntos de contacto con los primeros mensajes de La Familia Michoacana, que en 2006 se había dado a conocer con un texto respetuoso de las fuerzas armadas y el jefe del Ejecutivo federal electo, Felipe Calderón.

Tras el hecho de Boca del Río y los mensajes de los matazetas por internet, algunos ingredientes de ambos sucesos portaban una enorme gravedad. Entre ellos, la decisión de una banda de criminales de asumirse como "vengadores anónimos" para cumplir el papel que le correspondía al Estado; los 35 cadáveres habían aparecido la víspera de una reunión de procuradores y magistrados de todo el país, lo que podría llevar implícito un mensaje para los encargados de administrar y hacer cumplir las leyes y la justicia en México, y sendos *tweets* del gobernador sugerían que los responsables de los homicidios estaban del lado de *los buenos* por hacer el *trabajo sucio* de limpieza social (limpiar la mugre). "En Veracruz no hay lugar para los criminales", Javier Duarte *dixit*.

La noche del 26 de septiembre de 2011 la Secretaría de Gobernación pareció reconocerle cierta "beligerancia" a los matazetas, al emitir un comunicado donde, sin mencionarlos por su nombre, señalaba que en relación a las declaraciones vía internet de un supuesto grupo que se atribuye la actividad de aniquilamiento de miembros [...] del grupo criminal los zetas, el gobierno federal informa: la PGR ha abierto la investigación correspondiente a partir de los videos que expresan lo anterior y que circulan en internet, ya que si bien la organización criminal [los zetas] debe ser sometida, ello debe ocurrir por la vía legal y nunca con métodos fuera de la ley.[15]

Al día siguiente el secretario de Gobernación, Francisco Blake Mora,[16] señaló en un escueto mensaje a los medios que "el gobierno federal encabeza la lucha contra el crimen con fundamento en la ley y a través de las instituciones formalmente constituidas para ello". Añadió que "cualquier otra expresión que pretenda erigirse en combatiente del crimen carece de legitimidad necesaria y, con independencia de la causa o motivación, enfrentará la fuerza del Estado".

Al dar cobertura a la declaración del titular de Gobernación, *Milenio* tituló la nota: "Censura Francisco Blake a escuadrón de la muerte".[17] Sin embargo, el 29 de septiembre, por segunda vez en menos de 48 horas, la vocera presidencial, Alejandra Sota, rechazó la existencia de "grupos paramilitares" en el país y recalcó que los "indicios" que tenía el gobierno no apuntaban en esa dirección. Según ella, los hechos de Boca del Río se habían dado en el marco de una disputa por territorios entre bandas criminales rivales.[18]

El 4 de octubre siguiente el gobierno federal puso en marcha la Operación Conjunta Veracruz Seguro, con el despliegue de fuerzas federales que, mediante un mando único, coordinaría las acciones contra los grupos criminales. El operativo incluía patrullajes por cielo, mar y tierra, así como controles en carreteras y en el ingreso a poblaciones con mayores índices delictivos, junto con el reforzamiento de los mecanismos de información e inteligencia. El mando federal lo llevaría la Secretaría de Marina.[19]

Fue en ese contexto que en los círculos políticos veracruzanos se dijo que "había mano negra". Según un trascendido de *Milenio*, el fin de semana previo al hallazgo de los 35 ejecutados de Boca del Río y en vísperas de la reunión nacional de procuradores, la marina había retirado o dejado de operar retenes…[20]

Quedaban en el aire dos frases crípticas: la del almirante Francisco Saynez Mendoza, jefe de la armada, "Veracruz es mi tierra, se va a limpiar", y la de los matazetas, "cada quien sus luchas y sus miedos".

En marzo de ese año *La Jornada* había difundido varios cables de *Wikileaks* que reproducían memorándums confidenciales redactados por los embajadores de Estados Unidos en México al Departamento de Estado y el Pentágono. En uno de ellos, Carlos Pascual llamaba "parroquial" al ejército mexicano y sostenía que en algunos casos había mostrado falta de valentía ("aversión al riesgo") para capturar narcotraficantes importantes; advertía, además, que bajo un aparente profesionalismo de los militares existía una "considerable tensión entre la Sedena y la Semar".[21] ¿Eran los zetas y los matazetas sendas expresiones paralelas de ambas secretarías de Estado?

El eje Wayne/Kilrain
y la balcanización de México

El 13 de marzo de 2012 el jefe del Comando Norte del Pentágono, Charles Jacoby, cuestionó ante el Senado de su país el saldo de la lucha antidrogas en México. Al testimoniar ante el Comité de Servicios Armados, el general Jacoby consideró "inaceptable" la cifra de muertos y dijo que era muy temprano para estimar si se estaba "ganando o perdiendo" la guerra. Afirmó que la estrategia de "decapitación" de grupos criminales era exitosa, pero no había tenido un efecto positivo aceptable y la violencia se había incrementado.[1]

El 28 de marzo siguiente el secretario estadounidense de Defensa, Leon Panetta, señaló que el número de muertos en México ascendía a 150 mil, cifra que triplicaba la manejada oficialmente por las autoridades locales, de 47 500 para el periodo 2006-2011. Ex jefe de la CIA y una de las personas mejor informadas de Washington, Panetta hizo esa afirmación durante la primera reunión de ministros de Defensa de Canadá, Estados Unidos y México, en Ottawa, en presencia de los secretarios de la Defensa Nacional y de Marina de México, Guillermo Galván y Francisco Saynez.[2] La declaración fue seguida pocas horas después de un dudoso desmentido.[3]

Los presuntos malos resultados de la guerra en México podrían obedecer a una lógica distinta de la que pregonaban entonces, de manera pública, los voceros gubernamentales. El número de muertos y el aumento de una violencia aparentemente irracional y caótica podrían obedecer a una política de desestabilización y exterminio que, utilizando mano de obra militar y policial mexicana, agentes extranjeros encubiertos y grupos criminales, podría estar dirigida a debilitar aún más al país para propiciar una eventual balcanización de México. En particular, el desmembramiento de los estados fronterizos del norte del país y los colindantes con el Golfo de México.

Dos años antes, en mayo de 2010, México y Estados Unidos habían emitido la "Declaración para la Administración de la Frontera en el Siglo XXI". La franja fronteriza fue definida entonces como un área clave de la llamada "seguridad energética colectiva", proyecto que incluía la generación e interconexión de electricidad y la exploración y explotación segura y eficiente de agua e hidrocarburos (petróleo, gas).[4] Entonces, a casi siete años de la entrada en vigor de la Alianza para la Seguridad y la Prosperidad de América del Norte (ASPAN, 2005) y cinco del lanzamiento de la Iniciativa Mérida (2007) que militarizó varios estados de México, no se entendía que siendo la "seguridad energética colectiva" la prioridad número uno de Washington, el estado de Tamaulipas reuniera las características de un Estado fallido, como propalaban medios estadounidenses, y fuera denominado incluso "territorio zeta", en alusión al grupo criminal que, según la narrativa oficial, habría iniciado sus andanzas como brazo armado del Cártel del Golfo.

Rico en hidrocarburos, incluidos los yacimientos de gas natural y *shale* en las cuencas de Burgos y Sabinas, Tamaulipas limita al norte con Texas, estado petrolero por excelencia de Estados Unidos y donde estableció sus dominios el clan Bush, y al este con el Golfo de México, asiento de los apetitosos hoyos de dona (hidrocarburos a tres mil metros de profundidad) y considerado el *mare nostrum* de la Unión Americana. (Un caso similar era Veracruz, estado considerado "Tierra Santa" por los traficantes de drogas, donde aumentó la violencia durante los mandatos de Fidel Herrera Beltrán y Javier Duarte.)[5]

Como ha señalado John Saxe-Fernández, el Caribe es una pieza central de la estrategia oceánica de Estados Unidos, ya que es el vínculo entre ese país y el teatro de operaciones militares en el Atlántico. El envío de combustibles, materiales estratégicos y bélicos en tiempos de paz y el tránsito de fuerzas estadounidenses hacia Europa en tiempos de guerra "hacen que el dominio sobre las líneas de comunicación marítima del Caribe, el Golfo de México, el canal de Panamá y eventualmente el istmo de Tehuantepec, resulten vitales en la planeación oceánica de Estados Unidos".[6] Y dado que Tamaulipas y el Golfo de México son puntos sensibles de la "seguridad energética" de Estados Unidos, ¿se estaría asistiendo en ese estado del noreste mexicano a una violencia provocada cuyo fin era el desplazamiento forzado de población y una eventual balcanización de esa porción del territorio nacional? ¿Obedecería a la misma estrategia la escalada de violencia desestabilizadora y las políticas militares "pacificadoras" en estados como Veracruz, Nuevo León, Coahuila, Chihuahua y Baja California?

La lógica de una desestabilización encubierta dirigida a provocar un desmembramiento o un reordenamiento territorial y poblacional podría explicar la llegada al país en 2011 del embajador de Estados Unidos, Earl Anthony Wayne, y del agregado militar Colin J. Kilrain.

Perteneciente a una generación de diplomáticos expertos en intervenciones, Wayne, quien se desempeñaba como embajador adjunto en Afganistán, fue escogido en función de los intereses expansionistas de Estados Unidos.[7] Su nombramiento estuvo cargado de simbolismos, ya que Wayne venía de Kabul, donde estaba dirigiendo una invasión bajo la pantalla de combatir al terrorismo.[8] Con esos antecedentes, su misión en México desde septiembre de 2011 sería profundizar la estrategia de desestabilización en curso, hacerse cargo de la "guerra" de Calderón en el último tramo de su sexenio, orientar la sucesión presidencial y vigilar que el candidato del PRI palomeado por Washington, Enrique Peña Nieto, una vez en funciones no se desviara de las agendas de la Casa Blanca y el Pentágono.

A su vez, en marzo de 2012, el arribo del nuevo agregado militar de Estados Unidos, contralmirante Colin Kilrain, vendría a reforzar esa percepción. Hasta su nombramiento en México, Kilrain se desempeñaba como director encargado de combate al terrorismo en el Consejo de Seguridad Nacional (CNS) en Washington, y además de comandante de las fuerzas especiales SEAL —acrónimo de *sea, air and land*: mar, aire y tierra—, las unidades de élite de la marina, había sido comandante adjunto del Mando Conjunto de Operaciones Especiales (JSOC, *Joint*

Special Operations Command), que ejecuta operaciones encubiertas ultrasecretas y asesinatos selectivos alrededor del mundo, también con drones, bajo órdenes directas del presidente de Estados Unidos. Asimismo, en los años noventa había participado en la invasión militar a Haití y en la guerra de los Balcanes que fragmentó a la antigua Yugoslavia; después apoyó la Operación Libertad Duradera en Afganistán y se integró a la Operación Libertad para Irak, desde donde coordinaba acciones en Pakistán.[9]

Con el envío de Wayne y Kilrain el mensaje de Barack Obama parecía claro: la guerra en México debía continuar. A ello obedecería el abrupto cambio de discurso del presidente Calderón y el secretario de la Defensa Nacional, general Guillermo Galván, pocos meses antes de culminar sus gestiones. Del lenguaje triunfalista ("vamos ganando al narco por goleada", Calderón *dixit*), el "presidente valiente" de la propaganda oficial pasó a la aceptación de que grupos criminales "han conformado un Estado paralelo" en algunas partes del territorio mexicano, e "imponen su ley y cobran cuotas".[10] A su vez, el general Galván admitió que en algunas regiones del país la delincuencia se había apropiado de las "instituciones del Estado", lo que constituía una "grave amenaza para la seguridad interior".

La tácita admisión de México como Estado fallido fue la excusa perfecta para profundizar una intervención encubierta que podría derivar en una anexión furtiva o una balcanización del país, como en la antigua Yugoslavia, y que a corto plazo estaba ablandando a la sociedad o destruyendo por la vía violenta y la multiplicación de las inseguridades el tejido social —y como consecuencia la participación, organización y acción autónoma de las diversas formas de resistencia— en estados como Tamaulipas, Veracruz y Michoacán de cara al programado paquete de contrarreformas neoliberales, en particular la energética.

Para entonces, la "guerra" entre los grupos Nueva Federación (integrado entonces por los cárteles del Golfo, de Sinaloa y La Familia Michoacana) y los zetas había generado cierta suspicacia entre empresarios, políticos y representantes de la sociedad civil tamaulipeca, que vivían atrapados en el fuego cruzado de los narcos sin que las autoridades militares y policiales intervinieran. Según testimonios recogidos por la revista *Proceso*, el ejército había desaparecido "para que los sicarios se maten entre ellos" o de plano "existen acuerdos" entre el gobierno federal y el Cártel de Sinaloa.[11] Para el semanario, la "limpia" de narcos ha sido tolerada por la marina y el ejército, que desde mayo de 2014 se hicieron cargo a cargo de la "seguridad" del estado.

Poco después, tras aprobarse la contrarreforma energética de Peña Nieto, se confirmaba que Tamaulipas contaba con 40% de la reserva nacional de petróleo y gas,[12] y en noviembre de ese año se anunciaba que un nuevo cuerpo de la Policía Militar, acantonado en la base militar de Escobedo, resguardaría la explotación de hidrocarburos en los estados de Nuevo León, Tamaulipas, Coahuila y San Luis Potosí, en cuyo subsuelo están las cuencas de Burgos y Sabinas.[13] Es decir, frente a la nueva fase de despojo de tierras bajo propiedad privada, comunal o ejidal, habilitada por las modificaciones a la Constitución aprobadas por el Poder Legislativo, el Estado ponía sus fuerzas coercitivas de *guachimanes* al servicio privado del capital trasnacional.

Parte II

LA GUERRA DE PEÑA NIETO

Acerca del monopolio de la fuerza
y otras sorpresas

El régimen neoliberal y ultraconservador de Felipe Calderón heredaría al país un estado de guerra sin fin. Una sociedad sumida en la violencia, el terror y el caos, y en muchos espacios del territorio mexicano una sociedad militarizada y paramilitarizada. El dispositivo ideológico de la violencia institucionalizada es el miedo. Un miedo aterrorizante, paralizador, potenciado por una estrategia comunicacional no desprovista de ideología. Una estrategia mediática enajenadora e invisibilizadora de la realidad, que como parte sustancial de las operaciones de guerra psicológica utiliza diferentes máscaras.

Así, mientras exhiben cuerpos decapitados, descuartizados o colgados de los puentes, y dan cuenta de ejecuciones sumarias extrajudiciales, desapariciones, matanzas colectivas, fosas clandestinas, desplazamientos forzosos de población y la generación de miles de refugiados internos, los grandes medios encubren que la campaña de intoxicación (des)informativa sobre esos hechos —junto a la práctica sistemática de la tortura y una guerra de exterminio de rasgos neomalthusianos— tiene como objetivo principal generar todo el espectro y los matices del miedo a la par que inseguridad, angustias y rumores para aprisionar a la sociedad mexicana y facilitar el tránsito hacia un nuevo modelo de Estado terrorista policiaco-militar.

Con la salvedad de que esa violencia cotidiana de apariencia demencial —puesto que se trata de una violencia reguladora planificada que forma parte de una técnica coercitiva gubernamental—, ya "normalizada", y el estado de excepción permanente instaurado por Calderón contra determinados enemigos manufacturados, no se debieron a la ausencia del Estado sino a la presencia de un Estado "reformado" cuya función es generar ese tipo de escenarios de terror y caos para garantizar la imposición y la eficacia del actual modelo de acumulación capitalista, con eje en la privatización y la desregulación de la economía, en detrimento de las conquistas y los derechos de los trabajadores y las libertades constitucionales.

Tendencialmente, la reorganización del Estado con un perfil policial-militar llevaría a la construcción de lo que Robinson Salazar llama "ciudadanías del miedo" y Naomi Klein denomina "democracia Big Brother", cuyo objetivo central es llevar la guerra de baja intensidad a la ciudadanía mediante la eliminación de los derechos políticos y el recorte de los sociales y laborales. Ergo, el modelo de la Seguridad Democrática de Álvaro Uribe en Colombia. Es decir, la conjunción de paramilitares, narcotraficantes y políticos, empresarios y militares ligados a la economía criminal, que llevaron a la configuración de un Estado delincuencial y mafioso en ese país sudamericano. Un modelo cuya institucionalización en México correspondió aterrizar a Enrique Peña y el "nuevo PRI", con la mediación del "mejor policía del mundo", el colombiano Óscar Naranjo, hombre de Washington.

A finales de 2012, la articulación entre la neoliberalización de la economía y la represión marcaban la tendencia hacia un terrorismo de Estado de nuevo tipo, funcional a la actual fase de reapropiación territorial y saqueo neocolonial trasnacional hegemonizada por Estados Unidos. No en balde la militarización de la seguridad pública en México había sido impulsada y alimentada desde la Casa Blanca por sus tres últimos inquilinos: William Clinton, George W. Bush y Barack Obama.

En el marco de este proceso de reorganización hegemónica del imperialismo estadounidense como centro neurálgico del capital trasnacional y multinacional —en aparente caída relativa frente a China—, y usando como justificación el combate a la criminalidad, la administración de Felipe Calderón desarrolló una guerra encubierta contra lo que quedaba del Estado social interior, que profundizó la desarticulación y liquidación integral de la esfera pública en beneficio de una plutocracia, nacional e internacional, que continuó concentrando de manera escandalosa los recursos, el conocimiento, la riqueza y el poder.

En un periplo que arrancó en los gobiernos neoliberales del Partido Revolucionario Institucional (PRI), con Miguel de la Madrid, Carlos Salinas y Ernesto Zedillo, y continuó en los dos sexenios de Acción Nacional (PAN), con Vicente Fox y Calderón, el Estado mexicano y sus instituciones, articulados de manera subordinada a la red de control corporativo mundial, aseguraron la privatización de lo público, y también la penetración en los ámbitos más privados, como parte de un proceso de reorganización de lo público y lo privado en el que se desdibujaron las fronteras entre uno y otro ámbito.

Resultado de lo anterior, la élite económica y financiera depredadora global penetró en la jurisdicción y la autoridad del Estado mexicano, y pasó a controlar directamente los mecanismos de decisión, empujando hacia una apertura total, tanto del Estado como de la nación, dejándolos indefensos a ambos. Cabe recordar que por su estructura de naturaleza totalitaria y cuyo fin es la ganancia, el sistema corporativo —por oposición al democrático del pregonado demagógico discurso oficial—, es jerárquico (restringe el derecho de decisión de la tecnoburocracia y la clase política), cerrado y orgánico (opera con espíritu de cuerpo), tiende al monopolio y concibe al conflicto como perjudicial. Se desarrolla así una suerte de esquizofrenia entre un discurso que reconoce como único principio de legitimación a la democracia —así sea restringida o procedimental— y unas prácticas políticas y sociales violentas que la desmienten.

Como sostiene Pilar Calveiro en su obra *Violencias de Estado*,[1] "mientras los centros de poder se cierran, la democracia formal garantiza la apertura de las periferias (regionales, sociales, étnicas) para su penetración". De ello se encargan las élites políticas que generan, desde dentro del mismo Estado nacional, su debilitamiento corrosivo y su descrédito, así como el desmantelamiento de sus instituciones públicas, con la consiguiente pérdida de autonomía y soberanía estatales. Esto conlleva la liquidación del Estado nación como lo conocemos.

Para la consumación de esos objetivos, la red corporativa global utiliza a sus "perros guardianes" (el Banco Mundial y el Fondo Monetario Internacional) y a los órganos coercitivos de los Estados (las fuerzas armadas y policías nativas), que funcionan como verdaderos garantes de la nueva forma de acumulación capitalista. Como se dijo antes, la violencia estatal desempeña un papel central en el proceso de reconfiguración hegemónica neoliberal. Bajo las pantallas de las guerras al terrorismo y al crimen organizado, la plutocracia global promueve la imposición de regímenes represivos concentracionarios (para el control y la vigilancia totalitaria de poblaciones enteras), en un juego en apariencia disfuncional y contradictorio que se vincula con la proliferación de una criminalidad y unas mafias delincuenciales que resultan funcionales y están articuladas a la globalización del mercado, ya que diseminan el terror y el miedo sociales.

El amafiamiento de la política y la economía —legal e ilegal— es funcional a las nuevas formas de acumulación porque corrompen al Estado, sus instituciones y a la sociedad, permitiendo su penetración y convirtiendo a los políticos de servidores públicos en capataces de los intereses económicos privados oligopólicos, sean de la economía legal o criminal, o de un directorio que coordina ambas esferas.

Como señala Calveiro: "las nuevas formas de la dominación pasan por el control corporativo —descentrado del Estado y concentrado en diferentes grupos de poder económico, jerárquicos y cerrados— de la totalidad de los recursos sociales".[2] Se trata de una red financiera-militar-tecnológica-comunicacional, en sus nodos centrales, con muchos focos o centros de poder diferenciados por sus funciones y por su potencia, pero siempre interconectados. Se rige por las reglas de un mercado mundializado en torno a una "competencia pautada" en beneficio de los sectores más poderosos y concentrados del orbe. Una "competencia" con cartas marcadas, ya que el juego está predeterminado en beneficio de quienes controlan la partida, que a su vez consideran al Estado como una mercancía más. "Lo que en verdad limita el poder estatal es el poder corporativo", afirma Calveiro.

A diferencia del viejo terrorismo de Estado de los años sesenta y setenta en México y América Latina, en la actualidad se da la coexistencia del pregonado Estado de derecho con un verdadero estado de excepción. Ello ha derivado en una multiplicación de figuras de excepción dentro del derecho ordinario, la creación de estándares paralelos y el uso de prácticas estatales abiertamente ilegales, con el resultado de que una buena parte de la población, considerada prescindible o desechable —migrantes, pobres, delincuentes— queda fuera de toda protección legal.

En ese contexto, la declarada guerra de clase de Calderón, justificada como un combate a la criminalidad, al conectar los servicios represivos militar y policial, la política y los negocios, derivó en una alta rentabilidad económica para la red de control global. La misión de Enrique Peña Nieto era continuar la tarea.

Las fábulas del general Óscar Naranjo

Cuando se encontraba en la cúspide de su fulgurante carrera, el 12 de junio de 2012 el general Óscar Naranjo (Bogotá, 1956), director de la Policía Nacional de Colombia, decidió renunciar a su cargo en la institución. Su dimisión fue acompañada del anuncio de su nueva ocupación como asesor externo en materia de guerra a las drogas, del entonces candidato a la presidencia de la República, en México, Enrique Peña Nieto, del Partido Revolucionario Institucional.[1]

Protegido del entonces director de la agencia antidrogas estadounidense (DEA), Óscar Naranjo era uno de los constructores de lo que el historiador Forrest Hylton, de la Universidad de Nueva York, llama "la república de la cocaína" y de la brutal combinación de terror, despojo y pobreza que existe hoy en Colombia. Un país gobernado por una oligarquía criminal que se nutre de los dineros del tráfico de drogas y otros negocios ilícitos, en colusión con militares, policías y paramilitares violadores de los derechos humanos.

El fichaje de Naranjo por el PRI se había producido después de las presiones de Estados Unidos sobre el candidato Peña Nieto, ante un eventual cambio de política respecto de los grupos criminales mexicanos, si llegaba a la Presidencia a raíz de los comicios de julio siguiente. Aunque ya antes, entrevistado por la periodista colombiana Silvana Paternostro, Peña Nieto había dicho que si llegaba al gobierno su perfil no sería el de William Clinton o Luiz Inacio Lula da Silva, sino el de Álvaro Uribe.

En realidad, el general colombiano Óscar Naranjo, señalado como "el mejor policía del mundo", era un fiasco; un ídolo con pies de barro que se había fabricado una historia con base en mentiras y falsedades.

Durante más de tres décadas había formado parte de un macropoder, la Policía Nacional de Colombia, que a partir de una estructura militar —de ahí su rango de general de cuatro estrellas— había operado institucionalmente como verdadero "paraejército" u organismo paramilitar compuesto por 167 mil efectivos.

Graduado en montajes mediáticos y otros trucos sucios, Naranjo, hombre de la DEA y producto de exportación de Washington para el subcontinente latinoamericano, tenía entonces una orden de arresto por asesinato, girada por un tribunal de Sucumbíos, Ecuador, y había sido incriminado por sus nexos con el ex capo del Cártel Norte del Valle, Wílber Varela, en un juicio que se ventilaba en la corte del distrito este de Virginia, Estados Unidos.

Desde los sótanos de los servicios de inteligencia de la Policía Nacional, Naranjo había sido uno de los arquitectos de la actual *narcodemocracia* colombiana. En los años noventa, a la sombra de su mentor, el general Rosso José Serrano —inventor del mito sobre el mejor policía del mundo—, el entonces coronel Naranjo había logrado sobrevivir con habilidad a sucesivas purgas en una institución signada por la corrupción, el robo, las malversaciones, las dádivas, los lujos, los montajes y las falsedades. Sus habilidades tenían que ver con su cargo como jefe de la Central de Inteligencia de la Policía (Cipol), y con su principal especialidad, las *chuzadas* telefónicas, como se conoce a la intercepción y grabación ilegal y clandestina de comunicaciones y conversaciones de ministros, militares, magistrados, fiscales, políticos, empresarios y traficantes de droga colombianos.

Junto con los narcogenerales Rosso Serrano y Leonardo Gallego, Naranjo había formado parte del llamado "trío de oro" del presidente Ernesto Samper Pizano (1994-1998). Pero ya antes, las hazañas del grupo habían sido posicionadas mediáticamente por sus manejadores externos en la DEA, la Oficina Federal de Investigación (FBI), la Agencia Central de Inteligencia (CIA) y la Agencia Nacional de Seguridad de Estados Unidos.

La fama pública les llegó cuando integraron la cúpula del llamado Bloque de Búsqueda, una unidad especializada de la Policía Nacional cuya misión fue encontrar y eliminar al traficante de drogas Pablo Escobar. La unidad recibió millonarias contribuciones secretas y asistencia tecnológica, militar y estratégica *in situ* de las agencias de seguridad estadounidenses, que reeditaron en Colombia viejas modalidades de las *guerras sucias* de contrainsurgencia en Vietnam, Argentina, Uruguay, El Salvador y Guatemala. En particular, la creación del escuadrón de la muerte Los Pepes (perseguidos por Pablo Escobar), encabezado por Fidel Castaño, hermano del líder paramilitar Carlos Castaño, en cuyo establecimiento, capacitación y apoyo jugó un papel principal la CIA.

La creación del Bloque de Búsqueda por Estados Unidos en Colombia se dio en el contexto de las actividades militares encubiertas autorizadas en 1989 por el presidente George Bush (padre), bajo el nombre clave de *Heavy Shadow*, destinadas a localizar a los jefes del Cártel de Medellín. Para ello, el gobierno y la policía de Colombia se aliaron con el Cártel de Cali y antiguos secuaces de Escobar, incluidos los hombres que después dirigirían las milicias de extrema derecha conocidas como Autodefensas Unidas de Colombia (AUC). Una alianza entre dios y el diablo.

Bajo el mando operativo del entonces embajador estadounidense Morris D. Busby y el jefe de la estación de la CIA en Bogotá, Bill Wagner, las agencias de Washington monitoreaban, grababan conversaciones y proporcionaban información de inteligencia; el Bloque de Búsqueda del entonces coronel Gallego hacía los allanamientos y Los Pepes las ejecuciones.

El grupo paramilitar se embarcó en una campaña de atentados y asesinatos dirigidos contra abogados, banqueros, blanqueadores de dinero y familiares del entorno de Escobar. A sus víctimas les colgaban un cartel al cuello que decía: "Por trabajar con los narcoterroristas y el asesino de bebés, Pablo Escobar. Por Colombia. Los Pepes". Se estima en 300 las ejecuciones de ese escuadrón de la muerte.

En 1993 el entonces fiscal general de Colombia, Gustavo de Greiff, reveló a funcionarios estadounidenses que tenía pruebas firmes de que varios oficiales del Bloque de Búsqueda estaban trabajando con Los Pepes y que podían ser acusados de soborno, tráfico de drogas, tortura, secuestro y, posiblemente, asesinato.

En un documento, el jefe de la DEA en Bogotá, Joe Toft, reconoció la realización de operaciones conjuntas del Bloque y Los Pepes, que derivaron en secuestros y asesinatos. A su vez, el teniente general del Estado Mayor Conjunto del Pentágono, Jack Sheehan, afirmó que dos analistas de la CIA le habían informado sobre los vínculos entre el Bloque, Los Pepes y las fuerzas estadounidenses en Colombia. Según Sheehan, las tácticas empleadas por los paramilitares eran similares a las enseñadas por la CIA al Bloque de Búsqueda y la información de inteligencia recabada por las agencias estadounidenses se compartía con el escuadrón de la muerte.

Óscar Naranjo, entonces jefe de inteligencia del Bloque de Búsqueda, aceptó una cercana relación de trabajo con el Cártel de Cali de los hermanos Gilberto y Miguel Rodríguez Orejuela y los criminales de Fidel Castaño —que estuvo en los orígenes del narcoparamilitarismo colombiano—, aunque por razones curriculares y de imagen sufrió una pérdida selectiva de memoria y hasta la fecha de su aceptación como asesor externo de Enrique Peña Nieto, bajo la cobertura del Instituto Tecnológico de Monterrey, había minimizado ese sangriento matrimonio por conveniencia.

Lo que no había desperdiciado era su actividad como peón de la DEA, el FBI y la CIA en la cacería de Pablo Escobar: fue el policía colombiano que dirigió la triangulación de telefonía celular que permitió detectar y matar al jefe del Cártel de Medellín el 2 de diciembre de 1993. Su oficina encubierta estaba ubicada en el hotel Tequendama de Bogotá y su cobertura de fachada era la de un ejecutivo de ventas de una empresa ficticia: RG Comerciales.

Sobre mitos, malversaciones y transparencia

Toda la misión de seguimiento de Pablo Escobar estuvo viciada por la asociación del Bloque de Búsqueda con elementos criminales. Cumplida la misión, Los Pepes desaparecieron. Nunca se enjuició a nadie por los cruentos crímenes cometidos. En las alturas del poder, en Colombia, todos fingieron demencia. El apoyo de Washington nunca flaqueó.

Meses después de la muerte de Escobar, el ex jefe de la DEA en Bogotá reveló una serie de cintas que contenían intercepciones telefónicas de las que se desprendían que los traficantes de cocaína de Cali, competidores de los de Medellín, habían ayudado a financiar la campaña presidencial de Ernesto Samper con 6 millones de dólares.

El escándalo sería conocido como el *Proceso 8000*. Para limpiar su nombre Samper no tuvo más opción que hacerles la guerra a sus benefactores. La autofama de James Bond criollo que había logrado manufacturar Óscar Naranjo tenía que ver, precisamente, con la operación de lavandería que él y su jefe, el general Rosso José Serrano —vendido mediáticamente como la nueva imagen de la policía—, tramaron para cubrirle la espalda al presidente Samper (1994-1998). Es decir, para maquillar y blanquear la golpeada figura del comandante en jefe en momentos en que, tras la filtración por la DEA de los *narcocasetes*, era acosado por Washington.

Como parte de la operación se incluyeron publicitadas y millonarias recompensas para quien aportara información que condujera al desmantelamiento del Cártel de Cali. La medida dio resultados en tiempo récord. Entre junio y agosto de 1995 se produjeron las espectaculares capturas de Gilberto Rodríguez Orejuela *el Ajedrecista* y su hermano Miguel *el Señor*. La batida sin precedente del Bloque de Búsqueda fue publicitada vía la contratación de costosas agencias estadounidenses de mercadotecnia con avisos pagados en la prensa de Estados Unidos y las detenciones catapultaron la fama pública del general Serrano, y su cerebro, Óscar Naranjo.

Pocos se enteraron entonces de que la gran hazaña del dúo había sido preprogramada. Que contrario a lo que se había vendido a los medios sobre los "grandes operativos" del Bloque de Búsqueda contra el Cártel de Cali, en la detención de los hermanos Rodríguez Orejuela no existió una limpia y exitosa operación policial sino una entrega negociada entre éstos y el gobierno de Samper. Y lo que es peor, según consta en el libro *El general serrucho* —escrito por Manuel Vicente Peña, con información de un grupo de oficiales, suboficiales y civiles de la Policía Nacional—, la mayor parte del dinero de la recompensa desapareció en la oficina del nuevo héroe nacional colombiano, Rosso José Serrano, con la complicidad de su socio Naranjo y el encubrimiento de sus patrocinadores en un ala de la DEA estadounidense.

A la sazón, Serrano y Naranjo eran los encargados de manejar los gastos reservados contra el narcotráfico. En ese periodo se dispararon los pagos de millonarias recompensas a supuestos informantes, que se legalizaban con un simple recibo firmado por oficiales al servicio de ambos. Si la Policía Nacional tenía la mejor central de inteligencia del mundo después de la CIA, al mando de Naranjo, como presumía Serrano, ¿por qué se pagaron tantas recompensas? De acuerdo con Manuel Vicente Peña, la razón era simple: Serrano y Naranjo se robaron las recompensas del caso Rodríguez Orejuela y otras que, invariablemente, fueron entregadas a presuntos informantes. La transparencia, pues, no era un atributo de Naranjo.

Volviendo al mito sobre la captura de los jefes del Cártel de Cali, la verdad demoraría un par de años en salir a la luz pública. En 1997, en una corte federal de Miami se presentaron evidencias de la narcocolecta de los hermanos Rodríguez Orejuela que condujo a Samper al sillón del Palacio de Nariño. Según testimonios judiciales del ex contador del grupo criminal, Guillermo Palomari, la cúpula mafiosa caleña había cenado con el candidato Ernesto Samper antes de la primera vuelta de las elecciones presidenciales de 1994. Entre otros acuerdos, allí se habría planeado la entrega pactada de los jefes del grupo criminal caleño y su no extradición a Estados Unidos.

En la cúspide de la popularidad, el sagaz Naranjo promovió en Washington a su jefe Serrano como candidato a remplazar al italiano Piero Arlaqui para el cargo de zar antidrogas de la Organización de las Naciones Unidas. Serrano había estrechado relaciones con el corrompido senador republicano estadounidense Benjamin Gilman, quien utilizó al general colombiano para ganarse jugosas comisiones de la empresa Sikorsky, que produce los helicópteros Black Hawk (Halcón Negro), seis de los cuales fueron donados a Colombia. También promovió la idea —sugerida por sus tutores en Washington— de que Estados Unidos creara una DEA andina. Pero la maniobra no funcionó.

Eran los días en que una camarilla de periodistas lambiscones, alimentados por sustanciosos pagos del jefe de prensa de la Policía Nacional, Carlos Perdomo —quien manejaba 60 millones de pesos mensuales sacados del presupuesto de gastos reservados para pagar la nómina de reporteros que cubrían la fuente—, ayudaban a fabricar la imagen de Rosso José Serrano como "el mejor policía del mundo", mito que heredaría, años después, Óscar Naranjo. Supuestamente, tal distinción le habría sido conferida a Serrano en Salt Lake City, Estados Unidos, durante un acto policial, según se apuntó en un panfleto publicado por Carlos Perdomo para homenajear a su jefe. Pero se trataba de un título fantasma, parte de un montaje publicitario.

El James Bond criollo

A la vez, el propio Naranjo utilizó a periodistas como Alirio Bustos, de la sección judicial del diario *El Tiempo*, para construirse su propia imagen. De él, escribió Bustos:

> Su nombre es sinónimo de peligro, temor y respeto para los delincuentes […] Es un policía totalmente atípico; con decir que sus ratos libres los dedica a la pintura y a la literatura. Es más, su vestir con impecables trajes de paño inglés, su pinta de modelo, la profundidad de sus conceptos, el señorío con que habla, dan la sensación de que es algo así como *el James Bond* criollo.

Dotada de tecnología de punta entregada por el Pentágono, la Central de Inteligencia de la Policía aparecía entre las más modernas del mundo. El entonces coronel Naranjo se jactaba de los sofisticados satélites de Estados Unidos que detectaban la coca y las comunicaciones de los traficantes de droga, pero no, paradójicamente, la gran corrupción al interior de la Policía Nacional. La Cipol se especializó en intervenir toda clase de teléfonos. La información estratégica producto del espionaje se convirtió en un negocio lucrativo. Para ello crearon una sala de grabaciones clandestinas donde se editaron los famosos *narcocasetes*.

Traficantes y personajes de la vida pública, que resultaron involucrados en comprometedoras conversaciones, fueron chantajeados y extorsionados por los *chuzadores* de Naranjo. Pronto, varios escándalos de "mordidas" envolvieron a la inteligencia policial y una docena de tenientes coroneles, mayores y capitanes del equipo de Naranjo fueron puestos en la picota. Algunos tuvieron que salir a un exilio dorado en Estados Unidos y México.

La banda de oficiales de Naranjo elaboró trabajos clandestinos para satanizar a generales, activos y en retiro, que sirvieron para manipular al Congreso de Estados Unidos. Al potenciar la inefectividad del ejército se buscaba que se canalizara más ayuda a la Policía Nacional. También interceptaron conversaciones del candidato presidencial Álvaro Uribe y otros políticos opositores. La trama de escuchas y seguimientos afectó a magistrados, jueces, fiscales, industriales y traficantes. Según el libro de Manuel Vicente Peña, se produjeron más de mil casetes producto de grabaciones ilegales…

Para las elecciones de 1998, Serrano y Naranjo apostaron por el lugarteniente de Samper, Horacio Serpa. ¿La intención? Que si llegaba a la presidencia de la República creara el Ministerio de la Seguridad Pública. El plan fue ideado por Naranjo, cerebro detrás de todas las maquinaciones del general Serrano. El proyecto consistía en fundir en un solo organismo a la Policía Nacional, el Departamento Administrativo de Seguridad (DAS) y el Instituto Nacional Penitenciario y Carcelario, lo que resultaría en la cartera más poderosa de Colombia, respaldada con una fuerza armada de 200 mil efectivos. Con ese ministerio, Naranjo pretendía restarles peso a las fuerzas militares, especialmente al ejército, considerado enemigo de la Policía Nacional. Y elevar a su jefe, el hombre duro de Colombia, Rosso José Serrano.

Pero Serpa no ganó los comicios y el narcogeneral Serrano dejó la dirección de la policía en junio de 2000. Aunque antes se las ingenió para que el coronel *chuzador* de la Cipol, Naranjo, fuera premiado con una comisión de 13 meses en la Universidad de Harvard, con todos los gastos pagados y sueldo en dólares.

Los secretos del general

Tras un pasaje por la agregaduría policial de la embajada de Colombia en el Reino Unido, en 2005, ya ascendido a general, Óscar Naranjo asumió la Dirección de Investigación Criminal e Interpol, dependiente de la Policía Nacional. Y en 2007 el presidente Álvaro Uribe, tras el desplazamiento de 12 generales, lo nombró director de la policía. Su poder fue enorme; nadie le hacía sombra en la institución.

Pero el ambicioso e inamovible hombre clave de la DEA en el gobierno de Uribe se vería salpicado por el asesinato del ex capo del Cártel de Norte del Valle, Wílber Varela, alias *Jabón*, en Mérida, Venezuela. La larga mano de la Seguridad Democrática —como denominó su estrategia el mandatario colombiano— alcanzó al mafioso que podría revelar los nexos de Uribe y Naranjo con ese grupo criminal. Los vínculos de Naranjo y Varela habían sido metódicamente ocultados. En 2004 un fiscal antimafia aseguró que Naranjo estaba siendo investigado por brindar protección al Cártel de Norte del Valle. Pero la prensa no le movió. Antes bien, seguía promoviendo la imagen del legendario policía que había desmantelado a los grupos criminales de Medellín y Cali y que más sabía de inteligencia militar en América Latina.

Sus días de máxima gloria llegarían en marzo de 2008, tras la acción criminal del gobierno colombiano en la región del Sucumbíos, Ecuador. El acto de guerra, conocido como *Operación Fénix*, fue planificado, organizado y dirigido por operadores encubiertos de la administración Bush. Fue una acción violatoria de la soberanía nacional ecuatoriana y de los principios del derecho internacional, y derivó en la muerte del comandante de las Fuerzas Armadas Revolucionarias de Colombia (FARC), Raúl Reyes, y otras 24 personas, entre ellas, cuatro estudiantes mexicanos.

En esa coyuntura, Naranjo emergió como vocero político del presidente Álvaro Uribe. Él manejó el montaje sobre los presuntos correos de la computadora de Reyes, con los que se pretendió vincular a las FARC con los gobiernos de Venezuela y Ecuador. Poco después, un juez de Nueva Loja, en la provincia de Sucumbíos, acusó a Naranjo de asesinato, de conformidad con el artículo 224 del Código de Procedimiento Penal ecuatoriano. Esa orden de captura seguía vigente cuando Peña Nieto lo aceptó como su asesor en México.

En 2010 el entonces presidente Juan Manuel Santos, quien era ministro de Defensa cuando el ataque a Sucumbíos, ascendió a Óscar Naranjo a general de cuatro estrellas, rango nunca alcanzado por un policía colombiano. Sin embargo, el declive del James Bond criollo había comenzado. Pronto se producirían las revelaciones judiciales en Estados Unidos que lo vincularían con Carlos Castaño, jefe de las Autodefensas Unidas de Colombia (AUC).

Según el diario colombiano *El Espectador*, sus acusadores eran nada menos que los extraditados jefes del paramilitarismo Salvatore Mancuso y Carlos Mario Jiménez, alias *Macaco*. La imputación contra Naranjo figuraba en el juicio contra el general de la policía, Mauricio Santoyo, formulada por un fiscal de la corte del distrito este de Virginia, Estados Unidos, y había causado revuelo en Colombia. Según Mancuso, el intermediario de Naranjo con Castaño había sido el narcotraficante Gabriel Puerta. A su vez, *Macaco* había vuelto a reflotar los vínculos del ex capo del Norte del Valle, Wílber Varela, con Naranjo.

De prosperar, el juicio podría involucrar a Óscar Naranjo con ejecuciones sumarias, torturas, desapariciones, matanzas y el *traqueteo* de drogas durante los cuatro anteriores gobiernos de Colombia. Y de acuerdo con una fuente bogotana, las declaraciones del narcotraficante y paramilitar Diego Fernando Murillo, *Don Berna*, viejo conocido de Naranjo, podrían terminar de hundirlo. Murillo, extraditado a Estados Unidos en 2008, fue el jefe de la extinta banda criminal La Terraza, luego fue la cabeza de la asociación criminal conocida como Oficina de Envigado y más tarde miembro y uno de los voceros de las AUC. Sabía mucho.

La visita que en junio de 2012 había realizado a Colombia el ex director de la CIA y entonces jefe del Pentágono, Leon Panetta, podría tener que ver con el nuevo destino de Naranjo en México. En el contexto del Plan Colombia, desde hacía años Washington había utilizado al país sudamericano para exportar conocimiento y capacidades en materia de "seguridad", especialmente a México y Centroamérica.

Como consignó Raúl Zibechi, la Estrategia de Defensa difundida por el presidente Barack Obama en enero de 2012 proponía crear asociaciones (*building partnerships*) en forma de una red de alianzas alrededor del globo, a las que se privilegiaría con transferencia de tecnología, intercambio de inteligencia y ventas militares al extranjero.

En enero de 2011 *The Washington Post* había publicado un extenso reportaje donde consignaba que siete mil policías y militares mexicanos habían sido entrenados por asesores colombianos. Según el diario estadounidense, el FBI y el Pentágono recurrían a entrenadores colombianos para sortear el nacionalismo antiyanqui existente en México. En ese contexto, la experiencia y capacidades de Naranjo lo convertían en un producto de exportación estadounidense. Y sin duda, podría aportar a la consolidación de la *narcocracia* mexicana, con la que tenía viejas ligas...

Dinero y sociedad: la protección extorsiva

Con Horst Kurnitzky puede afirmarse que, en la actualidad, "la producción de dinero por medio de dinero" determina todas las formas del movimiento de esa construcción en descomposición llamada sociedad. "Lo que vale es el dinero rápido: vender, comprar, vender [...] La progresiva descomposición de la sociedad y su sustitución por la sociedad anónima significa la liquidación de los fundamentos físicos y psíquicos de la vida de los individuos." Y quien no puede participar en el juego es echado a la calle. Allí, "las cuadrillas de ladrones y las familias unidas en forma de bandas no pueden ser sustitutos porque no reconocen individuos ni contratos sociales, tampoco el primado de la sociedad. Éste es el final de toda seguridad social".[1]

Como cualquier adicción, la del dinero conoce solamente un objetivo: "ceder a la atracción para llegar a la sustancia soñada". En ese sentido, "el tráfico de drogas y armas es sólo un paso provisional, pues aún supone el desvío de un producto. Sea en la bolsa, en el casino, por corrupción, extorsión o soborno: nada, sólo dinero. Cuando el dinero es lo único que mueve a la gente, la recaudación de fondos se convierte en el único fin y medio de vida de los individuos. En este momento, la sociedad ya no existe".[2]

En ese contexto y en el de los conflictos armados como los que se viven en México, las estructuras paramilitares son particularmente explotadas para la "protección extorsiva" y extralegal de intereses económicos (protección a cambio de remuneración o el cobro de un impuesto paralelo y clandestino, en adición de los que cobra el Estado, una dinámica tributaria con dos "haciendas" extendida en todo el territorio nacional).

Esas agrupaciones pueden ser activadas como dispositivos para la producción de riqueza y la acumulación violenta del capital (acumulación por despojo), y en tanto tales, son consustanciales al capitalismo criminal de comienzos del siglo XXI, como contraparte simbiótica, ineludible, del capitalismo formal y legalmente existente. Los dos lados de una misma moneda.

Como se dijo antes parafraseando a Walter Benjamin y Giorgio Agamben, podría afirmarse que la crisis sistémica del capitalismo actual ha hecho de la guerra un modo de acumulación en el marco de un estado de excepción permanente. En su actual fase de "reconstrucción catastrófica" (Ana Esther Ceceña *dixit*), el sistema genera "situaciones de guerra" por doquier, o como lo señaló un ex miembro del Comando de Operaciones Especiales Conjunto de Estados Unidos (JSOC)[3] a Jeremy Scahill: "El mundo es un campo de batalla y nosotros estamos en guerra".[4]

México no es la excepción. En las guerras, en cualquiera de sus variables, las reglas de la economía se transforman de manera radical y las transacciones mercantiles se desarrollan en "campos" o "mercados de violencia", en los que se establecen sistemas económicos basados en el uso y la generación de una violencia reguladora, a la manera de una "mano visible" que arbitra la resolución de los conflictos y —cuando no produce un desorden irremediable— la continuidad del círculo vicioso de la ilegalidad y su lavado/legitimación en la legalidad.

En tales circunstancias, la economía y el ejercicio coercitivo de una violencia disuasiva, represiva o aniquiladora se reproducen mutuamente, y pueden conducir a situaciones de autoestabilización de un régimen u orden definido por intereses económicos lícitos e ilícitos. La provisión de seguridad extralegal (de tipo caciquil, paramilitar o mafioso) a las diversas operaciones legales e ilegales que tienen lugar en zonas de importancia geopolítica, estratégica o de bonanza económica (minería, hidrocarburos, agronegocios, biodiversidad, megaproyectos de todo tipo, etc.), sirve de mecanismo para asegurar resultados ventajosos en transacciones riesgosas. En particular, en contextos en los cuales la confianza y la seguridad pública deja de ser tal, al convertirse los servidores públicos en capataces (kapos) del capital privado legal/ilegal. Por esas razones, el elemento económico resulta crucial en la producción y reproducción de los consorcios empresariales criminales y las estructuras desechables (la infantería) del narcoparamilitarismo y la manipulación mediática de lo militar, como ha venido ocurriendo en Colombia y México.

Otro elemento clave, íntimamente ligado a los dos anteriores, es el territorial. El control económico y social (capacidad de orden y dominación) mediante la violencia tiene también un fundamento geográfico, territorial, denominado ahora, coloquialmente, incluso por las autoridades, como "la plaza" (históricamente, otrora, la plaza pública). Los actores armados pueden garantizar la protección extorsiva o amenazar con "sanciones" creíbles —pensemos en los descuartizamientos de personas y los colgados de los puentes practicados o atribuidos oficialmente a los zetas en Tamaulipas y Los Caballeros Templarios en Michoacán— sólo en aquellos lugares en los cuales son capaces de sostener una presencia de tipo militar, ya que su ausencia (el dejar vacía la "plaza") es una invitación abierta a la ocupación por sus rivales. Con lo cual, el territorio nacional es visto como el espacio o la "plaza" a ser ocupada y "pacificada". Es decir, privatizada, lo que conlleva al fin de la República y su conversión en un "campo" (Agamben).

Es en virtud de ese postulado que los grupos de limpieza social, los escuadrones clandestinos y otras formaciones armadas ofrecen su particular tipo de efectividad "brutal". Para lograr el control territorial en zonas rurales apartadas o urbanas marginales, en el contexto de economías ilícitas, la oferta de seguridad irregular (protección extorsiva) que ofrecen los paramilitares y otras agrupaciones armadas es utilizada porque su presencia se puede desplegar de manera subrepticia, usando métodos de inteligencia y de coerción, extralegales o ilícitos.

En ese campo, la delegación (de las funciones militares y policiales) del monopolio de la fuerza del Estado se da por conveniencia y efectividad, sin descartar que esa cohabitación encubierta conlleve —como se dijo antes— formas de cooperación y competencia y una presumible complicidad, como ocurriría en Guerrero con las policías municipales de Iguala y Cocula, en el caso de los 43 estudiantes de Ayotzinapa desaparecidos en septiembre de 2014.

Cabe enfatizar que la naturaleza paralela e irregular de las agrupaciones paramilitares —las estructuras invisibles presentan la ventaja de ser mucho más sólidas, en determinadas coyunturas, al estar menos expuestas desde el punto de vista político, empresarial, judicial y mediático— facilitó su inserción como defensores o garantes de un régimen económico y sociopolítico en diferentes regiones de México, donde confluyeron intereses de seguridad nacional (por delegación) con los intereses de las élites y el aparato estatal locales, tanto lícitos como ilícitos.

Por otra parte, a diferencia de las estructuras regulares del Estado, el arreglo jerárquico de los grupos irregulares armados no tiene por qué ser rígido y piramidal. De manera transitoria, la fluidez de su estructura les permite pasar de un modelo vertical, de jerarquía, a formar parte de una red basada en alianzas volubles; a lo que se suma una cierta capacidad de innovación táctica. Asimismo, en el plano espacial, el grupo puede asumir distintas formas, y su éxito dependerá, en parte, del nivel de mutabilidad y adaptación que desarrolle.

En ese contexto, existen ejemplos en México de un involucramiento dinámico de la actividad paramilitar con la política local, en una lógica relacional que fluye en ambos sentidos; es decir, más allá de si fue primero lo paramilitar lo que copó lo político o viceversa. En el fondo no se trata de una penetración de los grupos armados en la política ni de una politización de los grupos criminales o de autodefensa civil, sino de algo más estructural: la implantación de formas violentas en el ejercicio de lo público y lo privado; lo que en algunos escenarios incluye la utilización de la violencia como parte de la contención electoral y de una suerte de *comoditización* de la política que, sometida a la violencia reguladora de la economía, deja de ser tal (pública) y se convierte en un *commodity*, es decir, en algo comerciable o vendible.

Encarar ese fenómeno puede ser más difícil que combatir a un régimen abiertamente autocrático que mantiene "formas" democráticas. Como señala Charles Tilly, la información, los códigos y los recursos utilizados en el ejercicio político mantienen apariencias democráticas, "pero son calificados por las formas subrepticias de la violencia coercitiva".[5]

Delegación formal o informal, activa o pasiva

Con el objetivo de "pacificar" y mantener el control social de porciones del territorio mexicano, durante las llamadas "operaciones conjuntas" en Michoacán, Morelos y Chihuahua de comienzos del sexenio de Calderón, las opciones militares "regulares" de las fuerzas armadas mexicanas se redujeron, y las élites castrenses y políticas a nivel estatal y federal exhibieron su particular debilidad ante la opción de la delegación de funciones en materia de seguridad y del monopolio del uso de la fuerza.

La delegación de funciones puede ser *formal* o *informal*. La delegación formal implica la "regularización" de estructuras armadas de carácter privado mediante figuras que permiten el traslado de funciones o facultan a personas particulares para cumplir acciones propias de las fuerzas coercitivas del Estado; una suerte de *outsourcing* que deja abierta la pregunta acerca de dónde provinieron los recursos para financiar a tantos "autodefensas" reconvertidos en "fuerzas del orden". Lo cierto es que, como se verá más adelante, a comienzos de 2014, en Michoacán la opción formal pasó por la "legalización" de algunos miembros de las autodefensas civiles (una suerte de desmovilización y reincorporación a la mexicana que reprodujo el esquema de "pacificación" utilizado por Álvaro Uribe en beneficio de las Autodefensas Unidas de Colombia), que en el marco de una campaña de propaganda oficial —con eje en "el rescate de lo público" como sello del gobierno de Peña Nieto— se reconvirtieron en policías o milicias rurales, bajo la denominación oficial de fuerza rural estatal, en apariencia dependiente de la Secretaría de Seguridad Pública local. (En un principio, el gobierno federal había anunciado la formación de Cuerpos de Defensa Rural que estarían bajo el mando de la Secretaría de la Defensa Nacional, es decir, sujetos al fuero y a la disciplina militar.)

La delegación informal de funciones es más difícil de constatar, y se manifiesta mediante el auspicio directo de grupos armados ilegales en zonas específicas. Ése pudo ser el origen de los zetas (y su antídoto, los matazetas, luego Cártel Jalisco Nueva Generación) en la zona del golfo de México (el eje Nuevo León-Tamaulipas y estados colindantes, en especial Veracruz) y de La Familia Michoacana y su presunta escisión, Los Caballeros Templarios, en Michoacán; ambas zonas de importancia geopolítica y económica, y con puertos hacia el Golfo de México (océano Atlántico) y el Pacífico, respectivamente.

La delegación de funciones también puede ser *activa* o *pasiva*. La delegación activa implica la participación directa del gobierno o de las fuerzas armadas y las distintas policías en la promoción de estructuras y actividades irregulares o paramilitares. La delegación pasiva se erige sobre lógicas de aquiescencia o tolerancia a la actividad paramilitar (grupos de limpieza social, escuadrones de la muerte y otras formaciones civiles armadas como las que actuaron en Chihuahua, Sinaloa, Coahuila, Tamaulipas o Veracruz en el periodo 2008-2013). Su carácter pasivo no le resta el elemento consciente a la delegación de funciones. Ésta se construye sobre el entendimiento tácito de que el vacío de seguridad oficial será llenado por un arreglo local de seguridad, y se consolida ante la omisión del Estado de actuar de manera punitiva en contra de esas estructuras ilegales o criminales.

La delegación de la seguridad a grupos privados bajo modalidades irregulares —que alcanzó también a otros estados como Michoacán, Guerrero, Morelos, Oaxaca y Chiapas— ha sido más perceptible en regiones rurales apartadas y áreas semiurbanas y urbanas marginales, donde la seguridad está determinada por el contexto político, económico, social y cultural, y rigen circunstancias más susceptibles de manipulación y abuso de poder. En tales espacios territoriales, la delegación de la función policial o militar (sea formal o informal, activa o pasiva) es determinante para el diseño de la actividad paramilitar y el tipo de "nuevo orden" que se busca establecer.

Un acontecimiento extremo, donde un cuerpo armado institucional empleó tácticas que se apartaban del Estado de derecho, fue el ya analizado caso del llamado "pelotón de la muerte" compuesto por oficiales del ejército mexicano adscritos a la 3a Compañía de Infantería No

Encuadrada (CINE), con sede en Ojinaga, durante el Operativo Chihuahua, cuyos integrantes fueron acusados por la propia justicia castrense de torturas, muerte e inhumación clandestina de los restos de tres presuntos traficantes de droga.

Por otra parte, en el marco de una guerra civil molecular de todos contra todos en territorios sin ley como la que se vive en México, la violencia reguladora se utiliza no sólo para exterminar al "enemigo interno" y a "competidores" en el mercado de la economía criminal; también se usa para controlar a la población civil.

Como parte de la contrainsurgencia, la violencia cumple un propósito coercitivo y se orienta a obtener obediencia o acatamiento de un orden deseado. En estados como Chihuahua, Tamaulipas y Michoacán, la delegación de la seguridad interna se tradujo en la imposición de un estricto orden social de corte policiaco sobre las actividades políticas y económicas de poblaciones enteras con base en el uso o la amenaza del uso de la violencia clandestina o paramilitar.

La violencia cumple una función técnica y utilitaria, y en determinadas circunstancias tiene la intención de "ajustar" el comportamiento de una población o comunidad por medio de una alteración en el costo esperado o calculado de ciertas acciones. En ese sentido, la violencia cumple también una "función comunicativa" con una dimensión claramente disuasiva.

A su vez, en su dimensión económica, la prestación de la seguridad como un bien privado (mercancía) no sólo se extiende al control de un espacio físico: una región (por ejemplo, la Tierra Caliente de Michoacán, Guerrero y el Estado de México), sino que se manifiesta en espacios donde grupos irregulares armados enraizados en el territorio, ofrecen garantías y determinan las normas, los costos y el cumplimiento de los intercambios y transacciones de los agentes de la economía local, a través de la amenaza o el uso de la violencia.

La demanda de seguridad (por delegación) en la economía introduce un ingrediente privado que puede ser lícito o ilícito (extorsión, derecho de piso, asesinato, etc.), en función de los intereses que se deben "proteger". El accionar paramilitar es utilizado para regular sistemas económicos que no están protegidos por el monopolio de la fuerza del Estado. En la práctica, por ejemplo, en la Tierra Caliente la seguridad se tradujo en acuerdos cooperativos entre especialistas de la violencia pertenecientes al Estado y pagados por el erario público (miembros de la inteligencia castrense y civil del Estado, militares, policías y civiles armados por ellos) al servicio del grupo gobernante, estructuras paramilitares privadas (La Familia Michoacana, Los Caballeros Templarios) y productores económicos.

Michoacán: rebelión en la Tierra Caliente

A comienzos del nuevo siglo los hermanos Valencia dominaban los negocios de la economía criminal en el estado de Michoacán; después llegaron los Zetas y toda la entidad, en especial la región de Tierra Caliente, se convirtió en una zona de disputa por rutas y territorios entre los dos principales grupos empresariales armados de la economía criminal, el de Sinaloa y el del Golfo, aliados cada uno con pequeñas bandas y pandillas locales y regionales. Entonces la violencia recrudeció y alcanzó a municipios y poblaciones como Tepalcatepec, Aguililla, Apatzingán y Buenavista Tomatlán, que formaban parte de un corredor estratégico del narcotráfico que conectaba Michoacán con el llamado "Triángulo del Pacífico", formado por los estados de Jalisco, Colima y Guerrero.

En los años ochenta, bajo el mando de Rafael Caro Quintero, los sinaloenses controlaban el mercado de la marihuana y después siguió el auge de la cocaína y las metanfetaminas. El decenio siguiente, seis bandas criminales cohabitaron de manera violenta en el territorio michoacano: el llamado el Cártel del Milenio, de los hermanos Valencia Cornelio; el de Sinaloa, con Ismael *el Mayo* Zambada y Joaquín *el Chapo* Guzmán; el Cártel de Juárez, de Amado Carrillo Fuentes, *el Señor de los Cielos*; el de los hermanos Amezcua, de Colima; el Cártel del Golfo, de Juan García Ábrego y Osiel Cárdenas Guillén, y el de Tijuana, de los hermanos Arellano Félix.

Durante el gobierno de Vicente Fox, Osiel Cárdenas desplegó en el estado de Michoacán a su grupo operativo, los Zetas, que en sus orígenes —según la narrativa oficial— estuvo integrado por sicarios profesionales desertores del Grupo Aeromóvil de Fuerzas Especiales (GAFE) del ejército mexicano, que habían sido entrenados como comandos de élite en Estados Unidos, Israel y Egipto por los gobiernos de esos países.

Como ya hemos consigando, de acuerdo con informes de la Oficina Federal de Investigación (FBI), los Zetas recibieron protección del general (retirado) Rafael Macedo de la Concha,[1] un hidalguense que entonces se desempeñaba como procurador general de la República.[2] Considerados como una organización paramilitar, los Zetas se habían introducido en Michoacán de la mano de un grupo de civiles armados que se hacía llamar La Empresa durante el sexenio del gobernador Víctor Manuel Tinoco Rubí, y que luego se transformaría sucesivamente en La Familia Michoacana y en Los Caballeros Templarios.

En 2006, mermado el cártel de los Amezcua, especializado en la producción de metanfetaminas, los tres grupos con mayor presencia en Michoacán eran los Zetas, La Familia —que escindida de sus antiguos socios del Golfo había surgido en noviembre de ese año en vísperas de la asunción de Felipe Calderón, bajo las jefaturas subregionales de Nicandro Barrera Medrano, *el Nica*; Nazario Moreno, *el Más Loco*; Dionisio Loya Plancarte, *el Tío*; Jesús Méndez Vargas, *el Chango*, y Servando Gómez Martínez, *el Profe* o *la Tuta*— y una alianza formada por los Valencia y el Cártel del Pacífico o de Sinaloa.

Ya entonces, al amparo de Luis Valencia, jefe del Cártel del Milenio, en la región fronteriza con Jalisco habían aparecido Los Antizetas, patrocinados por Juan José Farías, *el Abuelo*, quien según informes oficiales habría sido operador de Zhenli Ye Gon en la elaboración de metanfetaminas, y cuyo hermano, Uriel Farías, *el Paisa*, había sido candidato del PRI a la alcaldía de Tepalcatepec en 2004. Los Antizetas o Matazetas se transformarían después en el Cártel Jalisco Nueva Generación (CJNG), liderado por Nemesio Oseguera Cervantes, *el Mencho*, oriundo de Aguililla, en la Tierra Caliente michoacana.

En una entrevista, Uriel Farías dijo que los Zetas habían pretendido extorsionar a su hermano Juan José y que ante la inoperancia de las autoridades ministeriales de Michoacán, la PGR y el ejército, que estaban en "contubernio" con ese grupo criminal, su hermano y un grupo se acercaron a un teniente del ejército "de apellido Cruz", quien venía al frente de un batallón con asiento en Irapuato, Guanajuato, quien les sugirió hacerles frente a los sicarios *zetas* y "con su anuencia" se armaron y defendieron. Según Farías, después "se unieron algunos 'guardias rurales' (militares), compramos radios para comunicarnos y los hombres del pueblo empezaron a hacer los patrullajes".[3]

A su vez, La Familia Michoacana había prometido "limpiar" a Michoacán y combatir a la pequeña delincuencia, y con una declaración de guerra a las drogas sintéticas buscó después controlar todo el estado. Bajo la divisa "Michoacán para los michoacanos", el grupo criminal había surgido de los liderazgos del narcotráfico en Uruapan y Apatzingán, y como jefe regional y encargado de la célula en Morelia figuraba Nazario Moreno, quien a su vez mantenía relación con *el Chango* Méndez. Su grupo de seguridad era conocido bajo el nombre de "Los Doce Apóstoles", y de acuerdo con reportes oficiales al inicio de sus actividades habría tenido protección de la 43a Zona Militar con sede en Apatzingán.[4] Frente al terror *zeta*, La Familia se ofreció como garante del orden en las comunidades y los caminos de Michoacán, un orden precario e ilegal que las autoridades no parecían estar en condiciones de ofrecer.

Apenas llegar a Los Pinos, en diciembre de 2006, Felipe Calderón puso en marcha el Operativo Conjunto Michoacán y militarizó el estado. En vez de decrecer, la violencia aumentó. Dos años y medio después, el 15 de julio de 2009, en una llamada al programa *Voz y Solución*, del canal CB Televisión de Morelia, Servando Gómez manifestó su respeto por las fuerzas armadas y convocó a Calderón a un "pacto nacional". "Nosotros respetamos al Ejército Mexicano y a la Armada de México... nuestro pleito única y exclusivamente es con la Policía Federal Preventiva y con la SIEDO", aseveró *la Tuta*.[5]

Señalado entonces por la Secretaría de Seguridad Pública como coordinador operativo de la organización delictiva La Familia, Gómez identificó como sus principales enemigos a Genaro García Luna, entonces secretario de esa corporación, a quien acusó de estar al "servicio" de los Zetas y los hermanos Beltrán Leyva. Sobre la presencia de las fuerzas federales en Michoacán, dijo que entendía el trabajo de los militares y que iban a dirigirse con "honor y respeto" hacia ellos. En su llamado al presidente Calderón, indicó: "Nosotros queremos paz y tranquilidad, sabemos que somos un mal necesario […] Queremos llegar a un consenso […] a un pacto nacional […] Compréndanos, y mi mensaje para el presidente de la República: lo respetamos, lo admiramos, sabemos que su labor es grande…"[6]

No obstante, con el paso de los meses y los años el terror *zeta* sería sustituido por el de La Familia y luego Los Caballeros Templarios. Y se estableció una *pax narca*.

A comienzos de 2013 la situación era insostenible en varios municipios de la Tierra Caliente y surgirían grupos de autodefensa integrados por civiles armados, que recibirían gran visibilidad mediática a partir del levantamiento en La Ruana, una tenencia del municipio de Buenavista Tomatlán, el domingo 24 de febrero de ese año. Dos horas después, en el vecino Tepalcatepec, cabecera del municipio del mismo nombre, se registró un levantamiento similar.

Originario de La Ruana y dueño de 15 hectáreas de limón y ganado, Hipólito Mora narró que desde hacía unos años había estado acercándose discretamente a gente que "presumía de valor", para que se organizaran con el objetivo de poner fin a las actividades de La Familia y Los Templarios en la zona. Pero la sola mención del tema asustaba a la gente. No obstante, poco a poco logró juntar a un grupito de limoneros en La Ruana, y con la ayuda de su amigo Miguel Ángel Gutiérrez, *el Kiro*, fue posible reunir a un grupo de ganaderos en Tepalcatepec.

El 10 de febrero de 2013, en el interior de una camioneta, para no despertar sospechas, Hipólito Mora, Miguel Ángel Gutiérrez y Juan José Farías, *el Abuelo*, pactaron el levantamiento y fijaron la fecha.[7]

El 21 de febrero, un camión con altavoces recorrió las calles de La Ruana convocando a la población a una "reunión urgente" en la plaza pública, el siguiente domingo 24. Ese día, 34 hombres encapuchados se presentaron frente a la gente reunida en el jardín central y fue Hipólito Mora quien tomó la palabra e invitó a quienes tuvieran valor para defender sus derechos y a sus familias, a sacar a Los Templarios de la localidad. Fueron muchos los que aceptaron y de la plaza, "en bola", provistos de escopetas y "veintidoces" se dirigieron a las casas de quienes tenían aterrorizada a la población. Pero nadie los enfrentó: "Ni una bala ocupamos, ellos corrieron".[8]

Un par de horas después ocurría lo mismo en Tepalcatepec, un poblado de 14 mil habitantes que vivían de la ganadería, el limón, el mango y la producción de queso. Los días y meses siguientes se producirían levantamientos en Calcomán y Aguililla. De acuerdo con Hipólito Mora, ninguna autoridad había sido capaz de ponerle un alto a Los Caballeros Templarios y éstos paulatinamente habían ido controlando toda la actividad económica de La Ruana: primero se apropiaron de los ranchos limoneros y después regularon el corte del cítrico y la actividad de las empacadoras, con el objetivo de controlar el precio del producto que se fijaba en el tianguis del limón de Apatzingán.

La narración de Mora acerca de lo que ocurría con el limón en La Ruana era repetida casi palabra por palabra por los líderes de las otras comunidades levantadas. Lo que cambiaba era el producto: en Tancítaro fue con los aguacates; en Tepalcatepec con la carne y el queso; en Coalcomán con los aserraderos; en Aguililla con las minas, mediante el despojo de propiedades, el cobro de derecho de piso y el control de la actividad extractiva. A ello se sumaban los secuestros, el cobro de "cuotas" o la extorsión a los comerciantes y el "diezmo" que los *templarios* le impusieron a los municipios sobre todo el dinero que recibían.[9]

Todos estaban siendo robados y todos tenían miedo, pero además sufrían humillaciones y vejaciones, porque como declaró el doctor José Manuel Mireles, médico cirujano de la clínica del Seguro Social de Tepalcatepec, el jefe de la "plaza", *el Toro*, acosaba, raptaba y violaba mujeres y niñas. Dijo que su ímpetu de levantarse le había venido el último cuatrimestre de 2012, cuando atendió a 40 niñas embarazadas por violaciones o estupro infantil por parte de los *templarios*. "Puras niñas de 11 a 14 años."[10]

LA MANO OCULTA DEL EJÉRCITO

En un extenso reportaje en *Nexos*, Denise Maerker comentó que desde que se difundieron las primeras imágenes, los grupos de autodefensa de la Tierra Caliente michoacana despertaron suspicacias:

> Hombres y mujeres encapuchados, fuertemente armados, conduciendo camionetas costosas y uniformados con playeras blancas, impecables, con un lema estampado que decía: 'Por un Tepalcatepec libre'. Nada tenían que ver con las policías comunitarias de Guerrero que estaban siendo noticias en esos días: gente humilde, la mayoría indígena portando viejas armas.[11]

¿Quiénes eran esos encapuchados que habían surgido como de la nada sin pasar por un proceso previo de lucha y acumulación de fuerzas, y que ahora se movían a sus anchas con poderosos equipos de radiocomunicaciones y armas de uso exclusivo del ejército (R-15, AK-47, M2, todos fusiles de asalto) sin que la autoridad los tratara con un discurso beligerante ni ejerciera acción penal contra ellos?

¿De dónde había salido el dinero para mantener a esos ejércitos de civiles armados cuya única misión era "liquidar" *templarios*? ¿Por qué no fueron linchados de inmediato por los medios de difusión masiva, como había ocurrido antes con la Coordinadora Regional de Autoridades Comunitarias-Policía Comunitaria (CRAC-PC) de Guerrero y el Ejército Zapatista de Liberación Nacional (EZLN)?

Ante el mutismo gubernamental, las preguntas se acumulaban. Según Cecilia Reynoso, reportera de *Punto de partida* —un programa de Televisa dirigido por Maerker—, nada diferenciaba a las autodefensas de los narcotraficantes: "Las mismas armas, las mismas camionetas, el mismo estilo".[12]

En ese mar de incógnitas había comenzado una nueva epopeya que rápidamente recibiría una inusual atención mediática favorable y hasta mitificadora: el pueblo bueno se había levantado contra el terror *templario*. Sin embargo, dos días después de los levantamientos en La Ruana y Tepalcatepec aparecieron mantas colgadas en puentes y carreteras de los alrededores de Apatzingán, donde se denunciaba que detrás de las autodefensas de Hipólito Mora y Juan José Farías, *el Abuelo*, estaba el Cártel Jalisco Nueva Generación, del *Mencho* Oseguera.

Tan inquietante como esa versión resultó el reconocimiento del propio Hipólito Mora de que desde un inicio sus autodefensas habían contado con el apoyo de jefes militares apostados en la región. Él mismo confesó que unos días antes del levantamiento se había reunido en un Kentucky Fried Chicken con un alto mando castrense de Apatzingán, quien llegó a la cita vestido de civil. Mora le pidió que dos días antes del 24 de febrero enviara un destacamento a La Ruana y lo dejara hasta ese domingo. La presencia militar obligaría a Los Templarios a replegarse y le daría a él la posibilidad de reunir a la gente en la plaza pública. El militar le prometió ahí mismo, sin consultar con nadie, que así lo haría y lo cumplió. "A cambio, pidió que pasara lo que pasara Hipólito nunca revelaría su identidad."[13]

De acuerdo con Denise Maerker, algo similar había ocurrido en Tepalcatepec: un patrullaje oportuno del ejército facilitó la rebelión de los 1 400 ganaderos de ese municipio. "La relación parecía depender del coronel que estuviera al frente de los destacamentos", comentó la periodista.

Según el propio Mora, en La Ruana —cuya nomenclatura oficial es Felipe Carrillo Puerto— la relación con los mandos castrenses era buena. Sin embargo, entre el 7 y el 11 de marzo de 2013 el ejército detuvo a 51 autodefensas y pocos días después a dos de ellos les iniciaron proceso por vínculos con el crimen organizado; otros 32 fueron acusados de portación de armas de grueso calibre. El gobierno federal informó entonces que los 34 integrantes de las autodefensas detenidos habían sido armados por el Cártel Jalisco Nueva Generación. Enfurecidos, familiares de los prisioneros que conformaban la policía comunitaria de Buenavista Tomatlán exigieron su liberación e increparon a 47 soldados que fueron "retenidos" durante varias horas en una base de operaciones castrense.[14]

En esa ocasión, sorprendida, la hermana de uno de los cortadores de limón presos le dijo a la reportera Cecilia Reynoso: "Los soldados aquí estaban y los estaban apoyando, hasta los estaban entrenando, diciéndoles que hicieran esto y que hicieran lo otro".[15] A su vez, Graciela López, madre de un joven albañil que cuando no había trabajo se iba al corte de limón, declaró a Yuli García de Milenio Televisión que no sabía "por qué se los llevan de repente [a los vecinos], si el ejército y la policía federal los acompañaban a hacer recorridos".[16]

Según Denise Maerker, todo parecía indicar que "el apoyo de los mandos y soldados [a las autodefensas] fue a iniciativa propia y no siguiendo órdenes superiores".[17] Sin embargo, la narrativa oficial sobre el origen de las autodefensas sería cuestionada por el ex alcalde de Tepalcatepec, Guillermo Valencia Reyes, y habitantes de Tierra Caliente.

Valencia, quien desde el 28 de abril de 2013 despachaba desde Morelia tras ser amenazado de muerte y expulsado de su municipio acusado por algunos pobladores de ser *templario*, revelaría que desde un mes antes de la toma de posesión de Enrique Peña Nieto (el 1º de diciembre de 2012) se habían realizado reuniones preparatorias entre "mandos militares y de la policía federal con *el Abuelo* y su hermano Uriel Farías en el salón Plaza" para armar a las autodefensas. Aseguró que personas que habían estado en esas reuniones le dijeron que *el Abuelo* Farías "fue quien se encargó de operar, de organizar, de orquestar, de buscar a ciudadanos, a gente de bien, ganaderos y empresarios para organizar a las autodefensas. Él fue el cerebro".[18]

Narró que en la primera semana de marzo de 2013, durante una reunión en la sala de Cabildo, sentado en torno a una mesa redonda con varios integrantes de las nacientes autodefensas de Tepeque —como se conoce a Tepalcatepec—, Uriel Farías *el Paisa*, le dijo: "Tú puedes ser el héroe de la película". Secundino Vargas, otro miembro del grupo armado, le aseguró que ése era un proyecto del Estado, "con apoyo del gobierno". "Decían que tenían un padrino muy poderoso."[19]

La versión fue complementada por habitantes de Tepalcatepec, que señalaron que hubo muchas "reuniones preparatorias" que se realizaron "en el salón Plaza y en el piso de arriba de La Caguama", una tienda ubicada a dos cuadras del palacio municipal, ambos lugares propiedad del *Abuelo* Farías, hermano de Uriel, uno de los presos del llamado *michoacanazo* de Felipe Calderón, cuando era alcalde.[20]

En algunas reuniones de noviembre de 2012 en el salón Plaza habría participado el general colombiano Óscar Naranjo, quien "auspició la formación y equipamiento" de los grupos de civiles armados, tal y como lo aseguraron "testigos que lo vieron en los pueblos de Tierra Caliente".[21]

Según José Gil Olmos, Naranjo llegaba a Tepalcatepec vestido de civil y "acompañado de militares a bordo de camionetas oscuras del ejército". Su principal interlocutor habría sido *el Abuelo* Farías, de quien lugareños dijeron que nunca estuvo preso y según versiones habría recibido "un curso de contrainsurgencia". Farías y su hermano Uriel habrían recibido el apoyo del teniente coronel Fernando Domínguez, adscrito al 43er batallón de Apatzingán.[22]

De acuerdo con Valencia, la fecha del alzamiento no fue elegida al azar. Se aprovechó la ceremonia oficial del día de la Bandera, acto al que llegaría la marina y por lo tanto la mayor parte de los pistoleros de los *templarios* saldrían de la población. Agregó que ese 24 de febrero "una camioneta del ejército" llevó armas para repartirlas a la población durante una reunión de la unión ganadera local. "Mi madre estuvo ahí y lo vio. Me platicó cómo llegó una camioneta militar con gran cantidad de armas y las repartían como si fueran playeras".[23]

Valencia refirió que en los grupos de autodefensa había mucha gente buena, pero también narcotraficantes, incluso en la conducción. Recordó que para la PGR, según lo asentado en la averiguación previa SIEDO/UEIDCS/191/2006, *el Abuelo* era "la cabeza de la distribución y traslado de cocaína y metanfetaminas, además de comandante del grupo armado denominado Antizetas en todo el estado de Michoacán".[24] Dijo que cuando él señalaba la presencia de criminales en las autodefensas, "los mandos [del ejército] se hacían los sorprendidos". "A la distancia me doy cuenta de que eso estuvo planeado y fue una estrategia bien montada, efectiva, porque lograron vencer a los *templarios*, pero irresponsable, porque mandaron por delante al pueblo a hacer el trabajo que le corresponde al gobierno."[25]

Según el alcalde en el exilio —quien a una pregunta de Roberto Zamarripa acerca de si tenía "las manos limpias" para decir eso, respondió: "las tengo. Las tengo"—, los hermanos Farías presumían tener un "padrino" en el gobierno federal. "Su padrino era [Alfredo] Castillo", aseveró. Argumentó que los movimientos legítimos siempre son reacios a entablar diálogos con el gobierno. Y a la pregunta de por qué un movimiento que se expandió muy rápido y gozaba de la simpatía popular se doblegó tan fácil ante la intervención de un enviado del gobierno federal, el propio Valencia respondió: "Pues porque ya estaba todo planeado". Describió a Castillo como un "discípulo" del ex secretario de Seguridad Pública del gobierno de Calderón, Genaro García Luna, y dijo que el enviado de Peña Nieto a Michoacán era "un experto en la producción de teleteatros".[26]

No obstante, como se dijo arriba, el "teatro" pudo haberlo montado el general Óscar Naranjo quien —según Jesús Lemus— habría utilizado a José Manuel Mireles como su "alfil", como en su momento en Colombia lo fue Carlos Castaño, jefe de las Autodefensas Unidas de Colombia. Mireles estaría "protegido", además, por el secretario de Gobernación, Miguel Ángel Osorio Chong. Entre la segunda semana de diciembre de 2012 y la última de enero de 2013, el jefe de las autodefensas se habría reunido en la ciudad de México "al menos en cinco ocasiones con mandos militares de primer nivel, cercanos al presidente".[27]

De acuerdo con esta versión, Naranjo mantenía roces con el asesor jurídico de la Presidencia de la República, Humberto Castillejos Cervantes, quien hacia finales de ese año le habría ido cortando al general colombiano su nivel de acceso directo a Peña Nieto. Por esas fechas Castillejos Cervantes habría convencido al jefe del Ejecutivo de colocar en la posición de enviado especial para la seguridad en Michoacán a su primo, Alfredo Castillo Cervantes, quien en enero de 2014 llegaría a la entidad con plenos poderes.[28] En ese momento Naranjo dejó de asesorar al presidente Peña Nieto, aunque su renuncia no se haría oficial hasta el 27 de marzo siguiente. En enero, sin el respaldo de Naranjo, Mireles caería en desgracia.

En ese contexto, Alfredo Castillo se convertiría en primer actor de la trama. El 5 de febrero de 2014 Castillo tuvo un encuentro con *el Abuelo* que fue registrado en imágenes fotográficas y videograbadas, y desde entonces la figura del ex convicto cobró de nuevo relevancia. Entonces, el comisionado federal dijo no tener conocimiento de los antecedentes criminales de Farías y el grupo armado se convirtió en su interlocutor privilegiado.

Según diría Denise Maerker, ¿cómo saber quiénes eran los buenos? A su juicio, el error estaba en plantearlo de esa manera, porque en Tierra Caliente —por necesidad, por miedo o ambición—:

> no hay ciudadanos impolutos de un lado y grupos de criminales por el otro. La mayoría, en mayor o menor grado, ha tenido tratos con los grupos dedicados a actividades ilegales que se han disputado la zona durante años […] Todos conocían a los delincuentes, sabían sus nombres, sus apodos y las familias a las que pertenecían.[29]

LAS GUARDIAS COMUNITARIAS DE APATZINGÁN

El 19 de abril de 2013 otro grupo de hombres jóvenes armados y encapuchados apareció en Apatzingán y puso retenes en varios puntos de la zona, la más importante en la estratégica carretera que une a esa ciudad con Tepalcatepec y Buenavista Tomatlán, y que es la única salida de esos municipios hacia la autopista Siglo XXI que comunica Morelia, la capital del estado, con el puerto de Lázaro Cárdenas en el Pacífico mexicano. Dijeron ser las Guardias Comunitarias de Apatzingán. Su objetivo: defender a la población local de las autodefensas de Mora, Farías y Mireles.

Entrevistado por Cecilia Reynoso, de *Punto de partida*, uno de esos jóvenes dijo con sorprendente ingenuidad: "Esa gente es mala, señorita, son de otro cártel que se viene a meter aquí a Michoacán".[30]

Durante semanas, las Guardias Comunitarias no permitieron el paso de alimentos, combustibles ni medicamentos por los retenes y los habitantes de todos los municipios *levantados* quedaron aislados. Escaseaba la gasolina y las tiendas estaban desabastecidas de productos básicos. Muy pronto las empacadoras de limón de Buenavista Tomatlán cerraron.

A su vez, en la madrugada del 28 de abril, pistoleros de Los Caballeros Templarios atacaron siete puntos de Tepalcatepec, La Ruana y Buenavista defendidos por autodefensas. Hubo 14 muertos y siete heridos. Las autoridades ordenaron la suspensión formal de clases en los tres municipios y la tensión subió.

El 10 de mayo, en entrevista con Ciro Gómez Leyva para Radio Fórmula de la Tarde, Hipólito Mora declaró que Servando Gómez, *la Tuta*, había ofrecido a las autodefensas de Tierra Caliente que le devolvieran "sus tres pueblos" (Buenavista, La Ruana y Tepalcatepec) y "todo termina".[31] Iban 22 días de un virtual sitio y ninguna autoridad gubernamental había hecho nada por romper el cerco. "Las autoridades nos han abandonado", acusó el líder de los alzados.

Ante la debilidad institucional del gobierno de Fausto Vallejo y del gobernador interino Jesús Reyna, y la sospechosa ausencia del gobierno federal, seis municipios de Michoacán vivían en un virtual estado de excepción, y más de 200 mil personas habían visto suspendidas de facto sus garantías constitucionales; en particular la de libre tránsito. Ante la inseguridad, 40 empresas de la región habían parado su producción.

Casi la mitad del estado vivía la pesadilla hobbesiana de la ley del más fuerte, en una lucha de todos contra todos. ¿Dónde estaba el Estado? ¿Había cambiado de táctica el ejército o el retiro de apoyo parcial a las autodefensas era parte de un plan predeterminado?

AUTODEFENSAS: "LA ALTERNATIVA IMPERFECTA"

La proliferación y el ascenso de las llamadas fuerzas de autodefensa habían concitado la atención en el extranjero. Según las autoridades, entre enero y junio de 2013 habían surgido 13 movimientos civiles irregulares. En principio, los grupos ilegales armados socavaban el Estado de derecho formal y representaban un reto a la legitimidad del Estado y su monopolio sobre el uso de la fuerza; pero la impresión generalizada era que habían surgido con la aprobación y el apoyo gubernamental federal encubierto.

Fue en ese contexto que la revista *Foreign Affairs Latinoamérica* publicó un sugerente texto de dos especialistas en guerra irregular, "insurgencias criminales" y grupos de autodefensas comunitarios del Centro para Estudios Estratégicos de la organización CNA Analysis and Solutions —un tanque de pensamiento financiado por el gobierno federal de Estados Unidos y al servicio del Pentágono desde finales de la Segunda Guerra Mundial—, donde se proponía considerar a los grupos de autodefensa mexicanos como "una alternativa imperfecta, pero eficaz".

Según el consultor en geopolítica e inteligencia Ralph Espach, director del Programa de Asuntos Latinoamericanos de la organización, y Patricio Asfura-Heim, asesor sobre gobernanza civil y Estado de derecho de los *U.S. Marines* en Afganistán e Irak, en "comunidades aisladas" los grupos de autodefensa resultaban "menos costosos y más fáciles de congregar que las unidades formales de policías y militares", ya que "están familiarizados con la geografía y los residentes de una localidad", además de que "los motiva la protección de su familia y su comunidad [...] tienden a depredar menos y poseen una ética superior de las de las fuerzas de seguridad gubernamentales".[32]

De acuerdo con Espach y Asfura-Heim, Afganistán y Sierra Leona eran ejemplos de que los grupos de autodefensa "pueden ser especialmente útiles cuando el gobierno los incorpora a una estrategia de seguridad amplia y bien pensada". Mencionaban también que en los años ochenta y noventa la policía había podido sofocar a la insurgencia *sij* en el estado indio de Punyab, coordinando e integrando "a la estrategia general de contrainsurgencia" a una "enorme fuerza de voluntarios bien organizada y sustentada". Esa misma estrategia había sido puesta en práctica por el dictador Alberto Fujimori en Perú para combatir al movimiento guerrillero maoísta Sendero Luminoso.

Si bien la solución en México pasaba por la "modernización" de sus fuerzas de seguridad (como a cada inicio de sexenio, Peña Nieto había propuesto la creación de un nuevo cuerpo: la Gendarmería Nacional), en el "corto plazo" las autodefensas debían ser tomadas en cuenta por los "formuladores de políticas públicas", y cuando llegara el momento, la "desmovilización" de los grupos comunitarios podría lograrse "mediante incentivos diversos, como remunerar a los guardias comunitarios, encontrarles un empleo e integrar los grupos a las fuerzas de seguridad formales".[33]

De allí que los autores del artículo —que comenzó a circular en México a comienzos de octubre de 2013— proponían "tender la mano a las fuerzas comunitarias de autodefensa y crear vínculos positivos entre ellos y la policía federal, estatal o municipal". En el mejor de los casos, añadían:

dicha cooperación implica una fuerza de seguridad oficial competente que supervise directamente a los grupos de autodefensa, el fomento del crecimiento económico de la comunidad para que las acciones de defensa no se conviertan en actividades mercenarias y la restricción del armamento y del territorio de actuación de los grupos para garantizar que su operación sea meramente defensiva.[34]

El análisis concluía que en su camino hacia la reforma y la profesionalización de una institución de orden público —la mencionada Gendarmería Nacional, que había sido el multipublicitado gran proyecto del sexenio de Peña Nieto—, "México haría bien en adoptar un enfoque flexible y pragmático hacia los grupos de autodefensa".

En realidad, existía evidencia de que la "receta" de la alternativa imperfecta pero eficaz ya venía funcionando de tiempo atrás de acuerdo con los parámetros propuestos por los expertos estadounidenses, y la "solución" para la fase de desmovilización comenzaría a ser instrumentada a partir de enero de 2014 por la cara visible de la operación encubierta, el virtual virrey de Peña Nieto en Michoacán, Alfredo Castillo.[35]

LA VARIABLE CONTRAINSURGENTE

Como se dijo antes, desde enero de 2013 la irrupción de los grupos de autodefensa civil en la Tierra Caliente de Michoacán había sido divulgada con gran profusión mediática, incluido el abordaje "crítico", en horarios triple A, de "comunicólogos estrella" de las televisoras y radios privadas, encargados de reproducir la ideología dominante con fines de adoctrinamiento y control social.

En la coyuntura, el hecho había coincidido con el despegue del nuevo régimen de Peña Nieto, quien se había venido posicionando a golpes de "autoridad" vía las contrarreformas laboral y educativa; el ajuste de cuentas a *la Maestra* Elba Esther Gordillo por el nuevo "jefe máximo" del país y del PRI, y la solución expedita vía el silenciamiento difuso de la explosión en la torre II de Pemex, entre otros hechos notorios. De allí que llamara la atención la aparente complacencia de los responsables de la política interior ante el fenómeno de las autodefensas, en vísperas del lanzamiento en cascada de una "política de seguridad de Estado", del mando único policial y de la Gendarmería Nacional como nuevo órgano represivo militarizado.

En las páginas de *La Jornada*, Magdalena Gómez, Francisco López Bárcenas, Enrique Dussel, Octavio Rodríguez Araujo y otros habían venido desenredando la confusión sembrada por los "expertos" de los consorcios Televisa y Milenio en torno al tema de los civiles armados con evidentes fines diversionistas. En particular, la mezcolanza para nada inocente de los "especialistas" en torno a las policías comunitarias indígenas, los grupos de autodefensa civil y los paramilitares.

Al respecto, una variable no muy explorada era la "línea tenue" que, históricamente, vincula al paramilitarismo con la contrainsurgencia estatal en clave de *guerra sucia*. La Colombia de Álvaro Uribe, modelo de Enrique Peña, era un caso paradigmático, pero no el único.

Etimológicamente, paramilitarismo denota actividades cercanas a lo militar, pero que al mismo tiempo desvían, deforman o vuelven irregular el accionar de la milicia. En México, la desnaturalización de la institución militar había atravesado en el último medio siglo por diversas fases donde la difuminación de las fronteras entre lo civil y lo castrense —o la articulación entre la fuerza pública y los grupos paramilitares— cobró visibilidad pese a su carácter clandestino.

El asunto remite, en general, a "operaciones encubiertas" de agentes de seguridad (del ejército, la marina o las distintas policías), que necesitan camuflar su identidad como civiles para no comprometer el accionar clandestino del Estado, o acciones militares de civiles protegidos de manera invisible por agentes o instituciones del Estado. Ambos procedimientos tienden al mismo objetivo: el encubrimiento que salvaguarde la impunidad de actos criminales que por su gravedad pueden caer bajo la jurisdicción universal y son considerados imprescriptibles.

Antecedentes sobran. En los años ochenta, Puerto Boyacá se convirtió en el "vaticano" del paramilitarismo colombiano. En el marco de la Doctrina de Seguridad Nacional del Pentágono, la alianza entre el ejército y grupos paramilitares en la lucha contra el "enemigo interno" (las guerrillas de las FARC y el ELN) derivó en el terrorismo de Estado. La Triple A (Acción Anticomunista Americana), formada por militares adscritos al Batallón de Inteligencia y Contrainteligencia Charry Solana (BINCI) y el MAS (Muerte a Secuestradores), fueron los primeros eslabones de una práctica paramilitar que derivó en las "autodefensas campesinas", red de grupos civiles armados, coordinados y entrenados por militares de la 14a Brigada y el Batallón Bártula, en Boyacá.

Esa política de Estado para la lucha antisubversiva y el exterminio de "comunistas" se extendería después a toda Colombia, buscando el involucramiento compulsivo de la población en el conflicto armado contra las guerrillas, de modo que fuera imposible una posición neutral dentro del territorio controlado.

A su vez, en la lucha contra Sendero Luminoso, las fuerzas armadas peruanas crearon los Comités de Autodefensa (CAD) o rondas campesinas antisubversivas. El modelo incluyó la articulación forzosa de pueblos vecinos a través de Comités de Defensa Civil (CDC), al estilo de las "aldeas estratégicas" de Estados Unidos en Vietnam. En Guatemala, también de manera coercitiva, los generales Romeo Lucas García y Efraín Ríos Montt utilizaron las Patrullas de Autodefensa Civil (PAC) como estructura paramilitar subordinada en la genocida política de *tierra arrasada* que destruyó la base social de la insurgencia en las comunidades mayas del Petén.

Táctica que no le era ajena al ejército mexicano. En uno de sus manuales de guerra irregular, la Sedena recuerda con Mao que "el pueblo es a la guerrilla lo que el agua al pez", pero agrega que "al pez se le puede hacer imposible la vida en el agua, agitándola, introduciendo peces más bravos que lo ataquen, lo persigan y lo obliguen a desaparecer o a correr el riesgo de ser comido por esos peces agresivos" que son la contraguerrilla.

En su *Plan de Campaña Chiapas 94*, el ejército mexicano concibió la creación de "fuerzas de autodefensa u otras organizaciones paramilitares" para desplazar población y destruir las bases de apoyo del EZLN, en el marco de una guerra irregular o de baja intensidad que tuvo en la matanza de Acteal (1997) su máximo punto de inflexión.

Como en Colombia, la criminalidad en México es funcional a la guerra de clase encubierta. A río revuelto ganancia de pescador. En Chiapas, tierra de las autonomías neozapatistas desde 1994, la Sedena capacitó y armó en febrero de 2013 a un pelotón de fuerzas rurales compuesto por ejidatarios y ganaderos del municipio de Mapastepec. A lo que se sumaba por esos días el proyecto estatal por reglamentar y subordinar a la Policía Comunitaria de Guerrero (CRAC-PC). El duro de Manuel Mondragón y Kalb, a la sazón Comisionado Nacional de Seguridad de Peña Nieto, habló entonces de "intereses oscuros" detrás de la CRAC e igual lo hizo el general Genaro Fausto Lozano de la 9a Región Militar. En realidad ambos podrían haber estado fintando con la intención de refuncionalizar las autodefensas para un nuevo modelo autoritario.[36]

En esa coyuntura, Jorge Luis Sierra comentó que tres años después de la insurrección del EZLN el Estado Mayor Presidencial había detectado la posibilidad de un alzamiento en Michoacán similar al ocurrido en Chiapas en 1994. Pero en lugar de reprimir militarmente a otro alzamiento, los mandos castrenses pensaron en opciones de "prevención", y una de ellas era combinar operaciones de inteligencia y labor social (la famosa "acción cívica" de la Doctrina de Seguridad Nacional de cuño estadounidense), para generar simpatías hacia las fuerzas militares del Estado.[37]

Según el especialista en seguridad y fuerzas armadas, a partir de 1997 agentes de inteligencia del ejército y la marina, junto con personal de inteligencia civil, se incrustaron en las oficinas del gobierno federal que operaban en Michoacán, y aunque no hay datos fehacientes de cuántos agentes de las fuerzas armadas participaron, porque los documentos operativos son secretos, testimonios "en privado" de distintos mandos castrenses verificaron la validez de la información. El alzamiento en Michoacán no ocurrió, (pero) "se ha diluido en la forma de grupos de autodefensa apoyados hasta ahora por los propios militares".[38]

De allí que Sierra arguyera que las autodefensas de Michoacán podrían ser vistas "como un modelo de contrainsurgencia que le ha servido al gobierno federal para reducir las posibilidades de más alzamientos armados y canalizar energía popular en contra de las organizaciones criminales". Desde esa perspectiva, añadió, "las autodefensas son en realidad grupos paramilitares construidos lentamente a lo largo de las últimas dos décadas a través de operaciones de inteligencia militar".[39] Al posicionarse como resistencia popular contra el narcotráfico, "las autodefensas han quedado alineadas con los objetivos del ejército". Y aunque habían ocurrido roces entre unidades militares y las organizaciones de autodefensa, se asistía ya a "un proceso de integración a través de los Cuerpos de Defensa Rural, los instrumentos paramilitares oficiales reconocidos en las [propias] leyes militares [de México]".

MIRELES, EL PROCURADOR, EL GENERAL Y LA LEGÍTIMA DEFENSA

Para entonces, el papel de la 43a Zona Militar de Apatzingán era inocultable. Así lo testimoniaría en un par de ocasiones el carismático doctor Mireles, quien una noche a inicios de febrero de 2013, durante una reunión de amigos en Tepalcatepec había alzado su vozarrón para sugerir que había que salir a "matar" *templarios*.

Narró que en una ocasión un general de esa zona castrense le mandó decir que "si no se callaba el hocico, él personalmente iba a venir a levantarme y a ejecutarme". El militar se había enojado porque Mireles andaba diciendo que todos los mandos de Apatzingán eran corruptos porque recibían dinero de Los Templarios. Cuando su entrevistadora le preguntó si tenía pruebas, el alzado de Tepalcatepec respondió:

El cuartel del ejército está a 100 metros de las barricadas de Los Templarios y nunca los detenían. Era el cuartel completo de la 43a Zona Militar con más de mil soldados, y los hijos de la chingada de Los Templarios a 100 metros encapuchados sin dejar pasar a nadie. Así se murieron dos mujeres embarazadas. Yo gritaba enfrente de ellos: "Sé que cada general está recibiendo un millón y medio de pesos para que esos hijos de la chingada sigan trabajando".[40]

En otra oportunidad, el 26 octubre de 2013, ya en plena expansión del movimiento de las autodefensas y el mismo día que había encabezado la toma simbólica de Apatzingán con una caravana desarmada de tres mil hombres, contó a Laura Castellanos que el mando de la zona militar, general de brigada Miguel Ángel Patiño Canchola —hermano mayor de otro general de brigada, Rogelio Armando Patiño Canchola, entonces subjefe de doctrina militar del estado mayor de la Defensa—, lo había convocado a él y a otros líderes del Consejo General de Autodefensas y Comunitarios de Michoacán a una reunión dos días después.[41]

Dijo Mireles: "A mí me dio mucho miedo […] Las instrucciones eran precisas: 'Despídanse de su familia. Déjele su reloj, su cartera, su cinturón y véngase'". Para su sorpresa, en la reunión el jefe castrense estaba acompañado del procurador general de la República, Jesús Murillo Karam. Comentó que Murillo le dijo al general de la zona militar: "Apoyo tu decisión de permitirles que se defiendan y bien armados, pero quiero que sepas que no deja de ser ilegal". Y el mando castrense le respondió: "Lo sé, pero tú sabes que en legítima defensa todos los ciudadanos se pueden armar, y eso es lo que ellos están haciendo" [sic].

Patiño Canchola no era un mando militar improvisado. Diplomado de Estado Mayor en la Escuela Superior de Guerra, a finales de los años ochenta y principios de los noventa se había desempeñado en la Sección Segunda del estado mayor de la Defensa, el área que se encarga de elaborar y procesar las tareas de inteligencia. Según Juan Veledíaz, su experiencia en zonas de conflicto la había obtenido en Chiapas, donde se desempeñó como jefe de estado mayor del agrupamiento "Mundo" en el conflictivo municipio zapatista de Monte Líbano. En ese mismo año de 1997, el general José de Jesús Ballesteros Topete lo colocó como su segundo en el mando del agrupamiento "Ballesteros", con cuartel general en Guadalupe Tepeyac, dentro de la estrategia contrainsurgente conocida como "Fuerza de Tarea Arcoíris", que se implementó a partir de 1995 en la zona del levantamiento del EZLN. Antes de llegar a Chiapas, entre los años 1995 a 1997, había sido agregado militar en la embajada de México en Washington, y de su expediente resaltaba un curso de Operaciones Conjuntas de estado mayor en Fort Benning, Georgia, en las instalaciones militares del Pentágono que albergan también la célebre Escuela de las Américas.[42]

Durante la entrevista, Mireles reveló que el militar y Murillo Karam les pidieron a él y sus compañeros que mantuvieran la "claridad del movimiento" y no se mezclaran con "gente de otros cárteles". Admitió, asimismo, que si bien "desde el principio del levantamiento tuvieron nexos con mandos militares", luego se relacionaron también "con la Policía Federal" y a lo largo de los meses "la coordinación con ambos se incrementó".

El objetivo inicial era patrullar los pueblos y cuidar las carreteras, pero sin meterse en los combates. Uno de los acuerdos fue no traer armas a la vista "por respeto a la institución castrense". Según Mireles, el general les dijo: "En las trincheras pónganlas todas hacia mí si quieren, cabrón, pero en el pueblo no vayan a las tortillas con el pinche cuerno colgando a las espaldas".[43]

Por su parte, Estanislao Beltrán, un agricultor de limón del municipio de Buenavista Tomatlán que se convirtió en una de las voces de los grupos de autodefensa más ubicable por su sobrenombre de *Papá Pitufo*, admitió su colaboración con el ejército en materia de información, aunque declinó opinar sobre el general Patiño. Al respecto, durante una entrevista dijo:

> El general Patiño es una persona que… me reservo. Él es el encargado de mandar a toda la zona militar. Aun sabiendo de los problemas y de la existencia de los criminales en Apatzingán, que balaceaban y le tiraban cuerpos al pie del cuartel, ¿qué pasa?, me pregunto yo. ¿Qué pasa con él? Teniendo tanta gente, tantos militares, tantos soldados […] Saquen su conclusión ustedes.

No obstante las contradicciones entre Mireles y Beltrán, la colaboración entre el movimiento de las autodefensas y el ejército era irrefutable. A principios de noviembre de 2013 empresarios de Apatzingán habían denunciado en el diario *Reforma* la colusión del ejército y la Policía Federal con las autodefensas civiles de Tierra Caliente. Bajo un titular de primera plana que decía: "Ligan a militares con autodefensas", el periódico capitalino exhibía un registro fotográfico donde se observaba un patrullaje conjunto de camionetas civiles y vehículos militares en Apatzingán.[44]

Más allá del desconcierto real o aparente de Estanislao Beltrán, implícitamente, las declaraciones de Mireles parecían avalar la hipótesis de que las autodefensas de la Tierra Caliente michoacana eran una expresión vernácula de las "rondas campesinas" comunales utilizadas por Alberto Fujimori en el Perú y las Patrullas de Autodefensa Civil (PAC) del ejército guatemalteco durante la dictadura del general Romeo Lucas García.

En ese sentido y más allá del genuino esfuerzo y la manifestación de hartazgo social por la escalada de barbarie y bestialidad que padecían —en el marco de una guerra entre diferentes grupos rivales que disputaban los territorios y las rutas de los negocios de la economía criminal—, muchos integrantes de las autodefensas podrían haber decidido alzarse sin que Mireles y muchos de sus compañeros tal vez supieran que podrían estar siendo utilizados por mandos castrenses en una lógica de institucionalización del paramilitarismo tras el regreso del PRI a Los Pinos con Enrique Peña Nieto. Lo anterior en el contexto de un nuevo proceso de acumulación y centralización de capital en un territorio de gran importancia económica por su producción agrícola-ganadera, muy rico en recursos acuíferos, forestales y minerales (oro, plata, plomo, zinc, barita y cobre) y de gran valor geopolítico por su ubicación sobre el océano Pacífico mexicano.

Tras el relevo presidencial en diciembre de 2012, la "preocupación" del nuevo jefe del Poder Ejecutivo por Michoacán había sido patente. El 25 de julio de 2013 Peña Nieto había dicho que a Michoacán se le estaba prestando "una atención prioritaria". Y debido a que "lamentablemente" algunas regiones de ese estado estaban "en poder del crimen", anunció entonces una mayor coordinación de las fuerzas federales con la autoridad local para continuar el "operativo de seguridad" puesto en marcha y lograr así "una recuperación territorial de la zona".[45]

Según se informó entonces, en esos operativos participaban al menos siete mil efectivos del ejército, la marina y la policía federal. Las tropas habían sido movilizadas a los municipios de Lázaro Cárdenas, Infiernillo, Tomatlán, Arteaga, La Ruana Coalcomán, Tepalcatepec, Nueva Italia, Uruapan y Los Reyes, considerados "focos rojos" por la presencia de Los Caballeros Templarios, y los mandos militares y policiales estaban "autorizados" a aceptar la "colaboración" de integrantes de los grupos de autodefensa, fundamentalmente para que aportaran "información sobre las regiones" controladas por los *templarios*. Al respecto, el propio Hipólito Mora admitió que sus policías comunitarias "coadyuvaban" con las fuerzas federales. "Nosotros sí apoyamos al ejército y los apoyamos porque no queremos cárteles aquí."[46]

Sin embargo, tres meses después, en octubre de ese año, y a juzgar por las declaraciones del obispo de Apatzingán, Miguel Patiño Velázquez, la acción de las fuerzas federales había resultado ineficaz. En un comunicado, el jerarca católico dijo que Michoacán era un "Estado fallido", porque había ausencia de la ley y la justicia, lo que provocaba "inseguridad, rivalidades, indiferencia, muerte y opresión".[47]

A partir de la presencia de militares y policías habían aumentado los *levantones* (desapariciones), los secuestros y los asesinatos, el cobro de cuotas se había generalizado y familias enteras habían tenido que emigrar por miedo. Según monseñor Patiño, llamaba la atención de la sociedad el hecho de que las fuerzas federales no hubieran sido "capaces de descubrir las casas de seguridad del crimen".

Añadió que los Zetas, Nueva Generación y Los Caballeros Templarios se disputaban el estado como si fuera un botín: luchaban por la costa, para la entrada de la droga y los insumos para la producción de drogas sintéticas; la sierra Madre del Sur y la zona aguacatera para el cultivo de marihuana y amapola, el establecimiento de laboratorios para la producción de drogas sintéticas y refugio de los grupos criminales, y por las ciudades más importantes para el trasiego y el comercio de la droga, la venta de seguridad, secuestros, robos y toda clase de extorsión.[48]

La mina de oro de Los Templarios

El 4 de noviembre de 2013 el gobierno federal anunció que los policías municipales de Lázaro Cárdenas habían sido desarmados por elementos de la Secretaría de Marina y la administración del puerto del mismo nombre había quedado en manos de las fuerzas armadas. La "toma" y militarización de ese puerto industrial fue la noticia principal del diario *Milenio*, que en su titular de primera plana destacó: "Toman federales la *mina de oro* de los *templarios*". En interiores, con base en "información de inteligencia recabada por los distintos cuerpos de seguridad del Estado mexicano", un reportaje resaltaba que la intervención militar en Lázaro Cárdenas estaba dirigida a golpear la estructura financiera de ese grupo delincuencial.

Según la nota, los estupefacientes eran apenas uno más de los rubros en los que se ocupaban Los Caballeros Templarios, ya que también se dedicaban a administrar la violencia, cobrar impuestos e impartir "justicia" *a la buena o a la mala*. Es decir, con epicentro en el puerto —el segundo en importancia en el océano Pacífico del continente americano—, y con independencia de sus ventas y el trasiego de droga hacia Estados Unidos, el grupo criminal había tejido una intrincada telaraña empresarial que operaba en las principales ramas productivas del estado.

De acuerdo con la información, a finales de 2013 controlaban prácticamente todos los negocios lícitos e ilícitos del municipio de Lázaro Cárdenas, que combinaban con el lavado de dinero a través de actividades legales como la adquisición y alquiler de inmuebles y vehículos; la compra venta de ganado; la importación de ropa china que era reetiquetada en Guanajuato con marcas como Hugo Boss, Armani, Guess,

Calvin Klein, Zegna y otras; la compra de llantas de caucho radial coreanas para tractocamiones, que posteriormente eran comercializadas directamente y de manera obligatoria a transportistas de los municipios de Lázaro Cárdenas, Uruapan y Morelia, y la compra de obsidiana de Guatemala para la elaboración y comercialización de artesanías.[1]

Sin embargo, la verdadera "mina de oro" era el puerto. Según la información filtrada al diario capitalino por los servicios de inteligencia, entre las actividades diversificadas del grupo criminal figuraban el control de las operaciones portuarias de contenedores; las operaciones de las empresas navieras transportistas de contenedores; los transportes terrestres portuarios, y el cobro de "cuotas" (venta de protección) a empresas que participaban en licitaciones en el puerto y todo el municipio, a razón de 10% por cada contrato adjudicado,[2] según un padrón de empresas beneficiarias en poder de Los Caballeros Templarios. El "negocio" incluía a grandes corporaciones como ICA, ganadora de obras gigantescas y multimillonarias; el grupo exigía que en sus cotizaciones para las licitaciones la empresa incluyera ese 10% de "apoyo".[3]

Otro importante rubro de ingresos era la exportación de minerales hacia China desde el puerto de Lázaro Cárdenas. Paralelamente, cobraban un dólar por tonelada exportada a cinco empresas mineras que utilizaban dos muelles del puerto. De acuerdo con el reportaje, por "recursos minerales" los *templarios* obtenían 875 mil pesos mensuales.

En el renglón de las extorsiones la "nómina" incluía a gasolineras, tiendas de abarrotes con maquinitas tragamonedas, tortillerías, farmacias, bares, cantinas, restaurantes, cafeterías, negocios de ropa, rastros, sindicatos, asociaciones de transportistas y choferes, lotes de autos... Ni los prostíbulos se escapaban. Las extorsiones alcanzaban también al municipio, con cuotas de hasta 500 mil pesos por obra pública (drenaje, alumbrado, alcantarillado y pavimentación), y al ayuntamiento, con cifras que rondaban los 200 mil pesos por "pasada". Otro rubro de ingresos era la venta de discos (piratería), que sólo en Lázaro Cárdenas dejaban 916 mil pesos al mes.[4]

Un día después, en sus ocho columnas *Milenio* señalaba: "Supera 970 mdp al año el botín en Michoacán". El cintillo complementaba: "*Templarios* operan droga, lavado y extorsiones; el narcotráfico hacia EU, monto no cuantificado". Según el periódico, con base en "informes de inteligencia" de fuentes no identificadas, el estado de Michoacán era como un "gigantesco banco central" que aportaba reservas sin fin al grupo criminal.[5] Las actividades ilícitas incluían el trasiego y la venta de drogas (en la entidad y para el mercado nacional); la venta de armas; el secuestro; la extorsión a negocios ilegales y legales en los sectores de la minería, construcción, ganadería, agricultura, el comercio, transporte, los servicios y sindicatos; el robo de autos, así como el "cobro de comisiones" a funcionarios públicos de la administración estatal y presidentes municipales según dos rubros: "obra pública" y "cuota fija", además de las ventas en penales; la piratería; la venta de documentos apócrifos, y los giros negros y máquinas tragamonedas de su propiedad.[6]

Entre las actividades "lícitas" a través de las cuales ese grupo de la economía criminal lavaba recursos negros, figuraban hoteles, restaurantes, bares, antros, negocios de inmuebles, de venta de vehículos, empresas de seguridad privada, tiendas de calzado, de ropa, de aparatos eléctricos, discos y videojuegos, así como la venta de recursos minerales, ganado, cuero, aguacate, limón, plátano y maíz.

En total, según *Milenio* —siempre de acuerdo con lo que habían podido documentar los sistemas de inteligencia mexicanos—, las ganancias de Los Templarios en todo el estado de Michoacán superaba los 970 millones de pesos al año. Y según sus informantes, esa cifra representaba un "mínimo" de ingresos, ya que no incluían las ganancias generadas por la comercialización de cocaína, marihuana, amapola y metanfetaminas en el mercado estadounidense, principalmente en Atlanta (Georgia), California y Dallas (Texas).[7]

De ese total habría que deducir los sobornos o las llamadas "narco-nóminas", es decir, la obtención de colaboración o complicidad (con la organización criminal) de distintos actores gubernamentales y sociales vía la corrupción y la aplicación de una máxima de terror presuntamente aplicada a escala nacional por los empresarios armados de la economía criminal: "Plata o plomo". Según estimaciones conservadoras, en 2013 Los Templarios destinaban al rubro soborno alrededor de 325 millones de pesos anuales, lo que deducido de los ingresos (970 millones) dejaba una ganancia igualmente nada despreciable de 646 millones de pesos al año, equivalente, entonces, a 49 millones de dólares.[8]

Se calculaba que al menos 100 de los 113 alcaldes de la entidad eran extorsionados por Los Templarios. Los pagos podían alcanzar la quinta parte del total de ingresos que tenía el municipio, además de una "tajada" del dinero que depositaban las autoridades estatales. La entonces senadora panista Luisa María Calderón, hermana del ex presidente de la República, Felipe Calderón, dijo tener documentados datos y fechas de casos de extorsión: "Les cobran por cada obra [pública], y les han dicho que si no tienen tiempo para cuadrar sus cuentas hasta les mandan gente para que se las cuadren".[9]

El disciplinamiento de los alcaldes iba acompañado de una advertencia letal de parte de los operadores del grupo criminal: "Si te rajas, te mueres", lo que inhibía incluso la posibilidad de renunciar al cargo, ya que la única salida era la muerte. En el periodo 2005 a noviembre de 2013 el número de víctimas en hechos presuntamente ligados con grupos criminales en Michoacán ascendía a siete alcaldes muertos. Un servidor público municipal reveló: "Los narcos saben bien cuándo hay depósitos y hasta les llega copia filtrada de alguien del gobierno del estado".[10]

LA GEOPOLÍTICA DEL PACÍFICO Y LA EMPRESA TEMPLARIA

Los datos eran una radiografía aproximada de la realidad michoacana y fiel reflejo de lo que ocurría en otros estados de la República. Sin embargo, exhibían una visión unidireccional del problema, ya que se enfocaban exclusivamente en las operaciones legales e ilegales atribuidas por las autoridades a Los Caballeros Templarios y no incluía, como parte activa de las redes de complicidad y corrupción ligadas a la economía criminal, a miembros de la clase empresarial, banqueros, políticos y funcionarios públicos de los tres niveles de gobierno (federal, estatal, municipal), entre ellos a los responsables del fisco, autoridades aduanales, portuarias y judiciales, e integrantes de las fuerzas de seguridad del

Estado encargados de brindar "protección" (ejército, marina, policía federal y las distintas agencias policiales y ministeriales).

Lo que más llamaba la atención, por inverosímil, era que según la versión oficial difundida, Los Caballeros Templarios controlaban "todas" las operaciones del estratégico puerto Lázaro Cárdenas, que por razones de soberanía y seguridad nacional estaban —o deberían estar— bajo control constitucional de las fuerzas armadas (en particular de la marina) y el Centro de Investigación y Seguridad Nacional. ¿O acaso los mandos de la Semar y el Cisen en el puerto estaban coludidos con la organización criminal, y para fines políticos y mediáticos Los Templarios eran la cabeza visible de toda una trama delincuencial y mafiosa?

Ubicado en una de las nuevas zonas de influencia geopolítica en disputa entre Estados Unidos, Canadá y China —con eje en la pelea por materias primas y las rutas comerciales marítimas—, Lázaro Cárdenas es el segundo puerto industrial y comercial del continente americano sobre el océano Pacífico, después del de Long Beach, en Los Ángeles, California.

Asiento de uno de los puntos principales de la industria siderúrgica nacional, la ciudad de Lázaro Cárdenas se conecta través de una red multimodal de transporte a 13 estados del centro-norte de la República mexicana que generan 60% del producto interno bruto nacional.[11] En sus muelles se descargan las materias primas y manufacturas chinas que abastecen el mercado nacional, y los componentes que demandan las plantas maquiladoras instaladas en la región del Bajío, principalmente empresas ensambladoras de automóviles y del rubro aeroespacial. Y a través de una red ferroviaria controlada desde las privatizaciones del presidente Ernesto Zedillo (1995) por la empresa estadounidense Kansas City Southern de México (KCSM, de la que ese ex mandatario es accionista y empleado), se enlaza a través de dos ramales (cuyo destinos son Nuevo Laredo y Matamoros) con la frontera norte, pero en particular con la costa este de la Unión Americana y Asia, gracias a una conexión transfronteriza con el mundialmente conocido corredor Singapur-Kansas City.

Diseñado junto con el Plan Puebla Panamá a mediados del año 2000, el eje Lázaro Cárdenas-Nuevo Laredo para el traslado de contenedores por ferrocarril es vital para descongestionar el movimiento interoceánico de mercancías desde y hacia Estados Unidos, debido a la saturación del Canal de Panamá, lo que permite además bajar los costos de transporte (fletes) entre la costa atlántica (donde está concentrada casi el 80% de la producción estadounidense) y el Pacífico.

Cabe destacar que durante el sexenio de Felipe Calderón —es decir, en los años de expansión de una violencia criminal de nuevo tipo en el estado de Michoacán, que coincidieron con la fase de consolidación del dominio territorial de La Familia y Los Caballeros Templarios—, el puerto de Lázaro Cárdenas fue remozado y ampliado, debido a que en las alturas del poder —entre quienes deciden los megaproyectos económicos y los planes geopolíticos de la Alianza para la Seguridad y la Prosperidad de América del Norte— había sido concebido para servir de enlace con 44 países con los que México tiene tratados de libre comercio, y además como bisagra entre el Acuerdo Transpacífico (TPP)[12] y el Acuerdo Transatlántico de Comercio e Inversiones (TTIP).[13]

Por otra parte, Michoacán aporta 25% del mineral de hierro del país, y las mayores productoras del recurso en el estado son las trasnacionales ArcelorMittal, que en 2006 se quedó con la Siderúrgica Lázaro Cárdenas Las Truchas (Sicartsa); Ternium, el consorcio italoargentino que compró Hylsa; la canadiense Endeauvour Silver Corp; Pacific Coast Minerals, de Estados Unidos, y la Minera del Norte (subsidiaria del Grupo Acerero del Norte, propiedad de Alonso Ancira), que tienen concesionado poco más de 15% del territorio del estado.

De allí que Michoacán resultara muy atractivo para los comerciantes chinos que atienden la demanda de acero de la segunda economía del mundo. Fue así que desde el puerto de Lázaro Cárdenas comenzaron a partir barcos transportando hierro hacia el país asiático. En un año zarparon 30 buques con los contenedores llenos del mineral; cada cargamento valía 13 millones de dólares.[14] Según un reportaje del canal de televisión británico Channel 4, entre 50 y 75% de ese material ferroso provenía del crimen organizado y salía por la aduana.

De acuerdo con un cable de Reuters, las minas habían creado una oportunidad para bandas como Los Caballeros Templarios, que buscaban ampliar sus fuentes de ingreso con negocios legales. En 2013, en Arteaga, un pequeño pueblo escondido tras caminos montañosos a una hora de Lázaro Cárdenas —donde nació Servando Gómez, *la Tuta*, un ex profesor que entonces lideraba a Los Templarios—, se reunieron cientos de camiones que comenzaron a moverse rápidamente por las minas de hierro de Michoacán para satisfacer la demanda china. Según la agencia de noticias británica, ello contribuyó a aumentar las exportaciones del mineral a 4 millones de toneladas de enero a octubre de ese año, de entre 1 y 1.5 millones de toneladas en años anteriores.[15]

Tras volverse el grupo empresarial armado dominante en la economía criminal de Michoacán, Los Templarios comenzaron a controlar partes muy importantes de la cadena productiva. Exigieron a las cooperativas de transporte locales y a las compañías extractoras pagos a cambio de protección, e hicieron negocios con otros empresarios que extraían el mineral de explotaciones no concesionadas, a quienes luego también les cobraron derecho de piso. Finalmente, presionaron a funcionarios de aduanas para asegurar que el mineral de hierro pasara por el puerto sin problemas, es decir, sin los permisos y la documentación correspondiente que avalara su extracción, almacenamiento y exportación.

Días después de que la marina militarizó Lázaro Cárdenas, el entonces gobernador Fausto Vallejo declaró que el valor de los recursos criminales en torno al puerto podía ascender a 2 mil millones de dólares al año, cerca de la mitad del presupuesto de Michoacán en 2012. En ese momento, pero sobre todo a partir del sexenio de Felipe Calderón, el puerto se había convertido en el principal punto de entrada de precursores químicos procedentes de China, Corea y otros países asiáticos para la elaboración de drogas sintéticas (efedrina, metanfetaminas). Algunos lugareños declararon que incluso los químicos para la fabricación de drogas sintéticas podrían ser una forma de pago por la exportación de material ferroso.

No obstante todo lo anterior, no queda claro cómo y por qué las trasnacionales ArcelorMittal, Ternium, Endeauvour Silver Corp, Pacific Coast Minerals y la Minera del Norte de Alonso Ancira, que concentraban la producción de hierro en Michoacán, permitieron que aspectos importantes de la cadena productiva del mineral quedaran en manos de Los Templarios y éstos comercializaran el producto a plena luz del día, directamente y bajo las narices de todas las instancias del Estado mexicano a nivel federal, estatal y municipal, incluyendo, como se dijo arriba, a las autoridades fiscales, aduanales, portuarias y a la policía judicial del estado de Michoacán, la PGR, el Cisen, el ejército y la marina, en un punto de gran importancia geopolítica y para la seguridad nacional de México.

Ante lo escandaloso de la situación, el 3 de marzo de 2014 el entonces superpoderoso "comisionado federal" para la seguridad en Michoacán, Alfredo Castillo, anunció con bombo y platillo que autoridades federales y estatales habían decomisado 119 mil toneladas de hierro en la zona portuaria de Lázaro Cárdenas y embargado 124 máquinas pesadas de procedencia extranjera (entre ellas tractocamiones, retroexcavadoras, transportadoras, moledoras, trituradores y generadores), utilizadas para procesar y transportar minerales, correspondientes a nueve patios de acopio y de las cuales no se había acreditado su estancia legal en el país.[16]

Tan "certero" había sido el operativo que, según comentó entonces Carlos Fernández-Vega, "para curarse en salud" el comisionado Castillo había advertido que el hallazgo "podría ser de procedencia ilegal".[17] En rigor, después de cuatro meses de la militarización del puerto por la marina, el resultado era verdaderamente pírrico: a duras penas, y más con fines mediáticos, se había incautado el 2.9% del volumen de mineral de hierro exportado ilegalmente a China, que se había almacenado en los patios de acopio del recinto portuario sin que nadie lo registrara debidamente, transportado en cientos de voluminosos camiones que nadie vio y por personas que nunca existieron, mientras las exportaciones hacia el dragón chino iban viento en popa. El clásico "aquí no pasa nada" de la picaresca mexicana.

Como apuntó Fernández-Vega, por si existiera alguna duda lo anterior venía a confirmar que en México "hay robo, pero no ladrones; fraudes, pero no defraudadores; minerales, pero no barones de la minería implicados…"

¿Qué estaba pasando en realidad en Michoacán? Desde una lectura geopolítica, el violento conflicto entre Los Templarios y las autodefensas de Tierra Caliente podría responder a un choque de intereses entre expresiones armadas de grupos políticos, económicos y delictivos en pugna por el control del tránsito de mercancías por el puerto de Lázaro Cárdenas hacia el extranjero, y de las redes de interconexión multimodal de esa ciudad por territorios y rutas que conducían a estados del centro y norte de México, y a las costas del oeste estadounidense y Asia, como parte de una guerra de penetración y ocupación integral encubierta del país por capitales trasnacionales y multinacionales, en el marco de la visión geopolítica estratégica de Estados Unidos, cuya hegemonía comenzaba a ser desafiada por China y Rusia.[18]

Al mismo tiempo, la ofensiva desatada por Washington desde el inicio de la administración Peña Nieto, con apoyo de su peón, Óscar Naranjo, el general de la policía colombiana enquistado como asesor de seguridad del mandatario mexicano, podría haber sido un intento por "poner en orden" a Los Caballeros Templarios, grupo al que inicialmente habían armado y preparado, pero que dada la autonomía alcanzada en sus relaciones económicas con capitales chinos, ya no le resultaba funcional a sus intereses.

La metamorfosis: de autodefensas a cuerpos rurales del ejército

Corría 2014. Había pasado un año desde que en Michoacán comenzaran a surgir agrupaciones de civiles armados como una forma de enfrentar la inseguridad, generada por la incapacidad de los órganos gubernamentales encargados de cumplir esa función pública. En la entidad había quedado claro que los grupos de autodefensa formados por agricultores y ganaderos habían surgido con el apoyo o la anuencia del gobierno federal, hecho que quedaba demostrado con la coordinación con el ejército y la policía federal admitida por Hipólito Mora y José Manuel Mireles para expulsar a sus adversarios en el estado.

Tampoco el gobierno lo negaba. El 6 de enero de ese año, al término de la XXV Reunión Anual de Embajadores y Cónsules de México, el secretario de Gobernación, Miguel Ángel Osorio Chong, dijo a los medios que en "materia de seguridad", como parte de la estrategia diseñada para Michoacán "hemos venido trabajando con estos grupos denominados autodefensas, de los cuales, por supuesto, estamos seguros o tenemos datos de que no tienen que ver o están asociados al crimen organizado".[1]

No todos pensaban igual que el responsable de la seguridad interior del país. Según comentó entonces Raymundo Riva Palacio, al aceptar un diálogo con los grupos de autodefensa civiles, Osorio Chong había reivindicado la opción de "asociarse con delincuentes, para combatir delincuentes". A su juicio, los "delincuentes buenos" eran los paramilitares de Tierra Caliente y los "delincuentes malos" los narcotraficantes.[2]

El periodista recordó que en diciembre anterior en ocho municipios de Tierra Caliente habían aparecido mantas donde se acusaba al general de la policía colombiana Óscar Naranjo de ser el creador de las autodefensas. Naranjo no respondió nada, pero el columnista de *El Financiero* remitió al contexto en el cual habían surgido los "paramilitares michoacanos": durante la gestión del general Juan Ernesto Bernal Reyes como jefe de la 21a Zona Militar con sede en Morelia. Desde los años noventa, el general Bernal se había significado como "el experto" del ejército en movimientos armados, y existían videos y fotografías donde las tropas a su mando habían apoyado y protegido, en un inicio, a los grupos de autodefensa civil de Tierra Caliente.

¿Quién o quiénes habían financiado a esas distintas agrupaciones, y cómo? ¿Había sido vía los contribuyentes, las víctimas desposeídas y sus patrimonios, las ganancias del mercado negro de la economía? Ante esas interrogantes, lo que sí podía consignarse como una hipótesis a verificar, era que algunas de esas formaciones de civiles armados —a diferencia de las policías comunitarias y otras formaciones de autodefensa rurales que se regían por usos y costumbres indígenas, como en Ostula, Cherán y la región purépecha de Michoacán, o las que habían surgido autónomas del Estado en Guerrero y Chiapas— habían ablandado o preparado el terreno social (vía el miedo, el terror, la parálisis social) para la contrarrevolución de espectro completo en ciernes.

Parecía evidente que al margen de la ley y aun contra ella, el gobierno federal había decidido aprovechar la coyuntura para recuperar el territorio perdido y buscaría la forma de deshacerse de las autodefensas cuando no las necesitara.

El 13 de enero Osorio Chong informó que el gobierno federal asumiría la seguridad en Tierra Caliente y emplazó a los integrantes de las autodefensas a desarmarse. Ese día pidió a los civiles armados que retornaran a sus comunidades y dijo que se aplicaría la ley de manera "rigurosa e indiscriminada". Tres días después el responsable de la seguridad interior anunció el nombramiento, por decreto presidencial, de Alfredo Castillo como titular de la Comisión para la Seguridad y el Desarrollo Integral del Estado Michoacán. El anuncio implicaba el comienzo de una nueva fase de la estrategia gubernamental, en momentos en que algunas voces de los ámbitos político, académico y periodístico habían dimensionado la crisis michoacana con acentos superlativos que identificaban a esa entidad como un "Estado fallido" que vivía una virtual "guerra civil".

DESMOVILIZAR *A LA BRAVA*

Con el paso de los días y los meses las señales eran cada vez más evidentes: el gobierno de Enrique Peña Nieto maniobraba para que las autodefensas de Tierra Caliente —la "alternativa imperfecta", según la habían llamado los expertos en guerra irregular del Pentágono— se institucionalizaran como coadyuvantes formales de la Secretaría de la Defensa Nacional con el carácter de Cuerpos de Defensa Rurales.

El 22 de enero de 2014, en Davos, Suiza, en el marco de una conferencia en el Foro Económico Mundial, al responder preguntas sobre los grupos de civiles armados en Michoacán, el presidente Enrique Peña Nieto rechazó que su gobierno hubiera tenido responsabilidad alguna en su surgimiento y crecimiento tras los fallidos resultados de su estrategia militar y policial puesta en marcha en esa entidad cuando asumió el cargo.

Entrevistado por CNN International, Peña no pudo explicar la presencia de esas organizaciones e incluso negó que estuvieran armadas, pero invitó a sus integrantes a formar parte de las distintas corporaciones de seguridad de la entidad. En realidad, desde el 14 de enero anterior la idea de legalizar a las autodefensas como parte de la estrategia oficial de pacificación había sido planteada a los líderes del movimiento durante una reunión con representantes del gobierno federal y mandos de la Sedena en el cuartel de la 43a Zona Militar en Apatzingán.

Finalmente, el 27 de enero de 2014 el comisionado para la Seguridad en Michoacán, Alfredo Castillo informó en Tepalcatepec, cuna del movimiento, que el gobierno federal y los grupos de autodefensa habían firmado un "acuerdo" para legalizar a los civiles alzados e incorporarlos al cuerpo de defensas rurales del ejército o bien, previo examen de confianza y aprobación por los cabildos locales, a las policías municipales. Asimismo, dijo que la Sedena registraría las armas que estaban en poder de las autodefensas y daría a sus miembros materiales de comunicación, traslado y operación. El convenio establecía que los grupos irregulares detendrían su expansión en distintas regiones del territorio de la entidad.

La tácita absorción de las autodefensas civiles por el ejército venía a fortalecer la percepción de que el movimiento había sido impulsado originalmente por estrategas federales, bajo la conducción del general de la Policía Nacional de Colombia, Óscar Naranjo, quien, curiosamente, un día antes del anuncio del acuerdo de "institucionalización" de los *rurales* en Tepalcatepec, había dejado su cargo como asesor en el diseño de estrategias de "políticas públicas en materia de seguridad" del presidente Peña Nieto y volvería a su país.

A partir de entonces, el esfuerzo conjunto se centró presuntamente en combatir a Los Caballeros Templarios, mientras Castillo buscaba cooptar liderazgos e ir desarmando paulatinamente a las autodefensas para que se encuadraran en la nueva estrategia oficial. Aunque para los civiles en armas de Tepalcatepec, La Ruana y Buenavista Tomatlán el acuerdo anunciado podía resultar conveniente, no lo era para la salud institucional del país, en la medida que sentaba un precedente peligroso para la legalidad; constituía una confirmación de la incapacidad y abdicación del Estado en hacerse cargo de la seguridad pública y garantizar la vida, el patrimonio y el libre tránsito de la población, y alentaba la proliferación de organizaciones armadas irregulares en otras regiones del estado y entidades del territorio nacional, como única forma de enfrentar a la delincuencia.

De acuerdo con el general Daniel Velazco, comandante de la 12a Zona Militar —quien había estado presente en el acto de la "firma" del compromiso—, la temporalidad de los nuevos cuerpos de defensa rurales sería indeterminada:

"Pueden durar tres, cuatro, seis años. Tenemos rurales que llevan 20 años en los cuerpos". Según el jefe militar era esa una práctica común y hasta hacía pocos años en Apatzingán había "mil 400 rurales registrados" y sólo quedaron 200 porque el resto se había puesto "fuera de la ley".[3]

El cuartel de Apatzingán, a cargo del general Patiño, sería el encargado de registrar a quienes quisieran integrarse al cuerpo. Y como aseguró Velazco, incorporarse a los cuerpos rurales del ejército permitiría a los ex autodefensas "andar armados en sus comunidades", pero fuera de ellas, las fuerzas castrenses podrían decomisar sus armas. Dijo, también, que quienes se integraran recibirán "adiestramiento una vez al mes".

La creación de cuerpos de defensa rurales estaba considerada en la Ley Orgánica de la Sedena, que en su artículo 117, capítulo sexto, puntualiza que éstos se formarán con personal voluntario de ejidatarios mexicanos por nacimiento, que estarán supeditados a mandos militares profesionales y cuando desempeñen actos del servicio quedarán sujetos al fuero de guerra. A su vez, el *Instructivo para la organización, funcionamiento y empleo de los cuerpos de defensa rurales*, del 21 de marzo de 1964, prevé la organización, el equipamiento y el adiestramiento de ejidatarios para que colaboren con el ejército en la "conservación del orden y la seguridad jurídica" en el campo, así como para auxiliar a las tropas como "guías" en la persecución, captura y consignación de bandoleros, narcotraficantes y otros delincuentes.

En forma paralela a la institucionalización de las agrupaciones de civiles armados, el gobierno había iniciado una campaña mediática de desprestigio contra uno de los íconos del movimiento: José Manuel Mireles, personaje carismático y con un discurso coherente y contestatario, que se había negado a acatar la cooptación y domesticación de las autodefensas.

El 4 de enero de 2014 Mireles había sufrido un extraño accidente aéreo y en su ausencia, en una clara acción divisionista, el comisionado Castillo había promovido como vocero de las autodefensas a Estanislao Beltrán, *Papá Pitufo*. Todavía convaleciente, el 24 de febrero Mireles se había incorporado a la marcha conmemorativa del primer año del alzamiento armado en Tierra Caliente, y allí coincidió con Juan José Farías, *el Abuelo*, pero se negó a que los fotografiaran juntos.

Desde ese día, el médico de Tepalcatepec se convertiría en una piedra en el zapato del régimen. Junto con Mireles, Hipólito Mora había denunciado la infiltración de ex *templarios* a las autodefensas.

Inflexible, Mora había iniciado una cruzada en La Ruana para impedir que volvieran los "arrepentidos", a quienes señalaba como operadores y sicarios de Los Templarios que pretendían camuflar su pasado y también su presente, ya que según él, ahora, varios de ellos trabajaban para el Cártel Jalisco Nueva Generación y otros más para un grupo de mercenarios, como llamaba a Los Viagra, que se habían erigido en el brazo más violento de las autodefensas.

Señalado como representante del ala moderada e institucional de las autodefensas, sorpresivamente, el 11 de marzo Mora fue detenido y sindicado por las autoridades de ser "copartícipe" en dos asesinatos. Su principal acusador era Luis Torres, alias *Simón El Americano*, quien le había arrebatado el liderazgo de las autodefensas en Buenavista Tomatlán y había hecho una alianza con Los Viagra. La detención de Mora desató entre sus allegados un sentimiento de traición gubernamental.

A reserva de que se comprobara su responsabilidad, no dejaba de ser paradójico que el fundador de las autodefensas, principal promotor de la presencia de las fuerzas federales en la zona e interlocutor privilegiado del gobierno, hubiera sido el primer detenido entre los líderes de los civiles armados.

Durante semanas, Castillo se había reunido con Estanislao Beltrán, Alberto Gutiérrez, alias *el Comandante Cinco* y Nicolás Sierra, señalado como jefe de la banda de Los Viagra, y con ellos tomó el acuerdo para el desarme y la desmovilización de las autodefensas a partir del 10 de mayo siguiente. Cada vez más, *Papá Pitufo* y *el Comandante Cinco* fueron utilizados como emisarios y peones del comisionado Castillo en la estrategia gubernamental. Y fueron ellos quienes el 8 de mayo, a 48 horas de que concluyera el proceso de registro, desarme y desmovilización de las autodefensas, durante una reunión con Castillo en las instalaciones de la 43a Zona Militar, acusaron a Mireles, entonces ausente, de "deficiencia mental" para hacerlo a un lado.[4]

Un día después, el propio Alfredo Castillo declaraba a los medios que Mireles ya no tenía "la influencia de antes" y además era "investigado" por cinco asesinatos en el municipio de Lázaro Cárdenas. La activación de las acusaciones contra José Manuel Mireles tenía dos precedentes obligados: el encarcelamiento de Hipólito Mora, acusado del homicidio de dos personas en un proceso plagado de irregularidades y cuyo único punto visible eran los testimonios de un grupo civil armado rival, el de *Simón El Americano*, y la detención y el proceso penal contra 19 integrantes de la guardia comunitaria de Aquila.

A la luz de esos hechos, daba la impresión que el afán gubernamental por desempolvar o iniciar causas penales contra liderazgos como los de Mora y Mireles —fueran reales o inventadas—, no era procurar e impartir justicia sino desmovilizar *a la brava* a algunos actores del complicado escenario michoacano que resultaban críticos o incómodos para los planes del comisionado Castillo, cabeza visible de un proceso de restauración faccioso y poco transparente del control por el gobierno federal.

El 10 de mayo, precedido de cinco camionetas de la policía federal con agentes armados hasta los dientes, y escoltado por detrás por otros cinco vehículos del ejército, con el sobrevuelo, arriba, de dos helicópteros Black Hawk, el comisionado Castillo recorrió en 15 minutos la distancia entre la Asociación Ganadera de Tepalcatepec y el centro de la población, donde ya estaba todo dispuesto para la "toma de protesta" de los integrantes de la nueva fuerza rural. A su lado iba el general Miguel Ángel Patiño —el jefe de la 43a Zona Militar acusado por los lugareños y el propio Mireles de ser protector de Los Templarios—, y ambos iban rodeados por una veintena de soldados y agentes federales miembros de la guardia personal del mando castrense.

Poco después, enfundado en un uniforme azul de la novísima policía rural, Estanislao Beltrán (*Papá Pitufo*) recibiría de manos de Castillo un fusil R-15 como símbolo inequívoco de la institucionalización de los ex alzados. "La gente se levantó para solicitar la presencia del Estado y hoy ustedes son el Estado", discurseó el comisionado Castillo. Y ya encarrerado, sin pudor alguno, remató parafraseando una cita clásica que en la ocasión resultó tragicómica: "Hay hombres que luchan un día y son buenos. Hay otros que luchan muchos días y son mejores. Hay quienes luchan muchos años y son muy buenos. Pero los hay quienes luchan toda la vida y esos son los imprescindibles. Y hoy los imprescindibles son ustedes y esta nueva fuerza rural fuerza rural estatal de Michoacán".[5]

Las imágenes de esa jornada dieron la vuelta al mundo y reflejaron la victoria de los leales y el aislamiento de los enemigos del comisionado Castillo. O de otra manera, sentenciaron la división de facto entre milicias irregulares legítimas e ilegítimas. Los *buenos* de un lado y los *malos* del otro. Desde entonces, a los alzados legítimos se les comenzó a identificar con la clave "H-3", según una interpretación periodística, para que pudieran circular en convoyes por las carreteras sin ser molestados por las fuerzas de seguridad del Estado.

Ya entonces, la suerte del doctor Mireles estaba echada. Por esos días, sintiéndose traicionado, había acusado en varias entrevistas al comisionado Castillo de haber conformado un nuevo "cártel" con "*Pitufo*, Los Viagra, *el Cinco* y José Alvarado, *el Burro*, el jefe tapadito de todos ellos, el que le llevaba el dinero de *la Tuta* a Jesús Reyna […] Son todos ex *templarios*, ex La Familia y algunos ex Cártel de Jalisco. Los perdonaron y ahora resulta que son los coordinadores generales de todo el movimiento".[6]

Según Mireles, quienes lo habían defenestrado eran integrantes de la banda de Los Viagra, un grupo escindido de Los Caballeros Templarios a finales de 2013. El grupo era comandado por los hermanos Rodolfo, Valentín, Severino, Beatriz, Bernabé, Mariano, Nicolás y Carlos Sierra. Éste último, a quien llamaban *el Viagra*, era escolta de *Papá Pitufo*. De acuerdo con informes extraoficiales que circularon entonces, a Los Viagra se les relacionaba con una serie de ataques con bombas molotov a instalaciones de la Comisión Federal de Electricidad en octubre anterior y de trabajar para el Cártel Jalisco Nueva Generación, aún y cuando se habían iniciado en La Familia Michoacana.[7] Los hermanos Sierra eran oriundos de un rancho del municipio de Buenavista, de donde también eran *Papá Pitufo*, Luis Antonio Torres, *el Americano* y José Alvarado. Para Mireles resultaba claro que el comisionado Castillo había llegado a un acuerdo con Los Viagra, que tenían 300 sicarios.

El aislamiento de Mireles se haría más patente a partir del 4 de junio de 2014, cuando, tras su liberación el 16 de mayo por "falta de pruebas", Hipólito Mora se integró formalmente a la Unidad de fuerza rural.

¿Un narcogobierno en Michoacán?

El viernes 4 de abril de 2014 la clase política se había cimbrado. Ese día el priísta Jesús Reyna García, segundo hombre en importancia en el gobierno de Michoacán, fue detenido por la Procuraduría General de la República bajo la acusación de haberse reunido con *la Tuta* y establecido compromisos con Los Caballeros Templarios.

Político de amplia trayectoria en el estado, ex diputado local y federal, desde muy joven Reyna había militado en el Partido Revolucionario Institucional. Ligado siempre al grupo político del ex gobernador Ausencio Chávez Hernández, con quien había ocupado la Secretaría de Gobierno en la década de los noventa, antes de cumplir los 30 años Reyna se había desempeñado como procurador de Justicia. En 2007 había sido candidato a la gubernatura, pero perdió ante el perredista Leonel Godoy. Al inicio de la administración de Fausto Vallejo, en febrero de 2012, por acuerdos políticos entre las diferentes expresiones del PRI, Reyna, quien había sido coordinador de la campaña electoral del nuevo gobernador, volvió a ocupar la Secretaría de Gobierno. Y por problemas de salud del mandatario estatal, el 22 de abril de 2013 fue nombrado gobernador interino, ante la ampliación de licencia de Vallejo por seis meses.

Si bien los señalamientos sobre los nexos *non sanctos* de Jesús Reyna venían de tiempo atrás, su interinato en la gubernatura había comenzado a complicarse desde que Ciro Gómez Leyva revelara, el 19 de noviembre de 2013, que un mes después de asumir como secretario general de Gobierno de la entidad su nombre ya figuraba en un documento enviado por el informante Juan García Bravo al entonces secretario de Seguridad Pública de Michoacán, Elías Álvarez Hernández.

Fechada el 16 de marzo de 2012, la ficha informativa del agente García Bravo detallaba dos reuniones de Reyna con jefes *templarios* en el rancho El Jabalí, en la comunidad de Las Cruces, en Tumbiscatío, en el marco de la campaña electoral de 2011. Un encuentro había tenido lugar la última semana de julio de ese año, un mes antes de que empezaran las campañas por la gubernatura de Michoacán; la otra en la segunda semana de octubre.[1]

De acuerdo con el columnista de *Milenio*, en ambos encuentros habían acompañado a Reyna —entonces coordinador de campaña de Vallejo— el candidato a presidente municipal de Tepalcatepec, Guillermo Valencia Reyes (quien a la postre resultaría electo) y José Trinidad Martínez Pasalagua, líder de la Coordinación de Trabajadores Transportistas de Michoacán. A la reunión de octubre también había acudido Armando Ballinas, quien tras la elección de Fausto Vallejo se desempeñaría como secretario ejecutivo del Consejo Estatal de Seguridad Pública de Michoacán. Por el lado *templario* habían participado Nazario Moreno, *el Chayo*, y Servando Gómez, *la Tuta*, y en el encuentro de julio también Saúl Solís *el Lince*, quien había buscado una diputación federal por el Partido Verde en 2009 y ahora habría acordado compromisos a futuro de su agrupación como parte de la alianza con el PRI.

Ese mismo día Guillermo Valencia Reyes le envió una carta al periodista Ciro Gómez Leyva para desmarcarse de su presunta participación en la reunión con cabecillas de la banda criminal. Tras calificar como "falso" el señalamiento, dijo que constituía una evidencia más de "las estrategias mediáticas de Luisa María Calderón para lucrar políticamente con la desgracia en Michoacán, siendo que ella y su familia han sido artífices de la convulsión de una entidad que, en palabras de campaña de Felipe Calderón, sería un estado al que le iba a ir 'muy, pero muy bien' con un michoacano en Los Pinos".[2] Según Valencia, la "información" presentada por el periodista ya había sido divulgada por Luisa María Calderón el 9 de septiembre de ese año, "motivo por el cual ya tengo lista una demanda por daño moral contra la senadora".

Señaló, asimismo, que el documento generaba "suspicacias", ya que tenía fecha del 16 de marzo de 2012, "15 días después de que Elías

Álvarez Hernández fuera relevado de la Secretaría de Seguridad Pública de Michoacán". Y añadió:

> ¿No será más bien que la elaboración de dicho informe o documento, hecho a destiempo a encargo de Elías Álvarez, fuera un instrumento de Luisa María Calderón para enrarecer el clima político de Michoacán y así sacar provecho político en su obsesión por gobernar Michoacán?

Como parte de su alegato, Valencia cuestionó:

> Si el crimen organizado apoyó mi candidatura en el PRI (según insinúa Luisa María Calderón, dada mi supuesta cercanía como para reunirme con ellos), ¿cómo explica la señora Calderón que ella fuera la candidata con más votos en Tepalcatepec en las elecciones locales? ¿Acaso ella negoció con el crimen organizado?[3]

Dos días después, Gómez Leyva develaría más datos inquietantes del presunto reporte de García Bravo a Álvarez Hernández. En su ficha, el asesor de seguridad escribió que a su regreso de Tumbiscatío a la plaza de Cuatro Caminos, Reyna habría comentado que "*el Doctor* [Nazario Moreno] y *el Profe* [Servando Gómez] decidieron apoyar a los candidatos del PRI". "Dijeron que habían acordado que Reyna sería el próximo secretario de Gobierno, Ballinas estaría en el Consejo de Seguridad [...] que prepararía la estrategia electoral con los municipios y desde ahí operarían sus cuadros para preparar el terreno para 2015." El informante daba cuenta de un "plan B" —que luego se aplicaría—, dado que los estrategas *templarios* adelantaban ya que "si se da el caso de que *el Gordito* [Fausto Vallejo] se va antes, nos colamos para ser interinos a la gubernatura del estado".[4]

FAUSTO VALLEJO Y SU HIJO INCÓMODO

Si bien los reflectores estaban puestos sobre Jesús Reyna, de tiempo atrás la senadora Luisa María Calderón venía arremetiendo contra el gobernador Vallejo. El 30 de octubre de 2013 la panista había señalado en una entrevista radial con Carmen Aristegui en MVS que "la gente de campaña del actual gobernador de Michoacán negoció con el crimen organizado" y "uno de los hijos de Fausto Vallejo está vinculado con el crimen organizado".[5] Interrogada acerca de a qué respondía el regreso de Vallejo a la gubernatura después de una licencia de seis meses, la legisladora dijo: "Tiene que ver con cumplir con cosas a las que se comprometió siendo candidato […] gente de la campaña de Fausto fueron a negociar con el crimen organizado quién podía ganar la elección".

En réplica a la radioemisora, en su cuenta de Twitter dijo entonces Vallejo: "Esta mujer está enferma del alma, ya que es miserable lo que está declarando. La hermana del ex presidente Felipe Calderón no me perdona que le haya ganado la gubernatura en 2011".[6]

El 23 de noviembre siguiente, con la intención de lograr la destitución de Vallejo, la senadora de Acción Nacional pidió a ese cuerpo legislativo iniciar el proceso para desaparecer poderes en Michoacán. Por su parte, el coordinador general de las autodefensas, José Manuel Mireles, había asegurado que Los Caballeros Templarios habían metido 3 millones de dólares a la campaña del PRI en 2011.[7]

Cinco meses después Jesús Reyna estaba sometido a 40 días de arraigo y Fausto Vallejo bailaba en la cuerda floja. Lo más sorprendente de la detención de Reyna era que no se hubiera producido antes. Durante la mayor parte de la administración de Fausto Vallejo, el verdadero "hombre fuerte" del régimen y avezado conocedor de las cañerías del sistema político mexicano había operado desde las sombras, y ahora era la llave de una puerta que podía derivar en la develación de detalles sobre la protección institucional a Los Caballeros Templarios.

Resultaba obvio que dentro del gobierno federal se sabía de sus oscuras vinculaciones con el bajo mundo criminal —como otros políticos en el pasado—, pero sus nexos habían sido funcionales para el nuevo gobierno de Peña Nieto mientras se diseñaba una estrategia para Michoacán en varias pistas. Si las acusaciones se probaban, no podía dejar de reprobarse el comportamiento de las estructuras del gobierno federal responsables de indagar, identificar y reportar cuestiones sensibles, en particular, el Centro de Investigación y Seguridad Nacional (Cisen), la PGR, la Sedena y la Semar. ¿Los agentes de inteligencia de esas corporaciones en Michoacán habían dejado de hacer lo que les correspondía o lo habían reportado y sus jefes se habían hecho de la vista gorda? ¿Había sido mera ineptitud o complicidad?

Por otra parte, de comprobarse la responsabilidad de Reyna en una red de protección política de Los Templarios, ¿quiénes habían sido sus operadores políticos dentro del gabinete y quiénes habían hecho el trabajo de campo? ¿Quiénes eran los prestanombres, los hombres de negocios asociados a los criminales, los notarios públicos que habían "legalizado" los despojos, quiénes los encargados de lavar el dinero?

El 23 de abril de 2014 la PGR aceptó como "prueba pública con valor indiciario sujeta a verificación", el video de una "reunión" entre *la Tuta* y Reyna que había sido subido a YouTube el domingo 20 de abril de 2014. La defenestración de Reyna ya no tendría marcha atrás. El 7 de mayo siguiente sería trasladado al penal de máxima seguridad del Altiplano, en Almoloya de Juárez, Estado de México, luego de que la PGR lograra acreditarle vínculos con los líderes de la organización criminal de Los Caballeros Templarios.

Y una cosa llevaba a la otra: viejo político que había devuelto la gubernatura al PRI, cuatro veces alcalde de Morelia, la caída de Fausto Vallejo parecía inminente. Las sospechas de complicidad con las bandas criminales alcanzaban al gobernador no sólo en lo que tenía que ver con la situación en la entidad, sino con el origen de su elección en el cargo, en unos comicios que se habían definido por una ventaja menor a 2.5% de los sufragios.

De acuerdo con algunos analistas, los números en las votaciones de 2011 en los municipios de la zona *templaria*, en particular Lázaro Cárdenas, Apatzingán, Zacapu, Zamora y Uruapan, mostraban un comportamiento claramente atípico respecto a la elección de gobernador precedente, e incluso en relación con los comicios presidenciales de 2012. Fuera de dichos territorios los cambios eran menos abruptos.[8] A guisa de ejemplo, en 2007 en Lázaro Cárdenas el PRI había obtenido 6 114 votos y para la elección de Vallejo a la gubernatura 21 847.

En Apatzingán, otro de los santuarios de Los Templarios, en la elección precedente el PRI había logrado 8 212 sufragios, y seis años después, Vallejo 23 110.

¿Tendrían que ver esos resultados con las dos reuniones de Jesús Reyna con jefes *templarios* en el rancho El Jabalí, en la comunidad de Las Cruces, en Tumbiscatío? Al parecer, según las autoridades federales, sí. Pero además, la detención y acreditación de responsabilidad al ex secretario de Gobierno y ex coordinador de campaña de Vallejo, parecía alcanzar al que lo había empoderado y su entorno íntimo.

El 18 de junio de 2104 el gobernador de Michoacán anunció por Twitter su renuncia al cargo, cinco días después de que la agencia Quadratín difundiera una foto de su hijo Rodrigo Vallejo Mora conversando animadamente con Servando Gómez. La reunión habría ocurrido en la zona de Tierra Caliente entre abril y junio de 2013. Aunque Fausto Vallejo quiso ocultar el escándalo con la versión de que se iba por razones de salud, la PGR había verificado la autenticidad de ese y otros videos, y documentado la relación de *la Tuta* con Rodrigo Vallejo, apodado *el Gerber* desde 2008.

Según un reportaje de la revista *Proceso* con base en información de "inteligencia militar", Rodrigo Vallejo Mora había estado vinculado con los grupos criminales de la entidad desde muy joven y aparecía en las estructuras de La Empresa, La Familia Michoacana y Los Caballeros Templarios, en las que habría cumplido un papel importante en el tráfico de influencias; como intermediario con empresarios, comerciantes y políticos; el lavado de dinero, el cobro de piso y la protección de bares y discotecas de Morelia.[9] Además, de acuerdo con José Manuel Mireles se había convertido "en jefe de plaza" en Morelia, la capital michoacana, y tenía el control de "algunas mafias del transporte".

Por esos días, reportes periodísticos consignaron que durante un cateo en abril anterior a una casa en Morelia, la policía federal había encontrado una decena de videos "olvidados" en una bolsa de plástico, que habrían sido la punta para desmadejar una vieja hebra de putrefacción en Michoacán, constituido en la coyuntura en lo que Raymundo Riva Palacio definió como "arquetipo nacional de un narco Estado".[10]

Según informó entonces María Idalia Gómez en el portal Eje Central, en distintas imágenes revisadas por los peritos de la PGR aparecían empresarios, funcionarios, ex legisladores michoacanos y ex funcionarios municipales y estatales, en conversaciones y negociaciones con narcotraficantes.[11] Y también aparecía la que mostraba la reunión de Vallejo Mora con Servando Gómez, el jefe *templario*.

De acuerdo con un video de 18 minutos en poder de Quadratín México (no fechado), el primogénito de Fausto Vallejo se había reunido con *la Tuta*, prófugo de la justicia, a analizar la "situación" de Michoacán. Durante la conversación, muy relajados, bromeando a ratos, sentados alrededor de una mesa de plástico, tomando cervezas de lata junto a las cuales había un paquete de cigarros, se escucha a Rodrigo Vallejo diciéndole a *la Tuta* que su padre había sido sometido a cinco intervenciones para remplazar órganos, entre ellos el páncreas, el hígado y los intestinos. Además sostuvo que en Michoacán había tres gobernadores, su padre Jesús Reyna y Guillermo Guzmán, entonces jefe de gabinete de la administración.[12]

Total, que el entorno político y familiar terminaría por hundir al frágil gobierno de Fausto Vallejo. El golpeteo mediático dosificado desde Los Pinos lo había mantenido bajo amago por razones de conveniencia política del entrante equipo gobernante. Meses antes, como se dijo arriba, el carácter extraordinario de la crisis en Michoacán había llevado al gobierno de Peña Nieto a tomar una decisión arbitraria y anticonstitucional: la virtual desaparición de poderes encubierta con el envío de un "comisionado", Alfredo Castillo, que en los hechos ejercería el poder real y el mando sobre las estructuras de gobierno locales y coordinaría a las delegaciones federales.

El gobernador constitucional debió renunciar entonces pero no lo hizo porque no quiso o porque no lo dejaron. Su hijo Rodrigo fue detenido el 3 de agosto de 2014. Acosado por la enfermedad y su infortunio político, cuando un día después Fausto Vallejo llegó a las instalaciones de la Procuraduría General de la República a pedir que se le dejara ver a su vástago detenido, lucía apesadumbrado y reflejaba desgaste, decaimiento, quizá depresión.

Un año después, el 11 de septiembre de 2015, Rodrigo Vallejo Mora fue sentenciado a 11 meses y siete días de prisión, tras ser encontrado culpable del delito de encubrimiento por no haber aportado datos que llevaran a la aprehensión de Servando Gómez, *la Tuta*. Pero no volvería a pisar la prisión, ya que el 12 de abril anterior, tras ganar un amparo y pagar una fianza de 7 mil pesos, había obtenido la libertad. El resto de la pena lo podría cubrir con una multa. Como dijo entonces Denise Maerker, después de haber confraternizado con "un archiconocido criminal […] secuestrador, extorsionador y asesino de policías", Rodrigo Vallejo quedaba libre mediante un "arreglo", porque era parte de los "intocables". Pertenecía a un clan, a una élite del país al que se protegía con el velo del poder.[13]

De la caída de Mireles
a la matanza de Apatzingán

La "toma" del puerto de Lázaro Cárdenas había sido planeada a finales de febrero de 2014 por integrantes del Consejo General de Autodefensas, para abrir los dos objetivos mayores: Uruapan y Morelia, las ciudades más grandes de Michoacán. Desde noviembre de 2013 la seguridad del puerto estaba en manos de la marina, pero para el liderazgo de las autodefensas —conformado entonces por los "históricos" Hipólito Mora, Estanislao Beltrán, José Manuel Mireles y *el Abuelo* Farías, entre otros— llegar allí tenía un peso simbólico específico: no sólo porque era el punto de salida de las exportaciones de minerales y madera de Los Caballeros Templarios, sino porque estaba pegadito a Tumbiscatío y Arteaga, los dos municipios donde presuntamente se movía Servando Gómez, *la Tuta*.

Pero de febrero a junio de 2014 muchas cosas habían cambiado en Michoacán. El gobierno había decretado la muerte oficial de las autodefensas y muchos antiguos civiles alzados estaban ahora encuadrados en la fuerza rural. Mireles se había rehusado a ser parte de esa estructura oficial y el 26 de junio, al mando de unos 300 hombres, "tomó" Caleta de Campos, un poblado geográficamente estratégico en la tenencia de La Mira, por ser la puerta de entrada a Lázaro Cárdenas y a los municipios de Artega y Tumbiscatío. Una vez instalado, conversó con los habitantes y hacia el filo de las 11 de la mañana llegaron cinco vehículos militares y, según testigos, los soldados "convivieron" con los integrantes de las autodefensas del doctor Mireles.

Hacia las cinco de la tarde del día siguiente los militares volvieron con un convoy de 30 vehículos, donde además de soldados del ejército iban elementos de la marina, policías estatales y federales y guardias rurales. El objetivo del operativo era Mireles, quien al momento de su detención se hallaba comiendo y empuñaba en una de sus manos una pierna de pollo asado.

Después, a él y otros 82 civiles —a quienes militares y policías enmascarados tuvieron de hinojos y con las manos atadas sobre las espaldas en el jardín central de La Mira— las autoridades les achacaron portación ilegal de armas de uso exclusivo del ejército. Por la noche, entrevistado por Milenio Televisión, el comisionado Alfredo Castillo dijo que "había una advertencia de que después del 10 de mayo, las personas que se encontraran armadas y que no pertenecieran a un registro de la fuerza rural, iban a ser detenidas".

Como parte de un operativo mediático con fines propagandísticos —y a diferencia de las capturas de connotados cabecillas del crimen organizado como Joaquín *el Chapo* Guzmán y Miguel Ángel Treviño Morales, alias *Z40*, líder del cártel de los Zetas—, el doctor Mireles fue encapuchado, subido a un helicóptero de la policía federal, amenazado con ser tirado al mar y llevado a Morelia, donde fue aislado y sometido a presiones psicológicas, mofas y vejaciones por sus captores, quienes además lo dejaron sin alimentos ni medicamentos (es diabético y requiere insulina) y sin poder recibir a un abogado defensor durante 26 horas. Un día después fue enviado a un penal de máxima seguridad en Hermosillo, Sonora, donde fue rapado y le colocaron cadenas y grilletes en cuello y tobillos.[1]

Durante meses, José Manuel Mireles, el antihéroe, había sido un aliado de confianza del gobierno. El secretario de Gobernación había negociado y pactado con él, lo había legitimado y dejado crecer como un líder justiciero, pero ahora se había apartado del libreto oficial y lo estaba pagando caro. El 30 de junio el comisionado Castillo dijo que Mireles había sido aprehendido en "flagrancia" por "desafiar" y "confrontar" al Estado. No obstante, en esa coyuntura, en el trato del gobierno federal hacia Mireles no podía dejar de percibirse un ensañamiento y un espíritu vengativo y de escarmiento que debiera ser ajeno al quehacer institucional.

Además, su detención había constituido una aplicación discrecional, arbitraria e injusta de la Ley Federal de Armas de Fuego y Explosivos, normativa que había sido suspendida de facto en Michoacán por el propio comisionado Castillo para llegar a un "acuerdo" con las autodefensas —que técnicamente andaban fuera de la ley—, y cuya vigencia estaba en entredicho, por decir lo menos, en un entorno social en el que proliferaban a la vista de todo mundo tanto los delincuentes armados como los ciudadanos honestos que se habían provisto, organizadamente o no, de armas cortas y largas para defender su vida y su patrimonio.

Cabe enfatizar que por principio de cuentas, al reconocer a las autodefensas de Tierra Caliente y dialogar con ellas, el gobierno federal había creado de facto un estado de excepción, pues dejó de observar la propia Ley Federal de Armas y Explosivos, en la medida en que sus interlocutores la infringían de manera regular. Pero ya antes, la autoridad federal y la estatal habían violentado por omisión el marco legal al permitir que en extensas zonas de Michoacán y de otras entidades del país sentaran sus reales grupos diversos de la delincuencia organizada, y al abandonar a su suerte a las poblaciones locales, las cuales se encontraron sometidas a un reinado de terror, homicidios, secuestros, violaciones, robos y extorsiones sistemáticas.

¿UNOS *PEPES* MEXICANOS?

La cuestión tenía que ver con la invisibilidad de lo visible. Como ejemplificaba el caso Michoacán —y se había reproducido en varias partes de México—, las autoridades responsables del monopolio de la fuerza pública habían delegado de manera formal e informal, activa o pasiva, misiones policiales, de seguridad o mantenimiento del orden a grupos de civiles armados de dudosa credibilidad y francamente criminales. Y desde 2013, para fines mediáticos internacionales, como parte de una transacción simple el gobierno de Enrique Peña Nieto había buscado un descenso ficticio de las estadísticas criminales a cambio de la tolerancia hacia la explotación de algunos sectores criminales. Ergo, un nuevo *modus vivendi* y de cogestión de la seguridad.

En ese contexto destacó, por su profusión, la nueva temporada de *videoescándalos* que irrumpió en el periodo julio-agosto de 2104 con epicentro en Michoacán. En las filtraciones mediáticas aparecía Servando Gómez, alias *la Tuta*, en sucesivos encuentros individuales con el corresponsal del consorcio Televisa y funcionarios del Partido Revolucionario Institucional. Entre ellos, como se narró arriba, aparecía a cuadro el ex gobernador interino Jesús Reyna; el ex diputado y dirigente transportista José Trinidad Martínez Pasalagua; el ex edil de Apatzingán, Uriel Chávez (sobrino de Nazario Moreno, señalado como fundador de La Familia Michoacana); las ex alcaldesas Salam Korrum, de Pátzcuaro, y Dalia Santana, de Huetamo, y el ex mando de la fuerza rural de La Ruana, Antonio Torres González, *el Americano*, hombre de confianza del entonces comisionado especial Alfredo Castillo.

Más allá de su uso político y con fines de distracción por agentes de seguridad del gobierno federal, la serie de videos, incluido otro que mostró al ahora comandante de la fuerza rural de Buenavista Tomatlán, Estanislao Beltrán, *Papá Pitufo*, con una persona identificada como Nicolás Sierra, presunto miembro de Los Viagra —señalado como el brazo armado de La Familia Michoacana y Los Caballeros Templarios—, vinieron a evidenciar la simbiosis y colusión del PRI local y el comisionado Castillo con ese grupo de empresarios armados de la economía criminal.

Por otra parte, no era ningún secreto que sectores enteros de la población en áreas rurales aisladas, semirrurales y urbanas marginales de Michoacán y otras regiones de México dependen de los recursos gestionados por grupos delincuenciales y por esos actores híbridos —contaminados por el crimen— que son las élites políticas, económicas y administrativas y los representantes de algunas empresas trasnacionales que operan en el territorio nacional, como la Gold Corporation.

La población no tiene más remedio que someterse a una élite político-criminal que gestiona y distribuye favores, recursos y privilegios (adjudicación de contratos públicos, subvenciones, autorizaciones administrativas, puestos de trabajo en el sector estatal y municipal, etc.). El resultado de esa relación de dependencia e intercambio es el surgimiento de un vínculo triangular, complejo, entre grupos armados de empresarios delincuentes, las élites política y económica y una población subordinada y pasiva, sumida en la incertidumbre y el miedo. Un miedo que en ocasiones se convierte en "amor" al poderoso que lo puede exterminar.

En buen romance, en los primeros tres lustros del siglo XXI la sobrevivencia económica, amén de biológica (¡no poca cosa!), de cientos de miles de mexicanas y mexicanos dependía de esa interrelación facciosa entre jefes criminales, políticos y gobernantes retribuidos con votos y dinero. Así, servir como mano de obra de grupos empresariales de la economía criminal podía convertirse en empleo masivo en muchas partes del país.

La moraleja era obvia: en el capitalismo, donde el *Estado providencia*, el desmantelamiento del "nuevo PRI" de Peña Nieto no llegaba (privatización de la salud, del agua, de la energía, de las pensiones, etc.), la *mafia providencia* redistribuía recursos y generaba empleos, con el telón de fondo de un mundo social totalitario signado por la vigilancia y el control privatizados. Como había adelantado en 1987 la "Dama de Hierro" Margaret Thatcher, la sociedad no existe. Lo que existe son hombres y mujeres individuales, y hay familias.[2]

Además, esa colusión-cogestión amafiada podía, al final, ser fuente de consenso social y popularidad en el marco de un estado de excepción permanente para las masas desposeídas.

En ese contexto, el 2 de septiembre de 2014 Denise Maerker —a quien sus labores periodísticas la habían llevado varias veces a la Tierra Caliente de Michoacán, algunas incluso para dar cobertura a reuniones del comisionado Castillo con los líderes de las autodefensas— reveló que en la sierra de Michoacán 250 hombres armados estaban buscando a Servando Gómez, *la Tuta*.

La "sorpresa" era que no se trataba de efectivos del ejército, tampoco de policías federales ni estatales, sino de un "grupo operativo" integrado por ex autodefensas que se habían reconvertido en policías rurales y civiles armados que contaban con una credencial que les había extendido el gobierno del estado. Sus fuentes eran inobjetables: Estanislao Beltrán, *Papá Pitufo*, y Luis Antonio Torres, *Simón el Americano*.[3]

Seis días antes, la periodista había entrevistado al *Americano*, quien desmintió que el hombre de cachucha y camisa a rayas, que aparecía en un segundo plano en un video donde se veía conversando a Carlos Sierra Santana y Servando Gómez, fuera él. Le explicó que *la Tuta* había secuestrado a Carlos Sierra —uno de los siete hermanos conocidos como Los Viagra—, para obligarlos a pagarle dinero y evitar que se unieran a las autodefensas. Según Torres, los hermanos Sierra eran originarios de Pinzándaro, en el municipio de Buenavista Tomatlán, y eran "independientes"; no formaban parte de la fuerza rural, pero estaban "apoyando como comunitarios" en el objetivo de capturar a *la Tuta*.

El 1º de septiembre, en entrevista con Ciro Gómez Leyva en Radio Fórmula, ya como comandante de la fuerza rural, Estanislao Beltrán aceptó que quien aparecía en unas fotos con Nicolás Sierra Santana era él, y que no veía ningún problema en eso porque Sierra era "un compañero que inició la lucha con el pueblo". *Papá Pitufo* le explicó a Gómez Leyva que Nicolás era ahora comandante de un "grupo operativo" conformado por 250 elementos que buscaban a *la Tuta*.[4]

Tras consignar ese dato en su columna "Los Viagra: ¿Los Pepes mexicanos?", Denise Maerker asentó que era la primera vez que un líder de las autodefensas reconocía de manera pública que los hermanos Sierra eran "compañeros de lucha del movimiento de las autodefensas". La periodista, que había hecho trabajo de campo y contaba con fuentes privilegiadas, incluido el propio comisionado Castillo, ratificó que en la zona Los Viagra eran conocidos por ser un grupo armado que había trabajado para La Familia y con *la Tuta*, y que rompió luego con Los Templarios y se integró a las autodefensas de Buenavista Tomatlán encabezados por *el Americano*.

"Su incorporación, mantenida en secreto y negada cada vez que se les ponía un micrófono enfrente, no fue bien recibida por todos", reseñó Maerker. Recordó, incluso, que Hipólito Mora siempre había rechazado que se acogiera a ex *templarios* en los rangos de mando de las autodefensas y que eso había traído graves desacuerdos. "Los Viagra fueron los innombrables dentro de las autodefensas. Para algunos eran un mal necesario y para otros un compromiso inaceptable con los criminales."

Para su columna, Maerker entrevistó al comisionado Castillo, quien no negó que los hermanos Sierra estuvieran en ese "grupo operativo" al que llamó "el G250". Castillo le dijo que el grupo "guiaba" a las fuerzas del Estado en la sierra "porque nosotros no sabemos movernos por ahí". No obstante, contradiciendo al *Americano* y *Papá Pitufo*, Castillo le dijo que sí eran parte de la fuerza rural, pero de "un grupo especial".

Cuando la periodista le preguntó al comisionado por qué el gobierno se aliaba con gente conocida en la zona por sus vínculos con el crimen organizado, el enviado personal de Peña Nieto le respondió que "no había órdenes de aprehensión" contra los hermanos Sierra y que además, "para que la cuña apriete debe ser del mismo palo". No había que preocuparse, estaban "bajo control".[5]

Esas relaciones, escribió en su columna Maerker, le hicieron recordar a Los Pepes, el grupo de delincuentes que el gobierno colombiano había utilizado para acorralar y matar a Pablo Escobar, entonces capo del Cártel de Medellín, y que terminaron convertidos en un temible grupo paramilitar. Concluyó Maerker:

> ¿Asociarse con ciudadanos que se armaron y violaron la ley de armas para defender a su pueblo es lo mismo que aceptar una alianza de facto con un grupo conocido por sus nexos con el crimen organizado? No lo creo. El gobierno de Enrique Peña Nieto nos debe una explicación de su política de alianzas en Michoacán.

Apatzingán: la matanza del día de Reyes

El 6 de enero de 2015, en dos sucesivos ataques cruentos, agentes de la seguridad del Estado mexicano dieron muerte a mansalva a nueve civiles desarmados en la zona céntrica de Apatzingán. Varios de los occisos presentaban un tiro de gracia o habían sido rematados ya heridos; además les "sembraron" armas de uso exclusivo del ejército para justificar un supuesto enfrentamiento. En los hechos hubo un número indeterminado de lesionados a balazos, y 44 personas fueron detenidas y acusadas de los delitos de "asociación delictuosa" y "portación de armas de fuego exclusivas del ejército, armada o fuerza aérea".[6]

En sendas acciones punitivas participaron agentes de la policía federal bajo las órdenes del comandante Fausto Arenas, y soldados de la 43a Zona Militar de Apatzingán, al mando del general Miguel Ángel Patiño. La mayoría de las víctimas eran ex integrantes y simpatizantes de la ya mencionada fuerza rural G-250, el grupo de élite civil creado en mayo de 2014 por el entonces comisionado federal de Seguridad en Michoacán, Alfredo Castillo. En lo que había constituido una clara muestra de colusión del gobierno con un grupo criminal para encontrar a otros criminales, la misión del G-250 era buscar a Servando Gómez, *la Tuta*, y recuperar comunidades controladas por Los Caballeros Templarios en 81 municipios de la entidad.

El primer hecho se registró a las 2:30 de la madrugada en el jardín central y los portales del Palacio Municipal de la localidad, donde pernoctaba un centenar de ex integrantes del G-250 y familiares, incluidos niños pequeños, que desde hacía días realizaban un plantón de protesta contra el comisionado Castillo, quien 20 días antes había disuelto la fuerza rural sin pagarles sueldos ni indemnización.

El segundo ocurrió a las 7:45 de la mañana en el cruce de Avenida Constitución y Plutarco Elías Calles, cuando un comando de la policía federal que integraba un convoy de grúas y patrullas que transportaba al corralón 23 vehículos decomisados disparó con ametralladoras M-60 contra una docena de camionetas que transportaba a ex guardias rurales, familiares y simpatizantes que pretendían recuperar los vehículos.[7]

Según Alfredo Castillo, en ese segundo incidente —que definió como una "emboscada" de los civiles en contra de las autoridades—[8] se habían registrado siete muertes (entre ellos dos mujeres) y otra persona herida falleció después en un hospital. El comisionado aseguró que fueron las víctimas las que habían agredido a los federales con armas 9 milímetros y un rifle .223 conocido como R-15, y descartó que hubiera habido ejecuciones extrajudiciales. Dijo que todos los abatidos varones habían resultado positivos en las pruebas de rodizonato de sodio —es decir, habrían disparado armas de fuego— y además que las nueve víctimas posiblemente "murieron en fuego cruzado entre ambos bandos".[9]

El fin de semana siguiente, en una virtual operación de control de daños, emisarios del comisionado Castillo distribuyeron una "versión oficial" que fue reproducida en diferentes medios. El sábado 10 de enero, las ocho columnas de *El Universal* decían: "Fuego amigo en muertes de Apatzingán: gobierno". En el cintillo se asentaba: "Al menos 6 de los 9 fueron abatidos por su mismo grupo". Al otro día, en interiores, *Milenio* cabeceó la nota sobre la matanza: "La PF auxilió a civiles heridos en Apatzingán". Como destacaba el sumario, la intención del reportaje buscaba descartar, con base en la "investigación oficial", que los federales hubieran ejecutado de manera extrajudicial a los civiles y que se habían "preservado los indicios ligados a la balacera".[10]

El 12 de enero, después de que un día antes el diario *Reforma* publicara el testimonio de un testigo de la matanza, Alfredo Castillo reiteró en conferencia de prensa que en el primer hecho había habido un "atropellado" y en el segundo "hombres armados" habían "emboscado" una caravana de la policía federal para quitarles vehículos incautados, y en el "enfrentamiento" se habían registrado ocho muertes por "fuego amigo".

Acompañado de un fiscal que lo auxilió a la hora de presentar gráficos y fotografías para el montaje mediático de la operación, e irritado cada vez que un periodista lo interrumpía, Castillo utilizó esquemas arbitrarios que pretendían explicar a modo las trayectorias de las balas, describir la geografía de los hechos y la disposición de los cuerpos inertes y ensangrentados de las víctimas del fuego homicida oficial. El funcionario negó que hubiera habido ejecuciones sumarias, y enfatizó de manera machacona su teoría sobre el "fuego amigo": en un "fuego cruzado", los muertos habrían sido ultimados por sus propios compañeros.[11] Sin embargo, la exposición de lo que en el argot ministerial se llama *mecánica del crimen*, dejó muchas interrogantes, dada la imprecisión del funcionario, quien además hizo gala de arrogancia e impaciencia.

Según un despacho periodístico de la agencia The Associated Press, inicialmente Castillo había dicho que las víctimas habían sido abatidas por el ejército y con posterioridad declaró que fue la policía federal. La nota de AP recogía declaraciones de seis testigos que habían visto que las víctimas salieron de sus camionetas con los brazos en alto y gritaban "no tiren, no tiren, estamos desarmados". También citó el testimonio de Carlos Vázquez, quien el 6 de enero se había desplazado en un convoy civil y dijo que como autodefensas y después como policías rurales, el gobierno "nos hizo hacer el trabajo sucio […] No queremos a los delincuentes, pero tampoco queremos al gobierno. Estamos hartos de ser reprimidos, de vivir así".[12]

El cable señalaba que vecinos habían rodeado a los policías después de la balacera y se quejaron de las acciones de los uniformados. Investigadores judiciales dijeron a empleados de una funeraria que sacaran los cuerpos del lugar rápidamente para que la multitud se dispersara. "No tomaron ninguna declaración ni medición de nada", dijo un testigo entrevistado.[13]

De acuerdo con lo que denunciaría después Nicolás Sierra, líder del G-250 —y como se ha dicho antes, uno de siete hermanos conocidos como Los Viagra—, entre sus seguidores se habían contabilizado de manera preliminar 16 muertos (aunque oficialmente sólo fueron entregados nueve cadáveres a sus familiares). Sierra dijo que de los 44 detenidos, 25 eran del G-250 y 19 personas ajenas a la protesta, entre ellas una mujer embarazada, un taquero, dos taxistas, una muchacha con retraso mental, un albañil y un vendedor de periódicos.[14]

LA LLEGADA DEL GENERAL GURROLA Y LA CAÍDA DE *LA TUTA*

El 22 de enero de 2015 el secretario de Gobernación, Miguel Ángel Osorio Chong, anunció la remoción de Alfredo Castillo de su cargo de comisionado de seguridad en Michoacán. Durante 372 días Castillo había asumido de facto todas las funciones, facultades y poderes de un gobernador electo en las urnas, pero ninguna de sus responsabilidades constitucionales, por lo que había devenido en una figura administrativa paralela y por encima del marco normativo. Por su temperamento arrogante y bravucón, su paso por Michoacán tardaría en ser olvidado.

Osorio dijo que la salida de Castillo tenía como objetivo garantizar los comicios del 7 de junio de ese año en la entidad.[15] No obstante, de acuerdo con diversos observadores políticos, la separación del comisionado estaba "cantada" desde octubre anterior, pero a raíz del escándalo derivado de los crímenes de Iguala/Ayotzinapa, Osorio le habría pedido esperar. Para entonces, el enviado de Peña Nieto lucía un poco solo. Se quejaba de que el jefe de la 43a Zona Militar le escatimaba apoyo y miraba con recelo sus actividades. Se dijo, también, que el funcionario mantenía una relación distante con el procurador general de la República, Jesús Murillo Karam, y se habló incluso de una pugna por el control de la PGR entre los grupos Toluca e Hidalgo, a los que pertenecían ambos.[16]

En remplazo de Castillo fue nombrado el general de división Felipe Gurrola Ramírez, un militar con 44 años de carrera experto en labores de inteligencia, ex agregado militar en Washington y ex comandante de la Brigada de Fuerzas Especiales del ejército, quien pocos días antes había sido designado comandante de la 21a Zona Militar en Morelia. Gurrola había ocupado las comandancias de la 12a Región Militar con base en Irapuato, Guanajuato (2014), y de la 8a Zona Militar en Reynosa, Tamaulipas (2013), en la frontera con el sur de Texas, y antes se había desempeñado como mando en Culiacán, Sinaloa (2012), estas dos últimas regiones con alto impacto del narcotráfico. A mediados de los años noventa se había desempeñado como secretario particular del entonces secretario de la Defensa Nacional, general Enrique Cervantes Aguirre.

Con esa impresionante foja de servicio, todo apuntaba que se transitaba hacia una mayor militarización del estado. La máxima prioridad declarada del general Gurrola era detener a *la Tuta* y desmantelar a Los Caballeros Templarios, que ya entonces habían perdido su hegemonía en Michoacán.

El 2 de febrero Servando Gómez dijo en un audio difundido en YouTube que ése sería su último mensaje público, ya que debía "cuidarse". En él negó tener tratos con el gobierno. Días antes, cabecillas de Los Viagra habían asegurado que *la Tuta* había entregado un millón de dólares a militares para comprar su libertad. "No tengo trato con el ejército, la marina ni la gendarmería, ni con ninguna de las corporaciones que andan detrás de mí", señaló entonces el escurridizo jefe *templario*.[17]

La madrugada del 27 de febrero Servando Gómez, de 49 años, fue detenido sin que se disparara un solo tiro. De acuerdo con la información oficial, su captura se produjo en una vivienda de las afueras de la capital michoacana, a 20 minutos del centro. Dos días después había ingresado a la prisión de máxima seguridad de El Altiplano, en Almoloya de Juárez, Estado de México.

La caída de *la Tuta* tenía un valor simbólico innegable para el gobierno de Enrique Peña Nieto, quien a raíz de los sucesos de Iguala, el estancamiento de la economía y los escándalos de corrupción y tráfico de influencias que habían estallado en su entorno cercano, para la percepción ciudadana estaba en el nivel más bajo de toda su gestión. La captura del ex maestro normalista significó una bocanada de aire fresco y un distractor efímero en medio de los duros cuestionamientos procedentes de distintos organismos de las Naciones Unidas y gobiernos europeos por la constante violación de los derechos humanos y la espiral de violencia en todo el país.

Sin embargo, los efectos prácticos de la captura serían más limitados, ya que desde hacía meses Servando Gómez era perseguido, andaba a salto de mata y contaba con muy poca capacidad operativa. Por otra parte, resultaba claro que los empresarios armados de la economía criminal no habían llegado a Michoacán con La Familia y no desaparecerían con la eventual desaparición de Los Caballeros Templarios.

La persistencia de la criminalidad tenía su origen en una debilidad institucional endémica, que se había acentuado el último año con el colapso de la gubernatura de Fausto Vallejo. En ese contexto, la detención de *la Tuta* era una buena noticia para el gobierno de Peña Nieto, pero había que valorarla en su verdadera dimensión: el problema de

Michoacán no eran los *templarios* sino el andamiaje político e institucional que había permitido la expansión de ese grupo criminal. Los negocios ilícitos y jugosos en la entidad eran muchos, desde la producción y el trasiego de drogas sintéticas, como las metanfetaminas o el cristal, hasta la explotación de la producción minera y maderera, pasando por la extorsión, los secuestros y otras actividades delincuenciales, y ya varias bandas, algunas de reciente formación, se disputaban la Tierra Caliente.

Uno de esos nuevos grupos era La Nueva Línea, integrado en su mayoría por ex *templarios* que se habrían refugiado temporalmente en el vecino estado de Colima, bajo la supuesta protección del gobernador de la entidad, Mario Anguiano.[18] Ahora, de regreso a Michoacán, tendrían su base en Apatzingán, ciudad considerada epicentro del tráfico de drogas en la región, y habrían establecido una alianza con la policía federal. De acuerdo con versiones periodísticas, al frente de la organización estaría Homero González Rodríguez, *el Gallito*, primo del fundador de Los Caballeros Templarios, Nazario Moreno, quien operaba en el Estado de México y se había convertido en enemigo de *la Tuta*.

La Nueva Línea disputaría ahora el control del territorio con células de la ex fuerza rural, Los Gallegos y los H–3 (o Tercera Hermandad), liderada por Luis Antonio Torres, *el Americano*. Las dos primeras "hermandades" serían La Familia Michoacana y Los Caballeros Templarios.[19] Entre los integrantes de los H–3 estarían dos hermanos de José de Jesús *el Chango* Méndez, otro "histórico" de La Familia, y los hermanos Rodolfo y Mariano Sierra Santana, de Los Viagra.

Según José Manuel Mireles, ahora en prisión, fue con esos grupos que habría pactado el ex comisionado Alfredo Castillo para "pacificar" Michoacán, después de haber utilizado a las autodefensas auspiciadas por el general Óscar Naranjo para que le hicieran el trabajo sucio al gobierno. De acuerdo con José Gil Olmos, la estrategia gubernamental diseñada por el general colombiano habría dado lugar al surgimiento de la Tercera Hermandad (H–3), organización "protegida por el pacto" concretado por Enrique Peña Nieto, Castillo y Naranjo, quien regresó a su país a inicios de 2014, una vez que su misión había concluido en México.[20]

El virrey Castillo y su herencia de sangre

Las dos versiones sobre lo ocurrido en Apatzingán el 6 de enero de 2015: la de una matanza de civiles desarmados perpetrada por fuerzas del Estado y la del enfrentamiento con muertos por "fuego cruzado" —como argumentó el entonces comisionado Castillo—, quedaron contrapuestas y perdieron visibilidad pública, hasta que el 19 de abril siguiente el semanario *Proceso*, el portal Aristegui Noticias y Univisión —la cadena de televisión en español más grande de Estados Unidos—, compartieron una investigación de la periodista independiente Laura Castellanos, donde con fotografías y testimonios grabados en audio y video de 39 personas sobrevivientes de la agresión, familiares de víctimas, vecinos y personal médico, se reforzaba la hipótesis de una masacre.

Según el relato de Laura Castellanos, era la noche de Reyes y muchos lugareños realizaban todavía las últimas compras de juguetes en los negocios del centro de la ciudad, cuando hacia las dos de la mañana un convoy integrado por 20 camionetas con agentes salió del cuartel de la policía federal y se dirigió hacia el Palacio Municipal. Al llegar al lugar los federales bajaron de los vehículos y tomaron por asalto la plaza; la mayoría llevaba el rostro cubierto, otros vestían de negro. Empuñaban fusiles Galil calibre 308, Heckler & Koch G3 calibre 7.62 y R-15 calibre 2.23.

De acuerdo con las versiones recogidas por la reportera, al atacar a tiros a los miembros y simpatizantes de la ex fuerza rural que estaban en el plantón frente al cabildo, algunos policías federales gritaron: "¡Mátenlos como perros!" Ninguno de los ex rurales tenía armas largas, y seis, que portaban pistolas registradas ante las autoridades, las pusieron en el piso. Los demás cargaban palos. Ninguno disparó.[21] "Todos obedecieron las indicaciones que les había dado Nicolás Sierra, alias *el Gordo Coruco*", de "no responder con armas ni piedras a ninguna provocación".

El ataque duró 15 minutos. Castellanos recogió el testimonio de "Rubén", un ex miembro de la fuerza rural, quien al oír balazos dijo que saltó de su camioneta y escuchó que un policía federal le gritaba:

"¡Levanta las manos y ponte de rodillas!" Iba a obedecer, cuando a un par de metros observó a un hombre hincado con los brazos en alto, rendido, sin armas, encañonado por uniformados. Vio cuando lo ejecutaron. En eso una camioneta del G-250 ingresó a la plaza y él logró escapar.

Otro entrevistado, "Artemio", quien fue detenido y liberado luego por el juez Jorge Wong Aceituno —al igual que los otros 43 capturados—, señaló que mientras lo sometían presenció una acción similar: un compañero bajó de su camioneta con los brazos en alto, los federales lo hicieron hincar y le dieron un balazo en la cabeza.

Según Nicolás Sierra y uno de los vecinos entrevistados por Castellanos, en el lugar quedaron más de 10 cuerpos tirados; algunas eran personas heridas, otras no se movían.

SEGUNDO ATAQUE: "¡ORA SÍ SE LOS LLEVÓ LA CHINGADA!"

Bajo un cielo grisáceo, al amanecer del 6 de enero las manchas de sangre se observaban sobre el pavimento, la acera y las paredes del Palacio Municipal. De acuerdo con la reconstrucción periodística de Laura Castellanos, hacia las 7:20 de la mañana una decena de camionetas y grúas federales se llevaron los vehículos incautados por avenida Constitución, rumbo al corralón.

Ya entonces, ex guardias rurales reprimidos del primer ataque en la madrugada y familiares de los detenidos se habían reagrupado en la glorieta de Apatzingán en la salida a Chandio. Alguien avisó que una caravana de la policía federal salía del jardín central. Otro individuo dijo que llevaban detenidos y heridos. Fue entonces cuando "personas de distintas edades, armadas con palos" subieron a varias camionetas y trataron de dar alcance a la caravana policial.

Un vecino testimonió que a las 7:45 cuatro camionetas con civiles "muy enojados" dieron alcance al último vehículo del contingente federal, cerca del cruce de Constitución y Plutarco Elías Calles, y "le tronaron los vidrios con palos". Entonces un uniformado gritó: "¡Ora sí se los llevó la chingada!" Y los policías dispararon.

Ante las descargas, la avanzada de los civiles se detuvo. En punta quedó una camioneta blanca con siete muchachos menores de 20 años. Uno de los jóvenes se bajó del vehículo y levantó las manos para que los policías vieran que iban desarmados, pero un disparo le dio en el hombro izquierdo. Herido, él y otro compañero se metieron debajo de la camioneta y se fingieron muertos.

Otros muchachos iban bajando de la batea de la *pick up* blanca y los agentes les disparaban. Asustados, los vecinos atisbaban desde sus viviendas. Uno de ellos escuchó a un federal que ordenaba: "¡Mátenlos! ¡Mátenlos!" El joven herido que bajó primero oyó a un policía decir: "Esos güeyes están heridos, hay que rematarlos". Y en seguida una ráfaga traspasó una pierna y la cadera de su acompañante.

Una vecina observó desde su ventana que tres jóvenes se desangraron tirados junto a la camioneta durante más de una hora. Varios testigos vieron cómo los federales alteraron la escena del crimen y sembraron armas. En distintas fotografías y videos que circularon en las redes sociales y otros que recogió Castellanos para su reportaje, pudo observarse a los muchachos ultimados, y junto a ellos, sembrado, un fusil con tres cargadores de munición que no correspondían al arma. En otra foto del lugar, los cuerpos y la posición del fusil estaban cambiados.[22]

Los policías sacaron a los dos muchachos escondidos debajo del vehículo y vieron que el que tenía la herida en el hombro todavía vivía. Un federal le recargó su bota en la herida y arrimó su fusil a la cabeza. "[Los vecinos] están grabando", lo alertó otro. Y eso le salvó la vida al joven. Cuando llegó Protección Civil y socorrió a los heridos, los federales se grabaron "ayudando" a subirlos a las camillas y después difundieron las grabaciones por las redes sociales.[23]

En el nosocomio Ramón Ponce, donde fueron hospitalizadas algunas personas heridas, los médicos constataron que varias de las víctimas presentaban "tatuaje", es decir, el sello quemante de la pólvora en la piel cuando el disparo se realiza a una distancia de 10 a 20 centímetros.

La ejecución de la familia Madrigal

Unos metros atrás del vehículo blanco se había detenido una camioneta deportiva negra, marca Arcadia. Al volante iba Miguel Madrigal, señalado como uno de los operadores de Los Viagra en Apatzingán. Le acompañaban su hermana Hilda, de 30 años, su esposa Berenice Martínez, de 35, un hijo adoptivo y Guillermo Gallegos, un joven trabajador.[24]

El ex guardia rural bajó de la camioneta y se alzó la playera para que los federales vieran que no traía armas, pero le dispararon. En una grabación que formó parte del reportaje se escucha a Madrigal cuando pide ayuda: "¡Los güeyes no dejan de tirar! ¡No traigo más que puros palos y mujeres y niños!"[25]

Según el texto de Laura Castellanos, un vecino de la calle Plutarco Elías Calles vio cuando un "hijo" de Madrigal quiso contraatacar con una "pistolilla de cinco o seis tiros". Narró que las detonaciones del arma eran insignificantes ante el poderoso tronar de las descargas de los rifles de asalto de los uniformados. La arremetida oficial hizo que Madrigal y sus acompañantes se acostaran apretujados sobre el pavimento. De acuerdo con las fotos y los videos filmados por vecinos del lugar del hecho, Miguel e Hilda Madrigal cubrieron con sus cuerpos al menor y a Berenice. Las mujeres lloraban y gritaban: "¡No tiren! ¡Estamos desarmados!" Pero según el vecino, unos ocho o 10 policías federales se acercaron a los Madrigal y los asesinaron a sangre fría: "Los masacraron, los hicieron pedazos".

Las imágenes exhiben a Hilda, inerte, abrazando al hijo adoptivo de su hermano Miguel, a quien un proyectil de alto poder, disparado a corta distancia, le reventó el cráneo y tiene los sesos expuestos. Todos, incluido Guillermo Gallegos, tirado boca arriba a un metro de distancia de Madrigal, mostraban la carne desgarrada por múltiples perforaciones de bala. Debajo de ellos se observan los palos que pensaban utilizar como "armas".

Según escribió Rodrigo Caballero en *Michoacán TresPuntoCero*, algunos registros fotográficos tomados inmediatamente después de las ejecuciones mostraban a los cinco cadáveres sin armas, pero en otra toma que circuló en las redes se veía una escopeta calibre 12 con algunos cartuchos percutidos, y junto al arma un cargador de rifle AR-15 igual al que usa la policía federal. La versión fue confirmada después por la diputada michoacana Selene Vázquez, quien afirmó que a los Madrigal les sembraron armas; la legisladora refirió que hay filmaciones donde aparecen los cinco cuerpos abatidos sin armas y después con armas.[26]

"Esos güeyes están heridos, hay que rematarlos", dijo un federal. Después sembraron armas y alteraron la escena del crimen.

#FueronLosFederales vs. "periodismo carroñero"

El domingo 19 de abril que se difundió el reportaje de Laura Castellanos en la revista *Proceso*, la cuenta de Soundcloud de Aristegui Noticias y Univisión, el *hashtag* #FueronLosFederales se convirtió en *trending topic*.

Las imágenes y los testimonios exhibían, por inverosímiles, las declaraciones de Alfredo Castillo, quien, como se dijo antes, durante varios días había asegurado en declaraciones a la prensa que las víctimas de las dos camionetas atacadas por uniformados habían perecido a raíz de "fuego amigo".

Prácticamente todas las personas fallecidas pudieron ser ultimadas por sus propios compañeros, y hay dos personas que recibieron impacto de arma de fuego tanto de la PF [como] del grupo civil, y que también son heridas mortales, por lo que es imposible determinar cuál de los balazos provocó la muerte [*sic*]. No estamos frente a hechos de homicidio por parte de las autoridades, ni el ejército [cometió] abuso de autoridad, sino fue legítima defensa.[27]

La versión del fuego amigo y la legítima defensa no resistían la prueba del ácido. Tras analizar el reportaje de Laura Castellanos, Ricardo Raphael acusó a Alfredo Castillo de haber propagado entonces "una fabricación infame". El columnista de *El Universal* aseveró que el ex comisionado había hecho "propaganda a una mentira". Entregado una narración "falsificada" a la audiencia, "confeccionada sólo para engañar". A su juicio, la actuación de Castillo añadía "su propio capítulo a la historia universal de la infamia".[28]

El lunes 20 de abril, entrevistado por Azucena Uresti en Milenio Televisión, Castillo —quien ya entonces, para protegerlo, había sido designado por su amigo el presidente Peña Nieto titular de la Comisión Nacional del Deporte (Conade)—, dijo que era con "pruebas", no con "testimonios anónimos", como se tenía que demostrar qué había sucedido en Apatzingán. Aseguró que el video difundido estaba "distorsionado y fuera de contexto", y volvió a reafirmar que los resultados de las indagatorias ministeriales que había dado a conocer el 12 de enero estaban sustentados en imágenes, testimonios y peritajes.[29] Castillo le dijo a Uresti ante las cámaras:

> Te lo digo como perito en la materia, entre testimonios anónimos y gente con nombre y apellido que da una declaración que está siendo validada, te puedo decir que […] la PGR o la procuraduría de justicia de Michoacán pueden, sin ningún problema y sin violar la secrecía de la averiguación previa, demostrar plenamente [la veracidad de] los hechos [tal como] se dieron en su momento a conocer.

Sin embargo, para Julio Hernández López la investigación de Laura Castellanos venía a confirmar la existencia de una virtual "política de gobierno que alienta y protege el asesinato masivo y crudo de quienes a faccioso juicio discrecional de fuerzas federales (policías, soldados o marinos) les resultan o parecen susceptibles de exterminio".

Según el columnista de *La Jornada*, no era sólo una "limpieza social" de presuntos narcotraficantes que morían acribillados sin que el Estado les concediera siquiera una "burocrática averiguación previa" para tratar de dilucidar una verdad jurídica de los hechos, sino también la "matanza" de ciudadanos que habían sido habilitados por el propio gobierno federal como guardianes locales "del orden", en el marco de una "guerra sucia" ejecutada en Michoacán por el propio Alfredo Castillo.[30]

Al comentar el trabajo periodístico de Castellanos, Hernández López adhirió a la idea de que policías federales habían "asesinado a sangre fría, sin resistencia y con todas las agravantes" a 16 civiles. Y agregó: "El patrón de conducta de la policía federal significó el disparo indiscriminado contra grupos civiles, la ejecución directa de algunos detenidos y el impedimento intencional de que se diera inmediata y adecuada atención médica a los heridos".

Mencionó, también, que la divulgación de la investigación en la página de Aristegui Noticias, el portal de la periodista que en una fecha reciente había sido despedida de MVS, había sufrido "ataques cibernéticos (metralla DDoS) sincronizados e intencionales, dando fe dichas maniobras tecnológicas de un ánimo poderoso que busca boicotear alternativas de información en internet".

No obstante, el gobierno federal y Alfredo Castillo tenían sus defensores. El director de *Milenio*, Carlos Marín, definió la "reconstrucción" de las ejecuciones de Apatzingán por Laura Castellanos como "periodismo carroñero". El periodista retomaba una frase de una entrevista de la agencia France Press al académico de la UNAM Raúl Benítez Manaut: "Esto podría ser una versión de Tlatlaya para la PF", y se lamentaba que esa "revelación" con base en fuentes "anónimas" había sido retomada por el diario *Le Monde* y el periódico *The New York Times*.[31]

Resultaba curioso que a tres meses y medio de los hechos no había ningún detenido por la muerte de los nueve o 16 civiles. En la primera de las variables, la del comisionado Castillo y su teoría del "fuego amigo", llamaba la atención que nadie había sido responsabilizado de los nueve homicidios y los ejecutores del crimen gozaban de impunidad. No había estrategia mediática que corrigiera eso.

Cuando el 22 de abril el comisionado nacional de Seguridad, Monte Alejandro Rubido, fue entrevistado sobre las grabaciones presentadas en el reportaje de Laura Castellanos, respondió que un "video anónimo" que habían recibido en su oficina no aportaba "ningún elemento novedoso [...] no muestra nada. No hay un solo hecho contundente y son dichos en *off*".[32] Según Rubido, los "más de 60 elementos que participaron en esos operativos" ya habían sido investigados entre enero y marzo anterior por la Unidad de Asuntos Internos de la policía federal, con la finalidad de que se establecieran las sanciones a las que podrían hacerse acreedores en el ámbito administrativo, una vez que se deslindaran las responsabilidades.

Videograbados por civiles que detuvieron la matanza, los hechos podían constituir delitos de lesa humanidad y dejaban en una delicada posición al ex comisionado Alfredo Castillo. La revelación lo convertía tácitamente en presunto responsable y cómplice de crímenes tipificados como muy graves por el derecho internacional humanitario. Castillo dejó Michoacán sumido en la violencia, pero tenía buenos padrinos, empezando por el presidente de la República.

LOS SOLDADOS TAMBIÉN DISPARARON

El 24 de mayo de 2015 Laura Castellanos aportaría nuevos datos sobre el caso Apatzingán. Uno tenía que ver con la participación de entre 100 y 110 efectivos del 30o Batallón de Infantería de la 43a Zona Militar, en el primer ataque la madrugada del día de Reyes.

De acuerdo con el "parte informativo y de puesta a disposición" contenido en la causa penal 3/2015-I del fuero federal, los militares habrían participado en una "operación de pinza" junto con los policías federales, y "disparado" contra el plantón de ex autodefensas y ex guardias rurales que pernoctaban con familiares frente al Palacio Municipal.[33] Firmado por siete soldados y el cabo Esteban Gómez Hernández, así como por tres policías federales, el "parte informativo" señalaba que tras recibir un "reporte ciudadano" que alertaba sobre la presencia de un "grupo numeroso de personas armadas" en el lugar, los militares se trasladaron al Palacio Municipal de Apatzingán y al llegar frente al jardín central, por el costado norte, vieron que "seis civiles disparaban contra agentes de la policía federal", por lo cual "intervenimos de inmediato".

El parte señala que llegaron a un costado de la llamada Casa Constitución cerca de las 4:00 horas, lo que difiere de la hora señalada por los testigos civiles, las 2:30. Los ocho soldados y los tres policías federales que suscribieron el parte lo hicieron como responsables de la "cadena de custodia", es decir, como los encargados de preservar "los hechos y hallazgos", entre ellos las armas y vehículos encargados.

Según el documento castrense, luego de identificarse con un altavoz como "personal de fuerzas federales y del ejército mexicano", conminando a los civiles a deponer las armas, observaron como a "seis metros de distancia" que un grupo de personas dejaron sus armas en el piso, pero que debido a la distancia se "dificultó precisar el arma de fuego que cada persona portaba".

De acuerdo con la versión oficial, los soldados detuvieron a seis civiles a los cuales les decomisaron pistolas de diferentes calibres y armas. Sin embargo, en el Auto que Resuelve Situación Jurídica de la Causa Penal 3/2015-I, emitido por el juez de Uruapan, Jorge Wong Aceituno, el 14 de enero, los seis indiciados acusados de posesión de arma de fuego fueron liberados.

Otro dato relevante del reportaje de Laura Castellanos, tenía que ver, precisamente, con el único muerto que, según la versión inicial del ex comisionado Alfredo Castillo, se había producido en el primer ataque. Según Castillo, el saldo había sido de "un civil muerto por atropellamiento". Al respecto, "llama la atención que el parte informativo de las fuerzas federales no menciona el atropellamiento ni que hubiera víctima alguna; tampoco consignó a algún responsable de la muerte o identificó el vehículo involucrado", señaló Castellanos.

Un acta de defunción del presunto atropellado, consultado por la reportera, decía que la víctima se llamaba Luis Alberto Lara Belmonte, tenía 20 años y había muerto a las 03:30 horas por "homicidio", siendo la causa del deceso: "Hemotórax, laceración en ambos pulmones, traumatismo torácico". Tal vez en un intento por enturbiar el caso, su cuerpo había sido trasladado al Servicio Médico Forense del puerto de Lázaro Cárdenas, distante a unas tres horas de Apatzingán.

Sin embargo, de acuerdo con un testimonio anónimo obtenido por Laura Castellanos en enero anterior, policías federales habrían asfixiado a Lara: "Le pusieron una bolsa, lo mataron y le pasaron una camioneta por el pecho".[34]

DOS SOBREVIVIENTES: FEDERALES REMATARON HERIDOS

En sendas entrevistas realizadas por Laura Castellanos y Sanjuana Martínez, dos jóvenes campesinos dedicados a la pizca de limón y del aguacate que sobrevivieron de "milagro" a la matanza, acusaron a policías federales de haber rematado a civiles heridos.

Gonzalo Alfonso Castillo, de 16 años, era uno de los ocupantes de la camioneta *pick up* blanca Ram que fue recibida a balazos por los federales en el cruce de Avenida Constitución y Plutarco Elías Calles. Dijo que lo primero que sintió fue una bala que le rozó la cabeza y aturdido se tiró al suelo. Allí otra bala le perforó el estómago. Mareado, escuchó que los policías gritaban: "¡Mátenlos, mátenlos, que no quede nadie vivo!" Sus compañeros gritaban que estaban desarmados, pero los uniformados seguían disparando.

Tirado, lleno de sangre, no sabía qué hacer. Pensó que si se paraba lo iban a rematar. Fue testigo de cómo los federales le dijeron a uno de sus acompañantes: "¡Bájate, hijo de tu puta madre! ¡Ya te cargó la chingada! Luego lo hincaron y le metieron un tiro". Después, dijo Gonzalo, perdió el conocimiento y se despertó en el hospital. "Fue una matanza de los federales, aunque el gobierno diga que fue un enfrentamiento. Me salvé de milagro."[35]

Noé Ramírez era otro de los ocupantes de la camioneta blanca atacada por los federales. Seis balas le entraron al cuerpo, una en el hombro izquierdo le rompió el hueso. Recibió además 12 esquirlas, una de ellas en el ojo izquierdo todavía le impedía ver cuando fue entrevistado por Sanjuana Martínez en junio de 2015, a cinco meses de los hechos. Declaró que cuando los policías dejaron de tirar, llegó un federal y lo arrastró, luego le puso un pie en el brazo derecho y después en la cabeza. Narró que en ese momento el uniformado le dijo: "¡Hasta aquí llegaste, hijo de tu puta madre!" En ese momento se encomendó a Dios porque pensó que iba a morir. Pero se acercó otro federal, y le dijo: "Déjalo, hay gente en la azotea grabando, luego va a ser homicidio". Y se retiraron. Cuando llegaron unas ambulancias, escuchó que uno ordenaba: "Regrésense. Están todos muertos".

Afirmó que vio cuando le dispararon en la cabeza a otro joven que iba con él, Alejandro Aguirre Alcalá, a quien incluso después los policías lo acomodaron al pie de la *pick up* blanca. Observó, también, cuando remataron a corta distancia a Miguel Madrigal, que iba en otra camioneta. Malherido, pudo ver a Gonzalo: "Los dos movíamos los brazos pidiendo ayuda. Pero no nos hacían caso". Él pasó 40 o 50 minutos desangrándose. "Los federales querían que muriéramos." Después llegó Protección Civil y los policías se sacaron fotos como si estuvieran auxiliando a evacuar a los dos heridos. "Mentira, algunos murieron desangrados."[36]

Según Noé, cuando llegó al hospital un federal le dijo al doctor que le diera algo para que muriera, que lo envenenara. El médico se negó y alertó a sus familiares que los policías lo querían eliminar porque era un testigo. "No les convenía que yo sobreviviera, porque sabían que iba a declarar todo lo que vi." El doctor que lo atendió le dijo que no se explicaba cómo había sobrevivido. "Fue un milagro."

Sanjuana Martínez consignó en la nota que a pesar de ser testigo de las presuntas ejecuciones extrajudiciales cometidas por elementos de la policía federal, la PGR no le había tomado ninguna declaración a Noé Ramírez hasta el momento de la publicación del reportaje. Mientras tanto, Alfredo Castillo, el perito, el amigo del presidente Peña Nieto, se dedicaba a promover el deporte nacional…

FRANCISCO: ¡AGUAS CON LA MEXICANIZACIÓN!

Ante la persistencia de la violencia en varias partes del país, a finales de febrero de 2015 el papa Francisco había dicho que la situación en México era de "terror" y pidió "evitar la mexicanización" de Argentina, su país natal. La expresión caló hondo en los círculos gubernamentales mexicanos, que siempre han buscado encontrar en la Iglesia católica un aliado natural, porque venía a confirmar la imagen que se tenía del país en el extranjero, y había sido hecha en privado por el pontífice Bergoglio a su amigo Gustavo Vera; es decir, fuera de los micrófonos y protocolos oficiales, por lo que sus postulados eran espontáneos y genuinos.

Entonces, la locución *mexicanización* recorrió el mundo como equivalente, otrora, de la *colombianización* de México, y sumió en una mayor crisis de credibilidad al gobierno Peña Nieto. En ese contexto, la captura de Servando Gómez, *la Tuta*, fue un movimiento más en el tablero de ajedrez de la guerra sin fin del Estado mexicano contra grupos empresariales rivales (violencia reguladora), un cruento conflicto fratricida por la conquista de "plazas", mercados y territorios que, según Edgardo Buscaglia, veía amenazados el Cártel de Sinaloa, la organización criminal que el propio gobierno federal pretendía consolidar en el territorio nacional. Era parte del juego. No obstante, también resultaba obvio que ello no bastaría para resolver los problemas de seguridad en Michoacán, porque, como se ha visto, la causa principal de la violencia criminal radica en el hecho de que los grupos delincuenciales son una herramienta para la acumulación por despojo por grandes conglomerados trasnacionales que operan tanto en la parte legal como delincuencial de la economía globalizada, *v. gr.*, las compañías chinas con el mineral de hierro en Michoacán, la Gold Corp. en Guerrero y la Mc Ewan Mining en Sinaloa, por mencionar sólo tres ejemplos.

Tlatlaya: ¿enfrentamiento o matanza?

Todo empezó con un comunicado de rutina. El 30 de junio de 2014 la Secretaría de la Defensa Nacional (Sedena) informó en su cuenta oficial de Twitter que a las 5:30 horas de ese día, cuando realizaban un patrullaje en las inmediaciones del poblado Cuadrilla Nueva, en el municipio de Tlatlaya, Estado de México, soldados de la 22a Zona Militar habían sido atacados por miembros del crimen organizado, y tras repeler la agresión, 22 presuntos delincuentes habían resultado "abatidos". En el "evento" [*sic*] fueron liberadas tres mujeres que estaban secuestradas, y se aseguraron 38 armas y 112 cargadores. Un soldado resultó herido reportándose su estado de salud "estable".

Según la versión castrense, cuando personal militar realizaba un rondín de reconocimiento terrestre, ubicó una bodega que era custodiada por civiles armados. Al aproximarse al lugar y establecer contacto visual, los civiles dispararon contra los efectivos del ejército desde el interior del recinto. Los soldados repelieron el ataque y dieron muerte a 21 hombres y una mujer. En el lugar del enfrentamiento fueron aseguradas 25 armas de alto poder —entre ellas 16 AK-47 y seis AR-15—, además de 13 armas cortas y una granada de fragmentación.

Como tantas veces antes desde inicios del sexenio de Felipe Calderón, la estructura narrativa y el contenido secuencial del comunicado de la Sedena seguía un mismo patrón que desafiaba la lógica y el sentido común: presuntos delincuentes armados con fusiles de asalto "atacaban" a una patrulla militar; los soldados "repelían" la agresión haciendo uso de la "legítima defensa", y como saldo del "enfrentamiento" todos los agresores resultaban muertos (sin quedar ninguno herido) y no se registraban bajas de consideración en el bando castrense.

No obstante la gravedad del hecho: 22 jóvenes de entre 16 y 24 años habían resultado muertos en una acción punitiva del ejército, el "evento" de ese 30 de junio parecía destinado a quedar en el olvido. O, a lo sumo, a formar parte de las estadísticas sobre la criminalidad en México. Máxime porque, como enfatizó la Secretaría de Seguridad Ciudadana del Estado de México esa misma mañana, tres personas secuestradas habían sido liberadas en el operativo militar. Lo que dio motivo para que durante un acto en el municipio de Nezahualcóyotl el gobernador mexiquense, Eruviel Ávila Villegas, agradeciera la "valiente presencia y acción del ejército" y reconociera "la labor coordinada de fuerzas federales y estatales de seguridad". Según Ávila, el ejército había actuado en "legítima defensa", de manera "decidida y contundente".[1]

Un día después, en Washington, la organización InSight Crime reaccionó con preocupación ante la noticia y puso en duda si los soldados que participaron en la acción punitiva cumplieron con los protocolos que deben seguir las fuerzas armadas en sus labores de seguridad pública, o sí como otras veces antes, habían hecho un uso desproporcionado o letal de la fuerza. Al respecto, recordó que con anterioridad académicos, analistas y diversas ONG humanitarias, en México y el exterior, habían detectado "la participación de militares en ejecuciones extrajudiciales".

El asunto no pasó a mayores. Pero para sorpresa del gobierno de Enrique Peña Nieto y de la propia Sedena, el 8 de julio la agencia estadounidense The Associated Press (AP) vino a corroborar esa sospecha mediante una nota periodística donde sugería que los 22 presuntos malhechores abatidos por los militares en realidad habían sido "fusilados". A partir de una investigación de campo, el reportaje de AP titulado "In Mexico, lopsided death tolls draw suspicion" (México: cifra de muertos desbalanceada despierta sospechas), firmado por Mark Stevenson en San Pedro Limón, Tlatlaya, señalaba que los orificios y las manchas de sangre en la pared de la bodega no habían sido producto de un enfrentamiento entre sicarios y militares, sino de una "sanguinaria ejecución" sumaria por parte de elementos de la 22a Zona Militar, con sede en Santa María Rayón, Estado de México.[2]

La nota decía que tres días después del tiroteo periodistas de AP habían observado "manchas de sangre y orificios de bala en los muros de hormigón" de la bodega, lo que los llevó a interrogarse acerca de "si todos los sospechosos murieron en el enfrentamiento o después de que terminara". Según el relato, el recinto no presentaba muchas evidencias de que el enfrentamiento hubiera sido prolongado. Tampoco registraba indicios de un intenso tiroteo en su interior; había "pocos orificios de bala y ningún casquillo, pero sí muchas evidencias de muertes". El piso estaba manchado con charcos de sangre seca, y se podían observar, dispersos, trozos de hojas de papel numeradas, que los peritos de la Procuraduría General de Justicia del Estado de México (PGJEM) habían utilizado para marcar dónde habían sido encontrados los cadáveres. Con algunos datos adicionales curiosos: la mayoría de los cuerpos yacían "cerca de las paredes", y a lo largo de los muros interiores del almacén, por lo menos cinco puntos exhibían un mismo patrón: "Una o dos pústulas de bala se encuentran muy juntas, rodeadas de una masa de sangre salpicada", dando la apariencia de que algunos de los muertos estaban de pie contra la pared y recibieron uno o dos disparos a la altura del pecho.[3]

Peritos forenses que llevaron a cabo las autopsias fueron consultados por AP acerca de la distancia a la que se habían efectuado los disparos fatales, pero declinaron revelar el dato. Para balancear su información y cumplir con la disciplina básica del quehacer periodístico, la agencia quiso conocer los comentarios de la Secretaría de la Defensa, pero nadie respondió a su solicitud.

A su vez, dos observadores del alto comisionado de las Naciones Unidas para los Derechos Humanos, que inspeccionaron el almacén momentos antes de que autoridades policiales resguardaran el lugar, declararon que no hallaron indicios de balas perdidas, que deberían haber dejado los soldados al disparar armas automáticas a distancia; tampoco había señales de disparos efectuados desde el interior. "Esto me parece realmente notable", comentó el observador de la ONU Tom Haeck.

A diferencia de México, donde la noticia no había tenido mayor repercusión tal vez por lo habitual del hecho, el reportaje fue ampliamente reproducido en Estados Unidos, entre otros medios por el influyente *The Washington Post*. Por lo que la sombría historia de muerte narrada en el comunicado oficial de la Sedena podía no ser verídica.

¿USO EXCESIVO DE LA FUERZA?

En ese contexto casi pasó desapercibida en México la defensa que de las fuerzas armadas hizo Juan Ibarrola en su columna de opinión Cadena de mando, publicada en el diario *Milenio*. Bajo el título "¿Uso excesivo de la fuerza?", el comentarista —cuyos análisis suelen tener cercanía con las posiciones del alto mando de la Sedena y la Secretaría de Marina (Semar)—, escribió que los "ciudadanos" no pueden entender bien eso que "para los militares es claro": soldados y marinos "entienden" el uso de la fuerza como "la utilización de técnicas, tácticas, métodos y armamento, que realiza y usa el personal de las fuerzas armadas para controlar, repeler o neutralizar actos de resistencia no agresiva, agresiva o agresiva grave". Según Ibarrola, los militares "no pueden detenerse en soluciones pacíficas al momento de enfrentar la violencia, la fuerza y la amenaza de los delincuentes".[4]

Del propio texto se desprendía que la intención del columnista era rebatir a aquellas "voces" que, ante la participación de las fuerzas armadas en el "abatimiento de la violencia", insistían en catalogar ese accionar como "excesivo". Sin mencionar el caso por su nombre, el vínculo con los recientes hechos de Tlatlaya era evidente: "Cuando soldados o marinos ubican e ingresan a casas de seguridad, ranchos o bodegas de delincuentes, lo primero que escuchan de los propios delincuentes es '¡Nos tienen secuestrados!', '¡Nos levantaron!', '¡Somos inocentes!' Entonces se les detiene y se les entrega".

Aunque no había sido ése el proceder ni el desenlace en la bodega enclavada en la comunidad de Cuadrilla Nueva, donde los 22 presuntos delincuentes murieron a manos de militares —lo que hizo que el caso cobrara visibilidad internacional—, Ibarrola insistió: "Cuando soldados o marinos son emboscados o recibidos a balazos por criminales, entonces se debe responder con el uso de la fuerza… Y de la violencia también".

En realidad, Ibarrola había citado los lineamientos que regían la definición del uso de la fuerza desde el 30 de mayo de 2014, pero no mencionó que esas técnicas, tácticas, métodos y armamento sólo podrán ser utilizados por elementos de las fuerzas armadas, cuando exista "de modo real y no imaginado" un acto de resistencia (lo que aparentemente sí ocurrió en Tlatlaya), pero con una variable: 21 de los presuntos agresores ya habían sido dominados, se habían rendido y depuesto las armas. Y según dice el *Manual del uso de la fuerza*, los militares "evitarán cometer" conductas como "homicidios, detenciones arbitrarias, incomunicación, cateos, visitas domiciliarias ilegales, tratos crueles, inhumanos y degradantes, tortura y desapariciones forzadas".[5]

El 24 de julio siguiente, en un comunicado, el Centro de Derechos Humanos Miguel Agustín Pro Juárez llamó al gobierno federal a transparentar la información sobre los hechos de Tlatlaya, y al reproducir la versión de AP retomada por *The Washington Post* afirmó: "Existe evidencia de que elementos del ejército mexicano colocaron en un paredón [improvisado dentro de la bodega] a 22 presuntos delincuentes y los fusilaron".[6] El texto recogía además una declaración pública de Alejandro Gómez Sánchez, titular de la Procuraduría General de Justicia del Estado de México, donde, tras rechazar la versión de una eventual ejecución sumaria extrajudicial, el funcionario afirmaba que "se trató de un enfrentamiento entre presuntos integrantes de una banda delictiva originaria de Guerrero, llamada Guerreros del Sur e integrantes de la 22a Zona Militar".

Según la organización humanitaria de los jesuitas en México, los hechos parecían configurar una "ejecución extrajudicial" en masa, y se enmarcaban en un "patrón sistemático" de violaciones graves a los derechos humanos perpetradas (por agentes del Estado) a partir de la militarización del país, en el contexto de la guerra contra el narcotráfico iniciada en diciembre de 2006, en los albores del sexenio de Calderón.

CARPETAZO AL CASO TRAS EXTRAÑA REUNIÓN EN TOLUCA

Dijo un cronista que Tlatlaya está ubicado en el infierno. Es un municipio situado al sur del Estado de México, en los límites con Guerrero y Michoacán, en la llamada Tierra Caliente. La comunidad de Ancona de los Laureles, donde ocurrió la refriega, está enclavada en la sierra de Tlatlaya, a un kilómetro de San Pedro Limón y a una hora de camino de Arcelia, en Guerrero. Según las autoridades federales, en esa región varios grupos delincuenciales se disputan el territorio por ser una zona apta para el cultivo de amapola y marihuana, y una importante ruta para el tráfico de drogas.

Gobernado por Eruviel Ávila, el Estado de México es la entidad más poblada del país, con 15.5 millones de habitantes. Según la Encuesta Nacional de Percepción sobre Seguridad Pública, en 2013 el estado se ubicaba en primer lugar de las 32 entidades federativas en cuanto a inseguridad (90.7% de sus habitantes se sentía inseguro). Controlado por el Grupo Atlacomulco, la facción política del Partido Revolucionario Institucional donde se forjó el presidente Enrique Peña Nieto —y que lo llevó a gobernar el estado durante seis años como sucesor de su tío Arturo Montiel, antes de arribar a la residencia oficial de Los Pinos—, cuando ocurrieron los hechos de Tlatlaya el Estado de México ocupaba el primer lugar nacional en número de extorsiones, el segundo en homicidios dolosos y el cuarto en casos de secuestros.

De acuerdo con el reportero Jenaro Villamil, quien tomó como fuente al senador Alejandro Encinas, del Partido de la Revolución Democrática, el día de los hechos del 30 de junio, unas horas después de la matanza en Tlatlaya hubo una "extraña reunión" a puerta cerrada y en medio de un fuerte dispositivo de seguridad, en la Casa Estado de México de Toluca. Según la versión, durante más de ocho horas allí estuvieron presentes los 21 gobernadores priístas, encabezados por el anfitrión, Eruviel Ávila; los secretarios de Gobernación, Miguel Ángel Osorio Chong, y de Hacienda, Luis Videgaray; Aurelio Nuño, jefe de la Oficina de la Presidencia, y el dirigente nacional del PRI, César Camacho. Al final llegó "sorpresivamente" el presidente Peña Nieto.[7]

De acuerdo con Villamil, en la reunión de Toluca habrían participado, también, mandos militares.[8]

Uno de los temas tratados habría sido el de la inseguridad en los estados gobernados por el Partido Revolucionario Institucional, y en particular en el Estado de México. La reunión terminó a las 23:30 horas, y el 1° de julio, pocas horas después del cónclave, el gobernador Ávila agradeció al ejército porque, dijo, "tuvo una valiente presencia y acción al poder rescatar a tres personas que estaban secuestradas; lamentablemente un militar resultó herido, pero el ejército, en su legítima defensa, actuó y abatió a los delincuentes".[9]

Según el reportero de *Proceso*, el pronunciamiento de Ávila formó parte de una operación de "silenciamiento". O más claramente, de encubrimiento. Después, el procurador mexiquense, Alejandro Gómez Sánchez, le dio "carpetazo" al asunto. Su procuraduría no investigó nada, no dijo nada. Tampoco la Comisión Nacional de los Derechos Humanos (CNDH).

Pero el 22 de agosto la organización Human Rights Watch (HRW) volvería sobre el tema. Mediante un comunicado emitido en su sede principal de Nueva York, suscrito por su director para las Américas, José Miguel Vivanco, señaló:

> Han transcurrido casi dos meses desde que un grupo de soldados mató a 22 civiles en Tlatlaya, y todavía hay más interrogantes que respuestas con respecto a qué sucedió verdaderamente ese día [...] Es necesario —y requerido por ley— que se lleve a cabo una investigación exhaustiva, objetiva e independiente que analice si los soldados actuaron lícitamente, y que valore las evidencias que sugieren que las autoridades habrían actuado indebidamente.

"Que los soldados hayan causado la muerte de la totalidad de los 22 presuntos delincuentes y solamente un militar haya resultado herido genera dudas sobre que el uso de la fuerza haya sido proporcional", observó Vivanco. Y recordó que el *Manual del uso de la fuerza* de las instituciones armadas de México, que había sido adoptado en mayo de 2014 por las secretarías de Marina y de la Defensa Nacional, indica que el uso de la fuerza se realizará con estricto apego a los derechos humanos, independientemente del tipo de agresión, atendiendo a los principios de oportunidad, proporcionalidad, racionalidad y legalidad. El uso de la fuerza solamente se considerará en "legítima defensa" cuando su objeto sea repeler "una agresión real, actual o inminente".[10]

El comunicado incluía un señalamiento directo al presidente Peña Nieto: no bastaba con reconocer "formalmente" esos principios en una nueva normativa; el presidente de México debía velar para que los militares los respetaran, e investigar de manera exhaustiva en los casos en que se sospechara que, como el de marras, habían actuado de manera irregular.

MAMÁ JULIA, ROSA Y EL ESCRIBIDOR

Sorpresivamente, la respuesta a HRW no llegaría en forma directa desde la Presidencia de la República ni de la Sedena. De manera oficiosa, la haría Juan Ibarrola desde su columna "Cadena de mando". El 30 de agosto, bajo el título "Tlatlaya: lo que verdaderamente pasó" y sin identificar fuente alguna, el columnista de *Milenio* escribió un texto donde afirmaba que el 27 de junio anterior una mujer, que denominó de manera ficticia "Rosa", había recibido una llamada de su hija, de quien no tenía noticias hacía tiempo; lo único que sabía era que "estaba metida en la delincuencia". La joven le pidió verse cerca del poblado San Pedro Limón, en el municipio de Tlatlaya.[11]

"La hija de *Rosa* llegó acompañada de cuatro hombres. La menor y sus acompañantes estaban intoxicados por consumo de drogas. Se llevaron a *Rosa*, a quien tuvieron tres días retenida con ellos en una bodega", escribió Ibarrola. Reveló que en la misma circunstancia se encontraban una sexoservidora y otra mujer que hacía labores de limpieza para el grupo delictivo que en la madrugada del 30 de junio enfrentó al ejército, y donde "murieron 21 hombres y una mujer; sí, la hija de *Rosa*", quien "a sus escasos 15 años ya tenía su historial delictivo" y quien también "participó" esa madrugada en el tiroteo. "*Rosa*, la sexoservidora y la tercera mujer fueron liberadas por los militares."

Categórico, argumentó Ibarrola: "*Rosa* estaba ahí, fue testigo de lo que ocurrió y de cómo ocurrió [...] hasta el día de hoy no existe una denuncia ante ninguna autoridad o medio de comunicación o manifestación pública por parte de *Rosa*, donde ella reclame que la muerte de su hija fue de una manera distinta a como oficialmente se dio a conocer". Y agregó: "La hija de *Rosa* no es parte de un nuevo grupo de 22 mártires", fue apenas otra víctima de una realidad que encamina a los jóvenes a la delincuencia.

La segunda parte del texto la ocupó para cuestionar a Human Rights Watch. Dijo que la ONG humanitaria con sede en Nueva York se había sumado a una "campaña" que intentaba demostrar que lo ocurrido en Tlatlaya "no fue un enfrentamiento". Según Ibarrola, todo había comenzado con la nota del reportero Mark Stevenson, de la agencia AP, donde "más que un trabajo periodístico", presentó el informe de "un experto en operativos tácticos militares mezclado con un profesional en balística", en el cual se sostiene que "los delincuentes fueron ejecutados al mejor estilo de un fusilamiento".

En sus dos últimos párrafos, el vocero virtual de la Sedena volvía a arremeter contra HRW, para quien "la consigna siempre ha sido la misma, ¡pegarle! al ejército y la marina, tarea en la que invierten todos sus esfuerzos, cayendo en una profunda subjetividad". Y concluía: "¿Por qué quieren confundir todo? Los 22 de Tlatlaya eran delincuentes, incluida la hija de *Rosa*".

Del texto de Juan Ibarrola se desprendían algunos datos hasta entonces desconocidos por la opinión pública, pero que no desvanecían con información seria y puntual las interrogantes planteadas por HRW. Tres, en particular, conviene destacar: la revelación acerca de la existencia de una mujer —que él llamó *Rosa* con fines de confidencialidad—, madre de la joven que murió en el enfrentamiento con los militares, y que fue testigo de "qué ocurrió" y "cómo ocurrió", y que no obstante ser su hija una de las víctimas mortales del operativo castrense, no había hecho ninguna denuncia ante las autoridades o a un medio, por lo que quedaba validada la versión oficial de la Sedena. Segundo, el énfasis puesto en que los 22 muertos de la bodega de Tlatlaya eran delincuentes y drogadictos, incluida la hija de *Rosa*, y no mártires. Tercero, descalificaba el trabajo periodístico de la agencia AP y la denuncia con fines humanitarios de HRW con la intención de exonerar a las fuerzas armadas de cualquier actuación irregular.

Sin embargo, en la defensa de las instituciones armadas de México, Ibarrola había eludido responder a la pregunta principal: si los soldados de la 22a Zona Militar habían actuado con apego al *Manual del uso de la fuerza* de aplicación común de las tres armas (marina, ejército y fuerza aérea), es decir, "atendiendo a los principios de oportunidad, proporcionalidad, racionalidad y legalidad". La duda, generada por las versiones periodísticas de que 21 de los 22 muertos habían sido ejecutados cuando ya se habían rendido y depuesto las armas, no quedaba despejada. Y quedaba en el aire la interrogante acerca de qué había querido decir Ibarrola cuando afirmó que los 22 civiles muertos eran delincuentes, no mártires.

Hubieran sido o no producto de una agresión de las víctimas mortales al ejército, los hechos de Tlatlaya no debieron haberse producido en el contexto del Estado de derecho y en un país donde la pena de muerte está proscrita. Los presuntos delincuentes no deben ser asesinados, sino detenidos y puestos a disposición de las autoridades ministeriales y judiciales correspondientes. Todos los ciudadanos mexicanos, delincuentes o no, tienen derecho al debido proceso de ley, pues sólo después del debido proceso queda formalmente asentado que alguien es culpable o no del delito que se le imputa.

De allí que tal vez la razón fundamental de los contenidos y la oportunidad del texto de Ibarrola era parar el nuevo golpe que se venía incubando en la "campaña" contra el ejército, tratando de consolidar, de paso, la "verdad" oficial de la Sedena con información privilegiada (confidencial o anónima), suministrada presumiblemente por quienes habrían de resultar perjudicados por nuevas informaciones sobre el ya entonces polémico caso.

Efectivamente, el *affaire* Tlatlaya daría un giro radical el 17 de septiembre de 2014, cuando la edición para Latinoamérica de la revista estadounidense *Esquire* y el semanario mexicano *Proceso* divulgaron de manera simultánea, en sus sitios electrónicos, la versión de una testigo presencial de los hechos, identificada como "Julia", quien sostuvo que en la lluviosa madrugada del 30 de junio, fueron los soldados los que dispararon primero, los presuntos delincuentes respondieron y sólo uno de los jóvenes murió en el enfrentamiento. Según *Julia* (quien pidió omitir su nombre verdadero por temor a represalias), los demás se rindieron. No obstante, horas después de haber sido interrogados, los 21 sobrevivientes fueron "asesinados" por los militares.[12]

> Ellos [los militares] decían que se rindieran y los muchachos decían que les perdonaran la vida. Entonces [los militares] dijeron "¿no que muy machitos, hijos de su puta madre? ¿No que muy machitos?" Así les decían los militares cuando ellos salieron [de la bodega]. Todos salieron. Se rindieron, definitivamente se rindieron [...] Entonces les preguntaban cómo se llamaban y los herían, no los mataban.

De acuerdo con el relato de *Julia*, ella les pidió a los soldados que no hirieran a los muchachos, pero los militares le respondieron que "esos perros no merecen vivir". Luego los pararon en hilera y los mataron. "Estaba un lamento muy grande en la bodega, se escuchaban los quejidos", aseguró la testigo, cuya versión venía a diferir de manera abismal con la difundida por la Secretaría de la Defensa. La Sedena nunca informó sobre ningún presunto delincuente herido durante el enfrentamiento. Pero según *Julia*, un hombre y una mujer resultaron lesionados y con posterioridad fueron "rematados" por los militares.

El adelanto del reportaje de *Esquire* consignaba el nombre de la mujer ejecutada de manera sumaria por los militares: Érika Gómez González, una chica menor de edad, de 15 años, originaria de Arcelia, que cursaba tercero de secundaria en la Escuela Técnica Industrial número 134. De acuerdo con *Julia* (quien después se sabría era la madre de Érika), la jovencita recibió un balazo en la pierna y quedó tirada en el suelo antes de que los soldados la "remataran". Lo mismo hicieron con un muchacho que estaba a su lado: los uniformados se pusieron guantes para agarrarlo, lo pararon y lo mataron. A la chica no la pudieron parar porque su herida le impedía caminar. Consultado por *Esquire*, uno de los médicos (que también pidió mantener su identidad en el anonimato por temor) dijo que la bala perforó el corazón y un pulmón de Érika y que fue "un tiro de gracia".

Esa versión venía a contrastar bastante con la que había ofrecido el 15 de julio anterior la Procuraduría de justicia mexiquense. Según la PGJEM, "no existieron disparos a corta distancia; el intercambio de disparos fue proporcional; de acuerdo a la trayectoria de los proyectiles y la posición en la que fueron hallados los cuerpos, [no existe] indicio alguno sobre una posible ejecución". Además, de acuerdo con sus pruebas de balística —decía el informe pericial de la dependencia mexiquense—, se pudo "comprobar" que los 22 muertos habían efectuado disparos.

La testigo declaró a *Esquire* que las autoridades la retuvieron una semana, primero en las instalaciones de la PGJEM en Toluca, y después, cuando la Procuraduría General de la República (PGR) atrajo el caso, en las de la Subprocuraduría Especializada en Investigación de Delincuencia Organizada (SEIDO), en la ciudad de México. *Julia* acusó a funcionarios de la marina, la PGJEM y la SEIDO, de que la coaccionaron para que señalara a los jóvenes asesinados como delincuentes. Agregó que la hicieron firmar unos documentos y no le dieron copia; la privaron de alimentación durante tres días y la fotografiaron junto con las armas de alto poder incautadas presuntamente en la bodega.

Dos días después (19 de septiembre) *Esquire* divulgó el reportaje completo, firmado por Pablo Ferri Tórtola. Su título: "Testigo revela ejecuciones en el Estado de México". Allí, *Julia*, quien se hallaba presente en la bodega la noche de la matanza de Tlatlaya, revela que ella era una de las tres mujeres que, según el comunicado de la Sedena, estaba secuestrada y fue liberada por los militares. Ella lo niega, afirma que no estaba secuestrada. Y narra que cuando Érika fue herida en una pierna, cayó boca abajo. Trató de ayudarla pero los soldados se lo impidieron. En lugar de eso, la voltearon y le dispararon en el pecho. Después se pusieron unos guantes y la dejaron como estaba antes de rematarla, boca abajo.

Esquire tuvo acceso al certificado de defunción de la menor, y allí está asentado que el motivo de la muerte fue "un impacto de bala en la cavidad torácica". La revista afirmó tener en su poder fotografías del cadáver de la joven, donde se ve que tiene al menos dos agujeros en el tórax ocasionados por disparos de arma de fuego.

Julia dijo que llegó a la bodega hacia las 10 de la noche del 29 de junio, procedente de Arcelia, a 38 kilómetros del lugar. En el depósito ya estaban otras dos mujeres, ambas eran de Arcelia, igual que ella y Érika. Narra que como "a las tres de la mañana", uno de los muchachos que había salido afuera del galpón volvió corriendo porque había visto a un grupo de militares. Los soldados alumbraron el depósito con un reflector, comenzaron a disparar y gritaron a los jóvenes que se rindieran. Los de adentro, parapetados detrás de tres automóviles que estaban estacionados adentro del recinto, respondieron con disparos. *Julia* se escondió en uno de los autos. Cuenta que en una de las ráfagas de los soldados murió uno de los muchachos. Después fueron heridos Érika y otro joven. Durante el enfrentamiento los presuntos delincuentes pensaron en simular el secuestro de las dos mujeres y dos de ellos. Los amarraron, y las mujeres comenzaron a gritar, "no nos maten, no nos maten, estamos secuestradas". Después el grupo se rindió.

Según *Julia*, el enfrentamiento duró unos 30 minutos. Y empezó a las tres de la mañana, no a las 5:30, como asentó en su comunicado del 30 de junio la Sedena. La rendición de los muchachos habría tomado media hora más. *Julia* calcula que en las siguientes dos horas los militares fusilaron a 19. Y cuando ya estaba amaneciendo ejecutaron a los dos jóvenes que habían fingido estar secuestrados. Las dos mujeres fueron detenidas, igual que *Julia*.

El día anterior, 18 de septiembre, la agencia AP, que había sido el primer medio en romper el silencio informativo y cuestionar la versión oficial del ejército mexicano —sugiriendo la hipótesis de un fusilamiento colectivo—, corroboró que una sobreviviente vio a los soldados asesinar a tiros a su hija de 15 años, pese a que la adolescente yacía herida en el suelo. La testigo dijo que había llegado la noche anterior a la bodega, en un intento por llevarse a su hija, que aparentemente andaba en malos pasos.

De acuerdo con esa versión, la mujer —que habló bajo condición de anonimato porque temía por su vida— dijo que de pronto uno de los jóvenes entró gritando "ya nos cayeron los *contras*". Pero no era una banda rival, eran los soldados. Después de un breve enfrentamiento a tiros, los militares gritaron que se rindieran y no les pasaría nada. Los muchachos accedieron. Salieron con las manos en la nuca con la creencia de que su integridad física sería respetada. Los soldados los pusieron al frente de la bodega y los interrogaron. Luego los llevaron al interior de uno en uno. Después, las tres mujeres fueron llevadas por los uniformados a un cuarto a medio terminar en la bodega, junto con los dos hombres que habían dicho que eran víctimas de plagio. Desde ahí y bajo la vigilancia de soldados, ella pudo mirar a hurtadillas y escuchar lo que siguió: los militares hirieron a algunos, disparándoles a sus piernas, antes de matarlos. "A algunos les dispararon de pie y a otros los pusieron de rodillas."

Después de un par de horas, los dos hombres que se habían hecho pasar por secuestrados fueron llevados afuera del cuarto y ultimados.[13] Interrogada por AP acerca de por qué se había decidido a hablar, la mujer, que declaró que quería salir del país, dijo que fue por "ira". "Pues sí, la verdad, por lo que hicieron los militares. Eso no se vale. Según ellos están para protegernos, no están para matar tanta gente."

El despacho de AP señalaba, también, que el gobierno del Estado de México había rehusado entregarle los informes de las autopsias de los muertos. Incluso había elevado los documentos a la categoría de "secreto de Estado", privilegiándolos "con una reserva por los siguientes nueve años", luego de que la agencia los solicitara en una petición de información. Ante una petición similar a la PGR, en julio, la dependencia federal respondió a la AP que los informes "no existían".

Ese mismo día Raúl Plascencia, presidente de la Comisión Nacional de los Derechos Humanos (CNDH), había declarado que su institución investigaba las circunstancias en que ocurrió el "presunto enfrentamiento" entre el ejército y un supuesto grupo de narcotraficantes. "Abrimos una investigación y estamos analizando el caso para determinar qué sucedió realmente", dijo Plascencia. Dada la gravedad del caso y la falta de rendición de cuentas de los estamentos castrenses en México, en un marco de impunidad sistémica y endémica, la declaración del funcionario resultó por lo menos débil y condescendiente.

Hasta entonces ninguna autoridad local o federal había revelado el nombre y la edad de los occisos "abatidos" en el "enfrentamiento". Tampoco se sabía el número de soldados que habían participado en el operativo y el armamento utilizado en la refriega. Ni qué protocolo siguieron y bajo la supervisión de quién.

Por su parte, la PGR confirmó que había iniciado una averiguación previa en relación con los hechos. En un comunicado, dijo que tenía a un equipo de especialistas de diversas disciplinas dedicado a esa tarea. "La seriedad con que esta administración toma en cuenta la aplicación de las reglas elementales en el procedimiento de búsqueda de la justicia, obliga a una investigación completa y profunda para llegar a la verdad [...] Nuestra responsabilidad es precisar con claridad si las conductas del caso se aplicaron a derecho y con respeto absoluto a los derechos humanos."[14]

A su vez, consultado por AP, el director de HRW, José Luis Vivanco, declaró que de ser cierto el testimonio de la madre que dijo que su hija fue asesinada por el ejército, "nos encontraríamos frente a una de las más graves masacres ocurridas en México". Añadió que era muy importante mantener la "presión" sobre las autoridades mexicanas para llegar a la verdad de los hechos.

En la misma edición del 19 de septiembre, la revista *Esquire* publicó un llamado de la organización Amnistía Internacional a las autoridades civiles, para que realizaran una "investigación exhaustiva e imparcial" sobre los sucesos de Tlatlaya.[15] "Es de destacar que cualquier acción oficial para desviar una investigación de los hechos con el fin de encubrir las violaciones graves de los derechos humanos y lograr la impunidad de los responsables —decía el comunicado de AI—, implica la colusión de estos funcionarios en los abusos." Y continuaba:

Éste es el momento para impulsar la investigación por parte de las autoridades civiles de los hechos de Tlatlaya, y reiniciar por otra unidad o instancia de la PGR una investigación pronta, imparcial, independiente y exhaustiva para esclarecer los hechos y cuando exista evidencia de violaciones de derechos humanos, los responsables deben ser llevados ante la justicia.

Debido a la presión internacional, ese mismo 19 de septiembre la Secretaría de la Defensa Nacional señaló en su blog de internet www. sedena.gob.mx, que en relación al "incidente" ocurrido en Tlatlaya, donde "personal militar repelió una agresión armada", informaba que esa dependencia era "la más interesada" en que se investigara "a fondo", pues los integrantes del ejército y la fuerza aérea están obligados a conducirse con pleno respeto a los derechos de las personas. Firmado en Lomas de Sotelo, el escueto comunicado añadía que la dependencia castrense prestaría su "colaboración irrestricta" para que la autoridad competente esclareciera los hechos y determinara la "verdad jurídica" sobre ese "acontecimiento". En un último párrafo refrendaba el compromiso de la institución armada de cumplir con las misiones asignadas con "estricto apego a la ley" y a las "directivas" giradas para que en todo momento se preserve la vida y la seguridad de las personas, respetando invariablemente "los Derechos Humanos de los Ciudadanos".[16]

Un día después Juan Ibarrola volvería a ocuparse del tema. En su columna titulada "Las tres testigos de Tlatlaya", el columnista manejó de manera confusa y empasteló por equivocación, o adrede, a *Julia* y la mamá de Érika —a quien en una columna anterior él había llamado *Rosa*—, y la invitó a ir a un Ministerio Público y levantar un acta por asesinato como testigo presencial del mismo, y luego denunciar al ejército ante la CNDH por la muerte de 22 personas, incluida su hija. "*Julia* y la mamá de Érika tienen la obligación de denunciar el hecho ante las autoridades competentes y con ello pedir la protección del Estado." Hacia el final de su columna, Ibarrola escribió: "Creo que de ser cierto el dicho de la mamá de Érika y el de *Julia*, los soldados 'asesinos' no hubieran dejado vivas a las tres testigos de Tlatlaya. 25 muertos es lo mismo que 22. Da igual. Insisto, los 22 pertenecían a un grupo delicti-vo. Eran delincuentes".[17]

Ibarrola no sabía, o prefirió ignorar, que el mismo día que publicó su columna el primer visitador de la Comisión Nacional de los Derechos Humanos, Marat Paredes, había declarado a los medios que la CNDH hacía dos meses que había entrado en contacto con la madre de Érika, quien les aseguró ser testigo presencial del asesinato de 20 hombres y su hija por un grupo de militares mexicanos. "Recientemente hemos teni-do acceso a la averiguación previa y las necropsias. Estamos analizando todos esos datos", dijo Paredes.[18]

Para entonces era también evidente que la CNDH y su titular, Raúl Plascencia, hacían malabares. Organizaciones de la sociedad civil habían manifestado extrañeza por la pasividad de la CNDH en el caso Tlatlaya, pues con la simple presunción de violaciones graves a derechos huma-nos el ombudsman estaba obligado a abrir una queja de oficio y soli-citar medidas cautelares para los testigos. Esa lentitud contrastaba con el tiempo que había tardado en tramitar otras quejas, y con la celeri-dad con que había adelantado una hipótesis sobre los 22 muertos de la bodega en San Pedro Limón: se debían a un enfrentamiento, no a una ejecución.

Fue en ese contexto que el 17 de septiembre el diario *El País*, de Madrid, había publicado una nota sobre los militares y los derechos humanos en México, y en un párrafo donde se aludía a los hechos de Tlatlaya, Marat Paredes aseguraba que la CNDH no investigaba el caso "porque no hemos recibido una queja […] cuando se recibe una queja, pedimos un informe a las autoridades y hacemos diligencias en el lugar de los hechos".[19] Pero dos días después el corresponsal jefe de *El País* en México, Jan Martínez Ahrens, firmó una nota que daba seguimien-to al caso, donde afirmaba que el mismo Marat Paredes le había asegu-rado que hacía ya "varias semanas" había recogido el testimonio de tres supervivientes: la mamá de Érika y otras dos mujeres que aseguraron haber sido secuestradas.

Al comentar las dos notas de *El País*, Carlos Puig recordó que la CNDH había capacitado a soldados mexicanos en derechos humanos, y que según informes de la Sedena más de 20 mil elementos castrenses habían recibido algún curso humanitario. De hecho, dijo, Raúl Plascencia presumía como un gran logro suyo la disminución de las quejas contra el ejército. "En dos años [la CNDH] no ha hecho [una] sola recomendación contra el ejército."[20] "¿Qué pasaría si resulta que lo de Tlatlaya fue una atrocidad? ¿No sería en parte un fracaso de ese programa? Es decir, en el fondo, ¿no se están investigando a ellos mismos? ¿En tiempos de elección en la CNDH?", escribió Puig. Y añadió que tal vez por ello se había "confundido" el visitador Paredes cuando habló con el diario español.

La presión de Washington

Por esos días Rafael Cardona, veterano columnista, se ocupó del tema en su espacio El Cristalazo. "Tlatlaya, la leyenda negra", tituló su comentario. Allí señaló que gracias a las "indagatorias" de la prensa estadounidense ("incapaz de investigar Guantánamo, pero siempre preocupada por los derechos humanos en el Tercer Mundo"), "una corriente interesada o no [...] esparce la especie negra: los militares ejecutaron a una veintena de personas quienes ya no hacían nada por defenderse". Añadió que el caso había llamado la atención de la agencia AP ("cuyas primicias en casos de narcotráfico son inexplicables a la luz de la sola habilidad periodística"), la cual desplegó "todas sus habilidades reporteriles" y concluyó sombríamente que no hubo enfrentamiento. El "fantasma de la múltiple ejecución extrajudicial ya había sido sembrado y recogido, después, por el semanario Esquire".[21] Luego de reproducir tres párrafos del comunicado de la Sedena del 19 de septiembre anterior, concluía su texto: "¿A quién beneficia el desprestigio del ejército a través de la prensa americana?"

En la jerga periodística el mensaje de Cardona era muy claro: alguien (que no identificó) había filtrado información de inteligencia a la agencia AP, para que la sembrara como noticia. La "nota" era que no hubo enfrentamiento en Tlatlaya y que los jóvenes fueron ejecutados. Esquire recogió la información, y ambos medios estadounidenses, a través de sus indagatorias, fueron construyendo una "leyenda negra" en torno a la actuación del ejército mexicano en Tlatlaya. ¿A quién beneficiaba el desprestigio del ejército? Cardona no respondió su interrogante, pero era obvio.

El domingo siguiente, cuando comenzó a circular el número 1977 de la revista *Proceso*, un cintillo en su portada denunciaba: "Tlatlaya: la matanza que va emergiendo". En sus páginas interiores, el reportaje estaba cabeceado "Sólo Washington logró 'reabrir' el caso Tlatlaya". El titular estaba enmarcado junto a una foto a color que reproducía una imagen de la página de internet de la revista *Esquire*, donde se observaba, sobre un muro de bloques grisáceos, dos orificios de bala de alto calibre y rastros de sangre seca que había escurrido por la pared. En el sumario de la nota el semanario afirmaba: "Después de callar durante casi tres meses, la administración de Enrique Peña Nieto tuvo que reaccionar ante la evidencia: todo indica que un grupo de soldados ejecutó extrajudicialmente a 21 personas en el municipio mexiquense de Tlatlaya".

Agregaba que el reportaje de *Esquire*, difundido electrónicamente por esa publicación y *Proceso* el miércoles 17 de septiembre, había provocado que el gobierno de Estados Unidos "exigiera" a las autoridades mexicanas una "explicación creíble" acerca de la matanza.[22]

Según el semanario, sólo Washington había logrado "orillar" a la Secretaría de la Defensa y a la PGR a declararse "dispuestas" a investigar, horas después de que el Departamento de Estado les pidiera esclarecer el caso. En efecto, el viernes 19 Jeff Ratkhe, vocero de esa dependencia estadounidense, había declarado que en el marco de la Iniciativa Mérida el gobierno de Barack Obama venía siguiendo los hechos de Tlatlaya desde que el ejército mexicano lo diera a conocer dos meses y medio antes. "Como en todos los casos donde las fuerzas de seguridad hacen uso de la fuerza letal, creemos que es imperativo que exista una revisión creíble de las circunstancias y que las autoridades civiles apropiadas lleven a cabo esas investigaciones", dijo Ratkhe.

No dejaba de ser al menos curioso que había sido la Casa Blanca, durante la administración del presidente George W. Bush, la que había presionado a Felipe Calderón para que desde el inicio de su gobierno, en diciembre de 2006, profundizara la militarización de la guerra a las drogas. Desde entonces las denuncias sobre violaciones a los derechos humanos por elementos de las fuerzas coercitivas del Estado mexicano habían ido en aumento. Tlatlaya no era un "incidente" aislado. Ocho años después la circunstancia desencadenada por la matanza colectiva de civiles a manos de soldados volvía a poner de manifiesto el carácter improcedente del uso de las fuerzas armadas en tareas de seguridad pública, mismas que debieran estar a cargo de corporaciones civiles.

Durante su campaña electoral Peña Nieto había prometido una política antidrogas y de derechos humanos distinta a la de su predecesor. Pero los hechos ahora lo desmentían. Además, y más allá de si eran creíbles o no los testimonios que había dado a la agencia AP y la revista *Esquire* la madre de una de las víctimas, las acusaciones eran demasiado graves como para que las investigaciones judiciales fueran enviadas al archivo muerto, y la información congelada por nueve años, como había ordenado la procuraduría mexiquense.

El hecho desacreditaba también a la CNDH. La lentitud para intervenir y las omisiones cometidas en el caso habían puesto en entredicho a la institución. El 23 de septiembre, entrevistado en la Universidad Anáhuac después de dictar una conferencia magistral nada menos que sobre "Las fuerzas armadas y los derechos humanos", el ombudsman nacional, Raúl Plascencia, había declarado que en seis semanas su organismo contaría con un informe preliminar sobre lo ocurrido en Tlatlaya. "Sí les puedo comentar —dijo Plascencia a los medios— que tenemos una claridad en el sentido de que se trató de un enfrentamiento."[23] Tal pronunciamiento exhibía una predisposición a suscribir la versión del gobierno federal y desvirtuaba de antemano las pesquisas referidas, al tiempo que alimentaba las críticas sobre el incumplimiento de su mandato constitucional como titular de la CNDH, inadmisible ante la larga cadena de abusos de las autoridades.

Ese mismo día, en Nueva York, el presidente Peña Nieto se reunía con la reina Máxima de Holanda; recibía el Premio Estadista Mundial 2014 de la fundación Appeal of Conscience (Llamado a la conciencia), cuyo consejo consultivo estaba integrado, entre otros, por el honorable John Dimitri Negroponte; se sacaba una foto con Henry Kissinger y otra con el primer ministro inglés, David Cameron, y durante un encuentro con los integrantes del Council on Foreing Relations se manifestaba a favor de la creación de un "frente común de naciones" contra el narcotráfico.

La mañana siguiente (24 de septiembre), en un viraje radical de los tradicionales principios diplomáticos de no intervención y libre autodeterminación de los pueblos, sin consultar al Senado de la República —que es la instancia legislativa encargada por la Constitución para fiscalizar la política exterior—, Peña Nieto anunciaba ante la Asamblea General de las Naciones Unidas que México participaría en misiones de los *cascos azules* para el mantenimiento de la paz, incluso con personal militar para labores humanitarias.

El anuncio sobre el envío de tropas a misiones de paz de la ONU tenía más tintes mediáticos para resaltar la imagen del presidente, que posibilidades reales de materializarse a corto plazo. La medida había sido demandada de tiempo atrás por la Casa Blanca, y le valió a Peña Nieto ser sentado esa jornada en la mesa de honor a la diestra de Barack Obama y a la siniestra del rey de España, Felipe VI. El contraste con lo que en esa coyuntura ocurría en México en materia de derechos humanos no podía ser mayor. El historiador Lorenzo Meyer consideró "patético y ridículo" que el gobierno mexicano ofreciera enviar soldados a otros países, cuando no podía garantizar la seguridad, los derechos humanos y el mantenimiento de la paz en el país.[24]

Ese mismo día, durante una comparecencia ante comisiones del Congreso en México, el procurador general de la República, Jesús Murillo Karam, dijo que el caso Tlatlaya se había polarizado y pidió tiempo para realizar los peritajes que permitieran establecer qué sucedió la madrugada del 30 de junio en la comunidad de San Pedro Limón. "Necesito una ampliación del dictamen de criminalística, un dictamen de trayectorias de impactos y de vehículos, una ampliación de necropsias para el establecimiento del tiempo y modo de muerte; posición víctima-victimario para determinar trayectorias y reconstrucción de hechos, ampliar y recabar muestra hemática para confrontación de ADN, mecánica de lesiones, y una cantidad mayor de investigación para determinar con precisión cuál es la verdad", explicó el procurador.

IMÁGENES INCRIMINATORIAS

Muy pronto le aportarían algunos de los datos requeridos. En efecto, la mañana del 26 de septiembre la portada del diario *La Jornada* exhibía a media plana una fotografía a color con los cuerpos de una menor de edad y un joven abatidos sobre un piso de grava, arena y tierra. Ambos tenían los ojos abiertos. Sus ropas presentaban manchas de lodo, y a sus lados, alineados, aparecían sendos fusiles de asalto. "Crecen indicios de que en Tlatlaya hubo ejecuciones", decía el titular del periódico. En su interior, otras siete imágenes difundidas por la agencia de noticias mexiquense MVT mostraban a igual número de personas muertas, en posiciones que no parecían exhibir el final de un enfrentamiento armado sino una escena pensada con fines de propaganda.

El titular de la nota rezaba: "Ultimadas a muy corta distancia, 14 de las 22 víctimas de Tlatlaya". Y el sumario contenía dos frases contundentes: "Los jóvenes fueron colocados a menos de un metro de las paredes de la bodega y les dispararon". "La escena fue totalmente manipulada, con cuerpos sembrados y desaparición de evidencias."[25] La versión de la Sedena de que los civiles muertos eran miembros del crimen organizado que cayeron en una acción de guerra quedaba en entredicho. Las placas gráficas venían a dar carta de legitimidad a los testimonios de la madre de Érika Gómez González recogidos por la AP y *Esquire*, donde la testigo afirmaba que 21 personas habían sido asesinadas luego de rendirse.

La agencia MVT había recibido el material fotográfico de la escena del crimen de manera anónima, en una memoria USB que venía adentro de un sobre amarillo dejado en la redacción, y las hizo analizar por el criminólogo José Luis Mejía Contreras, quien determinó que 14 de las 22 personas muertas al interior de la bodega habían sido colocadas a menos de un metro de los muros del recinto y los soldados les dispararon a corta distancia. Es decir, los habían fusilado. "Para que un impacto de bala de ese calibre [de carabina M-1] deje un boquete en la pared luego de atravesar un cuerpo, se necesita que se dispare a menos de 30 centímetros de la víctima", concluyó el experto. Le llamó la atención que ninguno de los muertos presentaba disparos en la cabeza; todos los impactos se registraron en el pecho y el abdomen (a una altura de 1.20 y 1.40 metros).

Su hipótesis parecía desvanecer la idea de que los jóvenes habían sido abatidos desde el exterior, a una distancia de entre 20 y 30 metros; de ser así, las balas deberían haber quedado alojadas en los cadáveres, "ya que ningún arma es capaz de atravesar un cuerpo y luego impactar en la pared y dejar un boquete". Explicó que el único cadáver que presentaba una posición consistente con la versión oficial del enfrentamiento era el marcado en las imágenes con el número 16, que vestía pantalón de mezclilla y playera negra, y se ubicaba a la entrada de la bodega, frente a una camioneta tipo Cheyenne color blanco.[26]

Otro dato pericial revelador fue que todas las víctimas exhibían manchas de lodo en sus prendas a la altura de las rodillas y otras más sobre el pecho, y los cadáveres aparecieron tirados sobre un piso de grava totalmente seco. Según Mejía, los jóvenes fueron sometidos y permanecieron más de media hora hincados, y algunos más pecho a tierra; después los pusieron de pie y los ejecutaron a una distancia muy corta, lo que provocó que los cuerpos fueran atravesados y las ojivas impactaran contra las paredes dejando un gran hueco y huellas hemáticas.

Un ejemplo evidente de la manipulación de cuerpos por quienes arreglaron la escena del crimen era el caso de la joven que aparecía en la portada de *La Jornada* (el cadáver marcado con el número 7 por los forenses). En la gráfica se ve una mancha de sangre a la altura de su tobillo derecho, pero la víctima no presenta ningún balazo en esa altura del cuerpo, sino dos impactos a la altura del pecho. Mejía recalcó que en la foto se observan huellas de tierra y lodo en la parte anterior (frente) del cuerpo y rodillas, por lo que suponía que la joven estuvo sometida boca abajo antes de morir y luego fue volteada para recibir los disparos en el pecho y el abdomen.

Señaló, también, que nadie muere en un enfrentamiento con las piernas cruzadas, porque la dinámica del movimiento que se presenta cuando alguien es impactado por una bala de grueso calibre registra el llamado "trompo"; es decir, el cuerpo gira hacia el lado contrario del que recibió el disparo. Según el criminólogo, las personas fueron "sacrificadas" en un sitio y luego arrastradas al lugar donde se "montó" la escena.

Las imágenes correspondían al momento en el cual los cuerpos y las armas que presuntamente se habían utilizado para agredir a los militares no habían sido levantadas todavía por personal de la Procuraduría General de Justicia del Estado de México, y a Mejía le resultó extraño que después de un enfrentamiento —como había reportado la Sedena— los peritos no hubieran colocado letreros que indicaran la existencia de casquillos percutidos por las víctimas. "Lo más raro es que se supone que los muertos eran miembros de un grupo criminal y enfrentaron más de dos horas a siete militares, siendo ellos más de 20 personas, pero en ninguna imagen aparece ni un solo casquillo de los muchos que debieron percutirse en todo ese tiempo." Si no hay casquillos, las víctimas nunca dispararon o alguien barrió el lugar y se los llevó, concluyó el experto. No había, pues, evidencias, o éstas habían sido desaparecidas.

Tampoco existía lógica en el tipo de armamento que "plantaron" junto a los cadáveres: "Hay errores fatales para quien montó ese escenario del crimen, pues nadie muere con el arma sobrepuesta en el cuerpo, los cañones no deberían estar apuntando a ellos mismos, y cuando alguien es abatido con arma en mano, ésta naturalmente sale despedida y cae entre 30 y 45 centímetros a distancia del baleado"; en las fotografías todos murieron como "si estuvieran abrazando a las armas". En varios casos las armas aparecían perfectamente alineadas con los cuerpos de las víctimas, como si al momento de ser abatidas las estuvieran sosteniendo, y hasta los cargadores extras que supuestamente usarían las víctimas estaban en paralelo con los fusiles. Además, mientras los fusiles eran negros, los cargadores eran grises, "y ésos sólo los utilizan los militares".

Resultaba evidente que las armas y los cuerpos habían sido *plantados* y la escena del crimen manipulada. Por eso, la Rayuela de *La Jornada* de ese día sintetizaba: "Lo de Tlatlaya es un horror. Por eso las fotos. Esta vez no fue el narco. ¿Quién fue entonces?"

Las fotografías del caso Tlatlaya, 19 en total, fueron tomadas presuntamente después de la balacera con investigadores y personal militar en el lugar. Las manchas de sangre en el muro de concreto, los marcadores colocados por los peritos para señalar algunas evidencias y los escombros que aparecían en las gráficas eran iguales a lo que los periodistas de AP habían fotografiado tres días después de que el ejército reportó los fallecimientos. Como se dijo arriba, las imágenes habían sido entregadas en la redacción de MVT el miércoles 24 de septiembre; el director de la agencia de noticias, Mario Vázquez, declaró en una entrevista que sus reporteros llegaron a la escena del crimen el mismo día en que se suscitó el hecho, alrededor de las cuatro de la tarde. A esa hora los cuerpos de las víctimas ya habían sido retirados del lugar, al igual que las tres camionetas que se encontraban en el interior de la bodega. En cambio, las imágenes que fueron filtradas y exhibían las inconsistencias del discurso oficial se captaron durante el peritaje. Pero allí estaban "las huellas de sangre, la ropa en el piso, los boquetes en la pared, los indicios en general", dijo Vázquez.[27]

Por casualidad o no, ese mismo 26 de septiembre las portadas de los principales medios impresos mexicanos destacaban dos noticias cuya fuente era la Secretaría de la Defensa Nacional. "Apresan a 8 militares", eran las ocho columnas de *Reforma*; "Ocho militares detenidos por el caso Tlatlaya", consignaba *Milenio*; "Sedena: militares a respetar derechos", decía la de *Excélsior*, en tanto *El Universal* anunciaba en un breve resumen: "Llevan ante justicia a 8 militares por caso Tlatlaya".

Según un comunicado de la institución armada, un oficial y siete elementos de tropa se hallaban detenidos en el Campo Militar número 1, en el Distrito Federal, y habían sido puestos a disposición del Juzgado Sexto Militar por su presunta participación en el enfrentamiento de Tlatlaya, con saldo de 22 civiles muertos. Luego de que se difundieran versiones extraoficiales sobre la aprehensión de 25 soldados del

102o Batallón de Infantería por los mismos hechos, la Sedena anunció que la Procuraduría General de Justicia Militar investigaba la presunta responsabilidad de ocho elementos en la comisión de delitos en contra de la disciplina militar, desobediencia e infracción de deberes (en el caso del oficial). *El Universal* reportó que otros 17 elementos estaban en calidad de presentados.

A su vez, "altos mandos castrenses" consultados por *La Jornada* afirmaron que la Secretaría de la Defensa Nacional no había intervenido en las investigaciones del caso, ya que desde un inicio el asunto fue competencia del fuero local —y luego del orden federal—, y que tenían instrucción de entregar la información que les fuera requerida por la PGR y, si fuera necesario, de presentar ante la autoridad correspondiente a los militares involucrados en la averiguación. Las fuentes aseguraron que habría "cero tolerancia" con soldados que quebrantaran las leyes.[28]

Por su parte, el titular de *Excélsior* remitía a una noticia —cuyos contenidos consignaron también los otros medios— en la cual el general secretario de la Defensa, Salvador Cienfuegos, formulaba una advertencia en el sentido de que los soldados que no respetaran los derechos humanos serían llevados ante las autoridades competentes. Sin referirse de manera concreta a los hechos de la bodega de San Pedro Limón, dijo el general: "Nuestro compromiso es y será, a pesar de los riesgos a los que se ven expuestas las tropas, proteger a la sociedad a la que nos debemos, respetando irrestrictamente los derechos fundamentales".

Al clausurar los trabajos del seminario denominado "La Defensa Nacional del Estado mexicano" en las instalaciones de la Universidad Anáhuac, en Huixquilucan, el divisionario subrayó que ante cualquier conducta que se apartara o infringiera el respeto a los derechos humanos "habremos de llevarla a las instancias jurídicas correspondientes, para que sean ellas las que determinen lo conducente". Como señaló en su cobertura *La Jornada*, la presencia del titular de la Sedena no estaba prevista en el programa oficial del seminario, como tampoco lo estaban la del almirante secretario de Marina, Vidal F. Soberón, y la del gobernador del Estado de México, Eruviel Ávila.

Una "acción aislada"… con trágicos antecedentes

A esas alturas resultaba claro que conforme se iban conociendo evidencias, el caso Tlatlaya se enredaba más y más. Desde un principio había resultado inverosímil que en el enfrentamiento armado uno de los bandos —el que inició el ataque, según la Sedena— había sido exterminado por completo, mientras en el otro hubo un herido leve. Según los dichos oficiales ningún agresor se había rendido. Era ésa una verdad perturbadora. Los cadáveres daban cuenta de la refriega, sí. Pero lo que tenía que ser acreditado era la legalidad y legitimidad de la acción militar. A diferencia de los particulares, la autoridad siempre está obligada a dar cuenta de sus actos. Por eso, en el caso Tlatlaya las explicaciones de la Sedena tenían que ser exactas y exhaustivas, de tal manera que no existiera el menor elemento de duda sobre su accionar.

Sin embargo, cualquiera que recordara el comportamiento de las fuerzas armadas durante la guerra de Calderón no podría decirse sorprendido. En ese sexenio hubo excesos que nunca fueron debatidos y menos aún castigados. Como consignó el periodista Raymundo Riva Palacio, existían testimonios de acciones militares contra presuntos traficantes de drogas a quienes después de acosarlos por aire los ejecutaron en tierra. Además, dos de las operaciones de mayor impacto realizadas por comandos de élite de la marina terminaron con la muerte de los traficantes Arturo Beltrán Leyva y Ezequiel Cárdenas Guillén, y dejaron la sospecha de si el fin era realmente ejecutarlos. Sobre todo la marina pareció actuar "con la lógica explícita de no tomar prisioneros".[29]

Ahora en Tlatlaya, el lugar de los hechos, la mecánica forense, una presunta testigo y nuevas evidencias ya no dejaban tan claro si en realidad había existido un enfrentamiento. Las fotografías publicadas por *La Jornada* fortalecían la versión sobre la ejecución extrajudicial de una veintena de jóvenes. Lo que de comprobarse implicaría que las autoridades locales y federales, que durante casi tres meses habían sostenido de manera porfiada la tesis del enfrentamiento, podrían ser acusadas por encubrimiento, al tratar de evitar que se llegara a la verdad jurídica sobre la matanza, distorsionando los datos periciales y protegiendo a los culpables.

El 27 de septiembre, con base en dichos de funcionarios federales adscritos al Gabinete de Seguridad Nacional, *La Jornada* denunció en su portada que los integrantes del 102o Batallón de Infantería que participaron en los hechos habían tenido al menos tres horas para hacer el "montaje" del enfrentamiento. Según la nota, la muerte de las 22 personas había ocurrido entre las siete y las ocho de la mañana, y el personal de la Procuraduría de Justicia mexiquense recibió la solicitud de colaboración —por parte de los militares— al filo de las 10:30 horas. El personal policiaco y pericial partió de la ciudad de Toluca hacia Tlatlaya a las 11:00 y arribó a la comunidad de San Pedro Limón pasadas las 14:00 horas.[30]

De acuerdo con la información, sólo uno de los integrantes del presunto grupo de secuestradores disparó contra los militares y éstos abatieron a su agresor a la entrada de la bodega. Todas las personas que se encontraban en el interior del depósito —los otros 21 presuntos secuestradores, incluida la joven Érika y otras tres mujeres— podían ser vistas sin ningún problema por los soldados, porque la entrada (sin puerta) del inmueble medía 11.60 metros de ancho.

El primer grupo de los 25 militares que en total participaron en la acción tuvo contacto con los civiles armados alrededor de las cinco de la mañana, y hacia las 6:30 recibió apoyo de sus compañeros que estaban de guardia en las instalaciones del 102o Batallón de Infantería, ubicado en Tejupilco, a unos 50 kilómetros de San Pedro Limón. Es decir —como consignó Gustavo Castillo García en su nota informativa—, una vez que ultimaron a la joven Érika Gómez González y los otros 20 muchachos, los soldados modificaron la escena del crimen, manipulando cuerpos, sembrando armas y desapareciendo evidencias.

Cuando los medios de comunicación llegaron al lugar ya eran más de las 16:00 horas y los cadáveres habían sido recogidos. Sólo quedaban algunos letreros abandonados por los peritos. Los tres vehículos con los que las víctimas presuntamente trataron de cubrirse de los disparos de los soldados ya estaban sobre las plataformas de grúas, y de acuerdo con fotografías obtenidas por la agencia de noticias MVT, casi no habían sufrido daños.

Ese 27 de septiembre, al comparecer ante las comisiones unidas de Gobernación y Seguridad Pública de la Cámara de Diputados —en el contexto de la glosa del 2o Informe de Gobierno del presidente Enrique Peña Nieto—, el responsable de la seguridad interior del país, Miguel Ángel Osorio Chong, dijo que "si sucediera que hay algo que señalar respecto a la actuación de ese grupo de miembros del ejército [que participó en los hechos de Tlatlaya], quiero decirles que será la excepción, porque tenemos un gran ejército". Osorio señaló que la Procuraduría General de la República nunca había cerrado el caso, y que había que "trabajar" para que "si sucede este tipo de cuestiones" (la ejecución sumaria extrajudicial de 21 personas), "se pueda ver, observar, que es sólo una acción aislada y no el comportamiento de nuestro gran ejército mexicano y de nuestra Marina Armada de México".[31]

La afirmación del secretario de Gobernación sería rebatida al día siguiente, cuando un cable de AP reproducido por *La Jornada* consignó que el oficial y los siete soldados que enfrentaban medidas disciplinarias en el Campo Militar número 1 pertenecían a un batallón con "un historial de incidentes".[32]

Dependiente de la 22a Zona Militar con sede en Toluca, el 102o Batallón de Infantería del ejército mexicano está ubicado en San Miguel Ixtapan, municipio de Tejupilco, al sur del Estado de México, y había sido el "consentido" de Enrique Peña Nieto desde sus tiempos de gobernador en la entidad. Peña Nieto había donado los terrenos donde se estableció el cuerpo castrense, e incluso había inaugurado sus instalaciones el 13 de mayo de 2010, junto al secretario de la Defensa, general Guillermo Galván. Galván dijo entonces que el área era utilizada por traficantes como un corredor natural para conectarse con otras regiones y llevar a cabo el trasiego de marihuana, heroína y otras drogas ilícitas. La misión del batallón era combatir el tráfico de drogas, y desde principios de 2014 había sido integrado al operativo Seguridad Mexiquense, puesto en marcha por el propio presidente de la República.[33]

El despacho de AP recogía un hecho noticioso ocurrido el 6 de diciembre de 2013 —apenas seis meses antes de lo de Tlatlaya— en el poblado de Palos Altos, municipio de Arcelia, Guerrero. Allí, miembros de ese mismo batallón asesinaron a cuatro funcionarios del gobierno municipal de Arcelia, limítrofe con Tlatlaya, incluido el director de tránsito del ayuntamiento, Mario Urióstegui. Las víctimas, que regresaban de un campo de tiro por un camino rural, vestían ropa de camuflaje para cazar y portaban fusiles. Los soldados los confundieron con delincuentes. Inicialmente la Sedena presentó el hecho como un "enfrentamiento". Después, cuando la PGR se vio obligada a atraer el caso, recurrió a la teoría de la "confusión". El Ministerio Público estatal ordenó la detención del sargento segundo Rubicel Acosta, el cabo Axael Sánchez y dos soldados rasos por el delito de homicidio. En esa ocasión el ejército no argumentó indisciplina ni desobediencia.

Además de esas cuatro ejecuciones extrajudiciales, el batallón sumaba otro grave incidente contrario a su "misión". Con base en documentos legales civiles y militares, el periódico *Reforma* había informado en febrero de 2012 que desde el momento mismo que se estableció en el municipio de Tejupilco (2010), el Batallón de Infantería 102 había sido infiltrado y varios de sus efectivos cooptados por el grupo criminal La Familia Michoacana, para que informaran sobre los movimientos de ese cuerpo castrense. Seis militares, incluidos dos oficiales, fueron acusados formalmente. Según la causa penal 48/2011 del Juzgado Quinto Militar de la 1a Región, tenientes, sargentos y cabos habían resultado beneficiados con los sobornos de La Familia.

Por otra parte, la historia de San Pedro Limón registraba otra matanza de 23 personas en 2008. Al mediodía del 18 de agosto de ese año, una veintena de individuos con el rostro cubierto y vestimenta tipo militar, armados con fusiles AR-15 y AK-47, arribaron a bordo de tres camionetas al tianguis del poblado ubicado a un lado del templo parroquial, y abrieron fuego contra personas que allí se encontraban. Según reportó entonces Miguel Ángel Granados Chapa, en la acción murieron al menos 23 personas, niños y adultos, y decenas más resultaron heridas. "No pareció que buscaran a alguien en particular, contra el que dirigieran su ataque."[34]

En la crónica de ese aciago día, el periodista ya fallecido escribió que eso "no fue lo peor". Poco después "llegaron al lugar otros vehículos ocupados por miembros del ejército […] Éstos retiraron los cadáveres, recogieron los casquillos y limpiaron la escena". También despojaron de sus teléfonos celulares a los "espantados vecinos y visitantes" y les hicieron saber que "era preferible que no se supiera nada de lo ocurrido". Los uniformados "quizá disuadieron también" a los agentes del Ministerio Público, "que supieron de los hechos pero no cumplieron sus funciones, pues no se inició averiguación previa alguna".

Granados Chapa, quien forjó una escuela de credibilidad en el ámbito periodístico del país, tituló su colaboración "Matanza silenciada". No reveló la identidad de sus fuentes, pero dio por ciertos los hechos que describió como el "primer ataque a la población civil", que sería seguido un mes más tarde por el atentado de la noche del Grito en Morelia, Michoacán. Al romper el silencio sobre el hecho, el columnista de *Reforma* dijo que, comparada con la de Morelia, la matanza de San Pedro Limón era aún más "estremecedora", no sólo porque fue mayor el número de víctimas (tres veces más que las habidas en la capital michoacana) sino "por las acciones y omisiones de las autoridades, encaminadas a ocultar lo sucedido en vez de investigar los hechos y perseguir a los responsables".[35] De manera premonitoria adelantó entonces una premisa que se repetiría durante todo el sexenio calderonista y heredaría el peñanietismo: el contubernio o la complicidad entre delincuentes y mandos militares encargados de proveerles impunidad.

FUSILAMIENTO MASIVO O EL DERECHO PENAL DEL ENEMIGO

El domingo 28 de septiembre de 2014, sobre un marco negro, la portada del semanario *Proceso* reproducía una imagen rectangular que encerraba un muro de ladrillo gris, sobre el cual se percibían dos orificios de bala y manchas de sangre roja a su alrededor como representación simbólica de un país en descomposición en el que la violencia había alcanzado niveles de apariencia demencial. "Tlatlaya: El ejército bajo sospecha", resumía el titular. "La 'indisciplina' militar que mató a 22 personas", cabecearon la nota de interiores, donde la publicación insistía en los señalamientos de su número anterior: bajo presión y en contra de su voluntad, las autoridades mexicanas habían tenido que reconocer que lo ocurrido en Tlatlaya era "demasiado turbio" y debía ser aclarado. Sólo que ahora se encaminaban a culpar a un grupo de soldados "desobedientes" e "indisciplinados" de bajo rango, para evadir cualquier responsabilidad política y en la cadena de mando castrense.[36]

Tras reseñar que un teniente y siete elementos de tropa se hallaban recluidos en un sector del Campo Militar número 1 conocido como "las negras" —por lo reducido y oscuro del espacio—, el reportaje se enfocó en la presunta responsabilidad en que, según la Sedena, habían incurrido: la comisión de delitos en contra de la disciplina castrense, desobediencia e infracción de deberes. Entrevistado por *Proceso*, Félix Garza, abogado litigante ante la justicia militar, adujo al respecto que la Secretaría de la Defensa Nacional debía demostrar el motivo de la presencia de los soldados en el lugar de los hechos y especificar si se había tratado de un patrullaje de rutina u obedeció a una orden específica. La diferencia era importante porque en el primer caso era suficiente con un pelotón, integrado por 11 soldados y un oficial. Pero si se trató de un operativo eran necesarios más hombres, y ante todo debió existir "una orden de mando".

Además, acerca de si existió un enfrentamiento o no, el ejército debería demostrar cómo y quién había iniciado la agresión, para acreditar que en realidad "repelió" el ataque. Y respecto a la desobediencia, tenía que demostrar "cuáles fueron las órdenes y de quién". Si fue el teniente quien dio la orden, habría incurrido en abuso de autoridad con el agravante de homicidio en cualquiera grado. Pero además, el teniente debió informar a sus superiores, y la prueba de que ello ocurrió fue que los mandos de la 22a Zona Militar elaboraron el comunicado distribuido por la Sedena el 30 de junio, el mismo día de los hechos.

De acuerdo con esa lógica, Ezequiel Rodríguez Martínez —el joven teniente del 102o Batallón de Infantería que estuvo al frente de la operación punitiva en San Pedro Limón la noche de la matanza— debió haber consultado a su superior, el coronel Raúl Castro Aparicio, quien en el sexenio de Felipe Calderón había estado destacamentado en Jiménez, Chihuahua, durante el Operativo Conjunto Chihuahua, que derivó también en ejecuciones sumarias extrajudiciales de presuntos traficantes de droga. A su vez, siguiendo la cadena de mando, el coronel Castro debió reportarse con el comandante de la 22a Zona Militar, general de brigada DEM José Luis Sánchez León,[37] ex miembro del Estado Mayor Presidencial, quien a su vez respondía a las órdenes del mando de la 1a Región Militar, ubicada en la ciudad de México, a cargo del general de división DEM Jaime Godínez Ruiz.[38] Por otra parte, no es un dato baladí que el controvertido agrupamiento militar de San Miguel Ixtapan era bien conocido del secretario de la Defensa, general Cienfuegos, pues estuvo bajo su mando cuando se desempeñó como jefe de la 1a Región Militar.

Otro experto consultado por *Proceso* fue el catedrático universitario Gilberto Santa Rita, especializado en derecho penal del enemigo, quien ante la "contundencia" de la información periodística llegó a la conclusión de que el caso Tlatlaya exhibía "la presencia de facto de escuadrones de la muerte o de fusilamiento".[39] En esa hipótesis, en México se estaría ante un "Estado delincuente"; un "Estado criminal por acción", que utilizaba su brazo más violento, el ejército, y no el derecho penal, que es la violencia institucionalizada. Santa Rita remitía al antecedente del caso Rosendo Radilla, detenido y desaparecido en 1974, y por el cual la Corte Interamericana de Derechos Humanos había condenado al Estado mexicano 35 años después de los hechos.

Según el profesor de la Universidad Iberoamericana, resultaba muy difícil creer que el jefe de un pequeño grupo de soldados hubiera tomado la decisión de ultimar a 21 personas reducidas e inermes, sin consultar a un superior. A su juicio, fue "evidente" que existió una orden antijurídica. "Era un delito y la tropa debió haberse excusado de cumplirla. Al no hacerlo cometieron el delito de homicidio de civiles […] Por eso, lo importante es ver en qué consistió la orden y quién la dio."[40]

Para entonces era claro que llegar a la "verdad histórica" de los crímenes de Tlatlaya iba a resultar muy complicado. Limitar la responsabilidad del caso en un pequeño grupo de soldados de rango inferior llevaba a pensar que se quería evitar un costo mayor a la Sedena y al comandante en jefe de las fuerzas armadas, el presidente Peña Nieto. Pero la prensa no cejaba en la cobertura de la matanza.

Ese mismo domingo 28 de septiembre una foto a color publicada en la primera plana del diario *El Universal* exhibía uno de los muros de bloques y el piso de grava, tierra y arena de la bodega de San Pedro Limón, con un titular que decía: "Abandonada, la escena de los hechos en Tlatlaya". En su interior, la nota de un enviado del periódico capitalino daba cuenta de que el recinto se hallaba sin el debido resguardo judicial, y que según los lugareños ninguna autoridad había ido al depósito a reconstruir los hechos. "Más de 40 impactos de bala tapizan el muro izquierdo de la bodega abandonada", destacaba la información.

Como por contagio, un día después dos reporteros de *Milenio* visitaron la "escena del crimen" y contabilizaron los 48 impactos de bala que habían dejado marcados en las paredes los peritos de la PGR. Ninguno en el techo ni en el piso, verificó Juan Pablo Becerra-Acosta. Su conclusión: no había indicios de un intenso tiroteo como decía la versión original de la Sedena. Otra hipótesis que se desvanecía, según el periodista, era aquella que señalaba al lugar como una "casa de seguridad para enclaustrar secuestrados".

> Resulta poco probable que el bodegón, que semeja un hangar aéreo, pudiera haber sido usado con ese fin; como no tenía puerta, el interior de la enorme bodega podía ser visto desde la carretera que conduce de Arcelia hacia San Pedro Limón, por cualquier persona que pasara por ahí.[41]

Los hilos sueltos y las contradicciones del caso generaban muchas interrogantes. No estaba claro quién había ordenado matar *en caliente* a los presuntos secuestradores, y si la orden había venido de "arriba" y bajó por la cadena de mando. Tampoco se sabía en qué punto se había roto la disciplina castrense y el protocolo al que tenían la obligación de ceñirse el oficial y los soldados. Menos, por qué los mandos de la 22a y la 1a Región Militar habían mentido y ocultado la matanza durante casi tres meses, con la complicidad del Ministerio Público mexiquense.

¿Se había tratado de un hecho aislado o el operativo en San Pedro Limón era el resultado de la inercia extrajudicial del pasado? Nadie tenía respuestas convincentes a esa pregunta. En todo caso, Tlatlaya era el recordatorio de lo mucho que aún no se sabía en México acerca de la forma de operar del ejército y los controles que existían al interior del arma.

Por esos días, algunos medios habían manejado la versión de que los ejecutados de Tlatlaya eran integrantes de un nuevo grupo guerrillero y que presuntamente estaban ligados a las Fuerzas Armadas Revolucionarias de Liberación Popular o a un grupo de autodefensa.[42] Lo que abría la hipótesis sobre un eventual exterminio colectivo de disidentes por razones políticas.

Sobre los hechos de Ayotzinapa/Iguala: a propósito de los que sobran y el Estado terrorista

Fue un crimen de Estado. Los hechos de Iguala del 26 de septiembre de 2014, donde seis personas fueron asesinadas, tres de ellas estudiantes, hubo 20 lesionados —uno con muerte cerebral— y resultaron detenidos-desaparecidos de manera forzada 43 jóvenes de la Normal Rural Isidro Burgos de Ayotzinapa, fueron crímenes de Estado que podrían configurar crímenes de lesa humanidad. Los ataques sucesivos de la policía municipal de Iguala y un grupo de civiles armados contra estudiantes, las ejecuciones sumarias extrajudiciales, la desaparición forzada tumultuaria y la tortura, desollamiento y muerte de Julio César Mondragón Fontés —a quien con la modalidad propia de la *guerra sucia* le vaciaron la cuenca de los ojos y le arrancaron la piel del rostro—, fue un acto de barbarie planificado, ordenado y ejecutado de manera deliberada. No se debió a la ausencia del Estado; tampoco fue un hecho aislado. Los crímenes de Iguala venían a confirmar la regla y formaban parte de la sistemática persecución, asedio y estigmatización clasista y racista de los tres niveles de gobierno (federal, estatal y municipal) hacia los estudiantes de Ayotzinapa, la normal enclavada en el municipio de Tixtla, estado de Guerrero.

En ejercicio de sus funciones —o con motivo de ellas—, agentes estatales actuaron con total desprecio por los derechos humanos, violando el derecho a la vida de seis de sus víctimas y una fue antes torturada de manera salvaje. Asimismo, los 43 desaparecidos fueron detenidos con violencia física por agentes uniformados del Estado y trasladados en vehículos oficiales, seguido de la negativa a reconocer el acto y del ocultamiento de su paradero, lo que configuraba el delito de desaparición forzosa.

De acuerdo con el artículo 149 bis del Código Penal Federal, también podría configurarse el delito de genocidio, dado que se procedió a la destrucción parcial de un grupo nacional (los estudiantes de la Normal Rural de Ayotzinapa), quienes de tiempo atrás habían sido sometidos a un hostigamiento sistemático, continuado y prolongado con la participación directa de funcionarios públicos en la planeación y perpetración de los hechos, y su amplificación a través de los medios de difusión masiva, como reproductores serviles de la "verdad oficial".

Al respecto, cabe recordar que el 12 de diciembre de 2011 dos estudiantes de esa normal rural —Jorge Alexis Herrera y Gabriel Echeverría— fueron ejecutados de manera sumaria extrajudicial por agentes de civil en la Autopista del Sol, en Chilpancingo, Guerrero; cuatro más resultaron heridos y 24 fueron sometidos a torturas y tratos crueles y degradantes por funcionarios policiales. Capturado en el lugar de los hechos, el estudiante Gerardo Torres fue aislado, incomunicado y trasladado a una casa abandonada en Zumpango, donde lo desnudaron y torturaron. Después, con la intención de fabricar un culpable o chivo expiatorio, le sembraron un arma AK-47 de las llamadas *cuerno de chivo* y lo obligaron a disparar y tocar los casquillos percutidos para impregnar sus manos de pólvora, con la intención de imputarle la muerte de sus dos compañeros.[1]

Entonces un grupo de expertos internacionales determinó que hubo un uso excesivo y desproporcionado de la fuerza coercitiva del Estado y las armas de fuego —es decir, la policía estatal utilizó armamento de alto poder y actuó al margen de los protocolos antimotines—, con el objetivo de contener una manifestación pública. Dos agentes policiales sindicados como autores materiales de los homicidios fueron dejados en libertad un año después, lo que demuestra la colusión de la justicia del estado de Guerrero con la estructura de mando de los organismos de seguridad pública. Con una consecuencia lógica, consustancial al ADN del sistema político mexicano: los autores materiales e intelectuales de las dos ejecuciones extrajudiciales y las torturas y tratos crueles y degradantes, gozan en la actualidad de protección e impunidad.

Por otra parte, existían evidencias testimoniales de que a dos años y medio de aquellos hechos, policías, ministerios públicos, militares y profesionistas del estado de Guerrero habían manifestado un desprecio y odio criminal hacia los estudiantes de Ayotzinapa. Incluso el médico cirujano Ricardo Herrera, quien denunció a los estudiantes que entraron a su clínica privada Cristina en demanda de atención para un estudiante al que un balazo le había destrozado el rostro, dijo que los jóvenes normalistas eran "violentos y agresivos" y por eso les volvió la espalda.[2]

Ahora como en 2011 —y como tantas veces antes desde 1968, cuando la matanza de Tlatelolco en la Plaza de las Tres Culturas—, se asistía a una acción conjunta, coludida, de agentes del Estado y escuadrones de la muerte, cuya "misión" era *desaparecer* lo disfuncional al régimen de dominación capitalista; lo que estorba, lo exterminable. Huelga decir que la figura de la detención-desaparición forzada, como instrumento y modalidad represiva del poder instituido, no es un exceso de grupos fuera de control sino una estrategia represiva adoptada de manera racional y centralizada, que entre otras funciones persigue la diseminación y perpetuación del terror.

El terrorismo de Estado encarna una estrategia que aparece cuando la normatividad pública autoimpuesta por los que mandan es incapaz de defender el orden social capitalista y contrarrestar con eficacia necesaria la contestación de los de abajo. Por ende, las instancias gubernamentales incorporan una actividad permanente y paralela del Estado mediante una doble faz de actuación de sus aparatos coercitivos: una pública y sometida a las leyes (que en México tampoco es cumplida por los responsables de aplicar la ley) y otra clandestina, al margen de toda legalidad formal.

Es un modelo de Estado público y clandestino. Como un Jano bifronte. Con un doble campo de actuación, que adquiere modos clandestinos estructurales e incorpora formas no convencionales (irregulares o asimétricas) de lucha. Un instrumento clave del Estado clandestino es el terror como método. El crimen y el terror. Se trata de una concepción arbitraria pero no absurda. Responde a una necesidad imperiosa de las clases dominantes, locales e internacionales. Aparece cuando el control discrecional de la coerción y la subordinación de la sociedad civil ya no resulta eficaz. Cuando el modelo de control tradicional se agota y el sistema necesita una reconversión. No tiene que ver con "fuerzas oscuras" enquistadas en los sótanos del viejo sistema autoritario. Tampoco con grupos de incontrolados, ovejas negras o algunas manzanas podridas dentro del ejército y las distintas policías. Ni con ajustes de cuentas desestabilizadores entre bloques de poder o al interior de grupos delincuenciales.

Tiene que ver, fundamentalmente, con la reconversión del modelo de concentración del capital monopólico y la imposición de políticas de transformación del aparato productivo acorde con la nueva división internacional del trabajo. Con un modelo que implica altísimas cotas de desocupación, pérdida del valor del trabajo, desaparición de la pequeña y la mediana empresa industrial y agraria. Y con la imposición de todo un paquete de contrarreformas neoliberales que incluye la apropiación de la tierra mediante el despojo, por grandes latifundistas y corporaciones nacionales y trasnacionales que profundizarán el saqueo de los recursos geoestratégicos, en particular los energéticos y biodiversos.

Pero el terror del Estado es también una respuesta al ascenso de las luchas políticas y reivindicativas de las masas populares, a la protesta de los de abajo. Frente a la resistencia y la contestación, los plutócratas y sus tecnócratas necesitan una adecuación del Estado represivo. Entonces aparece el terror como fuerza disuasoria. La otra faz del Estado, la clandestina; la que recurre a fuerzas paramilitares, a los escuadrones de la muerte, a los grupos de limpieza social y al sicariato. A la *guerra sucia*. A los fantasmas sin rostro ni rastro que ejecutan operaciones encubiertas de los servicios de inteligencia del Estado. A fuerzas anónimas que gozan de una irrestricta impunidad fáctica y jurídica; amparadas por un poder judicial cómplice y temeroso.

Aparece la otra cara de un Estado que construye su poder militarizando la sociedad y desarticulándola mediante un miedo y un horror reales. De manera selectiva o masiva, según las circunstancias. Pero siempre con efectos expansivos. Haciéndole sentir al conjunto de las estructuras sociales que ese terror puede alcanzarles.

El viejo método de la cadena: "de la periferia al centro organizado". La cara oculta de un Estado que hace un uso sistemático, calculado y racional de la violencia, de acuerdo con una concepción y una ideología que se enseña en las academias militares. Que forma parte de una doctrina de contrainsurgencia; de la guerra psicológica que experimentó Estados Unidos en Vietnam, cuando la Operación Ojo Negro desplegada por escuadrones clandestinos de los *boinas verdes* puso en práctica la fórmula: contraguerrilla = demagogia + terror. Después vendrían La Mano Blanca en Guatemala, el Comando Caza Tupamaros de Uruguay, la Triple A argentina, la Brigada Blanca en México y muchos más. Métodos: cartas y llamadas telefónicas anónimas, la detención-desaparición forzada, la tortura. El tiro en la nuca. O en la sien, como la bala que en octubre de 2001 un militar disparó para dar muerte a la luchadora humanitaria Digna Ochoa.

Sobre el papel de las fuerzas del Estado

Ante la gravedad de los trágicos sucesos de Iguala y el escrutinio mundial, el gobierno de Enrique Peña Nieto cayó en una aguda crisis de imagen, credibilidad y gobernabilidad, producto de las presiones a que fue sometido por la onu, la oea, el Departamento de Estado de Estados Unidos, la Comunidad Europea y distintas organizaciones humanitarias que demandaron la aparición con vida de los 43 estudiantes desaparecidos. Desde un principio las autoridades estatales y federales trataron de posicionar mediáticamente la hipótesis de que detrás de los hechos estaba el "crimen organizado" con sus "fosas comunes", coartada que de manera recurrente había sido utilizada como estrategia de desgaste, disolución de evidencias y garantía de impunidad desde comienzos del sexenio de Felipe Calderón.

Se trataba de una lógica perversa que, en el caso de Iguala, buscaba difuminar responsabilidades y encubrir complicidades en las cadenas de mando oficiales, y jugaba con el dolor y la digna rabia de los familiares de las víctimas y sus compañeros. Como dijeron desde un principio las madres y los padres de los 43 desaparecidos, "las autoridades andan buscando muertos, cuando lo que queremos es encontrar a nuestros muchachos vivos".

No era creíble que los hechos hubieran respondido a una acción inconsulta de un grupo de efectivos de la policía municipal. Asimismo, resultó en extremo sospechoso que desde un principio los investigadores de la fiscalía estatal no contemplaran la cadena de mando del Operativo Guerrero Seguro, vigente en el momento de los crímenes del 26 y 27 de septiembre de 2014, donde participaban diversas corporaciones de seguridad (ejército, marina, policía federal, Procuraduría General de la República), y que incluso se facilitaran las fugas del director de Seguridad Pública de Iguala, Francisco Salgado Valladares, y de su jefe, el alcalde José Luis Abarca, de quien después muchos dijeron que "sabían" que estaba vinculado al grupo delincuencial Guerreros Unidos, responsabilizado por las autoridades, junto con su esposa María de los Ángeles Pineda, de la autoría intelectual y material de los crímenes.

Según la fiscalía de Guerrero, 16 de los 22 policías municipales procesados dieron positivo en la prueba de rodizonato de sodio —es decir, dispararon sus armas— y entre ellos podrían estar los autores materiales de los seis asesinatos registrados en Iguala la noche del 26 de septiembre. Pero ninguno de los comandantes que operaron los dispositivos de seguridad esa noche fue detenido. Por lo que más allá de la responsabilidad atribuida al ex alcalde de Iguala, y debido a los antecedentes de los organismos de seguridad pública de Guerrero y los del propio gobernador Ángel Aguirre Rivero —crecido al amparo del "viejo PRI" y de sus peores prácticas y amigo de Peña Nieto—, quedaban muchos hilos sueltos e interrogantes acerca de quiénes eran los verdaderos responsables intelectuales y cuál fue el verdadero móvil de los hechos, incluidas las 43 desapariciones forzadas.

Según consignó Vidulfo Rosales, abogado del Centro de Derechos Humanos de La Montaña Tlachinollan, el 27 de septiembre y los días subsiguientes —que en todo caso de desaparición forzada resultan clave para la búsqueda— las autoridades ministeriales del estado de Guerrero no procedieron a realizar un interrogatorio profesional y exhaustivo a los policías municipales detenidos que diera elementos para localizar con prontitud a los jóvenes.[3] Agentes del Ministerio Público actuaron con negligencia e insensibilidad, y de existir condiciones para una investigación apegada al Estado de derecho, podrían resultar cómplices en la acción de manipular evidencias y enturbiar y enredar los hechos. De allí que Amnistía Internacional calificara la investigación judicial como "caótica y hostil" hacia los familiares y compañeros de las víctimas. Hostilidad que se hizo extensiva a las y los peritos del Equipo Argentino de Antropología Forense (EAAF), en quien familiares y estudiantes depositaron su confianza y a quienes vieron como único mecanismo de certeza en el caso de una eventual aparición de restos.

Igual que en el asesinato de dos estudiantes de la normal rural en 2011, había ahora un uso desproporcionado de la fuerza coercitiva del Estado; por lo que investigar la cadena de mando resultaba clave. Desde un principio fue evidente que los hechos ocurrieron en presencia de elementos de las policías estatal y federal y con el conocimiento de sus superiores, debido a que, como denunció el autor en *La Jornada* y en diferentes entrevistas y conferencias a comienzos de octubre,[4] desde que salieron de las instalaciones de la Normal Rural de Ayotzinapa la tarde del 26 de septiembre, los jóvenes eran monitoreados por agentes del Centro de Control, Comando, Comunicaciones y Cómputo (C-4) de Chilpancingo.[5]

Un informe de la fiscalía guerrerense confirmaría después que desde las 17:59 horas el C-4 había informado que estudiantes de Ayotzinapa partían rumbo a Iguala. A las 20:00 horas agentes de la policía federal y la policía estatal arribaron a la autopista federal Chilpancingo-Iguala, y reportaron que los jóvenes realizaban una colecta. A las 21:22 Luis Antonio Dorantes, jefe de la base de la policía federal, informó que los estudiantes habían entrado a la central camionera de la localidad y a las 21:40 el C-4 de Iguala reportó el primer tiroteo.[6]

En adición a lo anterior, Anabel Hernández y Steve Fisher consignaron en el reportaje "La historia no oficial" que José Adame Bautista, coordinador operativo de la región norte de la Secretaría de Seguridad Pública y Protección Civil de Guerrero, asentó en la tarjeta informativa número 02370, fechada el 26 de septiembre, que "a las 17:59 horas reportaron vía telefónica desde el C-4 Chilpancingo, sobre la salida de dos autobuses de la línea Estrella de Oro con números económicos 1568 y 1531 con estudiantes de la escuela rural Ayotzinapa con dirección a la ciudad de Iguala".[7]

La información de Adame coincidía con la del C-4 de Chilpancingo, incluido el dato de que a las 20:00 horas los dos autobuses de línea comercial llegaron a la caseta de cobro número tres de Iguala. Según reportó el funcionario, un camión se quedó allí y otro se estacionó frente al restaurante La Palma, adonde llegaron elementos de las policías estatal y federal. El propio Adame consigna que él y otros tres agentes se dirigieron allí y se coordinaron con personal de la policía federal, sector Caminos, al mando del oficial Víctor Colmenares, quien con otros tres elementos federales procedieron "a monitorear las actividades" de los estudiantes.[8]

No se trataba de un dato baladí, porque los C-4 de Iguala y Chilpancingo forman parte de la red del Sistema Nacional de Seguridad Pública, controlado por la Secretaría de Gobernación, y los monitoreos de imagen y voz llegan de manera simultánea y en tiempo real a la policía federal, la policía estatal y la policía municipal de Iguala, pero también al ejército, y por la cadena de mando la información llega a los comandos centrales de cada cuerpo en el Distrito Federal. Es decir, también tuvieron conocimiento de los hechos los agentes del Centro de Investigación y Seguridad Nacional (Cisen, la policía política del gobierno federal), en Guerrero, y sus superiores en la ciudad de México, y los mandos del 27° Batallón de Infantería, en Iguala, que depende de la 35a Zona Militar, con sede en Chilpancingo. En particular, la información de lo que estaba ocurriendo tuvo que ser monitoreada por miembros del denominado 3er Batallón, una unidad de fuerzas especiales a cargo, entre otras, de las tareas de inteligencia. Además de que en el estado de Guerrero existen 52 Bases de Operaciones Mixtas (BOM), que suelen ser coordinadas por las fuerzas armadas (ejército o marina de guerra).

Por otra parte, el gobernador de Guerrero, Ángel Aguirre Rivero, declaró, públicamente que había informado con anterioridad a los hechos del 26 de septiembre a la Secretaría de la Defensa Nacional, al Cisen y a la

Procuraduría General de la República, sobre los presuntos nexos del edil de Iguala, José Luis Abarca, con el cártel de los Guerreros Unidos, era de suponer que también la Subprocuraduría Especializada en Investigación Organizada (SEIDO) debía tener bajo la lupa a ese municipio.

Otro dato incuestionable era que, en Guerrero, desde la *guerra sucia* de los años setenta el control territorial lo tiene el ejército. Un ejército que actúa bajo la lógica de la contrainsurgencia —es decir, del "enemigo interno"—, y que desde comienzos de 2013 vivía obsesionado con una reaparición activa de la guerrilla (cuatro de las cuales, por cierto, se manifestaron a raíz de los trágicos hechos de Iguala: EPR, FAR-LP, Milicias Populares y ERPI).

También resultó incuestionable que el ejército participó en los hechos la noche del 26 de septiembre, porque como denunció el normalista Omar García, representante del comité estudiantil de Ayotzinapa —y quien estuvo esa noche en el lugar de los hechos—, luego de ser agredidos a balazos por la policía municipal, "efectivos castrenses" sometieron a los estudiantes. García narró que al hospital Cristina —adonde llevaron al normalista Édgar Andrés Vargas herido con un balazo en la boca— "los soldados llegaron en minutos, cortando cartucho, insultando. Nos trataron con violencia y nos quitaron los celulares. Al médico de guardia le prohibieron que atendiera a Édgar".[9]

Según el Programa para la Seguridad Nacional 2014-2018, publicado en el *Diario Oficial de la Federación* el 30 de abril de 2014, por sus características —"entrenamiento, disciplina, inteligencia, logística, espíritu de cuerpo, movilidad y capacidad de respuesta y de fuego"—, las fuerzas armadas son el estamento "necesario" e "indispensable" para reducir la violencia y garantizar la paz social en México.

Como se dijo arriba, desde las 20:00 horas del 26 de septiembre el Gabinete de Seguridad Nacional recibió reportes y comunicaciones sobre qué estaba ocurriendo en Iguala. La detención-desaparición de los 43 normalistas ocurrió con el conocimiento, en tiempo real, de los mandos de la PGR, el Cisen y la Sedena. No se podía argüir fallas de "inteligencia"; tampoco dudar de la "movilidad y capacidad de respuesta" del 27o Batallón de Infantería, bastión de la contrainsurgencia acantonado en esa ciudad desde los años setenta. Y era previsible, también, que alguien habría informado al responsable de la cadena de mando y comandante supremo, el presidente de la República.

ARDE GUERRERO

En ese contexto, cabe señalar que entre las inconsistencias o lagunas del caso está el papel real desempeñado por el Batallón 27, pero es bien sabido que los usos y costumbres de los aparatos de inteligencia del sistema político mexicano operan con la lógica del silencio y las complicidades mutuas en el ámbito civil y militar —pactos de *omertà* que son transmitidos de generación en generación a través de décadas—, y que ambos circuitos están imbricados con organizaciones delincuenciales.

Más allá de ello, en los días inmediatos posteriores a los hechos resultaba evidente que, por acción u omisión, los mandos castrenses de la 35a Zona Militar tenían algún tipo de responsabilidad en torno a los sucesos. Además de que, como quedó demostrado una vez más, en Iguala existió una delegación parcial del monopolio de la fuerza del Estado, en un grupo paramilitar y delincuencial. Asimismo, existían indicios que sugerían el montaje de una gran provocación. Pudo tratarse de un crimen mayor para ocultar otro: la ya mencionada ejecución extrajudicial de 22 personas por el ejército en Tlatlaya, Estado de México, y el encubrimiento de los responsables por la Secretaría de la Defensa Nacional.

Desde 2006 las fuerzas armadas habían venido exterminando "enemigos" en el marco de un estado de excepción permanente de facto. Los sucesos de Iguala no eran un hecho aislado, confirmaban la regla: fue un crimen de Estado. Una lógica elemental llevaba a cuestionar: si la Sedena había mentido en el caso Tlatlaya, ¿por qué todas las autoridades no iban a estar mintiendo también ahora sobre el caso Iguala?

Avanzado octubre, cada día, como resultado de las protestas de sectores de una población indignada y enfurecida, la lumbre devoraba edificios públicos, sedes partidarias y automóviles. Se multiplicaban las manifestaciones y los cortes de carreteras. El 10 de noviembre el aeropuerto de Acapulco fue bloqueado durante cuatro horas. Dos días antes, la ira, la rabia, el coraje social habían llegado a las propias puertas del Palacio Nacional, en la ciudad de México, y ardió la puerta Mariana que data del siglo XIX. Todo México era un hervidero. En una multitudinaria marcha en el Distrito Federal un grupo de jóvenes pintó en la explanada del Zócalo una consigna con letras blancas: "Fue el Estado". Desde un edificio alguien le tomó una foto. Circuló masivamente, causó gran impacto y la frase se volvió viral en las redes sociales. El *hashtag #FueElEstado* fue multiplicado miles de veces en Facebook, Twitter e Instagram y se convirtió en un lema unificador.

La insurgencia ciudadana iba en ascenso. En su epicentro, Guerrero, la revuelta popular agrupó a los normalistas de Ayotzinapa y a los padres y madres de los muchachos lesionados, asesinados y desaparecidos, policías comunitarias, maestros de la combativa coordinadora del magisterio disidente (CNTE) y organizaciones campesinas y urbanas.

El pantano de Iguala sumió en una profunda crisis al Estado mexicano. En Iguala había quedado exhibida, una vez más, la violencia de un Estado terrorista asentado en la cadena corrupción-impunidad-simulación. Con su sistema de tapaderas y su fachada seudodemocrática, el pacto de impunidad de la clase política le reventó en la cara a Enrique Peña Nieto, erigido en "estadista del año" 2014 merced a una millonaria campaña mediática internacional, vía agencias de propaganda neoyorquinas de primera línea. La catástrofe humanitaria heredada del calderonismo, profundizada en lo que iba de su mandato, obligó al jefe del Poder Ejecutivo a encomendar apresuradas operaciones de control de daños. ¿Objetivo? Eludir su responsabilidad en los crímenes de Estado y lesa humanidad configurados tras las ejecuciones sumarias de seis personas, la práctica de la tortura y la desaparición forzada de 43 estudiantes.

MURILLO KARAM Y LA SOLUCIÓN FINAL

Durante el sexenio de Felipe Calderón la narrativa gubernamental había sido que la violencia no afectaba de manera negativa a la economía del país. Los dos primeros años de gobierno de Peña Nieto estuvieron dedicados a gestionar las contrarreformas estructurales y su imagen de "reformador" y "estadista" creció en el exterior. La revista *Time* le dedicó una portada con el título *"Saving Mexico"* (Salvando a México), que ahora, ante la chamusquina de edificios públicos y vehículos, resultaba patética.

Ante los hechos de Iguala, la revista británica *The Economist* dijo que "México está lejos de ser un país de leyes". *The Washington Post* describió a la sierra de Iguala como un "basurero humano". El diario concluyó que eso había "destrozado la campaña de relaciones públicas" de Peña Nieto, al desviar la atención internacional hacia los fracasos en materia de seguridad. Y sentenció: "Se ha pasado del *Mexican Moment* al *Mexican Murder*".

En la coyuntura, la envoltura o marca Peña Nieto, fabricada por Televisa y los poderes fácticos los años precedentes, se desvanecía y emergía la verdadera consistencia del presidente. Entre contradicciones y lagunas, y bajo la presión internacional, sus hombres de confianza tuvieron que salir a hacer esfuerzos desesperados para refutar que se trató de un crimen de Estado.

El 7 de noviembre de 2014, la víspera del viaje del presidente Peña Nieto a China para participar en el Foro de Cooperación Económica Asia Pacífico, el informe del procurador general de la República, Jesús Murillo Karam, confirmaba el peor de los escenarios: dijo que los normalistas estaban muertos. Mezcla de ficción y realidad, la representación mediática del procurador fue concebida por los estrategas del *marketing* político de la Presidencia de la República como una puesta en escena para la "solución final" del régimen a la detención-desaparición forzada de los 43 estudiantes de Ayotzinapa.

En su papel de hechicero mayor de la aldea, Murillo anunció que los estudiantes habían sido quemados y sus restos óseos triturados, lo que haría muy "difícil" la extracción de ADN para la identificación genética. Ergo, nunca aparecería el cuerpo del delito de los 43 homicidios y se consumaría la "segunda desaparición" de los desaparecidos, prolongando de manera indefinida la "tortura" (como la llamó Felipe de la

Cruz) sobre los familiares, a quienes no se les permitiría hacer el trabajo de duelo.

Interrogado sobre el papel del 27o Batallón de Infantería de Iguala, la respuesta del procurador Murillo exhibió la esquizofrenia del régimen. Dijo: "Qué bueno que el ejército no salió, pues obviamente hubiera apoyado a la autoridad constituida… hubiera sido un problema mucho mayor". Es decir, "de haber salido" —como apuntó Carlos Ímaz—, los militares habrían colaborado con los policías municipales que dispararon a mansalva, torturaron y desaparecieron a los 43 normalistas indefensos y el saldo sería aún mayor. Pero Murillo agregó que "el ejército sólo se mueve por órdenes". Lo cual dejaba implícita la pregunta: ¿Quién ordenó las ejecuciones de Tlatlaya? Y en el caso de Iguala, ¿quién ordenó que salieran del cuartel del 27o Batallón? ¿Fue su coronel José Rodríguez Pérez? ¿Lo consultó con algún mando superior?

Pensada para el consumo de masas, la novelesca actuación del procurador —con sus dislates histriónicos y el carpetazo del caso incluidos— remitía al "Decreto noche y niebla" (*Nacht-und-Nebel-Erlass*) del führer Adolf Hitler, del 12 de diciembre de 1941, reconocido como el primer documento de Estado con órdenes para detener-desaparecer personas de manera furtiva o secreta, bajo el cobijo/ocultamiento de la oscuridad y la niebla. El decreto fue complementado por otros del mariscal Wilhelm Keitel, que especificaban cómo debían "hacer desaparecer" a personas sospechosas de resistir la ocupación nazi en Europa: sin "dejar rastro" de su paradero, ninguna pista, ningún atisbo de esperanza y "sin proporcionar información alguna" a sus parientes o a la población. El cadáver debía ser inhumado en el sitio de muerte y el lugar no sería dado a conocer. El objetivo, instruyó Keitel, era generar "un efecto aterrorizante" (*abschreckende Wirkung*), eficaz y perdurable sobre los familiares y la población, que deberían ser mantenidos en la "incertidumbre" sobre el destino de los detenidos.

En esos decretos que los ideólogos nazis preconizaban como "innovación básica en la organización de Estado", el propósito era "paralizar" a la población a través del "terror". Los desaparecidos eran un medio; el objetivo principal era desarticular cualquier forma de resistencia y mantener a la población en una incertidumbre duradera. Un esquema que parecía repetirse ahora en México a través de la simulación e instrumentalización de la búsqueda de los 43 desaparecidos, con el objetivo encubierto —pero hasta el presente no logrado— de aniquilar psíquicamente a los familiares y compañeros de las víctimas y a la población en general, e inhibir cualquier oposición o resistencia a la colonización, ocupación y despojo del territorio que habitan.

La finalidad del Estado terrorista es el disciplinamiento del cuerpo social. Ese "ocultar mostrando", perverso y deliberado (que no logra hacer desaparecer el negacionismo oficial), obedece a una estrategia de sometimiento y dominación social mediante la acción de infundir miedo y terror. Como indican muchos análisis sobre prácticas de violencias extremas, hay un proceso previo de clasificación y simbolización que impregna a la sociedad y la divide en *ellos* y *nosotros*. Es un proceso previo de deshumanización del *otro* a exterminar; de deshumanización y polarización extremas. Es necesario llevar al máximo las tensiones sociales para crear la sensación de que ningún proceso de diálogo es posible y lo único que cabe es una *solución final* que resuelva la cuestión. Porque al exterminio se llega. Se llega de manera premeditada a través de un proceso minuciosamente preparado, muchas veces por años, y ejecutado por los órganos de represión e inteligencia del Estado. Y en eso, los medios de difusión masiva son un arma estratégica de la guerra psicológica y tienen una función específica en la demonización y estigmatización del "grupo objetivo". En la fabricación de una víctima que, según la ideología de la criminalización del disenso (Vattimo), es clasificada como una "amenaza" social por los que mandan.

Reproductores y amplificadores de la violencia simbólica (Bourdieu) y todo un sistema de mentiras clasista y racista, los medios son usados para acelerar el proceso de deshumanización y desindividualización del otro, considerado enemigo (o una plaga a exterminar, según Calderón); para la manipulación de la información y la simbolización de la violencia asimétrica —invisible, implícita o subterránea— del poder y la organización del exterminio. Y luego, para la negación.

El joven Mondragón y la cara de la muerte

Con base en las primeras versiones judiciales de los hechos, y más allá del *outsourcing* o la subrogación de la violencia oficial con fines exculpatorios en boga entonces en México, los responsables de las desapariciones forzadas de los 43 estudiantes de Ayotzinapa fueron miembros de los aparatos de inteligencia del Estado. Es el mismo Estado el que, de acuerdo con numerosos antecedentes de larga data puede hacer desaparecer personas de modo directo o indirecto, como ocurrió antes en la *guerra sucia* de los años setenta en Guerrero y, después, durante el régimen de Felipe Calderón.

Según la versión oficial, los estudiantes de Ayotzinapa fueron baleados por agentes municipales; cinco personas resultaron asesinadas de manera extralegal en los hechos; una más fue detenida y torturada hasta la muerte, y 43 normalistas fueron detenidos, entregados a personal tercerizado —presuntamente perteneciente al grupo criminal Guerreros Unidos—, y figuran desde entonces como desaparecidos, salvo un caso, que se demostró técnicamente, vía pruebas de laboratorio con su ADN, que había sido incinerado.

En ese contexto, el caso del estudiante Julio César Mondragón Fontés es paradigmático, porque pese a su gravedad y la saña con que fue asesinado, su investigación quedó en un limbo legal. Mexiquense de origen, Julio César, de 22 años, fue detenido y sus captores lo torturaron; le vaciaron los ojos de sus cuencas y lo desollaron. Su cuerpo fue "encontrado" por el ejército a unos 200 metros del lugar donde los autobuses con estudiantes fueron atacados y de donde se llevaron a los 43 desaparecidos.

El hallazgo del cuerpo fue reportado por los militares al Ministerio Público a las 9:30 horas del 27 de septiembre. En el expediente, la diligencia del MP quedó registrada a las 9:55 horas. La averiguación previa de la Procuraduría de Guerrero fue tipificada como "homicidio calificado" y no, como correspondía, como tortura y ejecución sumaria. Además, inexplicablemente, el caso quedó en el ámbito del fuero estatal, cuando debió formar parte integral del expediente de los

43 desaparecidos. En la única oportunidad en que mencionó al joven el ex procurador Jesús Murillo Karam (en la conferencia de prensa del 7 de noviembre de 2014), no se refirió a él por su nombre, sino como "el desollado".

A diferencia de sus compañeros de infortunio, Julio César Mondragón no fue entregado a grupo delictivo alguno. Su cadáver no fue ocultado sino expuesto de manera deliberada; fue abandonado en una calle de terracería conocida como el Callejón del Andariego, a la altura de un almacén de Coca-Cola, en Iguala. La técnica de tortura utilizada no se planificó y ejecutó para no ser vista. Sus verdugos quisieron enviar un mensaje. Por ello, uno o varios de los asesinos le tomaron fotos, y su imagen impactante, aterradora, circuló en Twitter apenas cuatro horas después del último ataque de la policía municipal a los normalistas (entre las 11 y 12 de la noche del 26 de septiembre), mucho antes de que el MP de Iguala llegara al lugar donde yacía el cuerpo para realizar la primera inspección ocular y el levantamiento del cadáver.[10]

No se conoce que la policía estatal de Guerrero o la federal hayan realizado un rastreo o peritaje cibernético sobre la ruta de la macabra fotografía en las redes sociales. Según testimonios de la familia de Julio César, el primero en percatarse de que el joven estaba muerto fue su hermano, Lenin Mondragón, un adolescente que la madrugada del día 27 lo reconoció por su camiseta, su bufanda y sus manos.[11] La foto era casi idéntica a una serie de tomas que fueron integradas a la averiguación previa de la procuraduría guerrerense, cuyo origen no había sido determinado pericialmente nueve meses después del crimen.

El 26 de junio de 2015 el diario *La Jornada* divulgó los resultados de la necropsia realizada por los médicos forenses del Ministerio Público de Iguala. El titular de la nota decía: "Fauna nociva mutiló el rostro del normalista César Mondragón: peritos". Según el estudio, la causa de la muerte había sido un "edema cerebral" causado por fracturas múltiples del cráneo, lesiones producidas por un "agente contundente".

De acuerdo con las fotografías conocidas, el cadáver ya no tenía ojos. No obstante, el médico forense Carlos Alatorre Robles —autor de la necropsia adscrito a la Secretaría de Salud de Guerrero— estableció que se observaban "pupilas dilatadas con presencia de mancha negra esclerotical". Y más adelante registró "marcas de caninos que interesa toda la cara y cara anterior del cuello que interesa piel, tejido celular subcutáneo y músculos, preservando estructuras óseas. Globo ocular izquierdo ennucleado *post mortem* y globo ocular derecho sin tejidos blandos circundantes". Lo más sorprendente del estudio pericial fue que, según el galeno, el rostro de la víctima había sido "comido *post mortem* por fauna del lugar donde se encontraba".[12]

En un comunicado, la madre y la viuda de Julio César, Afrodita Mondragón y Marisa Mendoza, respectivamente, descalificaron la necropsia por "insostenible y absurda". Habían esperado nueve meses para tener acceso a la constancia de la necropsia —que había sido solicitada con insistencia a las autoridades por los abogados—, y ahora ésta revelaba una "falta absoluta de respeto y de profesionalismo", además de que evidenciaba "desinterés por esclarecer el homicidio".[13]

Consultado por *La Jornada*, el médico-perito Roberto Loewe dijo que del análisis de las fotografías del cuerpo inerte pero intacto (excepto el rostro desollado) de Julio César Mondragón, sólo se apreciaban lesiones de cortes limpios y precisos (desde la garganta hasta la línea del nacimiento del cabello), a partir de los cuales "se procedió al retiro de todo el tejido facial hasta el hueso". En una primera observación, "nada indica rastros de mordidas caninas o de otro animal. Excluyo totalmente esa posibilidad".

Médico austriaco-mexicano fundador del Colectivo contra la Tortura y la Impunidad, Loewe realizó un estudio comparativo de imágenes del cadáver de Mondragón con otros ocho casos de muerte por tortura con desollamiento del rostro de las víctimas, y encontró "procedimientos muy parecidos", que denotan "una técnica muy estudiada, especializada".[14] Seguramente, añadió, el de Mondragón fue un crimen ejecutado "por más de una persona; no pudo ser en solitario". También consideró improbable que un policía municipal de Iguala haya sido capaz de realizar un crimen de esa naturaleza.

Aseveró que al joven se le practicaron incisiones precisas que dejan los huesos de la cara disecados. "Así, se aprecia el cadáver de un hombre joven con la cara de 'la muerte', como aparece en el imaginario social." Dijo que el normalista debió ser sometido por varias personas mientras era desollado; en la muñeca izquierda y el antebrazo derecho "se aprecian zonas equimóticas, correspondientes a la sujeción. Las manchas oscuras y circulares en la muñeca y el flanco izquierdos, pudieran ser quemaduras eléctricas. Además, hay una escoriación en el codo izquierdo, que indica que la víctima fue arrastrada en vida".

Una fotografía muestra un charco de sangre que no corresponde a la posición de la víctima. "Eso puede deberse a su lucha por sobrevivir o al cambio de posición *post mortem*. Es importante recalcar que los cadáveres no sangran, por lo que se infiere que [Julio César] fue desollado vivo", adujo Loewe.[15] El dolor debió ser inimaginable.

El mensaje de terror inscrito en el cuerpo de Julio César es la concreción más extrema del uso del poder. Si la violencia es necesaria como signo de poder, la tortura es la práctica por excelencia del poder total. Esencialmente expresivo, el bárbaro sacrificio del joven normalista pareció estar dirigido a que la sociedad toda no olvidara la violencia constitutiva del Estado; fue como un ritual simbólico que pretendía recordarnos una vez más el poder mortífero, disciplinador y regulador del Estado, para mantener el orden establecido. Como reza la famosa inversión foucaultiana de Von Clausewitz, trató de recordarnos que "la política es la continuación de la guerra por otros medios".[16]

Cuando el 28 de octubre de 2014 Enrique Peña Nieto se reunió en Los Pinos con los familiares de los muchachos de Ayotzinapa, Marisa Mendoza, la joven viuda de Mondragón, le preguntó con lágrimas en los ojos al presidente: "¿Quién torturó hasta la muerte a Julio César? ¿Quién lo mató?" Lívido, el jefe del Ejecutivo guardó silencio. Finalizaba junio de 2015 y no había ninguna persona imputada por el crimen.

Marx, Lacan y los matables de Ayotzinapa

En México se libra una guerra contra los que estorban. En particular, contra los jóvenes. Agamben los llamó "matables" (*uccidibiles*), como se dice en Colombia. El pretexto es la lucha gubernamental contra las drogas y la criminalidad. La realidad es otra: la subordinación de los gobernantes y otros agentes del Estado al narcotráfico no es más que un aspecto de su total sumisión ante otros sectores de la economía capitalista, como el financiero, el industrial y el remozado extractivismo. El poder de los que mandan está en su riqueza, en su dinero, en su capital. En el capital.

Como dijo David Pavón-Cuéllar, ni siquiera tiene importancia confirmar si los torturadores, asesinos y los desaparecedores de los estudiantes de Ayotzinapa obedecían órdenes del gobierno federal, estatal o de algún capo del narcotráfico. No importa cuántas y cuáles mediaciones hubiera entre el capital y los policías torturadores, asesinos y desaparecedores de Iguala. En cualquier caso, y tomando en cuenta que las atrocidades son mucho más antiguas que la aparición del actual sistema de explotación y los perpetradores de los hechos son humanos, seres de carne y hueso bestializados, una parte importante de la responsabilidad última de los crímenes de Iguala recae en el capital, en el capitalismo.[17]

Según una parte de la versión oficial del procurador Murillo Karam, el destino final de los jóvenes de Ayotzinapa fue la fosa común, clandestina, sin nombre. Sin nada de nada. Los jóvenes sobran y el sistema del Estado los descarta. Los elimina. Vivimos en la sociedad del descarte guiada por su razón cartesiana: descartar lo que sobra. Lo que estorba y es potencialmente rebelde. Artaud señaló que Hitler haría lo que hoy hacen los cárteles tercerizados del Estado mexicano: el capitalismo produce sobras y ellos las eliminan por su goce herético.

La pregunta que se repite es: ¿por qué los estudiantes de Ayotzinapa? Porque el sistema económico-social dominante no soporta la concientización (Paulo Freire) ni el estilo de vida de los jóvenes de la Normal Rural Isidro Burgos. Porque un maestro humilde educado, concientizado, en todas las épocas ha sido una amenaza real para el poder, para la tiranía, para las estructuras de dominación. Los estudiantes mantenían una vida comunitaria que prefiguraba el comunismo por el que luchaban y que les permitía entablar todo tipo de vínculos reales no mediatizados por el factor simbólico-económico del capital. Desafiaban al capitalismo y al dios mercado. Se atrevieron a establecer relaciones solidarias, menos enajenadas, y a protestar contra el acoso del sistema enajenante. Su comunidad contradecía a la actual sociedad centrada en el dinero, individualista, con su violencia estructural antihumana y anticivilizatoria.[18]

Bajo la dictadura del pensamiento único neoliberal, si alguien se mantiene afuera, debe integrarse o desaparecer. A los estudiantes de Ayotzinapa se los eliminó y desapareció con la anuencia de la clase política, sus partidos e intelectuales orgánicos. Se dijo, antes, que en diversos discursos políticos y periodísticos se había venido denigrando de manera sistemática a los estudiantes de la normal rural. Pero como dice David Pavón-Cuéllar, en lugar de abordar los discursos "como descriptivos y comunicativos de cierta realidad existente", éstos pueden concebirse "como creadores y organizadores de una realidad imaginaria que sólo existe en virtud de los mismos discursos". Es ahí, en esa realidad imaginaria generada por un sistema simbólico, donde los estudiantes de la normal Isidro Burgos fueron presentados como "parásitos inútiles y prescindibles", que no rendían entonces ni rendirán jamás ningún servicio a la sociedad (esa sociedad que precisamente los neoliberales quieren destruir, aniquilar), pero que "son costosos y dispendiosos, y además ávidos e insaciables, pues quieren más y más, sin dar nada a cambio".[19]

No está de más recordar que los estudiantes de todas las normales rurales de México son en los que menos gasta el gobierno: 30 pesos mexicanos por día. Y desde cierto punto de vista se les podría considerar particularmente útiles, ya que serán futuros maestros rurales en regiones campesinas pobres. Por lo que según Pavón-Cuéllar, existirían buenas razones para invertir el mensaje del *otro*, desentrañar una denegación y ver a los estudiantes normalistas como lo diametralmente opuesto a lo que se afirma de ellos. Podría decirse que son los más útiles y baratos del sistema educativo mexicano, mientras en los discursos oficiales y de la *comentocracia* mediática se les presenta como los más inútiles, ávidos, dispendiosos, conflictivos, agresivos y violentos. Lo que se descubre —de acuerdo con el psicoanalista lacaniano— es lo que se dice literalmente: que "los estudiantes [normalistas] son demasiado lo que son, que lo son en exceso, que son más de lo que deberían ser, que están de más, que sobran". Que sobran y estorban a un proyecto de liquidación de la sociedad.

Esa condición intrínsecamente sobrante de los estudiantes se confirma en sus caracterizaciones como inútiles y prescindibles. "Los estudiantes de Ayotzinapa son algo que sobra, y cuando algo sobra, es normal que se le deba eliminar, limpiar, tirar al cesto de la basura o, en este caso, a una fosa común." ¡A un basurero! De allí que la desaparición de los estudiantes de Ayotzinapa no sea más que la conclusión de un silogismo sencillo: "Los estudiantes sobran, y lo que sobra debe desaparecer; por lo tanto, los estudiantes deben desaparecer".[20]

Al torturar y asesinar a Mondragón, matar a otras cinco personas (dos de ellas normalistas) y desaparecer a los 43 estudiantes, los policías y sus cómplices tercerizados concluyeron el trabajo de los políticos y los periodistas. Hicieron además únicamente lo que les fue indicado por el gobierno de Peña Nieto y los medios de difusión masiva. "Los autores morales de la matanza están en las cúpulas gubernamentales y en las pantallas de televisión, e incluye a famosos periodistas como Carlos Loret de Mola, Joaquín López-Dóriga y Ciro Gómez Leyva."[21] Reproductores de las voces de sus amos y como engranajes de una aceitada estrategia de guerra psicológica, ellos y muchos más prepararon la matanza y las desapariciones al justificar la represión, al ocultar sus condiciones de vida, ignorar sus reivindicaciones, quitarles la voz y reducirlos a la condición de "obstáculos" de los que había que "deshacerse" (desaparecerlos) para permitir el desarrollo de México y, específicamente… la circulación en la Autopista del Sol.

Fue en esas instancias donde se tejió la trama discursiva en la que no había ya lugar para los estudiantes, en la que no cabían, sobraban y debían descartarse, desecharse. Una vez más debemos "buscar la verdad en la mentira, en la estructura de ficción [Lacan], en los cuentos verdaderos de los que nos hablaba Marx".[22]

Si los estudiantes de Ayotzinapa debían desaparecer.

fue también y quizá fundamentalmente porque el gobierno y los medios redujeron toda su existencia real a lo que son para el sistema capitalista: pura vida pulsional quizá gozable, pero indisciplinada e incontrolada, y por tanto inútil e inexplotable. Una vida como ésta solamente puede causar problemas. De ahí que deba ser eliminada o al menos desactivada, marginada o expulsada del sistema.[23]

Para el sistema, la existencia de los normalistas no sería entonces "más que vida pulsional inútil o inexplotable, pero además peligrosa, esencialmente disruptiva y subversiva. Esa vida no tendría ningún derecho a seguir viviendo". En sentido contrario, para no ser aniquilados o exterminados, para no terminar en una fosa común como los estudiantes de Ayotzinapa —fue el mensaje del procurador Murillo Karam—, debe hacerse sin chistar el trabajo del sistema capitalista, ya sea cumpliendo con labores ideológicas o bien estrictamente económicas.

EL NEGACIONISMO Y LA DESTRUCCIÓN DE LA MEMORIA

Pero la puesta en práctica del exterminio no es el último paso. Viene luego la etapa de la negación. El negacionismo trata de la negación, de la mentira y las manipulaciones. Negacionismo como expresión de un mundo turbio donde lo verdadero y lo falso se confunden, donde el sentido de las palabras se transforma o se invierte. En el caso de Iguala, la esquizoide negación gubernamental estuvo dirigida desde un principio a intentar eludir toda responsabilidad en lo que ha sido calificado como un crimen de Estado.

De allí que en la fabricación de la solución final del caso Iguala/Ayotzinapa la única hipótesis en las "investigaciones" oficiales haya estado dirigida a fortalecer la liga crimen organizado-fosas comunes, complementada con otro mecanismo perverso, luego desechado: la inversión de la acusación. Esto es, las pretendidas víctimas (los normalistas asesinados, lesionados y desaparecidos) eran "culpables", ya que en el expediente se les quería presentar como "parte" o "auxiliares" del grupo criminal Los Rojos. Esa inversión de la acusación es el argumento más cínico de la negación, y consiste en invertir los roles.

México configura hoy un Estado macabro, donde la imbricación de violencia, corporaciones oficiales que devastan y despojan en complicidad con grupos de la economía criminal, empuja para que nada se aclare, para que todo se sumerja en un *no lugar* y en un *no tiempo*, coludidos contra la desesperanza de la gente agraviada e indignada. El Estado y sus instituciones se han convertido en baluarte del crimen, la decadencia y el espanto, donde lo bárbaro y sus atrocidades reinan. Dice el poeta Javier Sicilia que México se parece cada vez más a "un rastro, a una inmensa fosa clandestina, a un campo de concentración al aire libre".

En ese contexto, debemos recordar que un Estado perpetrador de crímenes contra la humanidad rechaza siempre reconocer su evidencia y elude autoincriminarse por razones de sobrevivencia. Desvanece datos, fabrica testimonios, disimula hechos a la justicia y sustrae criminales a una sanción; por eso es un delito. Además, el negacionismo es un acto deliberado de destrucción de la memoria y una ofensa a las víctimas, a los sobrevivientes y sus familias. Enfrentar la realidad implica aceptarla en toda su crudeza, y con Georges Bernanos podría decirse que la verdadera esperanza comienza cuando hemos aprendido a desesperar de todo.

La violencia y la razón desesperada

En el México actual se vislumbran tres de los factores que Nicos Poulantzas detectó como síntomas indicativos de todo proceso de fascistización: la "radicalización de los partidos burgueses hacia formas de estado de excepción", una distorsión característica entre "poder formal" y "poder real, y, por último, "la ruptura del vínculo representantes-representados". Mediante una violencia estatal camuflada como guerra a las drogas, Felipe Calderón introdujo primero la excepción, luego la convirtió en rutina y después la transformó en regla. Todo régimen de excepción se origina en una crisis política o ideológica, o en ambas a la vez. México vive hoy una crisis profunda. Pero la crisis venía de atrás, y se profundizó en la coyuntura de los hechos de Iguala.

Acorralados por las consignas masivas pronunciadas *urbi et orbi*: "Fue el Estado", "Fuera Peña Nieto", el presidente de la República se enojó y el general secretario de la Defensa Nacional, Salvador Cienfuegos, también. Mala cosa. El coraje les nubló la visión y el entendimiento de lo que estaba aconteciendo en México, y los llevó a emitir pronunciamientos irresponsables. Pero la furia los podía empujar, también, a tomar decisiones equivocadas dramáticas.

Como en crisis anteriores reaparecía ahora el vocabulario maniqueo del poder, bordado con base en un manojo de contradicciones tales como paz/violencia, orden/anarquía, Estado de derecho/caos desestabilizador. Se trató de una sintaxis enmohecida que contenía un tufo autoritario y represivo diazordacista; amenazador. La violencia no tiene nada de ambigua. La violencia, es. Ahí están Auschwitz, Hiroshima, Tlatelolco, Tiananmen. O la violencia de Iguala, con sus torturados, asesinados y los 43 detenidos-desaparecidos.

Ante las circunstancias del ahora cabe recordar que no se puede desprender la violencia de su contexto político, erigirla aisladamente, presentarla como un monstruo abominable y predicar en torno a ella las viejas mentiras. Exponentes de la antigua forma de hacer política, el presidente Peña, su gabinete y los tarifados papagayos mediáticos pronunciaron los meses finales de 2014 palabras sin contenido social, que no podían apoyarse en realidades; usaron un lenguaje caducado y hablaron de la violencia como si fuese algo distinto del poder del Estado y de las artes de la política. Olvidaron —o pretendían olvidar— que la "ley" y el "orden" son el disfraz de la violencia del sistema. La definición que los neoliberales aplicaron a una conducta que consideran como antisocial, desestabilizadora, vandálica, es la racionalización de todo un proceso de descomposición de la sociedad, que ellos mismos —gobierno y medios— han llevado a cabo de manera vandálica y desestabilizadora, enmascarado en una ideología justificadora de las situaciones violentas que han creado.

Remedo del antiguo régimen, el "nuevo PRI" trató de convencer a la sociedad mexicana de que la subversión es siempre el peligro latente que justifica el orden social a cualquier precio. La subversión, o sea, la "acción de trastornar, revolver, desordenar, destruir…", siempre ha sido definida en términos negativos. El subversivo es el enemigo de la sociedad. Sin embargo, por paradójico que parezca, la gran subversiva de nuestro tiempo es la plutocracia. Los verdaderos antisociales y anti-históricos son los que mandan, los poderes fácticos, los grandes capitalistas agremiados en el Consejo Coordinador Empresarial, que el 29 de octubre de 2014 impulsaron un Pacto para el Fortalecimiento del Estado Mexicano, con su llamado a "acometer con energía el reto de garantizar seguridad y la vigencia plena del Estado de derecho". Lo hicieron como hacen siempre, en nombre de la "modernización" y el "progreso". Palabrería hueca, simple retórica. El poder, el poder real, está empecinado en que nada cambie. O hacen algunos cambios que les aseguren mantener las formas de poder que detentan. Cambiar algo para que todo quede como está. Y para eso cuenta con la "violencia organizada"; con la fuerza bruta.

La vieja política ha cambiado de afeites muchas veces pero no ha modificado su rostro. En ocasiones, como la derivada de los crímenes de Iguala, se hace visible la violencia estructural del sistema. Hasta septiembre de 2014 Peña Nieto había podido absorber los conflictos por medio del acondicionamiento sociológico, la propaganda y la manipulación. El régimen había exhibido parcialmente la violencia latente; había usado el miedo y la violencia institucionalizada como herramientas para el disciplinamiento social, logrando una cierta adhesión pasiva de sectores de población que más bien se asemejaba a una sumisión servil.

Ortega y Gasset llamaba a la violencia la "razón desesperada". Sin embargo, la violencia practicada desde el poder para conservar las injustas estructuras en beneficio de unos pocos es producto de la falta de razón. De la sinrazón. La violencia institucionalizada es la irracionalidad social exacerbada. Atrapado, desenmascarado por los hechos de Tlatlaya e Iguala, el régimen había quedado desnudo. Las llamadas fuerzas del orden, exhibidas. Con base en recursos demagógicos, sofismas y mentiras, Peña y sus acólitos en los medios pretendieron dividir a México entre buenos y malos, pacíficos y violentos. Llamaron orden al desorden, paz al miedo, justicia al hambre y desarrollo al desempleo.

Buscaron seducir, persuadir, ablandar, y usaron agentes provocadores y propaganda negra como bandera falsa para "legitimar" detenciones arbitrarias y sembrar un terror paralizante entre los jóvenes. Quisieron desactivar el descontento, la protesta, la rebeldía; la digna rabia y la contraviolencia de los de abajo, que ante la violencia estructural y su corolario, la violencia institucionalizada, esgrimieron la razón desesperada.

La revuelta juvenil en ascenso expresó que cada día eran más los que comprendían que el caos y la anarquía se habían institucionalizado, y se rebelaban contra ese estado de cosas. Los jóvenes saben, instintivamente, que hay algo que se llama derecho a la vida, y que cuando no es contemplado hay algo que se llama derecho a la resistencia.

La polémica "orden roja"
y la sombra de los generales

Con el correr de los meses y los días, la exhumación periodística del sangriento episodio de Tlatlaya había obnubilado las referencias propagandísticas en torno al ciclo "reformador" del presidente Enrique Peña Nieto, erigido, a partir de su propio discurso autolaudatorio y el juicio de sus panegiristas, en el "estadista" que había desafiado tabúes ideológicos y concentraciones monopólicas en campos tan sensibles como la industria energética y las telecomunicaciones. Ahora, la matanza de un grupo de civiles por elementos militares en un desconocido paraje del territorio mexicano —y los afanes institucionales por ocultarla— ponía a prueba el alcance de una realidad que desde el 1º de diciembre de 2012 se había querido acallar: la permanencia del ejército en las calles en funciones de policía sin el debido entrenamiento, pese al anuncio oficial de una presencia mínima y el retiro paulatino de soldados a los cuarteles.

Si bien no se conocía con certeza la justa dimensión del incidente, la detención de un oficial y siete soldados rasos —y su internamiento en el Campo Militar número 1— era el reconocimiento de que se habían cometido graves irregularidades. La tentación de estirar la verdad o eludir toda responsabilidad por parte del gobierno federal, como tantas veces antes, había finalmente sucumbido ante la debilidad probatoria institucional de los hechos y el cúmulo de evidencias que habían venido desnudando el mal manejo de una información dirigida a deformar la realidad de lo ocurrido. De paso, Tlatlaya exhibía los riesgos del uso de las fuerzas armadas en tareas de seguridad pública que corresponden a la policía y mandos civiles.

Aunque todavía era difícil decirlo, las ejecuciones sumarias de San Pedro Limón podrían marcar, en perspectiva, un antes y un después para el ejército mexicano. Sin embargo, todo indicaba que en las alturas del poder se había optado por sacrificar a un mando intermedio y unos cuantos elementos de tropa, para refugiarse en la desobediencia y la no aplicación de los protocolos de actuación castrense. Como señalaron varios observadores, se buscaba evitar una indagación mayor y un debate serio sobre lo que la matanza representaba para el sistema político mexicano, en la proclamada "nueva era" del Partido Revolucionario Institucional.

De ahí que, como señaló entonces Erubiel Tirado, la noticia lanzada en Nueva York por el presidente Peña Nieto, acerca del ingreso de militares mexicanos a los *cascos azules* de la ONU, había sido una cortina de humo para rescatar la legitimidad del ejército.[1] La realidad exhibía que después de 13 generaciones de egresados militares de cursos de derechos humanos impartidos por la CNDH, el *Manual del uso de la fuerza* de las instituciones armadas era una coartada para mantener al ejército y la marina en las calles. A la luz de la reconstrucción de lo ocurrido en Tlatlaya, lo relevante del caso era la absoluta inobservancia del manual y la recurrencia a un comportamiento ya interiorizado en el personal castrense: identificación y supresión del potencial enemigo o agresor, sin la mínima coordinación con las autoridades civiles y sin proceder a la grabación de los hechos —como instruía el documento— para el esclarecimiento de los mismos en caso de ser necesario.

Según Tirado, el resultado trágico de Tlatlaya iba más allá de una cuestión de disciplina militar y de excluir o desviar la responsabilidad penal como pretende la aplicación del manual, al calificar un eventual homicidio como culposo, quedando así exonerado el personal militar involucrado en el hecho. A su juicio, resultaba poco razonable argüir que no había responsabilidad institucional porque no se sabía que el "alto mando" hubiese ordenado violar los derechos humanos. Máxime cuando los "usos y costumbres" de la seguridad en el sistema político mexicano habían operado de tiempo atrás bajo la lógica del silencio y las complicidades mutuas en el ámbito cívico-militar.

Como se había dicho tantas veces durante el funesto mandato de Felipe Calderón, en el contexto histórico y político del México de comienzos del siglo XXI el componente militar tendía a ser parte activa en la grave crisis humanitaria y no su solución, con la consiguiente distorsión o pérdida de función del estamento castrense en su esencia definitoria de la defensa nacional. Ello derivaba de factores estructurales en el diseño legal e institucional de unas fuerzas armadas que, históricamente, habían respondido más a tareas de dominio y control político de la disidencia interna, que en el desempeño real de funciones de defensa frente a un enemigo extranjero.

En ese contexto, mientras comedidos columnistas de Estado intentaban hacer (por delegación) un apresurado control de daños con eje en la "singularidad" y "excepcionalidad" del caso Tlatlaya,[2] no debió pasar desapercibido para el alto mando de la Sedena el comentario de Guillermo Valdés Castellanos, ex director del Centro de Investigación y Seguridad Nacional (Cisen), cuando escribió que la cotidianidad de la violencia en México se debía, entre otros factores, a la "ineficacia, ineptitud y corrupción" de parte de las instituciones públicas de seguridad, y en algunos casos a "su disposición de matar a lo salvaje". Según el ex jefe del servicio secreto mexicano durante el mandato del presidente Calderón (se desempeñó en el cargo en el periodo 2006-2011), no había manera de restarle gravedad al "asesinato de 22 personas a manos de militares en Tlatlaya [...] Es ominoso por cualquier lado. Violencia oficial y con saña. Peor, imposible".[3]

Y ante la noticia de que tres soldados habían sido acusados de homicidio, cuestionó: "La pregunta inevitable será si esos soldados rasos actuaron por iniciativa propia, o por instrucciones de algún superior". Dijo, asimismo, que de los asesinatos a manos de autoridades se desprendía "la nula confianza de ellas en el sistema de procuración e impartición de justicia [...] Mejor matemos antes que llevar ante la justicia a los presuntos delincuentes. Gravísimo. Sin ese respeto al Estado de derecho no hay democracia, ni derechos humanos, ni nada".[4]

No era ésa la primera vez que a las redacciones de los medios del país habían llegado reportes de la Sedena con la "información" de que una unidad militar, en tareas de patrullaje o investigación de rutina, generalmente en zonas calientes y remotas como las sierras de Tamaulipas, Zacatecas, Durango o Guerrero, había sido interceptada, emboscada o sorprendida por fuego enemigo, ante lo cual los soldados se habían visto obligados a "responder" o "repeler" los disparos, con saldo de uno o dos compañeros heridos y todos los "malandros" muertos.

Debido a la recurrencia de situaciones como ésa, Juan Ignacio Zavala dijo que el caso Tlatlaya, "minimizado en un principio para terminar por tratar de esconderlo", podía "marcar" al gobierno de Peña Nieto con el regreso de "viejas formas de combate a la ilegalidad [como las tropelías, torturas, ejecuciones clásicas del viejo PRI]. Los muertos eran criminales, pero eso no justificaba su ejecución".[5] Al respecto, y ante la presunción de que se asistía a una ejecución sumaria extrajudicial similar a las practicadas por militares mexicanos durante la *guerra sucia* de los años setenta, hubo quienes, como José Antonio Crespo, señalaron que era el momento de dejar atrás "otros dogmas" estáticos e intocables, como el que cubría con "un halo patriótico" a la institución armada, y convertir al ejército en una guardia nacional. Dado que se había confiado al ejército tareas de seguridad interna, en consonancia con el afán "modernizador" y antidogmático de Peña Nieto, la institución armada debía sufrir "una transformación radical en su estructura, concepción y adiestramiento", dijo el conocido politólogo.[6]

En ese contexto, el 30 de septiembre de 2014, en un hecho que no se había visto en muchos años, el procurador general de la República anunció que se consignaría por homicidio en el ámbito de la justicia civil a tres de los ocho soldados que habían participado en los sucesos de Tlatlaya. Acompañado del procurador militar, Jesús Gabriel López Benítez, en una breve conferencia de prensa Murillo Karam dijo que al cesar los disparos, después de un "enfrentamiento" que duró "entre ocho a diez minutos", los tres soldados consignados habían ingresado a la bodega y realizado "una secuencia nueva de disparos que no tenía justificación alguna".[7]

Según el fiscal de la nación, a partir de diversas pruebas periciales y de una serie de diligencias e interrogatorios, el Ministerio Público federal había detectado algunas inconsistencias y reunido elementos suficientes para determinar "el exceso de la fuerza y la tipificación del delito de homicidio". Cuestionado acerca de si los militares habían "ejecutado" a los civiles, respondió que todavía se estaban realizando pruebas periciales y sólo se podía hablar de homicidio; dijo también que a pesar de que existía "una orden de sus superiores, los militares no grabaron su actuación".[8] Aclaró que los cargos ante la justicia ordinaria —según una resolución de la Suprema Corte de 2012— eran con independencia de que a los ocho soldados la justicia militar les estaba siguiendo un proceso por "desacato, fallas a la ley militar, fallas a la disciplina y desobediencia", todos delitos no graves en el fuero castrense.

Escueta y sin ambages, la noticia constituía un severo mentís y una reprobación a los alegatos de la Sedena, la Procuraduría General de Justicia del Estado de México, el gobernador Eruviel Ávila y el presidente de la CNDH, que habían pretendido encubrir los hechos. La narrativa oficial del acontecimiento había venido desmoronándose poco a poco. Y en el momento más inoportuno, cuando el presidente Peña Nieto se pavoneaba en la ONU, volvía el debate interno sobre el papel del ejército en labores de seguridad pública. Y lo hacía con interrogantes urticantes como las formuladas por Alfonso Zárate: "¿Quién ordenó el 'ajusticiamiento' de reales o presuntos delincuentes? ¿Es concebible imaginar un acto de 'desobediencia' criminal por parte de un teniente y un par de soldados de baja gradación?" Y la más inquietante: "¿Escuadrón 'justiciero' y/o mensaje castrense a la delincuencia?"[9]

Más allá del clima de violencia social y de la brutalidad delincuencial imperante en el país, con su estela de mutilaciones y asesinatos a mansalva, nada justificaba la degradación de agentes o instituciones del Estado en la lucha contra el crimen. De allí que, como apuntó Zárate, resultaba inquietante registrar "ciertas dosis de indiferencia social —cuando no de aprobación vergonzante— ante actos criminales que llaman a la barbarie: veinte 'asesinos' menos, ¿a quién le importa?"[10]

Sólo que en materia de percepciones la realidad incluía opiniones divergentes como, por ejemplo, la de Ciro Gómez Leyva, quien en su columna La historia en breve, al asumir la defensa de la institución armada, argumentó que "el mexicano no es un ejército genocida, no es un enemigo de su pueblo y sociedad. Lo ha demostrado en estos ocho años. Se ha equivocado en ocasiones y abusado en algunos casos. Muy pocos para la dimensión de la *guerra* que pelea".[11]

A la vez, mientras el periodista de *Milenio* abogaba por "cuidar" al ejército en el marco de lo que definió como una "guerra maldita", surgieron propuestas afines a las teorías o prácticas conspirativas, que sostenían que "los servicios de la inteligencia mexicana deberían […] descifrar si fue casualidad o no, la filtración del caso de Tlatlaya a los medios internacionales, exactamente en los días en que el mandatario [Peña Nieto] iría a abogar por los derechos humanos ante la ONU". Tal lo planteado por José Carreño Carlón, director del Fondo de Cultura Económica, quien, citando a Ramón Alberto Garza, director de *Reporte Índigo*, suscribió que era mucha "coincidencia" que un suceso ocurrido en junio, se volviera novedad en octubre.[12]

Para entonces, integrantes del ejército y personas cercanas a las fuerzas armadas habían respaldado en las redes sociales la actuación de sus compañeros en Tlatlaya y condenado de manera anónima la actuación del alto mando castrense por entregar a los soldados "al matadero". En un comentario subido a una página de Facebook, un usuario criticó la decisión del gobierno federal de utilizar a los soldados en tareas de seguridad pública, y también que la procuraduría militar sólo actuara en contra de elementos de tropa y un subteniente, "dejando libres a los mandos responsables" de los uniformados.

"Nunca nos dijeron que matar a un delincuente sería razón suficiente para ser enviado a prisión […] Un superior siempre va al frente de sus hombres, siempre da la cara por sus hombres y no los entrega al matadero por querer quedar bien […] con el Presidente o la CNDH."[13]

LA PASIÓN POR SERVIR Y LA OBEDIENCIA DEBIDA

El 1° de octubre de 2014, durante la apertura del Congreso Internacional y la Asamblea General de la Federación Iberoamericana del

Ombudsman, al abordar por primera vez la matanza de 22 civiles ocurrida en Tlatlaya el 30 de junio anterior, el presidente Enrique Peña Nieto enfatizó que el ejército y la PGR estaban investigando en forma conjunta y de manera exhaustiva los hechos, para determinar la "verdad jurídica" del caso y determinar las responsabilidades individuales correspondientes.[14] El mandatario rompió lanzas por el instituto armado porque, según dijo, "tiene un compromiso con el respeto a los derechos humanos, la justicia y el Estado de derecho".

Mientras tanto, en Aguascalientes, en el marco de la inauguración de la exposición *Fuerzas armadas, pasión por servir a México*, al hablar ante el secretario de la Defensa Nacional, Salvador Cienfuegos, y el titular de Marina, Vidal F. Soberón, el comandante de la 19a Zona Militar, general Juan Manuel Espinoza Valencia, sostenía que "el apego a la ley y el respeto a los derechos humanos son los preceptos con los que actúan las fuerzas armadas".[15]

Era notorio el esfuerzo institucional por restaurar la imagen de las fuerzas armadas. Sin embargo, ese mismo día la agencia de noticias francesa AFP difundió un comunicado suscrito por el relator especial de la ONU, Christof Heyns, donde se pedía a las autoridades civiles de México "investigar a fondo, juzgar y sancionar todos los presuntos casos de ejecuciones extralegales, arbitrarias o sumarias".

En un comunicado difundido por la Oficina en México de la Alta Comisionada de las Naciones Unidas para los Derechos Humanos, y tras reconocer que el arresto de ocho soldados involucrados en los hechos de Tlatlaya era "un paso en la dirección correcta hacia la justicia para las víctimas y la rendición de cuentas", Heyns pidió protección para la testigo entrevistada por la revista *Esquire* que había develado que 21 de los muertos en la bodega de San Pedro Limón, entre ellos su hija de 15 años, habían sido "ejecutados a sangre fría" a pesar de haberse rendido.[16]

El funcionario subrayó que toda muerte que resulte del "uso excesivo de la fuerza" y sin el "estricto cumplimiento de los principios de necesidad y proporcionalidad", era un caso de privación arbitraria de la vida y por lo tanto, ilegal. Según el experto, de acuerdo con los estándares humanitarios internacionales "sólo se puede recurrir al uso intencional de armas letales, cuando sea estrictamente necesario para impedir que una persona detenida escape o cuando sea estrictamente inevitable para proteger la vida, es decir, cuando haya peligro inminente de muerte o lesiones graves". Lo que según las evidencias recabadas por los investigadores y el propio dicho del procurador general de la República, no había sucedido en Tlatlaya.

La situación se complicaría para la Sedena un par de días después, cuando un fiscal de la PGR, que pidió el anonimato, reveló que existían dictámenes en criminalística de campo y medicina forense que indicaban que los militares habían cometido "al menos una decena de homicidios dolosos" entre otras conductas graves, por lo que no podrían obtener la libertad provisional bajo caución.[17] Y la crisis se profundizaría todavía más el 3 de octubre, cuando en un titular de primera plana el diario *La Jornada* informó que el coronel que estaba al mando de los soldados la noche de los hechos había llegado al lugar "una hora después del enfrentamiento", y no había sido vinculado en ninguna de las indagatorias judiciales.[18]

Según las "fuentes castrenses" que filtraron los datos al periódico, el comandante del 102o Batallón de Infantería era un "elemento clave" en las averiguaciones sobre la ejecución sumaria de 21 personas, pero había sido dejado de lado. "Trascendió que aun cuando no tuvo participación directa en lo sucedido, por estar al mando de los soldados referidos podría ser objeto de sanciones tanto del fuero de guerra como de la justicia federal", decía la nota.

En esa misma edición, el matutino dirigido por Carmen Lira reproducía versiones atribuidas a funcionarios de la Sedena y la PGR, según las cuales los soldados que habían entrado a la bodega negaban haber actuado por su cuenta: "Los agresores gritaron: 'Ya estuvo, nos rendimos', pero nos ordenaron no dejarlos vivos". De acuerdo con la crónica firmada por el reportero Alfredo Méndez, algunos de los soldados detenidos aseguraron que el teniente Ezequiel Rodríguez Martínez había emitido una "orden roja" —disposición militar que significa tirar a matar a los agresores— y que ellos habían actuado en "acatamiento" a la misma. Sin embargo, como daba cuenta Méndez, el teniente declaró exactamente lo contrario: "Aseguró que sus subordinados se fueron por la libre y desacataron las órdenes del mando".[19]

Según las fuentes de la Sedena y la PGR que proporcionaron la información a cambio de no mencionar sus nombres, los testimonios de los soldados implicados en la ejecución eran una especie de "dimes y diretes". Señalaron, por ejemplo, que el teniente Ezequiel Rodríguez declaró que los tres soldados que ingresaron inicialmente a la bodega ultimaron a una decena de los presuntos delincuentes, porque el día de los hechos "la escasa visibilidad los hizo sentirse inseguros y por ello optaron por asegurarse de que estuvieran muertos". También "reconoció" que hubo alguna manipulación de la escena del crimen, pero rechazó que él hubiera ordenado ejecutar a los agresores que aún estaban con vida.[20]

Sin embargo, dos de los tres soldados acusados de homicidio calificado sostuvieron ante sus superiores que tras el enfrentamiento varios de los agresores gritaron que se rendían, pero justificaron su actuación con el supuesto de que el teniente "había dado la orden de no dejar vivo a uno solo de los presuntos delincuentes".

Según la nota periodística, el cabo de guardia del 102o Batallón de Infantería había recibido una llamada anónima a las 2:20 horas del 30 de junio, que reportaba que en una bodega localizada en la zona de Tlatlaya había hombres armados. El teniente Rodríguez ordenó a siete elementos que lo acompañaran para "sorprender en flagrancia" a los presuntos delincuentes. Los militares llegaron al lugar cerca de las 3:00 horas y se produjo la balacera, que fue seguida de la ejecución extrajudicial de los civiles. Después, pasadas las cinco de la mañana, 17 militares acudieron a reforzar a sus compañeros, porque el teniente había reportado al cuartel que un cabo estaba herido.

Las pruebas de criminalística de campo, balística y medicina forense, así como peritajes sobre luminosidad, entre otras periciales efectuadas por los especialistas —amén de las contradicciones en que incurrieron los soldados detenidos durante los interrogatorios—, habían llevado a los fiscales de la PGR a concluir que los militares acusados no sólo habían manipulado la escena del delito, sino que además "actuaron con abuso de autoridad y sin el debido respeto a los derechos humanos".

Fuentes oficiales confirmaron a *La Jornada* que el 30 de junio los últimos en llegar al lugar de la matanza fueron los peritos y los agentes del Ministerio Público de la Procuraduría de Justicia mexiquense. Y que antes que ellos habían arribado 21 elementos de la marina destacamentados en Luvianos, dedicados a auxiliar en labores de seguridad pública en la entidad, quienes se limitaron a definir un cerco de seguridad perimetral, pero no tuvieron nada que ver con el levantamiento de los cadáveres ni con la recolección de pruebas y testimonios.

Por otra parte, la molestia al interior del ejército por la consignación penal de los ocho militares seguía creciendo. Después de que *La Jornada* había publicado que 3 135 personas habían apoyado el comentario de un internauta en su página de Facebook (cuyo texto circulaba de manera anónima con el título "La peor traición que nos han hecho. La tropa tiene ve [*sic*], mensaje a la sociedad y a los mandos militares"), el 2 de octubre al mediodía las personas que le habían dado "me gusta" en la red social ascendían a 55 257.[21]

Otro grupo denominado "Esposas de militares mexicanos", conocido de tiempo atrás en el medio castrense, también había escrito en su muro de Facebook unas líneas criticando al titular de la Sedena, general Cienfuegos. "Él se hace llamar el alto mando; por qué entonces da la espalda a su propia gente: eso es traición, y la CNDH fue creada para proteger, pero a los delincuentes, porque el presidente y las demás personas del gobierno se llevan una buena paga, y eso es con fines partidistas para crear una mala imagen de Sedena."[22]

En esa misma página se había difundido el *hashtag* #yosoy26, movimiento creado para apoyar a los soldados presos en el Campo Militar número 1, cuyo apelativo parecía revelar un número de uniformados presos tres veces superior al anunciado públicamente por la Sedena. Formado por militares en activo y retirados, el movimiento había convocado a una marcha del Zócalo a Los Pinos para el 11 de octubre siguiente.

Las redes sociales se polarizaban. Un texto colocado en la página bajo el título "Fuerzas Armadas de México. Hoy en día, luchar o morir por la patria; es morir en vano, morir por nada", criticaba al alto mando de la institución castrense. Entre los comentarios un anónimo mencionaba:

> Esos soldados cumplían órdenes, y órdenes directas de ustedes, y mire, les da la espalda, mandándolos a prisión, por el cumplimiento de su deber; eso es traición a los cañones [*sic*], a la legislación militar [...] pero si ellos hubieran sido los muertos, nomás con un toque de diana y una carga de salva y una bandera arriba de sus ataúdes... ¡hasta ahí hubiera sido todo... señores secretarios [de la Defensa Nacional y de Marina]?[23]

A su vez, el usuario Denver Crow adujo que el problema no era estar de acuerdo o no con las ejecuciones sumarias de criminales, sino que al hacerlo "se violenta la ley [...] el soldado se convierte en juez y verdugo".[24]

Los señalamientos por "traición" en contra del general Salvador Cienfuegos parecían apelar a la obediencia debida, figura jurídica que antes de los juicios del Tribunal de Nuremberg —contra militares y funcionarios de la Alemania nazi— eximía de responsabilidad penal a quienes obedecían la orden de un superior jerárquico. No obstante, a partir de la Segunda Guerra Mundial, y tras la caracterización de crímenes de lesa humanidad en la Organización de las Naciones Unidas, se estableció que "el hecho de que el acusado haya obrado según instrucciones de su gobierno o de un superior jerárquico no le eximirá de responsabilidad, pero podrá ser determinante de disminución de la pena si el Tribunal lo estima justo".

La CNDH y la sombra del fusilamiento

Al comenzar octubre los hechos de Iguala amenazaban con invisibilizar y relegar el caso Tlatlaya, y condenarlo a la impunidad. En ese contexto, una encuesta telefónica del diario *El Universal*, aplicada del 3 al 5 de octubre de 2014 con base en una muestra de mil ciudadanos entrevistados de manera efectiva, reveló que 73% no había oído hablar de algún suceso ocurrido en Tlatlaya, frente a 26% que sí conocía el hecho. De quienes sí habían oído hablar que allí se habían registrado la muerte de 22 civiles a manos del ejército, 59% consideró que habían sido ejecutados por los soldados y 17% opinó que el deceso se había producido durante un enfrentamiento entre delincuentes y militares. A pesar de que más de la mitad de los consultados (51%) desconocía quién conducía la indagatoria del caso, 66% consideró que la entidad encargada de la investigación no revelaría lo ocurrido, y 50% respondió que los militares no serían sometidos a proceso. Además, 82% de los entrevistados afirmaron que hechos parecidos a los de Tlatlaya ocurrían con frecuencia en varias partes del país, y 54% opinó que el ejército no respetaba los derechos humanos. Una mayoría (63%) consideró que en casos como ése, donde las víctimas son civiles, los militares deberían ser juzgados por tribunales ordinarios.[25]

A juzgar por las respuestas, la rendición de cuentas en materia de crímenes de Estado seguiría siendo una tarea pendiente en México. Por otra parte, los mensajes que llegaban a la sociedad desde las alturas del poder parecían indicar que el tema de la impunidad no preocupaba a las instituciones encargadas de hacer cumplir la ley. En su regreso al gobierno, el "nuevo PRI" de Peña Nieto parecía reeditar los rasgos más autoritarios del antiguo régimen, con eje en lo que Graham Greene llamaría "el corazón del asunto" (*the heart of the matter*): un sistema político y un andamiaje institucional construido sobre los cimientos de la impunidad garantizada, la complicidad extendida, la protección asegurada, el cinismo y la simulación rampantes, la ciudadanía ignorada.

Sólo que ahora los acontecimientos de Tlatlaya habían ensombrecido el hasta entonces celebrado desempeño de las fuerzas armadas en la nueva era de lucha contra el crimen y las modalidades de una estrategia de seguridad pública que desde el comienzo del gobierno peñanietista había buscado diferenciarse de la barbarie del periodo de Felipe Calderón. Los sucesos de San Pedro Limón parecían no responder a una coyuntura negativa o circunstancial. Como dijo Juan Gabriel Valencia, "en Tlatlaya, el ejército hizo lo mismo que las fuerzas armadas hicieron en los seis años de la administración anterior. Y no me refiero sólo a ejecutar extrajudicialmente. Mintieron como lo hicieron de 2006 a 2012, periodo en el que algún militar descubrió en el diccionario el verbo repeler".[26]

Y en verdad, desde entonces, toda muerte de integrantes de presuntos grupos criminales en enfrentamientos con militares había sido consecuencia de que los malvivientes habían disparado primero contra miembros del ejército o la marina y entonces, sólo entonces, los soldados "repelían" el ataque y ultimaban a todos los agresores sin recibir prácticamente bajas; lo que había generado suspicacias y sospechas de que cuerpos castrenses en tareas de seguridad pública estaban ejerciendo la justicia por propia mano. Al fin de cuentas, eso era lo que decía el comunicado de la Sedena del 30 de junio de 2014, por lo que era evidente que con la llegada de Peña Nieto al gobierno no se habían producido cambios de fondo para acotar y erradicar esas conductas extralegales en los mandos medios y superiores de las fuerzas armadas. El problema era estructural: Tlatlaya no respondía a una coyuntura adversa y el problema tampoco se resolvería con la consignación de ocho soldados de rangos inferiores.

Porque si bien se habían hecho señalamientos sobre la presunta responsabilidad en la matanza, ya fuera por acción u omisión, del comandante del 102o Batallón de Infantería, coronel Raúl Isidro Castro Aparicio, y existían versiones de que el general José Luis Sánchez León, al mando de la 22a Zona Militar, había tenido conocimiento inmediato de lo sucedido, no había noticia de que algún militar de alta jerarquía hubiera sido incorporado a las pesquisas judiciales en el fuero castrense o civil, lo que bien podría obedecer al hermetismo de la institución.

Sin embargo, no dejaría de sorprender el anuncio hecho por el procurador Jesús Murillo Karam, cuando aseguró a un medio que en el caso Tlatlaya los tres militares acusados de homicidio calificado habían utilizado las armas de las propias víctimas para asesinar a ocho de las 22 personas que se encontraban en la bodega.

Durante una entrevista con Carmen Aristegui en MVS Radio, Murillo comentó que lo que más había generado "confusión" en las investigaciones y retrasado la resolución del caso era que las municiones que habían impactado y ultimado al menos a ocho civiles, no pertenecían a armas de uso del ejército.

Dijo que la explicación que había dado la Sedena a los investigadores de la procuraduría federal —"con verdadera honestidad y dignidad"— señalaba que algunos de sus elementos habían "violado protocolos" y por eso la institución había iniciado una pesquisa relacionada con la disciplina y las normas castrenses.

Interrogado acerca de si esos ocho civiles habían sido "ejecutados" a quemarropa, el funcionario respondió que no podía utilizar esa palabra porque no existía en el Código Penal.[27]

Pronto, el escándalo de San Pedro Limón generaría algunos movimientos en las estructuras cupulares en la Sedena. De acuerdo con una versión periodística, el general de brigada José Luis Sánchez León había sido cesado como comandante de la 22a Zona Militar, y era ahora investigado por la Procuraduría General de Justicia Militar por su presunta participación en los hechos. Como mando de la zona castrense a la cual estaba adscrito el 102o Batallón de Infantería, Sánchez León habría dado el aval para que se emitiera el comunicado oficial de la Sedena donde se consignaba el hecho como un "enfrentamiento". Haber mentido sobre la matanza le habría costado el cargo, y ahora figuraba como sospechoso del delito de encubrimiento, junto con el coronel del batallón que había dado la orden de "repeler" la agresión. Aunque públicamente ninguno de los dos mandos había sido consignado penalmente, un medio reportó que ambos tenían orden de no salir de sus domicilios.[28]

Sin embargo, la realidad podía ser otra. Con un largo historial en la institución castrense, el general Sánchez León podía haber sido alejado de la comandancia de la 22a Zona Militar como una medida de "protección". Egresado de la Escuela Superior de Guerra y con una maestría en Estudios de Seguridad y Defensa Nacional, durante la "guerra" de Felipe Calderón el militar había sido comandante de la guarnición castrense en Ciudad Juárez y participado en el Operativo Conjunto Chihuahua (2008-2010). Con anterioridad se había desempeñado como uno de los jefes castrenses del Estado Mayor Presidencial (EMP) encargados de la seguridad del presidente Vicente Fox y su familia, y en el sexenio siguiente, antes de reincorporarse al ejército y ser enviado a Ciudad Juárez, había encabezado las secciones III, IV y V del EMP.

En 2011, después de un breve periodo como jefe del Estado Mayor de la 5a Región Militar en Jalisco, había sido designado asesor castrense en la misión permanente de México ante la ONU, en Nueva York. Y en mayo de 2012 había sido nombrado comandante de la 22a Zona Militar con sede en Toluca, con la misión principal de combatir a las organizaciones criminales tras la escisión de la banda de los hermanos Beltrán Leyva. Tras los hechos del 30 de junio de 2014 en San Pedro Limón, el general Salvador Cienfuegos lo habría alejado del cargo para protegerlo.[29]

En remplazo de Sánchez León fue designado el general brigadier José Ricardo Bárcena, quien se venía desempeñando como subjefe administrativo y logístico del Estado Mayor de la Secretaría de la Defensa Nacional y formaba parte del grupo de jerarcas castrenses más cercanos al titular de la institución, Salvador Cienfuegos. Su encomienda fue regularizar la situación y poner orden en el indisciplinado batallón 102.

Según comentó entonces Jorge Luis Sierra, la respuesta institucional a la matanza de 22 civiles en Tlatlaya evidenciaba que el mando supremo de las fuerzas armadas se había opuesto a un grupo de la cúpula militar proclive a mantener la impunidad de los soldados que cometen delitos graves con el pretexto de combatir a la delincuencia. De acuerdo con el especialista, ante situaciones como ésa, un "grupo duro" defendía la reputación a toda costa de la institución armada y justificaba la matanza como un acto de "legítima defensa", y otro, encabezado por el general Cienfuegos, había terminado respaldando una investigación a fondo, desplazó al general Sánchez León y ordenó la detención de ocho integrantes del 102o Batallón de Infantería.[30]

Más allá de la solidez de esa explicación, era evidente que existía una grave crisis al interior de la Sedena. Y también serias diferencias entre los miembros civiles y militares del Gabinete de Seguridad Nacional. El expediente del caso Tlatlaya había rebasado las fronteras de México y estaba afectando la imagen pública del presidente Peña Nieto y la de la propia institución armada. La presión de Washington parecía estar surtiendo efectos. Ello quedaría refrendado el 21 de octubre siguiente, cuando la Comisión Nacional de los Derechos Humanos rectificó su posición inicial y dirigió la recomendación 51/2014 a la Secretaría de la Defensa Nacional, en la cual, si bien consignaba que la existencia de un "enfrentamiento" en la bodega del municipio de Tlatlaya era "incontrovertible", agregaba que con posterioridad "el uso de la fuerza letal fue injustificado, debido a que las víctimas al encontrarse rendidas, sometidas y desarmadas, ya no representaban una amenaza al personal de las fuerzas armadas".[31] Es decir, había existido una privación arbitraria, intencional y deliberada de la vida de varias personas, lo que agravaba el crimen.

Según la conclusión de la CNDH, 15 de los 22 civiles habían sido privados ilegalmente de la vida (entre ellos tres menores de edad), versión que contrastaba con la de la PGR, que había acreditado sólo ocho ejecuciones extralegales.

En conferencia de prensa, el ombudsman nacional Raúl Plascencia —muy cuestionado en esos días por sus relaciones con el poder político institucional en momentos en que aspiraba a ser reelegido— dijo que la institución a su cargo había podido acreditar que el día de los hechos "se alteró la escena del crimen" por parte de los militares, con la intención de "simular" que todas las muertes se habían producido durante un enfrentamiento.

Afirmó, también, que la indagatoria del organismo había enfrentado diversos "obstáculos", entre ellos que se había construido una "versión oficial" desde el día de los hechos, y se había omitido tomar declaración a dos mujeres sobrevivientes de la matanza, quienes, a pesar de su condición de víctimas, enfrentaban procesos judiciales y se encontraban recluidas en el penal de máxima seguridad de Tepic, Nayarit. Mencionó asimismo la omisión de la Procuraduría de Justicia del Estado de México de proporcionar fotografías de los hechos con detalle individual, pues únicamente había enviado imágenes de planos generales, "seguramente con la intención de ocultar algo".

Plascencia dijo que la CNDH había podido acreditar "tortura y agresiones sexuales" cometidas por parte de personal de la procuraduría mexiquense en agravio de dos testigos y tratos inhumanos en contra de una más, en alusión implícita a las tres mujeres que, según el ejército, se hallaban secuestradas y fueron liberadas por los soldados.[32] De acuerdo con el texto de 93 páginas, las testigos denunciaron que los actos de tortura y malos tratos tenían la finalidad de forzarlas a autoincriminarse como parte de un supuesto grupo delincuencial y evitar que hablaran del fusilamiento. Declararon que fueron golpeadas, las asfixiaron con bolsas de plástico, les hicieron preguntas sexuales intimidatorias y las amenazaron con violarlas y hacerles daño a sus familiares, hasta que aceptaron firmar declaraciones autoinculpatorias sin haberlas leído.

"No nos rebajemos a criminales": general Cienfuegos

Al día siguiente de la presentación del reporte de la CNDH, en un acto público un tanto inusual o poco convencional: la apertura de una sucursal del banco Banjercito en Apatzingán, Michoacán, el presidente Peña Nieto realizó un encendido elogio de las instituciones armadas del país. En presencia de los mandos de la Sedena, general Salvador Cienfuegos, y la Semar, almirante Vidal Soberón, en su calidad de comandante supremo de las fuerzas armadas y sin aludir en ningún momento al caso Tlatlaya, el mandatario encomió la "solidez" de una institución que, dijo, "sirve a México con temple, disciplina y lealtad".[33]

Sin embargo, la "nota" la daría el secretario de la Defensa Nacional, cuando afirmó que los integrantes de la institución militar no pueden "rebajar sus actos a niveles que son propios de delincuentes", ni "combatir la ilegalidad con ilegalidad". El divisionario advirtió que, "por ello, ante la excepción, todo militar que se aparte de los preceptos legales y el respeto a los derechos fundamentales de las personas será llevado ante las instancias jurídicas correspondientes". Por su parte, el secretario de

Marina, Vidal Soberón, exhortó a los miembros de las fuerzas armadas a sujetarse a las leyes y normas que emanan de la Carta Magna y la disciplina castrense, y les demandó respeto a los derechos humanos y "no vulnerar el juramento que han hecho a la patria".[34]

Ambos pronunciamientos podían interpretarse como un tácito *mea culpa* ante lo acontecido en Tlatlaya, con el sesgo de la "excepcionalidad". Además, si bien el discurso del general secretario Salvador Cienfuegos tenía como destinatario al personal de las fuerzas armadas, bien podía extrapolarse al resto de los órganos de gobierno y cuerpos de seguridad policiacos en sus tres niveles (federal, estatal y municipal), a los que también les podía caer el saco de combatir la ilegalidad de los criminales con la violencia ilegal del Estado. A su vez, la real voluntad de una sujeción a las leyes y normas constitucionales y penales, muy rápidamente quedarían parcialmente cuestionadas.

En efecto, el 2 de noviembre —que cayó en domingo, día que por lo general las redacciones de los medios están huérfanas de información política—, el Consejo de la Judicatura Federal (CJF) sorprendió con la noticia de los delitos que se les imputaban a los siete militares consignados por la muerte de los 22 civiles: "ejercicio indebido del servicio público", y además, a tres de ellos (Fernando Quintero Millán, Roberto Acevedo López y Leobardo Hernández), la presunta responsabilidad por "homicidio calificado en agravio de ocho presuntos secuestradores, abuso de autoridad y alteración ilícita del lugar y vestigios del hecho delictivo". El teniente Ezequiel Rodríguez fue acusado también del delito de encubrimiento, en la hipótesis de no procurar impedir la consumación de un ilícito.[35]

En principio, resultaba un precedente saludable que la justicia civil hubiera levantado cargos contra militares en activo por delitos graves en contra de particulares. Pero las imputaciones referidas no parecían guardar correspondencia con la magnitud de la matanza, pues de ellas se infería que sólo tres soldados habían perpetrado delitos equiparables a una ejecución extrajudicial (homicidio intencional sin proceso judicial), práctica prohibida por el derecho humanitario, y que podrían configurar crímenes de guerra o contra la humanidad, y encuadrarse como una política de "limpieza social" de personas consideradas desechables.

Aparte de que las imputaciones no se ajustaban a los estándares internacionales sobre el uso legítimo de la fuerza, tampoco parecía lógico que un puñado de uniformados, entrenados en una sólida disciplina castrense y en el acatamiento de órdenes de sus superiores jerárquicos, hubiera sido capaz de actuar por su cuenta en la comisión de ocho, 15 o 21 homicidios. Si eso fuera verdad, el episodio de San Pedro Limón no sólo sería indignante por el asesinato de individuos desarmados e inermes, sino también alarmante porque daría cuenta de una gravísima insubordinación en las filas de un ejército que, como el mexicano, está asentado en una sólida estructura vertical de mando; en caso de no ser así, cabía presumir la existencia de acciones de encubrimiento en la cadena de mando.

No está de más recordar que las imputaciones referidas habían sido una reacción institucional a una serie de revelaciones periodísticas, y que durante casi tres meses las respectivas instancias de procuración de justicia, tanto en el orden civil como militar —por no hablar de la CNDH, que tardó incluso más tiempo en dar a conocer que había iniciado una investigación—, habían validado la versión inicial de la Sedena.

Persistía pues la sombra de que tanto el presidente Peña Nieto como los mandos del ejército y la marina, pese a sus apasionadas proclamas sobre el imperio del Estado de derecho y el respeto irrestricto a los derechos humanos, estaban administrando la crisis y, tras el encapsulamiento del caso, entregaban a la opinión pública retazos expiatorios para aparentar medidas justicieras, pero sin tocar el fondo de un problema que era estructural y sistémico, y que de no corregirlo, permitirían su reproducción y la impunidad de una parte de la cadena criminal.

Eso fue en parte lo que les hizo saber a un grupo plural de diputados federales, integrantes de una comisión especial que investigaba el caso Tlatlaya, el representante en México del alto comisionado de la ONU para los Derechos Humanos, Javier Hernández Valencia: la matanza de San Pedro Limón era apenas la punta de un iceberg, debajo del cual existía una gran masa de violaciones a las garantías individuales por soldados y policías, es decir, vinculadas a "acciones del Estado".

Según el alto funcionario internacional, Tlatlaya era un "epifenómeno" del cual habían ido surgiendo abundantes elementos, motivo por el cual no había sido posible seguir soslayando u ocultando lo que allí había ocurrido.[36] Y era un caso "paradigmático", porque sintetizaba no sólo la línea roja a partir de la cual el delito y los responsables pueden ser identificados, sino también porque exhibía las fallas institucionales. Además, "no hay otro caso con tan alto número de víctimas. Hay un rosario de hechos documentados, y llega después de recomendaciones emitidas por la CNDH [...] y esas acciones no tuvieron efectos. El caso muestra los pies cortos de una reforma [la del fuero militar]", dijo Hernández a la comisión presidida por la legisladora Elena Tapia, del Partido de la Revolución Democrática.

Recordó que la anterior alta comisionada de la ONU, Navanethem Pillay, había recomendado al gobierno mexicano utilizar a las fuerzas armadas en tareas de seguridad pública sólo con un "carácter excepcional y temporal", y bajo la sujeción a estrictas regulaciones civiles y respeto a los derechos humanos.

A su vez, en declaraciones a la reportera Jesusa Cervantes, Hernández Valencia enfatizó un elemento a su juicio central en el tratamiento del caso: por un lado estaban los ocho soldados, señalados como "criminales", y por otro, el Estado y la institución militar, que individualizaron el hecho y se deslindaron de ese comportamiento criminal y denunciaron a los soldados: "son ellos", sin atreverse a indagar al interior de una institución tan altamente jerarquizada como el ejército.[37]

Otro elemento no exento de cierta lógica era el hecho de que el reporte inicial de la Sedena había definido la misión de los soldados del 102o Batallón como un "patrullaje"; debido a lo cual el encuentro con los presuntos secuestradores debió ser "fortuito". Pero nadie sale de una instalación castrense sin una autorización ni un objetivo concreto. Y si la misión era otra —"no digo que la misión fuera matarlos, porque si fuera así no envías a menos elementos de los que enfrentarías"—, se debió haber enviado cinco vehículos mínimo y 20 soldados, y sólo salió del cuartel una camioneta con ocho elementos. Dado que en la profesión militar no cabe la improvisación, la pregunta era quién dejó salir un contingente con tan pocos elementos. Además, según el experto de origen peruano, cuando los ejércitos se mueven en un territorio hostil, los soldados van reportándose a su base, porque en caso de un incidente grave pueden pedir refuerzos. De allí que fueran clave las bitácoras del 102o Batallón de la madrugada del 30 de junio, para saber qué ocurrió realmente en Tlatlaya.

Un día después, la Sedena y el gobierno del Estado de México admitirían la recomendación 51/2014 de la CNDH. Sin embargo, la institución castrense lo había hecho a regañadientes y puntualizaría en un comunicado que no estaba de acuerdo con los señalamientos del ombudsman Raúl Plascencia, y que velaría para que todo militar que por el ejercicio de sus funciones enfrentara una investigación penal, tuviera "un trato digno y un juicio justo, agotando todas las instancias, respetando en todo momento las garantías constitucionales"; aunque no se aclaró qué puntos de la recomendación no compartía.

En el texto informaba que 152 942 elementos del ejército habían sido capacitados en derecho internacional humanitario y protección de derechos humanos, materias que incluso se habían incorporado de manera permanente a los planes de estudio de los planteles militares, así como en los exámenes de los concursos de selección para el ascenso al grado inmediato.[38]

CON LA PENA, GENERAL SECRETARIO...

El 7 de noviembre de 2014 un juez civil dictó auto de formal prisión contra los siete militares que estaban recluidos en instalaciones castrenses, por los mismos cargos que habían sido anunciados pocos días antes por el Consejo de la Judicatura Federal. Para entonces, los crímenes de Iguala, incluida la detención-desaparición de 43 jóvenes normalistas de Ayotzinapa, habían cobrado gran visibilidad mediática nacional e internacional, y comenzaban a sumir en una profunda crisis al Estado mexicano.

No obstante la difícil situación interna, el presidente Enrique Peña Nieto y su esposa, Angélica Rivera, viajaron a Pekín, donde fueron recibidos por el mandatario chino Xi Jinping y su cónyuge, Peng Liyuan, en el marco de la reunión de líderes mundiales del Foro de Cooperación Económica Asia Pacífico (APEC). El encuentro se llevaba a cabo en medio de tensiones entre los gobiernos de Estados Unidos y Rusia y estaba signado por una profunda desaceleración de la economía internacional.

Anhelada de tiempo atrás por el inquilino de Los Pinos como una gran vitrina publicitaria, de relaciones públicas y para hacer negocios, ahora la presencia de Peña Nieto en Pekín se veía lastrada por la crisis política desatada a raíz de los hechos de Tlatlaya e Iguala y la cancelación de una licitación para construir una vía férrea de alta velocidad entre la ciudad de México y Querétaro, subasta que había sido asignada a un consorcio encabezado por las empresas del país anfitrión, China Railway y CSR, y cancelada 24 horas después a causa de las críticas y sospechas que había generado, a lo que se sumaba un escándalo en torno a la primera dama, vinculado con la adquisición no muy clara de una lujosa residencia en Las Lomas, Distrito Federal, a un costo de siete millones de dólares, que podía envolver a la pareja presidencial en un conflicto de interés.

Tales circunstancias no parecían óptimas para que Peña Nieto promoviera la llegada de inversiones al país. En ese contexto, sorprendió un pronunciamiento del jefe de la Defensa Nacional, general Salvador Cienfuegos, formulado en la base militar de Escobedo, en Monterrey, Nuevo León, donde afirmó que al ejército no lo amedrentaban "juicios injustos y erróneos".[39]

Al inaugurar un cuartel de la Policía Militar destinado a garantizar la seguridad en la zona norte del país, y en presencia de los gobernadores de San Luis Potosí, Coahuila, Tamaulipas y Nuevo León, el divisionario lanzó un llamado a la sociedad, los gobiernos federal y estatales y a las fuerzas armadas, a que cerraran filas en aras del "interés nacional". Aseveró que el progreso de la nación estaba "en juego" y dio el respaldo de las fuerzas de tierra, mar y aire al presidente de la República y su proyecto de gobierno, "para llevar al país a mejores posibilidades de desarrollo".

Sin embargo, la parte más sustanciosa de su intervención tenía que ver de manera indirecta con el estado de cosas generado por los hechos sangrientos de Tlatlaya e Iguala. Al respecto, Cienfuegos dijo que los militares mexicanos aportarían sus mejores esfuerzos al servicio de los ciudadanos sin dejarse amedrentar por "juicios injustos, algunos sin duda erróneos, carentes de fundamento, malintencionados y que la institución armada nacional no merece".

A diferencia del criminal o del delincuente, "que se esconde y comete sus acciones ilícitas para arrebatarle la tranquilidad y el patrimonio a los mexicanos" —enfatizó el comandante en jefe del ejército—, los soldados "hemos cumplido, cumplimos y cumpliremos nuestras tareas de manera abierta, sin ocultarnos, con plena identidad de nuestras acciones".[40]

Con su peculiar mordacidad, la Rayuela de *La Jornada* ironizó: "Con la pena, general secretario Cienfuegos, la función pública está sujeta al escrutinio ciudadano. Sea injusto o no".

Pero más allá del comentario chusco, la seriedad de la cuestión tenía que ver con el hecho de que muchas veces y en determinados momentos, el obviar detalles es la peor forma de enfrentar una crisis, debido a que, como comentó el legislador Pablo Gómez, "las omisiones son una manera de mentir".[41] A modo de ejemplo, señaló que la opinión pública desconocía todavía por qué el mando inmediato de los soldados de los crímenes de Tlatlaya (el teniente Ezequiel Rodríguez) era considerado cómplice y no autor de la matanza, y en todo caso el encubridor sería el coronel del 102o Batallón de Infantería (Raúl Isidro Castro Aparicio), que había producido la falsa noticia del enfrentamiento.

En ese sentido, durante una reunión con altos mandos castrenses en las instalaciones de la Secretaría de la Defensa Nacional, integrantes del grupo de diputados que investigaba la matanza de San Pedro Limón urgieron a sus interlocutores que dieran a conocer la "cadena de mando militar" que había operado la madrugada del 30 de junio de 2014 en la bodega abandonada del municipio mexiquense.[42] Los legisladores partían de la base de que se podría estar ante un crimen de lesa humanidad, y así se lo hicieron saber al procurador de Justicia Militar, Jesús

López Benítez, y a sus dos acompañantes, los generales brigadieres del ejército, Alejandro Ramos, jefe de la asesoría jurídica del Estado Mayor de la dependencia, y José Luis Chinas Silva, coordinador de relaciones interinstitucionales del mismo cuerpo.

Evasivos, los militares respondieron que la investigación ya no estaba en manos de la Sedena debido a que los implicados habían sido puestos a disposición del Ministerio Público federal, y expresaron "preocupación" ante el giro que había tomado el caso. Otros cabos sueltos aumentarían sin duda las preocupaciones del procurador militar y sus asesores. El 2 de diciembre el Instituto Federal de Acceso a la Información y Protección de Datos (IFAI) ordenó a la Secretaría de la Defensa Nacional explicar por qué no existía videograbación del operativo realizado el 30 de junio en Tlatlaya. De acuerdo con el manual de operaciones de las fuerzas armadas, el ejército tenía la obligación de utilizar diversas técnicas y eso incluía el uso intensivo de videocámaras y cámaras fotográficas para documentar sus acciones, sobre todo en aquellos casos donde estaban implicados civiles. La orden del IFAI respondía a la iniciativa de un particular que había pedido a la Sedena el video y la dependencia respondió que, tras buscarlo en distintas áreas de la institución, ese documento era "inexistente". Pero no explicó las razones de por qué era inexistente, circunstancia que ahora debería realizar y notificársela al solicitante.[43]

En aras de la trasparencia tampoco resultaba claro por qué la Procuraduría General de la República había reservado hasta por un periodo de 12 años los 11 dictámenes sobre la investigación del caso Tlatlaya. El 21 de octubre anterior, mediante una solicitud de transparencia al IFAI, la Comisión Mexicana para la Defensa y la Promoción de los Derechos Humanos (CMDPDH) había exigido a la PGR que hiciera públicos tales dictámenes, pero la dependencia se había negado bajo el argumento de que la información estaba reservada por ser una "investigación en curso".[44]

En respuesta a esa negativa, la CMDPDH había interpuesto un recurso de revisión el 5 de diciembre, demandando la apertura de los documentos debido a que era un caso de violación grave de derechos humanos, que incluso pudiera configurarse como crimen de lesa humanidad. Sin embargo, la dependencia encabezada por Jesús Murillo Karam respondió que la ejecución extrajudicial de 15 personas a manos de soldados era considerada como "probable homicidio" y que ni siquiera la recomendación de la CNDH la había etiquetado como "violación grave".

Con anterioridad, la procuraduría del Estado de México y la Secretaría de la Defensa Nacional habían declarado "reservadas" sendas investigaciones sobre el caso. Ahora era la procuraduría federal la que recurría a congelar la información. Al denunciar la situación, la organización civil humanitaria adujo que la PGR era "omisa" en aplicar la jurisprudencia recurrente de la Corte Interamericana de Derechos Humanos —que forma parte del orden jurídico mexicano—, la cual ha estipulado que los atropellos graves a las garantías fundamentales son, entre otros, la tortura, las ejecuciones extrajudiciales y las desapariciones forzadas.

Como antecedente, citó que a raíz del caso Rosendo Radilla la CIDH había determinado que en la investigación sobre violaciones graves a derechos humanos el Estado mexicano está obligado a que los resultados de los procesos sean divulgados de manera pública, con la finalidad de que la sociedad pueda conocer la verdad de los hechos. Por ello, exigió a la fiscalía federal considerar como graves los crímenes de Tlatlaya y proporcionar la versión pública de los 11 dictámenes, considerando además que de acuerdo con el artículo 14 de la Ley de Transparencia y Acceso a la Información Pública, cuando se trate de una violación grave de las garantías fundamentales o un delito de lesa humanidad, no podrá invocarse el carácter reservado.

Otro revés a las indagatorias iniciales de las fiscalías castrense y federal se produciría el 15 de diciembre de 2014, cuando el Juzgado 4o de Distrito de Procesos Penales Federales ordenó la "inmediata y absoluta libertad" de Cinthia Nava López y Patricia Campos Morales, dos de las tres mujeres "rescatadas" por los soldados del 102o Batallón de Infantería en la bodega de San Pedro Limón —la tercera era Clara Gómez González, madre de Érika, la adolescente herida y rematada en la bodega por los soldados—, que permanecían presas en el Centro Federal Femenil de Readaptación Social de Tepic, Nayarit, acusadas de los delitos de acopio de armas de fuego y posesión de cartuchos para armas de fuego de uso exclusivo del ejército, armada y fuerza aérea nacionales. Finalmente, el Ministerio Público había decidido presentar conclusiones no acusatorias contra ambas, por lo que un juez había sobreseído la causa penal.[45]

La oficina en México de las Naciones Unidas para los Derechos Humanos recibió con beneplácito la liberación de las dos sobrevivientes de las ejecuciones extrajudiciales de Tlatlaya tras cinco meses de cautiverio en una cárcel de máxima seguridad. En ambos casos la recomendación de la CNDH había concluido que las dos mujeres habían sido objeto de torturas, y ahora para la ONU-DH la aceptación pública de esa recomendación era una señal positiva y también abría la oportunidad para avanzar de oficio en la correspondiente investigación imparcial, diligente y exhaustiva a fin de establecer las responsabilidades penales de quienes hubieran participado en el encarcelamiento de Cinthia Nava y Patricia Campos, sin dejar de lado su derecho a una reparación integral del daño y garantías de no repetición.[46]

Por su parte, el IFAI había emitido una orden a la Secretaría de la Defensa Nacional para que diera a conocer la orden de fatiga dirigida a los elementos de la 22a Zona Militar que participaron en los hechos de Tlatlaya, incluido el número de elementos, la identificación del personal identificado por grado, nombre, matrícula de la unidad, el batallón o la compañía a la que pertenecía cada uno de los militares involucrados en la ejecución extrajudicial de los civiles.

Sabemos que la información había sido negada por la Sedena a un particular y reservada hasta por 12 años, pero la comisionada María Patricia Kurczyn consideró de gran relevancia dar a conocer esa información, "porque los militares, como servidores públicos, deben estar sujetos al escrutinio de la ciudadanía". La funcionaria del IFAI recurrió al artículo 6° de la Constitución, que garantiza la máxima publicidad en casos donde estén involucrados quienes debe resguardar la seguridad nacional y la paz pública.[47] Además, advirtió que el Ministerio Público castrense ya había ejercido acción penal y por ende no se pondrían en riesgo las diligencias que había realizado el órgano investigador.

El 22 de diciembre se conocería el informe preliminar del grupo de trabajo legislativo sobre el caso Tlatlaya. El reporte, fechado el 17 de diciembre, consignaba que pese a la escasa "colaboración oficial" y "la falta de información y coherencia en los datos aportados" por la Sedena, la PGR y la Secretaría de Gobernación, se podía concluir que hubo una "ejecución extrajudicial" en el ámbito de la violación de los derechos humanos y "homicidio calificado" en el ámbito penal. Además, con la aceptación de dependencias federales y estatales de la recomendación de la CNDH, "el Estado reconoce que hubo actos de tortura, intimidación y alteración de la escena del crimen".[48]

El documento daba cuenta que después de sendas reuniones con funcionarios federales entre el 12 de noviembre y el 1º de diciembre de 2014, la comisión no había recibido ninguna respuesta documental, y que con base en la información verbal recabada de funcionarios de la Sedena, no se podían establecer responsabilidades fehacientes sobre la cadena de mando entre el jefe de la 22a Zona Militar y el sargento a cargo del operativo, ni aportar elementos que explicaran "cómo se diseñó, operó, autorizó o permitió un patrullaje militar con ocho soldados, cuando lo reglamentario y común es que lo integren al menos 12".

Tlatlaya-Iguala:
"no entienden que no entienden"

El 6 de enero de 2015, dos días después de haber llamado a "superar este momento de dolor", el presidente Enrique Peña realizó una visita oficial a Estados Unidos. Llegó a su encuentro con Barack Obama con su legitimidad por el piso y políticamente debilitado. La crisis humanitaria heredada del régimen de Felipe Calderón, profundizada durante los primeros dos años de su gobierno y en esa coyuntura por los crímenes de Estado de Tlatlaya e Iguala, exhibían con crudeza ante el mundo la violencia del sistema. A ello se agregaban escándalos de opacidad, corrupción y conflicto de interés desatados por la llamada "Casa Blanca" de la pareja presidencial Peña/Rivera y la concesión el tren rápido México-Querétaro, que vinculaba en un nudo de complicidades a Televisa y el Grupo Higa del empresario Juan Armando Hinojosa con los negocios turbios del presidente y la consorte. Para colmo de males, Luis Videgaray, "ministro de finanzas del año" y "pensador global", también había sido descobijado por *The Wall Street Journal*, cuando reveló una transacción entre el secretario de Hacienda y el "empresario incómodo" del sexenio (Hinojosa), para la compra de una propiedad en Malinalco, Estado de México.

El encuentro Peña/Obama fue otra puesta en escena de la política como espectáculo. Pero la realidad les había cambiado de manera radical a ambos. A partir de enero Obama gobernaría con un Congreso bajo control republicano, lo que acotaría sus márgenes de maniobra. Y en cuanto al "valiente modernizador" de Davos (Suiza), "estadista mundial 2014" de la Appeal of Conscience Foundation y "salvador" de México (*TIME Magazine dixit*), la crisis Tlatlaya/Iguala/Casa Blanca le había estallado en la cara y lo mantenía desde hacía tres meses en una virtual condición de pasmo.

Debido a las circunstancias, en esa ocasión Obama tuvo que controlar los dislates escénicos y el carisma que exhibió en México en mayo de 2013, cuando en una operación de mercadotecnia con fines de legitimación publicitaria a favor de su anfitrión, asumió la nueva épica del entonces naciente gobierno peñista, y transformó discursivamente, como por arte de magia, un país sacrificado por el terror y una violencia fratricida sin fin, en una nación próspera, de clase media urbana en expansión y con jóvenes nacidos para triunfar.

Aquel México falazmente idealizado por Obama exhibía ahora a una población enojada hasta el hartazgo, que se manifestaba cada día a raíz de los crímenes de lesa humanidad de Iguala/Ayotzinapa. Pero el naufragio del otrora tan aplaudido "Mexican Moment" no distraería el abordaje de la agenda oculta del encuentro Obama/Peña en la otra Casa Blanca. La agenda encubierta tuvo como punto nodal la consolidación de Norteamérica como un espacio geográfico integrado por Canadá, Estados Unidos y México, bajo el control económico-militar de Washington, para la competencia intercapitalista en los mercados y la apropiación/despojo de los recursos geoestratégicos mundiales. En la etapa, la acentuación de la crisis estructural del sistema llegaba acompañada de guerras económico-energéticas, convulsiones geopolíticas y operaciones de desestabilización del eje Pentágono/OTAN en zonas de influencia de Rusia y China, y en el plano subregional estaba marcada por el giro histórico, de signo incierto, contenido en el anuncio de una próxima reanudación de relaciones entre Estados Unidos y Cuba.

En ese contexto cabía recordar las "recomendaciones" que en octubre anterior había dado a conocer el Consejo de Relaciones Exteriores (CFR, por sus siglas en inglés), poderoso gobierno mundial en las sombras con sede en Nueva York. En su informe *América del Norte: hora para un nuevo enfoque* —reseñado por David Brooks en *La Jornada*—, el

CFR había insistido en que para fortalecer a Estados Unidos y su presencia en el mundo (ergo, para preservar la hegemonía imperial) se debía profundizar la "integración" con Canadá y México, vía "el desarrollo e implementación de una estrategia para la cooperación económica, energética, de seguridad, ambiental y social".[1]

El reporte abogaba por "una estrategia de seguridad unificada" para América del Norte. Pero mientras se llegaba a esa meta, Obama debía apoyar los esfuerzos de Peña Nieto por fortalecer la "gobernación democrática" (un giro semántico a la otrora "seguridad democrática" de Álvaro Uribe en Colombia, también auspiciada por Washington). Recomendaba, asimismo, profundizar la estrategia transfronteriza con México mediante la combinación de la protección del "perímetro de seguridad" con un mayor uso de inteligencia, evaluaciones de riesgo, capacidades compartidas y acciones conjuntas; claro estaba, con la subordinación de las fuerzas armadas de México al Comando Norte del Pentágono, que desde 2013, a través de la Iniciativa Mérida, había intensificado los cursos de entrenamiento a militares y civiles nativos en guerra irregular, contraterrorismo y contrainsurgencia.

Otra recomendación era apoyar "las reformas históricas de México" en materia energética. El CFR insistió en la necesidad de una "estrategia regional" que incluyera una ampliación de las exportaciones, el fortalecimiento de infraestructura y la promoción de mayores conexiones transfronterizas de energía. Y como dijo entonces el ex presidente del Banco Mundial, Robert Zoellick —firmante del informe junto con el general retirado David Petraeus, ex director de la CIA—, dado "que la reforma energética en México aún no se ha implementado, es muy importante que Estados Unidos ayude en esa implementación". Allanada la contrarreforma al 27 constitucional, el botín estaba en las aguas someras y profundas del Golfo de México y en la infraestructura hidrocarburífica transfronteriza con eje en las cuencas de Burgos y Sabinas. A eso había sido llamado Peña a Washington, a profundizar la entrega. La vulnerabilidad con la que llegó fue un regalo para la Casa Blanca.

Tlatlaya. Las manchas de sangre en la pared y la posición del arma contradicen la versión de que las personas que se encontraban en la bodega hubieran muerto durante un enfrentamiento. © Agencia MVT

EL ARRIBA NERVIOSO Y EL ABAJO QUE SE MUEVE

Al despuntar 2015 la situación en México era grave, muy grave. La novedad era que podría ponerse peor. Las madres y los padres de los normalistas de Ayotzinapa habían logrado el objetivo político de no bajar la guardia y las movilizaciones en el periodo vacacional de diciembre, y bregaban ahora por superar la trampa de la incineración masiva en la que los había colocado el titular de la PGR. La fragilidad del planteamiento oficial había abierto la hipótesis de que los jóvenes podían haber sido incinerados en hornos crematorios privados o del ejército.

En ese contexto, el 8 de enero de 2015 estudiantes de la Normal Rural de Ayotzinapa tomaron una estación de radio en Chilpancingo y exigieron al gobierno de Peña Nieto que se les permitiera entrar a

instalaciones castrenses para buscar en vida a sus 42 compañeros detenidos-desaparecidos. Insistieron que la policía federal y el ejército eran
"corresponsables" o habían tenido algún tipo de "participación" en
los hechos de Iguala. El lunes 12 de enero la protesta social se exacer-
bó y derivó en un zafarrancho entre elementos antimotines de las policías militar y estatal con padres de familia, normalistas y maestros de la
Coordinadora Estatal de Trabajadores de la Educación de Guerrero al
interior de la base del 27o Batallón de Infantería de Iguala.

El violento enfrentamiento y la erosión de la credibilidad de las instituciones —que había derivado en un clima de incredulidad, escepti-
cismo y exasperación ciudadana en varias partes del país— terminaron
por doblar a las autoridades civiles, y en un hecho sin precedentes, aunque a regañadientes, el martes 13 la PGR anunció que el gobierno acce-
día a abrir los cuarteles a los familiares de las víctimas. Un día después
el secretario de Gobernación, Miguel Ángel Osorio Chong, dijo que
se invitaría a la Comisión Nacional de los Derechos Humanos a recorrer las instalaciones de la polémica base militar. No obstante, rechazó
la participación de militares en el ataque a los normalistas de Ayotzinapa
y adujo que había interés en "generar desconocimiento" o "involucrar
al ejército y las fuerzas federales" en los hechos.[2]

El discurso mediático de los responsables de las áreas civiles del Gabinete de Seguridad Nacional en torno a la decisión de abrir al escrutinio
público las instalaciones del 27o Batallón de Infantería había generado
contradicciones y una indisimulada animosidad en altos mandos castrenses, y pronto se manifestaría con mensajes no tan cifrados en los medios.

Desde octubre de 2014 autoridades federales habían intentado reducir el caso a los límites de Iguala y Cocula, y a la presunta colusión entre
el ex alcalde José Luis Abarca y policías de ambos municipios con un
grupo de la economía criminal. Ésa había sido la única línea de investigación del procurador Jesús Murillo Karam, quien se cansó pronto de
las pesquisas y prácticamente decidió cerrar el caso con base en la teoría de la incineración: los muchachos fueron reducidos a cenizas, dijo.
Ergo, estaban muertos. Y váyanse con su música a otra parte, parecía
ser el mensaje institucional. "Supérenlo ya", había dicho Peña Nieto.[3]

Pero el tesón en la búsqueda de las madres, los padres y los normalistas no cejó, y junto con sus abogados habían seguido insistiendo en
que se abriera otra línea de investigación. Arguyeron que en la indagatoria y en el expediente había elementos que señalaban la participación
de militares y miembros de la policía federal (PF) en los hechos. Existían
varios indicios al respecto, entre ellos, que soldados del 27o Batallón
de Infantería, con apoyo de elementos de la PF, habían acordonado un
perímetro de Iguala la noche del 26 de septiembre; que realizaron una
operación de "escudo y contención" en las tres salidas de la ciudad, y
"rastrillaron" la ciudad. Había pruebas documentadas y contundentes,
nunca desmentidas, de que soldados hostigaron y desalojaron a normalistas del hospital Cristina. Después, ante la magnitud de los hechos y la
visibilidad que cobraron, la operación se les salió de control.

Según el secretario de Gobernación, Osorio Chong, esos señalamientos carecían de sustento y obedecían a afanes "provocadores". Pero
como señaló Vidulfo Rosales, del Centro Tlachinollan, no correspondía
a las autoridades políticas "exonerar" a los militares; los encargados de
establecer si había o no elementos para una consignación o para fincar
responsabilidades debían ser el Ministerio Público y un juez. Como en
el caso Tlatlaya, en el de Iguala la estrategia del gobierno de Peña Nieto había sido encubrir a agentes del Estado; en particular a integrantes
del ejército y la policía federal. Ahora como entonces, Murillo Karam
y Osorio Chong descalificaban, tergiversaban, ocultaban y exoneraban
por adelantado y sin investigación de por medio a presuntos responsables por acción u omisión.

En el caso Tlatlaya ambos funcionarios habían salido chamuscados.
Vamos, hasta el propio general secretario de la Defensa, Salvador Cienfuegos, había tenido que aceptar a regañadientes que soldados del 102o
Batallón de Infantería habían cometido alguna suerte de delitos militares
en una bodega de San Pedro Limón; aunque en una rápida operación
de control de daños la Sedena había logrado limitar la responsabilidad
del hecho a un teniente y siete soldados rasos "desobedientes" e "indisciplinados". Nunca se aclaró quién había ordenado ejecutar en caliente a un grupo elevado de entre los 22 civiles muertos; si la orden había

venido de "arriba" y bajó por la cadena de mando. Tampoco se sabía en qué punto se habían roto la disciplina y el protocolo militares, ni por qué los altos mandos castrenses y la justicia militar habían mentido y ocultado la matanza durante casi tres meses, con la complicidad del Ministerio Público del Estado de México.

Entonces, Osorio Chong dijo que había que "entender" Tlatlaya como un caso de "excepción" o una "acción aislada". Sólo que el camino del ejército estaba empedrado de muchas excepciones. Además, no debemos dejar de preguntarnos, ¿si se mintió en Tlatlaya, por qué habría que creerles ahora, en el caso Iguala? La lucha tenaz de los padres y compañeros de los 43 desaparecidos había logrado, en principio, la apertura de instalaciones militares y eso generó nerviosismo y tensiones en el Gabinete de Seguridad Nacional. La animosidad aumentaría pronto con la llegada al país de un grupo de cinco expertos de la Comisión Interamericana de Derechos Humanos, que se uniría a la búsqueda de los 42 desaparecidos.

Fue en ese contexto que Juan Ibarrola, vocero oficioso de las fuerzas armadas, escribió que el ejército mexicano no era "moneda de cambio" en ningún tipo de negociación.[4] Afirmó que Peña Nieto sabía que el general Cienfuegos y el almirante Vidal Soberón eran "sus dos hombres de mayor confianza" y jamás ordenaría el "dislate" de abrir cuarteles. Que el mensaje enviado por el secretario de Gobernación, Osorio Chong, había sido "confuso" y "tendencioso", y que no se podía negociar la seguridad nacional con un grupo de "culeros" que controlaban cuatro o cinco municipios. Y advirtió a los "asesores" del presidente que a los militares no se les puede dar trato de policías ni someterlos al escrutinio público: "Habrá que preguntarles a gobiernos anteriores cómo les fue cuando ofendieron a las fuerzas armadas".[5] ¿Amenaza velada? ¿Un llamado al golpismo? ¿Dónde quedaba la búsqueda de la verdad en el presunto Estado de derecho proclamado por el comandante en jefe?

A su vez, según Carlos Loret de Mola, la "alarma" en el alto mando de la Sedena ante la promesa gubernamental de abrir los cuarteles a los padres de los normalistas desaparecidos —decisión atribuida al subsecretario de Gobernación, Luis Miranda, hombre de todas las confianzas del presidente de la República—, tenía que ver con el hecho de que, "según fuentes bien informadas", dentro del movimiento de Ayotzinapa había personas vinculadas con "guerrillas mexicanas", que querían ingresar a las instalaciones castrenses para "mapear" ubicar dónde se guardaban armas y "detectar flancos vulnerables" que pudieran ser atacados.[6]

El periodista de Televisa y *El Universal*, con acceso a información privilegiada, dijo contar además con un documento oficial del Cisen que ubicaba como "objetivos de atención especial" por sus presuntos nexos con grupos subversivos o criminales a 18 líderes sociales. Y en una acción típica del periodismo mercenario, con base en informaciones sembradas con fines intimidatorios, Loret identificó graciosamente, con nombre y apellido, a los presuntos integrantes de organizaciones tales como el ERPI, la OPIM, la TDR, el ELN, la CRAC-PC, la UPOEG y la CETEG-CNTE,[7] entre otras.

EL FANTASMA DE LADY MACBETH Y LA *VERDAD HISTÓRICA* SOBRE IGUALA

Al cumplirse cuatro meses de la tragedia de Iguala, Enrique Peña Nieto seguía atrapado. Atrapado, entrampado y sin salida. Por más esfuerzos que habían hecho él y su Gabinete de Seguridad por "superar" la crisis de Estado provocada por los crímenes de Estado contra los normalistas, no habían podido. Al ex gobernador mexiquense le había quedado grande la presidencia de la República. Y el tan publicitado "momento mexicano" se les había esfumado: el país estaba empantanado. La credibilidad del régimen, con su estela de corrupción, intercambios de favores, opacidades y escándalos varios estaba por el suelo y se había multiplicado la indignación popular. Pocos le creían al gobierno. Y para colmo, como sugirió Luis Hernández Navarro, a donde quiera que fuera, "el fantasma de Lady Macbeth" se le aparecía a Peña Nieto;[8] a los ojos de muchos ciudadanos la institución presidencial estaba manchada de sangre.

Peña Nieto quería mover la agenda nacional más allá de Ayotzinapa; era evidente que al gobierno federal le urgía cerrar el caso. Político de la vieja guardia del Partido Revolucionario Institucional, Murillo Karam había recurrido a todas las argucias, supercherías y malas artes del pasado —tratándose de una "tragedia" (Peña Nieto *dixit*) que combinaba la aplicación de la tortura, la detención-desaparición forzada de 43 estudiantes y la ejecución extrajudicial de seis personas más—, y echado mano de los propagandistas de Estado en los medios para tratar de darle carpetazo al caso. Vamos, hasta había fabricado una "verdad histórica" y una "verdad jurídica" con "pruebas científicas", y preparaba el camino para divulgarlas.

Con ese empeño, el 13 de enero el titular de la Agencia de Investigación Criminal (AIC), Tomás Zerón, declaró que las líneas de investigación por el caso Iguala estaban "agotadas". Siete días después, la PGR dio a conocer los resultados de los estudios forenses realizados por la Universidad de Innsbruck a 16 restos hallados en el basurero de Cocula. En su reporte, la institución austriaca detallaba que "tras la aplicación de una técnica de cuantificación muy sensible para evaluar la cantidad de ADN mitocondrial", no se había encontrado una cantidad útil que permitiera obtener "un perfil genético" bajo esa técnica.[9] Sobre el particular, el procurador Murillo Karam afirmó: después de conocer los resultados, "me queda claro que allí [en Cocula] mataron a por lo menos uno [Alexander Mora Venancio]", y agregó que "las declaraciones, las pruebas y todo lo demás, me hacen pensar que allí los mataron [a los 43 estudiantes]".[10]

Además de la improcedente conclusión de Murillo Karam, la sensible noticia sobre los resultados de Innsbruck había sido dada a conocer a los medios sin informar antes a los padres de los desaparecidos, en violación de la minuta firmada en Los Pinos por el presidente Peña Nieto en noviembre de 2014. Por eso causó impacto y malestar entre los padres de familia y su representante legal, Vidulfo Rosales, quien vio con preocupación esa forma de actuar del gobierno, ya que marcaba un cambio en la manera de relacionarse con las víctimas "en la línea de confrontarlas y criminalizarlas".[11] En el mismo sentido opinó Abel Barreda, director del Centro Tlachinollan. A su juicio, el gobierno intentaba consolidar su versión de que los 43 normalistas estaban muertos. La administración federal "busca una buena imagen a costa del dolor de la gente"; pretende "aislar a los padres y, quizá, dar paso a la salida dura [...] Se perdió la posibilidad de una interlocución cercana, confiable", declaró Barreda.[12]

Para entonces, la Procuraduría General de la República había logrado introducir en la dosificada trama de suspenso a un nuevo y providencial actor: Felipe Rodríguez Salgado, *el Cepillo*. Señalado por las autoridades como uno de los autores materiales de la desaparición de los 43 normalistas, declaró haber recibido a los estudiantes de manos del ex secretario de Seguridad Pública de Iguala, Felipe Flores, el subdirector de la policía del ayuntamiento de Cocula, César Nava y de un lugarteniente de Guerreros Unidos, Gildardo López, *el Cabo Gil*, la noche del 26 de septiembre. Dijo que le entregaron más de 40 jóvenes con la "cabeza rapada", y tres más de pelo largo; que al menos 25 ya habían fallecido por "asfixia" y a 15 los mató a balazos. Todos iban con las manos amarradas y fueron llevados al lugar conocido como Loma del Coyote. Admitió incluso que él dirigió la incineración y confirmó que luego tiraron los restos en bolsas de plástico negro al río San Juan.[13]

Finalmente, el 27 de enero, mediante la difusión del video *Desaparición de estudiantes de la Normal Rural de Ayotzinapa* y una conferencia de prensa, la PGR concluyó oficialmente que los 43 normalistas de Ayotzinapa habían sido privados de la libertad, asesinados, incinerados y sus restos arrojados a un río, por integrantes del grupo criminal Guerreros Unidos que incluía a policías de Iguala y Cocula. "Las declaraciones de los detenidos, confirmadas por elementos materiales, dictámenes, pruebas periciales, testimonios y confesiones dejan clara la dimensión de la investigación, dándonos certeza legal de que los normalistas fueron muertos en las circunstancias descritas", dijo Jesús Murillo Karam. Oficialmente, los 43 estudiantes pasaban de "desaparecidos" a "muertos".

Acompañado de Tomás Zerón, Murillo aseguró que ésa era la "verdad histórica" de los hechos y que debía tener validez jurídica ante los órganos jurisdiccionales; que el arresto del *Cepillo* había sido clave en la dilucidación del caso y que éste debía "cerrarse" para castigar a los culpables, aunque faltaban cumplimentarse seis órdenes de aprehensión.[14] Aseveró, asimismo, que en los hechos de Iguala no había una sola prueba que involucrara al ejército.

Interrogado acerca de la participación de peritos argentinos en los trabajos de investigación, Murillo dijo que existían videograbaciones de las sesiones en las cuales los especialistas sudamericanos habían determinado, junto con los forenses de la PGR, cuáles serían —de un universo de 60 mil fragmentos de hueso— los que se enviarían a la Universidad de Innsbruck. A su vez, Zerón complementó que "en todos los eventos del río" habían estado presentes los peritos argentinos y de ello había imágenes en video.[15]

Caso cerrado. El procurador había comprado la "verdad histórica" del *Cepillo*, un sicario desalmado —a juzgar por su propia confesión—, con instrucciones de matar a mansalva.

Casi al mismo tiempo y como parte de un mismo guión, luego de varias semanas de total mutismo sobre lo sucedido en Guerrero, el presidente Peña Nieto declaraba en un escenario alterno —acompañado del rector de la UNAM, José Narro como aval—, que en torno a los hechos "dolorosos y lamentables" de Iguala debía haber "justicia y castigo a los culpables", pero que esa "tragedia" no podía "dejarnos atrapados". Señaló también que su gobierno había desplegado un esfuerzo sin precedente de búsqueda e investigación. Por la noche, en un mensaje en Twitter, escribió: "Es doloroso aceptarlo. Hemos pasado por momentos de profunda tristeza. Ayotzinapa nos duele a todos".[16]

De manera implícita, de los dichos demagógicos del presidente se desprendía la decisión política de cerrar el caso por intereses ajenos a la justicia. El objetivo evidente era disminuir la protesta social a nivel nacional e internacional; desinflar el gran movimiento de solidaridad y quitarle su centro simbólico: si los estudiantes no estaban desaparecidos sino muertos, el movimiento social no tenía razón de existir. De allí que al tiempo de romper la mecánica del diálogo con los familiares de las víctimas —revictimizándolas y criminalizándolas—, se había intensificado la presencia militar y policial en Guerrero. El propio secretario de Gobernación, Osorio Chong, dijo que no se tolerarían más actos de violencia protagonizados por "grupos radicales". Según el funcionario, no habría más tomas de casetas de peaje ni carreteras bloqueadas. "Vamos a actuar con toda decisión y firmeza para hacer respetar el Estado de derecho."[17]

Pero las madres y los padres de los 43 desaparecidos rechazaron la versión de la PGR, dijeron que faltaban esclarecerse al menos 10 puntos —entre ellos la "certeza científica" de que sus hijos habían sido asesinados y calcinados—, y adelantaron que pedirían la intervención del Comité de Desapariciones Forzadas de la ONU y la CIDH. Era obvio que en un caso tan politizado había un interés deliberado por concluirlo rápido. No obstante, según Vidulfo Rosales, la indagatoria no era concluyente. Dijo: "Hay prisa e intencionalidad política para cerrar el caso". A su juicio no se había alcanzado la "verdad histórica", es decir, del conjunto de pruebas y hechos presentados por la PGR no se podía concluir una verdad última, contundente, indubitable. Tampoco se había resuelto la tortura y ejecución de Julio César Mondragón ni existía certeza legal sobre el lugar donde había sido asesinado Alexander Mora, el único de los 43 jóvenes cuyos restos habían sido identificados por exámenes de ADN en Innsbruck.[18] Sin la prueba genética del ADN del resto era difícil hablar de una verdad histórica.

Un día después, el presidente de la Comisión Nacional de los Derechos Humanos, Luis González Pérez, declaró que el caso Iguala/Ayotzinapa no estaba superado y no debía cerrarse. "Sigue abierto: falta buscar la verdad, ver qué dicen los jueces, la Comisión Interamericana de Derechos Humanos, los resultados periciales solicitados al extranjero y conocer el destino de los estudiantes", señaló el ombudsman nacional.[19] Al presentar su informe ante la Comisión Permanente del Congreso de la Unión, el titular de la CNDH afirmó en San Lázaro que no había manera de recuperar la "normalidad" que el país tenía antes de los casos de Tlatlaya y Ayotzinapa, porque ésta "era anómala, estaba asentada en buena medida en la simulación, la ausencia de información pertinente, la desidia, la indolencia y la falta de responsabilidad pública de quienes propiciaron ese estado de cosas".

González Pérez definió que la agresión a los estudiantes era grave por su propia naturaleza así como por su relevancia y proyección, "pues hasta que no se acredite lo contrario, estamos en presencia de desapariciones forzadas, entre otras violaciones a derechos humanos". Defendió, asimismo, las movilizaciones de respaldo a las víctimas y sus familiares, porque "son una expresión de hartazgo ante la impunidad, de indignación por la complicidad entre autoridades y delincuentes, y de inconformidad ante los abusos del poder y falta de respuesta de las autoridades a las demandas por un país más justo e incluyente […] Hay que desmontar ese entramado perverso de complicidades y colusiones cuyo trasfondo no es otro que la corrupción".

Desidia, omisiones y cabos sueltos

En realidad, Murillo Karam y el policía Tomás Zerón habían ido construyendo y perfeccionando el caso poco a poco, casi sin salirse del guión inicial. En una gran maniobra de simulación judicial y jurídica, desde un comienzo habían actuado con base en una sola y exclusiva hipótesis destinada a tratar de exculpar al Estado mexicano de cargos por desaparición forzada y otros crímenes contra la humanidad (los detenidos estaban acusados por homicidio y secuestro), misma que remitía a un grupo de la economía criminal: Guerreros Unidos como presunto perpetrador de los hechos delictivos de Iguala.

Durante la conferencia de prensa el procurador había dado tres argumentos para explicar por qué, después de 120 días, no había terminado de preparar la acusación por el delito principal de la causa, la desaparición forzada de 43 estudiantes: *1)* las penas relacionadas con el secuestro eran superiores a la de desaparición forzada; *2)* quería preparar con solidez la acusación, debido a que ese delito se había utilizado sólo dos veces en la historia judicial de México, y *3)* sólo puede ser aplicado en contra de los victimarios que fueron (o siguen siendo) autoridad.[20]

Como señaló Ricardo Raphael, los tres motivos de Murillo Karam eran cuestionables. En su opinión, era preocupante que el Ministerio Público clasificara los delitos en función de las posibles penas y no a partir de la verdad jurídica de los hechos. Si en México la sanción por secuestro era superior a la que se debía imponer por desaparición forzada —argumentó el columnista de *El Universal*—, se estaba ante "una omisión insoportable de la ley", pero esa circunstancia no justificaba que la PGR se permitiera definir los delitos a partir de criterios arbitrarios: "Por encima de todo, lo ocurrido en Iguala fue una desaparición forzada, punto".

Segundo, si sólo se había utilizado esa acusación dos veces, era porque a pesar de que la desaparición forzada era frecuente y crecía en México, las autoridades gozaban de una gran impunidad que la PGR, entre otras instituciones, habían otorgado sin recato ni medida. En tercer lugar, la desaparición forzada de los 43 normalistas se había cometido en el estado de Guerrero, donde existía una ley especial para prevenirla y sancionarla. El artículo 3 de ese ordenamiento, recordó Raphael, dice que también deben ser considerados como sujetos activos de ese delito aquellas personas que, aun sin ser autoridades, actúen aprovechando el apoyo de los funcionarios.[21] Por lo que cabía informarle al señor procurador que el ex alcalde de Iguala, José Luis Abarca, su esposa, María de los Ángeles Pineda ("la verdadera jefa de la mafia", según Murillo), los policías de Iguala y Cocula que resultaran implicados y los miembros de Guerreros Unidos podrían ser juzgados por desaparición forzada.

Cabe recordar que el Estado mexicano ha sido históricamente omiso en torno a la desaparición forzada de personas, empezando por la propia conceptualización de ese delito en el marco normativo. Al ocurrir los hechos de Iguala la desaparición forzada no estaba tipificada en todos los estados de la República, y en el caso del Código Penal federal su definición era vaga y no estaba homologada con los instrumentos jurídicos internacionales en la materia, aunque éstos habían sido suscritos por México.

Como señaló entonces el jurista de la UNAM Raúl Jiménez Vázquez, los casos Tlatlaya y Ayotzinapa/Iguala debían ser juzgados de acuerdo con el Estatuto del Tribunal Militar Internacional de Nuremberg, la resolución 95 de la Asamblea General de la ONU, los emblemáticos siete principios de Nuremberg aprobados en 1950 y la jurisprudencia emanada de otras instancias, incluido el artículo séptimo que consigna las conductas constitutivas de los crímenes de lesa humanidad.[22]

Dado que el Estado mexicano era parte formal del Estatuto de Roma desde el 1° de enero de 2006, a partir de esa fecha recaía sobre él la obligación primigenia de "prevenir, investigar y castigar" las desapariciones forzadas y ejecuciones extrajudiciales. "Si las autoridades no quieren o no pueden hacerlo" o realizan "actos de gesticulación o simulación de la justicia", advirtió Jiménez Vázquez, la Corte Penal Internacional tenía facultades para "enjuiciar a los autores intelectuales y materiales, observando el principio de la responsabilidad por cadena de mando e imponerles penas correspondientes, incluida la prisión vitalicia".

Tal situación venía a confirmar las anomalías y simulaciones descritas por el ombudsman González Pérez, y exhibía que las autoridades mexicanas parecían haber reducido su compromiso con la defensa de los derechos humanos a firmas simbólicas de tratados y convenciones internacionales, que no se traducían en adecuaciones legislativas y mucho menos se reflejaban en los hechos. Con los antecedentes cercanos de la *guerra sucia* de los años setenta, la contrainsurgencia zedillista y la "guerra" de Calderón, que registraban una práctica sistemática de desapariciones forzadas, esa omisión jurídica era grave. A lo que se sumaba el manejo opaco e irresponsable de la información oficial sobre el tema, al punto de que no existía un registro confiable de víctimas de ese delito y tampoco un protocolo de actuación institucional para abordarlo.

Además, en el caso Iguala/Ayotzinapa la renuencia gubernamental a formular cargos por desaparición forzada era doblemente grave, porque no se había tratado de un secuestro ordinario, y porque daba la impresión de que al omitir ese cargo —que, como se ha señalado antes, no prescribe porque mantiene su continuidad en tanto el ausente permanece desaparecido— las autoridades buscaban eludir su responsabilidad de seguir buscando hasta encontrar a los estudiantes.

Al mismo tiempo, junto a "la desidia, la indolencia y la falta de responsabilidad pública" que cohabitaban en la "normalidad" mexicana preexistente a los hechos de Iguala, había que tomar en cuenta que la "verdad histórica" y las conclusiones de la PGR no podían ser del todo confiables, porque éstas dependían en forma excesiva de las confesiones de los inculpados y podían haber sido obtenidas mediante tortura y apremios ilegales, otra práctica habitual documentada en México.

Como señalaron Imanol Ordorika y Adolfo Gilly, resultaba sorprendente que Jesús Murillo Karam considerara "caso juzgado" lo sucedido en Iguala y no tuviera idea de que una "verdad histórica", por el mismo hecho de serla, sólo puede ser establecida en "los tiempos de la historia y con sus métodos", jamás "por la voluntad, las acciones o los dichos de los protagonistas de los sucesos, en este caso la PGR con su apresurada investigación".[23] El procurador, argumentaron ambos científicos sociales de la UNAM, había basado sus hipótesis en testimonios de los presuntos delincuentes detenidos, "de cuya veracidad, propósitos y procedimientos para su obtención no nos presenta ninguna prueba o simple evidencia". Pero además, en todo proceso penal la confesión constituye el eslabón más débil de la prueba. Y en la historia de los procesos penales en México debe insistirse, el uso de métodos violentos para arrancar confesiones —incluidas las amenazas y las promesas— "es proverbial y sigue vigente".

Según se dijo arriba, con negligencia y tozudez autoritaria Jesús Murillo Karam y Tomás Zerón se habían negado a abrir otras líneas de investigación, en particular la que involucraba a otros actores clave que integraban la cadena de mando de la estructura de seguridad del Estado a nivel federal, y que en el estado de Guerrero incluía territorialmente, de manera predominante, a las fuerzas armadas. Centrados en ese único objetivo: exonerar al Estado mexicano de toda responsabilidad, los sabuesos de la procuraduría, la marina y el ejército habían capturado, apremiado, torturado y confesado "culpables", y encontrado el "móvil" (los maleantes "confundieron" a los estudiantes con miembros de un cártel rival), un *"modus operandi"* y hasta una "lógica causal". Incluso, para articular la trama, la PGR había confeccionado un video musicalizado con la narrativa a cargo de un locutor profesional y apuntadores para obtener y grabar algunas declaraciones autoinculpatorias de los supuestos victimarios, incluida la acrecencia casi auschwitziana de los 15 jóvenes que, según las declaraciones ministeriales del *Cepillo*, habían llegado vivos al matadero.

Maquiavélicos los tipos. Y no se trataba, según arguyeron algunos panegiristas del régimen como Jorge G. Castañeda, de un problema de "incredulidad" frente a la versión oficial.[24] Además, decir que el caso

Iguala era "atípico", como había afirmado Tomás Zerón, exhibía un cinismo contumaz y supino. Ese cinismo que permeaba al gobierno y a las clases política y empresarial de México, aludido por *The Economist* cuando señaló que Enrique Peña Nieto "no entiende que no entiende".

Según argumentó el equipo de abogados que asesoraba a los padres de los 43 desaparecidos, del montaje mediático teledirigido por el dúo Murillo/Zerón no se podía concluir que existiera plena certeza jurídica sobre lo ocurrido en el basurero de Cocula. Además de que existían dudas científicas sobre la versión de la PGR, era bien conocido que las procuradurías mexicanas son especialistas en fabricar delitos y coaccionar y chantajear detenidos, y hasta los tribunales de justicia internacionales sabían que la tortura era una herramienta sistemática y endémica en el país, como empezaba a supurar de los casos Tlatlaya e Iguala.

Tal vez debido al cansancio provocado por la confección de la trama mediática, al fabulador Murillo se le había escapado aclarar su teoría sobre el cruento homicidio de Julio César Mondragón, encontrado desollado (ergo, torturado) por soldados del 27o Batallón. Como se ya se ha cuestionado, ¿quién o quiénes lo habían secuestrado para infligirle un cruel tormento, arrancándole el rostro y la mirada, y arrojándolo después al pavimento?

Además, como señaló Eugenia Gutiérrez, ¿quién o quiénes fueron los asesinos de Julio César Ramírez Nava, Daniel Solís Gallardo, Blanca Montiel Sánchez, David Josué García y Víctor Manuel Lugo, las otras cinco personas ejecutadas de manera sumaria extrajudicial? ¿Cuándo, dónde y quién baleó en el rostro a Édgar Andrés Vargas? ¿Quién fue el policía que disparó contra el estudiante Aldo Gutiérrez Solano y lo dejó en un coma vegetativo? ¿Cómo se llama el o la agente del Ministerio Público que recibió a 15 estudiantes detenidos la noche del 26 de septiembre de 2014 y permitió que se los llevaran policías de Cocula? ¿Está detenido/a o sigue en funciones?[25]

Con respecto a la versión oficial de que a los 43 estudiantes "los secuestraron, los mataron, los incineraron y los tiraron al río", el laboratorio de genética de la Universidad de Innsbruck sólo había identificado el ADN nuclear de Alexander Mora, ¿si faltaban estudios de secuenciación masiva en paralelo de los otros 42, por qué Murillo Karam había asegurado que tenía pruebas científicas de lo ocurrido? Sin prueba genética del ADN no estaba acreditado el cuerpo del delito de manera científica, ¿por qué manejó entonces el procurador una hipótesis no fundamentada? ¿Cómo podía demostrar cuál fue el lugar donde eso pudo haber ocurrido? Las cenizas de Alexander pudieron haber sido "sembradas" en el río San Juan.

No eran ésas las únicas dudas razonables. Tampoco se podía cerrar el caso ni decretar una "verdad histórica", porque no se había indagado la responsabilidad del ejército a partir de los indicios que existían en el expediente, y que apuntaban a una complicidad y protección de la delincuencia organizada por mandos castrenses del 27o Batallón, al menos desde 2013. Además, si los soldados se desplegaron en dos brigadas de siete integrantes cada una, presenciaron los trabajos de los peritos forenses y patrullaron las calles de Iguala hasta las tres de la mañana del 27 de septiembre, ¿por qué había asegurado Murillo Karam que no intervinieron de ninguna manera?[26] ¿Si existían testimonios de la respuesta inmediata que dieron elementos del 27o batallón a llamadas "anónimas" desde el hospital Cristina y el Hospital General de Iguala donde había estudiantes heridos de bala, ¿por qué el procurador había afirmado que los soldados "sólo se mueven por órdenes superiores"? ¿Dónde estaban las fotografías que los soldados les tomaron a los estudiantes y un profesor en el hospital Cristina? ¿Qué había asentado en la bitácora el oficial al mando de los soldados? ¿Qué hicieron con los teléfonos celulares que les quitaron?[27]

¿A qué se había referido el procurador Jesús Murillo Karam cuando dijo "qué bueno" que el ejército no intervino si no "hubiera sido peor"? ¿Acaso lo que él había presentado como la "verdad histórica" de los hechos no era lo peor? ¿Qué clase de atrocidades inimaginables podía cometer el ejército, que conocía bien el señor procurador y desconocía la ciudadanía?[28] A propósito de la no participación del ejército en la noche trágica de Iguala, nunca se supo qué había pasado con las declaraciones de los 36 militares que formaron parte de las indagatorias, según había afirmado Tomás Zerón ante los medios.

Por otra parte, y además de las incoherencias y flagrantes contradicciones en que habían incurrido en el video los presuntos sicarios detenidos y el narrador oficial de la llamada "reconstrucción de hechos" de la PGR, si faltaban cumplimentarse seis órdenes de detención —entre ellas las del jefe de Guerreros Unidos, Sidronio Casarrubias; su lugarteniente, *el Cabo Gil*, y las de Felipe Flores y Jesús Valladares, ex secretario y ex subsecretario, respectivamente, de Seguridad Pública de Iguala—, ¿cómo podía certificar Murillo Karam que cuando declarasen no iban a cambiar el curso de la investigación y la hipótesis por él sustentada?

Y si la investigación no estaba concluida, como parecía evidente, ¿por qué la Presidencia de la República había abierto un micrositio en internet titulado "Reporte final sobre el caso Ayotzinapa? ¿Por qué se hizo eso pocos días antes de que llegara al país el equipo de expertos de la Comisión Interamericana de Derechos Humanos, aceptado por el gobierno de Peña Nieto para que coadyuvara en la búsqueda de la verdad? En conclusión, existían muchos cabos sueltos y lo único cierto era el interés deliberado y la intención política de cerrar el caso y garantizar la impunidad de los eslabones superiores de la cadena criminal que operó esa noche en Iguala.

"Los vamos a matar como perros"

A comienzos de 2015 era evidente que en algunos puntos clave el caso Tlatlaya seguía envuelto en una nebulosa. En los días finales de diciembre, cuando en los medios por regla general escasea la información sobre hechos relevantes del acontecer nacional, el diario *Reforma* publicaría una serie de notas que refrescarían lo ocurrido al interior de la bodega de San Pedro Limón la madrugada del 30 de junio. En la primera de ellas se daba cuenta de una conversación telefónica ocurrida a las tres de la tarde del 29 de junio de 2014 entre Clara Gómez, una maestra del Consejo Nacional de Fomento Educativo, originaria de Arcelia, Guerrero, y su hija Érika.[1]

De acuerdo con la declaración ministerial rendida por la señora Gómez ante la PGR, su hija le dijo que iba rumbo a San Pedro, una localidad enclavada en el municipio de Tlatlaya, y cuando le preguntó qué hacía allí, Érika le respondió "nada". "Quiero hablar contigo. Voy por ti", dijo la madre, pero la adolescente colgó.

Acosada por un mal presentimiento y con los nervios alterados, Clara Gómez se trasladó a San Pedro Limón, adonde llegó como a las ocho y media de la noche. Esperó afuera de un hospital, hasta que una hora después vio pasar una camioneta Ford Ranger gris doble cabina, donde iba la joven. El vehículo frenó, Érika bajó, discutieron y luego un sujeto armado apenas mayor que su hija las apremió para que subieran al vehículo. Clara Gómez dice que accedió por "miedo". En el vehículo vio que había otros hombres armados.[2] Llegaron a la bodega como a las 22:30 horas. En su interior había una Honda Ridgeline blanca y una Chevrolet Cheyenne del mismo color. Allí, la señora vio a otras dos mujeres (Cinthia Nava y Patricia Campos o Rosa Isela Martínez, quienes, a decir de la CNDH, eran sexoservidoras).

Después, la narración deriva hacia los testimonios de los soldados del 102o batallón apostado en la base de operaciones de San Antonio del Rosario, que aquella noche participaron en los hechos. En sus declaraciones ante las procuradurías militar y civil federal, el soldado de transmisiones Julio César Guerrero, el cabo conductor Samuel Torres, el sargento Roberto Acevedo, el soldado de sanidad Rony Martínez y los soldados de infantería Fernando Quintero, Leobardo Hernández y Alan Fuentes, señalaron que aproximadamente a las 4:00 horas del 30 de junio el teniente Ezequiel Rodríguez les ordenó salir de la base, subieron a una Cheyene color verde olivo con placas 8102356 y entre las 4:50 y las 5:30 horas, aun en la oscuridad, el sargento Acevedo divisó a un sujeto sospechoso afuera de la bodega ubicada en la carretera Los Cuervos-Arcelia, entre Ancón de los Curieles e Higo Prieto.

Entonces, según declaró Fernando Quintero, él y todos sus compañeros bajaron del vehículo, y uno de los soldados gritó: "¡Ejército mexicano!" Lograron advertir que el hombre "armado" corrió hacia el interior de la bodega. Después, los uniformados observaron a otros sujetos "con armas largas". De pronto vino "el primer disparo de los delincuentes" y Rony Martínez cayó al suelo herido. De acuerdo con el cabo Samuel Torres, fue entonces que "se repelió la agresión" y los soldados dispararon "hacia los destellos o flamazos que procedían del interior de la bodega".

Por su parte, el sargento Acevedo declaró que disparó hacia el interior de la bodega y gritó varias veces: "¡Ejército mexicano! ¡Ríndanse!" Pero le respondieron: "Entren por nosotros, hijos de su puta madre". Después se generó un fuego cruzado que duró alrededor de ocho minutos, y luego se hizo silencio.

De acuerdo con lo asentado en la causa penal 81/2014, *Reforma* confirmó que las tres mujeres que sobrevivieron a la matanza fueron "testigos del fusilamiento". Declararon que "vieron a tres soldados llevar a cabo la masacre". Según Cinthia Nava, los pusieron formados del lado izquierdo de la bodega y un soldado les dijo que no voltearan a ver.

Luego, los tres soldados que habían ingresado al galpón dispararon contra las personas.[3]

En una tercera nota titulada "Nos cayeron los contras", su autor, Abel Barajas, consigna que cuando los militares irrumpieron al interior de bodega, a algunos de los jóvenes el operativo los sorprendió dormidos.[4] Dice su relato:

> "¡Ríndanse, hijos de su puta madre, ejército mexicano!", gritaban afuera.
> "¡Nos cayeron los contras!", gritó uno de los sicarios.
> "¡No son contras, son militares!", dijo otro.
> "¡Despierten todos!", voceó otro de los jóvenes.
>
> Desde su Cheyenne los soldados alumbraban la entrada de la bodega y soltaban ráfagas. Según el testimonio de Cinthia Nava, "uno de los chavos" le dijo a sus compañeros que era mejor rendirse; pero otro le respondió que no, "que de todos modos los iban a matar". Declaró que los soldados gritaban que se rindieran, que les daban 10 minutos para que salieran uno a uno con las manos en la nuca, porque si no "los iban a matar como perros".

A Patricia Campos la despertaron los balazos. De acuerdo con su declaración ministerial, los disparos duraron entre cinco y 10 minutos. Los militares decían: "¡Salgan, hijos de su puta madre, y les vamos a perdonar la vida!" Les dieron 10 minutos para abandonar el recinto. Uno de los "sicarios" dijo: "Hombre herido". Después gritaron: "Ya no disparen. Nos rendimos". Entonces uno de los jóvenes salió y los soldados le dispararon.

Cuando empezó la balacera, Clara Gómez buscó refugio en una camioneta. Debido a que la luz del vehículo militar, afuera, alumbraba el interior de la bodega, la mujer pudo observar, muy cerca de donde se encontraba, a su hija Érika "tirada boca abajo". Junto a ella había un muchacho en idéntica posición; pudo escuchar que ambos se quejaban. Según consta en su declaración ante la PGR, se acercó a Érika y la tocó para ver si tenía signos vitales. Se dio cuenta de que seguía con vida.

En su testimonio, el teniente Ezequiel Rodríguez admitió ante los funcionarios de la procuraduría federal que "tras la rendición de los sicarios", él ordenó al sargento Acevedo y dos "elementos" (Fernando Quintero y Leobardo Hernández) que ingresaran al inmueble y realizaran un "reconocimiento" del lugar. Aseguró que sus tres subordinados tardaron entre tres y cinco minutos, y al salir del recinto reportaron "22 muertos". Sin embargo, su versión diferiría sustancialmente de los testimonios de Cinthia Nava, Patricia Campos y Clara Gómez. Las tres declararon "que los militares entraron a rematar a los moribundos y ejecutar a por lo menos 10 personas que habían salido ilesas del enfrentamiento y entregado sus armas". (En ese punto, Barajas consignó en su nota que para la PGR sólo existían pruebas periciales para acreditar ocho ejecuciones, en tanto la CNDH hablaba de 15.)

De acuerdo con la información de *Reforma*, al momento que los militares entraron a la bodega Cinthia Nava y Patricia Campos estaban con las manos atadas, y junto a ellas había "dos hombres plagiados amordazados". Dos soldados se quedaron custodiándolas, declaró Campos, y otro fue a recorrer la bodega. Escuchó que el que rondaba dijo: "A todo el que se mueva, dispárenle". Según testimonió Nava, escuchó tiros y vio a un soldado que disparaba "a dos muchachos que estaban heridos". Oyó quejidos.

De acuerdo con el expediente, el relato de Campos coincide con el de Nava y agrega algunos datos de relevancia. Cuando el militar empezaba a jalar el gatillo, uno de los soldados que custodiaba a ambas mujeres y los dos plagiados le gritó: "No los mates". Pero el ejecutor respondió: "Es que me iba a disparar". Después, el soldado ordenó a los jóvenes que habían entregado sus armas que hicieran una fila. Uno de los soldados le preguntó a su compañero: "¿No irán a rebotar [los disparos]?" "No, no hay problema", contestó el otro. Y entonces, uno les dijo: "Agachen la cara, no volteen". Y empezaron a disparar contra las personas que estaban formadas del lado izquierdo de la bodega. Mientras se escuchaban quejidos y lamentos, los militares decían: "¿No que muy cabrones? ¡Aguanten la verga! ¿No que muchos huevos, hijos de su puta madre?" Y continuaban disparando.

El testimonio de Clara Gómez, la madre de Érika, reconfirma en parte lo anterior. Declaró que el último jovencito que quedaba con vida fue llevado por un soldado ante el militar que cargaba una lámpara, se la puso enfrente, le preguntó su nombre, su edad, el lugar donde había nacido y su apodo. Después los militares le dispararon. Sobre el fusilamiento de los que formaron en fila, dijo: "Yo escuchaba cómo disparaban, deján-dolos heridos. Ya en el piso, los caídos eran rematados".

Cuando todos los presuntos sicarios habían sido ultimados, los eje-cutores pidieron a las tres mujeres y los dos hombres que permanecían amarrados que se levantaran del suelo, y los llevaron a una pequeña caseta ubicada en el interior de la bodega. Allí los mantuvieron a los cinco hasta las siete de la mañana. Entonces, dice la nota de Abel Bara-jas, los soldados "tomaron la decisión de reducir el número de testigos". De acuerdo con lo declarado por Patricia Campos, dos militares sacaron del cuarto a "los dos chavos [secuestrados]" con el pretexto de tomar-les fotos. Ella escuchó disparos y entonces supo que los habían matado.

Con leves variantes, en sus dichos ante el Ministerio Público Cinthia Nava avalaría los hechos. Declaró que vio a los dos jóvenes que estaban amarrados con ellas, "muertos, junto a otras dos personas", y en medio de la bodega como a otras ocho personas, también sin vida. Del lado izquierdo yacían como cinco más.

Ya entrada la mañana, llegaría al lugar el coronel Raúl Castro Apa-ricio, comandante del 102o Batallón de Infantería. El panorama era un tiradero de personas muertas. A las tres mujeres sobrevivientes les toma-ron una foto en el lugar y después las pusieron a disposición de la pro-curaduría del Estado de México. Como ya se ha señalado, Cinthia Nava y Patricia Campos serían enviadas a un penal federal en Tepic, Nayarit. Y Clara Gómez "no se quedaría con el golpe de la pérdida de su hija", concluyó Abel Barajas. Destaparía la matanza en una entrevista con la revista *Esquire*.

El 30 de diciembre de 2014, con base en la causa penal 81/2014, *Reforma* confirmaba que los militares que perpetraron la matanza habían manipulado la posición de los cadáveres y alterado las pruebas del deli-to. Pero esas maniobras, así como el encubrimiento de la Procuraduría General de Justicia del Estado de México, fueron evidenciadas poste-riormente por los peritos forenses de la PGR.[5] De acuerdo con la versión periodística, la fiscalía de Murillo Karam comisionó y envió al lugar de los hechos a los especialistas Esteban Peña, Tania Hernández y José Rosales, quienes en su dictamen final en criminalística de campo habían concluido el 8 de octubre que la escena del crimen había sido "modificada".

Los expertos analizaron en fotografías la presencia de manchas de tierra en ropas y en partes expuestas del cuerpo de las víctimas, y lo primero que advirtieron fue "la falta de correspondencia de las partes anatómicas lesionadas, con los escurrimientos de sangre de las prendas". Según determinaron, las posiciones que guardaban los cuerpos en el momento de la intervención del personal de la procuraduría mexiquense no se correspondía con la posición final al momento de ocurrirles la muerte. En consecuencia, los objetos asegurados tampoco conservaban su situación y posición originales.

La sombra del coronel Castro Aparicio

El 1º de enero de 2015 *Reforma* reprodujo un cable de la agencia Associated Press (AP), confeccionado con base en una entrevista a una de las dos mujeres que habían sido liberadas luego de estar cinco meses recluidas en un penal de máxima seguridad en Nayarit. Fechado en Arcelia, Guerrero, lo novedoso del despacho periodístico era que la testigo confirmaba que además de los ocho soldados detenidos y enjuiciados por los crímenes de Tlatlaya, después del tiroteo otros militares habían llegado al lugar de los hechos.

"Entre ellos estaría el coronel Raúl Castro Aparicio, comandante del 102o Batallón de Infantería", decía la noticia. Según AP, la Secretaría de la Defensa Nacional no había respondido a sus solicitudes para comentar el caso o para autorizar una entrevista con el coronel Castro.[6]

La testigo ratificó que varios funcionarios de las procuradurías mexiquense y federal la presionaron para que falseara su versión acerca de la matanza, y que sin un abogado presente, bajo amenazas, firmó una hoja de un documento con varias páginas, y muchos días después, en el juzgado que llevó su caso, pudo ver que alguien había falsificado su firma en el resto de las hojas.

La sombra del coronel Castro reaparecería poco después, cuando un reportaje de *SinEmbargo* recogió el testimonio de Clara Gómez, donde ésta afirmaba que hacia las siete de la mañana, ya de día, llegó a la bodega "una persona alta, de bigote, con un uniforme diferente al de los demás militares".[7] Según esa versión, sería él quien interrogó a los dos jóvenes que estaban amarrados y los sacó del cuarto donde estaban con las tres mujeres con la excusa de tomarles fotografías. Después se oyeron tiros, y el militar regresó solo. Acto seguido, dirigiéndose a Clara, dijo: "Esa pinche vieja no me convence. ¡Si no quieres cooperar, yo veo que te metan 10 años de cárcel".

En su bitácora, el agente investigador del Ministerio Público mexiquense que cubrió la matanza asentó que al llegar a la bodega el sitio se encontraba resguardado por personal militar "al mando del coronel del Batallón 102o de Infantería, con sede en San Miguel Ixtapan, Tejupilco, Estado de México, Raúl Castro Aparicio".

En el documento existen otras referencias sobre ese mando castrense: es mencionado como quien ordenó al capitán segundo Alfredo Cruz retirar una granada encontrada en una camioneta de los presuntos secuestradores y llevarla a las instalaciones del batallón para su desfragmentación, a fin de garantizar la seguridad del personal de actuaciones. Además, existen constancias de que el coronel pidió a las autoridades civiles la entrega de la camioneta militar en la que llegaron el teniente Rodríguez y sus hombres a San Pedro Limón.

Es decir, la presencia en el lugar de los hechos del coronel Raúl Castro Aparicio era incontrovertible; pero quedaba la duda de si se trataba de la misma "persona alta, de bigote, con un uniforme diferente al de los demás militares", al que se había referido Clara Gómez. Otra variable era que el uniformado fuera el general José Luis Sánchez León. En cualquiera de los dos casos, y de confirmarse la versión de la madre de Érika, el militar de uniforme "diferente" que la interrogó pudo haber participado en el montaje de la escena del crimen y, por lo tanto, en el encubrimiento inicial de sus subordinados.

Los mataron con sus propias armas

Cuando el 8 de enero de 2015 se llevó a cabo la XXVI Reunión Anual de Embajadores y Cónsules de México, sorprendió a los diplomáticos que fuera de programa también estaban presentes en el recinto tres de los responsables del área de seguridad nacional: el general Cienfuegos de la Sedena, el almirante Soberón de la Semar y el procurador Murillo Karam. Y más allá de la novedad, y de que los responsables de las fuerzas armadas los llamaran a defender la imagen del país en el extranjero, ante los representantes de la diplomacia quedó registrada la información proporcionada por el titular de la PGR, en el sentido de que antes de que salieran a la luz pública las controversiales noticias sobre lo ocurrido en Tlatlaya (la primera nota de la agencia AP), el secretario de la Defensa le había llamado para informarle que tenía "indicios" de que en ese caso algunos soldados no habían seguido los "protocolos correctos".[8]

Tal vez el jefe del ejército ya estaba informado de que la Comisión Nacional de los Derechos Humanos se aprestaba a reclasificar el expediente del caso Tlatlaya como "investigación de violaciones graves a derechos humanos". En efecto, el 13 de enero el ombudsman Luis González Pérez ordenó notificar esa situación a las tres testigos-víctimas sobrevivientes, al secretario de la Defensa, al procurador general de la República y al gobernador del Estado de México. Ante la observancia parcial de la recomendación 51/2014 de octubre anterior, la CNDH pedía a las tres instancias gubernamentales que fueran más diligentes y tomaran en cuenta la gravedad del hecho en las acciones que implementaran para dar cumplimiento a la misma.

Para entonces la comisión ya había valorado evidencias que le permitían concluir que al menos cinco civiles habían sido privados de la vida con sus propias armas por elementos del ejército. Además, las heridas mortales en los cuerpos habían sido producidas de arriba abajo, dato que coincidía con la declaración de una testigo sobreviviente, quien había asegurado que las víctimas fueron hincadas antes de ser ejecutadas.

Otros tres cadáveres tenían fragmentos de proyectiles de las armas que presuntamente habían sido decomisadas por el ejército en el lugar de los hechos, lo que hizo suponer a los peritos de la CNDH que las víctimas fallecieron a consecuencia de un fuego cruzado o que las armas fueron utilizadas por los soldados para ejecutar a los civiles. Además, según los peritajes de la PGR, de las 38 armas aseguradas (16 AK-47, seis rifles AR-15, dos escopetas, un fusil y 13 pistolas) sólo 11 habían sido percutidas (nueve largas y dos cortas).[9] En tanto que, según la Sedena, los soldados portaban siete armas, siete cargadores y 36 cartuchos.

De acuerdo con la nota de Liliana Alcántara en *El Universal*, valorado por los expertos de la CNDH, el dictamen de balística de la PGR establecía que cinco cadáveres tenían fragmentos de proyectil de un arma decomisada a los civiles y clasificada como VIII; dos más, con el arma decomisada XI-1, y otro cuerpo presentaba heridas del arma decomisada XXII-1. Según la comisión, de esas ocho personas que murieron con sus propias armas, en cinco casos se tenía evidencia de que fueron ejecutadas de manera arbitraria por los soldados; en tres casos se desconocía la causa exacta y uno murió presumiblemente en el enfrentamiento. De las 11 armas percutidas ocho fueron encontradas junto a alguno de los cadáveres, y tres más en una cobija hallada dentro de la bodega, "fuera del alcance de las personas que perdieron la vida".[10]

Según el organismo humanitario, en los 22 cadáveres se había encontrado plomo y bario en la prueba de rodizonato, pero ello no era indicativo de que hubieran participado en el enfrentamiento; por lo que era probable que sólo un reducido número de civiles hubiera disparado sus armas. De hecho, esa versión era la que había ofrecido Murillo Karam a los embajadores y cónsules durante el encuentro anual de la diplomacia mexicana, cuando fueron informados sobre los casos Tlatlaya e Iguala/Ayotzinapa.[11]

Un día después de que la CNDH reclasificó el caso Tlatlaya como una "investigación de violaciones graves a derechos humanos", el procurador mexiquense, Alejandro Gómez, dijo que se estaba investigando al menos a 20 servidores públicos del organismo —entre peritos, personal administrativo y agentes del Ministerio Público— por su presunta responsabilidad penal en la intimidación, incomunicación, maltrato, amenazas de muerte y de abuso sexual y tortura infligidos a las tres testigos de la matanza.[12]

En su informe, la comisión señaló que las mujeres habían sido maltratadas por elementos de la Fiscalía de Asuntos Especiales de la PGJEM, para obligarlas a confesar su supuesta relación con los civiles muertos. Al respecto, los testimonios de las víctimas recabados por la comisión eran de suyo elocuentes: "Esa vieja se nos va a morir", dijo uno de los agentes mientras asfixiaban con una bolsa de plástico a una de las testigos en las instalaciones de la procuraduría estatal. El interrogatorio había sido iniciado por un abogado y tres agentes, entre ellos una mujer. Le pidieron su contraseña de la cuenta de Facebook y al ver la foto de su hija le dijeron que si no cooperaba enviarían a la niña a un orfanato. Mientras le gritaban y golpeaban, le exigieron que testificara que los presuntos delincuentes habían asesinado a 10 (del grupo de 22 civiles muertos).[13]

Testimonió que la madrugada siguiente, a ella y las otras dos mujeres las trasladaron a un lugar cercano. Allí la llevaron a un baño donde había tres hombres. "Aquí hasta los muertos hablan", la amenazó uno. Después la volvieron a golpear, simularon asfixiarla con una bolsa de plástico en la cabeza y metieron su rostro en la taza del baño en cuatro ocasiones. Cuando uno de los hombres le hizo preguntas sexuales amenazadoras, se bajó los pantalones y le ordenó que se inclinara para violarla, ella firmó una declaración sin conocer su contenido y sin contar con un abogado defensor presente.[14]

El primer día, en una oficina aparte dos agentes interrogaron a otra testigo. En su testimonio, la víctima aseguró que los oficiales le gritaban e insultaban por su condición de sexoservidora, y le decían que debía borrar su declaración inicial porque "los militares no habían matado a nadie". Al día siguiente, también en el baño, seis hombres la amenazaron: "Si quiere que la traten como persona o animal, aquí sabemos pegarles a las personas sin que se note". Declaró que la agarraron de pies y manos e intentaron asfixiarla en cinco ocasiones colocándole una bolsa en la cabeza. También amagaron con violarla y firmó unas hojas sin poder leer lo que decían.[15]

En ambos casos la CNDH pudo acreditar el maltrato físico y psicológico que sufrieron las testigos. De acuerdo con el organismo humanitario, dada la intencionalidad y el tipo de lesiones, se podía configurar
el delito de tortura.

La tercera víctima —la madre de Érika, la adolescente que perdió
la vida en la bodega— testimonió que tres personas vestidas de civil la
subieron a un vehículo particular, y durante el trayecto, mientras la grababan con una videocámara, la amenazaron con que si no cooperaba
la iban a violar. Le exigieron que dijera que las personas de la bodega formaban parte de una organización criminal. En ese caso, la CNDH
acreditó que la mujer fue víctima de un trato inhumano que afectó su
integridad psíquica y emocional, debido a que, además, durante los
hechos en San Pedro Limón su hija había resultado muerta.[16]

El deslinde de los forenses argentinos
exhibe a la PGR

El 7 de febrero de 2015 el Equipo Argentino de Antropología Forense (EAAF) emitió un documento donde se analizaban diversas "irregularidades", "inconsistencias" y "errores" contenidos en la investigación de la Procuraduría General de la República sobre el caso Iguala, en virtud de lo cual la pesquisa no podía cerrarse, debido a que faltaba procesarse todavía una cantidad importante de pistas y evidencias físicas.[1]

En su carácter de perito independiente de las familias de los 43 desaparecidos de Ayotzinapa, el EAAF,[2] con un acreditado historial internacional de rigor científico y una vasta experiencia acumulada en más de 30 países, México incluido,[3] buscaba deslindarse de las declaraciones vertidas por Jesús Murillo Karam y Tomás Zerón en la conferencia de prensa del 27 de enero de 2015, y al tiempo de exhibir que la PGR carecía de pruebas científicas de que los jóvenes habían sido incinerados en el basurero de Cocula, venía a desvirtuar la "verdad histórica" fabricada oficialmente.

En el primero de los siete puntos en que dividieron su informe público reiteraban que ningún miembro del EAAF había estado presente cuando elementos de la Secretaría de Marina y peritos de la PGR recolectaron evidencias en el río San Juan el 29 de octubre de 2014. Según el dictamen de criminalística de campo emitido por peritos de la PGR, ese día cuatro buzos de la marina habían entregado una bolsa con fragmentos óseos, recuperada del río, a las autoridades.

"El EAAF fue convocado por la PGR a la vera del río San Juan cuando dicha bolsa ya se encontraba abierta y siendo analizada por peritos de la

PGR. Un número importante de fragmentos aparentemente provenientes de esa bolsa, se encontraban ya expuestos sobre una lona." Entre ellos se distinguía la muestra que culminaría con la identificación del joven Alexander Mora, "por ser una pieza menos quemada y de mayor tamaño que las demás". El EAAF aclaró que se incorporó a la limpieza de fragmentos óseos provenientes de dicha bolsa "a partir de ese momento y no antes". Por eso no firmó la "cadena de custodia" correspondiente a la entrega de la bolsa con evidencias. Es lógico deducir, pues, que no le constaba de dónde había salido el hueso de Alexander Mora.

De igual manera, dejaron constancia de que a pesar de que existía una disposición del procurador Murillo Karam y se contaba con la voluntad de los padres de los desaparecidos para que los equipos forenses de la PGR y del EAAF trabajaran en forma conjunta en todas las diligencias de búsqueda, el 15 de noviembre peritos y ministerios públicos de la procuraduría recogieron evidencias en el basurero de Cocula sin notificarles la diligencia. En dicha acción fue recogida evidencia consistente en "42 elementos balísticos, muestra de tierra y otros elementos no biológicos" sin haber avisado ni contar con la presencia del EAAF.

Durante una reunión en el despacho de Murillo Karam, en presencia de su equipo y de los abogados de los familiares, los forenses argentinos le plantearon al procurador esa "seria irregularidad", y le solicitaron que "considerara excluir o evaluar la legalidad de esa evidencia".

Un tercer punto del documento hacía referencia a la ausencia de custodia de seguridad o algún tipo de acordonamiento en el basurero de Cocula entre los días 7 y 28 de noviembre de 2014, como habían evidenciado distintas fotografías que circularon a través de internet, mostrando a familiares de los normalistas, periodistas y público en general en la supuesta escena del crimen. Los días señalados fueron los inmediatos posteriores a que los peritos del EAAF y la PGR terminaran sus tareas principales en dicho sitio.

Cuando el EAAF tomó conocimiento de que el lugar había quedado completamente abierto al público, le solicitó en forma urgente a la PGR que procediera a colocar allí una custodia de 24 horas al día, por considerar que se trataba de "un sitio crítico bajo investigación". Según el equipo de forenses argentinos, la ausencia de custodia entre los días 7 y 28 de noviembre hacía que la evidencia que se hubiera recogido en esas condiciones pudiera llegar a ser desestimada como prueba. Igual que con respecto al punto anterior, el EAAF presentó un escrito sobre ese hecho a la averiguación previa de la PGR.

En un cuarto punto, los forenses extranjeros indicaron que existían diferencias en los perfiles genéticos de familiares de los desaparecidos procesados por la PGR en sus laboratorios —y enviados a la Facultad de Medicina de Innsbruck, Austria—, con los de los mismos familiares enviados por el EAAF, que habían sido procesados en el laboratorio The Bode Technology Group, de Estados Unidos.

El proceso de coincidencia genética con fines de identificación que se buscaba alcanzar implicaba la comparación de perfiles genéticos provenientes de las muestras óseas con las muestras de sangre obtenidas de los familiares. La PGR envió a Innsbruck perfiles genéticos de 134 familiares de los 43 desaparecidos; el EAAF de 135 (agregaron un familiar). Al compararse ambos perfiles genéticos en el laboratorio austriaco, el EAAF "notó diferencias en 20 de los 134 perfiles" de la PGR, lo que afectaba a 16 familias de los estudiantes.

En su documento el EAAF dejó constancia de que a partir de su propia experiencia, era "inusual" tener diferencias entre laboratorios de análisis de ADN, ya que "el procesamiento es sencillo". Ese hecho motivó una reunión con el procurador Murillo y diversas autoridades de la PGR, a quienes los peritos argentinos solicitaron explicaciones. La Coordinación de Servicios Periciales de la PGR reconoció que hubo "errores" del laboratorio de la institución. Pero "no hubo explicación clara al respecto", decía el informe del EAAF.

El punto cinco hacía alusión a las conclusiones sobre la "evidencia física" recolectada por la PGR en el basurero de Cocula, en las que se había basado el procurador en su conferencia del 27 de enero. Según Murillo Karam, en el sitio había habido "un solo evento de fuego" que habría ocurrido en la noche del 26 al 27 de septiembre de 2014. Sin embargo, a partir de imágenes satelitales adjuntadas por el EAAF en su reporte, se demostraba la presencia de "múltiples episodios de fuego" en la zona del basurero identificada como el lugar del crimen en los testimonios de los imputados en la desaparición de los 43 normalistas.

Por lo tanto, "la evidencia física que recogieron los peritos de la PGR y el EAAF en la zona inferior del basurero puede pertenecer a eventos de fuego diferentes". En ese sentido, "los elementos tomados como diagnóstico por la PGR —aluminio, vidrio, dientes, etc.— en su interpretación de la evidencia recogida en el basurero y mencionados en la conferencia de prensa del 27 de enero de 2015, pueden no corresponder a los incidentes del 26 de septiembre, sino a eventos anteriores".

En el punto seis, el equipo argentino manifestó que no excluía la posibilidad de que alguno de los 43 estudiantes hubiera corrido la suerte señalada por la PGR (incineración), pero añadió que al momento de emitir ese informe no tenía evidencia científica para establecer que en el basurero de Cocula "existan restos humanos que pertenezcan a los normalistas". Asimismo, como habían mencionado en su comunicado del 7 de diciembre de 2014, en opinión del EAAF no existían "elementos científicos suficientes" para vincular los restos hallados en el basurero "con aquellos recuperados, según la PGR, en el río San Juan".

En el punto siete señalaban que los peritos del EAAF y de la PGR aún no habían terminado de procesar la evidencia recogida en el basurero de Cocula y que ese trabajo era "absolutamente necesario y llevará varios meses más".

Es sus conclusiones, el Equipo Argentino de Antropología Forense destacaba que la PGR había hecho una "lectura parcial" de la evidencia recolectada en el basurero, y dejaba asentado que la "evidencia física" debía ser interpretada en todas sus posibilidades, "sin dar preferencia a aquellas que sólo incluyen una posible coincidencia con los testimonios de los imputados". En resumen, opinaban que los expertos forenses de la PGR debían ser "evaluados" por peritos independientes, "estableciendo su rigor científico". Entre otras "dificultades", el envío de 20 perfiles genéticos con "problemas" a Innsbruck, la interpretación de "un solo evento de fuego" en el basurero; la recolección de evidencia fuera del acuerdo de trabajo conjunto con el EAAF y el "abandono de la custodia" del sitio clave de la investigación, así lo atestiguaban.

El zipizape entre la PGR y los peritos extranjeros

Literalmente, con el "descontón" del Equipo Argentino de Antropología Forense a la Procuraduría General de la República, la "verdad histórica" de Jesús Murillo Karam quedaba francamente cuestionada. Por eso, el 9 de febrero de 2015, la dependencia de Paseo de la Reforma número 211 reaccionó con un indisimulado malestar.

A la defensiva, sin el menor asomo de intentar razonar los cuestionamientos del experimentado grupo multidisciplinario extranjero —al que además el propio gobierno había invitado—, la PGR calificó como "hipotéticos" y "alejados de la realidad" los señalamientos emitidos por el EAAF sobre las indagatorias del caso Iguala, y en tono de reproche expresó que no era "aceptable" que ante el "cúmulo de evidencias, peritajes, confesiones, declaraciones e inspecciones ministeriales" que habían recogido y realizado sus investigadores, se pretendiera "sembrar la duda" sobre lo ocurrido en el basurero de Cocula.[4]

"Esta procuraduría actuó conforme a sus facultades y no acepta duda alguna en que la diligencia practicada y los indicios encontrados tienen validez jurídica dentro de la investigación, a pesar de no haber estado presente el EAAF", alegaba la PGR en un comunicado en respuesta a algunas de las irregularidades señaladas por los forenses argentinos. Además, según la institución, los especialistas extranjeros no eran "autoridad" en la investigación y habían sido "habilitados como peritos" por el interés de los familiares de los estudiantes desaparecidos, a pesar de que sólo dominaban las disciplinas de antropología, criminalística y genética, motivo por el cual "sus alcances en conocimiento de otros dictámenes no son válidos como expertos".

Ésa había sido una de las razones esgrimidas por la procuraduría para no avisar al EAAF de la diligencia del 15 de noviembre de 2014, cuando fueron encontrados "42 elementos balísticos": en el grupo extranjero no había ningún experto en balística. Además, al no ser autoridad —argumentaba en su comunicado la PGR—, la petición hecha por el EAAF para que le fuera entregada la cadena de custodia de los hallazgos encontrados por buzos de la marina en el río San Juan (la bolsa con los presuntos fragmentos óseos y cenizas de los estudiantes), "rebasaba con creces" su función de "peritos habilitados".

La procuraduría reafirmó que los dictámenes eran válidos y que respecto a algunas disciplinas, las opiniones de los forenses extranjeros "parecerían más especulaciones que certezas […] De manera científica ha quedado plenamente comprobado que los sedimentos y otros indicios encontrados en la bolsa del río San Juan corresponden químicamente a los encontrados en el basurero de Cocula, por lo que cualquier opinión diferente a ese respecto resulta hipotética y lejana a la realidad".

En relación con las diferencias encontradas en 20 de 134 perfiles genéticos tomados a los familiares y enviados a la Universidad de Innsbruck, la PGR reconoció que existió un "error administrativo de transcripción".

El boletín de la PGR venía a contradecir algunas declaraciones públicas de Jesús Murillo Karam y Tomás Zerón y su propio contenido. Por ejemplo, mientras en una parte del comunicado se decía que el EAAF no era "autoridad" y su función se circunscribía únicamente al análisis antropológico y genético, en la conferencia del 27 de enero Zerón había asegurado que los peritos argentinos habían estado presentes en todos los eventos del río, "esto aunado a que también en el embalaje que hacemos en el lugar de los hechos viene firmado por ellos. Entonces tenemos los elementos para también acreditar de que estuvieron en cada uno de los eventos".[5] Es decir que sí firmaban documentos.

A su vez, ante la crítica del EAAF de que el basurero había quedado sin custodia legal del 7 al 27 de noviembre de 2014, la PGR explicó que "no era necesario mantener preservado el lugar" porque se "habían practicado en su totalidad las pruebas y no había mayores indicios que aportaran a la investigación". No obstante, en otra parte del comunicado mencionaba que el 15 de noviembre (la diligencia de la que no se había avisado a los forenses argentinos) sus peritos habían encontrado "42 elementos balísticos"; lo que venía a significar que el lugar debió haberse mantenido bajo custodia porque todavía tenía evidencias o, en otra variable, que éstas habían sido sembradas por alguna razón.

Al respecto, cabía preguntar, como cuestionó Marcela Turati, ¿cómo sabía la PGR que iba a encontrar balas en esa inspección y que

LA GUERRA DE PEÑA NIETO

era innecesario invitar a los forenses del EAAF?[6] Con el agravante de que uno de los 30 expertos del equipo argentino era un especialista muy experimentado, ya que había sido jefe de balística de una morgue en un país con altos índices de violencia, y además había tenido reuniones con sus colegas mexicanos en los propios laboratorios de la PGR.[7]

Contrastadas las posiciones de la PGR y del EAAF, quedaban evidenciadas las inconsistencias, errores e irregularidades de la contraparte local, lo que parecía corresponder a "un patrón de encubrimiento e impunidad, éste sí histórico, por parte del Estado mexicano para rehuir su responsabilidad en ese y otros crímenes de lesa humanidad".[8]

La decisión del Estado de no investigar por desaparición forzada a la cadena de mando, incluyendo a las fuerzas armadas y los aparatos policiales y de inteligencia, así como no fincar responsabilidades a las autoridades civiles superiores, venía a significar que los delitos cometidos por el poder tendían a ser borrados por el poder mismo.

Por la noche de ese mismo día, familiares de los 43 desaparecidos señalaron en conferencia de prensa que la "verdad histórica" de la PGR se caía a pedazos. "Avalamos y apoyamos el informe del Equipo Argentino de Antropología Forense. Son estudios técnicos y científicos que tiran la hipótesis del basurero de Cocula. Quieren cerrar el caso y dar impunidad a los militares", dijo el vocero del colectivo, Felipe de la Cruz.

A su vez, Melitón Ortega sostuvo: "Como padres, no aceptamos la versión oficial; primero, porque no es científica, segundo, porque la PGR está acostumbrada a fabricar delitos, pruebas, a mentir".[9]

Según las madres y los padres de los normalistas, mientras México no contara con una institución de servicios periciales profesional e independiente del Ministerio Público, las investigaciones en casos como el de Ayotzinapa no tendrían credibilidad.

LA PATRIA, LOS LEALES Y LOS TRAIDORES

El 9 de febrero de 2015, durante la ceremonia conmemorativa del 102 aniversario de la Marcha de la Lealtad,[10] el secretario de la Defensa

Nacional, general Salvador Cienfuegos, aseveró que en México había quienes buscaban distanciar a las fuerzas armadas del pueblo. El divisionario fue el único orador en el acto encabezado por el presidente de la República, Enrique Peña Nieto, en el Castillo de Chapultepec y dedicó un amplio discurso consagrado a la efeméride. Dijo:

> En la lealtad no hay progresividad ni regresividad ni gradualidad, ni mucho menos eventualidad. No se es a veces sí y a veces no. No es en ocasiones mucho y en otras menos. Simplemente se es leal o no se es leal [...] Hay quienes quisieran distanciarnos del pueblo. Imposible. Somos uno y lo mismo. Basta ver el rostro, la piel, el pensamiento y el corazón de cada soldado para ver que somos pueblo, que somos México. Igual que el resto de la patria.[11]

Rodeado de mandos militares y de algunos miembros de su gabinete, Peña Nieto —quien había llegado al Castillo de Chapultepec en un vehículo Humvee acompañado por el propio Cienfuegos y el secretario de Marina, Vidal Soberón— escuchaba ensimismado cuando el jefe castrense resaltó que "el gran muro de la historia no distingue otra virtud, no separa inteligentes de lerdos, ni valientes de medrosos, ni siquiera los buenos de los perversos, tan sólo distingue a los leales de los traidores. La verdadera lealtad siempre es perpetua, absoluta y total".

Expresó, asimismo, que la lealtad de las fuerzas armadas había trascendido ideologías y los vaivenes políticos, y que por eso, "hoy, ante los retos que enfrenta el país, respaldamos siempre a las instituciones democráticas [...] Nadie puede estar por encima de la ley, y si existen acciones en contra de las instituciones, habrá respuesta de quienes le son leales".

Si bien resultaba encomiable que Cienfuegos refrendara la subordinación de los militares a las autoridades e instituciones civiles, no aclaró quiénes querían alejar a los institutos armados de la población civil. Su señalamiento fue grave no sólo por provenir del titular de la Defensa Nacional, sino porque había sido formulado en un momento en que miembros del ejército enfrentaban acusaciones por su presunta participación en ejecuciones sumarias de civiles en Tlatlaya, y cuando diversos sectores pedían que se investigara la supuesta participación de soldados en el ataque sufrido por los estudiantes de Ayotzinapa en Iguala.

Como señaló entonces en su editorial principal el diario *La Jornada*, si los mandos castrenses habían identificado una "labor específica" orientada a provocar un distanciamiento entre civiles y militares, era pertinente que formularan "un señalamiento preciso y claro y pusieran nombre y apellido" a quienes pudieran estar involucrados en ella.[12]

Para el periódico dirigido por Carmen Lira, en ausencia de esa información específica lo que podía verse en la coyuntura era una erosión de la imagen de las fuerzas armadas, a consecuencia de su involucramiento en tareas ajenas a su mandato constitucional. Aunque en rigor, la responsabilidad principal de ese deterioro no recaía en los uniformados, sino en los "gobernantes civiles" que habían abusado de su autoridad y de esa lealtad exaltada por Cienfuegos, para tratar de resolver una crisis de seguridad pública que debió haber sido enfrentada "con un espíritu de Estado y no desde una lógica militar".

El diario *La Razón* y el sedicente Raphael

Para entonces, adalides de la *comentocracia* habían entrado en acción en defensa de la verdad oficial. En su columna de opinión El asalto a la razón, Carlos Marín, director del diario *Milenio*, arremetió contra Felipe de la Cruz, a quien calificó como "insidioso" líder de la "retardataria" coordinadora de maestros de Guerrero, y preguntó si acaso los "peritos habilitados" de la EAAF lo acompañaban en "la perversa vacilada de que los jóvenes fueron 'desaparecidos' por el ejército".

Según Marín, De la Cruz había reaccionado así a la réplica de la PGR "a la silvestre descalificación de la investigación ministerial que, sin sustento alguno, hizo el EAAF […] Y su enojo lo llevó a decir que 'se cae a pedazos' la estrujante 'verdad histórica' de que los *levantados* en Iguala por delincuentes (con y sin uniforme policiaco) fueron asesinados y sus cuerpos incinerados en el basurero de Cocula…"[13]

También en *Milenio,* en un artículo de opinión bajo un sugestivo título con tufillo xenófobo: "Faltaba el coro argentino en la tragedia", Román Revueltas Retes arremetió contra quienes, provistos de una "deliberada mala fe", y aduciendo la "superioridad moral" que resulta de su adhesión a una presunta causa justa, "se sirven abusivamente de falsedades, infundios y acusaciones tremendas".

Ya encarrerado, Revueltas se soltó con una elocuente parrafada: "No he escuchado suposición más irracional, absurda, incoherente, desaforada, desmedida, exagerada, ilógica, extravagante, estrafalaria, extraña, asombrosa, inaudita, inconcebible, incongruente e insensata que la de que el gobierno mantiene vivos a los 42 estudiantes de Ayotzinapa".

Curiosamente, tal "monumental despropósito" había adquirido, según el columnista, la dimensión de una demanda "tan perfectamente legítima", que justificaba a diario "protestas y movilizaciones de ciudadanos" que no cuestionaban siquiera "la demencial naturaleza" de lo que reclamaban. "En la ecuación faltaban los forenses argentinos. Pues, ya están", concluyó Revueltas.[14]

Ese mismo 10 de febrero, en sus ocho columnas el periódico *La Razón* decía: "Peritos argentinos cometen ocho fallas". Con gran despliegue en páginas interiores, una nota firmada por Ricardo Flores señalaba que la PGR había refutado los cuestionamientos hechos por el EAAF sobre el papeleo y el desahogo de la investigación, así como rechazado haberlos excluido de diligencias en Cocula. Según Flores, la dependencia había "tumbado" uno por uno los argumentos y las especulaciones de los peritos extranjeros.

En rigor, el texto reproducía prácticamente el comunicado de cuatro páginas de la Procuraduría General de la República. Sin embargo, para probar su argumento bajo la cabeza de la primera plana, se ofrecía un cuadro comparativo entre las afirmaciones del EAAF y las contenidas en la reacción de la dependencia federal.

De su lectura, Ricardo Raphael opinó que el titular de la nota de *La Razón* no era concluyente. Dijo que había puntos de vista encontrados entre ambas fuentes, pero no podía decirse que los antropólogos argentinos hubieran cometido las ocho fallas mencionadas. Más bien ocurría lo contrario, la tabla mostraba varios equívocos relevantes de la PGR. Agregó que el artículo había circulado en las redes sociales y había sido utilizado para denostar a los peritos del EAAF, en quienes confiaban los padres de los normalistas desaparecidos.[15]

El mismo día de la publicación de la nota —señalaba Raphael en su columna, que tituló "¿Quién es Ricardo Flores?"— intentó contactar al reportero de *La Razón* porque le había surgido la idea de entrevistarlo. Llamó, y una "amable señorita" le respondió en el diario que no contaban con un teléfono de contacto del reportero, ya que recién había entrado a trabajar a ese medio periodístico. Pero le dio un correo electrónico. Por ese conducto Raphael le solicitó una cita y Flores respondió rápido pero escuetamente con una pregunta: "¿Para qué tema?" Le aclaró el punto, y Flores reaccionó indicándole que sobre el artículo de *La Razón* tendría que "consultar directamente a su editor". Cuando Raphael le cuestionó el motivo, el reportero volvió a redactar con economía: "Porque él definió el ángulo".[16]

Extrañado por la evasiva, cuenta Ricardo Raphael que decidió buscar otros materiales periodísticos publicados por Flores en *La Razón* y no encontró ninguno previo al mes de febrero de 2015. Supuso, pues, que en efecto, "don Ricardo es un recién ingresado al medio". Pero, cuestionó, "¿cómo le hizo entonces para lograr una primera plana antes de cumplir los quince días en el empleo?"

Según su narración, continuó con la búsqueda de notas periodísticas de Flores por internet, Twitter y Facebook y no encontró nada. "Fue entonces que comencé a coleccionar dudas fundadas sobre la existencia del individuo." Volvió a escribirle y le inquirió por qué le estaba siendo tan difícil localizar rastros suyos en la red, previos al día de la Candelaria. Flores le respondió que había ingresado al diario hacía poco y que no había más trabajos suyos que pudiera ubicar con su nombre en ese medio.

Dice Raphael que le insistió por última vez: "De reportero a reportero, le estoy pidiendo que me confirme su existencia profesional. Envíeme por favor alguna liga sobre su trabajo". Un último correo regresó a su bandeja de entrada con las direcciones genéricas del sitio *reforma.com, dialogoamericas.com* y *nuestro.mx*. Y sólo en alguno de esos portales pudo encontrar una pieza de Ricardo Flores, la cual también era posterior del 2 de febrero de 2015.[17]

Un día después, Gerardo de la Concha le respondió a Raphael desde las páginas del periódico dirigido por Rubén Cortés Fernández. Afirmó que desde su columna en *El Universal*, el objetivo del académico del CIDE había sido "desacreditar" a *La Razón* por haber expuesto datos y argumentos que avalaban la versión de la PGR sobre el caso Iguala/Ayotzinapa.

Según De la Concha, al tratar de demostrar la "existencia profesional" del reportero Flores, el "sedicente académico" había creado un "fantasma".[18] Seguidamente, con una narrativa dicotómica que oponía especulación-certeza, mala fe-buena fe, en vez de responder a la curiosidad periodística de Raphael acerca de la real existencia de Flores, pasó a descalificar a los peritos argentinos con base en las argumentaciones de la PGR, y los acusó de haber "sembrado", ellos sí, "la desconfianza [sobre] una investigación claramente profesional".

Y es que, según De la Concha, tanto los peritos argentinos como Raphael y "los guardias rojos de las redes sociales" se habían dedicado en ese trágico caso "a insinuar, especular, desacreditar y, finalmente, denostar", porque la versión de la PGR "no les gusta, pues en su agenda no está la verdad de los hechos sino su ideología de izquierda y su causa contra el Estado". Y remachaba: "La disidencia, si se une a la mentira, a la propaganda, a acomodar las cosas para la salvaguarda de sus prejuicios o sus intereses, o de su fatuo protagonismo, deja de ser respetable".[19]

En síntesis, para Gerardo de la Concha, lo que le había faltado a la "contundente" investigación de la PGR era, simplemente, "comunicarla mejor". Y a esos afanes había respondido la nota de *La Razón* que había causado "escozor" a Ricardo Raphael. Nunca aclaró si el reportaje de marras había sido una nota por encargo y si los editores se la habían hecho firmar a un reportero de reciente ingreso en el diario.

¿UNA CORAZONADA DEL PROCURADOR?

Según Amnistía Internacional, la PGR intentaba desprestigiar el trabajo del equipo de peritos extranjeros. Exhibida por las irregularidades de la investigación, la procuraduría quería ganar el tema en el terreno mediático.

El director de AI en México, Perseo Quiroz, declaró que el comunicado de la dependencia parecía estar escrito para responder de prisa al cuidadoso examen realizado por los expertos del EAAF. A su juicio, la PGR intentaba desacreditar el trabajo y la reputación de los forenses sudamericanos, porque éstos habían puesto en evidencia "graves deficiencias" en las indagatorias y considerado "prematuras" las conclusiones del caso —dado que aún faltaban varios meses de trabajo forense—, mismas que estaban basadas en un "análisis sesgado" de la evidencia disponible.

También manifestó preocupación en torno a que los indicios podrían haber sido manipulados por los peritos de la PGR, y subrayó que la procuraduría sostenía su caso, principalmente, en los testimonios autoinculpatorios dados por los detenidos y una evidencia forense muy limitada.[20]

Tal opinión coincidía con la de abogados penalistas y criminólogos que sostenían que sin pruebas periciales, a la PGR se le podría caer el caso y no obtendría nunca sentencias condenatorias contra los probables responsables de la desaparición forzada de los 43 estudiantes. A partir de la implementación del sistema acusatorio, la confesional había dejado de ser la "prueba reina" del proceso penal y era evidente que el caso Iguala/Ayotzinapa estaba sostenido básicamente en testimonios.

Al respecto, tras reunirse con la subprocuradora Mariana Benítez Tiburcio y un grupo de peritos de la PGR, la diputada Lilia Aguilar, del Partido del Trabajo, refirió que la funcionaria y sus colaboradores reconocieron que antes y después del 27 de septiembre —la fecha en que supuestamente fueron incinerados los estudiantes— se tenía el registro de que habían ocurrido otros incendios en el basurero de Cocula. La legisladora dijo que, en la reunión, "escuchamos que todo se logró con base en testimoniales. Es decir, las pruebas científicas no son suficientes para tener la certeza de que los jóvenes desaparecidos en Iguala fueron llevados a Cocula".[21]

Abundó: "Nos dijeron que las pruebas periciales de los incendios […] no eran exactas. La PGR no cuenta con las pruebas periciales de tierra ni de todos los levantamientos en el basurero y de que lo narrado por el procurador haya ocurrido precisamente el 27 o 28 de septiembre". Otro punto no aclarado por la PGR, dijo Aguilar —integrante de la comisión especial parlamentaria que investigaba la desaparición de los normalistas—, "es cómo supo el Ministerio Público federal del basurero de Cocula […] Aparentemente fue una corazonada del procurador […] dijeron que poco a poco las testimoniales de los policías de Cocula y de un *halcón* del cártel Guerreros Unidos los fueron llevando hasta el basurero, pero no hay una versión determinante de que ahí los asesinaron".[22]

MURILLO KARAM Y SU VIERNES 13

El 13 de febrero de 2015 el Comité de Naciones Unidas contra las Desapariciones Forzadas (CDF-ONU) puso en duda la "certeza jurídica" y la "verdad histórica" del procurador Jesús Murillo Karam sobre los hechos de Iguala. Al referirse a los ataques contra los estudiantes de Ayotzinapa, el comité con sede en Ginebra, Suiza, dijo que el caso ilustraba los "serios desafíos" que enfrentaba el Estado mexicano en materia de prevención, investigación y sanción de las desapariciones forzadas.[23] Afirmó, también, que en México la desaparición forzada era un tipo de delito "generalizado" en gran parte del país y sus perpetradores, incluidos servidores públicos, gozaban en su inmensa mayoría de total impunidad, reflejada en la "casi inexistencia de condenas" por ese delito.

El comité había constatado "una serie de obstáculos" en el acceso a la justicia en casos de desaparición, incluido el hecho de que las autoridades no iniciaran de inmediato la investigación penal (¡la procuraduría de Murillo Karam se había tardado 10 días en atraer el caso Iguala/Ayotzinapa!) o "clasificaran" hechos de desaparición forzada "como otro delito".

El señalamiento no era menor, dado que en el derecho internacional humanitario la desaparición forzada es una noción que comprende varios crímenes, incluidos la detención ilegal y la negación del debido proceso, lo que por lo general implica la tortura y los tratos crueles e inhumanos, y a menudo también el asesinato (ejecución extrajudicial). Además, según el Tribunal Penal Internacional (Roma, 1998), si se practica de forma "generalizada" o "sistemática" (incluso en tiempos de paz), la desaparición es considerada un crimen contra la humanidad, continuado e imprescriptible, sin posibilidad de indulto o amnistía y debe ser investigado en el fuero común.

Los crímenes contra la humanidad se consideran parte del *ius cogen* —las normas legales internacionales de más alto rango—, y por lo tanto constituyen una regla no negociable del derecho internacional; lo que implica que esos crímenes están sujetos a jurisdicción universal. De allí los esfuerzos de Murillo Karam por reclasificar los delitos de Iguala (con figuras jurídicas menos graves y atribuyéndoselos a un grupo de la economía criminal), con la intención de sustraer al Estado mexicano de toda responsabilidad en los hechos.

México había ratificado la Convención Internacional para la Protección de todas las Personas contra las Desapariciones Forzadas en 2008, y era uno de los 44 estados parte. De allí que, como le recordaba ahora el CDF-ONU, tenía la "obligación" de investigar de manera efectiva "a todos los agentes u órganos estatales que pudieran haber estado involucrados, así como a agotar todas las líneas de investigación" ante hechos de desaparición forzada, recomendación que recogía una demanda central de los abogados, padres y compañeros de las víctimas de Ayotzinapa.

Al respecto, el comité recordó la obligación de sancionar a "los superiores jerárquicos en la cadena de mando" de acuerdo con el artículo 6 de la convención, que establece la responsabilidad penal del mando superior que "haya tenido conocimiento de que los subordinados bajo su autoridad y control efectivos estaban cometiendo o se proponían cometer un delito de desaparición forzada, o haya conscientemente hecho caso omiso de información que lo indicase claramente", y teniendo responsabilidad sobre actividades relacionadas con la desaparición, "no haya adoptado todas las medidas necesarias y razonables a su alcance para prevenir o reprimir que se cometiese" o "para poner los hechos en conocimiento de las autoridades competentes".

Dicha recomendación era crucial para romper el ciclo de impunidad en México. Como se dijo arriba, en el caso Iguala/Ayotzinapa resultaba evidente que los "superiores jerárquicos" en la cadena de mando de los organismos de seguridad del Estado (Sedena, Semar, Gobernación, Policía federal, Cisen, SEIDO, PGR, Brigadas de Operaciones Mixtas, Policía estatal de Guerrero) tuvieron que haber sido informados en tiempo real por el Centro de Control, Comando, Comunicaciones y Cómputo de Chilpancingo y el C-4 subregional de Iguala, y sus respectivos agentes en la entidad también (*v. gr.*, las bitácoras del 27o Batallón de Infantería que intervino en tareas de contención y rastrillaje, y los respectivos informes de fatiga de las policías estatal y federal), sobre qué hacían elementos del eslabón más débil de la cadena: las policías municipales de Iguala y Cocula.

Ya fuera por acción, omisión, negligencia, colusión, protección o complicidad, era obvio que existía algún grado de responsabilidad en distintos niveles de la cadena de mando de los aparatos de seguridad del Estado, en torno a las ejecuciones extrajudiciales de cinco personas, la tortura y asesinato del estudiante Julio César Mondragón y la detención-desaparición de 43 normalistas.

Pero el procurador Murillo se había negado a abrir esa línea de investigación, y de esa forma había alimentado y perpetuado la impunidad castrense en materia de violaciones graves a los derechos humanos.

Los empresarios cierran filas con el ejército

Evidenciado antes por el Equipo Argentino de Antropología Forense, Murillo Karam había tenido en Ginebra su viernes 13. En ese contexto, y en el de una crisis ideológica —hegemónica, diría Gramsci— en la coyuntura, de alteración profunda del bloque en el poder y también de una grave crisis de representación de los partidos políticos, no pasó desapercibida, entonces, la reunión celebrada el 13 de febrero de 2015 entre la cúpula del Consejo Coordinador Empresarial (CCE) y los mandos de las fuerzas armadas, general Salvador Cienfuegos (Sedena) y almirante Vidal Soberón (Semar).

Ese día, en el Club de Industriales, en Polanco, luego de la firma de un convenio entre el CCE y las fuerzas armadas, la iniciativa privada del país cerró filas con el ejército frente al caso Ayotzinapa. Ante la demanda de los familiares de que se les permitiera acceder a las instalaciones militares para buscar a los 43 desaparecidos, Enrique Solana Sentíes dijo: "Por ningún motivo permitiremos que se metan a los cuarteles. Tengo mucha pena por lo que les pasó, pero no vamos a abrir todos los cuarteles del país porque quieren ver si están ahí o no los muchachos. Es meterse en las entrañas de la sociedad mexicana, la parte más íntima de nuestro ser".[24]

El presidente de la Confederación de Cámaras Nacionales de Comercio, Servicios y Turismo (Concanaco Servitur) dijo no tener "el menor indicio" de que el ejército pudiera haber participado en la desaparición de los normalistas: "Yo, en lo personal, no lo tengo". Y agregó que cuando se estaba librando "una verdadera guerra" contra la delincuencia, era difícil esperar "un comportamiento de dama". Por eso, exigió al Congreso de la Unión revisar el marco jurídico para no dejar "indefensas" a las fuerzas armadas.

A su turno, el presidente del CCE, Gerardo Gutiérrez Candiani, expresó que los derechos humanos son fundamentales, pero "no nada más se tiene que defender los de los delincuentes; muchas veces pareciera que se está defendiendo no a la gente que trabaja día a día. A veces tenemos muy pocos mensajes a favor de las víctimas y sí a favor de los victimarios".[25]

Huelga decir que el aparato represivo constituye el núcleo central del Estado y que la clase o fracción hegemónica detenta, en general, el poder de ese aparato. Aun con contradicciones en la coyuntura, quienes habían puesto a Peña Nieto en Los Pinos recurrían ahora a las fuerzas armadas y pedían ¡orden!

La Rayuela de *La Jornada* del 14 de febrero lo sintetizó magistralmente: "¿Así que mi general Larrea, mi general Baillères y mi general Slim ya privatizaron los cuarteles?" ¿Transitaba el país hacia una suerte de bonapartismo a la mexicana?

Era evidente que las declaraciones de Solana y Gutiérrez, además de reflejar insensibilidad, llevaban implícito un llamado a la violencia represiva del Estado. Los empresarios se comportaban como si fueran los dueños del ejército. Y eso era verdad. Pero lo que no era común en México es que el gran capital reconociera su naturaleza autoritaria; lo novedoso, ahora, era que lo proclamaban abiertamente sin intentar mantener, como tantas veces antes, la ilusión de que los ciudadanos mandan. Ahora reconocían que la parte más íntima de su ser estaba en el uso de la fuerza.

Así ha sido desde los orígenes del sistema capitalista. Como recordó entonces Gustavo Esteva, "la violencia es el principio regulador del Estado-nación". Se da al gobierno el monopolio de la "violencia legítima" para que cumpla su función de control, en nombre de la seguridad y la protección de los ciudadanos. Es el principio que permitió la expansión del capital desde sus orígenes. "La acumulación capitalista no es un tránsito idílico, forjado con trabajo duro, ahorro y austeridad: se basa en saqueo, despojo y control, y por eso necesita la violencia, la coerción. Esa es la verdadera entraña de un régimen que se pretende democrático."[26]

Según Esteva, los dirigentes de la cúpula empresarial habían dejado remarcado ante los responsables de las fuerzas armadas "a quién debían obedecer", a cuál "facción" se debía el ejército. Y era útil tener esa evidencia. Frente a la debilidad del Estado y a la mayor debilidad del presidente de la República, los grupos de poder fáctico se respaldaban de cara a una salida autoritaria. Como advirtió entonces el senador Alejandro Encinas, de las palabras de Solana Sentíes emanaba un "tufo" diazordacista, en alusión a un periodo de la historia de México en el que los empresarios más poderosos justificaron la represión contra el movimiento estudiantil.

Un ejército por encima de toda sospecha

El 19 de febrero de 2015, durante la conmemoración de los 102 años de la creación del ejército mexicano, en una nueva reivindicación pública del estamento castrense, el presidente Enrique Peña Nieto colocó la "honorabilidad" de las fuerzas armadas "por encima de cualquier sospecha o duda". En el Campo Marte, ante una audiencia verde olivo, el mandatario hizo un panegírico de los soldados del país, a quienes caracterizó como "personas de carne y hueso, con alma, mente y corazón; con sueños y esperanzas".[27]

Con las armas como sostén político, igual que lo hiciera antes Felipe Calderón, Peña Nieto emitió una exculpación adelantada que en tiempos normales ni siquiera habría necesitado su pronunciación, ya que ningún criterio personal, por más encumbrado que estuviera el opinante, podía suplir el natural curso de los procesos judiciales que, en realidad, deberían alentar y respetar todos los altos funcionarios públicos.

El propio secretario de la Defensa Nacional, Salvador Cienfuegos, enfatizó ese día la importancia de cubrir a plenitud las fases de los procesos que se seguían contra integrantes del ejército. Reconoció que existían "situaciones sensibles que han despertado el pensar y el sentir de la sociedad", como la exigencia de todos, sin excepción, de respetar la ley y las decisiones judiciales". Aunque también advirtió que "en ocasiones se nos ha señalado sin agotar los cauces legales o sin pruebas serias, para tratar de desprestigiarnos y con ello dañar la confianza en nosotros depositada".[28]

En evidente respuesta a las constantes críticas y acusaciones contra la Sedena derivadas de casos como los de Tlatlaya y Ayotzinapa, el divisionario señaló que "en el gen institucional de las fuerzas armadas, en la conciencia de cada soldado o marino, no existe el menor afán de violentar los derechos de las personas o violentar el Estado de derecho". Todo lo contrario: "Mantenemos el compromiso irrenunciable de actuar con transparencia, respetamos las determinaciones legislativas judiciales y promovemos el respeto a los derechos humanos" [*sic*].

Y aunque la realidad de los últimos tiempos no se acompasara con la prosa épica de su alegato ese día, añadió: "Somos un ejército surgido del pueblo, para el pueblo y con el pueblo [...] Un ejército de instituciones; del deber, no del querer; de la nación, no de facción; de la soberanía, no de la ideología".

Delante de su comandante en jefe y miles de sus subordinados, Cienfuegos dijo que el ejército era el más interesado en que cualquier incidente que involucrara la participación de personal militar fuera investigado a fondo y se esclareciera plenamente. "Pongamos la cosa en claro —enfatizó—, deben ser las autoridades judiciales competentes las que determinan las responsabilidades que conforme a derecho procedan [...] Por nuestra parte, la Secretaría de la Defensa Nacional velará para que los integrantes de la institución reciban un juicio justo cuando, en cumplimiento de sus misiones, se vean sujetos a un proceso legal."

Con el mito de que el mexicano es un ejército popular por el hecho de estar integrado por oficiales y tropa que, mayoritariamente, provienen del pueblo pobre, el divisionario asimilaba toda crítica a la institución armada como un ataque para desprestigiarla, lo que entraba en la perspectiva simplista de "estás conmigo o contra mí", como una fórmula nada ingenua de encubrir los intereses de clase que guiaban a la jerarquía de las fuerzas armadas.

Como escribió el filósofo Josu Landa en su texto "Ayotzinapa: claves de un holocausto", Iguala había sido la gota que colmó "un enorme vaso que venía llenándose de sangre desde un tiempo ya demasiado extenso". Para él, las particularidades de ese repugnante crimen ponían de manifiesto la exclusión entre los intereses de la cleptocracia mexicana y los de la gente común, que sólo aspira a una vida digna, a la que tiene derecho.[29]

Según el maestro de la Facultad de Filosofía de la UNAM, lo de Ayotzinapa se resistía a ser definido; era algo para lo que acaso no había palabras: un acto que transgredía leyes y normas fundamentales de la manera más grave. Un horror que vulneraba lo humano. Él no quería llamarlo crimen de Estado y prefería identificarlo como un crimen del mal gobierno, de un "gobierno forajido", ya que hay un más allá del crimen común y del crimen gubernamental, que muestra a una "asociación delictuosa de instancias oficiales con fuerzas criminales".

Lo ocurrido en Iguala, según Landa, había sido un crimen dirigido, más que a individuos, contra la estructura ideológica de una institución contraria a la lógica capitalista, la que en sus extremos era capaz de destruir, matar y defraudar a las naciones, con tal de generar rendimientos abultados.

Lo de Ayotzinapa, explicó, aparecía como expresión de la *húbris* (falta total de mesura) y de la *pleonexia* (la tendencia a querer siempre más), pasiones políticas que conocían muy bien los antiguos griegos. En los hechos de Iguala/Ayotzinapa se podía ver, también, "lo que Esquilo denominaba 'terribilidad' (*deinotés*): la actitud en virtud de la cual un ser humano, pese a la conciencia de su condición de mortal, no reconoce límites en el despliegue de su ser".

Para Josu Landa se asistía a un panorama de catástrofe humanitaria equiparable a un holocausto, efectuado por un sistema soterrado de poder ultrahegemónico del capitalismo mundial, que en América Latina, y México en particular, parecía ir tomando la catadura de un espacio cleptocrático privilegiado y en el que, por ejemplo, el Ejecutivo mexicano, en su papel de mayordomo del capitalismo global, llevaba a cabo reformas que iban en contra de la nación.[30]

No obstante, lo que mantenía molesto y enojado al general Salvador Cienfuegos, que conocían sus colaboradores y amigos y sabían en las altas esferas del gobierno, incluido su comandante supremo Peña Nieto, no era sólo Ayotzinapa y el clamor de los padres por entrar a los cuarteles: era también Tlatlaya. El secretario de la Defensa quería que los soldados acusados fueran procesados y encarcelados lo más pronto posible, para quitar un foco de presión sobre la institución armada. Pero la Procuraduría General de la República no iba a la velocidad que la Sedena quería; al ejército le tocaba ahora lidiar con los lentos caminos de la justicia mexicana, y eso redundaba en la extrema visibilidad y un mayor desgaste del ejército.

Sus propios informes comprometen a la Sedena

En marzo siguiente, un expediente de la Secretaría de la Defensa entregado a *Proceso* gracias a la Ley de Transparencia, venía a demostrar que en contra de lo que había manifestado el general Cienfuegos a la comisión de diputados que investigaba el caso, el ejército sí había conocido de los ataques de la policía municipal a los estudiantes la noche del 26 y 27 de septiembre, y no había hecho nada para evitarlos.

Como señaló en el reportaje su autora, Marcela Turati, el expediente entregado al semanario tenía grandes huecos, omisiones y errores, y difería incluso de los testimonios de los normalistas y declaraciones de las autoridades y de algunas pruebas documentales. A la serie le faltaban 97 folios con reportes de los días 26 y 27, incluía notas extemporáneas dando cuenta tardía de detalles no registrados en los primeros informes, habían sido tachadas líneas enteras, las fotos censuradas y eliminados los nombres de los militares que participaron en los sucesos reportados (sólo se mencionaban dos mandos), contenía croquis mal hechos y equivocaciones evidentes en temas clave.

No obstante, de las revelaciones surgían dos datos interesantes. El primero, que el día 27 de septiembre de 2014, a las 9:45 de la mañana, en el 27o Batallón de Infantería de Iguala se había registrado la llegada de un "Cap.1/o MC, perteneciente al Estado Mayor Presidencial, que vive en Los Pinos DF [...] con el fin de realizar vacaciones en esta plaza". El otro evidenciaba que la comandancia de ese batallón —y por su intermedio los mandos de la Secretaría de la Defensa— siempre había estado al tanto de las agresiones a los estudiantes.

En respuesta a una solicitud del semanario, uno de los reportes entregados por la Sedena decía:

Aproximadamente 2230 horas arribaron al lugar tres patrullas más a bordo de las cuales bajaron policías vestidos de negro, encapuchados, los cuales les dijeron a los estudiantes que se bajaran, por lo que los estudiantes les mencionaron que tenían compañeros heridos, sin especificar qué tipo, aproximadamente 2235 horas los policías que llegaron trataron de bajar a los estudiantes.

Ese y otros reportes —que curiosamente casi todos culminaban con un "sin novedad"— estaban dirigidos a la 35a Zona Militar de Chilpancingo y la mayoría estaban firmados por el coronel José Rodríguez Pérez.

El otro mando citado en algunos reportes era el capitán segundo de infantería José Martínez Crespo, quien al mando de la Fuerza de Reacción del 27o Batallón había patrullado toda la noche y estuvo presente en el hospital Cristina. Como señala Turati, ese militar había estado bajo sospecha "a raíz de una manta firmada por *el Cabo Gil*, un líder de Guerreros Unidos, en la que señalaba a un tal *Capitán Crespo* como protector del narco".[31]

Otro dato significativo —que venía a revelar una cierta manipulación de la información por la Sedena, vía la elección de medios de difusión masiva afines y que reproducían de manera acrítica sus versiones, contenidos y argumentos— tenía que ver con las dificultades que habían existido para que la secretaría a cargo del general Cienfuegos se abriera al escrutinio público.

Según Turati, la reportera Ernestina Álvarez, de MVS Noticias, había sido la primera en solicitar a la Defensa Nacional los reportes de los días 26 y 27 de septiembre de 2014. Pero la Sedena le negó la información. Entonces el IFAI forzó a la dependencia a dar una versión pública de lo sucedido, pero además de los 10 días hábiles establecidos, la Sedena demoró cuatro días más en entregarlo, y un día antes de la fecha en la que debería liberar los reportes a MVS, la información apareció publicada en el diario *Milenio*, dirigido por Carlos Marín.

En efecto, el 25 de febrero de 2015, bajo la firma de Juan Pablo Becerra-Acosta, el periódico había divulgado un informe titulado "Partes militares, novedades, mensajes urgentes y bitácoras", y en el sumario se destacaba que "en sus reportes a la superioridad", jefes y tropa habían dado cuenta de la "inacción de la policía estatal" y del "agradecimiento" de los estudiantes sobrevivientes al ejército. En el primer párrafo de la nota se consignaba que los militares sí habían tenido contacto con los estudiantes, "pero no detuvieron a ninguno".

Un día después, *Milenio* publicó otro reportaje donde se señalaba que el comandante del 27o Batallón de Iguala había entregado sus bitácoras a la Fiscalía de Guerrero. La nota incluía sendas copias de documentos donde se detallaba que en ese cuartel militar y en las instalaciones de la policía municipal no se encontraban personas detenidas.[32]

Un mes antes, el lunes 26 de enero de 2015 las ocho columnas de *Milenio* decían: "El ejército en la noche de Iguala". En interiores, bajo el mismo titular, un cintillo destacaba: "Reconstrucción a partir del expediente y testimonios militares". El sumario develaba implícitamente el sello de las informaciones filtradas o sembradas. Consignaba: "Información obtenida por *Milenio* revela que tras los ataques de policías a normalistas, soldados del 27o Batallón de Infantería sí tuvieron contacto con estudiantes en los hospitales General y Cristina, pero no detuvieron a nadie".

Fechada en Iguala y firmada por Juan Pablo Becerra-Acosta, la nota citaba como fuentes el expediente de la PGR y testimonios de oficiales y tropa del 27o Batallón. A todas luces, la intención de la Sedena era focalizar los ataques en la policía municipal y eludir cualquier responsabilidad del ejército en la comisión de los delitos de Iguala.

Como señaló Turati, la nota de *Milenio* del 25 de febrero había sido acompañada de dos fotografías a color tomadas por los militares de la Fuerza de Reacción del capitán Martínez Crespo; sin embargo, la Sedena había censurado fotografías en las respuestas a las solicitudes de información hechas por MVS y *Proceso*. Transparencia con maña, pues.

El testimonio del juez García

Una pieza clave en la versión difundida por la PGR sobre la desaparición de los 43 estudiantes había sido que, tras ser detenidos, los jóvenes fueron llevados a la base de la Policía Municipal de Iguala, antes de ser entregados a agentes municipales de Cocula y al grupo criminal Guerreros Unidos. Sin embargo, de acuerdo con el testimonio de Ulises Bernabé García, eso nunca ocurrió.

García, quien era juez de barandilla de la Policía Municipal la noche del 26 de septiembre, aseguró en una entrevista con Anabel Hernández y Steve Fisher que los normalistas jamás fueron llevados a esa base y que tampoco llegaron policías municipales de Cocula, como asentaba la versión oficial.[33]

Según un reportaje publicado por ambos periodistas de investigación en el semanario *Proceso*, la peor parte de los ataques contra los estudiantes ocurrió cuando elementos de la Fiscalía General del Estado de Guerrero (FGE), del 27o Batallón de Infantería y de la policía federal estaban operando en las calles de Iguala. La versión oficial indicaba que hacia las 11:30 de la noche policías de ese municipio llevaron a la base a los 43 normalistas —en otra versión se habla de sólo 10 o 15—, y que de ahí agentes de Cocula se los llevaron en dos patrullas al paraje Loma de los Coyotes, donde los entregaron a Guerreros Unidos.

En contraste, García declaró a Hernández y Fisher que a la hora señalada por la PGR (las 11 de la noche) un militar conocido como el "capitán Crespo" (José Martínez Crespo), del 27o Batallón de Iguala, había llegado a la comandancia con un grupo de 12 soldados uniformados y armados, y durante 15 minutos realizaron una minuciosa inspección del recinto. Poco después llegó al lugar el subprocurador de Guerrero, Víctor León Maldonado, acompañado del titular de Seguridad Pública municipal, Felipe Flores, y tomaron el control de la base hasta las ocho de la mañana del día siguiente.[34]

Según Hernández y Fisher, en las averiguaciones previas de la FGE y la PGR[35] el supuesto traslado de los normalistas a la comandancia "es un eslabón fundamental" para incriminar al gobierno local (al alcalde Abarca) y deslindar al estatal y al federal. "Sin esa pieza, la versión oficial tiene un enorme vacío, ya que no se sabría quiénes, cuándo y a dónde se llevaron a los 43 estudiantes."

De acuerdo con García, el 26 de septiembre sólo hubo seis detenidos en la base de la policía municipal; todos habían cometido faltas administrativas (beber en la vía pública). El último había ingresado a las 21:30 horas. Los dos primeros ataques a los estudiantes se registraron, el primero a las 21:40, en la central de camiones de Iguala, y el segundo entre las 22:00 y 23:00 horas, cuando tres autobuses en que viajaban los normalistas fueron cercados por policías en la calle Juan Álvarez, casi esquina con Periférico. Según García, él nunca se enteró de esos ataques, y alrededor de las 23:30 el policía de guardia en la puerta de la comandancia le avisó que un militar quería verlo.[36]

Acompañado de cinco soldados, el uniformado, quien se presentó como el "capitán Crespo", inspeccionó cada rincón de la comandancia (celdas, baños y todas las oficinas), con el pretexto de localizar una motocicleta blanca.

Los otros dos ataques ocurrieron, uno alrededor de las 23:00 horas, cuando un autobús que circulaba por la carretera federal Iguala-Chilpancingo fue baleado (allí viajaban jugadores del equipo de futbol Avispones), con saldo de tres personas muertas y varias heridas. La cuarta agresión ocurrió alrededor de las 12 de la noche, cuando un comando disparó contra estudiantes y periodistas en la calle Juan Álvarez; en el ataque fueron asesinados los normalistas Daniel Solís y Julio César Ramírez, y varios estudiantes fueron detenidos cuando huían, algunos de los cuales se cuentan entre los 43 desaparecidos.

En la investigación de Anabel Hernández y Steve Fisher, con apoyo del Programa de Periodismo de Investigación de la Universidad de California en Berkeley, se consigna que de acuerdo con la declaración ministerial del estudiante Francisco Trinidad Chalma, hacia la medianoche varios normalistas se refugiaron en el hospital Cristina, ubicado a unos metros del lugar de la última balacera y a donde llevaron a un compañero con una herida de bala en la cara. Ahí llegó rápido el ejército. Según los testimonios de Chalma y su compañero Omar García, el militar a cargo del operativo en el hospital les preguntó si eran los "ayotzinapos", y ante la respuesta afirmativa les dijo que así como hacían "desmadre" tuvieran "huevos" para enfrentar la situación. Incluso los amenazó con desaparecerlos.

"Un reporte militar ubica a Martínez Crespo como el capitán que fue al hospital", dicen en su investigación Hernández y Fisher. Afirman, además, que el 27o Batallón entregó cuatro partes de novedades sobre sus actividades del 26 de septiembre en Iguala (con los movimientos de entradas y salida de fuerzas castrenses de la unidad) y que en algunos casos los nombres de los funcionarios estaban tachados. "Su contenido delata que el comandante del batallón, José Rodríguez Pérez, pudo haber ocultado información a sus superiores y que sus subalternos le ocultaron datos a él."[37]

A partir del análisis de los partes militares, ambos periodistas pudieron confirmar que entre las 17:40 horas del 26 de septiembre y las 05:20 de la mañana del día 27, efectivos del 27o Batallón realizaron varios patrullajes por la ciudad, y en algunos de ellos se menciona directamente al capitán Martínez Crespo. También existen referencias de que antes de ir al centro hospitalario Martínez Crespo vio los cuerpos de los dos estudiantes abatidos en la calle Juan Álvarez.

Según el juez Ulises Bernabé García, después de que Martínez Crespo visitó la base de la Policía Municipal, y tras la llegada al lugar del subprocurador de Guerrero, Víctor León Maldonado, la policía ministerial se hizo cargo del lugar. La mañana del 27 de septiembre todos los policías municipales de Iguala fueron concentrados en el cuartel de la policía estatal.

"A mí me pasan con el subprocurador y me dice: '¿Dónde están los estudiantes?' '¿Cuáles estudiantes?' No sé de qué me habla", relató García. Entonces León Maldonado le dijo que había habido estudiantes en la base y él le volvió a contestar que no. Quiso testificar pero no le tomaron declaración.

En mayo de 2015, luego de su captura, el ex jefe de la policía municipal, Francisco Salgado Valladares, declaró a la PGR que los estudiantes sí fueron llevados a la base, pero a las 10 de la noche. Su testimonio se contradijo incluso con la versión de la procuraduría federal. En la base municipal había ocho funcionarios esa noche. Ninguno testificó que hubo estudiantes en la comandancia.[38]

"Yo no puedo inventar algo que no pasó", aseveró García a sus dos entrevistadores. La PGR lo citó a declarar el 21 de noviembre de 2014 y tras narrarles su historia, el ejército comenzó a buscarlo. El 15 de enero de 2015 la procuraduría dictó una orden de arresto por su presunta participación en el crimen organizado y la desaparición de los normalistas. Ante el cariz que había tomado su situación personal, Ulises Bernabé García solicitó asilo político al gobierno de Estados Unidos, y desde el 20 de abril se encontraba en el centro de detención migratoria Florence, en Arizona. Dado de que su petición tenía méritos suficientes para ser evaluada, el gobierno estadounidense no lo extraditó y le permitió permanecer en ese país mientras una corte migratoria resolvía el caso.

GRUPO DE ÉLITE LOS BÉLICOS, OTRA PISTA

El 21 de junio de 2015 surgiría una nueva pista sobre los sucesos de Iguala. Según bitácoras de la noche del 26 y 27 de septiembre de 2014 que la Secretaría de la Defensa Nacional entregó a *Proceso* vía la Ley de Transparencia, personal militar estuvo al tanto del ataque contra los normalistas y conocían el *modus operandi* de un grupo de élite conocido como Los Bélicos, que habrían obligado a los estudiantes a bajarse de los autobuses en los que se transportaban y los desaparecieron.[39]

De acuerdo con el reportaje "Los Bélicos, pieza clave del ataque a los normalistas", uno de los reportes de la Sedena de aquella noche señalaba:

Aproximadamente 2230 horas arribaron al lugar tres patrullas más a bordo de las cuales bajaron policías vestidos de negro, encapuchados, los cuales les dijeron a los estudiantes que se bajaran, por lo que los estudiantes les mencionaron que tenían compañeros heridos, sin especificar qué tipo, aproximadamente 2235 horas los policías que llegaron trataron de bajar a los estudiantes.[40]

En ese momento, a la vista del ejército —apuntaba el reportaje de *Proceso*— los policías perpetraban la desaparición de los jóvenes.

De acuerdo con la publicación, Los Bélicos era un grupo de élite conformado por policías municipales de Iguala y civiles, vinculados con Guerreros Unidos y "misteriosamente" tolerado por los mandos militares del 27o Batallón de Infantería.

Operaba como un grupo de acción inmediata y utilizaba un uniforme camuflado gris, similar al del ejército; por eso la población los apodaba "Los Pintos". Cuando salían a sus operativos iban encapuchados y vestidos de negro. Se movían en patrullas y en camionetas doble cabina último modelo, y portaban armas de alto poder, entre ellas, fusiles Beretta y HK, esta última un rifle de asalto fabricado en Alemania e introducido de manera ilegal a México por su fabricante, la empresa Heckler & Koch.[41]

El grupo había sido creado durante la presidencia municipal de Antonio Jaimes, quien lo heredó a Raúl Tovar. Luego, durante la administración de José Luis Abarca, "se volvieron unos hijos de la chingada. Hacían sus retenes, detenían personas y las mataban simulando agresión o persecuciones. Eran como 40", decía un testimonio recogido por *Proceso*. La gente era detenida en los "filtros", como llamaban a los retenes ilegales que Los Bélicos instalaban en las tres entradas a Iguala, a la vista y con el permiso de los mandos del 27o Batallón.[42]

De acuerdo con información divulgada por *La Jornada* con base en datos del Sistema Nacional de Seguridad Pública, Abarca tenía en la policía a "100 elementos armados" que no habían sido sometidos a exámenes de control de confianza, como obligaba la ley.

A su vez, el reportaje de *Proceso* daba cuenta de que algunos detenidos inculpados en los ataques a los normalistas afirmaron en sus declaraciones ministeriales que los jefes de las corporaciones policiacas de Iguala y Cocula cobraban en una nómina paralela de Guerreros Unidos. La influencia del grupo criminal llegaría además a las policías municipales de Tepecua, Huitzuco y Taxco. Las órdenes se daban desde Iguala. Varios testimonios mencionaban a Francisco Salgado Valladares, subdirector operativo de la policía de Iguala, como integrante de Los Bélicos y Guerreros Unidos.

LA INDAGATORIA DE LA PGR, INCOMPLETA: CNDH

Terminaba julio de 2015, y a más de 300 días de los trágicos acontecimientos de Iguala, la supuesta "verdad histórica" del gobierno federal había recibido toda clase de cuestionamientos. Las investigaciones y la búsqueda de una rápida salida política por consigna presidencial habían provocado la caída y luego el encarcelamiento del alcalde de esa localidad guerrerense, José Luis Abarca, y la separación del cargo del ex gobernador Ángel Aguirre Rivero y, a la postre, también la remoción del procurador general de la República, Jesús Murillo Karam, quien había encabezado la investigación oficial y tácitamente decretado que el caso era "cosa juzgada".

De las 110 personas inculpadas por su presunta participación en ese episodio de barbarie, 10 meses después del crimen no había ninguna sentenciada y faltaba por detener a dos de los principales involucrados, de acuerdo con la única línea de investigación de la procuraduría. Además, en ese periodo habían sido localizadas más de 25 fosas clandestinas en el estado de Guerrero.

Fue en ese contexto de descrédito generalizado acerca de la "verdad" histórica y jurídica del gobierno federal, que la Comisión Nacional de los Derechos Humanos emitió su informe preliminar *Estado de la investigación del caso Iguala*, elaborado por el ex zar anticrimen José Larrieta Carrasco, donde se asentaba que en las diligencias ministeriales se habían cometido múltiples fallas y omisiones, además de calificar como "incompleta" la indagatoria de la PGR.[43]

El organismo sugería la comparecencia o ampliación de la declaración de nueve militares del 27o Batallón del ejército en Iguala, y mostraba que había etapas no concluidas en la acción pericial así como diligencias aisladas en el polémico video presentado por Murillo Karam —que contenía los testimonios de algunos presuntos involucrados—, que no reunían los requisitos legales para ser estimadas en una reconstrucción de hechos. Por lo cual, para la CNDH se debían agotar todas las líneas de investigación —como había sido planteado por los expertos de la Comisión Interamericana de Derechos Humanos y familiares de las víctimas— y no se podía dar por cerrado el caso Ayotzinapa.

Durante la presentación pública del informe, el presidente del organismo, Luis Raúl González Pérez, consideró los hechos de los días 26 y 27 de septiembre de 2014 como un "capítulo ominoso de la vida nacional, de extrema gravedad y de barbarie". "No es el momento de callar ni de olvidar", dijo el ombudsman nacional. Y agregó:

> En los hechos de Iguala se visibiliza el desprecio por la vida, la inhumanidad, la connivencia entre autoridades y delincuentes, el triángulo perverso entre encubrimiento y complicidad e impunidad, miserias que han sido mezcladas para sepultar el respeto y la convivencia justa y civilizada.[44]

El reporte de la CNDH, un avance de lo que serían las recomendaciones finales del organismo, incluía 32 observaciones y propuestas. La mayoría revelaban fallas desde el inicio de las averiguaciones, en especial omisiones en química forense, y destacaba también que la PGR no había integrado las fichas de identificación de los normalistas desaparecidos. Es decir, no existía esa herramienta básica para los procedimientos de búsqueda, que debe incluir los datos generales de la persona a localizar, información específica como el tipo de sangre, huellas digitales, el uso de algún aparato terapéutico, referencias de intervenciones quirúrgicas, fichas odontológicas, cicatrices, señas particulares y tatuajes, entre otros.

En relación con la presencia de militares y policías estatales en la escena del crimen, en el punto 8 el documento precisaba que cuatro miembros del ejército tenían la responsabilidad de recibir información cotidiana en materia de seguridad en el municipio de Iguala, por lo que sus testimonios serían valiosos para conocer la sucesión de hechos (el secuestro y la desaparición de los 43 normalistas) así como los reportes generados después del ataque la noche del 26 de septiembre.

También pedía a la PGR que se programara la comparecencia de tres militares que, con posterioridad a los ataques, habían acudido a verificar qué estaba sucediendo en las calles de Iguala, incluyendo la esquina conformada por Juan N. Álvarez y Periférico, ya que en ese lugar se había dado el secuestro de los estudiantes. A la vez, y por considerar que podían aportar más elementos para la investigación, se sugería la comparecencia de otros dos elementos castrenses para que declararan acerca del entorno imperante en Iguala el día de los hechos y otras circunstancias tangenciales relacionadas con la indagatoria.

En total, la CNDH estimaba necesaria la declaración o ampliación de nueve elementos pertenecientes a la milicia, y si bien los expedientes oficiales contenían las declaraciones ministeriales de 38 integrantes del ejército, el organismo pedía que se le permitiera entrevistar directamente a los soldados.

En otro punto, el informe solicitaba a la Secretaría de la Defensa Nacional información sobre quiénes, de los 43 desaparecidos, "pertenecen o han pertenecido al ejército"; obtener declaraciones de los (cuatro) buzos de la Secretaría de Marina que habían participado en la búsqueda y recolección de evidencia en el río San Juan, para verificar en qué condiciones habían recuperado las bolsas con restos óseos y cenizas que estaban depositadas en una de las riberas de ese afluente del río Cocula.

Para la CNDH esa diligencia resultaba relevante a fin de corroborar o descartar información sobre el segmento de la "ruta de la desaparición", lo que tenía que ver con la calcinación y dispersión de los restos de acuerdo con lo sostenido en la versión oficial. Al mismo tiempo, ayudaría a disipar las dudas expuestas por el Equipo Argentino de Antropología Forense sobre la recuperación de evidencia.

Otra falla consignada respecto de la investigación de la PGR tenía que ver con la falta de un peritaje sobre los casquillos y cartuchos que habían sido encontrados en el basurero de Cocula (prueba de balística forense), con la finalidad de contrastarlos con los elementos recuperados en las calles de Iguala. El objetivo de dicha prueba sería relacionar las armas usadas en ambos eventos.

Asimismo, el organismo advirtió que los peritos de la procuraduría no habían hecho pruebas del perfil genético en ocho playeras, suéteres y accesorios que presentaban restos de sangre, cabellos y secreciones, recolectados en las inmediaciones del autobús Estrella Blanca que formaba parte de una caravana de cuatro de los seis camiones utilizados por los estudiantes de Ayotzinapa para desplazarse el día de los hechos.

La CNDH también sugirió que se dejara en claro si había llovido en los días referidos, y solicitó a la PGR que se realizaran dictámenes periciales comparativos entre la tierra extraída de la bolsa con cenizas y restos óseos recuperada en el río San Juan y la tierra hallada en el basurero de Cocula; recabar indicios biológicos en las patrullas, autobuses y vehículos que se habían usado en la desaparición de los estudiantes; comparar los restos calcinados encontrados en el basurero con otros hallados en el lugar y elaborar un informe definitivo sobre todo lo recuperado como evidencia en ambas partes, ya que existían contradicciones entre la presencia de huesos humanos y de animales.

Otra carencia evidenciada por el organismo sobre el trabajo de la PGR tenía que ver con la ausencia de la georreferenciación de los teléfonos celulares de cuatro estudiantes desaparecidos, ante las versiones de sus familiares de que habrían enviado mensajes de texto los días 26 y 27 de septiembre de 2014, y en un caso, una llamada. En enero de 2015 Rafael López Catarino, padre de Julio César López, uno de los 43 desaparecidos, declaró que el sistema de localización satelital (GPS) del celular de su hijo detectó que había estado en las instalaciones del 27o Batallón de Iguala.

El informe pedía agotar todas las líneas de investigación y mencionaba tres pistas posibles: que los desaparecidos estaban en la sierra de Guerrero; que uno ya había aparecido en Apango y que estaban autosecuestrados. Por otra parte, introducía una sugerencia a la PGR, cuya fuente —decía— era "una petición de los padres de los estudiantes" expresada en una reunión con sus peritos, en el sentido de investigar quién y por qué se había llevado a Iguala a alumnos de primer año de la normal.

Según González Pérez, sólo con el acatamiento de esas sugerencias se podría demostrar la "voluntad política" de la Procuraduría General de la República para llegar al fondo del caso. Lo anterior, porque la "insuficiente actuación" de esa autoridad ministerial afectaba "el derecho a conocer la verdad, acceder a la justicia, a la reparación del daño y a la no repetición del acto".

El ombudsman llamó a romper la alianza entre el crimen y el poder, y entre la delincuencia y la autoridad. Y subrayó que la investigación de la PGR no debía cerrarse.

Las 26 fallas encontradas por la CNDH a la investigación de la procuraduría dejaba a la dependencia en calidad de reprobada, debido a que su actuación había sido deficiente en un asunto que había marcado un antes y un después en la historia reciente de México.

El informe del organismo venía a fortalecer la postura de los padres de las víctimas y sus abogados, quienes habían considerado la "verdad histórica" de Murillo Karam como inverosímil y carente de sustento científico. En ese sentido, la falta de pruebas definitivas sobre la supuesta incineración de los cuerpos hacía legítimo el reclamo de profundizar las investigaciones y continuar con la búsqueda de los estudiantes hasta agotar todas las posibilidades.

Asimismo, las conclusiones de la CNDH estaban en consonancia con los cuestionamientos formulados por peritos científicos y organizaciones humanitarias civiles, con una diferencia significativa: esos señalamientos provenían ahora de un órgano constitucional del Estado mexicano, encargado de velar por las garantías fundamentales de los ciudadanos; lo que colocaba a la versión de Murillo Karam, ratificada por su sucesora en el cargo, Arely Gómez, en una nueva cima de descrédito.

Al mismo tiempo, habían quedado evidenciados algunos olvidos y falsedades del ex procurador. Un "pequeño" olvido de la PGR tenía que ver con que, en las decenas de búsquedas de los desaparecidos en lugares y comunidades remotas por familiares, activistas, policías comunitarios y autodefensas, había participado la policía federal pero jamás peritos ni ministerios públicos federales. Por lo que dichas búsquedas sólo habían servido como un acto de propaganda gubernamental, para lucimiento publicitario de la nueva Gendarmería Nacional, para las fotos en los periódicos y las imágenes en la televisión, pero no para efectos de la investigación que estaba en curso.

Por otra parte, Murillo Karam había afirmado públicamente que había pedido el apoyo del Instituto de Biología de la UNAM, para que analizara el crecimiento de plantas en el basurero de Cocula y con cuyos resultados supuestamente se probó el gran incendio en el que los normalistas habrían sido calcinados. También había citado un dictamen entomológico de larvas dípteras (mosquitos) recolectadas en el lugar, "mediante el cual se determinó la fecha del incendio, coincidiendo con la de los acontecimientos". Sin embargo, en respuesta a sendas solicitudes ciudadanas de información pública, la dependencia señaló en un caso de que era información "reservada"[45] y en otro, que los "archivos y bases de datos no se cuenta con algún documento" que registre la realización de estudios entomológicos y biológicos.[46]

Sin restar relevancia al informe de la CNDH, como señaló entonces Magdalena Gómez, contenía algunos elementos que preocupaban, como el alcance de la llamada "connivencia entre autoridades y delincuentes de 'al menos' autoridades municipales de Iguala y Cocula", lo que favorecía la tesis del gobierno de Peña Nieto de que el Estado mexicano no estaba involucrado en los hechos. En cuanto a que se investigara quién había llevado a los estudiantes de primer grado a Iguala y por qué, sin que se aclarara cuál era el sentido de la propuesta en el contexto de la investigación, podía abrir la puerta a la especie que había criminalizado a los estudiantes de Ayotzinapa, insinuando propósitos distintos a sus tradicionales prácticas de recaudación de fondos.[47]

La Sedena y la SRE *vs*. Naciones Unidas.
¡Y todo por un adjetivo!

La reclasificación del caso Tlatlaya pondría al descubierto nuevos testimonios que venían a confirmar que los efectivos castrenses tendieron un cerco alrededor de la bodega con la finalidad de ganar tiempo, controlar la llegada del Ministerio Público del Estado de México y acomodar en la escena del crimen los cuerpos, las armas y los vehículos. Según funcionarios del Gabinete de Seguridad Nacional citados por *La Jornada*, los soldados informaron por la frecuencia de radio que el enfrentamiento continuaba pasadas las 10 de la mañana, a pesar de que éste había terminado varias horas antes.[1]

El cerco también sirvió para encubrir la presión que ejercieron sobre las tres mujeres sobrevivientes, con el objetivo de que no declararan que se había tratado de una ejecución extrajudicial. De acuerdo con las fuentes, los soldados pidieron que no se acercara nadie al lugar y dijeron que ellos avisarían para que otras autoridades se desplegaran. Los peritos y agentes del MP mexiquense habían llegado cerca del lugar a mediodía, pues habían salido a las siete de la mañana de Toluca, pero antes de llegar a San Pedro Limón los militares los mantuvieron a varios kilómetros de distancia. Después, los efectivos castrenses controlaron el desplazamiento de las autoridades civiles, a las cuales pidieron que realizaran un levantamiento rápido de los cadáveres, porque tenían información de que células de narcotraficantes estaban por llegar.[2]

El domingo 25 de enero de 2015, la portada de la revista *Proceso* exhibía una reproducción de la página 6755 del expediente: CNDH/ 2/2014/5390/Q, que contenía una foto donde, bajo el título

"CUERPO DIEZ – ZONA DOS", se observaban los cuerpos de un par de jóvenes abatidos en Tlatlaya. Sobre la versión facsimilar, el encabezado principal del semanario decía: "Caso Tlatlaya. La Sedena encubre a sus altos mandos".

En interiores, la nota analizaba las inconsistencias que la Coordinación de Asuntos Periciales del organismo había encontrado al leer el voluminoso expediente de la Procuraduría General de la República sobre la matanza en el municipio de Tlatlaya. Pero en particular destacaba la "protección" brindada por la Sedena a los generales Alejandro Saavedra Hernández y José Luis Sánchez León, y al coronel Raúl Isidro Castro Aparicio, así como la falta de transparencia sobre la participación de integrantes de la Secretaría de Marina en los hechos.[3]

Al reclasificar el caso como "violaciones graves" a los derechos humanos, el ombudsman González Pérez había abierto al público el expediente de la PGR iniciado el 11 de julio de 2014. El revisar la versión pública, y más allá de las contradicciones halladas en las declaraciones ministeriales de los ocho soldados implicados directamente en el caso sobre la hora en que ocurrieron los hechos; cuánto duró el enfrentamiento (entre ocho y 10 minutos o más de cinco horas); la forma en que los militares vieron los cuerpos de los civiles muertos (unos dijeron que utilizaron una lámpara para revisar el recinto y observaron los cadáveres y otro sostuvo que en la oscuridad vio "los pies" de siete cuerpos tirados a pocos metros de la entrada de la bodega), y cuándo llegaron los refuerzos de los batallones de infantería 35, 41 y 34 (cuatro soldados dijeron que tardaron entre 20 y 40 minutos), el reportaje se centra en la presencia de tres altos mandos del ejército y un oficial de la marina que estuvieron en la escena del crimen.

En su primera declaración ministerial, el teniente Ezequiel Rodríguez —al mando del operativo y acusado de "ejercicio indebido de servicio público y encubrimiento— expuso que primero llegó personal del 41o Batallón de Infantería, después el coronel Castro Aparicio, del 102o Batallón, y más tarde el general Sánchez León, comandante de la 22a Zona Militar, pero no mencionó al general Saavedra Hernández, comandante de la 35a Zona Militar. En otra declaración, ya como indiciado, Rodríguez omitió la presencia de sus jefes.

De acuerdo con la versión de *Proceso*, la propia Sedena, en el documento TH-III-11127 del 17 de octubre de 2014, confirmó la presencia en el lugar de jerarcas militares:

> A las 13:00 horas aproximadamente arribó el general de brigada DEM José Luis Sánchez León, entonces comandante de la 22a Zona Militar, y a las 13:45 aproximadamente, el general de brigada Alejandro Saavedra Hernández, comandante de la 35a Zona Militar, con el fin de supervisar las actividades del personal en su jurisdicción y que su actuación fuera en estricto apego a derecho.[4]

Un cabo que quedó suelto en la investigación, dice en su reportaje Gloria Leticia Díaz, es la participación que tuvo personal de la marina adscrito a la base de operaciones de Luvianos. En su primera declaración ante la CNDH, Clara Gómez González —madre de Érika, la joven abatida en la bodega— aseguró que luego de que los civiles se rindieron, los soldados los comenzaron a matar uno por uno. Y como a las siete de la mañana llegó un oficial de la marina que la interrogó, y fue quien ordenó que mataran a otros dos jóvenes que estaban amarrados porque no les creyó que estaban secuestrados.

Según la información proporcionada por la Semar a la CNDH el 3 de octubre de 2014, al lugar de los hechos llegó un grupo de 21 efectivos de la base de Luvianos. Estaban bajo el mando de un capitán de fragata Diplomado de Estado Mayor, con especialidad de paracaidista, cuyo nombre fue omitido en la versión pública del organismo. El capitán informó al cuartel general del alto mando de la 7a Brigada de Infantería de la Secretaría de Marina (Batallón de Fusileros Paracaidistas) que a las 5:15 de la mañana se recibió una llamada anónima en la que se informaba que se escuchaban detonaciones de armas de fuego en Tlatlaya y se decía que era entre personal del ejército e integrantes de la delincuencia organizada.

El marino informó que cinco minutos después se comunicó con el comandante del 102o Batallón para confirmar el dato y ofrecer apoyo, y que a las 7:30 de la mañana llegó a un retén militar próximo al lugar del grave incidente con dos oficiales y 18 clases y marinería. El oficial naval se dirigió a la bodega con seis elementos y se presentó ante el coronel Castro Aparicio. Aunque la CNDH no pudo acreditarle al capitán de fragata ninguna responsabilidad en los hechos violentos de Tlatlaya, todo indicaría que fue uno de los oficiales que interrogó a Clara Gómez (*el marino*). Después de denunciar al mando naval, la sobreviviente tuvo que solicitar medidas cautelares a la Comisión Interamericana de Derechos Humanos porque se sentía amenazada. La CIDH se las otorgó el 10 de octubre de 2014.[5]

MARZO PARA RECORDAR

El 5 de marzo de 2015, en Ginebra, Suiza, al rendir su informe anual ante el Consejo de Derechos Humanos de la Organización de las Naciones Unidas, el alto comisionado Zeid Ra'ad Al Hussein incluyó a México en la lista de los 30 países donde se cometían las violaciones más graves a las garantías individuales. El funcionario internacional dijo que México era un "cruel ejemplo" de la violencia generalizada y de los vínculos entre el crimen organizado, las fuerzas de seguridad del Estado y autoridades locales y centrales, y aseguró que la desaparición de los 43 normalistas de Ayotzinapa, en Iguala, estaba lejos de ser "un caso aislado".[6]

Cuatro días después se conocía el informe del relator especial de la ONU sobre la tortura y otros tratos crueles, inhumanos y degradantes, Juan Méndez, y el saldo era devastador. La conclusión principal decía: "La tortura y los malos tratos durante los momentos que siguen a la detención y antes de la puesta a disposición de la justicia son generalizados en México y ocurren en un contexto de impunidad".[7]

Tras ser invitado por el gobierno mexicano con el objeto de evaluar la situación de la tortura y cooperar con el Estado en su prevención y erradicación, el relator había realizado una visita al país entre el 21 de abril y el 2 de mayo de 2014, y en su reporte preliminar de 21 páginas (fechado el 29 de diciembre de ese año y resguardado bajo un estatus de confidencialidad) sostenía haber recibido numerosas denuncias verosímiles de víctimas, familiares, sus representantes y personas privadas de la libertad, que demostraban la utilización frecuente de torturas y malos tratos en diversas regiones de México, de parte de policías municipales, estatales y federales, agentes ministeriales e integrantes de las fuerzas armadas, pero que también exhibían la tolerancia, indiferencia o complicidad de médicos, defensores públicos, fiscales y jueces.

El informe consignaba que en el marco de una política de seguridad pública militarizada como estrategia, la mayoría de las víctimas habían sido detenidas por su presunta relación con la delincuencia organizada. Y agregaba que eso se potenciaba con "el régimen de excepción constitucional y legal que afecta a estos detenidos, que incluye el arraigo, la prisión preventiva oficiosa y la posibilidad del Ministerio Público de ampliar el plazo de detención ['retención'] previo a la presentación judicial".

El relator observó "inquietantes coincidencias" entre los testimonios recabados: las personas denunciaron, generalmente, haber sido detenidas por individuos vestidos de civil, a veces encapuchados, que conducían vehículos sin identificación oficial y no disponían de una orden judicial ni informaban de los motivos de la detención.

El documento de Naciones Unidas abundaba que en el momento de la detención las víctimas recibían golpes, insultos y amenazas, y luego eran conducidas con los ojos vendados a sitios desconocidos, incluyendo bases militares, donde continuaban las torturas, que combinaban desde puñetazos, patadas y golpes con palos; "toques" con dispositivos eléctricos ("chicharra"), generalmente en los genitales; asfixia con bolsas de plástico; introducción de agua con un trapo en la boca (*waterboarding*) y suspensión corporal, hasta el uso de la violencia sexual, principalmente contra mujeres detenidas, con desnudez forzada, insultos, humillaciones verbales y presión psicológica, manoseos en los senos y genitales, introducción de objetos en las partes íntimas y violación sexual reiterada y cometida por varios sujetos (violación tumultuaria).

En ocasiones "transcurren días sin que se informe del paradero de la persona o se la presente ante la autoridad ministerial o judicial", y repetidamente las víctimas eran presentadas ante los medios de comunicación como delincuentes, sin que existiera sentencia condenatoria, lo que constituía en sí un trato degradante.

El relator observó una tendencia a "detener para investigar, en lugar de investigar para detener", lo que se potenciaba con la consagración constitucional de la figura del arraigo,[8] la detención sin orden judicial en casos de cuasiflagrancia y la existencia de la llamada "flagrancia equiparada"; por lo que llamaba "enérgicamente" al Estado a terminar con el arraigo, debido a que "viola el derecho de libertad personal, el debido proceso y el principio de presunción de inocencia", además de que expone al detenido a posibles torturas.

El reporte indicaba que la tortura era utilizada para "castigar" a los detenidos y "extraer confesiones o información incriminatoria", y que se conocieron casos donde las víctimas fallecieron a causa de los tormentos y otros en los cuales el maltrato se acompañó de ejecución sumaria y desaparición forzada, en un contexto de impunidad prácticamente total.

Una de las recomendaciones del reporte, en relación con las medidas de prevención, era retirar definitivamente a las fuerzas militares de las labores relacionadas con la seguridad pública y restringir su participación a operaciones de apoyo con supervisión de órganos judiciales civiles.

El informe exhibía el fracaso institucional y civilizatorio de sucesivos gobiernos mexicanos. Nadie medianamente informado se podría llamar sorprendido o alegar desconocimiento por los datos contenidos en el informe de Naciones Unidas sobre la tortura. Menos el presidente Enrique Peña Nieto, que se suponía era la persona más informada del país.

En febrero anterior, otro comité temático de la ONU había determinado que la desaparición forzada de personas también era un fenómeno "generalizado" en México, y entonces el titular de la Secretaría de Relaciones Exteriores (SRE), José Antonio Meade, había considerado que el mismo tenía "imprecisiones". Asimismo, a comienzos de marzo, durante una visita del presidente Peña Nieto a Gran Bretaña, Amnistía Internacional había entregado en la embajada mexicana en Londres un documento donde señalaba que en México la tortura estaba "fuera de control" y en los últimos 10 años, en el marco de la estrategia oficial de seguridad, el número de casos se había sextuplicado.

Como señaló Carlos Puig tras leer el informe de Méndez, "se necesitaría un buen grado de cinismo —o vaya a saber usted qué— para decir que la afirmación del relator no es precisa [...] por años, por muchos años, [la tortura] ha sido el principal método de investigación criminal". Además de que la popularidad del arraigo entre los fiscales mexicanos —una práctica desterrada en los países que respetan los derechos humanos— era la "prueba" más contundente de que Méndez tenía razón: "Arraigas para provocar confesiones. Arraigas para incomunicar y dejar al detenido a merced de los policías. Arraigas para desesperar y lograr declaraciones, sin importar si son verdaderas o falsas".[9]

Sin embargo, tras la presentación del informe durante el 28 periodo de sesiones del Consejo de Derechos Humanos, casi en automático y con su habitual retórica de exportación, la Secretaría de Relaciones Exteriores rechazó que la práctica de la tortura fuera "generalizada" en México. Según el canciller Meade y Jorge Lomónaco, representante mexicano ante los organismos internacionales en Ginebra, la relatoría de Juan Méndez no se correspondía con la realidad. En un afán de negar lo evidente tanto fuera como dentro de México, ambos funcionarios se ampararon en un argumento falaz: que de los "14 casos" de presunta tortura que había documentado el relator especial, en 13 de ellos se habían presentado "avances" (95%) y que en el reporte existían aseveraciones que no guardaban "congruencia".[10]

El patrón se repetía. Como muchas veces antes, la respuesta del gobierno mexicano fue matar al mensajero antes de recibir el mensaje; desviar la atención hacia la descalificación y minimización del problema. El hecho resultaba tan preocupante como el fenómeno mismo de la tortura, por cuanto no había la menor perspectiva de solución del problema si no se empezaba por admitir su existencia.

Debía reconocerse, sin embargo, que la persistencia rutinaria y la extensión de los apremios y suplicios ilegales en México, así como la inveterada impunidad de que gozaban los servidores públicos que la aplicaban, representaban fracasos éticos y civilizatorios que abarcaban a los tres niveles de gobierno, a los poderes ejecutivos y judiciales, a las instancias de procuración y a las corporaciones policiales y militares.

Algunas precisiones terminológicas

No obstante todas las evidencias sobre el fondo del *affaire*, el caso pronto escalaría a una inusitada batalla mediática ajena a las formas y los modos diplomáticos. El eje del diferendo se dio en torno al adjetivo *generaliza-da*. Juan Méndez había mencionado la palabra prohibida, que exhibía a México a escala mundial como un país en el que se cometían los más graves crímenes contra la humanidad. Ése era el quid de la cuestión.

En un lapso muy corto, sendos comités de la ONU habían señalado como prácticas "generalizadas" la desaparición forzada de personas y la tortura en México. En ambos casos —como explicó el experto Santiago Corcuera— la expresión "práctica generalizada" era sinónimo de "ataque sistemático", lo que denotaba la naturaleza a gran escala de la tortura y las desapariciones, y el número de personas que había sido objeto de la violación. Como tal, ese requisito se refiere a una "multiplicidad de víctimas" y excluye actos aislados de violencia. Pero, como explicaba el especialista de la ONU, "no existe un umbral numérico específico de víctimas que deba cumplirse para que [las desapariciones/tortura] sean generalizadas. Más bien, la determinación depende del tamaño de la población civil que fue supuestamente víctima de las violaciones graves".[11]

Además, el término *generalizada* puede tener una dimensión geográfica cuando una violación grave ocurre en diferentes lugares y hay pruebas suficientes para establecer que [la tortura/desapariciones] son generalizadas, con base en informes de violaciones en diversos lugares de una zona geográfica amplia, incluidas evidencias de miles de violaciones, fosas comunes y un amplio número de víctimas (como ocurría en México). Pero también se pueden dar en un espacio geográfico pequeño con un amplio número de víctimas civiles objeto de la violación.

Incluso, apuntaba Corcuera, para un tribunal penal, en ciertos casos bastan informes de la situación para poder considerar que "existe un cuadro o contexto de un ataque generalizado". Con muchísima mayor razón, tratándose de un relator de derechos humanos "creíble" (como era el caso de Juan Méndez), sin necesidad de "probar" o "documentar" cada caso que relate.[12]

Conocido por la prensa internacional como la pesadilla de los torturadores, el 11 de marzo, desde Ginebra, Juan Méndez ratificaba: su dicho era "correcto". La tortura era una práctica generalizada en todos los niveles del Estado mexicano y se daba en un contexto de impunidad aunque el gobierno dijera lo contrario. Incluso reveló no estar "sorprendido" por la posición de la cancillería, porque ya habían discutido al final de su visita en mayo del año anterior.

Por esos días, el cineasta Guillermo del Toro decía en Guadalajara que México estaba pasando por un momento de descomposición del tejido social que marcaba un parteaguas en el país. "Hemos pasado de la descomposición social a la vorágine […] se vive una ley del viejo oeste […] los mexicanos vivimos un duelo, tenemos que encabronarnos por las pérdidas y decir no."[13]

No obstante, para el gobierno y sus "comunicadores" en los medios, se estaba exagerando. El país había cambiado. A partir de la "transición" política en el año 2000, el panorama de la tortura en México era muy diferente…

Disparen sobre Juan Méndez

El 26 de marzo de 2015 el subsecretario para Asuntos Multilaterales y Derechos Humanos, Juan Manuel Gómez Robledo, volvería a las andadas. Al participar en un encuentro con legisladoras del Partido Acción Nacional en el Senado de la República, Gómez Robledo calificó como "muy irresponsable y muy poco ético" que sobre la base "de dichos que no pudo sustentar ni documentar", Juan Méndez hubiera concluido que en México existía una práctica generalizada de la tortura.[14]

Según el funcionario de la cancillería, el relator de la ONU había sido poco profesional. Consideró que Méndez había desestimado los argumentos del gobierno mexicano y dado más valor a "premisas sin pruebas" al momento de emitir su resolutivo, por lo que ya no sería invitado nuevamente al país. "Insisto en que ese término [generalizada] es muy grave. Habla de 32 estados y tres órdenes de gobierno; pero sobre todo sí tiene que ver con la política de Estado, y en México [la tortura] ya no ocurre; desde la alternancia política del 2000 no hay política de Estado de violación a los derechos humanos."

Agregó que el resolutivo de la ONU había sido:

> un poquitín *banquetero* [...] no ayuda a nadie y con él todos pierden [...] Pierde el relator, porque no vamos a trabajar con él en un rato, perdemos nosotros porque perdemos su asesoría y pierden los demás estados que pensaban invitarlo a sus países, [porque] después de este desaguisado con México, dirán "mejor no lo invitamos", y pierde la eficacia del sistema multilateral.[15]

El subsecretario reveló que la cancillería había sostenido reuniones con Méndez para demostrarle que el panorama en México era diferente: "Intentamos dialogar con él, no quiso y prefirió quedar bien con su *consito en si*, como dicen los 'gringos', antes que quedar bien con los gobiernos con los que tiene que trabajar. Ni modo, allá él, cada quien tiene que asumir su responsabilidad en esta vida".[16]

Más allá de los argumentos esgrimidos, sorprendió —tratándose de un diplomático tan experimentado como Gómez Robledo— la utilización de términos poco usuales en esos casos para calificar el trabajo del relator de la ONU: irresponsable, carente de ética, sin profesionalismo... Lo que llevaba a pensar que se trataba de algo más que un dislate de un funcionario de la Secretaría de Relaciones Exteriores.

Como interpretó la respetada internacionalista Olga Pellicer, parecía una señal, por una parte, de las serias preocupaciones que suscitaba en la élite gobernante el derrumbe de la imagen internacional del país en materia de Estado de derecho y respeto a los derechos humanos; situación que se había amplificado a raíz de los casos Tlatlaya e Iguala/Ayotzinapa. Por la otra, por lo errático de la respuesta de Gómez Robledo, de que esta vez se había decidido volver a las épocas del viejo PRI, cuando las voces externas contrarias a la visión oficial eran consideradas negativas para los intereses del país.[17]

En abono de lo anterior, un día después el canciller Meade aseguró ante la prensa que "suscribía en todos y cada uno de sus términos" lo dicho por el subsecretario Gómez Robledo. Con ello parecía dar a entender que México se cerraba al escrutinio externo en la materia y seguiría la tendencia de descalificar las críticas de los organismos internacionales para ocultar la crisis de derechos humanos.

El 31 de marzo Gómez Robledo citó a una conferencia de prensa y en ella insistió en descalificar al relator de la ONU. Reveló que durante casi un año la diplomacia mexicana había tratado de convencer a Méndez que reconsiderara quitar el adjetivo *generalizada* a tortura. ¿El motivo? Porque podía tener "implicaciones jurídicas" para México ante instancias internacionales.[18]

"Durante todo el año pasado nos sentamos a platicar con el relator, tanto de manera directa como por escrito, pidiéndole que reconsiderara el uso de ese término." Según Gómez Robledo, el término *generalizada* significa que "hay una política de Estado de violación a los derechos humanos, en un contexto de ataque o de comisión generalizada de violaciones en contra de la población civil en forma sistemática y con conocimiento de causa de quien lo perpetra".

Tal situación no se vivía en México, aunque todavía existieran "zonas de vulnerabilidad, desafíos y fragilidades institucionales"; por lo que Juan Méndez no había sido "equilibrado" ni "objetivo". Incluso, deslizó que el propio relator había admitido que la "metodología" utilizada había sido "rudimentaria e insatisfactoria en varios niveles".

Interrogado por un periodista si había fracasado la diplomacia, respondió: "Si lo quiere poner en esos términos, asumo no haber logrado convencerlo".

Para entonces, Marcia de Castro, coordinadora residente del sistema de la ONU en México, había intentado "despersonalizar" el diferendo. A su juicio, no se trataba de una discusión entre la cancillería mexicana y el relator de la ONU, sino de una "conversación de los desafíos que enfrenta México en poder profundizar y fortalecer el marco institucional de cumplimiento con los compromisos en el tema de la tortura". Ante un problema tan complejo, el debate, dijo, "debe ser sano y constructivo", y además "público".[19]

Sin embargo, lejos de decrecer el encono se incrementaría en un escenario paralelo: Ginebra. El 1º de abril se hicieron públicas dos cartas en las que se acentuaban las diferencias. Por un lado, Jorge Lomónaco acusaba a Juan Méndez de haber violado el Código de Conducta para Procedimientos Especiales del Consejo de Derechos Humanos (CED). Por el otro, el relator afirmaba haber recibido "presiones" de México.[20]

La misiva de Lomónaco había sido dirigida al presidente del CDH, Joachim Rücker, el 13 de marzo anterior, con copia al relator de Tortura del organismo. "El gobierno de México desea dejar constancia de su profunda decepción por el hecho de que un ejercicio de cooperación que debería caracterizarse por un diálogo constructivo basado en la confianza mutua, quedó reducido a señalamientos que carecen de fundamento", decía la carta. Y argumentaba que la "preocupación" era mayor, porque el relator "ha reconocido ante el consejo que la metodología utilizada es 'rudimentaria e insatisfactoria' en varios niveles".

México acusaba a Méndez de haber violado el artículo 13 del Código de Conducta del CDH, sobre la "imparcialidad" de los titulares de mandatos del organismo, y el 12, que menciona que los relatores "deberán hacer gala de prudencia, moderación, discreción para no menoscabar el reconocimiento de carácter independiente de su mandato o el clima necesario para desempeñarlo debidamente".

UN CHIVO EXPIATORIO RESPONDÓN

A su vez, en una extensa carta dirigida a su excelencia Jorge Lomónaco, con copia a sus superiores del CDH,[21] Juan Méndez afirmó por tercera vez que la tortura en México es generalizada. Y agregó:

Ha sido con mucho pesar que arribé a esa conclusión, pero lo he hecho bajo el entendimiento de que su gobierno me invitó a conducir una visita para que realice una evaluación sincera de la situación, y no para minimizarla o presentarla bajo la mejor luz posible. Hubiera sido una falta de ética de mi parte haber sucumbido a presiones que recibí en ese primer momento para que cambiara de parecer, del mismo modo que sería una falta de ética cambiar mi parecer al redactar el informe, o incluso ahora, cuando toda la evidencia que tengo a disposición solamente ratifica mi evaluación.

En su texto, Méndez daba cuenta de que luego de haber recibido copia de la carta de Lomónaco del 13 de marzo, los medios de prensa en México habían difundido comentarios del subsecretario de Relaciones Exteriores, Juan Manuel Gómez Robledo, lo "que constituye un ataque personal".

Dijo no estar de acuerdo con Gómez Robledo, "cuando afirma que mi labor es quedar bien con los gobiernos con los que tengo que trabajar. Muy en contrario, para que mi diálogo con los gobiernos sea realmente constructivo tengo que ser justo, pero también honesto, al describir la situación tal como la veo".

Sostenía, además, que cuando el gobierno de México le solicitó la presentación de casos individuales:

> lo interpreté como una muestra de interés de buena fe para tomar medidas respecto de los casos que pudiera presentarles. En ese sentido, sigo muy atento e interesado en conocer en cuáles de estos casos [14] se ha avanzado para investigar, enjuiciar y castigar adecuadamente a los perpetradores, así como para excluir evidencias obtenidas con tortura. Ese intercambio de información con respecto a algunos casos jamás se presentó, como su gobierno pretende, como el único fundamento de las conclusiones del informe sobre la situación actual de la tortura en México.

Añadía a propósito de la carta de Lomónaco, en la que se le señala que sólo pudo confirmar 14 casos: "Quiero aclarar que esos 14 casos que he enviado a lo largo de pocos meses, representan la situación de 107 víctimas, además de un grupo indeterminado de personas que habrían recibido tratos crueles, inhumanos o degradantes como resultado del uso excesivo de la fuerza para reprimir manifestaciones".

Citaba además el hecho de que diversas fuentes habían aducido circunstancias similares:

La tortura y los malos tratos ocurren en las primeras 24 a 48 horas de la detención y generalmente terminan luego de que la persona es consignada; los métodos utilizados incluyen amenazas, insultos, destrucción de propiedad, pero también golpes, usualmente con objetos duros, electrocución, el llamado *waterboarding*, en muchos casos violencia y violación sexual. Más importante aún, las historias eran muy similares independientemente de quién llevara a cabo la detención, se tratara de la policía municipal, estatal o federal, las procuradurías estatales o federales, o el ejército y la marina.

Añadía que era "engañoso" expresar sorpresa por sus conclusiones, ya que:

el propio Programa Nacional de Derechos Humanos 2014-2018, presentado por su gobierno, refiere a la tortura como un tema recurrente y ejemplifica que la Comisión Nacional de los Derechos Humanos fue de una denuncia en 2005 a 2 mil 126 en 2012, además de que en 2003 el Comité contra la Tortura estableció que en México esta práctica ilegal se cometía de forma habitual y sistemática.

Finalmente, el relator de la ONU expresaba su preocupación por que:

que la discusión de mi informe se reduzca al uso de la expresión "tortura generalizada", término que considero justificado, objetivo y justo por todas las razones ya mencionadas. Me preocupa aún más que la discusión se centre ahora en mi ética e integridad profesional, como si disparar contra el mensajero pudiera ocultar los problemáticos hechos que señalé a su gobierno […] A pesar del lenguaje ofensivo que ha sido publicado en México para referirse a mi persona, quisiera asegurarle a usted, a su gobierno y al Consejo de Derechos Humanos [de la ONU], que mantengo inalterable mi actitud de diálogo constructivo. En ese sentido, respetuosamente me permito pedir que le traslade a su gobierno mi interés en realizar una visita de seguimiento.

En la forma, en el fondo y en las implicaciones a futuro, la embestida de la Secretaría de Relaciones Exteriores contra el relator de la

ONU había constituido un error. Para empezar, como señaló el diario *La Jornada* en un editorial, resultaba deplorable que la cancillería hubiese actuado:

> a contrapelo de los protocolos, la manera y el lenguaje que la diplomacia mexicana dominó con maestría, al menos hasta la llegada de Vicente Fox a la Presidencia. Las altisonancias y la incontinencia verbal de Gómez Robledo aplaudida por Meade parecieran confirmar que desde entonces sigue sin recuperarse el sentido de la política exterior como instrumento fundamental del Estado.[22]

Era evidente que el virulento alegato de la SRE en contra de Juan Méndez exponía, magnificada, la actitud del gobierno de Peña Nieto exhibida anteriormente ante el comité especial de la ONU sobre la desaparición forzada de personas, y colocaba a México en una alarmante ruta de aislamiento y descrédito en el terreno internacional. Por lo que cabía preguntarse cuáles eran las razones que habían llevado a la cancillería a enzarzarse en un alegato tan insostenible.

Sin embargo, el conflicto estaba lejos de concluir. En una entrevista con *El Universal*, Juan Méndez no sólo reiteró por enésima vez que la tortura era una práctica generalizada en México, sino que la calificó de "epidemia". Tras reiterar que no había encontrado ninguna razón para cambiar sus conclusiones, demandó un diálogo más constructivo y civilizado "que lleve a México a poder lidiar mejor con la epidemia de tortura que tiene".[23]

En relación con las presiones recibidas, apuntó que hubo llamadas telefónicas, encuentros con Jorge Lomónaco y una carta del subsecretario Gómez Robledo donde le insistían eliminar el término *generalizada*. Y calificó de "falsas" las acusaciones de la diplomacia mexicana acerca de que él había expresado que la metodología utilizada para confeccionar su informe había sido "rudimentaria" e "insatisfactoria"; su frase había sido sacada de contexto.

El 4 de abril, en un aviso en primera plana, *El Universal* anunciaba: "Prepara SRE nueva respuesta a relator". En interiores, la nota señalaba que la cancillería mexicana estaba analizando la decisión que tomaría de "terminar o no" con el relator especial sobre la tortura de la ONU. Y aclaraba: "Éste no es un problema personal, como él argumentó, es una cuestión de fondo, pues no estamos de acuerdo con el uso político y mediático que ha hecho Juan Méndez de su mandato".[24]

Un día después, en el marco de un reportaje de *Proceso* sobre el polémico asunto, el semanario incluía fragmentos de una entrevista a Juan Méndez, donde el experto en derechos humanos de la ONU, al considerar la reacción del gobierno de Peña Nieto a su informe, decía: "No es una actitud responsable usarme de chivo expiatorio y acusarme de falta de ética cuando lo que hay, en el peor de los casos, es una discrepancia sobre la gravedad que tiene el tema de la tortura en México". Y añadía: "No creo que esa discrepancia sea menor [...] el problema es serio, no anecdótico, y lo único que quiere decir es que la tortura generalizada es eso: no es una aberración, no es algo que pasa por la voluntad de algunas personas fuera de control, sino que es muy frecuente, un recurso habitual de las instituciones dedicadas a la lucha contra el crimen".[25]

Acerca de las coacciones recibidas del gobierno mexicano, reveló que el mismo día que concluyó su visita de trabajo en México, el 2 de mayo de 2014, unos 15 minutos después de que diera a conocer el avance de sus conclusiones a funcionarios de la cancillería, Gobernación, la Defensa Nacional, Marina, Salud y la PGR, recibió tres llamadas (dos de Gómez Robledo y otra de un "funcionario menor") en las que de manera insistente se le pedía que, en la conferencia de prensa que ya estaba a punto de iniciar, no dijera que la tortura en México era generalizada. Le pareció "extraño", porque en la reunión con los funcionarios no había habido protestas; nadie había reaccionado. Por eso, declaró que le parecía "poco ético decirle al Estado una cosa y al público y a la prensa otra".[26]

Puedo ocuparme de temas de mi mandato, que es la tortura; no puedo ocuparme de materias en las que la imagen de México pueda ser más favorable [...] cuando me ocupo de la tortura tengo que ser lo más sincero y honesto que pueda con la información [...] lo que no ayuda es disfrazar mi apreciación y evitar usar ciertos adjetivos [...] porque puedan resultar dolorosos para el país...[27]

El 5 de abril la cancillería decidió terminar con el vergonzoso episodio que ella misma había iniciado. Declaró "agotado" el tema de la tortura con el relator de la ONU. En un extenso comunicado, la SRE admitió que en México aún se recurría a la tortura como práctica, por lo que uno de sus retos era erradicarla, pero dijo que no era generalizada. Además, dejó en claro que el incidente no impediría que México mantuviera su política de apertura al escrutinio internacional en materia de derechos humanos.[28]

El pleito había demostrado que Juan Méndez no era un improvisado. Tampoco un medroso. ¡Todo había sido por un adjetivo! Una palabra prohibida: *generalizada*, que podría traerle a México consecuencias de cara al derecho internacional humanitario y el Tribunal Penal Internacional. Tanto la tortura como las desapariciones forzadas "generalizadas" —al decir de sendos comités de la ONU—, contribuían a que México fuera considerado un país donde se estaban cometiendo crímenes de lesa humanidad a gran escala en el marco de una impunidad también sistemática. Ése había sido el fondo del áspero diferendo.

Estaba documentado que desde la matanza de Tlatelolco, en 1968, la práctica de la tortura había sido una constante en México, y aunque debía perseguirse de oficio, no había pruebas de averiguaciones, enjuiciamientos y castigos sino, por el contrario, simple indiferencia. En otras palabras, un sistema de justicia que había aceptado tácitamente esas prácticas.

Ello no quitaba méritos a los cambios trascendentes en las normas legales correspondientes así como la suscripción de instrumentos internacionales, cuyo origen, en definitiva, habían sido logros de las exigencias democráticas de la sociedad, no un regalo de los sucesivos gobiernos. Pero con la militarización de la seguridad pública desde el régimen de Calderón, tales herramientas estaban resultando ineficaces. Y ahora, con Peña Nieto, las autoridades habían exhibido tener la piel muy fina como para admitir que más allá de los avances alcanzados había un déficit real en el cumplimiento de los derechos humanos. La negativa e incluso la hostilidad de la cancillería manifestada a señalamientos en la materia tanto por la ONU, el papa Francisco y el entonces presidente de Uruguay, José Mujica, daban cuenta de un problema político que debía ser encarado sin falsas salidas. Pero parecía que la realidad había envuelto al mandatario mexicano en un trágico designio.

La Sedena desprecia al Poder Legislativo

Cuando la CNDH emitió la Recomendación 51/2014 en octubre de ese año, al principio la Sedena había manifestado su disposición a colaborar con la investigación, pero tras la reclasificación del caso Tlatlaya como "grave" la dependencia castrense optó por callar. Había signos evidentes de que el secretario de la Defensa Nacional, general Salvador Cienfuegos, oficiaba de pararrayos del malestar en el generalato al interior del ejército. Pero cada vez más surgían voces desde dentro de las propias instituciones del Estado que reclamaban el cumplimiento de la Constitución y las leyes. Por lo que la presión iba en aumento y alimentaba el enojo castrense.

A manera de ejemplo, en marzo de 2015 Jaime Rochín, consejero presidente de la Comisión Ejecutiva de Atención a Víctimas (CEAV), un órgano desconcentrado adscrito a la Secretaría de Gobernación con apenas un año de vida entonces, había declarado públicamente que era primordial para el Estado mexicano garantizar no sólo a las víctimas sino a toda la sociedad en su conjunto, una "investigación transparente y objetiva" en el caso Tlatlaya.

Durante una reunión con la comisión especial de diputados que coadyuvaba en las investigaciones, Rochín dijo que el Estado no debía "encubrir a las autoridades castrenses y civiles que pudieran estar involucradas". Y reveló que el organismo a su cargo había identificado diversas violaciones a los derechos humanos en la bodega de San Pedro Limón.

Lo desglosó así: violación del derecho a la vida de 15 personas; violación al derecho a la verdad y a la debida procuración de justicia en torno a 25 víctimas; afectación al derecho a la integridad, seguridad personal y a la libertad sexual, violación del derecho a la impartición de justicia y acceso a los derechos que corresponden a víctimas y ofendidos de delito.[29]

En el marco de la reunión, la diputada Elena Tapia recriminó a la Sedena que desde noviembre anterior se hubiera reservado información relacionada con el caso, como le había demandado la comisión que presidía. Dijo que la situación era muy grave, porque "nos ha impedido el completo esclarecimiento del caso y que la sociedad siga preguntando cuál fue la cadena de mando, quién dio la orden, cuál era el operativo y qué se pretendía" la noche del 30 de junio de 2014.

Un par de días después, en una audiencia pública de la comisión legislativa encabezada por Tapia, Perseo Quiroz, de Amnistía Internacional, cuestionó que la PGR se negara a consignar a militares por el caso Tlatlaya, y recordó además que los estándares internacionales señalaban el deber de sancionar a quienes no hacen nada para detener o consignar actos violatorios de los derechos humanos.

Por su parte, Ernesto López Portillo, del Instituto para la Seguridad y la Libertad, señaló como una "cuestión escandalosa" el hecho de que los miembros de uno de los tres poderes del Estado, en este caso miembros de la Cámara de Diputados, no pudieran tener acceso a los documentos de la PGR, la Sedena y del gobierno del Estado de México. Si eso era así, ¿qué podían esperar los ciudadanos que solicitaban información sobre violaciones a los derechos humanos?[30]

Cuando el 16 de abril siguiente la comisión de legisladores concluyó en su informe final que en Tlatlaya se estaba ante "un uso ilegal, excesivo y desproporcionado de la fuerza" por parte de algunos elementos de la Sedena —que había tenido como consecuencia que al menos 12 personas fueran privadas de la vida en un contexto de "ejecuciones extrajudiciales"—, sus integrantes cuestionaron a ese instituto armado por no haber otorgado información suficiente, en particular sobre la cadena de mando del ejército.[31]

Los diputados de la comisión plantearon como imprescindible

que la Defensa Nacional esclareciera las "fallas" en la actuación de sus elementos relativas al respeto, protección y garantía de los derechos humanos; al control estricto de sus actos por parte de sus superiores; al cumplimiento de protocolos sobre la interacción con civiles, incluyendo el registro en video y audio de sus acciones. También pidieron que aclarara las responsabilidades penal, administrativa y de la disciplina militar de los elementos que integraron la cadena de mando —más allá de los soldados y el oficial bajo proceso—, que estuvieron o no presentes en Tlatlaya, pero que tenían "la responsabilidad de supervisar" a sus subordinados.[32]

Otro punto que debía explicar la Sedena eran las fallas en el cumplimiento de obligaciones sobre el resguardo de elementos, de la escena de los hechos y de los cuerpos, y a la definición clara de una jerarquía de mando interna y en relación con las autoridades civiles.

La comisión expuso que existían diversas razones que impedían determinar con precisión las circunstancias de la muerte de las 22 personas en Tlatlaya. Enumeraron: alteración de vestigios y del lugar de los delitos, presuntamente por parte de elementos de la Sedena; la tortura e intimidaciones y agravio de las víctimas sobrevivientes (presuntamente por funcionarios del gobierno del Estado de México), y las deficiencias en la recolección de las pruebas, preservación de la escena, cadena de custodia, análisis pericial y otras actuaciones en las cuales supuestamente habían incurrido servidores públicos mexiquenses y de la PGR.

En lo que tenía que ver con la cadena de mando del ejército, y con base en el análisis de la reconstrucción de hechos realizada por la CNDH, los integrantes de la comisión de diputados habían relacionado una sucesión de instrucciones e informes castrenses, incluidos en los expedientes de los fueros civil y militar, que denotaban la participación de las comandancias de la 35a Zona Militar y la 22a Zona Militar y de elementos del 41o y 43o batallones de infantería del ejército, además de los del 102o Batallón (que participaron de manera directa en los hechos), así como de la comandancia de la base de la marina en Luvianos.

Para entonces, hacía varios meses que un juez federal había admitido una demanda de amparo interpuesta por el coronel Raúl Castro Aparicio, comandante del 102o batallón, contra cualquier orden de aprehensión, arresto o acto privativo de la libertad, así como en contra de su posible incomunicación y maltrato. El alto oficial había señalado en su escrito de demanda el temor a ser detenido y torturado por autoridades policiales.[33]

Malestar en el ejército y control de daños

El 23 de junio de 2015, una semana antes de que se cumpliera un año de los sangrientos hechos ocurridos en el interior de una bodega de la localidad de San Pedro Limón, ubicada al borde de la carretera Los Cuervos-Arcelia, entre las comunidades de Higo Prieto y Ancón de los Curieles, casi en los límites del Estado de México con Guerrero, las ocho columnas del diario *La Jornada* volvieron a posicionar mediáticamente un suceso que, a esas alturas, había provocado una indisimulada crispación en las relaciones entre los civiles y militares integrantes del Gabinete de Seguridad Nacional.

"Prácticamente se fusiló a 11 de los 22 en Tlatlaya: peritos", decía el titular. El cintillo añadía: "Otros cinco realizaban 'maniobras instintivas de defensa'". El sumario de la primera plana incluía otros datos novedosos, por ejemplo, que tres de los señalados como presuntos agresores de soldados del ejército mexicano tenían sus armas descargadas, y que los militares habían realizado 160 disparos y los civiles sólo 12.

La información estaba sustentada en los resultados de los peritajes forenses y de técnica criminalística de la Procuraduría General de Justicia del Estado de México (PGJEM) y de la Procuraduría General de la República (PGR), cuyas copias había obtenido *La Jornada* mediante una solicitud de información pública.[1] En el cuerpo de la información recopilada por el reportero Gustavo Castillo García se destacaba, también, que en las ejecuciones extrajudiciales los militares habían utilizado un fusil al que le habían borrado la matrícula y otra arma de la cual no se precisó su origen. Se consignaba, asimismo, que de los 160 disparos hechos por los soldados, 60 balas habían impactado en las víctimas, todas en la zona torácica de los presuntos delincuentes.

Otro punto relevante que surgía de los peritajes era que algunos militares habían disparado desde corta distancia a varias de las víctimas y los casquillos de los cartuchos percutidos quedaron a escasos 70 centímetros de los cadáveres, dato que venía a confirmar la hipótesis de un fusilamiento, misma que había sido sostenida por un perito que analizó una serie de fotografías publicadas por *La Jornada* el 26 de septiembre de 2014, y también en los señalamientos de una de las tres mujeres sobrevivientes, quien declaró que sólo uno de los jóvenes fue abatido en enfrentamiento y los demás se entregaron, fueron interrogados y luego privados de la vida ilegalmente.

Los resultados forenses de los peritos de la PGJEM y la PGR diferían diametralmente de la versión del "enfrentamiento", que el día de los hechos había difundido la Secretaría de la Defensa Nacional. También contradecían lo señalado el 17 de julio de 2014 por el procurador mexiquense, Alejandro Gómez Sánchez, quien entonces había aseverado que de las diligencias practicadas "no se desprende indicio alguno que haga presuponer […] la posible ejecución o posible fusilamiento al que se ha hecho referencia en algunos medios de comunicación".[2]

De acuerdo con lo asentado en los reportes por el personal del Instituto de Servicios Periciales de la PGJEM, a las 12:30 horas del 30 de junio de 2014 procedieron a dar "protección al lugar" y a "señalizar los cuerpos y su posición, los casquillos y armas", para luego "fijar" (fotografiar) la escena del crimen, colectar indicios y trasladar los restos humanos al Servicio Médico Forense de Toluca.

Los resultados de los peritajes determinaron que las lesiones que provocaron el fallecimiento de las víctimas "cuyos cuerpos fueron marcados con los números 1, 2, 5, 11 y 17", les fueron inferidas al momento de "realizar maniobras instintivas de defensa" (es decir, intentaron cubrirse de los disparos con manos y piernas), lo que apunta a ejecuciones sumarias. A la vez, de la conjunción de los datos periciales entregados por la PGR y las fotografías obtenidas por el diario en septiembre de 2014, Gustavo Castillo llegó a la conclusión de que las víctimas identificadas con los números 3, 8, 9, 10, 12, 15, 16, 18, 20 y 21, "prácticamente fueron fusiladas".

En la descripción pericial se consignaba que por el tipo y características de las lesiones observadas en algunos cadáveres, "éstas les fueron producidas al tener contacto con una superficie de consistencia dura y áspera", lo que puede ser interpretado como una alusión implícita de que las víctimas fueron colocadas contra la pared antes de recibir los disparos.

En las conclusiones de los estudios de criminología de la PGR se determina que las víctimas que fueron abatidas por los soldados sin que mediara enfrentamiento fueron las identificadas con los números 1, 3, 7, 10, 16, 17, 18, 21 y 22. Según el dictamen, contra siete de los nueve mencionados los militares utilizaron dos armas de cargo: una carabina calibre .223, marca DPM, modelo 15, fabricada en Estados Unidos, y un fusil marca Arsenal, modelo SLR–100H fabricado en Bulgaria, calibre 7.62; una carabina calibre .223, marca Colt, modelo AR–15 Target, fabricada en Estados Unidos, abrió fuego contra una de las personas, y contra la víctima número 22 se usó un arma no identificada, cuyo calibre era .223.[3]

Por otra parte, como destacó Gustavo Castillo en su nota, los peritajes venían a contradecir los señalamientos del procurador mexiquense Alejandro Gómez Sánchez, en cuanto a que el intercambio de disparos entre los militares y los presuntos delincuentes "resultó proporcional". Los estudios forenses realizados por la PGJEM daban cuenta de que en la parte exterior de la bodega se localizaron 41 cartuchos calibre 7.62 marca FC, de latón, disparados por los militares. Dentro de la bodega los peritos recogieron 16 casquillos, cuatro calibre 7.62 marca FC, utilizados por los soldados. Otros 12 presuntamente correspondían a las armas que poseían las víctimas.

"En los cuerpos de los occisos había 60 orificios de entrada. La camioneta que utilizaban los soldados presentaba 20 impactos. En los vehículos estacionados dentro de la bodega [...] impactaron 55 tiros. En las paredes de la bodega, 48." Sin embargo, en toda el área donde según el comunicado oficial de la Sedena se produjo un "enfrentamiento", solamente se recogieron 57 cartuchos, 45 con la marca FC, 12 con otra leyenda.

En la segunda parte de su extenso reportaje, Castillo afirma que los peritos del Estado de México trataron de "cuadrar" sus estudios con la versión oficial de la Secretaría de la Defensa Nacional, y en las primeras diligencias omitieron precisar en actas que la escena del crimen fue alterada o modificada —como determinaron el 8 de octubre de 2014 los expertos forenses de la PGR—, y que el lugar se "limpió" antes de que iniciaran los análisis.[4] Además, dieron por hecho que lo ocurrido en el sitio fue "un tiroteo de fuego cruzado". Sin embargo, las investigaciones federales (de personal de la PGR) descubrieron que "el lugar fue manipulado, de tal manera que no se puede precisar realmente dónde cayó cada cuerpo, las horas de la muerte y la posición original de los objetos decomisados [armas, cartuchos, vehículos y cargadores]".

De las múltiples contradicciones existentes entre los dictámenes de la PGJEM y la PGR, destaca una que tiene que ver con la localización y ubicación de los cuerpos de las víctimas en el interior de la bodega. Según los peritos del Estado de México, la localización y ubicación de los cadáveres sí correspondían "a las últimas y originales" posiciones que tenían al momento de ser heridos y fallecer. Reportaron que corroboraron lo anterior por la presencia "de indicios biológicos debajo de sus cuerpos [lagos o manchas hemáticas], así como por la ubicación de las lividices" (manchas que señalan la posición del cuerpo al producirse el fallecimiento). Sin embargo, los funcionarios de la PGR determinaron que los cuerpos fueron cambiados del lugar donde murieron, dado que no encontraron correspondencia entre los rastros de tierra, residuos y escurrimiento de sangre que había en los cuerpos, las ropas y el suelo, con la zona donde se supone perecieron.

En la mayoría de las necropsias los peritos mexiquenses no establecieron el denominado crono tanatológico (tiempo transcurrido entre cada deceso y la práctica de la autopsia). Un dato que llamó la atención fue que uno de los cadáveres (el identificado con el número 6) presentaba "signos de descomposición y olores fétidos".

Otra discrepancia radical tiene que ver con la distancia desde donde fueron accionadas las armas de los soldados. Según los peritos federales, los militares dispararon a corta distancia de las víctimas, mientras sus colegas de la PGJEM señalaron que "por la ausencia de tatuaje, quemadura o ahumamiento en los orificios de entrada de los cadáveres, se determina que los disparos se realizaron a una distancia mayor a 70 centímetros entre la boca del cañón del arma empleada y las zonas anatómicas afectadas".

En ese contexto, los estudios de los peritos mexiquenses señalan que:

> por la interpretación criminalística y tomando en cuenta la dispersión, distribución y localización de los indicios de índole balístico, tanto en el interior como en el exterior de la bodega, se determina que en el presente hecho se trata de un tiroteo por fuego cruzado donde se realizaron los disparos tanto de adentro hacia afuera y de afuera hacia adentro.[5]

Por su parte, los médicos forenses de la PGR consignaron que las lesiones que presentaban los 22 cadáveres "se ubicaron en su mayoría en tórax y abdomen", y que por su gravedad "conllevaron una muerte inmediata, por lo que estaban imposibilitados para realizar desplazamientos por sí mismos, posteriores a ser lesionados".

La Sedena desafía a la ley: INAI

Las trascendentes revelaciones de *La Jornada*, al difundir los resultados de los peritajes de la PGJEM y la PGR sobre lo que ocurrió en la bodega del municipio de Tlatlaya, venía a corroborar la hipótesis sobre el uso excesivo de la fuerza por el ejército, al margen de los protocolos y los estándares internacionales en la materia; fortalecía la sospecha de que no era un caso aislado, y permitía definir no sólo la posible responsabilidad de los militares en la comisión de graves violaciones a los derechos humanos, sino también la responsabilidad del gobierno de Eruviel Ávila en el Estado de México y de la propia Procuraduría General de la República, que encubrieron los hechos y negaron inicialmente que hubieran ocurrido ejecuciones extrajudiciales.

A casi un año del operativo militar en Tlatlaya, la documentación entregada al periódico capitalino tenía un valor probatorio pleno y demostraba de manera fehaciente la modificación del lugar del hecho delictivo. Entrevistado por Carmen Aristegui en CNN, el autor del reportaje, Gustavo Castillo, adujo que "los peritajes señalan que hubo movimiento de los cuerpos […] todo fue movido". Además, las inconsistencias en los peritajes "son indicios de que algo no se hizo bien".[6]

Para la diputada perredista Elena Tapia, ex presidenta de la comisión especial del Poder Legislativo que investigó el caso, resultó preocupante que la PGR, que conocía los dos peritajes desde los primeros días, trabajara durante meses sobre la "hipótesis del enfrentamiento", y después dijera que sólo ocho personas fueron privadas ilegalmente de la vida y no 11 o 16, como era posible sostener según los señalamientos de la ampliación de la recomendación emitida por la Comisión Nacional de los Derechos Humanos.[7]

En su recomendación 51/2014 —clasificada como reservada por contener información confidencial y de seguridad nacional, pero a la que tuvo acceso *La Jornada*—, la CNDH concluyó que en Tlatlaya:

> 22 personas perdieron la vida, siendo el caso que cuatro de ellas fueron heridas a causa del enfrentamiento librado con elementos del ejército mexicano, tres personas fueron heridas presumiblemente en medio del intercambio de disparos, o bien, en un contexto de fuego cruzado y 12 personas fueron presumiblemente privadas arbitrariamente de su vida por personal militar, incluyendo dos adolescentes. Por lo que hace a otras tres víctimas, no es posible establecer ubicaciones y posiciones originales, debido a que fueron movidas de su ubicación, circunstancia que hace presumir que fueron privadas de la vida de manera arbitraria.[8]

El 24 de junio, cuando circulaba la segunda parte del reportaje de *La Jornada* con los informes periciales de la PGJEM y la PGR, comisionados del Instituto Nacional de Transparencia, Acceso a la Información y Protección de Datos Personales (INAI) cuestionaron a la Sedena porque al bloquear al organismo habían incurrido en un "claro desafío a la ley". Ese día, en una votación dividida de cuatro contra tres, el INAI determinó reservar por dos años el acceso a la averiguación previa de la Procuraduría General de Justicia Militar sobre el caso Tlatlaya, reduciendo 10 años la reserva que había determinado el alto mando de la Defensa Nacional.

El punto más polémico fue la actitud castrense de negar al INAI el acceso al expediente. El comisionado Joel Salas dijo que en esa "actitud del sujeto obligado hay un desafío real a lo que establece la ley", que señala que en todo momento el instituto debe tener acceso a la pesquisa militar. La censura a la actitud de la Sedena fue secundada por Areli Cano, quien fue enfática en señalar que esa secretaría de Estado no permitió el acceso a la averiguación previa o a la información clasificada.

> Al no tener respuesta favorable para permitir a este órgano la diligencia de acceso a la información, el sujeto obligado no sólo dificultó el ejercicio de las atribuciones del instituto, sino también ha soslayado acreditar que está comprometido con las mejores prácticas de rendición de cuentas y transparencia.[9]

Dos días después, el INAI ordenó a la Sedena entregar a una particular las versiones públicas de los partes militares sobre los hechos ocurridos en Tlatlaya. Los partes demandados incluían el del mando a cargo de los soldados que intervinieron en los hechos; el del superior jerárquico, y el del comandante de la 22a Zona Militar.[10] Inicialmente, la Secretaría de la Defensa había negado la existencia de tales partes; luego reconoció que existían pero adujo que estaban "clasificados como reservados" por estar integrados a una causa penal en periodo de instrucción en el Juzgado Sexto Militar, por delitos por fallas contra la disciplina militar, que no constituían violaciones graves a los derechos humanos.

La solicitante se inconformó con la respuesta e interpuso un recurso de revisión, y el pleno del INAI resolvió que los partes informativos no causan perjuicio a la impartición de justicia, y además, como sostuvo en su ponencia el comisionado Óscar Guerra Ford:

no es susceptible de clasificarse como reservada la información solicitada, debido a que su contenido da cuenta del ejercicio de las funciones sustantivas del ahora sujeto recurrido respecto de un acontecimiento relevante en materia de derechos humanos, donde hubieron decesos por causa de un enfrentamiento entre el personal militar y un grupo de presuntos delincuentes.

Fue en ese contexto que, una vez más, el vocero oficioso de las fuerzas armadas, Juan Ibarrola, dedicó sendas columnas en el diario *Milenio* para arremeter contra los "medios de comunicación, libre pensadores, intelectuales de café e internet y políticos de izquierda" que, a su juicio, "utilizan para su peculio la denostación contra el instituto armado". A todos los acusó de enderezar "campañas negativas" contra el ejército a raíz del caso Tlatlaya, y buscó desacreditar a las tres testigos clave del caso, bajo el argumento de que habían formulado versiones distintas entre sí, y que se hallaban en la bodega "contratadas" para tener "relaciones sexuales" con los presuntos delincuentes; para "coger", explicitó. Causa por la cual, según Ibarrola, era imposible que pudieran dar "una visión objetiva y veraz" de lo sucedido la madrugada del 30 de junio de 2014.[11] "¡Eran prostitutas, eran prostitutas!", tituló su columna de respuesta en esas mismas páginas Carlos Puig, quien en su texto consignó que "dos de ellas eran… ¡Oh sí! ¡Prostitutas! ¡Qué escándalo! […] Además mentirosas. Olvidan que fueron torturadas y se preguntan ¿cómo podemos creer en estas pecadoras? El tono moralino es escalofriante".[12]

El general Cienfuegos pide justicia

En una inusual y extensa entrevista, el secretario de la Defensa Nacional, el general Salvador Cienfuegos, declaró al diario *El Universal* el 29 de junio de 2015, que el caso Tlatlaya había resultado "muy costoso" para el ejército a nivel personal, material y de prestigio; dijo que a raíz del manejo mediático el arma había sufrido un "desgaste importante" y que los militares no se sentían a gusto haciendo funciones de policías, pero que cumplían órdenes del comandante supremo, el presidente de la República, y se quejó de las "limitaciones" impuestas a las fuerzas armadas por el Congreso —que desde junio de 2013 había acotado el fuero castrense—, lo que había generado "situaciones muy sensibles, vulnerables y delicadas" al interior de la institución. Aseveró, asimismo, que a casi un año de que el Ministerio Público iniciara las investigaciones del caso Tlatlaya, "el juicio aún no empieza", por lo que pidió esperar el veredicto de la justicia civil. "Si los soldados se equivocaron, pues serán castigados. Pero si no se equivocaron habrá que reconocer su inocencia." Ni el entrevistado ni el entrevistador mencionaron una sola vez el caso Iguala/Ayotzinapa.[13]

No era común que un secretario de la Defensa diera entrevistas en México, y menos sobre temas virulentos. Pero era la víspera del 30 de junio y tal vez por eso Cienfuegos sintió el deber —o la presión— de salir a defender la honorabilidad del ejército. Dijo algunas cosas fuertes, y por eso los dichos del general fueron objeto de escrutinio por diversos analistas. Una conclusión casi unánime fue que de sus palabras se podía concluir que los militares no estaban a gusto, o más claro, que en el seno de las fuerzas armadas existía malestar con el gobierno y la clase política.

Si bien dejó clara en la entrevista su obediencia al mando supremo de la institución armada (el presidente Peña Nieto), hizo algunos señalamientos críticos que parecieron estar dirigidos al Ejecutivo y los políticos: 1) a los militares les "urge" [sic] que los cuerpos policiales sean mejores para que ellos puedan regresar a sus cuarteles; 2) no hay una legislación (artículo 89 constitucional) que les permita estar en las calles en tareas de seguridad pública sin asomo de duda, por lo que pidió que se legisle una Ley de Seguridad Interior y una Ley de Defensa Nacional; 3) reconoció su molestia con respecto a casos que vinculan a militares con violaciones a los derechos humanos.

Con respecto a la intervención de los militares en tareas de seguridad pública —lo que en distintos círculos se había venido calificando como una militarización de la lucha contra la inseguridad y la protesta social—, dijo textual: "A lo mejor no se quiere que las fuerzas armadas vayan más allá de lo que ya hacen. Sin embargo, soy de la opinión que si vamos a utilizar a las fuerzas armadas las utilicemos para poner orden, no para ver si pondremos orden".[14] No quedó claro qué era, para el general, poner orden.

Cuando su entrevistador le preguntó si había sido un "error" que el Congreso limitara el fuero militar, el divisionario respondió:

Sí, porque están poniendo al ejército en situaciones muy sensibles, vulnerables, delicadas, en la que nuestro personal ahora piensa si lo procesan por desobediencia [...] o por violar los derechos humanos. Creo que al soldado le conviene que lo procesen por desobediencia, pero al país no le va a convenir. ¿A quién le conviene un ejército que no obedezca? ¿A quién le conviene un ejército que no tenga disciplina?[15]

Según el analista Raymundo Riva Palacio, esas fuertes y enigmáticas palabras contenían una "advertencia" al presidente Peña Nieto, a la clase política y a toda la sociedad, y reflejaban el malestar del alto mando de la Secretaría de la Defensa y generales retirados, quienes en diciembre de 2014 le habían reclamado a él, a Cienfuegos, que con su aceptación el jefe del Ejecutivo había "abandonado" al ejército al permitir que (soldados) fueran juzgados en tribunales civiles.[16] Incluso se habló de "traición". En aquel momento el general logró contener las críticas hacia su persona y las imputaciones al titular del Ejecutivo, pero el malestar generado por el caso Tlatlaya y el desgaste del ejército siguieron, y ahora lo externaba así: en forma de enojo contenido.

El mismo Riva Palacio añadió otra variable sobre los presuntos motivos del coraje del general-secretario. Escribió que desde su llegada a la subsecretaría de Gobernación, en abril de 2015, Roberto Campa había reactivado el caso Tlatlaya con dos propósitos: uno, ofrecer una compensación de 18 millones de pesos a los familiares de las 22 víctimas de la bodega en el Estado de México; el segundo, trasladar el "costo político" del caso —a nivel nacional e internacional— a los militares, y "blindar" al jefe del Ejecutivo.

El general Cienfuegos protestó y expresó su molestia al secretario de Gobernación, Miguel Ángel Osorio. Pero no pasó nada. Entonces el encargado de la Oficina de la Presidencia, Aurelio Nuño (quien sería nombrado secretario de Educación Pública en sustitución de Emilio Chuayffet por el presidente Peña Nieto el 27 de agosto), buscó apaciguar los ánimos y reducir las tensiones, y para ello convocó a una reunión entre el alto mando castrense y funcionarios de la cartera del Interior. Pero a juzgar por las declaraciones del titular de la Sedena a *El Universal*, del 29 de junio, el resultado de esos encuentros fue efímero. "Lo que el general Cienfuegos quizá ya sabe —escribió Riva Palacio—, es que Campa no está mal dentro de la lógica de Los Pinos, donde el control de daños para el presidente Peña Nieto pasa por el sacrificio del ejército."[17] Según el columnista de *El Financiero*, el gobernante estaba "jugando con fuego" con el ejército.

El 1° de julio siguiente, durante una entrevista con Carmen Aristegui el periodista Pablo Ferri refutó parte de las declaraciones del general Cienfuegos a *El Universal* y dijo que se trataba de una maniobra por posicionar en el campo mediático "una verdad que no es tal". Ferri recordó que el militar había sostenido que los soldados habían sido "agredidos", lo cual todavía no había sido probado, y también rechazó la aseveración del general-secretario en el sentido de que "todos" los cuerpos (de los civiles abatidos) habían dado "positivo" en el manejo de armas, pues señaló que las pruebas que se les hicieron no determinaban que las víctimas hubiesen disparado. Recordó que según los peritajes de la PGR, los soldados dispararon 160 veces y los civiles 12. Ergo, si los muertos fueron 22, las cuentas del general, simplemente, no daban.

En todo caso, era evidente que seguía pendiente la aplicación de la justicia y que la verdad no había sido esclarecida en torno del *affaire* Tlatlaya, y si esas demandas persistían un año después era, en buena medida, por el empeño de los deudos de las víctimas, grupos de defensores de los derechos humanos y algunos medios periodísticos, y no por la exigencia del estamento militar, ámbito del que había provenido el fallido intento inicial de falsear, manipular y encubrir los hechos.

Lo cierto es que en el juzgado federal civil donde se desahogaba la causa contra siete soldados y un oficial del ejército el proceso avanzaba muy lentamente. ¿Las causas? Entre ellas se apuntaba que los abogados defensores de los militares habían presentado infinidad de recursos que dilataban el procedimiento; los familiares de los fallecidos no habían sido localizados para que comparecieran como testigos, y que mandos castrenses y funcionarios de las agencias de investigación que colaboraron en la indagatoria se habían negado a comparecer en el juicio. En virtud de lo anterior, funcionarios del juzgado declararon a *La Jornada* que desde el 8 de noviembre de 2014, cuando se dictó el auto de formal prisión a los ocho detenidos, "prácticamente no ha habido avance" en el proceso penal.[18]

Tlatlaya y el paradigma militar de seguridad

Centro Prodh: La orden fue abatir delincuentes en la oscuridad

El caso Tlatlaya daría un giro radical el 2 de julio de 2015, cuando el Centro de Derechos Humanos Miguel Agustín Pro Juárez (Centro Prodh) divulgó un documento que venía a demostrar que los soldados que habían participado en la muerte de los 22 civiles en la bodega de San Pedro Limón tenían la orden expresa y por escrito de "abatir a delincuentes en horas de oscuridad".[1]

Las pruebas fehacientes que acreditaban la existencia de sendas ordenanzas, con visos de ser "verdaderos incentivos" para la comisión de graves violaciones a los derechos humanos, eran la *Orden general de operaciones de la base de operaciones "San Antonio del Rosario"*, adscrita al 102o Batallón de Infantería de la 22a Zona Militar, y la subsecuente *Orden de relevo y designación de mando del teniente de infantería Ezequiel Rodríguez Martínez*, ambas fechadas el 11 de junio de 2014. Es decir, 19 días antes de los hechos.

El Centro Prodh había podido acceder a tan delicada información que desvirtuaba la teoría oficial del caso —v. gr., que las 22 personas habían sido abatidas durante un enfrentamiento—, al ejercer la representación legal de una de las víctimas sobrevivientes de la matanza identificada en los medios como *Julia* (Clara Gómez González, madre de Érika, la adolescente de 15 años "rematada" en Tlatlaya).[2]

El hallazgo de ambas pruebas del caso en el fuero militar (causa penal 338/2014, radicada ante el Juzgado Sexto Militar adscrito a la 1a Región

Militar) venía a poner de relieve la necesidad de profundizar la investigación sobre las órdenes de operación del ejército en el fuero civil.

Suscritas por el teniente coronel Sandro Díaz Rodríguez, en ausencia del coronel Raúl Castro Aparicio, comandante del 102o Batallón de Infantería, ambas órdenes estaban fundamentadas en el Programa Sectorial 2013-2018 de la Secretaría de la Defensa Nacional, dentro del marco de la denominada Operación Dragón, de contenido desconocido. La orden de relevo mediante la cual Ezequiel Rodríguez había tomado el mando de la base de San Antonio del Rosario había sido emitida en el Campo Militar número 22-D, ubicado en San Miguel Ixtapan, Estado de México. En el cuerpo del documento se especificaba que eran órdenes provenientes del "Alto Mando". Es decir, del secretario de la Defensa Nacional, general Salvador Cienfuegos.

Como señalaba el Centro Prodh en su informe *Tlatlaya a un año: la orden fue abatir*, de esas ordenanzas resultaba una serie de instrucciones ilegales e ilegítimas —que se apartaban del marco constitucional vigente—,[3] pero que conforme a la *Ley de Disciplina del Ejército y la Fuerza Aérea*, que establece que la obediencia es la base de la disciplina castrense, habían sido emitidas para ser cumplidas.

En la disposición V, la orden de relevo señalaba que "las acciones para reducir la violencia se planearán y ejecutarán en horas de oscuridad, sobre objetivos específicos". Y si bien la disposición VI advertía que la prioridad durante las operaciones contra los "delincuentes" o "integrantes de la delincuencia organizada" sería garantizar la seguridad de las personas inocentes y evitar generar "víctimas colaterales", existía en la misma una ausencia de elementos para identificar a los miembros de los "grupos delictivos", por lo cual, según el Prodh, prácticamente se generaba un "estado de excepción", soslayándose que "en un contexto en el que no se ha declarado formalmente la existencia de un conflicto armado interno, los presuntos delincuentes son también civiles".

De manera implícita, el informe sostenía que esa concepción era un incentivo para la "privación arbitraria de la vida —expresión utilizada en el documento como sinónimo de ejecución sumaria o extrajudicial"—, lo que adquiría forma explícita en la siguiente fracción (VII) del catálogo de órdenes, donde claramente se establecía que "las tropas deberán operar en la noche en forma masiva y en el día reducir la actividad a fin de abatir delincuentes en horas de oscuridad".

El uso de ese lenguaje resulta sumamente grave, pues al instruir "abatir delincuentes" se estaba incitando a privar arbitrariamente de la vida a civiles en el momento en que éstos fueran considerados delincuentes, sin presunción de inocencia ni juicio previo. De allí que para el Prodh la orden fuera un estímulo para cometer ejecuciones extrajudiciales.

Implícitamente, la lectura del documento remitía al decreto *Nacht-und-Nebel* (noche y niebla) de la Alemania nazi. La habitual nocturnidad típica de los escuadrones de la muerte y los grupos paramilitares; el mismo *modus operandi* utilizado por fuerzas oficiales en Iguala, Apatzingán y Tanhuato.

A la vez, según el centro humanitario de los jesuitas, tal situación colocaba a las tropas en "franca condición de alevosía", circunstancia indicativa del "propósito de ocultamiento de una actividad ilícita" que guiaba a la orden del alto mando de la Sedena. Máxime considerando que la directiva que regula el uso legítimo de la fuerza del personal del ejército y la fuerza aérea no faculta a los militares para "abatir delincuentes", y tampoco existe ninguna ley o disposición reglamentaria que autorice "abatir" personas.

Respecto del significado del verbo *abatir* y sus derivaciones —y más allá de la discrepancia en torno a la interpretación del mismo generada por la rápida operación de control de daños protagonizada por el subsecretario de Gobernación, Roberto Campa, cuando arguyó que ninguna acepción de la palabra se refiere a privar de la vida—,[4] para el Prodh no había duda: en el contexto castrense el término *abatir* era "unívoco". Así constaba en el propio expediente penal militar, donde estaba integrado el radiograma número 41 emitido el 30 de junio por el teniente Ezequiel Rodríguez, al mando del operativo;[5] en la declaración recabada por el Ministerio Público Militar a los ocho soldados implicados en el hecho;[6] en el informe de la policía ministerial militar,[7] y en el propio auto de formal prisión correspondiente al tipo de infracción castrense cometida por el teniente Rodríguez, de fecha 1° de octubre de 2014.[8]

El expediente no admitía equívoco alguno: a la base militar de San Antonio del Rosario se le había ordenado abatir delincuentes en horas de oscuridad, y tras los hechos de Tlatlaya, el teniente a cargo de la base y del operativo informó a su mando superior que 22 delincuentes habían sido "abatidos". La orden había sido cumplida.

Como señalaba el informe, en el lenguaje militar utilizado por las distintas autoridades castrenses que intervinieron en la integración de la indagatoria y por el propio juzgador militar, "abatir es sinónimo de matar". El propio uso público que la Sedena y la Semar habían dado a ese término en sus boletines oficiales corroboraba el sentido del mismo: abatir, para aludir a la muerte de personas identificadas como presuntos delincuentes. De allí que para el Prodh, además de identificar y sancionar a los autores materiales de la matanza, debía indagarse la responsabilidad, por acción u omisión, de los mandos jerárquicos del teniente Rodríguez.

Con base en la teoría de responsabilidad por cadena de mando, que asume hasta sus últimas consecuencias los principios de jerarquía y obediencia militar, era indispensable la identificación de los mandos superiores para determinar la posible responsabilidad institucional del ejército mexicano.

En ese sentido, y en ejercicio de la coadyuvancia dentro de la averiguación previa que permanecía abierta en el fuero federal, el Prodh solicitó a la PGR el desahogo de diversas probanzas, entre las que figuraba que se citara a comparecer en el fuero civil a los siguientes mandos militares: de arriba abajo en la cadena jerárquica, al secretario de la Defensa Nacional, general Salvador Cienfuegos; al comandante de la 1a Región Militar, general brigadier Jaime Godínez Ruiz; al comandante de la 22a Zona Militar, general de brigada José Luis Sánchez León, y al comandante adscrito, general de brigada Francisco Ortega Luna; al comandante de la unidad (el 102o Batallón de Infantería), coronel Raúl Castro Aparicio, y al teniente Ezequiel Rodríguez Martínez, al mando del operativo del 30 de junio de 2014, quien en el fuero civil sólo estaba procesado por encubrimiento.

Entre otros aspectos, todos debían declarar sobre la procedencia de la orden de relevo de la base de operaciones San Antonio del Rosario y las instrucciones dadas en ella; el contenido de las órdenes que conformaban la *Operación Dragón*, y la manera en que se había decidido el ocultamiento de los hechos. Lo anterior, como un ejercicio mínimo de rendición de cuentas y control civil sobre las fuerzas armadas —cuyos integrantes son funcionarios públicos sujetos al escrutinio de la sociedad—, considerando además que aunque se había acreditado la presencia en el lugar de los hechos de al menos 55 soldados del ejército y 21 marinos,[9] la PGR sólo había tomado declaración a los integrantes de la base de San Antonio del Rosario.

Tal vez por eso existía nerviosismo en el generalato, incluido el del propio secretario de la Defensa, Salvador Cienfuegos, quien por ocupar el vértice de la cadena de mando había tenido que dar el visto bueno a la ordenanza.

Por otra parte, no podía descartarse que otras unidades militares tuvieran instrucciones de "abatir delincuentes". Lo que, de probarse, configuraría una política de Estado en el marco de un régimen de excepción no declarado, con suspensión fáctica de garantías, incluido el derecho humano a la presunción de inocencia, pues la convicción de que una persona es responsable de un delito sólo puede derivar de una sentencia judicial y no de la apreciación subjetiva de una unidad castrense.

En su parte final, el informe del Centro Prodh incluía una serie de recomendaciones. Una de ellas planteaba que en cumplimiento de estándares establecidos en los *Principios relativos a una eficaz prevención e investigación de las ejecuciones extralegales, arbitrarias o sumarias*, la PGR debía permitir la creación de una nueva comisión indagatoria para el caso Tlatlaya, "a efecto de que se procese a los presuntos responsables por la totalidad de los homicidios que cometieron".

Otra recomendación, dirigida a poner fin a la indebida extensión del fuero militar, solicitaba la discusión de una nueva ronda de reformas al Código de Justicia Militar, para que en cumplimiento de las sentencias de la Corte Interamericana de Derechos Humanos se asegurara de que éste fuera compatible con la Convención Americana de Derechos Humanos, con la finalidad de evitar que, como había ocurrido en el caso Tlatlaya, se iniciaran averiguaciones y juicios paralelos en los fueros militar y civil, lo que a la postre podría arrojar sentencias opuestas o contradictorias, en detrimento del esclarecimiento de la verdad y de la sanción de los responsables. Más aún, como había ocurrido en ese caso, cuando la intervención del Ministerio Público Militar había viciado *de jure* y *de facto* las investigaciones al modificar la escena del crimen en sus primeras diligencias.

Una última recomendación estaba dirigida a garantizar que no se siguiera revictimizando a las sobrevivientes de los hechos de Tlatlaya, garantizándoles el derecho a la totalidad de las causas penales abiertas, y en particular, que se cumplieran cabalmente las medidas cautelares brindadas a la víctima *Julia* (Clara Gómez González) y se procediera a repararle el daño causado desde una perspectiva integral.

Los diccionarios usuales y la trampa semántica

El oficio con la orden militar había sido considerado auténtico por el subsecretario de Gobernación, Roberto Campa. Sin embargo, en representación del gobierno federal, el funcionario había pretendido llevar la discusión a un debate lingüístico en vez de abocarse al deslinde de responsabilidades.

Según Campa, la propia orden contenía salvaguardas en materia de derechos humanos y además el término *abatir* tenía acepciones distintas a la identificada por los organismos civiles. No obstante, en relación con la incorporación del lenguaje de derechos humanos en la orden castrense, el informe presentado por el Centro Prodh no había soslayado esa información sino que, por el contrario, había sido explícito en decir que "la propia orden de relevo alude al 'respeto a los derechos humanos' y era acompañada de un anexo titulado 'Conductas que deben evitarse en operaciones'".

Sin embargo, como también se señalaba en el documento, esa inclusión era contradictoria e insuficiente, por lo que no disminuía la gravedad de que se hubiera ordenado abatir delincuentes.

En este sentido y para profundizar el análisis, tras señalar como "insatisfactoria" la respuesta gubernamental, el Prodh señaló en un comunicado que la orden militar no incorporaba verdaderamente el respeto a los derechos humanos "como pauta de actuación transversal de la tropa", lo que implicaría que cada actividad ordenada estuviera permeada por el respeto de los derechos universalmente reconocidos y la vigencia del marco constitucional y convencional. Por el contrario, la orden incluía el lenguaje de derechos humanos "de manera accesoria, siempre como un añadido", generando una situación que como mínimo debía calificarse de "ambivalente".[10]

El comunicado refutaba:

> Por un lado se usa el lenguaje de los derechos humanos, pero por otro, en la dimensión operativa, las órdenes son abiertamente contrarias a los derechos humanos y además ilegales, pues instruyen expresamente a 'abatir delincuentes', lo que implica la suspensión de facto de nuestro marco legal en la medida en que éste sólo permite a las fuerzas armadas detener a civiles cuando éstos se encuentran en flagrancia delictiva, supuesto en el que deben ser presentados ante autoridad competente.

En cuanto a la afirmación de que el término *abatir* no tenía ninguna acepción que implicara violentar derechos humanos, era preciso recordar que el informe establecía que el sentido de ese concepto generaba "extrema preocupación", debido al sentido conforme al cual había sido empleado en el caso Tlatlaya por diversos elementos del ejército mexicano.

Como señaló entonces el director del Centro Prodh, Mario Patrón, a nadie escapaba "que el significado gramatical de abatir no es matar"; no era de la definición proveída por los diccionarios usuales de donde surgía la alerta del organismo civil, sino del propio expediente castrense del caso radicado en el Juzgado Sexto Militar,[11] donde existían varios documentos que dilucidaban el sentido que en la operación militar se le brindaba a la palabra *abatir*. "Así, recordamos que la orden de abatir es seguida en el expediente de al menos cuatro menciones donde ese verbo es empleado como sinónimo de privar de la vida", argumentó Patrón.

La ONU había sabido leer ese significado contextual. En efecto, en un comunicado emitido a raíz de la difusión pública de la ordenanza castrense, Christof Heyns, relator especial para el tema de ejecuciones, señaló que "las órdenes a oficiales encargados de hacer cumplir la ley nunca pueden consistir en salir y matar criminales; deben consistir en arrestar, y sólo si se prueba que es necesario, el uso de la fuerza debe ser el mínimo necesario".

Heyns no era un improvisado en la materia. En el informe que había emitido en 2014 después de una misión a México, el experto había advertido sobre los riesgos que para el derecho a la vida suponía utilizar el "paradigma militar" en tareas de seguridad pública. En otro informe al Consejo de Derechos Humanos de la ONU sobre "La protección del derecho a la vida en las operaciones de mantenimiento del orden", al analizar el uso de la fuerza como último recurso, el relator había señalado que se debían respetar los estándares y las normas internacionales de "proporcionalidad y necesidad", así como "la atención oportuna a las personas heridas debido al uso de la fuerza".[12]

En ese contexto, interrogado sobre la polémica palabra que había desatado una discusión semántica, el general retirado Francisco Gallardo, asesor de la Comisión de Derechos Humanos en el Senado de la República, dijo sin ambages: "Para un militar, abatir significa matar, aniquilar, anular". A su vez, para Santiago Corcuera Cabezut, integrante del Comité contra las Desapariciones Forzadas de la ONU, la instrucción de la Sedena donde abiertamente se decía que sus operativos tenían como finalidad "abatir delincuentes", era como ordenar: "¡No se molesten en detener! ¡Mátenlos en caliente!"[13]

A esas alturas del debate resultaba evidente que el uso del lenguaje pesaba. Las palabras tienen su propio y único significado, pero además el español es uno de los idiomas más ricos y cuenta con numerosas acepciones. El Centro Prodh había encontrado una joya: el verbo *abatir*. Y en el contexto de su uso frecuente por las autoridades, Katia D'Artigues develó otra perla: el 21 de abril de 2015, en su discurso en la ceremonia de jura de bandera de los cadetes del primer año de la generación 2014-2019 de la Heroica Escuela Naval Militar, al presumir los avances en materia de seguridad pública en el país, el propio comandante en jefe de las fuerzas armadas, el presidente Enrique Peña Nieto, había dicho que hasta esa fecha se habían "detenido o, en algunos casos, abatido a 93 de los 122 delincuentes más peligrosos".[14]

Según D'Artigues, la diferenciación hecha por el presidente hacía que quedara claro que abatir no era lo mismo que detener o apresar. Además, en algunos diccionarios, a abatir sí se le consideraba sinónimo de destruir o aniquilar. Ergo, abatir como eufemismo de exterminar enemigos.

El informe había aportado elementos técnicos acerca de por qué una orden con esas características no podía sostenerse en un Estado democrático de derecho, pero de la misma forma no se sostenía en el propio sistema jurídico que sustenta el derecho de guerra, dado que de acuerdo con el artículo 29 de la Constitución mexicana hay derechos que no son susceptibles de restricciones en los estados de excepción, como lo es el derecho a la vida.

El documento del Prodh había permitido generar un amplio debate sobre el papel de las fuerzas armadas mexicanas en el modelo de seguridad, así como sobre los riesgos de utilizar al ejército en tareas de seguridad pública, para las cuales no está preparado, pues su vocación se sustenta en eliminar enemigos en contextos de guerra.

Un lamentable error: Cienfuegos

Tras la divulgación del impecable y contundente informe del Centro Prodh, las reacciones públicas de la Secretaría de la Defensa Nacional y su titular, general Salvador Cienfuegos, no fueron al fondo del problema y en algunos casos carecieron de toda seriedad.

En un comunicado que hizo llegar a los medios cerca de las 11 de la noche del viernes 3 de julio de 2014, la Sedena informó que el documento aludido por el Centro Prodh contenía en total 38 instrucciones que no habían sido mencionadas en su totalidad, de cuyo análisis se desprendía que su propósito era proteger la vida de las personas y la seguridad de las tropas, y que las operaciones del personal castrense se ajustaran al marco jurídico vigente que contempla el respeto irrestricto de los derechos humanos.[15]

La dependencia recalcó que la indicación central a los soldados y oficiales que participaron en el operativo en Tlatlaya había sido privilegiar el respeto a los derechos humanos, lo que se acreditaba en varios párrafos del documento. Y citaba varios de ellos:

Actuando en forma contundente y conforme a derecho, prevaleciendo en todo momento el respeto a los derechos humanos y a la observancia de la ley para prevenir y sancionar la tortura […] La prioridad durante las operaciones será garantizar la seguridad de las personas inocentes, evitándose generar víctimas colaterales […] Las operaciones deben realizarse con estricto respeto a los derechos humanos, evitando cateos sin orden de la autoridad judicial, así como el traslado de detenidos al interior de instalaciones militares […] Deberá apegarse a lo establecido en la directiva que regula el uso legítimo de la fuerza por parte del personal del ejército y fuerza aérea mexicanos, en cumplimiento del ejercicio de sus funciones en apoyo de las autoridades civiles y en la Ley Federal de Armas de Fuego y Explosivos…

Esas y otras instrucciones significaban, en buen romance, que la tropa debía cumplir con lo establecido en el documento anexo a la orden del comandante del 102o Batallón de Infantería, denominado *Conductas que deberán evitarse en operaciones*, que implicaba, por ejemplo, no causar lesiones a los detenidos; no robar; no matar personas; no cometer abuso de autoridad; no torturar; no realizar inhumaciones clandestinas; no incomunicar a los detenidos; no intimidar; no amenazar ni cometer desaparición forzada de personas.[16]

Como señaló Jorge Luis Sierra, era evidente que la serie de documentos develados por el Prodh exhibían una contradicción muy grande "entre el nivel de la política militar y su aplicación directa en las operaciones". Si bien la política de la Sedena intentaba instruir al personal castrense en el respeto a los derechos humanos, los órdenes de operación utilizaban un lenguaje que implicaba "la destrucción física de las personas o grupos que el ejército percibe como amenaza".[17]

Por su parte, el secretario de la Defensa, general Cienfuegos, no negó la existencia del documento, pero atribuyó la frase "las tropas deberán operar en la noche en forma masiva y en el día reducir la actividad a fin de abatir delincuentes en horas de oscuridad" a un... "muy lamentable error de transcripción".[18]

Durante una entrevista televisada para el programa *Todo personal* de Proyecto 40, al responder a una pregunta del conductor Jorge Fernández Menéndez, el divisionario contestó: "Aquí podría señalar algunas incongruencias; primero, hoy se dice que se ordenó abatir delincuentes, esto es un error, es un muy lamentable error, es una transcripción, de una disposición, muy lamentable".

Según Cienfuegos, la disposición "original" decía "abatir homicidios perpetrados por los delincuentes en horas de oscuridad", pero "alguien le quitó 'homicidios perpetrados por los delincuentes', y dijeron abatir delincuentes en horas de oscuridad, y eso le cambia el contexto a todo" [*sic*].[19]

En su para nada inocente ni casual entrevista reproducida por su autor en el diario *Excélsior* con un muy elocuente y periodístico título: "El general tiene la palabra", el divisionario no aclaró a su perspicaz interlocutor —quien ya había advertido que no se trataba de una orden específica para una misión sino una suerte de "machote" general— cuántos presuntos delincuentes más habían sido abatidos de manera arbitraria, sumaria o extralegal en distintas partes del país, a raíz de ese "error de transcripción" que, en el marco de la Operación Dragón y en función de la disciplina militar, posiblemente ejecutaron sin chistar otras tropas del ejército ante la voz de mando de un superior.

Muy afecto a defender el honor y la moral de las fuerzas armadas, que junto con la obediencia son los valores esenciales de la disciplina del ejército de acuerdo con el artículo 3o del capítulo I (Disposiciones generales) de la ley correspondiente vigente, el general Cienfuegos sabía como pocos jefes castrenses que el artículo 5o de la misma establece que "el militar debe proceder de un modo legal" y que según el artículo 14 "queda estrictamente prohibido al militar dar órdenes cuya ejecución constituya un delito; el militar que las expida y el subalterno que las cumpla, serán responsables conforme al Código de Justicia Militar".[20]

Según la PGR, la CNDH, el INAI y una comisión especial de diputados para el caso Tlatlaya, con base en varios peritajes, en la bodega de San Pedro Limón un grupo de soldados habían cometido diferentes delitos que parecían responder a la lógica señalada por el informe del Prodh, *Tlatlaya a un año: la orden fue abatir*. Por lo que la versión de que se había cometido un "muy lamentable error de transcripción" aparecía como una débil y poco creíble coartada obligada por las circunstancias.

Más allá de lo que dijera el comandante supremo de las fuerzas armadas, Enrique Peña Nieto, la institución castrense nunca debe estar "por encima de toda duda o sospecha", máxime cuando sus miembros se apartan de los protocolos y los estándares internacionales vigentes como en el suceso de marras. Así, resultaba evidente que al igual que en el caso Ayotzinapa/Iguala, cuando desde distintos ámbitos se pedía indagar en la cadena de mando —como hacía el Prodh en esa coyuntura— no era para "desprestigiar" o "atacar" al ejército, según había esgrimido el propio general Cienfuegos en la ceremonia conmemorativa del día del arma.

Como señaló entonces Mario Patrón, "en democracia todos estamos llamados a rendir cuentas, pero principalmente las instituciones públicas y más aún quienes son funcionarios encargados de hacer cumplir la ley".[21] No se entendía entonces por qué la resistencia para que la cadena de mando del ejército fuera investigada, por qué no ver como una oportunidad uno de los casos más graves en la historia contemporánea de México, para que a partir de procesos sólidos de verdad y justicia se establecieran medidas de supervisión, control y rendición de cuentas que evitaran que hechos como el de Tlatlaya se repitieran.

¿UNA GUERRA SIN PRISIONEROS?

Análisis académicos, como el *Índice de letalidad 2008-2014* elaborado por un grupo de investigadores de la UNAM y el CIDE,[22] habían exhibido que en el marco de una guerra asimétrica e irregular (no convencional) el patrón de comportamiento de las fuerzas armadas y la policía federal (paramilitarizada) se había alejado de los estándares del uso correcto de la fuerza, y a diferencia de conflictos bélicos como los de Vietnam o Irak, los choques entre fuerzas oficiales mexicanas y civiles armados (identificados por la autoridad como presuntos delincuentes) dejaban más muertos que heridos y sobrevivientes capturados.

El análisis recordaba que "la literatura médica, el verificar el uso de armas convencionales en conflictos armados, invierte el índice para reportar heridos sobre muertos por ser más comunes los primeros que los segundos en los contextos de guerra". La guerra de Vietnam tuvo un índice de cuatro heridos por cada muerto; la de Israel y Líbano de 4.5 heridos por fallecido, y la del Golfo de tres heridos por un caído. En tanto que, en promedio, en el periodo 2008-2014 el ejército mexicano acumulaba un saldo inverso de casi ocho civiles muertos por cada civil herido, mientras que en seis años de actuación la policía federal tenía un récord de por lo menos cuatro presuntos agresores muertos por cada uno que había sobrevivido.

Un índice de más muertos que heridos como el que arrojaban los "enfrentamientos" en México "es propio de crímenes de guerra o de tiroteos contra civiles", señalaba el estudio. Y agregaba: "Los índices expuestos constituyen una clara señal de alarma acerca de un uso excesivo y desproporcionado de la fuerza letal como posible patrón de comportamiento por parte de las fuerzas federales".[23]

En el caso del ejército, y en el marco de una guerra no declarada y con pocos prisioneros, lo anterior sólo podía obedecer a instrucciones castrenses que bajaron por la cadena de mando de una institución que no estaba capacitada para labores de seguridad pública. La "manera" castrense de funcionar no es otra que la de la guerra. Someter al enemigo es su último fin. Y si a los soldados, entrenados con un espíritu de cuerpo dedicado a la guerra, se les dice que los presuntos criminales son los enemigos, ellos proceden a abatirlos o aniquilarlos.

Otro aspecto que identificaba el estudio como un factor de preocupación era la opacidad militar. A partir de abril de 2014 la Secretaría de la Defensa Nacional se había negado a seguir proporcionando datos oficiales en torno a civiles muertos o lesionados en enfrentamientos con soldados, lo que según los analistas era violatorio de la Ley de Transparencia y del propio *Manual del uso de la fuerza* de aplicación común a las tres fuerzas armadas.

Desde entonces, los requerimientos de información a la Secretaría de la Defensa Nacional se habían topado con la muralla del ejército. Según sintetizó Jorge Carrasco Araizaga, "la Sedena no está dispuesta a rendir cuentas. De nada y a nadie. Su titular, el general Salvador Cienfuegos, sólo habla con el presidente de la República".[24]

Con el argumento de que el ejército era "la institución más sólida del país", Cienfuegos se había negado a responder durante meses diversos requerimientos de información sobre los casos Tlatlaya y Ayotzinapa/Iguala solicitados por una comisión de la Cámara de Diputados, el Instituto Nacional de Transparencia, Acceso a la Información y Protección de Datos Personales e incluso la Procuraduría General de la República. Colaboradores del ex procurador Jesús Murillo Karam revelaron que Cienfuegos había advertido que con el único que tenía que hablar era con "su jefe", el presidente de la República.[25]

Eso podía explicar, a mediados de julio de 2015 su desdén hacia el Grupo Interdisciplinario de Expertos Independientes (GIEI). Este coadyuvante en el caso Ayotzinapa por invitación del Poder Ejecutivo y bajo mandato de la Comisión Interamericana de Derechos Humanos (CIDH), llevaba semanas esperando acceder al 27o Batallón de Infantería de Iguala para entrevistar a los militares que estuvieron en alguno de los varios escenarios de los crímenes los días 26 y 27 de septiembre del año anterior.

Tampoco se había dignado responder a la solicitud formulada por la CNDH a la Sedena, para que explicara el uso del término "abatir delincuentes"; le remitiera copia certificada de la documentación con las órdenes e instrucciones militares del caso Tlatlaya, y le detallara si éstas eran de aplicación obligatoria para los mandos y tropas militares y si se encontraban vigentes, así como el alcance y términos de las mismas.

Parecía llegada la hora de que el ejército dejara de actuar como un poder fáctico incontrolable, abocado a la administración y el trabajo de muerte —según la categoría acuñada por Achille Mbembe en su ya clásico libro *Necropolítica*—, y asumiera con seriedad su papel como una institución de un eventual Estado de derecho.

A la vez, la etapa marcaba la necesidad de un profundo debate entre los poderes Ejecutivo y Legislativo, a fin de que definieran con responsabilidad si se inclinaban por el fortalecimiento de las instituciones civiles de seguridad o, en su defecto, seguían apostando por un modelo de corte militarizado.

Tanhuato, la barbarie

Al cobijo de la oscuridad y como parte de una estrategia operacional que incluye la guerra psicológica y el manejo mediático con fines de distorsión informativa, el viernes 22 de mayo de 2015 un centenar de efectivos del ejército, de la policía federal y la Procuraduría General de la República, apoyados por el fuego indiscriminado de un helicóptero Black Hawk artillado, tomaron por asalto el rancho El Sol, ubicado en el municipio de Tanhuato, Michoacán, en los límites con Jalisco, donde sorprendieron dormidos y mataron a medio centenar de hombres jóvenes que pernoctaban en el lugar y fueron calificados por las autoridades como presuntos delincuentes.

Luego de varias horas de rumores y especulaciones, a las ocho de la noche el titular de la Comisión Nacional de Seguridad (CNS), Monte Alejandro Rubido, inscribió el suceso en el marco de la llamada Operación Jalisco, coordinada por las fuerzas armadas, y dio las "cifras preliminares": después de un feroz "enfrentamiento" iniciado hacia las "9 de la mañana", que de manera intermitente se habría prolongado por más de tres horas al interior de un predio de 112 hectáreas, las fuerzas del Estado habían abatido a 42 presuntos criminales y habría resultado muerto un agente policial. Ningún supuesto criminal resultó herido.

En el lugar se habrían incautado dos armas cortas y 36 fusiles, incluidos un lanzacohetes y una Barret calibre 50. La totalidad de los abatidos —calificados por el Estado y los medios como "sicarios"— habrían dado positivo, *post mortem*, en las pruebas de rodizonato de sodio todos habrían disparado armas de fuego. Además, tres presuntos delincuentes habrían sido detenidos en el lugar.

Acompañado por el comisionado de la Policía Federal, Enrique Galindo, y el comandante de la 21a Zona Militar, José Francisco Morales, Rubido leyó un comunicado donde explicaba que en seguimiento de una averiguación previa iniciada el día anterior por la invasión del rancho El Sol, el gobierno federal había desplegado una "operación conjunta" con elementos del ejército, la policía federal y la PGR, y que al aproximarse al predio, a la altura del kilómetro 371 de la carretera Guadalajara-Morelia, detectaron una camioneta con sujetos armados, que al percatarse de la presencia de las fuerzas federales "comenzaron a disparar". Se inició una "persecución" y el vehículo ingresó al rancho referido. Al advertir la presencia de los uniformados, los ocupantes de la propiedad "comenzaron a atacar con intensidad a nuestros compañeros […] y gracias al entrenamiento y equipamiento de los elementos de las fuerzas federales […] no se registraron más bajas o heridos durante el enfrentamiento".[1]

De la narrativa gubernamental surgían varias inconsistencias y algunas dudas. Una contradicción notoria guardaba relación con el señalamiento de que los presuntos delincuentes de la camioneta habían "atacado" a un convoy que, después se supo en la propia voz de los comisionados Galindo y Rubido, estaba integrado por ocho vehículos con 41 agentes de élite a bordo.

Otra incongruencia tenía que ver con el hecho de que los ocupantes del rancho —que extraoficialmente los medios, sin mencionar fuentes, manejaron como integrantes del Cártel Jalisco Nueva Generación— comenzaron a "atacar con intensidad" a las fuerzas federales y habrían ocasionado la muerte de un policía, a lo que se sumaba la aclaración no pedida de que "gracias al entrenamiento y equipamiento" no se habían registrado más bajas en las filas gubernamentales.

Además, según los primeros testimonios gráficos de la matanza —filtrados o autorizados por las autoridades que durante horas tuvieron encapsulado y precintado el lugar de los hechos (nadie podía entrar ni salir del predio), y que fueron distribuidos por internet el día de los hechos y el sábado 23 en las páginas web de la prensa local e internacional—, los cuerpos de varios jóvenes abatidos presentaban disparos en el torso o en la frente y quedaron inertes boca abajo. Algunas imágenes de un mismo sitio, tomadas en momentos diferentes, retrataban cambios en la posición de los cadáveres de las víctimas y permitían constatar que en algunos casos a los muertos les habían sido *sembradas* armas de alto poder. Es decir, los cuerpos habían sido manipulados y la escena del crimen adulterada.

Ante tal situación, no quedaba claro quién o quiénes habían filmado y tomado fotografías en apariencia autoincriminatorias de los agentes del Estado o si hubo un interés en que tales evidencias documentales fueran distribuidas públicamente con alguna finalidad específica.

También, y más allá del "entrenamiento" y "equipamiento" esgrimido por Monte Alejandro Rubido, resultó inédita la eficacia —"contundencia" describió el comisionado— de las fuerzas federales para "defenderse" del fuego intenso de los criminales: el índice de letalidad, 42 a 1 y cero heridos, desafiaba a las estadísticas, además de la desproporción entre el número de muertos y armas decomisadas, y el hecho de que todos los muertos habrían dado positivo en la prueba de la parafina. Simplemente, no daban las cuentas, amén de que la matanza parecía haber sido realizada para ser exhibida y difundida intencionalmente, bajo la estratagema de una supuesta defensa propia.

¿ENFRENTAMIENTO O MATANZA?

Según las autoridades, la acción punitiva en Tanhuato formaba parte de la Operación Jalisco. A comienzos de mayo el secretario de Gobernación, Miguel Ángel Osorio Chong, había anunciado que la coordinación del Operativo Conjunto Jalisco estaba en manos del general Diplomado de Estado Mayor, Miguel González Cruz, comandante de la 5a Región Militar, con sede en La Mojonera, en el municipio de Zapopan, quien antes se había desempeñado como jefe de las fuerzas militares en Tamaulipas.[2]

Entonces, el responsable de la cartera de seguridad interior del país había detallado que el principal objetivo de la Operación Jalisco, en la que participarían efectivos del ejército, la marina, la PGR, la policía federal, del Cisen y del gobierno estatal, era capturar a Nemesio Oceguera, alias *el Mencho*, y desarticular al Cártel Jalisco Nueva Generación. Para ello, el general González Cruz contaba con 10 mil elementos combinados y vehículos artillados.

De la información suministrada por el comisionado Rubido no quedaba claro a cuál corporación pertenecía el helicóptero que había intervenido de manera decisiva en Tanhuato: ¿Al ejército? ¿A la policía federal, como manejaron algunos medios? Además, ¿helicópteros artillados? ¿Estaba en curso una estrategia similar a la impuesta por el general en jefe de Estados Unidos en Vietnam, William Westmoreland, de "search and destroy": localizar y destruir al enemigo? ¿Y si la nave era de la policía federal, la policía actuaba ya como una máquina de guerra, a la sazón en tiempos de paz?

Las incongruencias del caso derivaron en una filtración al diario *Milenio*, que en su edición del domingo 24 de mayo, en su columna "Al frente", publicó: "Trascendió: Que el grupo de la policía federal que abatió a 42 presuntos narcos en Tanhuato, Michoacán, sabía a lo que se enfrentaba, sabía cuántas personas había dentro y sabía que esa gente bebía y se drogaba por las noches, por lo que nunca madrugaban". En un segundo párrafo, el texto añadía: "Por eso, cuando el comando federal lanzó la ofensiva, muy temprano, la respuesta fue desordenada e imprecisa, reinó el desconcierto y la sorpresa, además de que los caídos se vieron inexpertos en el uso de las armas, aunque aun así lograron matar a un policía y disparar un fusil Barret calibre 50".

Se comenzaba a fabricar una coartada más plausible pero tampoco creíble. Derivada de una denuncia, la averiguación previa se había iniciado el jueves. ¿Cómo en tan pocas horas las fuerzas federales habían recabado tanta información de inteligencia sobre los ocupantes de un predio ubicado en medio de la nada y en una zona hostil a las autoridades?

A su vez, resultaba contradictorio el discurso del comisionado Rubido, con la consabida fórmula de que las fuerzas del orden siempre son "atacadas" o "agredidas" por los maleantes, con el hecho de que ahora se adujera que un comando federal "lanzó la ofensiva". El propio trascendido adelantaba que entre los "inexpertos" ocupantes del predio la "respuesta" había sido "desordenada e imprecisa, reinó el desconcierto y la sorpresa", lo que era un indicativo de que el ataque había sido iniciado por los federales, por "sorpresa".

Por otra parte, el "decomiso" de lanzacohetes y ametralladoras Barret .50 en los operativos federales, muy frecuente en los comunicados oficiales, parecía un subterfugio o muletilla habitual para aludir a la presunta peligrosidad del enemigo y justificar el devastador poder de fuego gubernamental. Además, si la ofensiva había sido "muy temprano", cabía la posibilidad de que el operativo conjunto no se hubiera iniciado a las nueve de la mañana —como dijo Rubido en su comunicado inicial la noche del viernes 22—, sino antes, tal vez a las cuatro o cinco de la madrugada, todavía en horario nocturno.

Ese mismo día *La Jornada* reproducía la opinión del senador Alejandro Encinas, para quien la versión oficial presentaba serias contradicciones y "en los hechos" hablaban de una "operación de aniquilamiento".

El lunes 25 de mayo varios columnistas políticos reaccionaron a la información oficial con una indisimulada incredulidad. Julio Hernández López opinó que Tanhuato era la "confirmación" de que había "licencia para matar", como parte de una política de "exterminio" o "limpieza social" de quienes son considerados como "escorias" y "lacras" que no merecen vivir.[3]

Héctor Aguilar Camín narró en *Milenio* que tras escuchar la noche del 22 de mayo el noticiero con la versión oficial del "choque" en Tanhuato, había escrito en su cuenta de Twitter: "Enfrentamiento en Tanhuato. Tres horas de tiros. 42 muertos de un lado. Uno del otro. Ningún herido. ¿Enfrentamiento?"[4] En ese mismo medio periodístico, Carlos Puig cuestionó la narrativa utilizada por el responsable de la Comisión Nacional de Seguridad y la asimiló a un "lenguaje de guerra" en "la lógica de la exterminación del enemigo" [*sic*] y en el marco de "un estado de excepción" no declarado. Asimismo, debido a la repercusión que el caso Tanhuato había tenido en el mundo ese fin de semana, comentó que México era o seguía siendo "sinónimo de la violencia sin ley. Marca País, que le llaman".[5]

En *El Universal*, tanto Maité Azuela como Ricardo Raphael pusieron en duda la verdad oficial sobre el hecho: más que un enfrentamiento ambos veían una matanza. Según Raphael, el cambio de política gubernamental contra el crimen podría estar relacionado con la vieja consigna porfirista: "Mátenlos en caliente".[6]

De acuerdo con esos y otros analistas, todas las evidencias exhibían un uso excesivo, desproporcionado e irracional de las fuerzas del Estado. Es decir, al margen de los protocolos y los principios y estándares del Derecho Internacional Humanitario, lo que inducía a considerar la comisión de ejecuciones extrajudiciales, sumarias o arbitrarias.

Por lo que en una rápida operación de control de daños, ese mismo lunes los comisionados de la Policía Federal y la CNS concedieron varias entrevistas radiofónicas por separado, donde rechazaron cualquier actuación extralegal de las fuerzas federales. En una entrevista con Ciro Gómez Leyva sostuvo Enrique Galindo: "No hay una sola ejecución, lo digo categóricamente. En ningún momento deciden rendirse ni dejar de disparar, sino por el contrario, enfrentar a la policía; este grupo arteramente se defiende, dispara al helicóptero".[7] ¿Acto fallido del comisionado? ¿Un *lapsus linguae*? ¿Entonces, sí, los malos se defendían de los buenos?

Un día después, en su columna de *El Universal*, al comentar su entrevista con el comisionado Galindo, Gómez Leyva escribió: "En la versión de la policía federal se detalla el armamento de alto poder de los criminales, y cómo estaban desprevenidos, dormidos en la madrugada. Aun así, desoyeron las invitaciones a deponer las armas y rendirse".[8] Cuando el periodista le preguntó si había sido una "venganza" por el derribo de un helicóptero oficial en Villa Purificación el 1° de mayo anterior, el comisionado respondió: "No tenemos una filosofía de desquite, de venganza. Fue una acción de inteligencia, de trabajo, de persecución, donde, sin ningún miramiento, los grupos de la delincuencia organizada enfrentaron a la policía y éste es el resultado. Nuestras fuerzas, bien entrenadas, hicieron uso de sus facultades para defender al ciudadano [¿?]".

Según Galindo, quien en otra entrevista puso su cargo y su prestigio profesional como garantía de que se había tratado de una acción legítima de lucha contra el crimen,[9] los presuntos facinerosos no se habían "tentado el corazón" para dispararles a las fuerzas federales. A juzgar por el resultado, éstas tampoco.

A su vez, en una nota de *La Jornada* —editada con base en distintas declaraciones del comisionado Galindo en medios radiales—, el jefe de la policía federal había argüido que sus hombres habían seguido al pie de la letra las normas para el uso de la fuerza pública:

> Por supuesto, seguimos el protocolo, que consiste en invitar a los agresores, a los delincuentes, a que bajen sus armas, a que se entreguen, se pongan a la vista y enseñen las manos. Hay todo un protocolo; ellos disparan desde que van en la carretera, se meten a ese rancho, dentro siguen disparando e incluso llega el helicóptero y le disparan. Por más que se invitaba a la rendición ellos siempre siguieron disparando [*sic*].[10]

En otra parte de la nota, Galindo justificó el hecho de que el presunto grupo criminal hubiera tenido 42 bajas y la policía federal sólo una:

> Estas personas no madrugan, seguramente están drogados, los tienen que drogar para sostener su ritmo de vida, para poder animarse a disparar. Era muy temprano cuando nosotros llegamos y ellos, obviamente, estaban descontrolados, desorganizados. Sin embargo, si disparan, hay tiros percutidos de armas de alto poder, la calibre 50… y tuvimos suerte de que no dispararan el lanzagranadas.[11]

A su vez, a Carlos Benavides, de *El Universal*, le dijo que "los agresores estaban dormidos" [*sic*], la mayoría de ellos "drogados o alcoholizados" (en otra parte de la nota aseguró que pruebas periciales habían dado positivo a cocaína, metanfetaminas y marihuana, al menos en 10 casos), y presumiblemente no tenían experiencia para disparar, ya que se veían "asustados, hasta en *shock* pues fue una operación bien organizada" y decidieron enfrentar a un grupo de policías entrenados que fueron apoyados por un helicóptero con artilleros certificados por el Departamento de Defensa de Estados Unidos".[12]

El comisionado de la Policía Federal nunca aclaró si los "artilleros certificados" eran militares o policías, y tampoco si se asistía a una guerra tipo Vietnam en ciernes, con tropas nativas y asesores foráneos, como parecía desprenderse de sus propias palabras. Ambos datos eran importantes, porque según testimonios de vecinos del lugar de los hechos, el poder de fuego del helicóptero resultó clave en el resultado del operativo. De acuerdo con la versión de un testigo originario de Puerta de Vargas, pequeña localidad ubicada a 15 minutos del Rancho El Sol, un grupo de uniformados ingresó desde allí al predio, mientras el "helicóptero de la policía federal" disparaba de manera ininterrumpida: "Tiraba el helicóptero, luego se acomodaba de vuelta y ¡rrrrr! Zumbaban las balas. El helicóptero fue el que mató a todos".[13]

Con independencia de que la estrategia mediática gubernamental adscrita a una operación de guerra psicológica pudo haber sido poner a dos "voceros" a dar entrevistas contradictorias como un juego de máscaras, simulaciones y disimulos, resultaba evidente que el comisionado Galindo había sido la fuente del trascendido de *Milenio* un día antes; los términos utilizados eran casi idénticos.

Pero de sus dichos no quedaba claro si los agentes federales habían seguido los "lineamientos generales para la regulación del uso de la fuerza pública por las instituciones policiales", vigente desde 2012. En particular, los artículos 11 y 18, que aluden al principio de proporcionalidad (según las versiones oficiales y las del propio Galindo el "enfrentamiento" se había dado entre 42 malvivientes inexpertos y poco hábiles en el uso de armas de fuego y 100 elementos muy bien entrenados y capacitados), es decir, una relación de 2 contra 1, con las capacidades apuntadas netamente favorables a la policía federal, por lo que según la norma las autoridades deberían haber tenido que emplear de manera "prudente y limitada" su capacidad de fuego para controlar y neutralizar la "agresión".

Tampoco quedaba claro si el uso de helicópteros artillados formaba parte de los lineamientos de las instituciones policiales, y si acaso el entrenamiento había sido recibido en academias de policía de Estados Unidos o en el Departamento de Defensa.

Además, después de los antecedentes de Tlatlaya, Ayotzinapa y Apatzingán, la brecha entre lo que el régimen decía y lo que la opinión pública creía con base en el conocimiento del México real, no por acto de fe, era evidente. Por lo que, como dijo Jorge G. Castañeda, la "carga de la prueba" de lo sucedido en Tanhuato le correspondía a la autoridad, no a la sociedad.[14] Según él, la "presunción de inocencia" ya no existía para el gobierno de Peña Nieto. No bastaban las declaraciones de Rubido y Galindo; sus explicaciones no disipaban las dudas.

En ese contexto, Carlos Tello Díaz agregó algunos puntos urticantes. En un comentario sobre las reglas de la guerra, y tras asimilar los casos Tlatlaya y Tanhuato, manejó como "probable" que "muchos" de los civiles muertos en el municipio michoacano hayan sido sido ejecutados, "ya rendidos". Según Tello, ello sucede con frecuencia en las guerras por dos razones distintas: una, porque los soldados "excitados por la sangre del combate, por el miedo, pierden el control de sí mismos: un soldado no es una máquina"; otra, porque reciben órdenes de sus oficiales de "no tomar prisioneros, de matar a todos". Ésa, para él, había sido la disyuntiva en Tanhuato. Pero, en el caso de la segunda variable, dijo, "no debemos permitir que, con sus órdenes, los mandos del ejército violen las reglas de la guerra contra el crimen organizado en México".[15]

La razón era simple: como respondió Héctor Aguilar Camín[16] al cuestionamiento de un lector que había criticado su comentario sobre el índice de letalidad oficial en Tanhuato, "es normal que los criminales se porten como criminales. Pero es aberrante que para combatirlos, las fuerzas del Estado olviden quiénes son y se igualen en sus procedimientos con los criminales".[17] Situación que implícitamente remitía a los juicios de Nuremberg contra los criminales de guerra nazis y, con posterioridad, a los de los antiguos SS Adolf Eichmann y Klaus Barbie.

PEOR QUE ANIMALES EN UN MATADERO

La cuestión era más seria. En todo enfrentamiento bélico existe un lenguaje. El mensaje de Tanhuato parecía ser cero heridos. Ergo, asesinar a los rendidos; una guerra sin sobrevivientes signada por una violencia salvaje, extrema, ejemplarizante.

En efecto, de acuerdo con testimonios de vecinos de Ocotlán, Jalisco, que fueron al Servicio Médico Forense de Morelia a identificar a sus familiares, los cadáveres de los 42 jóvenes presentaban huellas de tortura: estaban destrozados, mutilados, martirizados, irreconocibles con balazos en la cara; uno fue ahorcado; a seis los habrían calcinado arriba de una camioneta con ácido, lanzallamas o por la explosión de una granada: tenían "la piel florida"; había otros con los brazos quebrados y las manos "trituradas"; uno, que no tenía herida de bala, exhibía un ojo "reventado", casi salido y la dentadura hundida en el rostro; en algunos casos habían sido "violados" con objetos y a varios les "cortaron los testículos". A otros, que tenían varios tiros en la espalda, les aplicaron la "ley fuga".[18] Además, según testimonios de sobrevivientes que lograron huir del lugar de los hechos, a varios que estaban dormidos "los hicieron hincar y les pegaron un tiro de gracia en la nuca". A otros les pasaron con vehículos por encima.

Fue una carnicería. Y por si fuera poco, a esa situación propia de alguno de los círculos del infierno del Dante, en el Semefo de Morelia, cuando los familiares fueron a reconocer a sus parientes, tenían sus cuerpos "peor que a animales en un matadero" o "en el rastro": eran sólo "un número", y estaban colocados en el piso "llenos de sangre embarrada, negra y seca", sobre aserrín y rodeados de barras de hielo, descompuestos, como si fuera parte de una estrategia deliberada se trataba de la consabida comisión de atrocidades de guerra —por parte de agentes del Estado bestializados y pagados con el dinero de los contribuyentes—, y su exhibición pública para sembrar el terror en la población.

De los 42 muertos de Tanhuato, 34 eran oriundos de Ocotlán, Jalisco. Y de acuerdo con el testimonio de Luis Alberto Reynoso, hermano de Víctor Hugo, uno de los jóvenes abatidos originario de Ocotlán, además de los 42 muertos iniciales recogidos por las autoridades el día de los hechos, el domingo 24 de mayo se agregaron cinco cadáveres más que estaban tirados arriba de un cerro detrás del rancho y fueron encontrados por sus familiares. Lo que elevaría la cifra de víctimas mortales a 47.[19]

Algunos parientes de las víctimas declararon a los medios que los jóvenes tenían distintos oficios: carpinteros, mecánicos, plomeros, albañiles, jardineros, y en algunos casos se dedicaban a desmalezar carreteras. A todos les habían dicho que en el rancho El Sol había trabajo, y fueron a ganarse la vida. Algunos familiares no descartaron que más de uno pudiera andar en malos pasos; pero dijeron que si así hubiera sido, "si hicieron algo mal", los debían haber "detenido y encerrado". Lo que hicieron fue una "salvajada", "los mataron como a animales". Y en verdad, todos los indicios desmentían la versión oficial del enfrentamiento; apuntaba hacia una masacre, pero los presuntos "sicarios" de la narrativa oficial ya no podrían desmentir a Galindo y a Rubido.

El 5 de agosto siguiente Carlos Loret de Mola reveló que el hecho había ocurrido entre las cuatro y cino de la mañana (el mismo *modus operandi* de Tlatlaya: ampararse en la nocturnidad para abatir delincuentes), y a partir de un peritaje del Ministerio Público federal —al que el periodista decía haber tenido acceso—, más de 70% de las víctimas aparecía según las necropsias con el tiro de gracia, y un cadáver que no presentaba impacto de bala habría sido muerto a golpes. Además, los cuerpos habían sido movidos y las armas *sembradas* tenían cargadores de modelos distintos y no hubieran podido ser accionadas durante un enfrentamiento.[20]

Según el conductor de Televisa y columnista de opinión de *El Universal*, Tanhuato había sido una "venganza" por la emboscada que el 19 de marzo anterior presuntos miembros del Cártel Jalisco Nueva Generación le habían tendido en el municipio de Ocotlán a un comando de la división de Gendarmería Nacional de la policía federal, con saldo de cinco uniformados muertos.[21]

Un día después, Carlos Puig se hizo eco de los "datos de escándalo" revelados por Loret, y tras citar textual cuatro párrafos completos y entrecomillados, concluía que, en pocas palabras, se estaría "ante la peor ejecución extrajudicial a manos de las fuerzas del Estado de la que se tenga memoria". Agregó que buscó alguna reacción oficial y todas las respuestas lo mandaban a la PGR; pero allí nadie había escuchado nada. "Silencio."[22] A su juicio, de ser verdaderos los peritajes implicarían una "acusación criminal brutal" contra la policía federal y la Comisión Nacional de Seguridad. ¿Nadie leía a Loret?

El 10 de agosto Jorge G. Castañeda también aludió a la columna de Loret y citó textual los mismos cuatro párrafos reproducidos por Puig. Se cuestionaba si el peritaje era cierto o no, y afirmaba que en caso de no serlo resultaba relativamente fácil para las autoridades desmentirlo y divulgar el verdadero, así se acabaría con las especulaciones, y "la autoridad dejaría de defender lo indefendible".[23]

Inesperadamente, al día siguiente la Procuraduría de Justicia de Michoacán se declaró incompetente para seguir investigando el caso. El miércoles 12 de agosto, Ciro Gómez Leyva retomó el caso en su columna "La historia en breve". La tituló "¿Nueva ejecución extrajudicial, Carlos Loret, Puig, Castañeda?" El problema, escribió, "es que la PGR niega la autoría de los peritajes"; la CNDH había respondido que "de haberse encontrado algo tan atroz, lo habría reportado de inmediato", y la procuraduría de Michoacán "tampoco tenía noticia de los tiros de gracia y la tortura [...] ¿de qué peritaje federal estamos hablando entonces? [...] ¿Un peritaje del ejército, de la marina?" Según Gómez Leyva, no se trataba de ver quién tenía la razón; era un asunto de datos duros, no de conjeturas o "fuentes anónimas".[24]

El jueves 13 Ricardo Alemán afirmaba en *El Universal* que los dichos de su compañero en las páginas de opinión de esa casa editorial, Carlos Loret de Mola, eran falsos: no había existido "una supuesta ejecución extrajudicial" en Tanhuato. "En cuestión de días", escribió, la Procuraduría General de la República "dará a conocer un informe puntual" sobre el "enfrentamiento". Alemán citó "fuentes oficiales" y "de la PGR", que "de manera extraoficial" y a partir de "informes confidenciales" le habían ratificado que era "falsa" la versión sobre las ejecuciones sumarias y los tiros de gracia. La primera "confirmación" de que la información de Carlos Loret de Mola no era verídica, agregó, la había dado una página especializada denominada "Letra Roja" en una nota informativa titulada: "¿Engañaron a Loret de Mola?", donde al final se concluía que el periodista —segundo en el ranking de audiencia del duopolio televisivo en México— había sido burlado.[25]

Alguien mentía. Y según aventuró Juan Pablo Becerra-Acosta en *Milenio*, el pleito era entre la PGR y un "bando" integrado por la Comisión Nacional de Seguridad y la Policía Federal. De acuerdo con el comentarista, era "claro" que existía "una severa disputa entre dos grupos en el Gabinete de Seguridad Nacional", y ya habían "jodido" a su jefe, el presidente Enrique Peña Nieto. "¿Lo de Tanhuato fue una ejecución, una venganza, o no? ¡Aclaren ya!", concluía.[26]

Resultó curioso que el debate se había librado entre columnistas, y que salvo el comisionado de la Policía Federal, Enrique Galindo, quien aseguró que su corporación había actuado dentro de la ley y que las necropsias no mencionaban "tatuaje de pólvora" (que indica que el disparo fue a corta distancia), por lo que no había ejecución extrajudicial, y Tomás Zerón, quien adujo que el caso lo llevaba la procuraduría michoacana y la PGR sólo había realizado un "dictamen de balística" a petición de las autoridades locales, nadie había acreditado a otra fuente con nombre y apellido.

Sin embargo, el 18 de agosto Loret de Mola volvió a abordar el asunto Tanhuato con nuevos elementos. Dio pormenores del formato de un documento engargolado de 80 páginas, que era un resumen de las más de dos mil fojas que contenía el expediente de la procuraduría de Michoacán, con las fotografías de los cadáveres y los peritajes de balística realizados por la PGR incluidos. Según él, tanto los titulares de Gobernación como la PGR contaban con un ejemplar. Y agregaba: "El informe apunta inequívocamente a una ejecución extrajudicial".[27]

Entre los datos duros novedosos figuraba que de los 42 presuntos delincuentes abatidos, 23 presentaban heridas que "no eran consistentes" con un enfrentamiento: varios habían muerto "por múltiples balas con trayectoria de espalda a pecho, disparadas a corta distancia". Citaba un caso, el de Jorge Sánchez Arias, quien según el documento había muerto por nueve heridas de bala, todas con esa trayectoria, contraria a cuando hay un intercambio de fuego y el recorrido de los proyectiles es del pecho hacia la espalda. Ese tipo de dictamen, argüía Loret, "se repite una y otra vez".[28]

Otro dato singular era que de las 66 armas presentadas por la policía federal como propiedad de los presuntos criminales (inicialmente se había informado que se habían decomisado tres armas largas y dos cortas), "nada más 12 fueron accionadas". Es decir, que "el 80% de las armas confiscadas no fueron disparadas durante la batalla". Otro punto interesante era que en las fotografías de los cadáveres las víctimas tenían "las manos llenas de lodo seco, pero las armas junto a ellos, que supuestamente se habían utilizado en la refriega, están limpiecitas". Inclusive una foto mostraba a un hombre calcinado, pero el arma en sus manos lucía intacta.[29] Conclusión: de la indagatoria se desprendía que las armas, los cadáveres y la escena del crimen habían sido manipulados.

Viva la muerte

A tres meses de ocurrido el hecho, cuando ya estaba casi olvidado por la opinión pública —y ante el ominoso silencio de la Comisión Nacional de los Derechos Humanos—, el caso Tanhuato había sido reposicionado mediáticamente y era el símbolo más reciente de la incesante y continua serie de bestialidades cometidas por agentes del Estado mexicano.

Expresión palpable de la necropolítica, de un régimen clasista que decidía quién debía vivir y quién debía morir —sin el debido proceso ni tribunal militar sumario alguno—, Tanhuato era una de las mayores matanzas registradas en la historia contemporánea de México atribuibles directamente al Estado, inferior en cifras sólo a las víctimas registradas durante la guerra cristera (250 mil según algunas fuentes, 90 mil según otras) y la masacre de Tlatelolco en 1968 (alrededor de 200), y en un rango similar a la matanza de Acteal (45) a manos de paramilitares vinculados al ejército.

Con el antecedente muy cercano del caso Tlatlaya, lo inédito ahora era que el Estado legitimaba y reconocía oficialmente su autoría material e intelectual en el hecho. Tanhuato remitía al uso de una violencia y un sadismo desbocados; a una bestialidad y una saña ejemplares como fines en sí mismo. Exhibía la forma en que la política hace hoy del asesinato del "enemigo" (del Estado) su objetivo primero y absoluto, con el pretexto de la lucha contra la criminalidad, el terrorismo y algunos actos de resistencia antigubernamentales, pero también el asesinato de quienes intentan buscar la verdad (periodistas, foto-reporteros, defensores de los derechos humanos) y pugnan por formas de convivencia menos brutales.

Tanhuato mostraba que el régimen administrado por Enrique Peña Nieto, como el de su antecesor Felipe Calderón, fundaba su soberanía en el derecho de matar a quien o quienes les viniera en gana. De exterminar seres humanos considerados desechables y "matables" (Agamben), como parte de una dinámica de burocratización, rutinización y naturalización de la muerte, que no podía funcionar más que en estado de excepción o de emergencia, pero donde, de manera perversa, la excepción se había convertido en su contrario: en regla universal.

Prácticamente extinguida la política y privatizado lo público, el nuevo capitalismo criminal del siglo XXI se rige por el necropoder. Un necropoder en cuyo seno las fuerzas federales mexicanas habían actuado, en Tanhuato, como una máquina de guerra con derecho de matar igual que en la Alemania nazi o Estados Unidos en Vietnam. No se trataba de un "exceso" de algunas "manzanas podridas" fuera de control al interior de los organismos de seguridad del Estado, sino de un engranaje más de una tecnología represiva asesina adoptada racional y centralizadamente. En Tanhuato, como antes en Ojinaga, Tlatlaya, Apatzingán y un largo etcétera, los federales no mataron personas, sino delincuentes, esos *Otros*, considerados enemigos, peligrosos, amenazantes.

Los comandos de élite que participaron en Tanhuato habían ejercido la administración y el trabajo de muerte, y como parte de un ritual, exterminar al "enemigo" del Estado se había convertido en la prolongación de un juego macabro. En el Semefo de Morelia los agentes de la policía federal se habían burlado de los familiares de las víctimas: "Los agarraron como pajaritos, dormidos en su nido a los cabrones".[30]

Según la Constitución, en México no existe la pena de muerte y, además, todo mexicano tiene derecho a un juicio justo. El mensaje de Tanhuato era nítido: el soberano podía matar a su antojo, en cualquier momento, de todas las maneras inimaginables posibles. En la práctica, el derecho a la vida parecía haber sido abolido de facto, y por extensión también la vigencia de los derechos humanos. Dadores de vida y muerte, militares y policías podían conceder a sus víctimas la gracia de continuar su existencia o morir sin ser descuartizadas o desolladas en vida.

En el tercer lustro del siglo XXI la nueva soberanía consiste fundamentalmente en el ejercicio de un poder absoluto al margen de la ley y donde la "paz" suele tener el rostro de una guerra sin fin (A. Mbembe). Se militariza la vida cotidiana. El objetivo del terror y el necropoder es el sometimiento social; la sumisión del *Otro*. Quien se resiste es desechable, exterminable. Asistimos a una *tonton-macutización* del régimen[31] como parte de una dinámica depredadora organizada, de desposesión y reterritorialización con fines de dominación económica, al que sirve un gobierno privado indirecto, difuso y sin escrúpulos.

Tanhuato no era un caso aislado. Respondía a una modalidad represiva del Estado. Resultaba, en la coyuntura, el caso emblemático más reciente de un necropoder bestializado, deshumanizado y "normalizado", que había convertido el estado de excepción en regla permanente contra "enemigos", en su inmensa mayoría jóvenes, que eran identificados como presuntos delincuentes, y que, con sus tropas de élite desatadas, reeditaba el grito del jefe de los falangistas españoles de la era franquista, general Millán-Astray: "Viva la muerte".

Los aberrantes hechos de Tanhuato, como muchos otros narrados en estas páginas, formaron parte de una acción institucional jerarquizada, planificada y normada desde el Estado mismo, y fueron ejecutados por unos hombres —ni monstruos ni villanos— que actuaron como engranajes de una maquinaria corporativa asesina, lo que no equivale a reducir la responsabilidad individual de cada miembro del dispositivo represivo. La obediencia incondicional (o "debida"), clave de la disciplina castrense o policial-paramilitarizada, no exime a ninguno de esos hombres comunes que, convertidos en verdaderas bestias humanas, formaron parte de la maquinaria del horror; como tampoco lo exime la negación de los hechos. Cada uno de ellos a través de la cadena de mando de sus instituciones tuvo una función diferente y una responsabilidad delimitable, y por ello, quienes cometieron crímenes, deben ser juzgados, para que se conozca la verdad y termine la impunidad.

A comienzos de 2016, cuando es evidente el malestar en la cúpula de las fuerzas armadas mexicanas, de quienes se resisten a asumir su responsabilidad en los crímenes de lesa humanidad y otras acciones inhumanas y aberrantes en los primeros tres lustros del siglo XXI, podría aplicárseles la argumentación y la lógica implacable del fiscal Julio César Strassera en el caso de los juicios contra las juntas militares genocidas de Argentina en los años ochenta: si no había habido guerra, los comandantes eran delincuentes comunes; si había habido guerra, eran delincuentes de guerra.

La noche de Iguala
y el derrumbe de la verdad histórica

> La verdad sólo se consigue a través del diálogo, no de
> la confrontación. Pero también es cierto que la verdad
> huye con el tiempo que pasa.
>
> *Ángela Buitrago, ex fiscal colombiana integrante del* GIEI

La mañana del domingo 6 de septiembre de 2015, las expectativas de los familiares de los 43 estudiantes desaparecidos de Ayotzinapa se concentraban en el informe preliminar que el Grupo Interdisciplinario de Expertos Independientes (GIEI),[1] bajo mandato de la Comisión Interamericana de Derechos Humanos (CIDH),[2] entregaría a funcionarios de las secretarías de Gobernación y Relaciones Exteriores.

Ese día, la portada de la revista *Proceso* exhibía la imagen de una mujer que, a juzgar por sus gestos, increpaba a un grupo de soldados del 27o Batallón de Infantería de Iguala. El titular del semanario decía: "Caso Ayotzinapa. El Ejército al desnudo". Como parte de su coadyuvancia en la investigación de los hechos de Iguala, el grupo de expertos de la CIDH había solicitado en un par de ocasiones que se les permitiera entrevistar a personal militar de ese batallón, pero la Sedena se había negado. Inclusive, en julio de ese mismo año, el titular del arma, general Salvador Cienfuegos, había declarado al periodista radiofónico José Cárdenas que esa noche el cuartel del batallón no había tenido personal ni vehículos para atender la emergencia. "Y qué bueno que fue así —dijo el jefe castrense—, porque de haber salido, hubiéramos creado un problema mayor."

No obstante, el número de *Proceso* que comenzaba a circular esa mañana desmentía al divisionario. El reportaje incluía declaraciones ministeriales de militares del 27o Batallón ante la PGR, las cuales el semanario obtuvo mediante la Ley Federal de Transparencia. Entre ellas figuraban testimonios del comandante de la unidad, coronel José Rodríguez Pérez, del capitán José Martínez Crespo y de 34 militares más.[3]

En voz del propio coronel Rodríguez, un dato novedoso fue que la noche del 26 de septiembre de 2014 agentes de inteligencia militar vestidos de civil, pertenecientes a los Órganos de Búsqueda de Información (OBI) —un grupo especial del Ejército adscrito a la Sección Segunda—, estuvieron activos en las calles de Iguala. Según el testimonio de otro militar, un mando superior les dio la orden de que se armaran porque iban a salir. Dijo: "Pónganse vergas porque hay personal armado que anda matando gente". Vecinos de Iguala que a las 21:00 horas estaban en la esquina de Juan N. Álvarez y Emiliano Zapata, atestiguaron que personas vestidas de civil comenzaron a disparar a los estudiantes y normalistas sobrevivientes confirmaron el hecho.

Otro dato relevante era que los soldados de dos escuadrones del Grupo de Fuerza de Reacción, que patrullaron esa noche las calles —comandados por el capitán Martínez Crespo y un teniente no identificado—, iban armados con fusiles G-3, arma habitual del Ejército. En dos de los escenarios de los crímenes, personal de la PGJ de Guerrero que realizó las primeras diligencias hacia las 03:20 horas del 27 de septiembre, encontró casquillos percutidos calibre 7.62, que corresponden a los fusiles G-3,[4] y 5.56, empleados en fusiles G-36 y Beretta, armas que usa la policía municipal de Iguala.

Otra información significativa era que en su segunda salida del cuartel, hacia las 23:00 horas, el teniente que estaba al mando de uno de los Grupos de Fuerza de Reacción ordenó cambiar una camioneta Cheyenne por un vehículo blindado y artillado Sand Cat, que llevaba en la escotilla a un soldado empuñando una ametralladora.

De acuerdo con Anabel Hernández y Steve Fisher, autores del reportaje, una fuente militar explicó que los Grupos de Fuerza de Reacción intervienen en momentos de crisis y pueden actuar y tomar iniciativas en el campo de operaciones, y sólo después informar a sus superiores. "Cuando hay acciones abusivas —reveló la fuente—, esos batallones tienen mucho margen de maniobra para falsear sus informes."

De la nota surgían varias interrogantes inquietantes: si desde que habían salido de Tixtla, las autoridades de distintos niveles del Estado mexicano sabían que los estudiantes de la normal iban desarmados, ¿por qué el Ejército salió a patrullar con un vehículo artillado Sand Cat? ¿Por qué y contra quién dispararon sus fusiles G-3 los soldados? ¿Por qué no se les hizo la prueba de rodizonato de sodio a quienes accionaron los G-3? ¿Por qué, de acuerdo con el Protocolo de Minnesota,[5] la PGJ y la PGR nunca hicieron pruebas de balística y de las armas de fuego utilizadas por los soldados del 27o Batallón de Infantería de Iguala?

EL INFORME DEL GIEI Y LA TRAMA OCULTA

A las 10 de la mañana de ese domingo 6, la sala Digna Ochoa de la Comisión de Derechos Humanos del Distrito Federal lucía abarrotada. El informe del GIEI había despertado el interés de los representantes del cuerpo diplomático acreditado en México, legisladores, integrantes de grupos humanitarios y la prensa nacional e internacional.

Cuando una hora después, y en presencia de una delegación de familiares de los desaparecidos y estudiantes de la normal de Ayotzinapa que sobrevivieron a los hechos, los expertos Alejandro Valencia, Ángela Buitrago, Carlos Beristáin, Claudia Paz y Francisco Cox dieron inicio a la presentación del *Informe Ayotzinapa*,[6] aclararon que todos los datos contenidos en el documento estaban "soportados" por las investigaciones y actuaciones ministeriales de la PGJ de Guerrero y la PGR.

Sobre la reconstrucción de hechos, refrendaron que los normalistas habían llegado al zócalo de Iguala cuando el evento de la presidenta del DIF, María de los Ángeles Pineda hacía tiempo había terminado, por lo que no boicotearon ningún acto político. Enfatizaron que los estudiantes no llevaban armas y que las autoridades conocían desde las 17:59 horas, a través del C-4, que se dirigían a las afueras de Iguala y vigilaron *in situ* sus actividades. Es decir, "no fueron confundidos con ningún grupo de la delincuencia organizada".

El extenso documento de más de 560 páginas confirmaba la configuración de varios delitos tipificados graves y considerados crímenes de Estado por el derecho internacional humanitario, y que en ellos habían participado por acción u omisión al menos seis corporaciones de seguridad: el Ejército, la Policía Federal, la policía estatal y ministerial de Guerrero, así como policías municipales de Iguala y Cocula.

El informe ratificaba que seis personas habían sido ejecutadas de forma extrajudicial o arbitraria.[7] Otras 40 personas fueron heridas, algunas de suma gravedad: el estudiante Aldo Gutiérrez se encontraba en coma y estado de estupor al momento de concluir el informe. Además, 43 estudiantes habían sido detenidos y desaparecidos de manera forzada, seguido del ocultamiento de su paradero y de las pruebas que podían incriminar a los autores, con la finalidad de generar confusión y ambigüedad como una forma de evitar la investigación, el conocimiento real de los hechos y sustraer a las víctimas de la protección legal.

Los ataques se habían registrado entre las 21:20 horas del 26 de septiembre y las 2:00 de la mañana del día 27, lo cual mostraba "una capacidad operativa y una coordinación de las acciones de nivel centralizado". Según la investigación, existió una "información compartida" entre diferentes corporaciones de seguridad del Estado sobre los ataques a los normalistas a través del C-4 y otros mecanismos e instituciones oficiales.

Para los expertos, el patrón de actuación de los perpetradores de las desapariciones exhibía dos momentos y perfiles distintos. En un primer instante, se trató de un "ataque masivo e indiscriminado" (disparos contra estudiantes y civiles desarmados y en actitud de huida) y además "progresivo" (persecución, disparos al aire, bloqueo de los autobuses donde se transportaban, golpizas, disparos a matar y a quemarropa, preparación de emboscadas), en el que los autores no ocultaron su identidad: "Más allá del uso de capuchas, son policías municipales y actúan de forma abierta, aunque amparándose en la noche, en un escenario del centro de la ciudad y a la salida de la misma".

Los hechos se dieron frente a numerosos vecinos, lo que para el grupo de expertos —después de entrevistar a varios testigos— era un dato indicativo de que los perpetradores ejercían de tiempo atrás un control territorial de la ciudad y la capacidad de silenciar a la población por medio del terror: "Específicamente, Guerreros Unidos, la policía y distintas autoridades actuaban de forma coordinada desde hacía tiempo". Ese hecho contrastaba con otro tipo de acciones de desaparición forzada, donde se da un modus operandi más clandestino desde el inicio.[8]

Según el GIEI, en la investigación del caso por la PGR "se da frecuentemente" una "desconexión" entre la primera parte del operativo —que llevaron a cabo agentes del Estado— y la segunda en que "supuestamente" se entrega a los normalistas detenidos a un grupo de la delincuencia organizada (Guerreros Unidos) para "desaparecerlos". Sin embargo —agrega el documento—, la desaparición "no puede ser achacada a ese grupo como si todas las acciones no formasen parte del mismo operativo".

En la investigación del expediente y en la versión oficial de los hechos que se dio a conocer en comparecencias públicas (por el ex procurador Murillo Karam y otros funcionarios de la PGR), esa desconexión aparece de forma palpable, "como si fueran dos escenarios diferentes en el que la policía y autoridades implicadas no tuvieran decisión sobre el destino de los normalistas detenidos". Sin embargo, para los expertos ambos momentos formaron parte de una misma acción. Es decir, la "decisión" sobre la desaparición "tuvo continuidad con la acción desarrollada desde el inicio", pero no se tomó de manera inmediata, ya que tuvo que "prepararse la infraestructura necesaria para ocultar el destino de un grupo tan numeroso de personas", detenidas por dos cuerpos de policías municipales en dos lugares diferentes; lo que además requirió (para el ocultamiento de su destino) de un "enorme despliegue de infraestructura y capacidad de coordinación y ejecución" con otros autores intelectuales o materiales.[9]

También llegaron a la conclusión de que el sofisticado modus operandi de los perpetradores: "convertir en cenizas" a los 43 normalistas para que no pudieran ser identificados con pruebas de ADN (similar a la calcinación que se logra en un horno crematorio), no tenía antecedentes ni se correspondía con los utilizados previamente por el grupo criminal Guerreros Unidos: en fosas y con leña, lo que dejó numerosas evidencias y quemas de cadáveres parciales mezclados con cenizas, tierra y restos de material combustible carbonizados.

En la que habría de constituirse en la conclusión más polémica, y después de examinar cuatro diferentes versiones existentes en el expediente sobre el destino de los 43 estudiantes detenido-desaparecidos, los expertos del GIEI desecharon por contradictorias, inconsistentes y dudosas las confesiones y los testimonios de los inculpados por la PGR, y a partir del peritaje independiente del experto peruano José Torero sobre dinámica del fuego en el basurero municipal de Cocula, la inspección del lugar y el examen de los peritajes realizados por la Procuraduría federal, determinaron que la quema de 43 cuerpos en dicho lugar, en un lapso de entre seis y 16 horas señalado en los testimonios de los presuntos responsables, nunca pudo haber sucedido: era "científicamente imposible".[10]

Aunado a lo anterior, la identificación posterior de un resto óseo correspondiente a Alexander Mora —uno de los normalistas desaparecidos— mostraba tanto un patrón de ocultamiento "que forma parte del delito de desaparición forzada" como el hecho de que al menos uno de los estudiantes sí fue incinerado, aunque el informe exhibía la imposibilidad de que el basurero de Cocula, en las circunstancias y los tiempos señalados en el expediente, fuera dicho escenario.

Aparte de que no hubo un "uso adecuado, necesario, racional ni proporcionado de la fuerza del Estado", para el GIEI el móvil de los ataques de los perpetradores pudo partir del hecho de que los normalistas "afectaron intereses de alto nivel". El hallazgo de un "quinto autobús" (consignado por la PGJ de Guerrero y omitido en la investigación de la PGR) podría ser un elemento clave para dilucidar los hechos, por lo que los expertos recomendaron a las autoridades seguir esa línea de investigación. No obstante, cabe agregar que dada la magnitud de los acontecimientos: seis ejecuciones arbitrarias, torturas y 43 detenciones-desapariciones, es difícil explicar las actuaciones de la Policía Federal y del Ejército según obraba en los expedientes y en documentos desclasificados de manera parcial por la Secretaría de la Defensa Nacional.

El nivel de los ataques masivos y sostenidos en nueve momentos y escenarios diferentes de la ciudad de Iguala durante más de tres horas, así como la intervención de distintos cuerpos policiales y de al menos 36 oficiales y soldados pertenecientes al 27o Batallón de Infantería del Ejército, entre ellos varios integrantes de los OBI y el propio comandante de la unidad, coronel José Rodríguez Pérez —quien había estado en contacto permanente con su superior inmediato, general Alejandro Saavedra, a cargo de la 35a Zona Militar—, daba cuenta según el GIEI de una "coordinación central" u "operativa" de las fuerzas de seguridad del Estado, y de un "mando" que dio las "órdenes" hasta llegar a la desaparición de los 43 estudiantes.

Una pista que sugirieron los expertos para verificar esa hipótesis tenía como eje la declaración del chofer del autobús Estrella de Oro 1531, el cual bloquearon patrullas policiales en el escenario del Palacio de Justicia y del que desaparecieron los 14 normalistas que en él viajaban. El conductor aseveró que policías encapuchados lo golpearon y amenazaron: "Los vamos a matar a todos […] a ti también hijo de la chingada", gritaron los uniformados, mientras uno le ponía una pistola en el pecho por la ventanilla. En su testimonio ante el ministerio público, el conductor dijo que lo llevaron "a una casa de dos pisos de color blanco, con portón negro, que se encontraba a 15 minutos de donde lo agarraron, [ubicada] en la zona centro de la ciudad de Iguala". Según sus dichos, lo condujeron a ese lugar en una camioneta de la "policía estatal", sentado "entre dos policías encapuchados y salió un señor de camisa blanca y pantalón negro, el cual se veía con el cuerpo de una persona que hace ejercicio". El individuo preguntó a sus captores "quién chingados es este cabrón" y los policías le respondieron "es el chofer del autobús". Y entonces el hombre atlético ordenó: "Llévenselo también ya saben dónde". Después se dirigió hacia su camioneta y les gritó: "Déjenlo que se largue". El chofer salió corriendo sin saber hacia dónde y después caminó rumbo a la terminal, "mientras seguía lloviendo moderadamente".

Para los expertos, el testimonio del conductor del autobús 1531 daba cuenta de que "al menos una parte del operativo estaba siendo dirigido y coordinado por un hombre sin identificar, quien proporcionaba órdenes". También exhibía que al menos frente a la detención de ese chofer, los policías no supieron qué hacer una vez que lo detuvieron y golpearon, y por eso lo llevaron "desde las afueras de Iguala, a una casa de seguridad en el centro de la ciudad".[11]

Apegados a los hechos, era evidente que los expertos del GIEI no pretendían enjuiciar a ninguna estructura de mando y coordinación del trágico operativo policiaco-militar como la realidad descrita por ellos demandaba, pero ¿quién era el misterioso personaje atlético que había dado órdenes desde una casa de seguridad en el centro de Iguala? ¿Por qué no lo había investigado la PGR?

Como señaló Rafael Landerreche, el caso Iguala tenía algunos puntos de contacto con la matanza de Acteal. Durante el gobierno de Carlos Salinas de Gortari se habían creado la Bases de Operaciones Mixtas (BOM), cuya misión era coordinar la actuación de todas las fuerzas públicas de los diferentes niveles de gobierno y sus diferentes ramas y especialidades, desde las policías municipales hasta el Ejército, en el marco de una doctrina de contrainsurgencia contra el zapatismo en Chiapas. En Acteal, recordó Landerreche, y ya con Ernesto Zedillo en la presidencia de la República, la matanza había sido perpetrada por "fuerzas irregulares" (paramilitares), con la policía estatal acompañándolos de cerca y el Ejército supervisando a distancia, después de haber planeado y preparado todo.[12]

Por otra parte, y como adelantamos antes, por medio del sistema C-4 las Fuerzas Armadas, la Policía Federal, el Cisen y distintas estructuras de seguridad de Guerrero habían seguido y monitoreado en tiempo real a los estudiantes desde su salida de la normal en Tixtla. Lo novedoso, ahora, de acuerdo con información asentada en el expediente revelada por los expertos y cuya fuente era el coordinador de Protección Civil de la Zona Norte del Estado, era que la noche del 26 de septiembre y la madrugada del 27 el Ejército había manejado la información del C-4 de "manera restringida" en los momentos en que se estaban dando los ataques contra los normalistas: entre las 22:11 y las 23:26 (una hora y 15 minutos) y entre las 23:26 y las 2:21(casi tres horas).[13]

Dichos periodos coincidieron con el tiempo posterior al primer ataque de la calle Juan N. Álvarez y Periférico norte, donde fueron detenidos los 43 estudiantes desaparecidos, y con la agresión en el mismo lugar, cuando se llevaba a cabo una rueda de prensa, donde tres encapuchados vestidos de negro que se bajaron de un auto Icon negro asesinaron a quemarropa a dos estudiantes (Daniel Solís Gallardo y Julio César Ramírez), otro normalista resultó herido de gravedad (Édgar Andrés Vargas) y fue detenido Julio César Mondragón, quien luego apareció muerto y con señales de tortura.

Las preguntas obvias son: ¿por qué la Secretaría de la Defensa Nacional restringió, bloqueó o desapareció las comunicaciones del C-4 por espacios prolongados en ambos momentos clave?[14] ¿Por qué nunca explicaron Murillo Karam y su sucesora en la PGR, Arely Gómez, esos silencios y cortes en las comunicaciones, que podrían ser clave para la dilucidación del caso?

Tampoco resultó clara la actuación de los soldados del 27o Batallón, que al mando del capitán José Martínez Crespo fotografiaron, interrogaron, amenazaron y agredieron verbalmente a 25 estudiantes y un maestro en la Clínica Cristina ("así como tienen huevos para andar haciendo sus desmadres, así tengan los huevos suficientes para enfrentar a esa gente", "se toparon con la mera verga"), donde además negaron asistencia médica al normalista Édgar Andrés Vargas, quien herido de un balazo en la boca estaba ahogándose en su propia sangre. De acuerdo con los estudiantes, los soldados nunca dejaron de apuntarles con sus armas; incluso utilizaron frases amenazantes como "si se mueven les disparamos".

Asimismo, los expertos del GIEI consignaron las declaraciones del capitán segundo José Martínez Crespo, muy opuestas a lo dicho por los normalistas. El capitán dijo en su testimonial: "Hablé con los jóvenes, (les dije) que estábamos para darles seguridad, no les pedí los nombres ni les hicimos revisión alguna". Agregó que se comunicó con su mando, el "teniente coronel C", quien le ordenó que "respetase los derechos de los estudiantes".

Si de por si el testimonio del militar resultaba insólito, el relato del responsable de la Clínica Cristina (doctor Ricardo Herrera) ante la PGJ de Guerrero fue totalmente contradictorio con el de los normalistas y muy ilustrativo del manejo judicial del caso. Los estudiantes declararon que el galeno llegó después de que los militares y 23 de los 25 normalistas se habían retirado del recinto hospitalario. Otros testigos interrogados por los expertos del GIEI confirmaron el dato.

En la Clínica Cristina sólo quedaron Édgar Vargas (el estudiante herido), otro normalista y el maestro que los acompañaba. No obstante, en su declaración ministerial el médico aseguró que durante su permanencia en el hospital pudo observar que los militares "nunca se dirigieron mal hacia los muchachos", y cuando se encontraban todos reunidos (se refería a los 25), el capitán Crespo les dijo textualmente:

> Jóvenes primero que nada queremos decirles que somos el Ejército y somos una institución que estamos para servirle a la sociedad y antes que todo les pido una disculpa si se sintieron tratados como delincuentes pero quiero que entiendan que ustedes invadieron propiedad privada tomaron posesión de unas instalaciones de una manera poco convencional pero quiero que entiendan que nosotros también nos exponemos a que no sabemos qué tipo de personas son ustedes si están armados o qué intención tengan que pudieran ponernos en peligro nuestra integridad [sic] yo quiero que ustedes entiendan que su principal labor consiste en hacer orgullosos a sus padres de que ustedes son estudiantes porque ya se acreditaron como tal y no hay delito que perseguir se pueden ir.

El sorprendente testimonio consignado por los expertos del GIEI en su informe incluía otro elemento ilustrativo: el médico declaró que dos o tres días después "pasó personal de la Comisión de Derechos Humanos" y le dijo que "nunca se portaron mal los militares con los muchachos, que las armas siempre estuvieron apuntando contra el piso y que no vio recabar fotos". Sin embargo, existe constancia de que varias fotografías tomadas por los militares a los estudiantes y al herido Édgar Vargas fueron filtradas a medios como *Milenio*.

Si de la lectura simple de la declaración testimonial del médico se podía desprender que resultaba una coartada perfecta para la exoneración de cualquier tipo de responsabilidad —por acción u omisión— del capitán Martínez Crespo y sus hombres, que venía a complementar los dichos del propio militar ante la justicia, otro dato incluido por el GIEI en su informe la desvirtuaba: "Se da la circunstancia que el médico de la Clínica Cristina fue llamado al B27 antes de dar su declaración". Los expertos recogieron en su documento:

> El médico fue llamado, según sus palabras, por los militares, debido a que "el general Saavedra quería que platicara con unas personas de justicia militar y me dijo que si nos veíamos en el hospital o en el batallón 27 y yo fui al batallón 27". El capitán Crespo pide que no lo anoten en el libro de entrada porque "es invitado de mi general". Después lo llamó "el mayor T" y le dijo que "la primera declaración había sido informal y que le iba a tomar otra así que esa sí la firmé y le puse la huella".

A todas luces, la declaración que el médico rindió en el cuartel agregaba más irregularidades a la actuación de la Sedena. ¿Había sido aleccionado el doctor Herrera por elementos de la justicia castrense acerca de qué declarar y cómo? ¿Había rendido falso testimonio ante la justicia? ¿Dio por válidas esas declaraciones la PGR? De allí la necesidad de que, como habían solicitado los expertos del GIEI en un par de ocasiones antes, el gobierno mexicano les autorizara entrevistar a los soldados del 27o Batallón que habían participado en los hechos.

EL FUEGO Y LAS CENIZAS... EN UN PAÍS DE MENTIRAS

El lunes 7 de septiembre de 2015, la cobertura informativa se focalizó en torno al hecho que resultaba más contrastante en términos políticos y periodísticos: si los 43 desaparecidos habían sido quemados o no en el basurero de Cocula. A guisa de ejemplo, *La Jornada* tituló sus ocho columnas: "Los normalistas de Ayotzinapa no fueron incinerados"; *El*

Universal cabeceó: "CIDH: no fueron incinerados; EPN ordena investigar", a su vez, *Milenio* decía en su portada: "Nuevo peritaje en basurero de Cocula".

A partir de una pregunta en apariencia simple: ¿qué pasó en Iguala?, a casi un año de distancia de los hechos, ése y los siguientes días se fueron conformando dos corrientes de opinión en los medios: la de quienes apoyaban la versión oficial presentada por el ex procurador general de la República, Jesús Murillo Karam, y la de quienes consideraron que la pesquisa del ex fiscal de la nación se había derrumbado tras el informe del GIEI, y la desacreditaban.

En esa segunda vertiente destacó la visión de Denise Dresser, quien exhibió la "verdad histórica" de Murillo Karam —"ahora desnudada, descubierta"—, como la "evidencia" de que el Estado mexicano no había sabido elucidar por "incompetencia", "negligencia", "complicidad" o "encubrimiento" el caso de Iguala. A su juicio, el GIEI había puesto "el dedo en la llaga" y exhibido la versión oficial: expedientes repletos de "contradicciones y testimonios falsos, confesiones insostenibles extraídas bajo tortura". "Falsedad tras falsedad. Invención tras invención. Mentira tras mentira". Se trataba, pues, la de Murillo Karam, de una "mentira histórica".[15]

En ese tenor, Ricardo Raphael escribió:

> Fue el Estado el que mintió. El que fabricó testimonios. El que torturó. Fue el Estado el que sometió a los familiares de las víctimas a un sufrimiento innecesario. No hubo incendio. No es cierto que quemaron los cuerpos de los 43 desaparecidos de Ayotzinapa en el basurero de Cocula. La Procuraduría General de la República falsificó los hechos.

Parafraseando a Sara Sefchovich, Raphael dijo que México había quedado exhibido ante el mundo "como un país de mentiras"; Murillo Karam había entregado una "versión fraudulenta" para "dar vuelta rápida a la página", tal vez porque lo habían presionado "majaderamente" desde Los Pinos.[16]

Hubo quienes, como Alejandro Hope, se concentraron en la "descripción de la incompetencia" de la procuraduría de Guerrero y la PGR contenida en el informe del GIEI: escenas del crimen no levantadas o mal preservadas y evidencias perdidas, peritajes incompetentes, diligencias no realizadas o hechas a destiempo. Para Hope no se trataba de cualquier asunto: sometido por la presión nacional e internacional, el presidente Peña Nieto había comprometido todos los recursos del Estado para resolver el caso y el prestigio del país estaba en juego. "Y aun así, la PGR sólo pudo construir un caso a la vieja usanza, con confesiones de presuntos responsables, probablemente arrancadas por la vía de la tortura".[17]

Katia D'Artigues opinó que la más importante conclusión del GIEI era

la exhibición, el desnudo atroz, que hace de nuestro sistema de justicia. De sus enormes deficiencias de investigación, resguardo de escenas del crimen, evidencia; de la esquizofrénica manera en que opera una investigación con multitud de causas, en diversos estados, con diferentes jueces, sin hablarse entre ellos y develando las contradicciones que sí son claras cuando alguien ve la investigación como un conjunto.

Para fortalecer a las instituciones, dijo, había que encontrar a los responsables que habían "ensuciado" la investigación. No obstante, planteó algunas dudas: "¿Hay sólo impericia o hubo dolo y encubrimiento?" Era necesario precisarlo. "Los responsables también deben ser por omisión". Si el Ejército sabía, "¿por qué no hizo nada?"[18]

Otra opinión, la del ex ombudsman Luis González Placencia, abonaba en la idea de la debilidad intrínseca del sistema de justicia penal y la frecuente "costumbre" de las autoridades de cubrir esa debilidad "construyendo relatos improbables, sembrando evidencia, recurriendo a la tortura y violando, en general, el debido proceso". De acuerdo con González Placencia, la "fabricación de culpables" había sido un recurso útil para evitar una investigación, dado que era más fácil inculpar a un inocente para generar impunidad. En todos los casos, el común denominador era la "ausencia de rendición de cuentas" de una autoridad que, "ya sea por incapacidad o por consigna, simplemente no se hace cargo de su ineficiencia".[19] Al agravio de la desaparición de los 43 normalistas se sumaba la responsabilidad directa de la autoridad federal: "El hacer pasar por oficial y con tanta prisa esa pretendida verdad histórica constituye, de facto, un acto de obstrucción a la justicia que también se debería de investigar".

A su vez, Alfonso Zárate opinó que el informe del GIEI contradecía la "verdad histórica" y exhibía "resistencias, anomalías, omisiones, descuidos y pifias inexcusables de la investigación de la PGR". Frente a ello, resultaba inevitable "mirar más arriba" y consignar la responsabilidad política, ética y penal no sólo del ex gobernador Ángel Aguirre Rivero, sino de "los órganos de inteligencia civil y militar" del Estado mexicano. Cuestionó: "¿Jesús Murillo Karam fue engañado o pretendió construir un alegato que cerrara el caso y evitara la incriminación de instancias federales (elementos de la Policía Federal y soldados del 27o Batallón al mando del coronel José Rodríguez Pérez, quien no podía ignorar la condición de narco-gobierno en Iguala)?"[20]

Como dijo entonces Luis Hernández Navarro, el relato oficial sobre la tragedia de Iguala había quedado "reducido a cenizas". La "verdad histórica" del ex procurador Murillo Karam había sido "devorada por el fuego de las evidencias".[21] Sin embargo, no todos opinaban igual.

INCINERAR A TORERO EN FUEGO MEDIÁTICO

En contraste con lo anterior, no sin cierto tufo xenofóbico alimentado de manera encubierta con filtraciones y consignas desde círculos gubernamentales, el enfoque de distintas notas informativas, reportajes y comentarios en las páginas de opinión de distintos medios, estuvo dirigido a desacreditar el informe de los expertos extranjeros y, en particular, el peritaje de José Luis Torero sobre el "incendio" en el basurero de Cocula. La estigmatización de Torero se centró en destacar que el especialista en incendios peruano había estado sólo "20 minutos" en el basurero, versus el agravio al honor de más de un centenar de peritos forenses, especialistas y académicos mexicanos en múltiples disciplinas.

Fiel a su estilo patriotero, Carlos Marín, director de *Milenio*, dijo que el GIEI había reproducido "las desconfiables suposiciones del peruano José Torero", quien a su vez "hizo suyas las calculadas especulaciones del mexicano Jorge Antonio Montemayor que, para colmo, adoptó desde enero Amnistía Internacional". En la defensa de la tesis de "la incineración de los normalistas asesinados [sic] hace casi un año", Marín agrupó a los peritos de la PGR, los expertos de los institutos de Biología y Geología de la UNAM y el Instituto Mexicano del Petróleo, y a tres eminencias mundiales, los estadounidenses John DeHaan y Elayne Juniper Pope y el español Guillermo Rein.[22]

El 8 de septiembre, sin falsa intencionalidad, el titular de portada de *Milenio* señalaba: "En 20 minutos Torero tumbó la 'verdad histórica'". El cintillo complementaba: "Bastaron para inspeccionar el basurero de Cocula y desacreditar 640 peritajes". Y en su columna "El asalto a la razón", Marín contribuía a la descalificación de José Torero y los expertos del GIEI: "Peritos de verdad y peritos patito", tituló su comentario. Al día siguiente, el periódico buscó confrontar a Torero con el experto estadounidense John DeHaan ("perito de verdad" según las certezas del director de *Milenio*), quien había sido una de las fuentes principales de Esteban Illades, autor del libro *La noche más triste*. Colaborador de *Nexos*, Illades había sido convertido al vapor en ejemplo del "periodismo objetivo" por el Grupo Milenio y Televisa, y en esa edición de *Milenio* Illades reproducía algunas opiniones de DeHaan sobre el basurero de Cocula.

Ese mismo 9 de septiembre, entrevistado en "Las Diez de Milenio" —el noticiero estelar de la televisora de ese grupo editorial—, José Luis Torero dijo al conductor Carlos Zúñiga que después de 10 meses una inspección del basurero de Cocula aportaba "muy poco" a la investigación del caso, ya que

casi todo había sido removido [...] la "única razón" de acudir al basurero fue identificar el contexto, es decir, conocer la geometría del tiradero y ver los daños generalizados [...] La metodología está perfectamente descrita en el informe; prácticamente todo mi trabajo se basa en la información que me proporcionó la PGR, la Comisión [Interamericana de Derechos Humanos] y el Equipo Argentino de Antropología Forense, porque ellos hicieron todo el trabajo de campo.[23]

A su vez, en sus respuestas a Cristina Pérez-Stadelmann, de *El Universal*, Torero dijo:

Mi trabajo como perito en incendios está siendo puesto en duda por la Procuraduría General de la República. Finalmente, es muy importante que se llegue a una verdad única, que se resuelva a nivel técnico por expertos del más alto nivel, y que esta verdad no se alcance en base a una batalla o bombardeo mediático, como parece estar ocurriendo.[24]

Al igual que el guión de Carlos Marín en *Milenio*; Jorge Fernández Menéndez en *Excélsior* ("Iguala: los expertos especulan")[25] y el de Bibiana Belsasso en *La Razón* ("Un peritaje de ocho minutos"),[26] Héctor de Mauleón reivindicó los 487 dictámenes periciales de la PGR y concluyó que el reporte del GIEI "cojeaba al pasar por el basurero [...] ¿De verdad la versión de Murillo ha sido derribada? ¿Nos movemos en el terreno de la ciencia o seguimos atados al de la fe?"[27]

Con su estilo habitual, Ricardo Alemán se sumó al coro de los defensores de la mexicanidad agraviada, y envuelto en un nacionalismo a ultranza llamó virtualmente al gobierno a "expulsar" del país a "los dizque expertos [que] desprestigian instituciones y ofenden la inteligencia de los mexicanos que piensan". Según él, el informe del GIEI había sido confeccionado por "expertos en mentir".[28] Un día después calificó como "ilegal y hasta delictivo" el informe de los "expertos", ya que a su juicio habían violado el artículo 247 del Código Penal Federal.[29]

Era evidente que la tragedia de Iguala se había convertido en un terreno de lucha entre la memoria y el olvido, entre la justicia y la impunidad. El gobierno había apostado a dejar atrás los ataques, pero los padres de familia de las víctimas no habían cejado en que se llegara a la verdad histórica de los hechos. Los medios desempeñaban su papel acordes con sus posiciones políticas y sus líneas editoriales. La contraofensiva gubernamental estaba desatada. A ella se sumarían Isabel Miranda de

Wallace y Samuel González Ruiz. ¿Objetivo? Desacreditar a los expertos enviados por la CIDH.

Parecía que la PGR y sus aliados estaban tratando de desviar la atención de lo que el informe del GIEI revelaba. En particular, el involucramiento directo o pasivo del Ejército en el caso. Quedaba la duda sobre qué tanto sabían los militares de lo ocurrido en Iguala: con independencia de qué se entiende por complicidad, aquella participación o colaboración para cometer un delito sin que se tome parte en su ejecución material, el general Salvador Cienfuegos había colocado a su arma por encima de toda investigación. La aplicación de la ley era para el resto de los mortales. Pronto volvería a las andadas.

"A MIS SOLDADOS NO LOS INTERROGAN": CIENFUEGOS

El 5 de octubre de 2015, después de una visita *in loco* (observación en terreno) de una comisión de la CIDH que constató la "grave crisis" humanitaria que vivía México, y el mismo día de la llegada al país del alto comisionado de la ONU para los Derechos Humanos, Zeid Ra'ad Al Hussein, el secretario de la Defensa Nacional escenificó una inusual comparecencia mediática en el principal noticiero de Televisa.[30] Desde allí reiteró su negativa a que integrantes del GIEI hablaran con los soldados del 27o Batallón de Iguala. Dijo:

> Es muy grave querer involucrar al Ejército en estos hechos, sólo porque a alguien se le ocurrió [...] Los soldados no van a declarar ante los expertos independientes de la CIDH porque no hay ninguna acusación [...] Nosotros sólo respondemos a las autoridades ministeriales mexicanas [...] No estoy dispuesto a permitir que gente desconocida, que no son mexicanos [...] interroguen a mis soldados que no cometieron, hasta ahora, ningún delito [...] ¿Qué quieren saber? ¿Qué sabían los soldados? Ya está todo declarado. No puedo permitir que los traten como criminales [...] Ésa es mi posición y de ahí no me voy a salir. Perdería mucho de lo que soy y lo que he sido durante 52 años de carrera militar.[31]

Según Joaquín López-Dóriga, conductor de "El Noticiero" de Televisa, ésa era la declaración "más fuerte y dura" hecha por una autoridad mexicana sobre el caso Iguala. Ante un presidente Peña Nieto debilitado, no fue la de Cienfuegos sólo la opinión "personal" de un secretario molesto; significó también un tácito ultimátum a la pretensión nacional e internacional de que se indagara a fondo la detención-desaparición de los 43 normalistas, e inclusive una virtual advertencia de renuncia al cargo si le pretendieran obligar a dejar que "sus" soldados fueran entrevistados (no interrogados) por instancias extranjeras. Al margen de que los soldados del 27o Batallón no eran de "su" propiedad, pues pertenecen a una institución del Estado, las Fuerzas Armadas, y que declarar en calidad de testigo no convierte a nadie en criminal —al contrario, al hacerlo podrían exhibir las pruebas testimoniales de su inocencia o el papel que tuvieron la noche de Iguala—, el endurecimiento del discurso del general Salvador Cienfuegos no era una buena noticia y anunciaba una seria polarización en México.

La matanza de Tlatlaya y las desapariciones de Iguala se habían convertido en la sombra del jefe de la Defensa Nacional. Cuando el 7 de octubre el alto comisionado de la ONU Zeid Ra'ad Al Hussein salió de su entrevista en Los Pinos con Enrique Peña Nieto, aseguró a la prensa que le había solicitado al presidente "revertir su decisión de no permitir" que los expertos del GIEI se entrevistaran con miembros del 27o Batallón.[32]

Unos días después, en Washington, en el marco de una audiencia pública de la CIDH donde se abordaron varios casos que involucraban al Estado mexicano, el brasileño James Cavallaro, comisionado y relator para México, y la propia presidenta del organismo, Rose-Marie Belle Antoine, pidieron precisiones a los subsecretarios Roberto Campa y Eber Omar Betanzos sobre la reiterada negativa a que miembros del GIEI entrevistaran a los soldados.

Preguntó Cavallaro:

Sobre las declaraciones del general Salvador Cienfuegos, cito: 'No puedo permitir que interroguen a mis soldados, que los traten como criminales'.

¿Depende la Secretaría de la Defensa Nacional y el secretario del presidente y de la autoridad civil? ¿El jefe de la Sedena puede decidir quién sí va o no a colaborar con una investigación que cuenta con el apoyo del presidente?

El subsecretario de Gobernación, Campa, respondió que el presidente es el comandante supremo de las Fuerzas Armadas y que el acceso de los expertos de la CIDH para interrogar directamente a la lista de soldados no era parte del acuerdo suscrito entre el GIEI y la PGR.

La presidenta de la CIDH, Antoine, quiso saber:

—¿Esto es un sí o un no [a la petición del GIEI]?

—Nos habremos de sujetar exclusivamente a los 10 puntos acordados con la PGR, respondió elípticamente Campa.[33]

El 28 de octubre siguiente, con el aval del gobierno de Peña Nieto, la CIDH renovó por seis meses el mandato del GIEI; los expertos se quedarían en México hasta el 30 de abril de 2016. Al más preclaro estilo mexicano de dar largas a un asunto, reiniciar, hacer promesas, realizar algunas modificaciones y empantanar el litigio en el fango procesal, terminaba 2015 con la sensación de que algo cambiaba en lo civil para que todo quedara igual en lo militar.

El crimen de Iguala y el Estado total

El informe del GIEI dio certidumbre a la metáfora "¡Fue el Estado!" de las grandes manifestaciones de octubre y septiembre de 2014 en el Distrito Federal y varias capitales del orbe, y revelaba que no había sido una mera percepción o intuición sobre los acontecimientos, sino una suerte de constatación empírica de un crimen de lesa humanidad. El documento confirmaba que seis diferentes corporaciones de seguridad del Estado habían participado en la vigilancia, la persecución y el ataque de los normalistas de Ayotzinapa que habían "tomado" cinco autobuses para trasladarse a la Ciudad de México con la finalidad de participar en los actos conmemorativos de la matanza de Tlatelolco.

Como dijo Ilán Semo, dichos agentes estatales habían escenificado una de las noches más indecibles de la historia reciente de México, "en que el terror que vuelve al crimen un principio de normalidad aparece como un acto no de unos cuantos, sino como la actividad de un sistema que se lanza a proteger su impunidad como la regla de esa normalidad".[34]

El informe del GIEI era la "historia detallada y escrupulosa" de meses y meses de ocultamiento y fabricación de evidencias, de la creación de escenarios de distracción, de la obstrucción permanente de los procedimientos elementales de cualquier investigación jurídica, de la invención de testigos y, sobre todo, de la complicidad de las autoridades nacionales. Todo para intentar reducir los móviles del crimen "a una reyerta entre un alcalde que llegó al poder apoyado por el crimen organizado y sus opositores".

En su minuciosidad, el informe del GIEI encerraba las claves de cómo se ha estructurado ese tejido en que la frontera entre las instituciones y el crimen organizado se desdibuja a tal grado que cabe hablar de una versión inédita del "Estado total", un Estado que ha suprimido todas las posibilidades de "una mínima división de poderes que contengan la tentación de su propia criminalización". Más allá del móvil del crimen, las "causas" que habían propiciado la muerte de seis personas y la desaparición de 43 estudiantes, se encontraban "en esa condición en que las fuerzas de seguridad actúan como si 'la sociedad fuera su presa', sin importar si se trata de los estudiantes, las instancias jurídicas o la opinión pública".[35]

Como había pensado Norbert Elias para la Alemania nazi en 1935, en Iguala las "fuerzas del orden" se habían dado la mano con las "fuerzas del crimen", no como una "crisis política" o "institucional", sino como una crisis civilizatoria. Es decir, ahí donde la única ley conmensurable es la "ley del más fuerte", y todas las mediaciones que podrían inhibir a esta "ley" han desaparecido. México había ingresado a una crisis civilizatoria.

Notas

INTRODUCCIÓN

1. Joaquín Villalobos y Héctor Aguilar Camín, "La captura criminal del Estado", *Nexos*, México, enero de 2015.

2. David Harvey, *El nuevo imperialismo*, Ediciones Akal, Madrid, 2004.

3. Walter Benjamin, *Tesis sobre el concepto de historia*.

4. Alain Joxe, *El imperio del caos*; Michael Hardt y Antonio Negri, *Imperio*, y Giorgio Agamben, *Estado de excepción*.

5. Achille Mbembe, *Necropolítica*, Melusina, 2011.

6. Achille Mbembe, "Necropolítica, una revisión crítica", en *Estética y violencia: necropolítica, militarización y vidas lloradas*, Museo Universitario de Arte Contemporáneo, UNAM, México, 2012.

7. Helena Chávez Mac Gregor, "Necropolítica. La política como trabajo de muerte", *Ábaco*, núm. 78, 2013.

8. *Idem*.

9. Durante la segunda mitad del siglo XX y hasta el 31 de diciembre de 1999, Estados Unidos llevó a cabo el alineamiento y control ideológico y militar de los países de América Latina y el Caribe, a excepción de Cuba tras el triunfo de la revolución, principalmente desde una serie de bases castrenses desplegadas en la denominada "zona del canal", en Panamá, asiento del Comando Sur del Pentágono.

10. Ana Esther Ceceña, Paula Aguilar y Carlos Motto, *Territorialidad de la dominación. Integración de la Infraestructura Regional Sudamericana (IIRSA)*, Buenos Aires, 2007.

11. Greg Jaffe, "Rumsfeld detalla un gran cambio militar en un nuevo documento", *The Wall Street Journal*, 11 de marzo de 2005, y Michel Chossudovsky, "Los planes de EE.UU. para la dominación militar global", *Globalresearch* (http://globalresearch.ca/articles/CHO503A.html), 29 de marzo de 2005.

12. *Idem*.

13. Ana Esther Ceceña, Rodrigo Yedra y David Barrios, *Un continente bajo amenaza*, Observatorio Latinoamericano de Geopolítica, Quito, Ecuador, 2009.

14. *Idem.*

15. Carlos Fazio, "La mentira del Pentágono como arma de guerra".

16. En marzo de 2005, en Waco, Texas, el presidente Vicente Fox firmó un acuerdo ejecutivo con el presidente de Estados Unidos, George W. Bush, y el primer ministro de Canadá, Paul Martin, denominado Alianza para la Seguridad y la Prosperidad de América del Norte (ASPAN). Los puntos nodales de la ASPAN (o TLC militarizado) fueron seguridad y energía, y la construcción de Norteamérica como un nuevo espacio político y económico para la competencia interimperialista de Estados Unidos con la Europa comunitaria y la región Asia-Pacífico. Desde su concreción, la ASPAN ha venido funcionando con un "gobierno sombra" de las élites empresariales y militares de Estados Unidos y sus socios menores en Canadá y México. Además, dicho acuerdo —que en México elude el control del Senado de la República, encargado por la Constitución de vigilar los acuerdos internacionales suscritos por el Poder Ejecutivo— tuvo como objetivo establecer un "perímetro de seguridad" en el espacio geográfico inmediato a Estados Unidos, bajo el mando de un nuevo comando militar del Pentágono creado en 2002: el Comando Norte.

17. Carlos Fazio, "La construcción social del miedo". Ponencia en el Foro Social Mundial México 2008, Jornada de Acción Global del FSM, Zócalo de la ciudad de México, 25 de enero de 2008.

18. Carlos Benavides, "EU: México es susceptible de *intervención*", *El Universal*, 13 de enero de 2009, y David Brooks, "Colapso rápido y repentino en México, de los mayores riesgos a futuro, alertan en EU". *La Jornada*, 16 de enero de 2009.

19. Símil del Plan Colombia, la Iniciativa Mérida, anunciada por George W. Bush en Washington el 22 de octubre de 2007, fue diseñada como un paquete de asistencia militar (en especie) a México, por un monto de 1 400 millones de dólares para el trienio 2008-2010. Según el documento inaugural, el "nuevo paradigma de cooperación" entre Estados Unidos y México en materia de seguridad estuvo dirigido a hacer frente a "amenazas comunes" asimétricas, mismas que fueron identificadas como organizaciones trasnacionales del crimen organizado, en particular las dedicadas al narcotráfico, el tráfico de armas, las actividades financieras ilícitas, el tráfico de divisas y la trata de personas. Con un dato adicional: la virtual equiparación (desde la óptica punitiva estadounidense) de tres términos y sus manifestaciones concretas: terroristas, narcotraficantes y migrantes sin documentación válida (indocumentados). En su parte sustantiva, el millonario paquete de asistencia militar incluyó aviones y helicópteros de combate; barcos, lanchas; armamento y equipo bélico, radares y sofisticados instrumentos para monitoreo aéreo e intervención de comunicaciones; software para análisis de datos asociados a inteligencia financiera, y recursos para sufragar cursos de entrenamiento

y asesorías del Pentágono, la CIA, el FBI, la DEA y otros organismos de seguridad estadounidenses a sus contrapartes mexicanas. También incluyó recursos para la instrumentación de reformas judiciales, penales y de procuración de justicia, áreas que de manera paulatina serían homologadas a las de Estados Unidos.

20. Achille Mbembe, *Necropolítica, op. cit.*

21. *Idem.*

22. Jairo Estrada Álvarez y Sergio Moreno Rubio, "Configuraciones (criminales) del capitalismo actual. Tendencias de análisis y elementos de interpretación", en *Capitalismo criminal. Ensayos críticos*, Universidad Nacional de Colombia, Bogotá, 2008.

23. "Éstos son los 10 puntos que anunció Peña Nieto en respuesta al caso Ayotzinapa", *Animal Político*, 28 de noviembre de 2014.

24. "Propone Peña Nieto tres Zonas Económicas Especiales", *Noticieros Televisa*, 28 de noviembre de 2014.

25. Hans Magnus Enzensberger, *Política y delito*, Anagrama, Barcelona, 1987.

26. Elias Canetti, *Masa y poder*, Muchnik Ed., España, 1977.

27. Horst Kurnitzky, prefacio a *Globalización de la violencia*, Instituto Goethe de México y Colibrí, México, 2000.

28. Hans M. Enzensberger, *op. cit.*

29. *Idem.*

30. Alonso Urrutia y Claudia Herrera, "La tentación fascista amenaza la civilidad, alerta Sicilia a Calderón", *La Jornada*, 15 de octubre de 2011.

31. Claudia Herrera Beltrán, "Justifica Calderón un 'monopolio del poder' ", *La Jornada*, 3 de octubre de 2007.

32. Más allá de los textos constitucionales y de unas pocas excepciones, históricamente, en América Latina las fuerzas armadas han sido privatizadas al servicio de las oligarquías locales o de sí mismas como corporación.

33. Véase general Karl von Clausewitz, *De la guerra*, Ediciones del Ministerio de Defensa de España, dos volúmenes, 1999.

34. Para una aproximación a la Doctrina de Seguridad Nacional, véase Jorge A. Tapia Valdés, *El terrorismo de Estado*, Nueva Imagen, México, 1980; Alain Rouquié, *El Estado militar en América Latina*, Siglo XXI Editores, México, 1984; Eduardo Luis Duhalde, *El Estado terrorista argentino*, Argos Vergara, Argentina, 1983, y Marie-Monique Robin, *Escuadrones de la muerte. La escuela francesa*, Sudamericana, Buenos Aires, 2005.

35. Rich Mkhondo, *Crímenes de guerra*, Debate, Barcelona, 2003.

36. Noam Chomsky y Edward S. Herman, *Washington y el fascismo en el tercer mundo*, Siglo XXI Editores, México, 1981.

37. Anders Breivik es un terrorista de extrema derecha noruego, al que investigaciones policiales señalan como responsable de la colocación de la bomba que

explotó en el centro de Oslo el 22 de julio de 2011 y del posterior tiroteo en el islote de Utoya, que dejaron un saldo de 77 muertos.

38. En un Estado totalitario o dictatorial, la "defensa de la ley" puede comprender hacer cumplir el régimen de *apartheid* o la separación por razas o castas.

39. "El presidente Calderón en el encuentro con la comunidad mexicana en Los Ángeles", Presidencia de la República, 21 de septiembre de 2011.

40. El 27 de octubre de 2011 un tribunal argentino condenó a 16 ex militares por crímenes de lesa humanidad cometidos por la dictadura entre 1976 y 1983, incluidas detenciones arbitrarias, torturas y el homicidio de decenas de personas en un centro secreto de detención establecido en la Escuela Superior de Mecánica de la Armada (ESMA), en Buenos Aires. Los detenidos murieron por torturas o tras ser arrojados desde aviones. Entre quienes perdieron la vida figuran las religiosas francesas Léonie Duquet y Alice Domon, y el escritor y periodista Rodolfo Walsh.

41. Frase pronunciada por Felipe Calderón el 16 de marzo de 2007. Véase Carlos Bravo, "Una ayudadita de memoria para Felipe Calderón", *Nexos*, 28 de enero de 2011.

42. Claudia Herrera y Alfredo Méndez, "Ofrece Calderón ganar la *guerra* al crimen organizado", *La Jornada*, 23 de enero de 2007.

43. Carlos Bravo, "Una ayudadita de memoria para Felipe Calderón", ya citado.

44. *Idem*.

45. Karl von Clausewitz, *De la Guerra, op. cit.*

46. Norberto Bobbio, "Razón de Estado y democracia", *Temas de hoy*, Madrid, 1997.

47. Walter Benjamin, *Tesis de la filosofía de la historia*, y Giorgio Agamben, *Estado de excepción*, Pre-textos, Valencia, 2004.

PARTE I
La guerra de Calderón

LA "BIBLIA" MILITAR DEL COMANDANTE FELIPE CALDERÓN

1. Jorge Carrasco Araizaga, "La 'biblia' militar de la 'guerra' de Calderón", *Proceso* núm. 1967, 13 de julio de 2014.

2. *Idem*.

3. *Idem*.

4. Ignacio Alzaga, "En riesgo, la viabilidad del país, alerta Sedena", *Milenio*, 28 de noviembre de 2008.

5. *Idem*.

6. Se argumentaba que a mayor número de muertos, mayor era el éxito de la guerra que, por cierto, nunca fue declarada.

7. Tanto la *Directiva para el combate integral al narcotráfico 2007-2012* como el análisis *La Secretaría de la Defensa Nacional en el combate al narcotráfico* fueron solicitados a la Sedena en virtud de la Ley de Transparencia y Acceso a la Información Pública pero en ambos casos se ha negado a proporcionarlos.

8. Raymundo Riva Palacio, "El problema de estrategia" y "La guerra de Calderón", *Eje Central*, 3 de mayo de 2013 y 15 de agosto de 2014.

MORIR EN UN RETÉN

1. Javier Valdez Cárdenas, "Matan militares a dos niños y tres adultos en Sinaloa", *La Jornada*, 3 de junio de 2007; Miguel Ángel Granados Chapa, "Muerte en el retén", *Reforma*, y Alejandro Almazán, "Los mataron a lo puro loco", *Milenio*, 5 de junio de 2007.

2. Javier Valdez, "Matan militares a dos niños y tres adultos en Sinaloa", ya citado.

3. Miguel Ángel Granados Chapa, "Muerte en el retén", ya citado.

4. Alejandro Almazán, "Los mataron a lo puro loco", ya citado.

EL CASO DE LOS NIÑOS ALMANZA

1. Carlos Figueroa, "Tirotean soldados a civiles inermes; dos niños muertos", *La Jornada*, 7 de abril de 2010, y Recomendación 36/2010 de la Comisión Nacional de los Derechos Humanos.

2. Rosario Ibarra, "Tragedia en siete cuartillas (¿daños colaterales?)", *El Universal*, 3 de junio de 2010.

3. Carlos Figueroa y Ernesto Martínez, "Nos dispararon por la espalda, acusan padres de los niños asesinados en NL", *La Jornada*, 8 de abril, y Ricardo Rocha, "Soldados asesinos", *El Universal*, Detrás de la noticia, 13 de abril de 2015.

4. Carlos Figueroa y Javier Santos, "Familiares, amigos y vecinos de los niños asesinados claman por justicia", *La Jornada*, 9 de abril de 2010.

5. Ricardo Rocha, "¡No disparen, soy un niño!", *El Universal*, Detrás de la noticia, 15 de abril de 2010.

6. Enrique Méndez y Roberto Garduño, "Diputados exigen reporte a Sedena y PGR por la muerte de Brayan y Martín", *La Jornada*, 9 de abril de 2010.

7. "Muerte de niños Almanza Salazar, por presunto fuego cruzado, según inspección", inserción pagada publicada en *La Jornada* el 18 de abril de 2010.

8. Ignacio Alzaga, "Narcogranada mató a los niños: Sedena", *Milenio*, y Francisco Gómez, "Sicarios y no militares mataron a niños: Sedena", *El Universal*, 1º de mayo de 2010.

9. Ignacio Alzaga, "Narcogranada mató a los niños: Sedena", ya citado.

10. Daniela Rea y Martha Cázares, "Trocas de militares nos balearon por la espalda", *Reforma*, 1° de mayo de 2010.

11. Carlos Puig, "¿Quién manda aquí?", *Milenio*, 1° de mayo de 2010.

12. Guido Peña, "Muerte de los niños Brayan y Martín", *Milenio*, 13 de junio de 2010.

13. Víctor Ballinas, "Mintió Sedena; soldados mataron a los niños Almanza, dice CNDH", *La Jornada*, y Miguel Ángel Sosa, "CNDH: no hubo fuego cruzado", *El Universal*, 17 de junio de 2010.

14. "Violencia y distorsiones injustificables", *La Jornada*, 17 de junio de 2010.

15. Ricardo Gómez, "Segob: incompleto, reporte de la CNDH", *El Universal*, 19 de junio de 2010.

16. Carlos Marín, "CNDH-Sedena: incógnitas de miedo", *Milenio*, El asalto a la razón, 18 de junio de 2010.

17. Guido Peña, "CNDH: 'omisiones' en el informe, por cerrazón de Sedena", *Milenio*, 18 de junio de 2010, y Recomendación 36/2010 de la CNDH, p. 11.

18. Fabiola Martínez y Gustavo Castillo, "Pide Gómez Mont a ombudsman no ser tontos útiles de criminales", *La Jornada*, 26 de junio de 2010.

EL CASO DE LOS ESTUDIANTES DEL TEC DE MONTERREY

1. "Eran alumnos, no sicarios, los dos abatidos en el Tec", *Milenio*, y "Matan a saltillenses en el Tec de Monterrey", *Vanguardia*, 21 de marzo de 2010.

2. Alonso Urrutia, "Guardias apoyaron a narcos", *La Jornada*, 22 de marzo de 2010, y Jenaro Villamil, "La tesis del fuego cruzado", agencia Apro de la revista *Proceso*, 24 de marzo de 2010.

3. Liliana Padilla, "Soldados sólo repelieron *narcoataque*: Gobernación", *Milenio*, 22 de marzo de 2010.

4. Eduardo Padilla, "Procuraduría de NL inició el enredo: rector", *Milenio*, y Arturo Rodríguez García, "Víctimas del Tec torturados, denuncia la madre de uno de ellos", portal web de la revista *Proceso*, 23 de marzo de 2010.

5. Jesús Aranda y Alonso Urrutia, "La PGR se equivocó: Rodrigo Medina", *La Jornada*, 24 de marzo de 2010.

6. Luciano Campos Garza, "Civiles o sicarios, da igual…", *Proceso*, núm. 1743, 28 de marzo de 2010.

7. Jesús Aranda y Alonso Urrutia, "La PGR se equivocó: Rodrigo Medina", ya citado.

8. *Idem*.

9. Víctor Salvador Canales, "Estudiantes 'cayeron del lado del Ejército': Segob", *Milenio*, 23 de marzo de 2010.

10. Claudia Herrera Beltrán, "Calderón envía en carta su pésame por el asesinato de los estudiantes del ITESM", *La Jornada*, 24 de marzo de 2010.

11. David Carrizales, "Normar la participación del Ejército en la lucha *antinarco*, exige el rector del Tec", *La Jornada*, 25 de marzo de 2010.

12. Arturo Rodríguez García, "El Ejército, sin control y sin ley", *Proceso*, núm. 1743, 28 de marzo de 2010.

13. David Carrizales, "Normar la participación del Ejército en la lucha *antinarco*, exige el rector del Tec", ya citado, y Arturo Rodríguez García, "Asesinato de estudiantes del Tec: se impone la opacidad", agencia Apro, 22 de abril de 2010.

14. Abraham Nuncio, "¿De quién son las órdenes?", *La Jornada*, 27 de marzo de 2010.

15. Ciro Gómez Leyva, "Seis preguntas al rector Rangel Sostmann", *Milenio*, 25 de marzo de 2010.

16. David Carrizales y Gustavo Castillo, "Soldados abatieron a alumnos del Tec, según fuentes castrenses", *La Jornada*, 26 de marzo de 2010.

17. "Autoridades enredan ejecución de detenido", *El Universal*, y Denise Maerker, "El hombre de la camiseta café", columna Atando cabos, *El Universal*, 24 de marzo de 2010.

18. Denise Maerker, "El hombre de la camiseta café", ya citado.

19. Pablo Gómez, "Derecho de matar", *Milenio*, 26 de marzo de 2010.

20. Arturo Rodríguez García, "El Tec se radicaliza contra la 'guerra'", *Proceso* núm. 1747, 25 de abril de 2010.

21. Gustavo Castillo, "Fuego cruzado causó la muerte a los estudiantes del Tec, concluye la PGR", *La Jornada*, y Francisco Gómez, "Se alteró escena del crimen en muerte de estudiantes: PGR", *El Universal*, 2 de mayo de 2010.

22. Alfredo Méndez, "Investigan a cuatro soldados por alterar la escena del crimen en el Tec de Monterrey", *La Jornada*, 13 de mayo de 2010.

23. David Carrizales, "Sicarios mataron a los alumnos del Tec, hipótesis dominante, dice Gómez Mont", *La Jornada*, 15 de mayo de 2010.

24. Recomendación No. 45/2010 sobre el caso de la privación de la vida de Javier Francisco Arredondo Verdugo y Jorge Antonio Mercado Alonso, estudiantes del Instituto Tecnológico y de Estudios Superiores de Monterrey, campus Monterrey, Comisión Nacional de los Derechos Humanos, México, 12 de agosto de 2010.

25. En 2008, la desaparición de 19 jóvenes en el municipio de Soacha, vecino de Bogotá, que aparecieron como "bajas" del ejército en Norte de Santander (a 1 000 kilómetros de distancia), generó un escándalo que llevó a la destitución de 27 militares, incluidos tres generales, así como a la renuncia del general Montoya, quien fue premiado por Uribe con la embajada en República Dominicana.

26. Rubén Mosso, "Sedena y CNDH, divididas por la muerte de alumnos", *Milenio*, 17 de agosto de 2010.

EL "PELOTÓN DE LA MUERTE"

1. Víctor Fuentes, "Siembran militares terror", *Reforma*, 30 de enero de 2012, y Jorge Carrasco Araizaga, "El 'pelotón de la muerte'", *Proceso*, núm. 1889, 13 de enero de 2013.

2. Benito Jiménez, "Argumenta Sedena: no hay impunidad", *Reforma*, 30 de enero de 2012.

3. Víctor Fuentes, "Siembran militares terror", y Jorge Carrasco Araizaga, "El 'pelotón de la muerte'", ya citados.

4. Véase recuadro "Registro", en "Siembran militares terror", ya citado.

5. Víctor Fuentes, "Ordenaba general ejecuciones en Chihuahua en 2008 y 2009", 30 de enero de 2012, http://noticias.terra.com.mx/mexico/seguridad/ordenaba-general-ejecuciones-en-chihuahua-en-2008-y-2009,643191d27ae-25310VgnVCM3000009af154d0RCRD.html.

6. Véase recuadro "Esa Tahoe me gusta", en "Siembran militares terror", ya citado.

7. Jorge Carrasco Araizaga, "El 'pelotón de la muerte'", ya citado.

8. Jorge Carrasco Araizaga, "El 'pelotón de la muerte', soldados con licencia para matar", *Proceso*, 12 de enero de 2013.

9. *Idem.*

10. *Idem.*

11. *Idem.*

12. *Idem.*

13. *Idem.*

14. Ya que no puede ser determinado un paro respiratorio a partir de restos óseos, podría concluirse que se trató de un dictamen pericial "a modo".

15. Benito Jiménez, "Argumenta Sedena: no hay impunidad", ya citado.

16. Benito Jiménez, "No encubrirá ejército al general acusado en Ojinaga", agencia Reforma, 31 de enero de 2012.

17. *Idem.*

18. Daniela Rea, "Sacan archivo delictivo de Jesús Moreno Aviña", agencia *Reforma*, 11 de febrero de 2012.

19. *Idem.*

20. Jorge Carrasco Araizaga, "Rémoras del Operativo Chihuahua", *Proceso*, 12 de enero de 2013.

21. *Idem.*

22. *Idem.*

23. *Idem.*

24. Jorge Carrasco Araizaga, "Empieza la rendición de cuentas", *Proceso*, núm. 1914, 6 de julio de 2013.

25. *Idem.*

26. *Idem.*

27. *Idem.*

28. *Idem.*

29. *Idem.*

30. Jorge Carrasco Araizaga, "Caso 'pelotón de la muerte': la Sedena encubre a Calderón y a Galván", *Proceso*, núm. 1933, 17 de noviembre de 2013.

31. *Idem.*

32. *Idem.*

33. *Idem.*

34. Juan Veledíaz, "La traición de los generales", *Proceso*, núm. 2018, 4 de julio de 2015.

35. *Idem.*

36. *Idem.*

37. *Idem.*

38. *Idem.*

39. *Idem.*

40. *Idem.*

41. *Idem.*

42. "Resulta absuelto el primer militar juzgado civilmente", Organización Editorial Mexicana, 6 de julio de 2015.

43. Jorge Carrasco Araizaga, "La 'biblia' militar de la 'guerra' de Calderón", *Proceso*, núm. 1967, 13 de julio de 2014.

LA PAZ DE LOS RUDOS

1. Sanjuana Martínez, "Si agarro a un zeta lo mato; ¿para qué interrogarlo?: jefe policiaco", *La Jornada*, 13 de marzo de 2011.

2. Arturo Rodríguez García, "Torreón: Abandono y terror", *La guerra del narco*, Segunda parte, *Proceso*, edición especial núm. 29, julio de 2010.

3. *Idem.*

4. "Operación limpieza… o tirar a matar", *SinEmbargo*, 28 de mayo de 2013.

5. Sanjuana Martínez, "Llevarán caso del general Villa Castillo ante la CIDH por apología del delito", *La Jornada*, 27 de marzo de 2011.

6. Fernando Meraz y Álvaro Ortiz, "Desestima procurador de QR a Bibiano Villa", *Milenio*, 8 de abril de 2011.

7. Silvia Hernández, "Seguridad de QR, bajo el mando de militares", *El Universal*, 8 de abril de 2011.

8. "Operación limpieza… o tirar a matar", *SinEmbargo*, ya citado.

9. Ana Cecilia Ramírez, " 'Yo siempre tiro a la cabeza': Julián Leyzaola", *El Informador de Baja California*, 1° de septiembre de 2009.

10. *Idem.*

11. Ignacio Alvarado Álvarez, "Leyzaola: Héroe, villano ¿o ambos?", *El Universal*, 8 de noviembre de 2010.

12. Thelma Gómez Durán, "Tijuana, presa de tortura y excesos", *El Universal*, 7 de diciembre de 2009.

13. *Idem*.

14. *Idem*.

15. Ignacio Alvarado Álvarez, "Leyzaola: Héroe, villano ¿o ambos?", ya citado.

16. Véase resolución de agosto de 2010 de la Procuraduría de los Derechos Humanos de Baja California.

17. *Idem*.

18. Ciro Gómez Leyva, "Julián Leyzaola, el Patton mexicano", columna La historia en breve, *Milenio*, 18 de enero de 2010.

19. *Idem*.

20. Diego E. Osorno, "A los sicarios también les entran las balas", *Milenio*, 28 de enero de 2010.

21. *Idem*.

22. Alejandro Almazán, "El extraño caso del teniente coronel Leyzaola", *Emeequis*, 1º de marzo de 2010.

23. *Idem*.

24. Blanche Petrich, "Torturas y violación de derechos, en supuesta 'pacificación' de Tijuana hecha por Leyzaola", *La Jornada*, 19 de mayo de 2011.

25. "Son 'chamacos' nuevos sicarios", *Reforma*, 3 de junio de 2011.

26. Joaquín Fuentes, "A garrote, las cosas se componen", *Milenio*, 3 de junio de 2011.

27. El *Protocolo de Estambul* es un documento oficial de la Organización de las Naciones Unidas, de 1999, habilitado como un manual para dirigir la investigación y documentación eficaz de la tortura y otros tratos o penas crueles, inhumanos o degradantes.

LA MUERTE DE UN CAPO Y LA SEMIÓTICA BÁRBARA

1. Rubén Mosso e Ignacio Alzaga, "Matan a Arturo Beltrán Leyva tras 3 horas de balazos", *Milenio*, y Héctor González y Benito Jiménez, "Matan a Beltrán Leyva", *Reforma*, 17 de diciembre de 2009.

2. Ricardo Ravelo, "Un golpe lleno de dudas", *Proceso*, núm. 1729, 20 de diciembre de 2009.

3. José Carreño Carlón, "Pasos en falso", *El Universal*, 23 de diciembre de 2009.

4. Leopoldo Ramos, "Denuncia Raúl Vera 'ejecución extrajudicial' de Arturo Beltrán", *La Jornada*, y "Vera: la Marina ejecutó a Beltrán fuera de la ley", redacción de *El Universal*, 26 de diciembre de 2009.

5. Jorge Ramos y Silvia Otero, "PGR prevé más violencia tras muerte de 'El Barbas'", *El Universal*, 18 de diciembre de 2009.

6. Víctor Hugo Michel, "Reinicia EU capacitación de soldados mexicanos", *Milenio*, 6 de agosto de 2009.

7. Marie-Monique Robin, *Escuadrones de la muerte. La Escuela Francesa*, véanse Sudamericana, Buenos Aires, 2005.

8. Véanse fotografías de primera plana e interiores de *El Universal* y *El Gráfico*, del 18 de diciembre de 2009, y *Proceso*, núm. 1729, del 20 de diciembre de 2009.

9. Carlos Monsiváis, "Semiótica bárbara", *Proceso*, núm. 1730, 27 de diciembre de 2009.

10. Oficialmente las fotos fueron atribuidas a Valente Rosas Serra, reportero gráfico de *El Universal* y la agencia estadounidense AP.

11. Alberto Sladogna, "La barbarie civilizada: El tratamiento de la muerte", internet y conversación con el autor, 21 de diciembre de 2009, y Marie-Monique Robin, *Escuadrones de la muerte. La Escuela Francesa*, Sudamericana, Buenos Aires, 2005.

12. *Idem.*

13. Véase la obra clásica de Karl Polanyi, *La gran transformación*, y Horst Kurnitzky, prefacio a *Globalización de la violencia*, Colibrí, México, 2000.

14. La estrategia contrainsurgente de *quadrillage*, introducida por el general francés Raoul Salan en 1957 durante la guerra de Argelia, dividiendo al país en sectores.

15. Ricardo Ravelo, "Un golpe lleno de dudas", ya citado.

16. "El 'Jefe de Jefes' vulneró la Sedena", *Proceso*, núm. 1730, 27 de diciembre de 2009. Sin firma, para proteger reporteros y corresponsales.

17. Francisco Gómez y Justino Miranda, "Escoltas del gobernador de Morelos son vinculados a los Beltrán Leyva", *El Universal*, 11 de enero de 2010.

18. Véase *narcomanta* en Ricardo Ravelo, "Tras la vacante criminal", *Proceso*, núm. 1730, 27 de diciembre de 2009.

19. "Candidato del PAN en NL pacta con los Beltrán Leyva", redacción de *El Universal*, 12 de junio de 2009, y Francisco Reséndiz y Jonathan Tapia, "No pacté con los Beltrán, pero viven en NL: Mauricio", *El Universal*, 13 de junio de 2009.

20. David Carrizales, "NL: desata polémica la propuesta de crear comando ilegal en Garza García", *La Jornada*, y Diego Osorno, "*Grupo de limpieza* de San Pedro, ilegal", *Milenio*, 4 de noviembre de 2009.

SOBRE POLICÍAS Y LADRONES

1. Silvia Otero, "Ligan a agentes de AFI con tortura de 4 *zetas*", *El Universal*, y Alfredo Corchado y Lennox Samuels, "Difunden una de las caras más brutales de

los cárteles", *The Dallas Morning News*, reproducida en *El Universal*, 2 de diciembre de 2005.

2. Gustavo Castillo y Martín Sánchez, "SIEDO: el cártel de Sinaloa compró a por lo menos 11 agentes de la AFI", *La Jornada*, 2 de diciembre de 2005.

3. "Iban a matar a Macedo en la víspera de su renuncia", *Milenio*, 8 de junio de 2005.

4. "Criminales como los *Zetas* quedan muy pocos, según Medina-Mora", *La Jornada*, 3 de diciembre de 2005.

5. Humberto Padgett, "Liberan a 5 AFIS", *Reforma*, 3 de diciembre de 2005.

6. David Aponte y Jaime Hernández, "Narcovideo implica a mandos de PGR y SSP", *El Universal*, 7 de diciembre de 2005.

7. David Aponte y Jaime Hernández, "Implican a Vasconcelos y un grupo de la SSP", *El Universal*, 7 de diciembre de 2005.

8. Raymundo Riva Palacio, "Dos videos, dos", columna Estrictamente Personal, *El Universal*, 7 de diciembre de 2005.

9. *Idem.*

10. Francisco Gómez, "Fax de *los Zetas* a la PGR", *El Universal*, 8 de diciembre de 2005.

11. *Idem.*

12. Jorge Fernández Meléndez, "Cosechan la siembra del video", columna Razones, *Milenio*, 8 de diciembre de 2005.

13. Raymundo Riva Palacio, "La cabeza de Vaca", columna Estrictamente Personal, *El Universal*, 9 de diciembre de 2005.

14. "Teme FBI al poder de *los Zetas*" y "Liga FBI a Macedo con *Zetas*", *Reforma*, 10 y 11 de diciembre de 2005, respectivamente.

15. "Defienden PGR y FBI a Macedo", *Reforma*, 12 de diciembre de 2005.

16. Jorge Fernández Meléndez, "¿Quién manipula el narcovideo?", *Milenio*, 12 de diciembre de 2005.

17. "Decapitan PFP; no hay despidos", *Reforma*, 26 de junio de 2007.

18. Alfredo Méndez, "Están bajo investigación más de 400 mil policías en todo el país", *La Jornada*, 26 de junio de 2007.

LA LEY DEL TALIÓN

1. José Hernández Berríos, "Asesinan al general que inició Operativo Conjunto Chihuahua", *El Heraldo de Chihuahua*, 23 de mayo de 2011, y "Algo grave, bajo el techo de Juárez", *El Universal*, 13 de julio de 2009.

2. "Algo grave bajo el techo de Juárez", ya citado. De acuerdo con la unidad de investigación que realizó el reportaje, el documento de la Sedena fue "borrado de la página oficial sin explicación alguna".

3. Véanse denuncias del visitador de la Comisión Estatal de Derechos Humanos en Ciudad Juárez, Gustavo de la Rosa, y del coordinador de Atención de quejas y denuncias del Operativo Conjunto Juárez, Javier González, en "Algo grave bajo el techo de Juárez", ya citado.

4. Ana Ávila, "Vigilantes contra la delincuencia", *El Universal*, 26 de enero de 2009.

5. *Idem.*

6. El artículo 17 de la Constitución Política de los Estados Unidos Mexicanos dice en su primer párrafo que "ninguna persona podrá hacerse justicia por sí misma, ni ejercer violencia para reclamar un derecho".

7. Jorge Carrasco Araizaga, "La 'biblia' militar de la 'guerra' de Calderón", *Proceso*, 13 de julio de 2014.

8. Juan Pablo Becerra-Acosta, "Comando parapolicial combate a plagiarios", *Milenio*, 18 de mayo de 2009.

9. *Idem.*

10. R. Garduño y E. Méndez, "Acusan a Felipe Calderón de fomentar la creación de grupos paramilitares", *La Jornada*, 20 de mayo de 2009.

11. Ignacio Alzaga, "La viabilidad del país, 'en riesgo': Sedena", *Milenio*, 28 de noviembre de 2008.

12. Miroslava Breach y Rubén Villalpando, "Grupo armado *levanta* y mata a líder mormón y a su cuñado en Chihuahua", *La Jornada*, 8 de julio de 2009.

13. "Chihuahua: armarán a habitantes de Le Barón", *Milenio*, 10 de julio de 2010.

14. Denise Maerker, "Todos somos Le Barón", columna Atando cabos, *El Universal*, 13 de julio de 2009.

15. M. Breach y R. Villalpando, "Descartan armar civiles en Le Barón; se creará policía, afirma Reyes Baeza", *La Jornada*, 11 de julio de 2009.

16. Andrea Becerril y otros, "Demandan seguridad a Calderón", *La Jornada*, 9 de julio de 2009.

17. Francisco Gómez, "Los Linces, narcosicarios misteriosos", *El Universal*, 20 de julio de 2009.

18. *Idem.*

19. Melissa del Pozo, "Agosto: 748 ejecutados; la mitad, en Chihuahua", *Milenio*, 1° de septiembre de 2009.

20. "Irrumpen en centro de rehabilitación; matan a 17 adictos", *El Universal*, y "Ultiman a 17 adictos en clínica de Chihuahua", *Milenio*, 3 de septiembre de 2015.

21. Luis Carlos Cano, "Exterminio de narcorrivales: PJE", *El Universal*, 4 de septiembre de 2009.

22. Adriana Carlos, "Matan en Novolato, Sinaloa, a 10 jóvenes", *Milenio*, 31 de agosto de 2009.

23. Javier Cabrera, "Narcomensaje advirtió ejecución de rateros", *El Universal*, 1º de septiembre de 2009.

24. Javier Cabrera, "Siguen ejecutando a rateros en Sinaloa", *El Universal*, 29 de agosto de 2009.

25. Javier Cabrera, "Advierten de escuadrón de la muerte en Sinaloa", *El Universal*, 22 de agosto de 2009.

26. Luis Carlos Cano, "No hay muertos buenos ni malos, dice visitador", *El Universal*, 17 de septiembre de 2009.

27. Bajo Reserva, *El Universal*, 17 de septiembre de 2009.

28. Luis Carlos Cano, "No hay muertos buenos ni malos, dice visitador", ya citado.

29. "Relevan a visitador en Juárez", *El Universal*, 23 de septiembre de 2009.

LA *PAX NARCA*

1. "Candidato del PAN en NL pacta con los Beltrán Leyva", *El Universal*, 12 de junio de 2009.

2. Ramón Alberto Garza, "Mauricio, silencios y pasado", *El Universal*, 19 de junio de 2009.

3. Diego Enrique Osorno, "Crearán en San Pedro Garza *comando rudo* contra narco", *Milenio*, 28 de septiembre de 2009.

4. "Fernández sacó del país a su familia", *El Universal*, 16 de noviembre de 2009.

5. Jonathan Tapia, "Al que agarremos le va a ir como en feria", *El Universal*, 6 de noviembre de 2009.

6. Abraham Nuncio, "El Grupo de los Diez", *La Jornada*, 4 de febrero de 2012.

7. *Idem*.

8. Jonathan Tapia, "Mauricio Fernández abre polémica tras narcoataque", *El Universal*, 3 de noviembre de 2009.

9. Leticia Fernández, "*El Jefe de Jefes* firma ejecuciones en el DF", *Milenio*, 4 de noviembre de 2009.

10. Jonathan Tapia, ya citado.

11. Marcela Gómez Zalce, "Mauricio, Rodrigo y *el Jefe de Jefes*", columna A puerta cerrada, *Milenio*, 4 de noviembre de 2009.

12. Carlos Loret de Mola, "*El Negro y el Alcalde*", *El Universal*, 4 de noviembre de 2009.

13. Lydia Cacho, "¿Políticos asesinos?", *El Universal*, 5 de noviembre de 2009.

14. Joaquín López-Dóriga, "*El sheriff* de San Pedro", *Milenio*, 5 de noviembre de 2009.

15. Denise Maerker, "La *pax* narca", *El Universal*, 9 de noviembre de 2009.

16. Susana Hernández y Claudia Hidalgo, "Reprende Gómez Mont a alcalde", *Milenio*, 6 de noviembre de 2009.

17. Carlos Loret de Mola, "El alcalde rudo y los Beltrán Leyva", *El Universal*, 11 de noviembre de 2009.

18. David Carrizales y Gustavo Castillo, "Cae *El Chico Malo*, presunto jefe de plaza de los Beltrán Leyva en NL", *La Jornada*, 20 de marzo de 2010.

19. David Carrizales y Gustavo Castillo, "El edil de San Pedro Garza pagó datos a un *narco*", *La Jornada*, y "PGR investiga vínculo entre Mauricio y *El Chico Malo*", *El Universal*, 24 de marzo de 2010.

20. Perla Martínez y Luis Castro, "Ayudó *Chico Malo* a limpia: Mauricio", *Reforma*, y David Carrizales y Gustavo Castillo, "Rechaza Gobernación haber apoyado que Fernández Garza tuviera informantes", *La Jornada*, 27 de marzo de 2010.

21. Carlos Loret de Mola, "Mauricio Fernández Garza debería estar arrestado", columna Historias de reportero, *El Universal*, 14 de abril de 2010.

22. Arturo Rodríguez García, "Magnate, político... y rudo", *Proceso*, 28 de octubre de 2012.

23. A principios de 2009 un grupo autodenominado Comando Ciudadano pro Juárez anunció en una proclama que se erigía como justiciero de la sociedad. Su lema: "Patria y justicia". Su objetivo era terminar con la vida de un criminal cada 24 horas.

24. *Los Matazetas* se habían dado a conocer en Veracruz con un video en YouTube donde se grabó el interrogatorio y ejecución de presuntos sicarios *zetas*.

25. "Ex *alcalde rudo* se niega a disculparse con el Ejército", *Milenio*, 28 de marzo de 2015.

26. *Idem*.

27. "Si Mauricio tenía al Ejército, *Grupo Rudo* estaba de más", entrevista en *Telediario Matutino*, reproducida por *Milenio Monterrey*, 25 de marzo de 2015.

CALDERÓN Y LOS PLEITOS DE PANDILLA EN CIUDAD JUÁREZ

1. Rubén Villalpando y Miroslava Breach, "*Ejecutan* en Ciudad Juárez a 12 adolescentes y dos adultos", *La Jornada*, y Mario H. Silva, "Matan a 14 en fiesta estudiantil de Juárez", *El Universal*, 1° de febrero de 2010.

2. "Golpes de realidad", editorial de *La Jornada*, 1° de febrero de 2010.

3. Julio Hernández López, "Astillero", *La Jornada*, 3 de febrero de 2010.

4. Ciro Gómez Leyva, "Los 'hijos de puta' de Aguilar Camín", *Milenio*, 15 de febrero de 2010.

5. Héctor Aguilar Camín, "Las culpas de Juárez", *Milenio*, 15 de febrero de 2010.

6. Raymundo Riva Palacio, "Matanza jarocha", *Eje Central*, 23 de septiembre de 2011 y Jorge Carrasco Araizaga y Regina Martínez, "Veracruz, zona de terror", *Proceso* núm 1821, 25 de septiembre de 2011.

7. Denise Maerker, "35 menos", Columna *Atando cabos*, *El Universal*, 5 de octubre de 2011.

8. Jorge Carrasco Araizaga y Regina Martínez, "Veracruz, zona de terror", ya citado, con base en información distribuida por *Notiver* de Veracruz, 21 de septiembre de 2011.

9. Jorge Carrasco Araizaga y Regina Martínez, "Veracruz, zona de terror", ya citado.

10. Raymundo Riva Palacio, "Matanza jarocha", ya citado.

11. Álvaro Delgado, "Asoman los paramilitares", agencia *Apro* de la revista Proceso, 26 de septiembre y José de Córdoba, "México teme que se desate un auge de grupos paramilitares", *The Wall Street Journal*, 29 de septiembre de 2011.

12. Paris Martínez, "Los Mata Zetas se 'disculpan', por los asesinatos en Veracruz", *Animal Político*, 26 de septiembre de 2011.

13. *Ibid.*

14. Carlos Fazio, "Sobre *Los Matazetas*", *La Jornada*, 3 de octubre de 2011.

15. Joaquín López-Dóriga V., "Escuadrones, ¿un nuevo frente?", columna "En privado", *Milenio*, 29 de septiembre de 2011.

16. El entonces secretario de Gobernación en funciones, José Francisco Blake Mora, falleció el 11 de noviembre de 2011 cuando el helicóptero en el que viajaba se estrelló en Chalco, en las cercanías de Santa Catarina Ayotzingo y del Distrito Federal, luego de haber despegado del Campo Militar Marte de la Secretaría de la Defensa Nacional, con destino a Cuernavaca, Morelos. Fue el segundo secretario de Gobernación que murió en las mismas condiciones durante el mandato del presidente Felipe Calderón, ya que su predecesor en el cargo, Juan Camilo Mouriño, había fallecido en un trágico accidente aéreo en la Ciudad de México la tarde del 4 de noviembre de 2008.

17. Omar Brito, Israel Navarro y Angélica Mercado, "Censura Francisco Blake a escuadrón de la muerte". *Milenio*, 28 de septiembre de 2011.

18. Marcos Muedano, "Niegan presencia de paramilitares", *El Universal*, y "Cero paramilitares, aclara Sota 2 veces en 48 horas", redacción de *Milenio*, 30 de septiembre de 2011.

19. Fabiola Martínez, "Aplicarán operativo conjunto contra el crimen en Veracruz", *La Jornada*, 5 de octubre de 2011.

20. Trascendió, columna Al Frente, *Milenio*, 29 de septiembre de 2011.

21. Blanche Petrich, "En diciembre, Obama y Calderón acordaron evitar el deterioro de la relación", *La Jornada*, 4 de marzo de 2011; "Las críticas de Pascual no dañaron la moral del Ejército: Sedena", *Excélsior*, 32 de marzo de 2011 y Wilbert Torre, "Calderón pidió la cabeza del embajador de EU, Carlos Pascual: *Narcoleaks*", *Aristegui Noticias*, 24 de febrero de 2013.

EL EJE WAYNE/KILRAIN Y LA BALCANIZACIÓN DE MÉXICO

1. David Brooks, "Prematuro, saber si México va ganando la batalla al *narco*: EU", *La Jornada*; "Cuestiona EU saldo de lucha antinarco", redacción de *El Universal*, y "Sin efectos palpables, la aprehensión de capos: EU", redacción de *Milenio*, 14 de marzo de 2012.

2. "Van 150 mil muertos en México por la *narcoviolencia*: Panetta", redacción de *La Jornada*, 28 de marzo de 2012.

3. David Brooks, "Los 150 mil muertos por la violencia, en el continente americano, aclara el Pentágono", *La Jornada*, 29 de marzo de 2012.

4. Presidencia de la República, "Declaración conjunta de los Líderes de América del Norte", Washington, D. C., 2 de abril de 2012.

5. Carlos Fazio, *Washington y la territorialidad de la dominación. El caso México*, ponencia en el seminario Paramilitarismo y despojo, Torre II de Humanidades de la UNAM, 28 de agosto de 2012.

6. John Saxe-Fernández, "Cuba en la Tercera Cuenca", *Memoria*, México, junio de 2004.

7. Especialista en administrar a la llamada "comunidad de inteligencia", a su perfil de experto en contrainsurgencia, terrorismo, lavado de dinero y aseguramiento de activos de la economía criminal, Wayne, quien presentó sus cartas credenciales como nuevo embajador en México el 13 de septiembre de 2011, sumaba habilidades en temas económicos, comerciales y energéticos. Véase Jorge Ramos, "La relación bilateral, más que sólo seguridad, dice Wayne", *El Universal*, y Claudia Herrera Beltrán, "Trabajaré muy de cerca con autoridades de seguridad, dice Earl Anthony Wayne, nuevo embajador de EU", *La Jornada*, 14 de septiembre de 2011.

8. Roberto Garduño, "EU enviará como embajador a un policía especialista en terrorismo: Muñoz Ledo", *La Jornada*, 28 de mayo de 2011, y Notimex, "A México, el número 2 de EU en Afganistán", *Milenio*, 25 de mayo de 2011.

9. Dudley Althaus, "Envía EU a un experto antiterrorista", *Reforma*; "Agregado militar asesorará a Sedena", redacción de *El Universal*, 14 de marzo de 2012, y Jorge Carrasco Araizaga, "La guerra de Calderón también es del Pentágono", *Proceso*, núm. 1836, 8 de enero de 2012. Véase también Jeremy Scahill, *Guerras sucias: el mundo es un campo de batalla*, y el film documental del mismo nombre, dedicado a descubrir la existencia de JSOC y sus operaciones alrededor del mundo.

10. Jorge Ramos y Eduardo Camacho, "Impone el narco su ley y cuotas: FCH", *El Universal*, 18 de abril de 2012.

11. "Tamaulipas: el otro poder", *Proceso*, edición especial núm. 28.

12. "Tamaulipas, 40% de reserva petrolera", *El Universal*, 31 de agosto de 2014.

13. Erick Muñiz, "Resguardará la Policía Militar explotación de hidrocarburos", *La Jornada*, 11 de noviembre de 2014.

PARTE II
La guerra de Peña Nieto

ACERCA DEL MONOPOLIO DE LA FUERZA Y OTRAS SORPRESAS

1. Pilar Calveiro, *Violencias de Estado*, Siglo XXI Editores, México, 2012.
2. *Idem.*

LAS FÁBULAS DEL GENERAL ÓSCAR NARANJO

1. Carlos Fazio, "Basada en corrupción y mentiras, la historia del colombiano Óscar Naranjo", *La Jornada*, 30 de junio de 2012.

DINERO Y SOCIEDAD: LA PROTECCIÓN EXTORSIVA

1. Horst Kurnitzky, "Nada, sólo dinero", *Este país*, núm. 269, septiembre de 2013.
2. *Idem.*
3. El Comando de Operaciones Especiales Conjunto es el comando de inteligencia paramilitar encargado de realizar operaciones clandestinas que responde directamente a la Casa Blanca, donde el presidente determina y autoriza las ejecuciones extrajudiciales alrededor del mundo.
4. Jeremy Scahill, *Dirty Wars: The World is a Battlefield*, film documental, 2014.
5. Charles Tilly, *Los movimientos sociales como agrupaciones históricamente específicas de actuaciones políticas*, Universidad Autónoma Metropolitana Azcapotzalco, 1995.

MICHOACÁN: REBELIÓN EN LA TIERRA CALIENTE

1. Ricardo Ravelo, "Protectores del cártel del Golfo", *Proceso*, núm. 1635, 2 de marzo de 2008.
2. El 11 de abril de 2010, en un reportaje que tituló "Hidalgo: La red 'zeta' de alto nivel", Ricardo Ravelo reveló una denuncia de hechos presentada el 11 de marzo de ese año ante la Subprocuraduría General de Investigación Especializada en Delincuencia Organizada (SIEDO), para que llevara a cabo una investigación federal que involucraba al ex procurador Rafael Macedo de la Concha; al entonces gobernador de Hidalgo, Miguel Osorio Chong; al precandidato priísta a la gubernatura de esa entidad, Francisco Olvera Ruiz, así como a decenas de funcionarios y ex funcionarios estatales y federales, en la protección de los Zetas y de

su jefe, Heriberto Lazcano Lazcano, *el Lazca*, también hidalguense. Véase *Proceso*, núm. 1745, 11 de abril de 2010.

3. Francisco Castellanos y Alejandro Gutiérrez, "Acción sobre Michoacán", *Proceso*, núm. 1557, 5 de septiembre de 2006.

4. Jorge Carrasco Araizaga y Francisco Castellanos, "Michoacán, la pesadilla de Calderón", *Proceso*, edición especial núm. 25, julio de 2009.

5. "Supuesto *Tuta* llamó a la tv michoacana; convocó a Calderón a un pacto nacional", *La Jornada*, 16 de julio de 2009.

6. *Idem*.

7. Denise Maerker, "Auxilio, ¿dónde está el Estado?", *Nexos*, núm. 436, abril de 2014.

8. *Idem*.

9. *Idem*.

10. Laura Castellanos, "Manuel Mireles, el 'cazador' de Templarios", *El Universal*, 7 de enero de 2014.

11. Denise Maerker, "Auxilio, ¿dónde está el Estado?", ya citado.

12. *Idem*.

13. *Idem*.

14. "Vecinos de La Ruana increpan a militares", redacción de *Milenio*, 13 de marzo de 2013.

15. *Idem*.

16. "La policía federal los apoyó", redacción de *Milenio*, 13 de marzo de 2013.

17. Denise Maerker, "Auxilio, ¿dónde está el Estado?", ya citado.

18. Roberto Zamarripa, "Exhibe Alcalde a *El Abuelo*", *Reforma*, 19 de febrero de 2014, y Arturo Cano, "El Ejército los armó para que echaran a los templarios", *La Jornada*, 3 de julio de 2014.

19. Roberto Zamarripa, "Exhibe Alcalde a *El Abuelo*", ya citado.

20. El *michoacanazo* alude al operativo realizado el 26 de mayo de 2009 por elementos del ejército mexicano y la policía federal en la entidad, que derivó en las detenciones de 11 presidentes municipales, 16 funcionarios del gobierno estatal, un juez y algunos policías. A los detenidos se les acusó de tener vínculos o ser miembros de la organización criminal La Familia Michoacana, pero con el tiempo las autoridades correspondientes no pudieron comprobar los cargos imputados y todos los detenidos en el operativo comenzaron a ser liberados. El último puesto en libertad fue el ex alcalde de Múgica, Michoacán, Armando Medina, después de 19 meses de estar en prisión.

21. José Gil Olmos, "El fatídico experimento de Peña Nieto", *Proceso,* núm. 2000, 1° de marzo de 2015.

22. José Gil Olmos, *Batallas de Michoacán. Autodefensas, el proyecto colombiano de Peña Nieto*, Ediciones Proceso, México, 2015.

23. Arturo Cano, "El Ejército los armó para que echaran a los templarios", ya citado.

24. Juan José Farías fue detenido en 2009 por el ejército acusado de ser el cabecilla del Cártel del Milenio. Tras tres años de purgar una pena sólo por portación de arma prohibida y poseer un envoltorio de hachís, Farías regresó a Tepalcatepec y organizó a las autodefensas. Véase Roberto Zamarripa, "Exhibe Alcalde a *El Abuelo*", ya citado.

25. Arturo Cano, "El Ejército los armó para que echaran a los templarios", ya citado.

26. *Idem.*

27. J.Jesús Lemus, *Tierra sin Dios. Crónica del desgobierno y la guerra en Michoacán*, Grijalbo, 2015.

28. *Idem.*

29. Denise Maerker, "Auxilio, ¿dónde está el Estado?", ya citado.

30. *Idem.*

31. "*Tuta* a autodefensas: recupero mis tres pueblos y todo acaba", redacción de *Milenio*, 11 de mayo de 2013.

32. Patricio Asfura-Heim y Ralph Espach, "El ascenso de las fuerzas de autodefensa en México", *Foreign Affairs Latinoamérica*, vol. 13, núm. 4, ITAM, México, octubre-diciembre de 2013.

33. *Idem.*

34. *Idem.*

35. Durante el mandato del gobernador Enrique Peña Nieto en el Estado de México (2006-2012), Alfredo Castillo Cervantes fue conocido por su turbia actuación por el multipublicitado "caso Paulette". Es primo hermano del titular de la consejería jurídica de la Presidencia de la República, Humberto Castillejos Cervantes (ex coordinador de asesores de Macedo de la Concha y de Medina-Mora en la PGR), y de Raúl Cervantes Andrade, senador con licencia y candidato a la Suprema Corte de Justicia.

36. Carlos Fazio, "La variable contrainsurgente", *La Jornada*, 4 de marzo de 2013.

37. Jorge Luis Sierra, "Error impulsar autodefensas", *El Universal*, 5 de julio de 2014.

38. *Idem.*

39. *Idem.*

40. Sanjuana Martínez, "Las batallas del doctor Mireles", *Nexos*, 1° de julio de 2014.

41. Laura Castellanos, "Manuel Mireles, el 'cazador' de Templarios", ya citado.

42. Juan Veledíaz, "Un mando militar rebasado", *Estado Mayor*, blog de información militar y seguridad nacional, 28 de enero de 2014.

43. Laura Castellanos, "Manuel Mireles, el 'cazador' de Templarios", ya citado.

44. "Ligan a militares con autodefensas", *Reforma*, 10 de noviembre de 2013.

45. Rosa Elvira Vargas, "Hay en Michoacán regiones en poder del crimen, reconoce Peña", *La Jornada*, 26 de julio de 2013.

46. Alfredo Méndez, "Suman ya 7 mil militares y policías", *La Jornada*, 26 de julio de 2013.

47. Eugenia Jiménez, "Obispo de Apatzingán: Michoacán, Estado fallido", *Milenio*, 20 de octubre de 2013.

48. *Idem*.

LA MINA DE ORO DE LOS TEMPLARIOS

1. Juan Pablo Becerra-Acosta, "Toman federales mina de oro de los *Templarios*", *Milenio*, 5 de noviembre de 2013.

2. Tal pareciera que el 10 por ciento es la tasa internacional base: desde Raúl Salinas de Gortari, "Mr. 10 per cent", a Chuck Blazer de la FIFA, pasando por el esposo de Benazir Bhutto, ministro de inversión y después presidente de Pakistán, Asif Ali Zardari, "Mr. ten per cent".

3. *Idem*.

4. *Idem*.

5. Juan Pablo Becerra-Acosta, "Ganancias de *Templarios* superan 970 mdp al año", *Milenio*, 6 de noviembre de 2013.

6. *Idem*.

7. *Idem*.

8. Juan Pablo Becerra-Acosta, "*Los Templarios* pagan al año 325 mdp en sobornos", *Milenio*, 11 de noviembre de 2013.

9. "Cien de 113 alcaldes michoacanos pagan cuotas a caballeros templarios", *La Jornada*, 10 de noviembre de 2013.

10. *Idem*.

11. Véase Administración Portuaria Integral de Lázaro Cárdenas, Secretaría de Comunicaciones y Transportes, internet.

12. El Acuerdo Estratégico Trans-Pacífico de Asociación Económica (TPP, por sus siglas en inglés) entró en vigor en enero de 2006 para Brunei, Chile, Nueva Zelanda y Singapur. Otros ocho países se sumaron luego y están negociando su incorporación: Australia, Canadá, Estados Unidos, Japón, Malasia, México, Perú y Vietnam.

13. Magdiel Sánchez Quiroz e Iván Martínez Zazueta, "Elementos geopolíticos sobre la situación de Michoacán", *Trabajadores*, núm. 101, Universidad Obrera de México, marzo-abril de 2014.

14. Luis Hernández Navarro, "La empresa *templaria*", *La Jornada*, 11 de febrero de 2014.

15. Reuters, "Controlan *Caballeros templarios* exportación de mineral de hierro", *La Jornada*, 3 de enero de 2014.

16. Ernesto Martínez Elorriaga, "Embargan en Lázaro Cárdenas 119 mil toneladas de hierro y maquinaria", *La Jornada*, y Francisco García Davish, "Michoacán: golpe al negocio minero ilegal", *Milenio*, 4 de marzo de 2013.

17. Carlos Fernández-Vega, "Exportaciones *templarias*. Michoacán: pírrico golpe. ¿Y los barones implicados?", columna México SA, *La Jornada*, 5 de marzo de 2014.

18. Magdiel Sánchez Quiroz e Iván Martínez Zazueta, "Elementos geopolíticos sobre la situación de Michoacán", ya citado.

LA METAMORFOSIS: DE AUTODEFENSAS A CUERPOS RURALES DEL EJÉRCITO

1. José Gil Olmos, "La segunda guerra de Michoacán", *Proceso*, núm. 1941, 12 de enero de 2014.

2. Raymundo Riva Palacio, "Guerra sucia en Michoacán", *El Financiero*, 10 de enero de 2014.

3. Arturo Cano, "Convierten a las autodefensas en cuerpos de defensa rurales", *La Jornada*, 28 de enero de 2014.

4. José Gil Olmos, "Mireles, *el malo*", agencia Apro de la revista *Proceso*, 14 de mayo de 2014.

5. Arturo Cano, "Ya visten uniforme", *La Jornada*, 11 de mayo de 2014.

6. Sanjuana Martínez, "Voy a morir luchando: Mireles", *La Jornada*, 11 de mayo de 2014.

¿UN NARCOGOBIERNO EN MICHOACÁN?

1. Ciro Gómez Leyva, "Las dos reuniones de Jesús Reyna con *la Tuta*", columna La historia en breve, *Milenio*, 19 de noviembre de 2013.

2. "Reflexiones de Guillermo Valencia sobre crimen organizado", *Quadratín*, 20 de noviembre de 2013.

3. *Idem*.

4. Ciro Gómez Leyva, "Si *el Gordito* se va antes, nos colamos para ser interinos", columna La historia en breve, *Milenio*, 21 de noviembre de 2013.

5. Ernesto Martínez Elorriaga, "Vallejo, comprometido con el hampa: Luisa María Calderón", *La Jornada*, 31 de octubre de 2013.

6. *Idem*.

7. José Gil Olmos, "Los pasos chuecos de Reyna", *Proceso*, núm. 1954, 13 de abril de 2014.

8. Federico Berrueto, "También Fausto Vallejo", columna Juego de espejos, *Milenio*, 13 de abril de 2013.

9. José Gil Olmos, "El gobernador por el narco y para el narco", *Proceso*, núm. 1964, 22 de junio de 2014.

10. Raymundo Riva Palacio, "Michoacán, ejemplo de narco Estado", *El Financiero*, 30 de julio de 2014.

11. *Idem*.

12. "Hijo de Fausto Vallejo se reunió con *La Tuta*, líder de *templarios*", *Milenio*, 29 de julio de 2014, y Gustavo Castillo, "Fausto Vallejo no mete las manos al fuego por su hijo; 'si es culpable, que se le castigue'", *La Jornada*, 31 de julio de 2014.

13. Denise Maerker, "Rodrigo Vallejo y los intocables", columna Atando cabos, *El Universal*, 15 de septiembre de 2015.

DE LA CAÍDA DE MIRELES A LA MATANZA DE APATZINGÁN

1. Víctor M. Toledo, "¡Por una pierna de pollo!", *La Jornada*, 8 de julio de 2014.

2. "And you know, there is no such thing as society. There are individual men and women, and there are families", *Women's Own*, 31 de octubre de 1987.

3. Denise Maerker, "*Los Viagra: ¿Los Pepes* mexicanos?", *El Universal*, 2 de septiembre de 2014.

4. *Idem*.

5. *Idem*.

6. Ernesto Elorriaga, José Román y Gustavo Castillo, "Enfrentamiento durante desalojo de la alcaldía de Apatzingán deja 9 muertos", *La Jornada*, y Francisco García Davish, Rubén Mosso y Lorena López, "En Apatzingán, federales abaten a 8 civiles armados", *Milenio*, 7 de enero de 2015.

7. Laura Castellanos, "Apatzingán, 6 de enero: '¡Mátenlos…!'", *Proceso*, 19 de abril de 2015.

8. José Antonio Belmont y Francisco García Davish, "Castillo: el grupo armado emboscó a los federales", *Milenio*, 8 de enero de 2015.

9. Ernesto Martínez Elorriaga, "Descarta Castillo Cervantes que agentes de la PF hayan *ejecutado* a civiles", *La Jornada*, 8 de enero de 2015.

10. Ignacio Alzaga, "La PF auxilió a civiles heridos en Apatzingán", *Milenio*, 11 de enero de 2015.

11. *Idem*.

12. Alberto Arce, "Enfrentamientos en Apatzingán ponen en duda estrategia del gobierno", agencia AP, 10 de enero de 2015.

13. *Idem*.

14. *Idem*.

15. Dalia Martínez, "Castillo, fuera de Michoacán por elecciones", *El Universal*, y Lorena López y Francisco García Davish, "Osorio: salida de Castillo, para garantizar elecciones", *Milenio*, 23 de enero de 2015.

16. Héctor de Mauleón, "La caída de Alfredo Castillo", *El Universal*, 26 de enero de 2015.

17. Ernesto Martínez Elorriaga, "En un audio, *La Tuta* rechaza tener tratos con el gobierno", *La Jornada*, 3 de febrero de 2015.

18. Francisco Castellanos y José Gil Olmos, "Y Michoacán seguirá en manos del crimen organizado", *Proceso*, núm. 2000, 1° de marzo de 2015.

19. *Idem*.

20. José Gil Olmos, "El fatídico experimento de Peña Nieto", *Proceso*, núm. 2000, 1° de marzo de 2015.

21. *Idem*.

22. Laura Castellanos, "Apatzingán, 6 de enero: '¡Mátenlos…!'", ya citado, y Alberto Arce, "Enfrentamientos en Apatzingán ponen en duda estrategia del gobierno", agencia AP y *Reforma*, 10 de enero de 2015.

23. Laura Castellanos, "Apatzingán, 6 de enero: '¡Mátenlos…!'", ya citado.

24. Laura Castellanos, "Apatzingán, 6 de enero: '¡Mátenlos…!'", ya citado; Rodrigo Caballero, "Los civiles en Apatzingán eran una familia y no estaban armados: testigos", *Michoacán TresPuntoCero*, 7 de enero de 2015, y "Federales se reían y les disparaban; Apatzingán: gobierno emprende cacería contra testigos", 19 de agosto de 2015.

25. *Idem*.

26. José Gil Olmos y Francisco Castellanos, "Castillo dejó a Michoacán en descomposición", *Proceso*, 26 de abril de 2015.

27. Rosa Elvira Vargas y Gustavo Castillo, "Desestima Rubido video sobre hechos violentos en Apatzingán", *La Jornada*, 23 de abril de 2015.

28. Ricardo Raphael, "¡Ingenuos o cómplices, que se vayan!", *El Universal*, 20 de abril de 2015.

29. "Pruebas, no anónimos, en caso Apatzingán: Castillo", redacción de *Milenio*, 21 de abril de 2015.

30. Julio Hernández López, "#FueronLosFederales en Apatzingán", columna Astillero, *La Jornada*, 21 de abril de 2015.

31. Carlos Marín, "Apatzingán desde el anonimato", *Milenio*, 22 de abril de 2015.

32. *Idem*.

33. Laura Castellanos, "Apatzingán: también los militares atacaron", *Proceso*, 24 de mayo de 2015.

34. *Idem*.

35. Sanjuana Martínez, "El 7 de enero en Apatzingán los federales perpetraron una matanza: sobrevivientes", *La Jornada*, 14 de junio de 2015.

36. *Idem*.

TLATLAYA: ¿ENFRENTAMIENTO O MATANZA?

1. CNN México, "Tiroteo entre militares y civiles deja 22 muertos en el Estado de México", 30 de junio de 2014, y Carlos Puig, "Eruviel, Plascencia y la matanza de Tlatlaya", *Milenio*, 1° de octubre de 2014.

2. "Difunde AP que elementos de la Sedena fusilaron a 22 personas en el Edomex", redacción Proceso.com.mx, y Francisco Medina, "Los 22 muertos en Tlatlaya habrían sido fusilados por el Ejército: agencia AP", *Riodoce*, Culiacán, Sinaloa, 11 de julio de 2014.

3. "Difunde AP que elementos de la Sedena fusilaron a 22 personas en el Edomex", redacción Proceso.com.mx, ya citado, y "¿Soldados fusilaron a los 22 de San Pedro Limón, Edomex? La prensa de EU sospecha que sí, y no es la primera vez", redacción de *SinEmbargo*, 11 de julio de 2014.

4. Juan Ibarrola, "¿Uso excesivo de la fuerza?", *Milenio*, 19 de julio de 2014.

5. El Manual de Uso de la fuerza, de aplicación común de las tres fuerzas armadas, fue publicado en el *Diario Oficial de la Federación* el 30 de mayo de 2014. Al respecto, véase también "Sedena y Semar presentan manual que define cómo deben actuar", @ADNPolítico, 2 de junio de 2014.

6. "El Gobierno Federal debe transparentar toda la información sobre las circunstancias en que fueron ejecutadas 22 personas en Tlatlaya, Estado de México", comunicado del Centro Prodh, 24 de julio de 2014.

7. Jenaro Villamil, "La extraña reunión después de la matanza", *Proceso* núm. 1979, 5 de octubre de 2014.

8. Jenaro Villamil, "Tlatlaya, varias matanzas y varios encubrimientos", *Homozapping*, 27 de septiembre de 2014.

9. *Idem.*

10. José Miguel Vivanco, "México debe investigar todas las evidencias relacionadas con la muerte de 22 personas por soldados", *Human Rights Watch*, Nueva York, 22 de agosto de 2014.

11. Juan Ibarrola, "Tlatlaya: lo que verdaderamente pasó", columna de opinión Cadena de mando, *Milenio*, 30 de agosto de 2014.

12. "Asegura testigo que militares ejecutaron a 22 presuntos delincuentes en Tlatlaya, Edomex", redacción *SDPnoticias*, 17 de septiembre de 2014.

13. AP, "De confirmarse, caso Tlatlaya sería de las 'más graves masacres' en México: HRW", Arcelia, México, 19 de septiembre de 2014.

14. "'Que se investigue a fondo', presunta ejecución de 22 jóvenes en Tlatlaya: Sedena", *Animal Político*, 20 de septiembre de 2014.

15. "Pide AI investigación sobre Tlatlaya", *Esquire Latinoamérica*, 19 de septiembre de 2014.

16. "Comunicado de prensa de la Sedena con respecto al caso Tlatlaya", Estado Mayor, blog de información militar y seguridad nacional, Dirección General de Comunicación Social, 19 de septiembre de 2014.

17. Juan Ibarrola, "Las tres testigos de Tlatlaya", *Milenio*, 20 de septiembre de 2014.

18. Marcos Muedano, "PGR investiga una supuesta matanza en Tlatlaya, Edomex", *El Universal*, 20 de septiembre de 2014.

19. Carlos Puig, "Tlatlaya, la CNDH y el incentivo perverso", columna Duda razonable, *Milenio*, 22 de septiembre de 2014.

20. *Idem.*

21. Rafael Cardona, "Tlatlaya, la leyenda negra", columna El Cristalazo, *La Crónica*, 22 de septiembre de 2014.

22. Jorge Carrasco Araizaga, "Sólo Washington logró 'reabrir' el caso Tlatlaya", *Proceso*, núm. 1977, 21 de septiembre de 2014.

23. Rubén Mosso, "Informe sobre Tlatlaya, en seis semanas: CNDH", *Milenio*, 24 de septiembre de 2014.

24. Julián Rodríguez Marín, "Misiones de paz: un giro radical de México", *Milenio*, 28 de septiembre de 2014.

25. Gustavo Castillo García, con información de la agencia MVT, "Ultimadas a muy corta distancia, 14 de las 22 víctimas de Tlatlaya", *La Jornada*, 26 de septiembre de 2014.

26. *Idem.* Véase también "Tlatlaya: Indicios de un fusilamiento", *Real Politik*, 30 de septiembre de 2014.

27. Paloma Montes García, "Tras la publicación de las fotos de Tlatlaya, ninguna autoridad se ha comunicado con nosotros: Mario Vázquez", *Revolución Trespuntocero*, 26 de septiembre de 2014.

28. Jesús Aranda, "Sedena, sin competencia para indagar muertes en Tlatlaya, afirman militares", *La Jornada*, 25 de septiembre de 2014.

29. Raymundo Riva Palacio, "Tlatlaya, ¿nos sorprende realmente?", columna Estrictamente personal, *El Financiero*, 29 de septiembre de 2014.

30. Gustavo Castillo García, "En tres horas militares 'arreglaron' sitio del *enfrentamiento* en Tlatlaya", *La Jornada*, 27 de septiembre de 2014.

31. Roberto Garduño, "Si se comprueba ejecución en Tlatlaya, 'será sólo una acción aislada', dice Osorio Chong", *La Jornada*, y Horacio Jiménez, "Segob: caso Tlatlaya no desgastará al Ejército", *El Universal*, 27 de septiembre de 2014.

32. AP, "Tienen 'historial de incidentes' los militares retenidos por caso Tlatlaya", *La Jornada*, 28 de septiembre de 2014.

33. Jorge Carrasco Araizaga, "Batallón 102: un historial criminal", *Proceso*, núm. 1979, 5 de octubre de 2014.

34. Miguel Ángel Granados Chapa, "Matanza silenciada", columna Plaza Pública, *Reforma*, 9 de octubre de 2008.

35. *Idem.*

36. Jorge Carrasco Araizaga, "La 'indisciplina' militar que mató a 22 personas", *Proceso*, núm. 1978, 28 de septiembre de 2014.

4. Carlos Fazio, "Ayotzinapa, terror clasista", *La Jornada*, 13 de octubre de 2014, y "Ayotzinapa, terror clasista"/II, *La Jornada*, 27 de octubre de 2014.

5. La información fue confirmada en diciembre de 2014, cuando en un reportaje periodístico Anabel Hernández y Steve Fisher citaron un informe del gobierno de Guerrero, fechado en octubre, entregado a la Secretaría de Gobernación con posterioridad. Véase "La historia no oficial", *Proceso*, 14 de diciembre de 2014.

6. *Idem*.

7. *Idem*.

8. *Idem*.

9. Carlos Fazio, "Ayotzinapa, terror clasista", ya citado.

10. Blanche Petrich, "Fauna nociva mutiló el rostro del normalista César Mondragón: peritos", *La Jornada*, 26 de junio de 2015.

11. *Idem*.

12. *Idem*.

13. *Idem*.

14. Los otros casos analizados por Roberto Loewe corresponden a dos hombres asesinados en junio de 2011 en Tepecuacuilco, Guerrero; dos de diciembre de 2011, en la colonia Guadalupe, en Tepic; otro hombre hallado en Zimatlán, Oaxaca, en diciembre de 2013, y un caso posterior a la matanza de Iguala, una enfermera desollada en Uruapan, Michoacán, en diciembre de 2014.

15. *Idem*.

16. Michel Foucault, *Defender la sociedad*, Fondo de Cultura Económica, México, 1976.

17. David Pavón-Cuéllar, *Estado de excepción: Marx y Lacan en Ayotzinapa*, conferencia en el Foro del Campo Lacaniano de São Paulo, Brasil, 20 de octubre de 2014.

18. David Pavón-Cuéllar, *Violencia estructural*, conferencia magistral en el simposio Psicoanálisis y función del sentido en la sociedad contemporánea, Izhevsk, República de Udmurtia, Federación Rusa, 3 de diciembre de 2014.

19. David Pavón-Cuéllar, *Estado de excepción: Marx y Lacan en Ayotzinapa*, ya citado.

20. *Idem*.

21. *Idem*.

22. *Idem*.

23. *Idem*.

LA POLÉMICA "ORDEN ROJA" Y LA SOMBRA DE LOS GENERALES

1. Erubiel Tirado, "Los límites del control civil", *Proceso*, 28 de septiembre de 2014.

2. Véase, por ejemplo, Federico Berrueto, "Mensaje de Tlatlaya", en *Milenio*, 28 de septiembre de 2014.

3. Guillermo Valdés Castellanos, "Violencia, ¿peor imposible?", *Milenio*, columna Acentos, 1° de octubre de 2014.

4. *Idem*.

5. Juan Ignacio Zavala, "Tlatlaya: problemas por todos lados", *Milenio*, 28 de septiembre de 2014.

6. José Antonio Crespo, "El Ejército contra el crimen", *El Universal*, 30 de septiembre de 2014.

7. Gustavo Castillo y Jesús Aranda, "A la justicia civil, tres militares por asesinatos en Tlatlaya: PGR", *La Jornada*, 1° de octubre de 2014.

8. Marcos Muedano y Doris Gómora, "Caso Tlatlaya: 3 militares caen por homicidio", *El Universal*, 1° de octubre de 2014.

9. Alfonso Zárate, "Tlatlaya, dudas y certezas", columna Los usos del poder, *El Universal*, 2 de octubre de 2014.

10. *Idem*.

11. Ciro Gómez Leyva, "Ocho años, cuidemos al Ejército", *Milenio*, 29 de septiembre de 2014.

12. José Carreño Carlón, "Resacas: Tlatlaya, Guerrero; Poli, 2 de octubre...", *El Universal*, 1° de octubre de 2014.

13. Jesús Aranda, "Militares respaldan en redes sociales la actuación de sus compañeros en Tlatlaya", *La Jornada*, 30 de septiembre de 2014.

14. Rosa Elvira Vargas, "Ejército y PGR determinarán la verdad jurídica del caso Tlatlaya, afirma Peña", *La Jornada*, 2 de octubre de 2014.

15. Jesús Aranda y Claudio Bañuelos, "Sedena afirma que sus integrantes actúan con apego a la ley y los derechos humanos", *La Jornada*, 2 de octubre de 2014.

16. AFP, "Se suma la ONU a la exigencia de aclarar el caso Tlatlaya", *La Jornada*, y Liliana Alcántara, "Posibilidad de ejecución en Tlatlaya: ONU", *El Universal*, 30 de septiembre de 2014.

17. Alfredo Méndez, "En Tlatlaya se cometieron por lo menos 10 homicidios dolosos: funcionarios de la PGR", *La Jornada*, 2 de octubre de 2014.

18. Jesús Aranda, "En el caso Tlatlaya, 'nadie ha vinculado' al coronel que estaba al mando de los soldados", *La Jornada*, 3 de octubre de 2014.

19. Alfredo Méndez, "Dimes y diretes, versiones de militares implicados en la muerte de 22 en Tlatlaya", *La Jornada*, 3 de octubre de 2014.

20. *Idem*.

21. Jesús Aranda, "Molestia en el ejército por la consignación de tropas; crecen críticas en redes sociales", *La Jornada*, 3 de octubre de 2014.

22. *Idem*.

23. *Idem*.

24. Doris Gómora, "Marcha militar, sin aval: Sedena", *El Universal*, 3 de octubre de 2014.

25. Carlos Ordóñez, "Desconoce mayoría hechos de Tlatlaya", *El Universal*, 8 de octubre de 2014.

26. Juan Gabriel Valencia, "Turbulencia", columna Acentos, *Milenio*, 11 de octubre de 2014.

27. "Usaron armas de víctimas en Tlatlaya para matarlos: PGR", *El Universal*, y "En Tlatlaya, los militares usaron armas de los abatidos para asesinar a otros 8", *La Jornada*, 11 de octubre de 2014.

28. Israel Dávila, "Remplaza la Sedena al comandante de militares acusados de homicidio", *La Jornada*, 14 de octubre, y Jesús Aranda, "Un general y un coronel son investigados por la muerte de 22 sujetos en Tlatlaya", *La Jornada*, 15 de octubre de 2014.

29. Jorge Carrasco Araizaga, "General Sánchez León, el antihéroe", *Proceso*, núm. 2011, 17 de mayo de 2015.

30. Jorge Luis Sierra, "Más allá de Tlatlaya", *El Universal*, 20 de octubre de 2014.

31. Fernando Camacho Servín, "En Tlatlaya hubo ejecuciones y enfrentamiento, rectifica la CNDH", *La Jornada*, y Eugenia Jiménez, Nadia Venegas y Omar Brito, "CNDH ve 15 ejecutados en Tlatlaya; PGR, sólo 8", *Milenio*, 22 de octubre de 2014.

32. *Idem*.

33. Alma E. Muñoz, "Pide Cienfuegos a las Fuerzas Armadas no cometer actos 'propios de delincuentes'", *La Jornada*, e Ignacio Alzaga, "Cienfuegos: 'no nos rebajemos a delincuentes'", *Milenio*, 25 de octubre de 2014.

34. *Idem*.

35. Alfredo Méndez, "Homicidio calificado, cargo a tres militares del caso Tlatlaya", *La Jornada*, 3 de noviembre de 2014.

36. Roberto Garduño y Enrique Méndez, "Condena la ONU la matanza en Tlatlaya", *La Jornada*, 6 de noviembre, y Jesusa Cervantes, "Crímenes como el de Tlatlaya son frecuentes en el país", *Proceso*, núm. 1984, 9 de noviembre de 2014.

37. *Idem*.

38. Alfredo Méndez, "Admiten Sedena y Edomex recomendación de la CNDH sobre el informe de Tlatlaya", *La Jornada*, 7 de noviembre de 2014.

39. Erick Muñiz, "No amedrentan al Ejército juicios 'injustos y erróneos': Cienfuegos", *La Jornada*, 11 de noviembre de 2014.

40. *Idem*.

41. Pablo Gómez, "Tribulaciones", *Milenio*, 14 de noviembre de 2014.

42. Enrique Méndez y Roberto Garduño, "Urge 'conocer las cadenas de mando' militar en el caso Tlatlaya: diputados", *La Jornada*, 13 de noviembre de 2014.

43. "Debe Sedena explicar falta de video", redacción de *Reforma*, 3 de diciembre de 2015.

44. "Exigen a PGR dictámenes de Tlatlaya", *Reforma*, 8 de diciembre de 2014, y Emir Olivares Alonso, "Denuncia ONG que la PGR reservó 12 años los datos sobre el caso Tlatlaya", *La Jornada*, 9 de diciembre de 2014.

45. Alfredo Méndez, "Juzgado federal ordena liberar a dos mujeres relacionadas con el caso Tlatlaya", *La Jornada*, 16 de diciembre de 2014.

46. "Beneplácito de ONU-DH por liberación de las sobrevivientes del caso Tlatlaya", redacción de *La Jornada*, 20 de diciembre de 2014.

47. Javier López Madera, "IFAI ordena a Sedena: Que diga batallón, número, unidad y grado de militares en Tlatlaya", *SinEmbargo*, 20 de diciembre de 2014.

48. Ángeles Cruz Martínez, "Informe legislativo ratifica que hubo ejecución extrajudicial en Tlatlaya", *La Jornada*, 22 de diciembre de 2014.

TLATLAYA-IGUALA: MODELO NECRÓFILO

1. De acuerdo con algunas versiones, José Millán-Astray exclamó irritado "¡Muera la intelectualidad traidora! ¡Viva la muerte!", aunque por el gran alboroto del público no se percibió esa frase, que fue sólo oída por la gente que estaba más cerca del general, naciendo así la leyenda de que realmente dijo: "¡Muera la inteligencia! ¡Viva la muerte!"

2. Rosa E. Vargas, Fabiola Martínez y Alonso Urrutia, "Peña Nieto hace suyo el grito: '¡Todos somos Ayotzinapa!' ", *La Jornada*, 28 de noviembre de 2014.

3. Vicente Leñero, "El periodismo no está para resolver las crisis; está para decirlas", *Proceso*, núm. 918, 6 de junio de 1994.

4. Erick Muñiz, "Militares: no nos amedrentan juicios injustos", *La Jornada*, y Sandra González Cortés, "Está en juego el desarrollo del país: Cienfuegos", *Milenio*, 11 de noviembre de 2014.

5. Alma Muñoz, "Pide Cienfuegos a las Fuerzas Armadas no cometer actos propios de delincuentes", *La Jornada*, e Ignacio Alzaga, "Cienfuegos: 'no nos rebajemos a delincuentes' ", *Milenio*, 26 de octubre de 2014.

6. Jesús Aranda, "Los hechos de Iguala movieron la conciencia nacional: Cienfuegos", *La Jornada*, 9 de diciembre de 2014.

7. Ignacio Alzaga, "Manipulan a padres de los 43, acusa Soberón", *Milenio*, 11 de diciembre de 2014.

8. "Manipulado, el secretario: familiares", *La Jornada*, 11 de diciembre de 2014.

9. David Brooks, "Propone grupo de estudio en EU más integración de Norteamérica", *La Jornada*, 3 de octubre de 2014.

10. Fabiola Martínez, "La Sedena invita a la CNDH a visitar el cuartel de Iguala", *La Jornada*, 15 de enero de 2015.

11. Rosa Elvira Vargas, "Llama Peña a un cambio de fondo para superar la etapa de dolor", *La Jornada*, 5 de diciembre de 2014.

12. Juan Ibarrola, "Las fuerzas armadas no son moneda de cambio", *Milenio*, 17 de enero de 2015.

13. *Idem.*

14. Carlos Loret de Mola, "¿Por qué se alarmó el Ejército?", columna Historias de reportero, *El Universal*, 21 de enero de 2015.

15. Ejército Revolucionario del Pueblo Insurgente; Organización de Pueblos Indígenas Me'pha; Tendencia Democrática Revolucionaria; Ejército Libertador Nacional; Coordinadora Regional de Autoridades Comunitarias; Unión de Pueblos y Organizaciones del Estado de Guerrero y Coordinadora Estatal de Trabajadores de la Educación de Guerrero, respectivamente.

16. Luis Hernández Navarro, "Macbeth en Los Pinos", *La Jornada*, 27 de enero de 2015.

17. Gustavo Castillo y Rosa Elvira Vargas, "Innsbruck no pudo establecer un perfil genético de los restos", *La Jornada*, 21 de enero de 2015.

18. *Idem.*

19. Fernando Camacho Servín, "Incumplió PGR con informar a padres sobre resultados de Innsbruck: Rosales", *La Jornada*, 21 de enero de 2015.

20. Arturo Cano, "El gobierno intenta consolidar su versión de que los 43 normalistas están muertos", *La Jornada*, 23 de enero de 2015.

21. Ignacio Alzaga, "*El Cepillo*: recibí a 15 estudiantes vivos y los maté a balazos", *Milenio*, y Gustavo Castillo, "Jefes policiacos entregaron a los 43 a Guerreros Unidos", *La Jornada*, 23 de enero de 2015.

22. Gustavo Castillo, "Guerreros Unidos asesinó a los 43 normalistas: Murillo", *La Jornada*; David Vicenteño, "Confirma PGR muerte de los normalistas", *Excélsior*, y Rubén Mosso y Lorena López, "Los mataron, quemaron y lanzaron al río: Murillo", *Milenio*, 28 de enero de 2015.

23. Gustavo Castillo, "Guerreros Unidos asesinó a los 43 normalistas: Murillo", ya citado.

24. Rosa Elvira Vargas, "No quedarse atrapados con la tragedia de Iguala, pide EPN", *La Jornada*, 28 de enero de 2015.

25. Andrea Becerril, "Advierte Osorio que no se tolerará más violencia de grupos radicales", *La Jornada*, 30 de enero de 2015.

26. Fernando Camacho, "Padres y madres de los alumnos rechazan la versión de la PGR", *La Jornada*, 28 de enero de 2015.

27. Roberto Garduño y Enrique Méndez, "Ayotzinapa 'no es caso superado ni debe cerrarse': González Pérez", *La Jornada*, 29 de enero de 2015.

28. Véase Ricardo Raphael, "No, no está cerrado", columna Zoom, *El Universal*, 29 de enero de 2015.

29. *Idem.*

30. Raúl Jiménez Vázquez, revista *Siempre!* del 27 de octubre de 2014, citado por John Saxe-Fernández en "Iguala: turbio carpetazo", *La Jornada*, 5 de febrero de 2015.

31. Imanol Ordorika y Adolfo Gilly, "Ayotzinapa: una comisión de la verdad", *La Jornada*, 29 de enero de 2015.

32. Jorge G. Castañeda, "Grave problema de incredulidad", columna Amarres, *Milenio*, 29 de enero de 2015.

33. Véase Eugenia Gutiérrez, "43 verdades ocultas sobre Iguala que nunca presentará en versión multimedia Jesús Murillo Karam", Colectivo Radio Zapatista, San Cristóbal de las Casas, 2 de febrero de 2015.

34. *Idem.*

35. *Idem.*

36. *Idem.*

"LOS VAMOS A MATAR COMO PERROS"

1. Abel Barajas, "Ocho minutos de fuego cruzado", *Reforma*, 27 de diciembre de 2014.

2. *Idem.*

3. Abel Barajas, "Nos pidieron no ver: Testigo de Tlatlaya", *Reforma*, 27 de diciembre de 2014.

4. Abel Barajas, "Nos cayeron los contras", *Reforma*, 28 de diciembre de 2014.

5. Abel Barajas, "Manipulan evidencia en Tlatlaya", *Reforma*, 30 de diciembre de 2014.

6. "Encubre Edomex masacre militar" de staff de *Reforma*, y nota de interiores, "Señalan a la PGR por caso Tlatlaya", staff de *Reforma*, 1° de enero de 2015.

7. Humberto Padgett, "¿No que muchos huevos, hijos de su puta madre?", *SinEmbargo*, 5 de enero de 2015.

8. Natalia Gómez Quintero, "Fuerzas Armadas llaman a defender imagen de México", *El Universal*, 10 de enero de 2015.

9. Liliana Alcántara, "En Tlatlaya, militares ejecutaron a civiles con sus propias armas", *El Universal*, 14 de enero de 2015.

10. L. Alcántara, "En Tlatlaya, militares ejecutaron a civiles con sus propias armas", ya citado, y Fernando Camacho Servín, "Documenta la comisión torturas a dos mujeres testigos de la matanza", *La Jornada*, 16 de enero de 2015.

11. *Idem.*

12. Israel Dávila, "Investigan a 20 funcionarios por la matanza en la localidad mexiquense", *La Jornada*, y María Teresa Montaño, "Indagan a mandos de Edomex por tortura en caso Tlatlaya", *El Universal*, 15 de enero de 2015.

13. Liliana Alcántara, "Firmé la declaración cuando amenazaron con violarme", *El Universal*, 15 de enero de 2015.

14. *Idem.*

15. *Idem.*

16. *Idem.*

EL DESLINDE DE LOS FORENSES ARGENTINOS EXHIBE A LA PGR

1. Equipo Argentino de Antropología Forense, "Documento inicial sobre investigaciones en el basurero de Cocula y río San Juan", ciudad de México, 7 de febrero de 2015.

2. El EAAF que participó en la investigación del caso Iguala/Ayotzinapa y conexos contó con la participación de 30 profesionales procedentes de México, Argentina, Uruguay, Colombia, Canadá, Estados Unidos, Francia y España, que cubrían las siguientes especialidades: antropología forense, medicina forense, arqueología forense y criminalística, criminalistas especialistas en fuego, genética forense, botánica y entomología forense.

3. El EAAF intervino exitosamente en los casos Campo Algodonero; en el de los migrantes asesinados en San Fernando, Tamaulipas, y en el del Bar Heaven.

4. Alfredo Méndez, "Descalifica PGR 'especulaciones' del equipo de forenses argentinos", *La Jornada*, y Rubén Mosso, "PGR: los argentinos no son autoridad, los habilitamos", *Milenio*, 10 de febrero de 2015.

5. Véase Marcela Turati, "Evidenciada, la PGR se lanza contra los forenses argentinos", *Proceso*, núm. 1998, 15 de febrero de 2015.

6. *Idem.*

7. *Idem.*

8. Gilberto López y Rivas, "Desaparición forzada, crimen recurrente del Estado", *La Jornada*, 13 de febrero de 2015.

9. Víctor Ballinas, "La *verdad histórica* sobre Ayotzinapa se cae a pedazos, expresan padres de familia", *La Jornada*, y Liliana Alcántara, "La 'verdad histórica' se cae a pedazos: padres", *El Universal*, 10 de febrero de 2015.

10. La Marcha de la Lealtad alude al hecho histórico cuando cadetes del Heroico Colegio Militar escoltaron al presidente Francisco I. Madero durante el inicio de la Decena Trágica.

11. Alonso Urrutia, "Buscan distanciar a las fuerzas armadas del pueblo, asegura el titular de la Sedena", *La Jornada*, 10 de enero de 2015.

12. "Sedena: precisiones necesarias", editorial de *La Jornada*, p. 2, 10 de enero de 2015.

13. Carlos Marín, "¿Sospechosistas y 'compañeros'?", columna El asalto a la razón, *Milenio*, 10 de febrero de 2015.

14. Román Revueltas Retes, "Faltaba el coro argentino en la tragedia", *Milenio*, 12 de febrero de 2015.

15. Ricardo Raphael, "¿Quién es Ricardo Flores?", columna Zoom, *El Universal*, 12 de febrero de 2015.

16. *Idem.*

17. *Idem.*

18. Gerardo de la Concha, "Iguala, los peritos argentinos y Ricardo Raphael", *La Razón*, 13 de febrero de 2015.

19. *Idem.*

20. Georgina Saldierna y Fernando Camacho, "La PGR intenta desprestigiar el trabajo de peritos argentinos en el caso Iguala: AI", *La Jornada*, 11 de febrero de 2015.

21. Enrique Méndez, "La PGR no tiene pruebas contundentes de la incineración de normalistas, afirma diputada", *La Jornada*, 10 de febrero de 2015.

22. *Idem.*

23. Liliana Alcántara, "La ONU 'reprueba' a México en el tema de desapariciones", *El Universal*, 14 de febrero de 2015.

24. Juan Carlos Miranda, "La IP no permitirá que padres de los 43 entren en sedes del Ejército", *La Jornada*, 14 de febrero de 2015.

25. *Idem.*

26. Gustavo Esteva, "Obediencias", *La Jornada*, 2 de marzo de 2015.

27. Jesús Aranda y Rosa Elvira Vargas, "Hay quienes buscan desprestigiar al Ejército, advierte Cienfuegos", *La Jornada*, 20 de febrero de 2015.

28. *Idem.*

29. Andrea Bárcena, "Ultrahegemonía y cleptocracia", columna Infancia y sociedad, *La Jornada*, 21 de febrero de 2015.

30. *Idem.*

31. Véase Alfredo Méndez, "Edil: mando de Sedena impuso los 2 últimos jefes policiacos en Cocula", *La Jornada*, 30 de diciembre de 2014, y Gloria Leticia Díaz, "En el propio expediente de la PGR, todo apunta a los militares", *Proceso*, núm. 1992, 4 de enero de 2015.

32. Gloria Leticia Díaz, "En el propio expediente de la PGR, todo apunta a los militares", ya citado.

33. *Idem.*

34. Juan Pablo Becerra-Acosta y Carlos Puig, "Padres ya buscaron a sus hijos en el cuartel de Iguala", *Milenio*, 26 de febrero de 2015.

35. Anabel Hernández y Steve Fisher, "Los normalistas nunca llegaron a la comandancia", *Proceso*, 14 de junio de 2015.

36. *Idem.*

37. HID/SC/02/0993/2014 y AP/PGR/SEIDO/UEADMS/1017/2014.

38. Anabel Hernández y Steve Fisher, "Los normalistas nunca llegaron a la comandancia", ya citado.

39. *Idem.*

40. *Idem.*

41. "Los Bélicos, pieza clave del ataque a normalistas", *Proceso,* núm. 2016, 21 de junio de 2015. De manera excepcional, y como en otras pocas notas y trabajos anteriores, el reportaje venía sin firma para proteger al o a los autores, y la casa editorial se hacía responsable de la información.

42. El reporte de la Sedena citado había sido divulgado en el reportaje de Marcela Turati "Sus propios informes comprometen al Ejército", publicado en *Proceso,* núm. 2003, el 22 de marzo de 2015.

43. *Idem.*

44. *Idem.*

45. Juan Omar Fierro, "Caso Ayotzinapa no debe cerrarse: CNDH", *El Universal,* y Fabiola Martínez, "La indagatoria de la PGR sobre Ayotzinapa, incompleta: CNDH", *La Jornada,* 24 de julio de 2015.

46. Fabiola Martínez, "La indagatoria de la PGR sobre Ayotzinapa, incompleta: CNDH", ya citado.

47. Marcela Turati, "Mentiras y verdades a medias en la investigación", *Proceso,* núm. 2013, 22 de marzo de 2015.

48. Gustavo Castillo García, "Hay 110 inculpados, pero ninguna condena", *La Jornada,* 26 de julio de 2015.

49. Magdalena Gómez, "La CNDH frente a Ayotzinapa", *La Jornada,* 28 de julio de 2015.

LA SEDENA Y LA SRE *VS.* NACIONES UNIDAS ¡Y TODO POR UN ADJETIVO!

1. Gustavo Castillo García, "Militares cercaron la bodega de Tlatlaya para obstruir labores del MP: funcionarios", *La Jornada,* 22 de enero de 2015.

2. *Idem.*

3. Véase Gloria Leticia Díaz, "Expediente Tlatlaya: Encubrimiento militar", *Proceso,* núm. 1995, 25 de enero de 2015.

4. *Idem.*

5. *Idem.*

6. Natalia Gómez Quintero, "ONU: violencia criminal, un amago a democracia", *El Universal,* y agencia EFE, "México, en el *top* 30 de violaciones a derechos: ONU", *Milenio,* 6 de marzo de 2015.

7. Véase Informe del Relator Especial sobre la tortura y otros tratos o penas crueles, inhumanos o degradantes, Juan E. Méndez. Resumen presentado ante la Asamblea General de la ONU el 29 de diciembre de 2014.

8. El arraigo consiste en la detención de una persona, con orden judicial y a pedido de la PGR, por un plazo de 40 días, prorrogable por igual periodo. La fina-

lidad es investigar la presunta participación del arraigado en un delito relacionado con delincuencia organizada y decidir si se presentan cargos penales.

9. Carlos Puig, "Un gobierno torturado", *Milenio*, 10 de marzo de 2015.

10. Eugenia Jiménez, México y ONU ahora chocan por informe sobre tortura", *Milenio*, y Ciro Pérez Silva, "Rechazo de la cancillería", *La Jornada*, 10 de marzo de 2015.

11. Santiago Corcuera, "¿Tortura y desapariciones generalizadas?", *El Universal*, 14 de marzo de 2015.

12. *Idem*.

13. Ivett Salgado, "Vivimos un duelo, tenemos que encabronarnos y decir no", *Milenio*, 20 de marzo de 2015.

14. Alejandro Pacheco, "Relator contra la tortura de la ONU no fue profesional, ni ético; no vendrá de nuevo: SRE", SDPnoticias.com, 26 de marzo de 2015.

15. *Idem*.

16. *Idem*.

17. Olga Pellicer, "Matar al mensajero", *Proceso*, núm. 2006, 12 de abril de 2015.

18. Natalia Gómez Quintero, "Relator de la ONU negó moderar informe", *El Universal*, y Ciro Pérez Silva, "Insiste Gómez Robledo en descalificar a relator de la ONU", *La Jornada*, 1° de abril de 2015.

19. Natalia Gómez Quintero, "Discusión sobre tortura debe despersonalizarse, pide ONU", *El Universal*, 2 de abril de 2015.

20. Ciro Pérez Silva, "'Recibí presiones para minimizar mi informe sobre tortura': Méndez", *La Jornada*; Natalia Gómez, "Relator violó Código" y "Dispararon al mensajero", *El Universal*, 2 de diciembre de 2015.

21. Véase el texto íntegro de la carta del relator Juan Méndez en antitorture.org.wp-content/uploads/2015/04/april_1_2015_Special_Rapporteur_Torture_Letter_EN_ES.pdf.

22. "Tortura: El gobierno contra la ONU", editorial de *La Jornada*, 2 de abril de 2015.

23. Rafael Gamboa, "Es una epidemia la tortura en México", *El Universal*, 2 de abril de 2015.

24. Natalia Gómez Quintero, "Cancillería ve uso mediático y político en postura de relator", *El Universal*, 4 de abril de 2015.

25. Gloria Leticia Díaz, "Generalizada, la renuencia del gobierno al escrutinio internacional", *Proceso*, núm. 2005, 5 de abril de 2015.

26. *Idem*.

27. *Idem*.

28. Ciro Pérez, "La SRE da por terminado el diferendo sobre tortura con el relator de la ONU", *La Jornada*, y Pierre-Marc René, "SRE da por terminado diferendo con relator", *El Universal*, 6 de abril de 2015.

29. Enrique Méndez y Roberto Garduño, "El Estado debe transparentar el caso Tlatlaya, dice la CEAV", *La Jornada*, 13 de marzo de 2015.

30. Roberto Garduño y Enrique Méndez, "Cuestiona AI que no se consignara a mandos militares por el caso Tlatlaya", *La Jornada*, 20 de marzo de 2015.

31. Horacio Jiménez y Suzzete Alcántara, "Ven excesivo e ilegal uso de la fuerza de militares en Tlatlaya", *El Universal*, 17 de abril de 2015.

32. Roberto Garduño y Enrique Méndez, "En Tlatlaya hubo 12 ejecuciones extrajudiciales, dicen diputados", *La Jornada*, 17 de abril de 2015.

33. Alfredo Méndez, "Solicita amparo coronel del caso Tlatlaya", *La Jornada*, 5 de febrero de 2015.

34. Véase Gustavo Castillo García, "De las víctimas de Tlatlaya, 11 fueron fusiladas, revelan peritajes", *La Jornada*, 23 de junio de 2015.

35. *Idem*.

36. *Idem*.

37. Gustavo Castillo García, "Peritos del Edomex buscaron *cuadrar* sus estudios con la versión de la Sedena", *La Jornada*, 24 de junio de 2015.

38. *Idem*.

39. "En Tlatlaya, 'todo fue movido', según peritajes: periodista en CNN", redacción de *Aristegui Noticias*, 26 de junio de 2015.

40. Enrique Méndez y Roberto Garduño, "PGJEM y PGR encubrieron la matanza de Tlatlaya, afirma diputada perredista", *La Jornada*, 24 de junio de 2015.

41. Alfredo Méndez, "Testimonios a la CNDH ratifican que se *fusiló* a por lo menos 12 personas", *La Jornada*, 25 de junio de 2015.

42. Alonso Urrutia, "Reducen de 12 a 2 años reserva para acceder a la pesquisa militar sobre el caso Tlatlaya", *La Jornada*, 25 de junio de 2015.

43. "Ordena el INAI hacer pública información sobre Tlatlaya", *La Jornada*, 27 de junio de 2015.

44. Juan Ibarrola, "Un año después de Tlatlaya"/I y II, columna Cadena de mando, *Milenio*, 20 y 27 de junio de 2015.

45. Carlos Puig, "¡Eran prostitutas, eran prostitutas!", columna Duda razonable, *Milenio*, 1° de julio de 2015.

46. Véase Carlos Benavides, "Exige general Cienfuegos justicia en caso Tlatlaya", *El Universal*, 29 de junio de 2015.

47. *Idem*.

48. *Idem*.

49. Raymundo Riva Palacio, "Las respuestas del general", *El Financiero*, 30 de junio de 2015.

50. Raymundo Riva Palacio, "Jugando con el Ejército", *El Financiero*, 1° de julio de 2015.

51. Alfredo Méndez, "Estancado, el proceso por el caso Tlatlaya", *La Jornada*, 1° de julio de 2015.

TLATLAYA Y EL PARADIGMA MILITAR DE SEGURIDAD

1. Véase el informe "Tlatlaya a un año: la orden fue abatir", del Centro de Derechos Humanos Miguel Agustín Pro Juárez (Centro Prodh), presentado el 2 de julio de 2015.

2. Según consta en el informe, luego de haber tenido conocimiento del inicio de la investigación de los hechos en el fuero militar, la testigo *Julia*, acompañada por el Centro Prodh, inició una serie de acciones legales a fin de tener acceso a dicho proceso castrense, y mediante un amparo lograron el acceso parcial a las constancias que integran el mismo.

3. Por ejemplo, se facultaba a la base militar de San Antonio del Rosario a actuar como agencia de inteligencia, al instruirle que intensificara "la búsqueda de información a fin de establecer objetivos específicos redituables".

4. Roberto Campa negó que la orden del mando militar haya sido "asesinar a presuntos delincuentes" y dijo que el término abatir tiene 10 acepciones distintas en el diccionario, y ninguna es privar de la vida sino desarmar, descomponer, incriminar, derribar, hacer que algo caiga o que descienda". Véase Fabiola Martínez, "No se ordenó asesinar delincuentes: SG", *La Jornada*, 3 de julio de 2015.

5. Al referirse al desarrollo de los hechos, el teniente reportó: "Resultando abatidos 21 personas del sexo masculino, 1 del sexo femenino".

6. El informe rendido por el MP militar dice que los soldados repelieron una agresión, "habiendo abatido a veintidós civiles".

7. En el reporte del policía ministerial militar se asienta que en la bodega se encontraban "varios delincuentes abatidos (22 civiles muertos, 21 del sexo masculino, 1 del sexo femenino)".

8. En la parte correspondiente a la individualización del tipo de infracción al deber militar correspondiente al teniente Exequiel Rodríguez, el juez sexto militar adscrito a la 1a Región Militar señaló que "si bien [los soldados] se encontraban en desventaja numérica respecto de sus agresores, cierto es también que el haberlos sorprendido dentro de la bodega señalada, dicho inmueble contaba solamente con una salida frontal, la que no podían cruzar sin la posibilidad de ser lesionados o privados de la vida, colocándose los ahora inculpados en ese tenor en situación de ventaja, habiendo abatido a los civiles a que se ha hecho referencia".

9. Según el radiograma firmado por Ezequiel Rodríguez, entre los mandos de mayor jerarquía que acudieron a la bodega, por orden de aparición, figuraban: el capitán DEM Everardo Osorio Méndez, con 23 elementos de tropa; el capitán Alberto Cruz, con 14 elementos; el coronel Raúl Castro Aparicio, con un oficial y 12 soldados; el capitán de fragata Fernando Méndez, con 18 marinos y cuatro oficiales de la Semar, y el teniente Juan Pablo Cisneros. En sus declaraciones al MP los soldados detenidos mencionaron también al general José Luis Sánchez León.

10. "Insatisfactoria, respuesta del gobierno federal frente a la confirmación de

que en Tlatlaya 'la orden fue abatir'; debe investigarse la cadena de mando", Centro Prodh, 3 de julio de 2015.

11. Mario Patrón, "Tlatlaya: la orden fue abatir", *Reforma*, 4 de julio de 2015.

12. "A un año del caso Tlatlaya: Experto en derechos humanos de la ONU insta a las autoridades mexicanas a considerar nuevas evidencias", México/Ginebra, 3 de julio de 2015.

13. Santiago Corcuera Cabezut, "Informe del Centro Pro sobre Tlatlaya", *El Universal*, 4 de julio de 2015.

14. Katia D'Artigues, "Sedena: ¿qué es abatir?", columna Campos Elíseos, *El Universal*, 7 de julio de 2015.

15. "Sedena: se mandó proteger la seguridad de tropas y civiles", *La Jornada*, 4 de julio de 2015.

16. Véase Jorge Luis Sierra, "Contradicción entre política y operación militar", *El Universal*, 7 de julio de 2015.

17. *Idem*.

18. Jorge Fernández Menéndez, "El general tiene la palabra", *Excélsior*, 9 de julio de 2015; "¿Quién quiere relevar al Ejército? Entrevista con Salvador Cienfuegos", *Excélsior*, 9 de julio, y "Qué bueno que no actuamos en el caso Iguala: Salvador Cienfuegos", *Excélsior*, 10 de julio de 2015.

19. Jorge Fernández Menéndez, "Qué bueno que no actuamos en el caso Iguala: Salvador Cienfuegos", *Excélsior*, ya citado.

20. Véase *Ley de disciplina del ejército y fuerza aérea mexicanos*, texto vigente, Cámara de Diputados del H. Congreso de la Unión, 10 de diciembre de 2004.

21. Mario Patrón Sánchez, "Llamados a rendir cuentas", *Milenio*, 27 de julio de 2015.

22. Véase "Choques de Ejército y PF contra civiles, más letales que guerras de Vietnam y del Golfo", con base en el *Índice de letalidad 2008-2014* elaborado por especialistas del Instituto de Investigaciones Jurídicas de la UNAM y del Centro de Investigación y Docencia Económicas, *Animal Político*, 2 de julio de 2015.

23. *Idem*.

24. Véase Jorge Carrasco Araizaga, "Sedena oculta información sobre Tlatlaya y Ayotzinapa", *Proceso*, núm. 2004, 29 de marzo de 2015.

25. *Idem*.

TANHUATO, LA BARBARIE

1. Gustavo Castillo García y Ernesto Martínez Elorriaga, "Mueren 42 presuntos *narcos* en choque con fuerzas federales", *La Jornada*, y Marcos Muedano, "Se enfrentan tres horas CJNG y fuerzas federales, abaten a 42", *El Universal*, 23 de mayo de 2015.

2. Juan Carlos Huerta, "Designan al general Miguel González como encargado del Operativo Jalisco", *El Financiero*, 5 de mayo de 2015, y Mauricio Ferrer, "En manos militares", *Reporte Índigo*, 6 de mayo de 2015.

3. Julio Hernández López, "Poder 2015: licencia para matar", columna Astillero, *La Jornada*, 25 de mayo de 2015.

4. Héctor Aguilar Camín, "Tanhuato", *Milenio*, 25 de mayo de 2015.

5. Carlos Puig, "Tanhuato, ¿quién declaró la guerra?", *Milenio*, 25 de mayo de 2015.

6. Maité Azuela, "Tanhuato: ¿matanza o confrontación?", y Ricardo Raphael, "En caliente", *El Universal*, 25 de mayo de 2015.

7. Dennis García y Nubia Maya, "Niegan acción extrajudicial de federales en Michoacán", *El Universal*, 26 de mayo de 2015.

8. Ciro Gómez Leyva, "No se tentaron el corazón para dispararnos", columna La historia en breve, *El Universal*, 26 de mayo.

9. Véase Carlos Benavides, "Mi cargo, como aval de que no hubo masacre", *El Universal*, 27 de mayo de 2015.

10. Alfredo Méndez, "En los hechos de Tanhuato no hubo una sola ejecución, asegura Galindo", *La Jornada*, 26 de mayo de 2015.

11. *Idem*.

12. Véase Carlos Benavides, "Mi cargo, como aval de que no hubo masacre", ya citado.

13. Dennis García, "El helicóptero les dio a todos, afirma testigo", *El Universal*, 25 de mayo de 2015.

14. Jorge G. Castañeda, "Tanhuato: ¿de quién la carga de la prueba?", *Milenio*, 28 de mayo de 2015.

15. Carlos Tello Díaz, "Las reglas de la guerra", *Milenio*, 28 de mayo de 2015.

16. Héctor Aguilar Camín fue uno de los más fervientes defensores de la "guerra" de Felipe Calderón, devenido luego en crítico de la misma durante el régimen de Peña Nieto.

17. Héctor Aguilar Camín, "¿Defendiendo criminales?", *Milenio*, 26 de mayo de 2015.

18. Véase Francisco Castellanos, Jorge Covarrubias y Marcelo Ramírez, "Los torturaron, los mutilaron, los atropellaron…", *Proceso*, núm. 2013, 31 de mayo de 2015; Sanjuana Martínez, "En Tanhuato no hubo hostilidades; fue una masacre silenciada", *Sin Embargo*, 3, 4 y 5 de agosto de 2015, y Rubén Mosso, "Los 42 dispararon, no hubo ejecutados: PF", *Milenio*, 26 de mayo de 2015.

19. Sanjuana Martínez, "En Tanhuato no hubo hostilidades; fue una masacre silenciada", ya citado.

20. Carlos Loret de Mola, "Nueva ejecución extrajudicial", *El Universal*, 5 de agosto de 2015.

21. *Idem*.

22. Carlos Puig, "PGR, pst, pst, ¿hay alguien ahí?", *Milenio*, 6 de agosto de 2015.

23. Jorge G. Castañeda. "Cámaras en Tanhuato", *Milenio*, 10 de agosto de 2015.

24. Ciro Gómez Leyva, "¿Nueva ejecución extrajudicial, Carlos Loret, Puig, Castañeda?", *El Universal*, 12 de agosto de 2015.

25. Ricardo Alemán, "¡Falsa, la supuesta ejecución en Tanhuato!", *El Universal*, 13 de agosto de 2015.

26. Juan Pablo Becerra-Acosta, "¿Lo de Tanhuato, fue ejecución y venganza?", *Milenio*, 17 de agosto de 2015.

27. Carlos Loret de Mola, "¿Que no pasó nada en Tanhuato?", *El Universal*, 18 de agosto de 2015.

28. *Idem.*

29. *Idem.*

30. Véase Francisco Castellanos, Jorge Covarrubias y Marcelo Ramírez, "Los torturaron, los mutilaron, los atropellaron…", ya citado.

31. La expresión alude a los *tonton macoutes*, cuerpo de milicias armadas (paramilitares) creado por el dictador Francois Duvalier (*Papá Doc*) en Haití, encargado de los "trabajos sucios" del régimen y a quien se le atribuye el asesinato y desaparición de más de 150 mil civiles y opositores políticos.

LA NOCHE DE IGUALA Y EL DERRUMBE DE LA VERDAD HISTÓRICA

1. El Grupo Interdisciplinario de Expertos Independientes (GIEI) estuvo integrado por cinco expertos: Claudia Paz, de Guatemala; Ángela Buitrago y Alejandro Valencia, de Colombia; Francisco Cox, de Chile, y Carlos Beristáin, de España.

2. La Comisión Interamericana de Derechos Humanos (CIDH) depende de la Organización de Estados Americanos (OEA).

3. Anabel Hernández y Steve Fisher, "Inocultable, la participación militar", *Proceso*, núm. 2027, 6 de septiembre de 2015.

4. *Idem.*

5. El Protocolo de Minnesota señala que "deben tomarse y conservarse todas las pruebas de la existencia de armas, como armas de fuego, proyectiles, balas y casquillos o cartuchos".

6. *Informe Ayotzinapa. Investigación y primeras conclusiones de las desapariciones y homicidios de los normalistas de Ayotzinapa*, Grupo Interdisciplinario de Expertos Independientes, septiembre 2015.

7. *Idem.*

8. La desaparición forzada de personas es una estrategia para borrar las huellas del crimen: "La negación de la desaparición tiende a ocultar las pruebas que

puedan incriminar a los autores", dice el informe. Y cita como ejemplo el hecho de que los números de las patrullas de Cocula fueron cambiados y las fatigas alteradas para tratar de borrar las huellas de su participación.

9. *Informe Ayotzinapa*, ya citado.

10. El dictamen de Torero partía del dato de que la intemperie es el ambiente "más ineficiente" para incinerar un cuerpo, debido a que 30 por ciento del calor de la hoguera se irradia hacia los lados, el resto sube al aire y "sólo uno por ciento se dirige al consumo del objeto a quemar". Según el cálculo del investigador de la Universidad de Queensland, Australia, para cremar un cuerpo se necesitarían 700 kilos de madera o 310 kilos de neumáticos a lo largo de 12 horas. A su vez, incinerar 43 cadáveres requeriría 30 mil kilos de madera o 13 mil llantas durante un lapso de 60 horas, lo que produciría una llama de al menos siete metros, con un penacho de humo de 300 metros. Además, la radiación de la hoguera hubiera alcanzado 15 metros de distancia del núcleo de la fuente de calor, por lo que ninguna persona hubiera podido acercarse a echar más combustible para alimentar el fuego, como decían las declaraciones ministeriales de los presuntos responsables.

11. *Informe Ayotzinapa*, pp. 77-78.

12. Rafael Landerreche, "No es basurero, ni el quinto autobús; es el C-4", *La Jornada*, 12 de septiembre de 2015.

13. Según declaraciones de militares incluidas en el expediente, para comunicarse con el C-4 se utiliza un correo electrónico de uso exclusivo del Ejército mexicano denominado "Zimbra". En el C-4 existían aproximadamente 20 cámaras y cuatro miembros del Ejército se turnaban su vigilancia cada 24 horas (dos por turno).

14. En un documento oficial de Protección Civil de la coordinación de Chilpancingo se señala que no tuvieron acceso a información a partir del C-4 en ciertos momentos esa noche, porque la comunicación estuvo intervenida por personal de la Sedena.

15. Denise Dresser, "Mentira histórica", *Reforma*, 7 de septiembre de 2015.

16. Ricardo Raphael, "La infame fabricación de un incendio", *El Universal*, 7 de septiembre de 2015.

17. Alejandro Hope, "Iguala: la vergüenza y la oportunidad", *El Universal*, 8 de septiembre de 2015.

18. Katia D'Artigues, "Atenderán la alerta del GIEI-CIDH", *El Universal*, 8 de septiembre de 2015.

19. Luis González Placencia, "¿Verdad histórica u obstrucción de la justicia?", *Phronesis*, 7 de septiembre de 2015.

20. Alfonso Zárate, "Una verdad sospechosa", *El Universal*, 17 de septiembre de 2015.

21. Luis Hernández Navarro, "Ayotzinapa: el fuego, las cenizas", *La Jornada*, 8 de septiembre de 2015.

25. Jorge Fernández Menéndez, "Iguala: los 'expertos' especulan", *Excélsior*, 8 de septiembre de 2015.

26. Bibiana Belsasso, "Un peritaje de ocho minutos", *La Razón*, 9 de septiembre de 2015.

27. Héctor de Mauleón, "¿De veras se cayó la verdad histórica?", *El Universal*, 9 de septiembre de 2015.

28. Ricardo Alemán, "Informe 'engañabobos' de 'expertos' en mentir", *El Universal*, 8 de septiembre de 2015.

29. Ricardo Alemán, "Ilegal y hasta delictivo el informe de los 'expertos'", *El Universal*, 9 de septiembre de 2015.

30. Santos Mondragón, entrevista al secretario de Defensa, general Salvador Cienfuegos, *Noticieros Televisa*, 5 de octubre de 2015.

31. Joaquín López-Dóriga, "El general había dicho que no", *Milenio*, 22 de octubre de 2015, y Katia D'Artigues, "Derechos humanos y defensa militar", *El Universal*, 7 de octubre de 2015.

32. Eugenia Jiménez, "ONU, por entrevista de experto con militares", *Milenio*, 8 de octubre de 2015.

33. Blanche Petrich, "Saldrá de la SEIDO la pesquisa sobre Ayotzinapa", *La Jornada*, 21 de octubre de 2015.

34. Ilán Semo, "Definición de un crimen", *La Jornada*, 12 de septiembre de 2015.

35. *Idem.*

La criminalidad en México:
modelos para armar

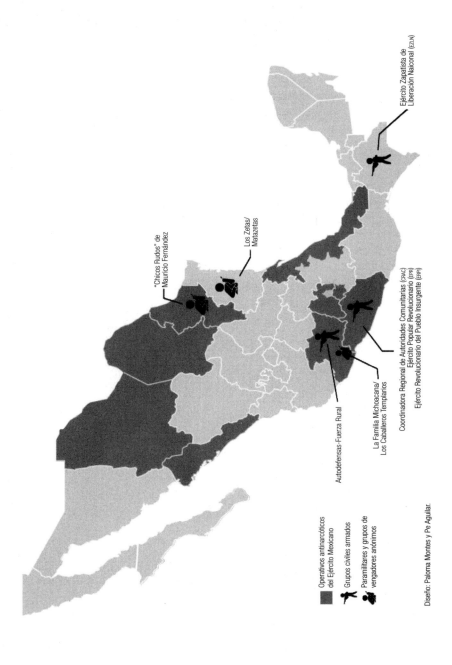

Ejército Zapatista de
Liberación Naicional (EZLN)

Los Zetas/
Matazetas

"Chicos Rudos" de
Mauricio Fernández

Coordinadora Regional de Autoridades Comunitarias (CRAC)
Ejército Popular Revolucionario (EPR)
Ejército Revolucionario del Pueblo Insurgente (ERPI)

Autodefensas-Fuerza Rural

La Familia Michoacana/
Los Caballeros Templarios

Operativos antinarcóticos
del Ejército Mexicano

Grupos civiles armados

Paramilitares y grupos de
vengadores anónimos

Diseño: Paloma Montes y Pe Aguilar.

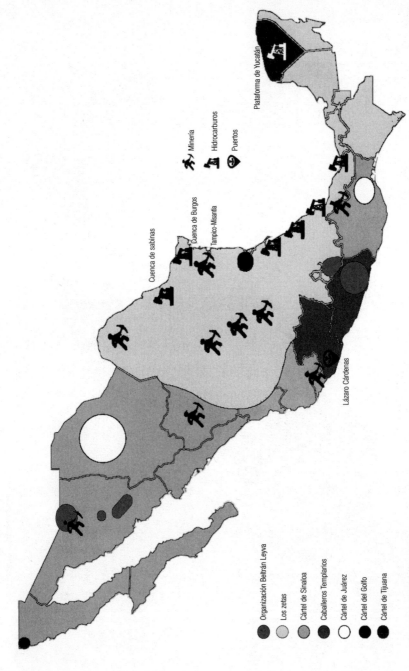

Minería

Hidrocarburos

Puertos

Plataforma de Yucatán

Cuenca de sabinas

Cuenca de Burgos

Tampico-Misantla

Lázaro Cárdenas

Organización Beltrán Leyva

Los zetas

Cártel de Sinaloa

Caballeros Templarios

Cártel de Juárez

Cártel del Golfo

Cártel de Tijuana

Diseño: Paloma Montes y Pe Aguilar.

Índice onomástico